KB206204

신자는 진리와 생명이신 그리스도를 증거하는 증인으로서, 그리스도 안에서 드러나는 하나님의 뜻과 의지를 파악하고 전파하고 보존해야 한다. 이를 돕기 위한 신앙 교육에는 성경의 내용을 잘 정리한 교리가 필수적이며, 그것을 쉽게 익히도록 구성한 교리문답이 매우 유용하게 쓰인다. 종교개혁 시대 독일 팔츠 지역의 선제후 프리드리히 3세는 자신의 영방에 속한 공민(公民)이 성경의 가르침대로 하나님을 경외하기를 바랐다. 그는 특히 청소년들이 참된 교리로 교육받아 그 사회에 불경건과 오류가 사라지고 통일성 있는 참된 개혁이 일어나기를 소망하면서 교육을 위한 교리문답을 작성하게 했다.

이 책은 그렇게 탄생한 하이델베르크 교리문답을 통해 프리드리히 3세가 구체적으로 실천이 이루어지기를 원했던 내용, 즉 은혜의 수단, 교회의 치리, 성도의 삶에 관한 규범을 다룬다. 목사이자 성경 교사인 저자는 하이델베르크 교리문답을 신앙 교육에 활용하기 쉽도록 각 문답이 전제하는 교리의 체계를 설명하고 구체적인 성경의 예를 들어 그 내용을 철저하게 해설한다. 그리고 교리에 관한 신학적 해설에 적절한 실례를 곁들여 친절하게 이해를 돕는다. 이 책의 독자들은 자신이 다스리는 지역의 공민이 교리 교육을 통해 지식과 삶에서 경건해지기를 원했던 프리드리히 3세의 마음을, 저자를 통해 대면할 수 있을 것이다.

권형록 | 안산 푸른교회 담임 목사

기독교 교사는 바른 것을 잘 가르치는 동시에 그른 것을 논박해야 할 의무가 있다. 그 의무에 성실함으로써 적대적인 사람의 마음을 어루만져주고, 무심한 사람의 열정을 불러일으키며, 무지한 사람들에게는 깨우침을 전해주어야 한다. 또한 훌륭한 교사는 배우고자 하는 사람에게는 충분한 설명을, 의심을 가진 사람에게는 추리와 논증을 통한 명쾌한 해답을, 이미 진리를 안다는 사람에게는 그 진리를 굳게 붙잡게 할 자극을 주어야 한다. 이 책은 그 모든 요소를 다 보여준다. 종교개혁자의 손때 묻은 원고를 숙련된 솜씨로 우리 시대의 눈높이에 맞춰 새롭게 다듬어 내놓은 이 책은, 분명히 교회에 큰 유익을 끼칠 것이다.

김현일 | 증평 언약교회 담임 목사

몇 년 전 저자와 운동을 같이 한 적이 있다. 굉장히 어려운 탁구 기술을 너무나 쉽고 편안하게 구사하는 저자의 모습에서 최절정 고수의 내공을 느낄 수 있었다. 이 책을 대하면서도 비슷한 느낌이 들어 "과연 고수구나!" 하는 탄성이 절로 나왔다. 사실 교리문답을 설교하고 가르치는 일은 쉽지 않다. 그것을 이해하기 쉽게 삶으로 풀어내는 것은 성경과 교리의 최절정 고수들만 할 수 있는 작업이다. 또한 진정한 고수는 하수들을 배려할 줄 아는데, 이 책은 독자를 향한 저자의 따뜻한 배려를 충분히 느낄 수 있게 해준다. 고수의 비법이 담긴 이 책을 마음 다해 추천한다.

박홍섭 | 부산 한우리교회 담임 목사

우리 시대의 신학자들은 "목회"의 실상을 모르고 "교회"에 관한 이해가 부족해 이론에 치우치는 경우가 많은 것 같다. 그런 학자들이 쓴 신학 서적이나 교리문답 해설서, 학술 논문 등은 사변적이라는 한계를 넘어서기 어렵다. 그런 현상은 그들의 주장에 진정한 생명력이 결여되어 있다는 사실을 말해주기도 한다. 이런 상황에서 신실한 목회자이자 신학자인 정요석 목사의 『하이델베르크 교리문답, 삶을 읽다』가 상권에 이어 하권까지 빛을 보게 되어 감사한 마음이다. 참된 교리에 대한 이해와 수용은 일시적 유행에 그쳐서는 안 되고 교회와 더불어 지속적으로 이루어져 가야 한다. 그런 점에서 이 책은 여러 교회와 성도들을 위해 실제적인 유익을 끼칠 것이다. 음식을 잘 만들기 위해 밤새워 연구하는 일보다 그것을 직접 만들어 먹음으로써 양질의 영양을 공급받아 누리는 것이 더욱 중요하다. 이 책을 통해 그런 공급을 누리기 바란다.

이광호 | 영천 실로암교회 담임 목사, 『교회, 변화인가 변질인가』, 『웨스트민스터 신앙고백』 저자

한 교회의 구성원인 부모 세대와 자녀 세대는 분리되지 않고 한 몸으로 일치를 이루어가야 한다. 세대 차를 넘어 동일한 고백과 동질의 신앙을 상속하고 이어가는 가장 유효한 방법 하나는 역사적 신앙고백을 공부하는 교리 교육으로서, 이는 말씀을 신실하게 보존하고 신앙의 정론(正論)을 세워 일치를 이루며 이단을 막아내는 중요한 방편이다. 여러 신앙고백 가운데 유독 아름답게 느껴지는 하이델베르크 교리문답은, 복음의 내용을 충실하게 담아내면서 그것이 우리 삶의 위로와 유익에 어떻게 깊이 연관되는지 섬세하게 그려낸다. 나도 목회를 하면서 15년이 넘도록 교회의 새로운 식구들과 하이델베르크 교리문답을 공부해왔는데, 그 유익이란 말로 하기 힘들 정도다.

종교개혁 시기에 반종교개혁을 이끌었던 로마가톨릭의 예수회는 종교개혁의 핵심을 교리 교육으로 보았다. 그들의 통찰을 받아들인 로마가톨릭은 그 후로 교리 교육에 힘썼고 일정 수준으로 제도화하는 데 성공했다. 그에 반해 개신교는 어느 순간부터 교리 교육을 소홀히 해왔던 것이 사실이다. 이제부터라도 교회학교가 흥미 위주의 교육 프로그램 대신 장로교회와 개혁교회의 아름다운 전통을 따라 신앙 교육에 힘 쏟을 수 있기를 소망해본다. 이런 상황에서 교회 교육의 한국적 지평을 열어가는 저자는, 신학자이자 목회자로서 교회 사역

가운데 이루어진 실제적 교리 교육의 내용을 이 책에 담아냈다. 탄탄한 신학적 기반 위에서 딱딱하지 않은 해설로 따스한 정서가 밴 일상의 실천을 강조하는 아름다운 이 책을, 기쁘게 응원하며 마음 다해 추천한다.

이종인 | 울산 언약교회 담임 목사

이 책의 저자는 요리사로 치면 최고급 유기농 재료를 사용하는 최일류 요리사다. 영양가 높은 음식치고 맛난 경우가 드물지만, 그의 요리는 맛있고 먹기 쉬울 뿐 아니라 영양도 만점이다. 그의 책을 여러 권 읽어보았는데, 한 번 읽기 시작하면 좀처럼 멈추기 힘들다. 이 책도 마찬가지다. 그의 글에는 사랑과 열정이 스며 있다. 이 책에 잔뜩 새겨진, 복음을 향한 사랑과 교회를 향한 애정을 직접 확인해보기 바란다.

임경근 | 분당 다우리교회 담임 목사, 『교리와 함께하는 365 가정예배』, 『개혁신앙, 현대에 답하다』 저자

1563년, 치열한 역사의 현장에서 믿음의 선배들을 통해 만들어진 하이델베르크 교리문답은 그 자체로서 훌륭한 믿음의 울타리가 되어 바른 신학과 신앙의 길라잡이가 되어준다. 거기에 저자의 따뜻하고 깊이 있는 해설과 적용, 새물결플러스의 꼼꼼한 편집이 어우러진 이 책은 개인적으로, 또는 교회의 성경 공부에 매우 유익하게 사용할 수 있을 것이다.

전종득 | 목포장로교회 담임 목사

근 몇 년간 하이델베르크 교리문답에 관한 책이 다수 출간되었으나, 신학적 해설에만 그치는 경우가 많아 아쉬움이 컸다. 하지만 이 책을 만나면서 그런 갈증이 해소되는 것을 느꼈다. 이 책은 교리문답의 해석에 관한 많은 도움거리를 제공할 뿐만 아니라, 풍성하고 친절한 해설을 통해 독자들을 성경의 깊고 너른 샘으로 자연스레 인도한다는 점에서 참 탁월하다. 또한 글자 사이에서도 교회와 성도를 사랑하는 목회자의 마음을 느낄 수 있는, 보기 드물게 따뜻한 교리문답 해설서다. 일독을 권한다.

조성용 | 강릉 언별리교회 담임 목사

성경을 온전하게 가르치려는 노력과 개혁신학의 풍성함을 잘 드러내려는 수고가 가득한 이 책에서, 교회를 사랑하는 목사이자 교사인 저자는 하이델베르크 교리문답의 따뜻함을 충실히 보여준다. 우리 자녀들과 교회의 다음 세대에게 자신 있게 추천할 수 있는, 읽는 즐거움을 주는 책이 생겨서 참 좋다. 교회의 신앙 교육을 책임지는 목사는 물론이고 연약한 초신자까지도 다양하게 활용할 수 있는 이 책을 즐거운 마음으로 추천한다.

황철민 | 전주 옛길교회 담임 목사

하이델베르크 교리문답, 삶을 읽다(하)

하이델베르크 교리문답,
삶을 읽다

(하)

정요석 지음

차례

"생각할 거리" 목차

상권

하권

머리말

『하이델베르크 교리문답, 삶을 읽다』 상권에 이어 하권까지 오신 여러분을 환영합니다! 이번 하권에서 주로 다룰 내용은 조직신학의 교회론에 해당하는 "성례"(세례와 성찬)와 "천국 열쇠"(교회 정치), "십계명", "주기도문"입니다. 종교개혁 시대 때 만들어진 신앙고백과 교리문답은 대부분 사도신경, 성례, 십계명, 주기도문 네 가지를 다루는데, 우리는 상권에서 사도신경(성부와 창조, 성자와 구속, 성령과 성화)을 이미 살펴보았습니다.

우리는 왜 교리를 공부해야 할까요? 기원전 3세기경에 활동한 그리스의 수학자 에우클레이데스(Eucleides, 〈영〉유클리드)는 『기하학 원본』(*Stoicheia*)으로 유명합니다. 그런데 『기하학 원본』의 내용은 당대의 다른 지역의 수학과 비교할 때 아주 새로운 것은 아니었습니다. 동양의 수학도 이차방정식의 해를 구하는 수준까지 나아갔다고 하지 않습니까?

에우클레이데스가 뛰어난 점은 오히려 그의 탁월한 사유 방식에 있습니다. 직관에 따라 명백한 참이라고 받아들인 공리에 근거하여 개념을 정의하고, 그 정의에 근거해 정리(명제)들을 만들며 전개하는 논리 체계는, 수학을 실생활의 필요를 채워주는 차원을 넘어서 그 자체로 옳은 것을 추구하는 학문으로 끌어올렸습니다. 동양에서도 논과 밭의 면적을 정확히 측정하여 세금을 부과하려는 실용적 필요 때문에 수학이 발달했습니다. 하지만 에우클레이데스의 기하학과 달리 동양의 수학에는 "증명"이란 사유 체계가 미약했습니다. 공리와 정의와 정리를 통해 세워진 논리 체계는 더 깊은 원인이 무엇인지 추구하게 했고, 논리가 더 단단한 내적 적합성을 갖게 했습니다. 그 결과 서양의 수학은 단순히 면적의 정확한 측정을 목표로 하는 수준을 넘어서 미적분의 발견과 적용에까지 이르렀고, 물리와 화학과 생물에도 상호 영향을 미쳐 원소나, 세포, 핵처럼 좀 더 깊은 차원을 탐구하는 데 일조했습니다.

물론 동서양에 존재하는 학문과 산업, 정치와 경제의 차이는 여러 요소로 말미암습니다. 하지만 경험적인 필요를 넘어서서 어떤 원리에 다가서는 사유 방식은 매우 중요한 요인입니다. 플라톤(Plato, 기원전 428-348)이 세운 "아카데미아" 입구에는 "기하학을 모르는 자는 이곳에 들어오지 말라"는 문구가 새겨져 있었습니다. 이는 기하학과 철학 간에 사유 방식이 유사함을 나타내 줍니다. 수학은 신과 대화하는 학문이라고 생각한 데카르트(René Descartes, 1596-1650)는 미적분을 발견한 수학자였을 뿐만 아니라 합리론을 대표하는 뛰어난 철학자이기도 했습니다.

저는 하이델베르크 교리문답이나 웨스트민스터 신앙고백과 같은 표준 문서를 접할 때마다 수학의 향기를 느끼곤 합니다. 성경 전체의 내용을 주제별로 정리한 신앙고백은 수학처럼 압축된 단어들로 절제된 표현을 사용합니다. 그래서 사용된 단어들의 뜻과 개념이 무엇인지 미리 알고 있지 않으면, 교리는 성경을 많이 알고 있어도 이해하기 힘듭니다. 그리고 교리는 앞에 나온 교리를 전제하여 그 내용이 펼쳐지므로 앞에 나온 교리를 알아야 하고, 교리 상호 간의 관계도 파악해야 합니다.

그런데 교리를 설명하는 데 사용된 단어들의 개념과 교리 간의 관계에 대한 기초적 이해가 쌓이면 그때부터 교리는 막강한 위력을 발휘하며 성경 전체를 더 깊이 이해하도록 도울 뿐만 아니라 우리 삶의 다양한 영역을 성경적 관점으로 해석하게 합니다. 수학을 포기한 학생들은 수학의 추상성 때문에 어려움을 겪은 나머지 그 안에 담긴 의미와 논리 전개에서 드러나는 질서나 단아함을 맛보지 못할뿐더러 실생활에 적용하는 것은 생각지도 못합니다. 그와 비슷하게 많은 그리스도인이 안타깝게도 교리에 포함된 다소 추상적 표현 때문에 그 안에 담긴 성경 해석의 풍성함이나 삶에 대한 구체적 적용을 맛보지 못한 채 살아갑니다.

하지만 성경이 전체에 걸쳐서 말하는 근본적 원인의 중요성은 아무리 강조해도 지나치지 않습니다. 종교개혁의 의미와 개혁신학의 가치는 어디에 있을까요? 신앙생활을 하다 보면 성경의 내용과 궁금한 내용을 치열하게 숙고하기보다 가까운 원인과 결과로 대강 정리하고 싶은 유혹이 생깁니다. 하지만 이를 이겨내고 힘들더라도 성경 전체를 하나님의 속성에 따라 이해함으로써 먼 원인이 무엇인지 찾아내고, 성경의 표현과 내용에 내적 적합성을 갖추게 한 데에 그 의미와 가치가 있습니다. 이렇게 먼 원인이 전제된 각 교리를 하나님의 영원하신 능력과 신성이 새겨진 만물을 통하여 구체적으로 이해하고 삶에 적용하는 것이 교리 공부의 묘미입니다. 추상적인 교리를 구체적인 삶을 통해 이해하고 누리는 것입니다.

교리를 제대로 설교하거나 강의하려는 교역자는 첫째, 교리 자체를 깊이 이해해야 합니다. 둘째, 그 교리를 추상적 논리로 설명하는 것이 아니라 성경의 예시들을 통해 설명할 수 있어야 합니다. 셋째, 그 교리를 우리의 삶과 역사와 자연 등을 통해 구체성이 드러나게 표현해야 합니다. 그러면 교리 설교와 강의는 차가운 이성으로 딱딱하게 논리를 전개해가는 것이 아니라, 성경과 삶을 더 깊이 이해하되 쉽고 재미있고 따스하게 이해하는 것이 됩니다.

예를 들어 수학에서는 원을 "한 점에서 일정한 거리에 있는 점들의 집합"이라고 정의합니다. 이 정의를 이해하려면 "점", "거리", "집합"에 대한 사전 이해가 있어야 합니다. 한창 공부하는 중고생들이나 수학 전공자는 이 정의를 쉽게 이해할지 모르지만, 일반인은 상당수가 아리송해 합니다. 그런데 먼저 원의 중심과 반지름이 그려진 원을 실제로 보여주고, 그다음 컴퍼스로 원을 그리는 과정을 보여주면 원의 정의를 실제적이고 구체적으로 이해하게 됩니다.

마찬가지로 교리도 수학의 정의와 정리처럼 꼭 필요한 단어들로만 서술되어 있습니다. 그런데 이에 대한 설명을 추상적인 개념과 논리 전개로만 이

어간다면, 이에 익숙하지 않은 성도 대부분은 어려움을 겪기 마련입니다. 이때 추상적인 교리를 성경의 분명한 구절과 구체적인 삶의 예시로 설명한다면 성도들은 교리를 좀 더 쉽고 재미있게 이해할 수 있습니다.

예수님은 하나님 나라를 가르치실 때 딱딱한 내용으로 차갑게 논리를 전개하지 않으셨습니다. "밭에 감추인 보화", "좋은 진주를 구하는 장사", "바다에 치고 각종 물고기를 모는 그물" 등의 비유들을 동원하셨습니다. 하나님이 우리를 돌보시는 섭리에 대해서는 "공중의 새"와 "들의 백합화"를 들어 설명하셨습니다. 예수님의 가르침이 핵심적으로 요약된 마태복음 5-7장만 살펴보아도 "세상의 소금과 빛", "등불", "오른편 빰을 치거든 왼편도 돌려 대라", "속옷을 가지고자 하는 자에게 겉옷까지도 가지게 하라", "억지로 오 리를 가게 하거든 십 리를 동행하라", "티와 들보", "거룩한 것을 개에게 주지 말며 너희 진주를 돼지 앞에 던지지 말라", "누가 아들이 떡을 달라 하는데 돌을 주겠느냐?", "그들의 열매로 그들을 알리라" 등과 같이 기억에 남는 이야깃거리들을 사용하셨다는 사실을 알 수 있습니다.

예수님이 이렇게 하실 수 있었던 이유는 예수님이 성경 전체를 깊게 아시고, 하나님의 영원하신 능력과 신성이 새겨진 만물을 정확히 아셨기 때문입니다. 마찬가지로 교리를 깊이 이해해 통찰력을 가지고 가르치려는 자는 성경과 삶 자체에 대해서도 깊이 이해해야 합니다. 가르침을 받는 자들이 구체성을 통해 더 깊은 추상성으로 나아가도록 이끌 수 있어야 하기 때문입니다.

사람은 사유하는 수준만큼 삶을 꾸리고 인생을 살아갑니다. 20, 30년이 지난 후 우리가 얼마만큼 직장이나 가정에서 잘 살았는지 돌아볼 때, 그 결과는 우리가 가지고 있던 사유의 폭과 깊이에 따라 다를 것입니다. 목회도 마찬가지입니다. 사람은 무엇으로 심든지 그대로 거두기 때문입니다. 눈앞의 현상에 현혹되지 않고 더 깊은 원리를 탐구하기 위해 우리는 사유하고 사유해야 합니다. 그러면 그만큼 하나님의 영원하신 능력과 신성을 곳곳에서 발견하고 누릴 수 있습니다.

가까운 원인에 머무는 신학과 목회는 실생활의 필요를 즉각적으로 채워줄 수 있겠지만, 기독교를 대증 요법으로 전락시키기 쉽습니다. 그런 대증 요법적 기독교는 사회로부터 존경과 권위를 잃고, 실용 학문 정도로 대우받게 됩니다. 신자들은 신앙생활을 할수록 깊이 사유할 줄 알아야 합니다. 어떤 현상이 왜 생기는지 그 근본 원인을 더 깊이 생각해야 합니다. 이때 성경 전체의 내용이 요약된 교리는 큰 도움이 됩니다. 교리는 우리에게 사유하는 방식과 깊이를 보여주고, 구체적 삶을 어떻게 해석해야 하는지 알려주어 우리를 자극합니다. 사유하는 자일수록 교리를 깊이 이해하고, 삶에서 하나님의 영원하신 능력과 신성을 찾아 발견하는 자일수록 교리를 구체적으로 풍성하게 이해합니다. 이 책 『하이델베르크 교리문답, 삶을 읽다』가 그런 깊이와 풍성함의 가능성을 보여줄 수 있기를 바랍니다.

이번 하권을 추천해주신 목사님들은 각 교회에서 하이델베르크 교리문답이나 웨스트민스터 소요리문답 등을 앞서 말한 의미대로 잘 가르치시는 분들입니다. 외적 성장의 유혹에 흔들리지 않고 하나님의 진리를 올곧게 드러내기 위해 정진하시는 목사님들의 존재는 저에게 큰 격려가 되고, 그분들과 때때로 나누는 교제는 큰 즐거움을 줍니다. 추천사를 써주신 권형록(안산 푸른교회), 김현일(증평 언약교회), 박홍섭(부산 한우리교회), 이광호(경산 실로암교회), 이종인(울산 언약교회), 임경근(분당 다우리교회), 전종득(목포장로교회), 조성용(강릉 언별리교회), 황철민(전주 옛길교회) 목사님께 감사를 드립니다. 혹시 각 지역에서 출석할 교회를 찾으시는 독자들이 계시다면 이 교회들을 자신 있게 추천합니다.

은혜 가운데 2018년을 맞으며

정요석

제2-2부: 제65-85문

우리의 구속에 관하여 II

제25주일: 제65-68문

성례: 세례와 성찬

Q 제65문 우리는 오직 믿음에 의해 그리스도와 그의 모든 유익에 참여자로 만들어지는데, 이 믿음은 어디에서 옵니까?

Since then we are made partakers of Christ and all his benefits by faith only, whence does this faith proceed?

A 답 성령으로부터인데[1] 성령은 복음의 선포로 우리의 마음속에서 믿음을 일으키시고,[2] 성례의 사용으로 믿음을 확증하십니다.[3]

From the Holy Ghost, who works faith in our hearts by the preaching of the gospel, and confirms it by the use of the sacraments.

Q 제66문 성례는 무엇입니까?

What are the sacraments?

A 답 성례는 눈에 보이는 거룩한 표(標, sign)와 인(印, seal)으로, 하나님은 성례의 사용을 통해 복음의 약속을 우리에게 더 충만하게 선포하고 확증하려는 목적으로 성례를 제정하셨습니다.[4] 복음의 약속은 하나님이 십자가에서 완수된 그리스도의 단번의 희생으로 말미암아 죄의 용서와 영생을 값없이 우리에게 허용하신다는 것입니다.[5]

The sacraments are holy visible signs and seals, appointed of God for this end, that by the use thereof, he may the more fully declare and seal to us the promise of the gospel, viz., that he grants us freely the remission of sin, and life eternal, for the sake of that one sacrifice of Christ, accomplished on the cross.

Q 제67문 그렇다면 말씀과 성례는 우리의 믿음을 우리의 구원의 유일한 근거인 십자가의 예수 그리스도의 희생으로 이끄는 목적을 위해 제정되고 지정된 것입니까?

Are both word and sacraments, then, ordained and appointed for this end, that they may direct our faith to the sacrifice of Jesus Christ on the cross, as the only ground of our salvation?

A 답 참으로 그렇습니다. 성령은 복음을 통해 우리의 전 구원이 십자가에서 우리를 위해 자신을 바치신 그리스도의 단번의 희생에 서 있다고 가르치시고, 성례를 통해 확신하게 하십니다.[6]

Yes, indeed: for the Holy Ghost teaches us in the gospel, and assures us by the sacraments, that the whole of our salvation depends upon that one sacrifice of Christ which he offered for us on the cross.

Q 제68문 그리스도는 신약에서 얼마나 많은 성례를 제정하셨습니까?

How many sacraments has Christ instituted in the new covenant, or testament?

A 답 두 가지입니다. 즉 거룩한 세례와 거룩한 만찬입니다.

Two: namely, holy baptism, and the holy supper.

partaker	참여자, 관계자, 함께하는 사람
proceed	나아가다, 진행하다
sacrament	성례, 성체
visible	(눈에) 보이는, 알아볼 수 있는
declare	선포하다, 선언하다
accomplish	완수하다, 성취하다, 해내다
assure	확언하다, 장담하다
institute	제정하다, 도입하다
benefit	유익, 혜택, 이득, 수당
confirm	(믿음을) 더 확실히 갖게 하다, 확정하다
appoint	제정하다, 임명하다
remission	감형, 감면, 면제
ordain	정하다, 임명하다
depend upon	…을 신뢰하다, 의존하다

근거 성구

1 예수께서 대답하시되 "진실로 진실로 네게 이르노니 사람이 물과 성령으로 나지 아니하면 하나님의 나라에 들어갈 수 없느니라"(요 3:5).

우리가 세상의 영을 받지 아니하고 오직 하나님으로부터 온 영을 받았으니 이는 우리로 하여금 하나님께서 우리에게 은혜로 주신 것들을 알게 하려 하심이라(고전 2:12).

그러므로 내가 너희에게 알리노니 하나님의 영으로 말하는 자는 누구든지 예수를 저주할 자라 하지 아니하고 또 성령으로 아니하고는 누구든지 예수를 주시라 할 수 없느니라(고전 12:3).

너희는 그 은혜에 의하여 믿음으로 말미암아 구원을 받았으니 이것은 너희에게서 난 것이 아니요 하나님의 선물이라(엡 2:8).

이것이 너희의 간구와 예수 그리스도의 성령의 도우심으로 나를 구원에 이르게 할 줄 아는 고로(빌 1:19).

2 두아디라 시에 있는 자색 옷감 장사로서 하나님을 섬기는 루디아라 하는 한 여자가 말을 듣고 있을 때 주께서 그 마음을 열어 바울의 말을 따르게 하신지라(행 16:14).

그러나 내가 말하노니 그들이 듣지 아니하였느냐? 그렇지 아니하니 "그 소리가 온 땅에 퍼졌고 그 말씀이 땅 끝까지 이르렀도다" 하였느니라(롬 10:17).

그가 그 피조물 중에 우리로 한 첫 열매가 되게 하시려 자기의 뜻을 따라 진리의 말씀으로 우리를 낳으셨느니라(약 1:18).

너희가 거듭난 것은 썩어질 씨로 된 것이 아니요, 썩지 아니할 씨로 된 것이니 살아 있고 항상 있는 하나님의 말씀으로 되었느니라(벧전 1:23).

3 그러므로 너희는 가서 모든 민족을 제자로 삼아 아버지와 아들과 성령의 이름으로 세례를 베풀고(마 28:19).

너희가 이 떡을 먹으며 이 잔을 마실 때마다 주의 죽으심을 그가 오실 때까지 전하는 것이니라(고전 11:26).

4 너희는 포피를 베어라. 이것이 나와 너희 사이의 언약의 표징이니라(창 17:11).

네 하나님 여호와께서 네 마음과 네 자손의 마음에 할례를 베푸사 너로 마음을 다하며 뜻을 다하여 네 하나님 여호와를 사랑하게 하사 너로 생명을 얻게 하실 것이며(신 30:6).

6그때에 그 스랍 중의 하나가 부젓가락으로 제단에서 집은 바 핀 숯을 손에 가

지고 내게로 날아와서 7그것을 내 입술
에 대며 이르되 "보라! 이것이 네 입에 닿
았으니 네 악이 제하여졌고 네 죄가 사하
여졌느니라" 하더라(사 6:6-7).

이는 내게 노아의 홍수와 같도다. "내가 다시는 노아의 홍수로 땅 위에 범람하지 못하게 하리라" 맹세한 것 같이 내가 네게 노하지 아니하며 너를 책망하지 아니하기로 맹세하였노니(사 54:9).

또 내가 그들을 거룩하게 하는 여호와인 줄 알게 하려고 내 안식일을 주어 그들과 나 사이에 표징을 삼았노라(겔 20:12).

그가 할례의 표를 받은 것은 무할례 시에 믿음으로 된 의를 인친 것이니 이는 무할례자로서 믿는 모든 자의 조상이 되어 그들도 의로 여기심을 얻게 하려 하심이라(롬 4:11).

5 아론과 그의 아들들에게 말하여 이르라. 속죄제의 규례는 이러하니라. 속죄제 제물은 지극히 거룩하니 여호와 앞 번제물을 잡는 곳에서 그 속죄제 제물을 잡을 것이요(레 6:25).

이것은 죄 사함을 얻게 하려고 많은 사람을 위하여 흘리는 바 나의 피 곧 언약의 피니라(마 26:28).

7오직 둘째 장막은 대제사장이 홀로 일
년에 한 번 들어가되 자기와 백성의 허물
을 위하여 드리는 피 없이는 아니하나니
8성령이 이로써 보이신 것은 첫 장막이
서 있을 동안에는 성소에 들어가는 길이
아직 나타나지 아니한 것이라. 9이 장막
은 현재까지의 비유니 이에 따라 드리는
예물과 제사는 섬기는 자를 그 양심상 온
전하게 할 수 없나니(히 9:7-9).

그리스도께서는 참것의 그림자인 손으로 만든 성소에 들어가지 아니하시고 바로 그 하늘에 들어가사 이제 우리를 위하여 하나님 앞에 나타나시고(히 9:24).

이 뜻을 따라 예수 그리스도의 몸을 단번에 드리심으로 말미암아 우리가 거룩함을 얻었노라(히 10:10).

6 무릇 그리스도 예수와 합하여 세례를 받은 우리는 그의 죽으심과 합하여 세례를 받은 줄을 알지 못하느냐?(롬 6:3)

우리가 축복하는 바 축복의 잔은 그리스도의 피에 참여함이 아니며 우리가 떼는 떡은 그리스도의 몸에 참여함이 아니냐?(고전 10:16)

너희가 이 떡을 먹으며 이 잔을 마실 때마다 주의 죽으심을 그가 오실 때까지 전하는 것이니라(고전 11:26).

누구든지 그리스도와 합하기 위하여 세례를 받은 자는 그리스도로 옷 입었느니라(갈 3:27).

해설

성례에 관하여

이 책의 상권에서 우리는 사도신경의 내용을 통해 성부 하나님과 창조, 성자 하나님과 우리의 구속, 성령 하나님과 우리의 성화에 관해 살펴보았습니다. 삼위일체 하나님이 우리를 위해 하신 일은 참으로 크고 놀랍습니다. 그런데 이것이 우리의 것이 되지 않으면 아무 소용이 없습니다. 우리는 어떻게 그리스도가 주시는 모든 유익에 참여할 수 있습니까? 오직 믿음으로 가능합니다. 우리는 오직 믿음으로 그리스도와 그의 모든 유익의 가치를 알고 받아들입니다. 그렇다면 이런 기능을 하는 믿음은 어디에서 오고, 어떻게 확증됩니까? 믿음은 성령에 의해 복음의 선포로 발생하고, 성례의 사용으로 확증됩니다. 그래서 하이델베르크 교리문답은 이 순서에 따라 사도신경을 다룬 후에(제22-58문), 성례를 다룹니다(제65-85문).

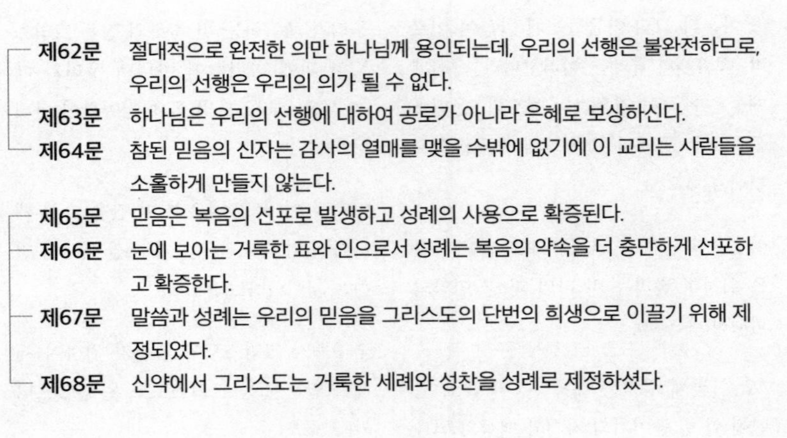

제62문	절대적으로 완전한 의만 하나님께 용인되는데, 우리의 선행은 불완전하므로, 우리의 선행은 우리의 의가 될 수 없다.
제63문	하나님은 우리의 선행에 대하여 공로가 아니라 은혜로 보상하신다.
제64문	참된 믿음의 신자는 감사의 열매를 맺을 수밖에 없기에 이 교리는 사람들을 소홀하게 만들지 않는다.
제65문	믿음은 복음의 선포로 발생하고 성례의 사용으로 확증된다.
제66문	눈에 보이는 거룩한 표와 인으로서 성례는 복음의 약속을 더 충만하게 선포하고 확증한다.
제67문	말씀과 성례는 우리의 믿음을 그리스도의 단번의 희생으로 이끌기 위해 제정되었다.
제68문	신약에서 그리스도는 거룩한 세례와 성찬을 성례로 제정하셨다.

표1 하이델베르크 교리문답 제62-68문의 구성

서론부 (제1-2문)	**유일한 위로와 교리문답의 구조**
제1부 (제3-11문)	**우리의 죄와 비참에 관하여** • 서론: 외적 인식 원리인 율법(제3-4문) • 인간론: 인간의 죄와 부패, 하나님의 심판(제5-11문)
제2부 (제12-85문)	**우리의 구속에 관하여** • 중보자의 필요성, 믿음, 사도신경의 구분(제12-24문) • 신론: 삼위일체, 성부, 창조, 섭리(제25-28문) • 기독론: 그리스도의 신분(비하와 승귀)과 직분(사역)(제29-52문) • 구원론: 성령, 공회, 교통, 죄 사함, 이신칭의(제53-56, 59-64문) • 종말론: 부활, 영생(제57-58문) • 교회론: 말씀과 성례(제65-68문) - 세례(제69-74문) - 성찬(제75-82문) - 천국 열쇠: 복음의 선포와 권징(제83-85문)
제3부 (제86-129문)	**우리의 감사에 관하여** • 선행, 회개, 십계명(제86-115문) • 주기도문(제116-129문)

표2 하이델베르크 교리문답의 구조

1. 복음의 선포로 발생하고 성례의 사용으로 확증되는 믿음

믿음은 학문 연구나 인생 경험, 혹은 대화의 결과로 발생하지 않습니다. 예수님을 밤중에 찾아온 니고데모는 유대인의 지도자이자 이스라엘의 선생이었습니다. 하지만 믿음이 없기에 거듭남의 의미에 대해서 알지 못했습니다. 예수님은 그에게 "사람이 물과 성령으로 나지 아니하면 하나님의 나라에 들어갈 수 없다"고 말씀하셨습니다(요 3:5). 예수님의 말씀처럼 믿음은 성령에 의해 발생합니다. 우리가 이미 앞서 몇 번 확인하고 강조한 것처럼 믿음의 기원은 성령입니다. 세상의 영을 받지 아니하고 하나님의 영을 받은 자들만 하나님이 은혜로 주신 것들을 알 수 있고(고전 2:12), 예수님을 "주"시라고 할 수 있습니다(고전 12:3). 이에 대해 우리는 하이델베르크 교리문답 제21문을 통해 이미 자세히 살펴보았습니다.

그러면 성령님은 어떤 수단을 통해서 믿음을 발생시키실까요? 바로 복음의 선포입니다. 바울 일행은 성령의 인도에 따라 복음을 전하기 위해 빌립보로 갔습니다. 그들은 안식일에 강가에 나가 그곳에 있던 여자들에게 말씀을 전했습니다. 거기서 루디아가 바울의 말을 듣고 있을 때 주님께서 그 마음을 열어 바울의 말을 따르게 하셨습니다(행 16:14). 이처럼 사람이 거듭나는 것은 살아 있고 항상 있는 하나님의 말씀으로 됩니다(벧전 1:23). 하나님은 진리의 말씀으로 우리를 낳으십니다(약 1:18).

말씀이 믿음을 발생시킨다고 해서 모든 말씀 선포가 무조건 믿음을 발생시키는 것은 아닙니다. 히브리서 4:12-13의 말씀—"하나님의 말씀은 살아 있고 활력이 있어 좌우에 날 선 어떤 검보다도 예리하여 혼과 영과 및 관절과 골수를 찔러 쪼개기까지 하며 또 마음의 생각과 뜻을 판단하나니 지으신 것이 하나도 그 앞에 나타나지 않음이 없고 우리의 결산을 받으실 이의 눈앞에 만물이 벌거벗은 것 같이 드러나느니라"—처럼 하나님의 말씀은 분명히 살아 있고 활력이 있어 사람들을 찔러 쪼개지만, 성령이 역사하실 때만 그렇게 됩니다. 하나님의 말씀은 죽어 있는 어떤 물건처럼 그 효력을 언제나 객관적으로 나타내는 것이 아니라, 성령이 그 효력을 적용하실 때만 대상자에게 주관적으로 살아나 활력이 있게 됩니다. 하나님의 말씀은 하나님의 영이 사용하실 때 은혜의 수단이 됩니다. 절대로 그 자체가 자동으로 효력을 발생시키지 않습니다.

그러면 이렇게 생성된 믿음은 무엇을 통해 확증될까요? 그것은 바로 말씀과 성례입니다. 베드로는 우리에게 갓난아기들처럼 순전하고 신령한 젖을 사모하라고 말합니다. 우리가 그로 말미암아 구원에 이르도록 자랄 수 있기 때문입니다(벧전 2:2). 또 바울은 에베소에 갈 수 없는 상황이 되자 에베소 교인들을 은혜의 말씀에 부탁하고, 그 말씀이 그들을 능히 든든히 세울 것이라고 말합니다(행 20:32). 성도의 근육은 운동을 통해, 성도의 지식은 학문을 통해, 성도의 영혼은 말씀을 통해 든든히 세워집니다. 성도는 은혜의 수단인 말씀을 통해 성숙해져 지각을 사용해 선악을 분별하며 더 많은 사람을 더 깊이 사랑할 수 있게 됩니다. 그래서 우리는 하나님의 말씀을 듣고 읽을 때 하나님의 영이 임하여 그 깊은 뜻을 깨닫게 하시도록 간절히 기도해야 합니다. 그렇지 않으면 말씀에 찔림을 받아 자신이 낮아지는 것이 아니라 남을 찌르는 무기로 말씀을 악용하게 됩니다.

예수님은 부활하신 후 제자들에게 모든 민족을 제자로 삼아 아버지와 아들과 성령의 이름으로 세례를 베풀라고 말씀하셨습니다(마 28:19). 바울은 떡을 먹고 잔을 마시는 성찬을 통해 주의 죽으심을 오실 때까지 전하는 것이라고 설명해주었습니다(고전 11:26). 이처럼 성경은 세례와 성찬이 믿음의 강화를 위해 꼭 필요하다는 사실을 천명합니다.

우리는 믿음, 말씀, 성례와 관련하여 두 가지를 기억해야 합니다. 첫째, 믿음이 생기는 은혜는 성령 하나님의 역사로서 "말씀"에 의해 이루어집니다. 둘째, 믿음의 확증은 성령 하나님의 역사인데 "말씀과 성례"에 의해 이루어집니다. 그런데 로마 가톨릭은 믿음의 발생과 증가가 모두 성례를 통해 이루어진다고 봅니다. 앞으로 자세히 살펴보겠지만 그 결과 로마 가톨릭은 성찬의 떡과 포도주가 실제로 그리스도의 살과 피로 바뀌고, 미사에 참여해 떡과 포도주를 받아먹으면 자동으로 은혜를 받게 된다고 주장합니다. 믿음의 발생과 확증이 성례를 통해 수찬자에게 객관적으로 이루어진다고 보는 것입니다. 이는 성령이 설 자리가 없어지는 상당히 유물론적인 관점입니다. 그들의 미사는 말씀이 아니라 성찬이 중심입니다. 그래서 성찬이 없는 미사가 없습니다.

하지만 개신교는 성찬보다 말씀을 중요시하므로 예배 때마다 말씀 선포가 있습니다.

2. 복음의 약속을 더 충만하게 선포하고 확증하는 성례

하이델베르크 교리문답 제65문은 믿음이 성령을 통해 복음의 선포에 의해 발생하고, 성례의 사용에 의해 확증된다고 말합니다. 이어지는 제66문은 믿음을 확증하는 성례가 구체적으로 무엇인지에 대해 말합니다.

ㄱ. 눈에 보이는 거룩한 표(sign)와 인(seal)

앞서 살펴본 대로 믿음은 성령에 의해 복음의 선포를 통해 발생하고 증가합니다. 그런데 말씀은 귀에 들리는 것으로서 눈에는 보이지 않습니다. 이 말씀을 눈에 보이는 형태로 나타낸 것이 바로 성례입니다. 그러므로 성례는 말씀 없이는 표와 인침이 될 수 없습니다. 말씀이 없는 성례는 얼마든지 다양한 형태로 해석될 수 있습니다. 성례는 오직 말씀에 의해 해석되어 표와 인침의 기능을 하고, 따라서 성례는 말씀에 의해 발생한 믿음을 강하게는 해도 성례 홀로 믿음을 발생시키지는 못합니다. 그래서 성례는 "보이는 말씀"이라고 불립니다.

자동차는 신호등이 빨간 불이면 멈추고 파란 불이면 움직입니다. 신호등은 차가 멈추고 가는 시점을 알려주는 표(sign)입니다. 운전자는 사회적 약속에 따라 빨간 불과 파란 불이 무엇을 의미하는지 알게 됩니다. 신자들은 세례의 물, 성찬의 떡과 포도주를 보며 이것이 각각 무엇을 상징하는지 성경을 통해 알게 됩니다. 그래서 그것들을 볼 때마다 우리가 죄인이며 오직 그리스도의 보혈을 통해 구속된다는 사실을 상기합니다. 그것들은 그리스도의 복음을 눈으로 보여주는 신호인 것입니다.

또 우리는 관공서에 문서를 제출할 때 본인이 작성한 문서임을 나타내기 위해 도장을 찍습니다. 미국 서부의 카우보이들은 넓은 벌판에서 소를 방목할 때 다른 소유자의 것들과 혼동하지 않기 위해 목장의 인장을 소의 엉덩이 부근에 찍습니다. 카우보이들은 그 인장의 모양을 보고 그 소가 누구의 소유인지를 분별합니다. 그와 마찬가지로 신자들은 세례와 성찬을 통해 자신들이 하나님의 자녀임을 다시 확인합니다. 도장이 권리관계를 확실히 확인시켜주듯이 성례는 복음을 눈에 보이는 형태로 확실하게 드러내 줍니다.

로마서 4:11은 "아브라함이 할례의 표를 받은 것은 무할례 시에 믿음으로 된 의를 인친 것이니"라고 말합니다. 아브라함은 이미 믿음으로 의로운 자가 되었지만, 할례를 통해 자신이 의롭다는 사실을 더욱 확실하게 확인했습니다. 아브라함은 99세에 포피를 베었고, 아들 이스마엘은 13세에 베었습니다. 그 집의 모든 남자는 다 할례를 받았습니다. 아브라함은 이 할례 의식을 행하며 하나님의 은혜로 자신의 죄가 사해짐을 눈으로 확인하고 믿음이 강해진 것입니다. 그와 마찬가지로 성례는 이미 생성된 믿음을 강하게 하는 표와 인의 역할을 합니다.

ㄴ. 복음의 약속을 더 충만하게 선포하고 확증하려는 목적

사람은 외부의 정보를 받아들일 때 약 80퍼센트 정도를 시각을 통해서 받아들입니다. 귀를 통해 하나님의 말씀을 듣게 하신 하나님은 시각도 사용하게 하시려고 눈을 통해 성례를 보게 하셨습니다. 선포된 하나님의 말씀을 확증하기 위해 눈에 보이는 성례를 제정하신 것입니다.

구약 시대는 예수 그리스도가 아직 사람이 되어 이 땅에 오시지 않은 때였으므로 더 자극적인 성례가 필요했습니다. 태어난 지 8일 된 남자아이의 살점을 잘라내는 할례도 그렇고, 소나 양을 잡아 죽이는 유월절 행사 및 제사도 그렇습니다. 짐승을 잡으면 매우 시끄럽고 피비린내가 납니다. 하나님은 이런 자극적인 공감각(共感覺) 교육을 통해 죄인은 죗값으로 죽어야 한다는 사실과 죄인을 대신하는 대속(代贖)의 죽음이 어떤 것인지를 보여주셨습니다.

그리스도는 십자가에서 죽으심으로써 구약의 할례, 유월절, 제사가 상징하고 예표하는 것을 완수하셨습니다. 그리고 그리스도는 그런 의식들 대신에 세례와 성찬을 제정하셨습니다. 세례는 사람의 더러움이 물로 깨끗이 씻기듯, 사람의 죄가 그리스도의 피로 깨끗이 씻기는 것을 나타냅니다. 성찬의 떡은 십자가에서 찢기신 예수님의 몸을, 포도주는 십자가에서 흘리신 예수님의 피를 상징하므로 수찬자는 두 눈으로 그리스도의 찢기신 몸과 흘리신 피를 생생하게 보며 은혜를 받습니다.

성례는 오감을 통해 전달되는 공감각의 말씀입니다. 구약의 할례에는 살이 잘리는 고통이 있습니다. 유월절 행사와 각종 제사에는 죽어가는 짐승의 고통과 울부짖는 소리, 피비린내와 도축장 냄새가 따랐습니다. 신약에서 세례자는 물이 주는 촉감을 온몸으로 느낍니다. 성찬의 수찬자는 떡과 포도주를 입으로 먹고 마십니다. 구약이든 신약이든 성례를 시행할 때면 하나님은 이렇게 사람의 여러 감각을 통해 여러 의미를 전달하고 교육하십니다.

3. 말씀과 성례는 믿음을 그리스도의 희생으로 이끌기 위해 제정되었다

앞서 살펴본 것처럼 말씀과 성례는 성령으로 말미암아 믿음을 발생시키고 확증합니다. 그렇다면 무엇에 관한 믿음일까요? 바로 구원의 유일한 근거가 십자가에서 살이 찢기고 피 흘려 죽으신 그리스도의 희생에 있다는 사실에 관한 믿음입니다. 성령은 이것을 말씀을 통해 자세히 가르쳐주시고 세례와 성찬을 통해 확신하게 하십니다.

따라서 말씀과 성례를 통해 그리스도의 희생을 보지 못하면 아무 소용이 없습니다. 이스라엘 백성은 부패하고 눈이 가려져 구약의 성례가 상징하고 예표하는 그리스도를 바라보지 못했습니다. 그들은 습관적으로, 문화적으로 제사를 드릴 뿐이었습니다. 하지만 그런 제사는 아무리 많이 드려도 소용이 없습니다. 이에 대해 하나님은 "너희의 무수한 제물이 내게 무엇이 유익하뇨? 나는 숫양의 번제와 살진 짐승의 기름에 배불렀고 나는 수송아지나 어린 양이나 숫염소의 피를 기뻐하지 아니하노라. 너희가 내 앞에 보이러 오니 이것을 누가 너희에게 요구하였느냐? 내 마당만 밟을 뿐이니라"(사 1:11-12)라고 말씀하셨습니다. 그들은 제사의 참 의미를 몰랐기에 제사를 드리는 동시에 악을 행하며 피를 손에 잔뜩 묻혔습니다.

할례와 같은 성례는 율법을 다 지키지 못해 죽어야 하는 사람들이 그리스도가 대신 죽으심으로써 구원받는다는 사실을 나타냅니다. 그러므로 할례는 사람의 별수 없음과 그리스도의 대속을 나타내야지, 단순히 살을 벰으로써 어느 민족의 구성원이 된다는 표시에 머물러서는 안 됩니다. 할례를 행했다고 해서, 혈통이 유대인이라고 해서 참된 유대인이 아닙니다. 할례를 하지 않았을지라도 율법의 규례를 지키는 자는 할례를 한 자와 같고, 할례를 했을지라도 율법을 지키지 않는 자는 무할례자와 같습니다(롬 2:25-29). 구약에서도 하나님의 백성은 마음에 할례를 행해야 했습니다(신 10:16). 마음의 가죽을 베며 악행을 하지 않는 것이 할례이지, 단순히 몸의 가죽을 베는 것이 할례가 아닙니다(렘 4:4). 하나님은 이스라엘 백성의 마음에 할례를 베푸시어 그들이 마음과 뜻을 다하여 하나님을 사랑하게 하사 생명을 얻게 하시는 분입니다(신 30:5-7). 이는 할례를 비롯한 여러 성례를 베푸신 목적으로서 신약의 성례인 세례와 성찬에도 그대로 적용됩니다.

세례를 받는 자나 지켜보는 자는 우리가 예수님과 합하기 위하여 세례를 받는다는 사실을 기억해야 합니다(갈 3:27). 예수님의 죽음과 부활에 동참하기 위해 세례를 받는 것이지, 다른 목적은 없습니다(롬 6:3). 그리스도가 주신 생명으로, 그리스도가 주신 말씀을 지키며 살기 위해 세례를 받습니다. 성찬 때 잔을 받는 것은 그리스도의 피에 참여하는 것이고, 떡을 받는 것은 그리스도의 몸에 참여하는 것입니다. 우리는 그 떡과 잔을 먹고 마실 때마다 주의 죽으심을 기억합니다. 신약에는 세례와 성찬 두 가지의 성례가 있는데, 이 두 가지 성례는 모두 우리 구원의 유일한 근거인 그리스도의 희생으로 우리를 이끕니다.

4. 말씀과 성례의 공통점과 차이점

은혜의 수단인 말씀과 성례 사이에는 공통점이 있습니다. 첫째, 하나님이 은혜의 수단으로 제정하셨습니다. 둘째, 그리스도가 그 내용의 중심입니다. 셋째, 믿음을 통해 그 은혜에 참여합니다.

말씀과 성례 사이에는 차이점도 있습니다. 첫째, 말씀은 꼭 필요하지만 성례가 꼭 필요한 것은 아닙니다. 예수님과 함께 십자가에 못 박힌 한 강도는 성례 없이 예수님의 말씀만을 통해 구원받았습니다. 여기서 우리는 말씀이 성례보다 우선임을 알 수 있습니다. 말씀 없이 성례만을 보고서 그 의미를 알 수는 없습니다. 다양한 종교들이 세례나 정결례 비슷한 이벤트를 종교의식으로 시행합니다. 하지만 그 의미는 예수 그리스도의 십자가와 전혀 상관이 없습니다. 말씀이 없기에 외적으로 기독교의 성례와 비슷한 형태를 취하더라도 그 의미가 전혀 다른 것입니다. 둘째, 말씀은 믿음을 강화할 뿐만 아니라 믿음을 발생시키기도 하지만, 성례는 말씀에 의해 발생한 믿음을 강화할 뿐입니다. 따라서 말씀 없이 성례만을 보고서 예수 그리스도에 대한 믿음을 가질 자는 없습니다. 셋째, 말씀은 다양한 형태로 세상을 향하여 선포될 수 있는 데 반해 성례는 오직 교회에서 성도들을 대상으로 시행됩니다. 말씀은 하나님을 믿지 않는 자들에게도 진리가 무엇인지, 왜 회개해야 하는지, 다양한 삶의 현장에서 말씀이 사회의 제도와 법으로서 어떻게 적용될 수 있는지 등의 측면에서 선포될 수 있습니다. 하지만 성례는 복음을 받아들인 교회의 성도들에게만 시행됩니다. 성례의 의미를 잘 모르는 교회 밖 사람들은 성례를 멸시할 위험이 있기 때문입니다.

이런 차이점에서 드러나는 바와 같이 우리는 말씀이 성례보다 우선한다고 생각합니다. 성례는 믿음을 전제로 하며 믿음이 받아들여진 곳에서만 시행되어야 합니다. 성례는 말씀 없이 본래 의미와 목적을 나타낼 수 없지만 말씀은 성례 없이도 그 뜻과 목적을 성취합니다.

그런데 로마 가톨릭은 말씀의 우월성을 인정하지 않습니다. 그들은 성례 자체가 진정한 은혜의 수단이라고 생각합니다. 그들이 그렇게 생각하는 이유는 성찬의 떡과 포도주를 먹고 마실 때, 실제로 예수 그리스도의 몸과 피를 먹고 마신다고 생각하기 때문입니다. 즉 그들은 성찬을 집례하는 신부가 떡과 포도주를 들고 "이것은 나의 몸과 피이니라"고 말하는 순간에 실제로 그리스도의 몸과 피로 변한다는 화체설(化體說)을 믿습니다. 이에 대해서는 하이델베르크 교리문답 제78문에서 자세하게 살펴보겠습니다.

구분		말씀	성례
공통점	제정자	하나님	
	중심 내용	그리스도	
	참여하는 유일한 길	믿음	
차이점	필수불가결 여부	O	X
	믿음의 발생과 강화	믿음을 일으키고 강화	믿음을 강화
	적용 대상	신자를 포함해 불신자들에게도	교회 안에 있는 자들에게만

표3 말씀과 성례의 공통점과 차이점

심화 연구

은혜의 외적이고 통상적인 수단(the outward and ordinary means)

우리는 하이델베르크 교리문답 제65문에서 성령으로부터 오는, 우리를 그리스도와 그의 모든 유익에 참여하게 하는 믿음은 말씀(복음의 선포)으로 발생하고, 성례의 사용으로 확증됨을 살펴보았습니다. 즉 성령에 의한 믿음의 은혜는 말씀과 성례라는 외적이고 통상적인 수단을 통해 우리에게 전달된다는 것입니다. 이 말의 의미가 무엇인지 살펴보겠습니다.

우리는 다양한 통로를 통해 하나님의 은혜를 느낍니다. 우리 민족의 관습과 문화를 적어놓은 『삼국지 위지 동이전』 같은 고서들은 우리 민족이 고대로부터 가무와 음곡을 좋아했다고 말합니다. 이런 성향 때문인지 우리나라에는 노래방이 많고 교회들도 찬양 시간을 중시합니다. 저도 개인적으로 찬양을 통해 많은 은혜를 받곤 합니다. 그런데 찬양에는 일반 노래와 춤에서도 나타나는 효과 및 기능이 담겨 있습니다. 그런 감동과 흥분을 하나님이 주시는 진정한 은혜로 착각할 수도 있습니다.

하나님의 은혜는 교회 봉사에서도 나타납니다. 식사 준비, 주차 안내, 청소로 섬기거나 성가대원, 교사로 봉사하는 것을 통해서도 은혜를 받습니다. 성도들과의 교제도 기쁨과 즐거움을 줍니다. 마음속의 여러 이야기를 쏟아내며 기쁨과 슬픔을 나누고 위로와 격려를 받습니다.

또 깊고 높은 산, 광활한 바다, 천지를 뒤덮는 하얀 눈과 다양한 동물들의 신비한 생태도 하나님의 은혜를 더해줍니다. 우리가 살아가는 동안 만나는 여러 환난이나 고난, 혹은 번영이나 행운도 은혜가 됩니다. 갑작스러운 병, 사업의 실패, 배신, 이혼, 사랑하는 이의 죽음, 실직 등을 통해서도 우리는 인생의 무게를 느끼며 하나님의 은혜가 무엇인지 알아갑니다. 그러고 보면 우리가 인생에서 접하는 모든 것이 은혜의 매개들입니다.

그런데 "은혜의 수단"이라고 할 때는 이런 것들이 포함되지 않습니다. 이런 것들은 객관적 의식이 아니라 각자가 하나님의 복을 누리는 주관적 요소이기 때문입니다. "은혜의 수단"은 하나님이 통상적으로 주시는 은혜가 더욱 객관적으로 드러나는 의식을 통해 주어지는 경우를 가리키는 말입니다. 또 교회 안에서 이루어지는 교제, 봉사, 찬양 등은 은혜의 수단이라기보다는 오히려 그 은혜의 결과나 열매라고 보아야 옳습니다.

1. 외적 수단(the outward means)

그러면 객관적 의식의 측면에서 은혜의 수단이란 무엇입니까? 그것은 말씀과 성례입니다. 불신자가 하나님을 알 때 꼭 말씀이 선포되지 않아도 성령이 직접 심령에 역사하여 거듭날 수도 있습니다. 따라서 말씀만이 은혜의 수단이라고 말할 수 없을지도 모릅니다. 하지만 새로운 생명의 탄생에는 영혼이 성숙하게 자라는 것도 포함되므로, 하나님의 말씀을 먹고 자라는 일을 빼놓을 수 없습니다. 결국 성령이 직접 영혼 안에서 역사하시는 때도 결국에는 말씀이라는 은혜의 수단이 필요한 것입니다.

신비주의자들은 은혜의 수단을 거부합니다. 그들은 하나님이 은혜를 직접 다양한 방법으로 주신다고 믿기에 은혜 전달의 "외적인" 수단이란 표현을 싫어합니다. 외적인 수단은 눈에 보이는 물리적인 것으로서 육적 특성이 드러나므로 영적 세계와 관련이 없다고 보고, 자유의 성령이 그런 틀에 박힌 방법으로 일하신다고 주장하면 성령을 제한하게 된다고 비판하는 것입니다.

하지만 말씀과 성례가 은혜의 수단이라는 것은 그것들이 은혜를 기계적으로 부어준다는 것이 아니라, 하나님이 영적이고 신비한 은혜를 주실 때 이것들을 통상적이고 외적인 도구로 사용하신다는 의미입니다. 하나님의 은혜는 그 자체로 신비하고 초월적이며 영적입니다. 하나님은 우리가 이를 외적이고 통상적인 수단을 통해 안정적으로 받을 수 있도록 해주셨습니다.

신비주의자들의 견해를 우리가 거부해야 하는 이유는, 그렇지 않으면 성경에 나오지 않는 방식이어도 개인적인 체험을 통해 효과가 있다는 것을 은혜의 수단이라고 하면서 임의로 사용하게 되기 때문입니다. 어떤 사람은 단순히 감정을 고양하는 인위적인 방법을 통해 황홀경을 맛본 후 은혜를 받은 것이라고 착각하면서 주관주의와 체험주의에 빠질 수 있습니다. 그런 경우 대다수가 더 강한 체험을 위해 더 인위적인 방법을 동원하게 됩니다.

더 나아가 그들은 성경을 통한 계시가 아니라 하나님으로부터 직접 받는 계시를 선호합니다. 보통의 꿈에 지나지 않는 평범한 꿈에서도 이상한 해석을 끌어내며 그것이 하나님의 계시라고 주장합니다. 심지어는 "육은 죽이는 것이고 영은 살리는 것"이라는 논리를 오용해 성경을 차분히 공부하는 것이 오히려 이성으로 하나님의 뜻을 제한한다고 비판합니다. 그 결과 초월과 엑스터시와 직통 계시와 같은 신비함을 추구하는 이들에게는 모두가 검증할 수 있는 객관적이며 외적이고 안정적인 은혜의 수단이 없습니다.

그들은 우리의 이런 비판에 대해 "당신들의 삼위일체는 성부, 성자, 성경입니까?"라고 비판합니다. 우리가 성령의 자유스럽고 신비한 사역을 딱딱하고 죽은 문자에 가둔다고 보는 것입니다. 하지만 우리는 성령의 사역이 그 자체로 신비하고 초월적이고 영적임을 철저히 인정합니다. 너무나 신비하고 초월적이고 영적이라서, 우리가 이해하고 받아들일 수 있도록 하나님이 우리의 수준에 맞게 마련하신 것이 외적이고 통상적인 수단이라고 이해합니다. 말씀과 성례를 그런 수단으로 받아들이는 것이야말로 성령을 인정하는 자세입니다. 성령의 사역이라고 자주 말한다고 해서 성령을 인정하는 것이 아니라, 그분의 존재와 사역에 맞게 대응하는 것이 진정으로 그분을 인정하는 것입니다. 오히려 그들이 "성부, 성자, 초월"의 잘못된 삼위일체를 믿고 있다고 할 수 있습니다.

2. 통상적 수단(the ordinary means)

우리가 말씀과 성례를 은혜의 수단이라고 말하는 것은 하나님이 통상적으로 그것들을 은혜의 수단으로 사용하신다는 의미이지 그것이 필수불가결하다는 뜻은 아닙니다. 하나님은 그것들이 없어도 은혜를 충분히 주실 수 있습니다. 그런데 하나님은 우리가 언제든 은혜의 수단으로 사용할 수 있도록 말씀과 성례를 통상적인 수단으로 주셨습니다. 통상적 수단을 무시하면 우리는 영적 손실을 크게 볼 수밖에 없습니다. 감나무 밑에서 감이 우연히 떨어지기를 바라는 요행주의자처럼 하나님의 은혜가 우연히 오기만을 바라야 하기 때문입니다.

사람은 보통 밭에 씨앗을 뿌리고 물을 주어 곡물을 자라게 함으로써 양식을 얻습니다. 하지만 하나님은 때에 따라서 매우 초월적인 방법으로 음식을 주기도 하십니다. 광야의 이스라엘 백성에게 만나와 메추라기를 주신 것이 좋은 예입니다. 또 하나님은 아람의 침입을 받아 성에 갇혀 굶주린 이스라엘 백성에게도 극적인 방법으로 먹을 것을 주셨습니다(왕하 7:6-7).

하지만 이는 통상적인 경우가 아닙니다. 광야라서 곡물을 재배할 수 없으니 만나와 메추라기를 주신 것이고, 성에 갇혀 굶주리기 때문에 외적을 쫓아내셔서 양식을 마련해주신 것입니다. 매우 특별한 상황에서 특별하게 역사하신 경우입니다. 이런 경험에 의지한 채 통상적인 농사를 멈추어서는 안 됩니다. 이스라엘 백성은 가나안 땅에 들어가 만나가 그친 후에는 열심히 농사를 지어 먹거리를 해결해야 했습니다. 이스라엘 백성에게 농사와 목축은 통상적인 식량 조달 수단이고, 만나는 비범한 수단입니다.

전능하신 하나님은 우리에게 은혜를 주실 때 병을 고치거나 죽은 자를 살리고, 환상을 보여주거나 하나님을 직접 만나게 하는 방법 등을 사용하실 수 있습니다. 실제로 하나님은 이런 이적의 방법을 종종 사용하십니다. 그런데 모든 신자가 항상 안정적으로 하나님의 은혜를 받을 수 있는 통상적인 수단은 이적이 아니라 말씀과 성례입니다. 하이델베르크 교리문답은 은혜의 수단이 되는 말씀과 성례(세례와 성찬)를 제65-82문에서 다룹니다.

예언이 실패할 때

"인간은 합리적 존재가 아니라 합리화하는 존재"라고 말한 사회심리학자 레온 페스팅거(Leon Festinger, 1919-1989)는 『예언이 실패할 때』(*When prophecy fails*)라는 책을 썼다. 이 책은 1954년에 미국 시카고에서 말세론을 주장하며 UFO가 자신들을 데려갈 것이라고 믿었던 사람들을 심층 취재한 결과물이다. 그들은 가정과 직장을 떠나 한곳에 모여 임박한 종말의 날을 기다렸지만 아무 일도 일어나지 않았다. 우리나라에서도 다미선교회의 이장림이 1992년 10월 28일에 휴거가 일어난다고 예언해서 사회적 관심거리가 되었던 적이 있다.

그렇다면 예언이 실패했을 때, 그 추종자들은 어떻게 행동했을까? 그중 일부는 자신들이 틀렸음을 인정하고 종말론을 버렸다. 하지만 다른 일부는 여전히 교주를 떠나지 않고 자신들의 믿음이 약했다고 탓하며 더욱 광신적 행태로 몰입하거나, 날짜 산정에 있었던 오류를 바로잡으려고 했다. 자신들의 믿음과 생각을 수정하거나 버리는 대신, 현실과 사실을 왜곡해 그에 맞추어 해석한 것이다. "인지부조화"(Cognitive Dissonance)의 대표적인 경우다.

내가 아는 어느 목사는 몇 년 전에 위임 투표를 받았다. 그는 통과를 확신했다. 자신을 미워하는 몇몇 장로와 권사의 눈치를 보느라 적극적으로 호감을 표현하지는 못하지만 성도 대다수가 자신을 지지한다고 생각했기 때문이다. 하지만 결과는 실망스러웠다. 위임을 찬성하는 사람이 많지 않았던 것이다. 그런데도 그는 여전히 자신에게서 부족함을 찾지 않고, 성도들에게서 문제점을 찾고 있다. 그런 인식과 자세를 유지한 채 교회를 개척하여 어려움을 겪고 있으면서도 여전히 많은 사람이 자신의 설교와 목회의 깊이(?)를 알아주지 않는 현실을 비관하면서 사람들을 비판할 뿐이다. 자신을 합리화하는 성향을 고치지 않는 한 그의 목회와 대인관계는 계속 어려움에 빠질 수밖에 없을 듯하다.

모세를 통한 하나님의 명령을 전해 들은 바로 왕은 열 번의 이적을 경험하면서도 강퍅한 마음이 바뀌지 않았다. 여전히 자기 생각에 갇혀 하나님과 모세를 인정할 수 없었다. 그 결과 온 나라의 장자들이 모두 죽는 아픔을 겪어야 했고, 주력 부대가 홍해에서 몰살당하는 처절한 패배까지 맛보았다.

이세벨은 어떠했는가? 바알의 선지자 450인이 죽을 때, 남편 아합이 우연히 날아온 화살에 죽고, 그 피를 개들이 핥을 때 빨리 깨달아야 했다. 자신들을 향한 하나님의 예언이 그대로 집행되고 있음을 빨리 받아들여 행실을 고쳐야 했다. 하지만 그녀는 인지부조화에 빠져 여전히 오만했다. 그 결과 자기 아들들과 손자들이 모두 죽는 아픔을 당하고, 그녀 자신은 창에서 내시들에게 떠밀려 떨어져서 그 피가 사방으로 튀는 비참한 죽음을 맞았다. 심지어 그녀는 죽기 직전에도 눈을 그리고 머리를 꾸미고 창에서 예후를 바라보았다(왕하 9:30). 인지부조화에 빠진 이들은 죽음 앞에서도 허상의 미에 빠져드는 것이다.

이미 펼쳐진 현실과 이루어진 사실이 어떻게 변하겠는가? 그것을 바라보는 자신의 시각이 바뀌어야 할 뿐이다. 현실과 사실 앞에서는 냉철해야 한다. 자신이 틀릴 수 있음을 늘 인정하며 사실에 자신을 맞추어야지, 자신의 틀림을 계속 합리화하면 안 된다. 사실을 자신의 견해에 끼워 맞출수록 삶이 힘들어질 뿐이다. 이리 치이고 저리 치인 후 다른 방법이 없을 때에서야 비로소 현실을 받아들인다면 이 얼마나 서글픈 인생인가?

사람이 어떻게 사물을 인지하고 신념의 정당성을 갖는지 살펴보는 "인식론"은 철학의 3대 분야에 속한다. 조직신학에서도 신론을 다루기에 앞서 내적 인식 원리와 외적 인식 원리를 다루는 서론을 먼저 배워야 한다. 자신의 견해가 어떤 것인지 아는 것도 중요하지만, 자신이 그런 견해를 갖게 된 원인인 생각의 전제(前提)를 살피는 것은 훨씬 더 중요하다. 또한 상대방의 견해를 분명히 아는 것도 중요하지만, 그런 견해를 보이는 상대방의 전제와 목적을 살피고 그에 맞추어 접점을 찾는 것이 더 중요하다.

인지부조화에 빠진 이들, 자기 생각과 일치하는 정보만 편향적으로 받아들여 자신의 견해를 더욱 공고히 하는 확증편향에 빠진 이들은 주변 사람들을 매우 힘들게 한다는 사실을 알아야 한다. 오스트레일리아의 어느 유서 깊은 신학교에서는 "인식"에 관해서만 신학과 철학과 심리학의 입장에서 무려 3학기 동안이나 가르친다고 한다. 목회 활동에 있어서 "인식"은 그처럼 중요하다. 성도들의 마음을 읽지 못하는 목회자는 얼마나 많은 사람을 아프게 하는지 모른다. 무엇을 배우고, 어떤 지식을 습득하기에 앞서 자신이 현실을 올바로 인식하고 있는지 살펴야 한다. 또 자신도 모르는 전제를 고집하고 있지는 않은지 깊이 돌아볼 일이다.

전적으로 부패하여 전적으로 무능한 인간 스스로는 하나님을, 진리를 절대로 바르게 알 수 없다. 이렇게 비참에 처할 수밖에 없는 우리를 아무 이유 없이, 오직 사랑이란 이유로 선택하시어 믿음을 주시고 예수 그리스도를 붙들고 믿게 하신 하나님께 감사와 찬양을 드릴 뿐이다.

함께 나누기: 성례

01 먼저 자신을 소개하는 시간을 가집시다. 관심사, 취미, 가족, 신앙 이력, 기도 제목 등에 대해 나누어봅시다. 기도 제목은 잘 기억하며 관심과 애정을 가지고 기도해야 합니다.

02 하이델베르크 교리문답 제65-68문을 서로 묻고 답해봅시다. 근거 성구도 다시 한번 살펴봅시다.

03 믿음은 어떻게 발생하고 무엇을 통해 확증됩니까?

04 성례가 "보이는 말씀"이라고 불리는 이유는 무엇입니까?

05 말씀과 성례는 믿음을 어디로 이끌기 위해 제정되었습니까?

06 말씀과 성례의 공통점과 차이점이 무엇인지 나누어봅시다.

07 은혜의 외적이고 통상적인 수단(the outward and ordinary means)이란 무슨 의미입니까?

제26주일: 제69-71문 세례의 의미와 제정

Q 제69문 그리스도가 십자가에서 드리신 단번의 희생이 당신에게 실제로 유익이 됨을 당신은 거룩한 세례를 통해 어떻게 설득되고 확신합니까?

How art thou admonished and assured by holy baptism, that the one sacrifice of Christ upon the cross is of real advantage to thee?

A 답 그리스도가 이런 외형적인 물의 씻음을 제정하시고[1] 다음과 같은 약속을 덧붙이셨기 때문입니다. 그 약속은 통상 몸의 더러움이 물에 의해 씻겨 내가 외적으로 깨끗하게 되듯이, 그의 피와 영에 의해 내 영혼의 모든 더러움, 즉 모든 나의 죄가 확실하게 씻긴다는 것입니다.[2]

Thus: That Christ appointed this external washing with water, adding thereto this promise, that I am as certainly washed by his blood and Spirit from all the pollution of my soul, that is, from all my sins, as I am washed externally with water, by which the filthiness of the body is commonly washed away.

admonish	권고하다, 책망하다	**assure**	확약하다, 장담하다
filthiness	더러움, 불결함, 추악함		

Q 제70문 그리스도의 피와 영으로 씻긴다는 것은 무슨 뜻입니까?

What is it to be washed with the blood and Spirit of Christ?

A 답 그리스도가 십자가에서 자신의 희생으로 우리를 위해 흘리신 피로 말미암아 하나님으로부터 죄의 용서가 거저 주어진다는 것입니다.[3] 또한 성령에 의해 새롭게 되고 그리스도의 지체로 거룩하게 되어 우리가 점점 죄에 대해 죽고, 거룩하고 흠 없는 삶을 산다는 것입니다.[4]

It is to receive of God the remission of sins, freely, for the sake of Christ's blood, which he shed for us by his sacrifice upon the cross; and also to be renewed by the Holy Ghost, and sanctified to be members of Christ, that so we may more and more die unto sin, and lead holy and unblamable lives.

Q 제71문 그리스도는 우리가 세례의 물로 씻기는 것처럼 그의 피와 영으로 우리를 확실히 씻기신다고 어디에서 우리에게 약속하셨습니까?

Where has Christ promised us, that he will as certainly wash us by his blood and Spirit, as we are washed with the water of baptism?

A 답 다음과 같이 세례를 제정하실 때입니다. "그러므로 너희는 가서 모든 민족을 제자로 삼아 아버지와 아들과 성령의 이름으로 세례를 베풀고"(마 28:19). "믿고 세례를 받는 사람은 구원을 얻을 것이요 믿지 않는 사람은 정죄를 받으리라"(막 16:16). 또한 이 약속은 성경이 세례를 "중생의 씻음"과 "죄의 씻어냄"이라고 부르는 곳에서 반복됩니다(딛 3:5; 행 22:16).

In the institution of baptism, which is thus expressed: "Go ye, therefore, and teach all nations, baptizing them in the name of the Father, and of the Son, and of the Holy Ghost," Matt. 28:19. And "he that believeth, and is baptized, shall be saved; but he that believeth not, shall be damned," Mark 16:16. This promise is also repeated, where the scripture calls baptism the washing of regenerations and the washing away of sins. Tit. 3:5, Acts 22:16.

unblamable 책망할 점이 없는, 결백한 **regeneration** 중생, 갱생, 재건, 부활

근거 성구

1 그러므로 너희는 가서 모든 민족을 제자로 삼아 아버지와 아들과 성령의 이름으로 세례를 베풀고(마 28:19).

2 나는 너희로 회개하게 하기 위하여 물로 세례를 베풀거니와 내 뒤에 오시는 이는 나보다 능력이 많으시니 나는 그의 신을 들기도 감당하지 못하겠노라. 그는 성령과 불로 너희에게 세례를 베푸실 것이요(마 3:11).

세례 요한이 광야에 이르러 죄 사함을 받게 하는 회개의 세례를 전파하니(막 1:4).

믿고 세례를 받는 사람은 구원을 얻을 것이요, 믿지 않는 사람은 정죄를 받으리라(막 16:16).

요한이 요단 강 부근 각처에 와서 죄 사함을 받게 하는 회개의 세례를 전파하니(눅 3:3).

나도 그를 알지 못하였으나 나를 보내어 물로 세례를 베풀라 하신 그이가 나에게 말씀하시되 "성령이 내려서 누구 위에든지 머무는 것을 보거든 그가 곧 성령으로 세례를 베푸는 이인 줄 알라" 하셨기에(요 1:33).

베드로가 이르되 "너희가 회개하여 각각 예수 그리스도의 이름으로 세례를 받고 죄 사함을 받으라. 그리하면 성령의 선물을 받으리니"(행 2:38).

3무릇 그리스도 예수와 합하여 세례를 받은 우리는 그의 죽으심과 합하여 세례를 받은 줄을 알지 못하느냐? 4그러므로 우리가 그의 죽으심과 합하여 세례를 받음으로 그와 함께 장사되었나니 이는 아버지의 영광으로 말미암아 그리스도를 죽은 자 가운데서 살리심과 같이 우리로 또한 새 생명 가운데서 행하게 하려 함이라(롬 6:3-4).

물은 예수 그리스도께서 부활하심으로 말미암아 이제 너희를 구원하는 표니 곧 세례라. 이는 육체의 더러운 것을 제하여 버림이 아니요, 하나님을 향한 선한 양심의 간구니라(벧전 3:21).

3 맑은 물을 너희에게 뿌려서 너희로 정결하게 하되 곧 너희 모든 더러운 것에서와 모든 우상숭배에서 너희를 정결하게 할 것이며(겔 36:25).

그날에 죄와 더러움을 씻는 샘이 다윗의 족속과 예루살렘 주민을 위하여 열리리라(슥 13:1).

우리는 그리스도 안에서 그의 은혜의 풍성함을 따라 그의 피로 말미암아 속량 곧 죄 사함을 받았느니라(엡 1:7).

새 언약의 중보자이신 예수와 및 아벨의 피보다 더 나은 것을 말하는 뿌린 피니라(히 12:24).

곧 하나님 아버지의 미리 아심을 따라 성령이 거룩하게 하심으로 순종함과 예수 그리스도의 피 뿌림을 얻기 위하여 택하심을 받은 자들에게 편지하노니 은혜와 평강이 너희에게 더욱 많을지어다(벧전 1:2).

또 충성된 증인으로 죽은 자들 가운데에서 먼저 나시고 땅의 임금들의 머리가 되신 예수 그리스도로 말미암아 은혜와 평강이 너희에게 있기를 원하노라. 우리를 사랑하사 그의 피로 우리 죄에서 우리를 해방하시고(계 1:5).

내가 말하기를 "내 주여, 당신이 아시나이다" 하니 그가 나에게 이르되 "이는 큰 환난에서 나오는 자들인데 어린 양의 피에 그 옷을 씻어 희게 하였느니라"(계 7:14).

4 26또 새 영을 너희 속에 두고 새 마음을 너희에게 주되 너희 육신에서 굳은 마음을 제거하고 부드러운 마음을 줄 것이며 27또 내 영을 너희 속에 두어 너희로 내 율례를 행하게 하리니 너희가 내 규례를 지켜 행할지라(겔 36:26-27).

요한복음 1:33(**2**번을 참고하시오).

예수께서 대답하시되 "진실로 진실로 네게 이르노니 사람이 물과 성령으로 나지 아니하면 하나님의 나라에 들어갈 수 없느니라"(요 3:5).

그러므로 우리가 그의 죽으심과 합하여 세례를 받음으로 그와 함께 장사되었나니 이는 아버지의 영광으로 말미암아 그리스도를 죽은 자 가운데서 살리심과 같이 우리로 또한 새 생명 가운데서 행하게 하려 함이라(롬 6:4).

너희 중에 이와 같은 자들이 있더니 주 예수 그리스도의 이름과 우리 하나님의 성령 안에서 씻음과 거룩함과 의롭다 하심을 받았느니라(고전 6:11).

우리가 유대인이나 헬라인이나 종이나 자유인이나 다 한 성령으로 세례를 받아 한 몸이 되었고 또 다 한 성령을 마시게 하셨느니라(고전 12:13).

너희가 세례로 그리스도와 함께 장사되고 또 죽은 자들 가운데서 그를 일으키신 하나님의 역사를 믿음으로 말미암아 그 안에서 함께 일으키심을 받았느니라(골 2:12).

해설

거룩한 세례

하이델베르크 교리문답 69-71문은 성례 중 세례가 무엇인지 구체적으로 다룹니다. 세례는 물을 수단으로 사용합니다. 물은 몸의 더러움을 깨끗하게 씻어줍니다. 세례의 물은 그리스도의 피와 영을 상징합니다. 영혼의 모든 더러움, 즉 사람의 모든 죄는 오직 그리스도의 피와 영으로만 확실하게 씻깁니다. 그리스도는 세례의 물이 그리스도의 피와 영을 상징하여 그런 유익이 우리에게 주어진다고 약속하셨습니다.

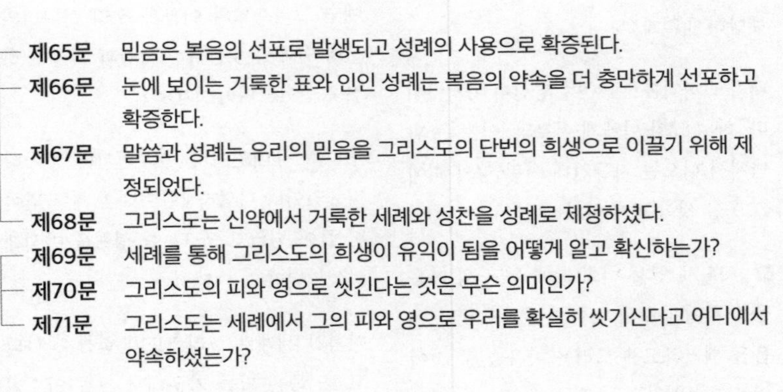

제65문	믿음은 복음의 선포로 발생되고 성례의 사용으로 확증된다.
제66문	눈에 보이는 거룩한 표와 인인 성례는 복음의 약속을 더 충만하게 선포하고 확증한다.
제67문	말씀과 성례는 우리의 믿음을 그리스도의 단번의 희생으로 이끌기 위해 제정되었다.
제68문	그리스도는 신약에서 거룩한 세례와 성찬을 성례로 제정하셨다.
제69문	세례를 통해 그리스도의 희생이 유익이 됨을 어떻게 알고 확신하는가?
제70문	그리스도의 피와 영으로 씻긴다는 것은 무슨 의미인가?
제71문	그리스도는 세례에서 그의 피와 영으로 우리를 확실히 씻기신다고 어디에서 약속하셨는가?

표4 하이델베르크 교리문답 제65-71문의 구성

1. 세례를 통해 그리스도의 희생이 유익이 됨을 어떻게 알고 확신하는가?

세례는 그리스도가 직접 제정하셨습니다. 대한민국 국민은 국회에서 만든 법을 따릅니다. 아파트 입주민회도 나름의 법을 만듭니다. 그들이 만든 법은 그 아파트 내에서나 적용되지, 다른 사람들에게는 적용되지 않습니다. 여기서 중요한 것은 그 법을 누가 제정했느냐는 것입니다. 사람들은 적법한 권위자가 실상을 정확하게 파악하고 만든 법을 진심으로 따릅니다. 그런 법은 사람들에게 큰 유익이 됩니다. 그런데 세례는 예수 그리스도가 직접 제정하셨습니다(마 28:19). 그렇게 하신 이유는 세례가 우리에게 유익하기 때문입니다.

세례 요한은 "나는 너희로 회개하게 하기 위하여 물로 세례를 베풀거니와 내 뒤에 오시는 이는 나보다 능력이 많으시니 나는 그의 신을 들기도 감당하지 못하겠노라. 그는 성령과 불로 너희에게 세례를 베푸실 것이요"(마 3:11)라고 말했습니다. 요한은 물로 세례를 베풀었지만 그리스도는 물이 상징하는 성령과 불로 세례를 베푸셨습니다. 요한이 물을 마음껏 사용하여 수세자에게 뿌렸듯이, 그리스도는 성령을 사용하실 수 있는 하나님이시기에 그 성령으로 세례를 베푸셨습니다. 그리스도가 성령으로 세례를 베푸신다는 것은 성령과 같은 본질의 하나님으로서 성령을 사용하실 수 있다는 뜻입니다.

믿고 세례를 받는 사람은 구원을 얻습니다(막 16:16). 이미 그리스도를 믿는 자는 세례를 받을 때 물이 더러움을 씻어내듯 그리스도의 피가 자신의 죄를 씻어낸 줄 알고 확신하게 됩니다. 세례는 이런 유익을 신자들에게 줍니다. 세례의 물은 육체의 더러운 것을 제하여버리는 것을 넘어서 우리의 죄를 제하여버리는 그리스도의 피와 성령을 상징합니다(벧전 3:21). 말씀을 통해 이를 아는 자는 세례를 통해 큰 유익을 누립니다.

그리스도가 세례를 제정하신 것과 세례를 제정하시며 하신 약속 때문에, 그리스도가 십자가에서 드리신 단번의 희생이 우리에게 실제로 유익이 됨을 세례를 통해 알 수 있습니다. 이는 말씀을 통해 세례의 유익을 알지 못하면 세례가 우리에게 아무 유익이 없다는 뜻입니다. 세례 자체가 객관적으로 사람들에게 유익을 주지는 않는 것입니다.

2. 그리스도의 피와 영으로 씻긴다는 것은 무슨 의미인가?

하이델베르크 교리문답 제69문에서 우리는 몸의 더러움이 물에 씻기듯 사람의 죄가 그리스도의 피와 영에 의해 씻기고, 세례가 이를 알고 확신하게 해 준다는 사실을 살펴보았습니다. 이어지는 제70문은 그리스도의 피와 영으로 씻긴다는 것이 무슨 뜻인지 좀 더 자세히 이야기합니다.

먼저 그리스도의 피로 씻긴다는 것에 대해 살펴보겠습니다. 그리스도는 십자가에서 피를 흘려 죽으셨습니다. 구약 시대에 이스라엘 백성은 매년 흠 없는 짐승을 가지고 성전의 제사장에게 가야 했습니다. 제사장은 그 짐승에게 흠이 없는지 살펴본 후에 그 사람의 죄를 짐승에게 전가하는 의식을 거행했습니다. 그 짐승은 그 사람의 죄를 대신하여 피를 흘리고 죽었습니다.

그런데 사실 짐승이 사람의 죄를 대신할 수는 없습니다. 짐승에게는 그런 자격과 능력이 없습니다. 그 짐승은 앞으로 오실 그리스도를 예표하고 상징할 뿐입니다. 따라서 이스라엘 백성은 자신들이 죄인이고 자신들의 죄를 대신해 짐승이 죽는데, 그 짐승은 앞으로 오실 그리스도를 예표한다는 사실을 믿어야 했습니다. 그들도 이 믿음으로 구원을 받는 것이지 절대로 외형적인 제사 수행으로 구원을 받는 것이 아닙니다.

신약 시대에 성자 하나님은 인성을 취하시어 사람이 되셨습니다. 그리고 때가 차자 예루살렘에 일부러 올라가시어 십자가에 못 박혀 피 흘려 죽으셨습니다. 우리 신자들의 죄를 짊어지고 대신 죽으신 것입니다. 이로써 구약의 제사에 바쳐지던 짐승이 예표했던 대속적 죽음을 십자가에서 단번의 희생으로 완성하셨습니다. 우리 신자들의 죄는 죄 없으신 예수 그리스도가 우리를 대신해서 죽으시고 죗값을 지불하심으로써 없어지고 용서됩니다. 우리는 아무것도 지불하지 않았습니다. 구원이 예수 그리스도로 말미암아 거저 주어진 것입니다. 우리의 믿는 행위 때문에 구원받은 것도 아니고, 앞으로 믿을 것을 주님이 아시고 구원해주신 것도 아닙니다. 우리는 오직 하나님의 순수한 사랑과 은혜로 구원받았습니다.

다음과 같은 성경 구절들이 이를 잘 말해줍니다. 세례는 이 말씀들의 내용을 물로 씻는 형태를 통해 눈으로 보여주는 것입니다.

> 그날에 죄와 더러움을 씻는 샘이 다윗의 족속과 예루살렘 주민을 위하여 열리리라(슥 13:1).

> 우리는 그리스도 안에서 그의 은혜의 풍성함을 따라 그의 피로 말미암아 속량 곧 죄 사함을 받았느니라(엡 1:7).

> 우리를 사랑하사 그의 피로 우리 죄에서 우리를 해방하시고(계 1:5).

> 이는 큰 환난에서 나오는 자들인데 어린 양의 피에 그 옷을 씻어 희게 하였느니라(계 7:14).

이제 두 번째로 그리스도의 영으로 씻긴다는 것에 대해 살펴보겠습니다. 세례는 단지 그리스도의 피로 신자들의 죄가 사해졌다는 과거의 사실을 보여줄 뿐만 아니라, 성령에 의해 우리 영혼의 모든 더러움이 지금 씻긴다는 것도 보여줍니다. 그리스도의 피에 의해 신자들의 모든 죄가 용서되지만, 신자들은 여전히 남아 있는 부패성 때문에 그 이후에도 죄를 짓습니다. 그리스도는 그 이후의 죄에 대해서도 모든 죗값을 지불하고 죽으셨습니다.

성령은 우리가 이 사실을 깨닫고, 새롭게 되고 거룩해져 그리스도의 지체가 되게 하십니다. 그리스도의 지체가 되었으므로 우리는 점점 죄에 대해 죽어 거룩하고 흠 없는 삶을 살게 됩니다. 따라서 세례는 단순히 그리스도의 대속 사역만 말하는 것이 아닙니다. 우리가 그 대속 사역으로 말미암아 성령을 통해 그리스도의 지체로서 거룩한 자가 되어간다는 사실도 말해줍니다. 성령은 우리의 굳은 마음을 제거하고 부드러운 마음을 주셔서 하나님의 율례를 행하게 하십니다(겔 36:26-27). 세례를 통해 성령이 이렇게 하시는 것까지 보는 자가 세례를 제대로 이해하는 자입니다.

> 26또 새 영을 너희 속에 두고 새 마음을 너희에게 주되 너희 육신에서 굳은 마음을 제거하고 부드러운 마음을 줄 것이며 27또 내 영을 너희 속에 두어 너희로 내 율례를 행하게 하리니 너희가 내 규례를 지켜 행할지라(겔 36:26-27).

> 나도 그를 알지 못하였으나 나를 보내어 물로 세례를 베풀라 하신 그이가 나에게 말씀하시되 "성령이 내려서 누구 위에든지 머무는 것을 보거든 그가 곧 성령으로 세례를 베푸는 이인 줄 알라" 하셨기에(요 1:33).

세례 요한은 물로 세례를 베풀었지만 예수 그리스도는 물이 상징하는 성령으로 세례를 베푸셨습니다(요 1:33). 그리스도는 성령의 담지자이시기 때문입니다. 그리스도는 하나님이시기에 성령을 자유로이 부리실 수 있습니다. 그러므로 세례 때 사용되는 것은 물이지만, 그 물은 예수 그리스도의 피와 성령을 의미하는 것입니다. 우리는 세례에서 그리스도의 피만이 아니라 성령의 사역까지 생각할 줄 알아야 합니다. "너희 중에 이와 같은 자들이 있더니 주 예수 그리스도의 이름과 우리 하나님의 성령 안에서 씻음과 거룩함과 의롭다 하심을 받았느니라"(고전 6:11)라는 구절도 같은 것을 말합니다.

3. 그리스도는 세례에서 그의 피와 영으로 우리를 확실히 씻기신다고 어디에서 약속하셨는가?

그리스도는 세례를 제정하시며 제자들에게 모든 민족을 제자로 삼아 아버지와 아들과 성령의 이름으로 세례를 베풀라고 말씀하셨습니다(마 28:19). 즉 제자로 삼은 모든 이에게 세례를 베풀라고 명하셨습니다. 그리고 이렇게 믿고 세례를 받는 사람은 구원을 얻고, 믿지 않는 사람은 정죄를 받을 것이라고 말씀하셨습니다(막 16:16). 믿고 세례를 받아 구원을 받는다는 것은 그리스도의 피와 영으로 확실히 씻기었다는 의미입니다.

그리스도가 이렇게 약속하신 내용은 성경에서 반복되어 나옵니다. 디도서 3:5—"우리를 구원하시되 우리가 행한 바 의로운 행위로 말미암지 아니하고 오직 그의 긍휼하심을 따라 중생의 씻음과 성령의 새롭게 하심으로 하셨나니"—에서 세례는 "중생의 씻음"으로 표현됩니다. 사도행전 22:16—"'이제는 왜 주저하느냐? 일어나 주의 이름을 불러 세례를 받고 너의 죄를 씻으라' 하더라"—에서는 세례를 받는 것이 죄를 씻는 것으로 표현됩니다.

이처럼 그리스도가 세례에서 그의 피와 영으로 우리를 확실히 씻기신다고 약속하신 내용은 성경에 나옵니다. 성경은 그리스도가 세례를 제정하시며 이에 대해 약속하신 내용을 전해줍니다. 또 세례가 "중생의 씻음"과 "죄의 씻음"이라고 말해줍니다.

함께 나누기: 세례의 의미와 제정

01 여러분은 기도를 언제 어떻게 얼마나 하고 있습니까? 주말이나 휴가 때 따로 시간을 내 기도한 적이 있습니까? 매일 기도를 하기 위해서, 그리고 기도를 깊이 많이 하기 위해서 어떤 노력과 지혜가 필요합니까?

02 하이델베르크 교리문답 제69-71문을 서로 묻고 답해봅시다. 근거 성구도 다시 한번 살펴봅시다.

03 세례를 통해 그리스도의 희생이 유익이 된다는 사실을 어떻게 알고 확신합니까?

04 그리스도의 피로 씻긴다는 것은 무슨 의미입니까?

05 그리스도의 영으로 씻긴다는 것은 무슨 의미입니까?

06 그리스도는 세례에서 그의 피와 영으로 우리를 확실히 씻기신다고 어디에서 약속하셨습니까?

제27주일: 제72-74문

유아세례

Q 제72문 그렇다면 물로 하는 외면적 세례가 죄 자체를 씻어냅니까?

Is then the external baptism with water the washing away of sin itself?

A 답 전혀 아닙니다.[1] 왜냐하면 오직 예수 그리스도의 피와 성령이 우리의 모든 죄를 씻어주기 때문입니다.[2]

Not at all: for the blood of Jesus Christ only, and the Holy Ghost cleanse us from all sin.

Q 제73문 그러면 왜 성령은 세례를 "중생의 씻음"과 "죄의 씻어냄"이라고 부릅니까?

Why then does the Holy Ghost call baptism "the washing of regeneration," and "the washing away of sins"?

A 답 하나님은 큰 이유 없이 그렇게 말씀하시지 않습니다. 즉 하나님은 이를 통해 몸의 더러움이 물에 의해 깨끗하게 되듯 우리 죄가 예수 그리스도의 피와 영에 의해 제거된다는[3] 것을 우리에게 가르치실 뿐 아니라, 특별히 우리가 물로 외적으로 씻기듯 우리가 우리 죄로부터 영적으로 정말 씻긴다는 것을 이 신적 보증과 표지를 통해 우리에게 확신시키시는 것입니다.[4]

God speaks thus not without great cause, to-wit, not only thereby to teach us, that as the filth of the body is purged away by water, so our sins are removed by the blood and Spirit of Jesus Christ; but especially that by this divine pledge and sign he may assure us, that we are spiritually cleansed from our sins as really, as we are externally washed with water.

Q 제74문 유아들도 세례를 받아야 합니까?

Are infants also to be baptized?

A 답 네. 그들도 성인들처럼 하나님의 언약과 교회에 속하기 때문이고,[5] 그리스도의 피에 의한 죄로부터의 구속이, 그리고 믿음의 창시자인 성령이 어른만이 아닌 그들에게도 약속되었기 때문입니다.[6] 그러므로 그들도 언약의 표지인 세례에 의해 그리스도의 교회에 속해야 하고, 불신자들의 자녀들과 구별되어야 합니다.[7] 구약에서는 할례를 통해 이 구별이 이루어졌는데[8] 신약에서는 그 대신 세례가 제정되었습니다.[9]

Yes: for since they, as well as the adult, are included in the covenant and church of God; and since redemption from sin by the blood of Christ, and the Holy Ghost, the author of faith, is promised to them no less than to the adult; they must therefore by baptism, as a sign of the covenant, be also admitted into the Christian church; and be distinguished from the children of unbelievers as was done in the old covenant or testament by circumcision, instead of which baptism is instituted in the new covenant.

purge	제거하다, 몰아내다
redemption	구속, 구원
distinguish	구별하다, 차이를 보이다, 식별하다
pledge	약속, 맹세, 서약
admit	들어가게 하다, 인정하다

근거 성구

1 나는 너희로 회개하게 하기 위하여 물로 세례를 베풀거니와 내 뒤에 오시는 이는 나보다 능력이 많으시니 나는 그의 신을 들기도 감당하지 못하겠노라. 그는 성령과 불로 너희에게 세례를 베푸실 것이요(마 3:11).

26이는 곧 물로 씻어 말씀으로 깨끗하게 하사 거룩하게 하시고 27자기 앞에 영광스러운 교회로 세우사 티나 주름 잡힌 것이나 이런 것들이 없이 거룩하고 흠이 없게 하려 하심이라(엡 5:26-27).

물은 예수 그리스도께서 부활하심으로 말미암아 이제 너희를 구원하는 표니 곧 세례라. 이는 육체의 더러운 것을 제하여 버림이 아니요, 하나님을 향한 선한 양심의 간구니라(벧전 3:21).

2 너희 중에 이와 같은 자들이 있더니 주 예수 그리스도의 이름과 우리 하나님의 성령 안에서 씻음과 거룩함과 의롭다 하심을 받았느니라(고전 6:11).

그가 빛 가운데 계신 것 같이 우리도 빛 가운데 행하면 우리가 서로 사귐이 있고 그 아들 예수의 피가 우리를 모든 죄에서 깨끗하게 하실 것이요(요일 1:7).

3 너희 중에 이와 같은 자들이 있더니 주 예수 그리스도의 이름과 우리 하나님의 성령 안에서 씻음과 거룩함과 의롭다 하심을 받았느니라(고전 6:11).

또 충성된 증인으로 죽은 자들 가운데에서 먼저 나시고 땅의 임금들의 머리가 되신 예수 그리스도로 말미암아 은혜와 평강이 너희에게 있기를 원하노라. 우리를 사랑하사 그의 피로 우리 죄에서 우리를 해방하시고(계 1:5).

내가 말하기를 "내 주여 당신이 아시나이다" 하니 그가 나에게 이르되 "이는 큰 환난에서 나오는 자들인데 어린 양의 피에 그 옷을 씻어 희게 하였느니라"(계 7:14).

4 믿고 세례를 받는 사람은 구원을 얻을 것이요, 믿지 않는 사람은 정죄를 받으리라(막 16:16).

베드로가 이르되 "너희가 회개하여 각각 예수 그리스도의 이름으로 세례를 받고 죄 사함을 받으라. 그리하면 성령의 선물을 받으리니"(행 2:38).

3무릇 그리스도 예수와 합하여 세례를 받은 우리는 그의 죽으심과 합하여 세례를 받은 줄을 알지 못하느냐? 4그러므로 우리가 그의 죽으심과 합하여 세례를 받음으로 그와 함께 장사되었나니 이는 아버지의 영광으로 말미암아 그리스도를 죽은 자 가운데서 살리심과 같이 우리로 또한 새 생명 가운데서 행하게 하려 함이라(롬 6:3-4).

누구든지 그리스도와 합하기 위하여 세례를 받은 자는 그리스도로 옷 입었느니라(갈 3:27).

5 내가 내 언약을 나와 너 및 네 대대 후손 사이에 세워서 영원한 언약을 삼고 너와 네 후손의 하나님이 되리라(창 17:7).

예수께서 이르시되 "어린아이들을 용납하고 내게 오는 것을 금하지 말라. 천국이 이런 사람의 것이니라" 하시고(마 19:14).

6 내가 날 때부터 주께 맡긴 바 되었고 모태에서 나올 때부터 주는 나의 하나님이 되셨나이다(시 22:10).

1나의 종 야곱, 내가 택한 이스라엘아! 이제 들으라. 2너를 만들고 너를 모태에서부터 지어낸 너를 도와줄 여호와가 이같이 말하노라. 나의 종 야곱, 내가 택한 여수룬아! 두려워하지 말라. 3나는 목마른 자에게 물을 주며 마른 땅에 시내가 흐르게 하며 나의 영을 네 자손에게, 나의 복을 네 후손에게 부어주리니(사 44:1-3).

38베드로가 이르되 "너희가 회개하여 각각 예수 그리스도의 이름으로 세례를 받고 죄 사함을 받으라. 그리하면 성령의 선물을 받으리니 39이 약속은 너희와 너희 자녀와 모든 먼 데 사람 곧 주 우리 하나님이 얼마든지 부르시는 자들에게 하신 것이라" 하고(행 2:38-39).

이르되 "주 예수를 믿으라. 그리하면 너와 네 집이 구원을 받으리라" 하고(행 16:31).

7 이에 베드로가 이르되 "이 사람들이 우리와 같이 성령을 받았으니 누가 능히 물로 세례 베풂을 금하리요?" 하고(행 10:47).

믿지 아니하는 남편이 아내로 말미암아 거룩하게 되고 믿지 아니하는 아내가 남편으로 말미암아 거룩하게 되나니 그렇지 아니하면 너희 자녀도 깨끗하지 못하니라. 그러나 이제 거룩하니라(고전 7:14).

8 10너희 중 남자는 다 할례를 받으라. 이것이 나와 너희와 너희 후손 사이에 지킬 내 언약이니라. 11너희는 포피를 베어라. 이것이 나와 너희 사이의 언약의 표징이니라. 12너희의 대대로 모든 남자는 집에서 난 자나 또는 너희 자손이 아니라 이방 사람에게서 돈으로 산 자를 막론하고 난 지 팔 일 만에 할례를 받을 것이라. 13너희 집에서 난 자든지 너희 돈으로 산 자든지 할례를 받아야 하리니 이에 내 언약이 너희 살에 있어 영원한 언약이 되려니와 14할례를 받지 아니한 남자 곧 그 포피를 베지 아니한 자는 백성 중에서 끊어지리니 그가 내 언약을 배반하였음이니라(창 17:10-14).

9 11또 그 안에서 너희가 손으로 하지 아니한 할례를 받았으니 곧 육의 몸을 벗는 것이요 그리스도의 할례니라. 12너희가 세례로 그리스도와 함께 장사되고 또 죽은 자들 가운데서 그를 일으키신 하나님의 역사를 믿음으로 말미암아 그 안에서 함께 일으키심을 받았느니라. 13또 범죄와 육체의 무할례로 죽었던 너희를 하나님이 그와 함께 살리시고 우리의 모든 죄를 사하시고(골 2:11-13).

해설

유아세례의 의미와 근거

우리는 계속해서 세례에 관해 살펴보고 있습니다. 세례는 그리스도가 직접 제정하신 성례입니다. 그리스도는 세례에서 우리의 죄를 씻기신다고 약속하셨습니다. 하지만 세례라는 의식 자체에 어떤 신비한 능력이 있는 것은 아닙니다. 정말 우리를 씻기는 것은 그리스도의 피와 영입니다. 그러나 하나님은 세례를 신적 보증과 표지로서 우리에게 허락하셨습니다. 이와 관련해 하이델베르크 교리문답 제74문은 특별히 유아세례의 문제를 논합니다.

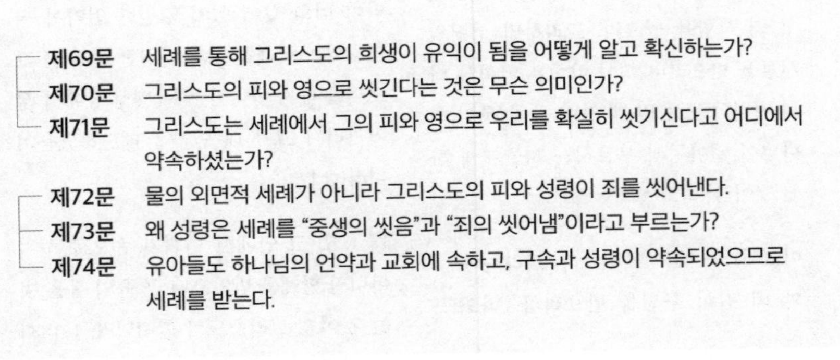

제69문	세례를 통해 그리스도의 희생이 유익이 됨을 어떻게 알고 확신하는가?
제70문	그리스도의 피와 영으로 씻긴다는 것은 무슨 의미인가?
제71문	그리스도는 세례에서 그의 피와 영으로 우리를 확실히 씻기신다고 어디에서 약속하셨는가?
제72문	물의 외면적 세례가 아니라 그리스도의 피와 성령이 죄를 씻어낸다.
제73문	왜 성령은 세례를 "중생의 씻음"과 "죄의 씻어냄"이라고 부르는가?
제74문	유아들도 하나님의 언약과 교회에 속하고, 구속과 성령이 약속되었으므로 세례를 받는다.

표5 하이델베르크 교리문답 제69-74문의 구성

1. 물로 하는 외면적 세례가 죄 자체를 씻어내는가?

하이델베르크 교리문답 제69-71문에서 살펴본 것처럼 물로 하는 외면적 세례는 죄 자체를 씻어내지 못합니다. 물은 물리적인 몸의 더러운 때를 씻어내지만 절대로 사람의 죄를 씻어내지는 못합니다. 따라서 복음에 대한 올바른

믿음과 고백 없이 세례를 받으면 아무 효력이 없습니다.

그리스도는 이런 외형적인 물의 씻음을 통한 세례 의식을 제정하시며, 물이 상징하는 그리스도의 피와 성령이 우리 영혼의 모든 더러움을 씻는다고 약속하셨습니다. 어떻게 눈에 보이는 물이 눈에 보이지 않는 영혼의 더러움을 씻어내겠습니까? 물은 몸의 더러운 것을 깨끗이 씻어내는 역할을 함으로써 우리 영혼의 더러움을 씻어내는 그리스도의 피와 성령을 상징할 뿐입니다. 따라서 세례에 참여하는 자들은 물이 무엇을 상징하고 무엇을 깨끗하게 할 필요가 있는지 제대로 알아야 합니다. 이것을 모르고 세례에 참여하는 자들은 세례의 어떠한 효력도 누릴 수가 없습니다.

세례 요한은 "회개하라, 천국이 가까이 왔느니라"(마 3:2)라고 선포했습니다. 그때 예루살렘과 온 유대와 요단강 사방에서 다 그에게 나아와 죄를 자복하고 요단강에서 세례를 받았습니다. 여기서 중요한 것이 자신들의 "죄를 자복한" 것입니다. 자신이 죄인이며 죄 용서를 받아야 한다는 사실을 모르면서 세례를 받으면 아무 소용이 없습니다.

예를 들어 세례 요한에게 세례를 받으러 온 바리새인과 사두개인에 관해 생각해봅시다. 세례 요한은 그들에게 "독사의 자식들아! 누가 너희를 가르쳐 임박한 진노를 피하라 하더냐? 그러므로 회개에 합당한 열매를 맺고 속으로 아브라함이 우리 조상이라고 생각하지 말라. 내가 너희에게 이르노니 하나님이 능히 이 돌들로도 아브라함의 자손이 되게 하시리라"(마 3:7-9)라고 말했습니다. 그들이 죄를 자복하지 않고 형식적으로 세례 의식에 참여하려고 했기 때문입니다. 그들은 할례나 세례와 같은 외형적 의식을 통해 아브라함의 자손이 될 수 있다고 오해했습니다. 회개에 합당한 열매가 있어야 한다는 사실을 알지 못한 것입니다.

세례 요한의 이런 반응을 본 사람들은 "그러면 우리가 무엇을 하리이까?" 하고 물었습니다. 이에 대해 세례 요한은 "옷 두 벌 있는 자는 옷 없는 자에게 나눠줄 것이요, 먹을 것이 있는 자도 그렇게 할 것이니라"(눅 3:11)라고 대답했습니다. 회개에 합당한 열매를 맺으라는 것입니다. 더 나아가 세리들에게는 "부과된 것 외에는 거두지 말라"(눅 3:13)는 가르침을 주었습니다. 또한 군인들에게는 "사람에게서 강탈하지 말며 거짓으로 고발하지 말고 받는 급료를 족한 줄로 알라"(눅 3:14)라고 대답했습니다. 이는 모두 회개에 합당한 열매를 맺는 자가 세례에 적합하다는 이야기입니다.

하이델베르크 교리문답 제72문에 연관된 성경 구절들을 보면, 마태복음 3:11에서 세례 요한은 회개하게 하기 위하여 물로 세례를 베푼다고 말합니다. 그리고 자신은 물로 세례를 베풀지만 자신의 뒤에 오시는 예수 그리스도는 물이 상징하는 성령과 불로 세례를 베푸신다고 말합니다. 베드로전서 3:21은 물은 구원하는 표인 세례를 말하는 것으로서 육체의 더러운 것을 제하는 것이 아니라 하나님을 향한 선한 양심의 간구라고 합니다. 고린도전서 6:11은 주 예수 그리스도와 성령이 우리에게 씻음과 거룩함과 의롭다 하심을 준다고 말합니다. 요한1서 1:7은 예수의 피가 우리를 모든 죄에서 깨끗하게 하신다고 말합니다. 즉 절대로 물의 외면적 세례가 죄 자체를 씻어내지 못한다고 가르치는 것입니다.

2. 왜 세례를 "중생의 씻음"과 "죄의 씻어냄"이라고 부르는가?

성경은 세례를 "중생의 씻음"과 "죄의 씻어냄"이라고 부릅니다(딛 3:5; 행 22:16). 세례의 물이 죄 자체를 씻어내지 못한다면 성경은 왜 세례를 그렇게 부를까요? 이에 관해 하이델베르크 교리문답 제73문은 중요한 이유가 있다고 답합니다. 즉 몸의 더러움을 깨끗하게 씻어내는 기능을 가진 물이 세례에서 예수 그리스도의 피와 영을 상징하는 도구로 사용되기 때문입니다. 세례의 물이 **"신적 보증과 표지"**(divine pledge and sign)가 되는 것입니다. 하나님은 이것을 통해 세례에 참여하는 자를 확신시키고자 하십니다. 우리가 물로 외적으로 씻기듯 우리의 죄가 영적으로 씻긴다는 것을 확실하게 알려주시는 것입니다. 따라서 세례가 "중생의 씻음"과 "죄의 씻어냄"으로 불리는 것은 세례에 사용되는 물 자체 때문이 아니라, 물이 상징하는 그리스도의 피와 영 때문입니다.

그렇기에 하이델베르크 교리문답 제73문의 근거 성구인 마가복음 16:16은, 믿고 세례를 받는 사람은 구원을 얻는다고 말합니다. 세례 자체가 구원을 주는 것이 아니라, 세례의 의미를 알고서 그리스도를 믿고 세례를 받는 자가 구원을 받습니다. 또한 사도행전 2:38에서 베드로는 회개하여 그리스도의 이름으로 세례를 받고 죄 사함을 받으라고 말합니다. 이처럼 세례는 회개 및 죄 사함과 연결되어 있습니다. 또 로마서 6:3-4에서 바울은 예수와 합하여 세례를 받은 자는 그의 죽으심과 합하여 세례를 받은 것이라고 말합니다. 세례는 예수님과 떼어놓고 생각할 수 없습니다. 예수님의 죽으심으로 말미암아 우리의 죄가 없어지고, 예수님의 부활과 함께 우리가 새 생명 가운데서 살게 됩니다. 이처럼 예수 그리스도의 죽음과 부활에 동참하는 것을 바울은 "**예수와 합하여 세례를 받는 것**"이라고 표현합니다.

같은 맥락에서 갈라디아서 3:27은 그리스도와 합하려 세례를 받은 자는 그리스도로 옷 입는다고 말합니다. 그리스도의 형상을 이루는 삶을 살려고 노력하는 자가 된다는 의미입니다. 또한 이는 하나님을 따라 의와 진리의 거룩함으로 지으심을 받은 새 사람을 입는 것이고(엡 4:24), 옛사람과 그 행위를 벗어버리고 자기를 창조하신 이의 형상을 따라 지식에까지 새롭게 하심을 입은 자가 되는 것입니다(골 3:9-10). 세례는 물의 씻김을 통해 이 모든 것을 상징하여 보여줍니다.

3. 유아들도 세례를 받아야 하는가?

앞서 살펴본 것처럼 세례 요한은 세례를 받으러 온 바리새인들과 사두개인들을 독사의 자식들이라고 칭하면서 회개에 합당한 열매를 맺으라고 꾸짖었습니다. 요한에게 와서 세례를 받는 자들은 죄를 자복해야 했습니다. 죄의 자복 없이 받는 세례는 무의미하기 때문입니다. 그렇다면 유아들은 세례를 받을 수 있습니까? 유아들은 자신들이 죄인이라는 인식이 부족하기에 죄에 대해 고백할 수 없지 않습니까?

ㄱ. 유아들도 하나님의 언약과 교회에 속한다

하이델베르크 교리문답 제74문은 유아들에게 세례를 허락하는 것이 옳다고 말합니다. 그 이유는 그들도 하나님의 언약과 교회에 속하기 때문입니다. 성경은 죄에 대한 인식이 없어서 죄를 자복하지 못하는 유아들도 하나님의 자녀라고 말합니다. 하나님은 아브라함에게 "내가 내 언약을 나와 너 및 네 대대 후손 사이에 세워서 영원한 언약을 삼고 너와 네 후손의 하나님이 되리라"(창 17:7)라고 말씀하셨습니다. 여기서 "후손"은 어른만이 아니라 유아들까지 포함합니다. 그때나 지금이나 유아 상태로 죽는 이들이 있습니다. 하나님은 죄를 자복하지 못하고 죽는 유아들까지도 모두 포함하여 그들의 하나님이 되겠다고 말씀하신 것입니다.

아브라함과 그 후손의 하나님이 되겠다고 약속하신 하나님은 유아들이 태어난 지 8일 만에 할례를 행하라고 명령하셨습니다.

> 9그런즉 너는 내 언약을 지키고 네 후손도 대대로 지키라. 10너희 중 남자는 다 할
> 례를 받으라. 이것이 나와 너희와 너희 후손 사이에 지킬 내 언약이니라. 11너희
> 는 포피를 베어라. 이것이 나와 너희 사이의 언약의 표징이니라. 12너희의 대대로
> 모든 남자는 집에서 난 자나 또는 너희 자손이 아니라 이방 사람에게서 돈으로

산 자를 막론하고 난 지 팔 일 만에 할례를 받을 것이라(창 17:9-12).

태어난 지 8일이 되는 아이는 죄나 할례나 구원의 의미를 알지 못합니다. 그런데도 할례를 베풀어 그가 하나님의 백성임을 공표합니다.

이는 사람의 구원이 근본적으로 죄를 자복하는 당사자가 아니라, 은혜를 베푸시는 하나님께 달려 있음을 보여줍니다. 사람은 하나님의 은혜가 임해야만 신앙을 고백하고 죄를 자복할 수 있습니다. 그가 그런 것들을 한다고 해서 그 자신의 힘으로 회개하고 믿음을 고백하는 것이 아닙니다. 하나님의 은혜와 능력으로 하는 것입니다. 앞서 하이델베르크 교리문답 제59-61문에서 살펴본 것처럼 신자들은 믿는 행위로 구원받는 것이 아니라 믿음으로 구원받습니다. 태어난 지 8일 만에 행하는 할례라는 제도를 통해서도 하나님은 사람의 구원이 전적으로 하나님의 은혜에 달려 있음을 보여주시는 것입니다.

할례는 믿는 백성의 자녀에게 행해집니다. 부모가 하나님을 믿지 않으면 그 자녀에게 할례를 행할 수 없습니다. 창세기 17:7에서 살펴본 것처럼 하나님은 "너와 네 후손의 하나님"이 되시는 것이지, 믿지 않는 자들이나 그 후손의 하나님이 되시는 것이 아닙니다. 따라서 구약 시대에 태어난 지 8일 만에 할례를 주는 것이나, 신약 시대에 유아들에게 세례를 베푸는 것은 모두 그 자녀들이 하나님의 언약과 교회에 속하기 때문입니다. 이처럼 하나님의 자녀들이 하나님의 언약과 교회에 속하는 것은 그들의 신앙고백이나 죄의 자복 이전에 하나님의 뜻과 사랑과 은혜에 달려 있습니다.

ㄴ. 죄로부터의 구속과 성령이 어른만이 아닌 유아들에게도 약속되었다

그리스도의 피에 의한 구속, 그리고 믿음을 주시는 성령은 성인들만이 아니라 유아들에게도 약속되었습니다. 시편 기자는 자신이 날 때부터 주께 맡긴 바 되었고 모태에서 나올 때부터 주는 자신의 하나님이 되셨다고 말합니다

(시 22:10). 유아 때부터 그리스도를 통한 죄의 구속이 적용되는 것입니다. 이사야 44:2-3에서 하나님은 이스라엘을 모태에서부터 지어내고 도와주셨다고 말씀하십니다. 베드로는 성령의 선물이 주어지는 일이 회개하여 예수 그리스도의 이름으로 세례를 받는 자들과 그들의 자녀에게 주어진다고 말합니다(행 2:38-39). 주 예수를 믿고 구원받는 일은 유아들을 포함한 그 집 사람 모두에게 일어날 수 있습니다.

우리는 갓난아이가 똥오줌을 가리지 못하고, 말을 하지 못하며, 상황을 제대로 판단하지 못해도 하나의 인격체로 소중히 대하며 존중합니다. 그 아이는 때가 되면 똥오줌을 가릴 뿐 아니라, 말도 하고 사리 분별도 할 것이기 때문입니다. 아이가 그런 것들을 해야 비로소 한 인격체가 되는 것이 아닙니다. 그 이전에도 하나의 인격체입니다. 그것들을 할 가능성이 그에게 있는데 아직 나타나지 않았을 뿐이므로 그는 인격체로 대우받습니다. 믿는 부모의 자녀는 비록 신앙고백과 죄의 자복이 없더라도 하나님의 자녀에 속합니다. 구원받은 가정의 유아들은 성장하여 때가 되면 그리스도가 십자가에서 흘리신 피에 의한 죄로부터의 구속에 근거해 신앙을 고백하고 죄를 자복할 것이기 때문입니다.

ㄷ. 유아들은 세례에 의해 교회에 속하고, 불신자들의 자녀들과 구별되어야 한다

제2차 세계대전 당시 유대인을 박해한 나치가 할례 여부로 유대인 여부를 식별할 만큼 할례는 유대인의 분명한 특성이었습니다. 태어난 지 8일 만에 할례를 받은 유대인은 그 표식을 보며 자신이 이방인과 다름을 확인했습니다. 또 그 부모는 자녀에게 할례를 행하고 그 표식을 보면서 자신들이 이방인과 구별되는 민족임을 확인했습니다. 또한 그런 다름을 통해 하나님이 자신들에게 이방인과 구별되는 삶을 요구하신다는 사실을 기억하곤 했습니다.

성경에 따르면 유월절에 참여할 수 있는 자격은 할례 여부에 따라 결정됩니다. 하나님의 언약과 교회에 속한다는 표시로서 할례를 행한 자들만 유월절에 참여할 수 있었습니다.

> 48너희와 함께 거류하는 타국인이 여호와의 유월절을 지키고자 하거든 그 모든 남자는 할례를 받은 후에야 가까이하여 지킬지니 곧 그는 본토인과 같이 될 것이나 할례받지 못한 자는 먹지 못할 것이니라. 49본토인에게나 너희 중에 거류하는 이방인에게 이 법이 동일하니라(출 12:48-49).

구약 시대에 하나님의 백성은 유아들의 할례를 통해 그들과 자녀들이 하나님의 언약과 교회에 속함을 확인했습니다. 마찬가지로 신약 시대에 유아세례를 받은 어린이와 청소년은 비신자들과 자신들이 다름을 확인하며, 자신들이 하나님 앞에서 구별된 삶을 살아야 함을 알아갑니다. 그리고 13-15세 정도의 일정한 나이가 되면, 교인들 앞에서 자신의 신앙을 고백하며 교회의 정식 회원이 되는 입교(入敎) 의식을 치릅니다. 이렇게 입교식을 통과한 자들은 성찬식에 참여하여 은혜를 누릴 수 있습니다.

ㄹ. 구약에서 할례로 행해진 것이 신약에서는 세례로 제정되었다

구약 시대에 할례를 받지 않은 남자는 백성 중에서 끊어졌습니다. 하나님의 언약을 배신한 것이기 때문이었습니다(창 17:14). 할례를 받지 아니한 남자는 이스라엘 백성으로 인정되지 않았기에 이스라엘 백성 중 남자는 모두가 할례를 받았습니다.

할례는 신약 시대에 세례로 대치되었습니다. 구약 시대에 이방인으로서 유월절에 참여하려는 자는 할례를 받아야 했듯이, 신약 시대에 하나님의 교회에 참여하려는 자는 세례를 받아야 합니다. 예수님은 부활 후 제자들에게 "너희는 가서 모든 민족을 제자로 삼아 아버지와 아들과 성령의 이름으로 세례를 베풀고 내가 너희에게 분부한 모든 것을 가르쳐 지키게 하라"(마 28:19-20)고 말씀하셨습니다. 할례가 아니라 세례를 베풀라고 말씀하셨습니다. 할례가 세례로 대치된 것입니다.

> 11또 그 안에서 너희가 손으로 하지 아니한 할례를 받았으니 곧 육의 몸을 벗는 것이요 그리스도의 할례니라. 12너희가 세례로 그리스도와 함께 장사되고 또 죽은 자들 가운데서 그를 일으키신 하나님의 역사를 믿음으로 말미암아 그 안에서 함께 일으키심을 받았느니라(골 2:11-12).

이처럼 바울은 손으로 하지 아니한 할례가 육의 몸을 벗는 것이고 그리스도의 할례라고 말하며 세례와 연결합니다. 그리스도와 함께 장사되고 그 안에서 함께 일으키심을 받는 것이 세례라고 하면서 할례의 참된 의미를 세례에서 찾습니다.

따라서 구약 시대의 할례가 신약 시대에 세례로 대치되었다면, 태어난 지 8일 만에 유아에게 행하는 할례는 유아세례를 당연히 지지한다고 말할 수 있습니다.

4. 유아세례의 근거

ㄱ. 유아들이 세례를 받은 기록이 성경에 있는가?

신약 시대에는 세례를 받아야 하나님의 언약과 교회에 속한다는 것을 부정할 사람은 없습니다. 다만 그 세례에 유아들도 포함이 되느냐의 여부로 의견이 갈립니다. 그렇다면 성경에 유아들이 세례받았다는 기록이 있을까요? 신약성경에는 유아들이 세례를 받았다거나 받지 않았다는 직접적인 구절은 없는데 가족이 세례를 받았다는 구절들은 있습니다.

14두아디라 시에 있는 자색 옷감 장사로서 하나님을 섬기는 루디아라 하는 한 여
자가 말을 듣고 있을 때 주께서 그 마음을 열어 바울의 말을 따르게 하신지라. 15
그와 그 집이 다 세례를 받고 우리에게 청하여 이르되 "만일 나를 주 믿는 자로
알거든 내 집에 들어와 유하라" 하고 강권하여 머물게 하니라(행 16:14-15).

29간수가 등불을 달라고 하며 뛰어 들어가 무서워 떨며 바울과 실라 앞에 엎드리
고 30그들을 데리고 나가 이르되 "선생들이여, 내가 어떻게 하여야 구원을 받으리
이까?" 하거늘 31이르되 "주 예수를 믿으라. 그리하면 너와 네 집이 구원을 받으리
라" 하고 32주의 말씀을 그 사람과 그 집에 있는 모든 사람에게 전하더라. 33그 밤
그 시각에 간수가 그들을 데려다가 그 맞은 자리를 씻어주고 자기와 그 온 가족
이 다 세례를 받은 후 34그들을 데리고 자기 집에 올라가서 음식을 차려주고 그와
온 집안이 하나님을 믿으므로 크게 기뻐하니라(행 16:29-34).

15이는 아무도 나의 이름으로 세례를 받았다 말하지 못하게 하려 함이라. 16내가
또한 스데바나 집 사람에게 세례를 베풀었고 그 외에는 다른 누구에게 세례를 베
풀었는지 알지 못하노라(고전 1:15-16).

루디아가 바울의 말을 따르게 되었을 때 자신만이 아니라 그녀의 집이 다 세례를 받았습니다. 그때 집에 유아들이 있었다면 그들도 세례를 받았다고 충분히 생각할 수 있습니다. 성인들도 자신들의 믿는 행위가 아니라 하나님의 은혜로 구원을 받기에 똑같은 이유로 구원을 받는 유아들이 세례에서 빠질 까닭이 없는 것입니다. 바울과 실라로부터 주의 말씀을 들은 간수와 그 집에 있는 모든 사람도 다 세례를 받았습니다. 거기에 유아들도 포함되었을 수 있습니다. 바울이 스데바나 집 사람에게 세례를 베푼 것도 같은 시각으로 볼 수 있습니다.

유아세례를 지지하는 사람들은 세례를 받은 온 가족에 유아들을 포함시키고, 유아세례를 지지하지 않는 사람들은 그 온 가족에 유아들을 포함시키지 않습니다. 유아세례 비지지자들은 신자가 성인이 되었을 때 스스로 신앙고백과 죄의 자복을 한 후에 세례를 받아야 한다고 주장하는 반면, 유아세례 지지자들은 유아 때는 세례를 받지 않고 성인이 되어서야 신앙을 고백하며 세례를 받은 사례가 성경에 없다고 주장합니다.

결국 온 가족이 세례를 받았다는 성경 구절만으로는 유아세례의 정당성 여부가 판가름나지 않습니다. 자신들의 신학적 견해에 따라 온 가족이 세례를 받았다는 구절에 유아세례를 포함시키거나 포함시키지 않기 때문입니다. 따라서 유아세례에서 중요한 것은 유아들이 스스로 신앙고백을 하지 못해도 하나님의 은혜로 구원을 받을 수 있느냐의 여부입니다. 유아들이 부모의 신앙에 따라 하나님의 언약과 교회에 포함되느냐에 따라서 유아세례의 가부가 결정됩니다.

ㄴ. 유아들을 귀하게 여기신 예수님과 사도들

사람들이 예수님의 만져주심을 바라고 어린아이들을 데리고 오자 제자들이 꾸짖었습니다. 그런데 예수님은 오히려 노하시며 아이들이 오는 것을 용납하라고 말씀하셨습니다. 그리고 하나님의 나라는 그런 자의 것이고, 누구든지 하나님의 나라를 어린아이와 같이 받들지 않는 자는 그곳에 들어가지 못한다고 하셨습니다. 예수님은 아이들을 안고 안수하시고 축복하셨는데(막 10:13-16), 그렇게 하신 것은 그들이 예수님에 대한 믿음을 고백했기 때문이 아니라, 그들이 가진 절대적 가치 때문이었습니다. 예수님은 어린아이들의 순수함과 부모에게 전적으로 의지하는 마음을 높게 보셨습니다.

사도행전 2장에서 베드로는 경건한 유대인들에게 회개하여 예수 그리스도의 이름으로 세례를 받고 죄 사함을 받아 성령의 선물을 받으라고 말합니다. 이 약속은 그들과 그들 자녀와 먼 데 사람 곧 하나님이 얼마든지 부르시는 자들에게 주어진 것입니다(행 2:38-39). 즉 이 약속은 베드로의 설교를 듣는 자들만이 아니라 그 자녀에게도 주어졌습니다. 부모가 하나님께 속한다면 아직 신앙고백을 할 수 없는 자녀들도 하나님의 언약에 속하여 죄 사함과 성령을 받는 것입니다.

> 13어떤 여자에게 믿지 아니하는 남편이 있어 아내와 함께 살기를 좋아하거든 그
> 남편을 버리지 말라. 14믿지 아니하는 남편이 아내로 말미암아 거룩하게 되고 믿
> 지 아니하는 아내가 남편으로 말미암아 거룩하게 되나니 그렇지 아니하면 너희
> 자녀도 깨끗하지 못하니라. 그러나 이제 거룩하니라(고전 7:13-14).

바울은 고린도전서 7장에서 믿지 아니하는 남편이 아내와 함께 살기를 좋아하면 아내로 말미암아 거룩하게 되므로 그 남편을 버리지 말라고 말합니다. 반대로 믿지 아니하는 아내도 남편으로 말미암아 거룩하게 됩니다. 그렇지 않으면 그 부모의 자녀도 깨끗하지 못합니다. 이처럼 베드로는 자녀가 부모로 말미암아 깨끗하게 됨에 대해 말함으로써 유아세례가 가능함을 보여주고 있습니다. 자녀는 부모로 말미암아 하나님의 언약과 교회에 속하고, 부모의 양육과 교육을 통해 믿음의 자녀로 자라가는 것입니다. 이는 오늘날 시행되는 유아세례의 근거 중 하나입니다.

심화 연구

우리나라 주요 장로교단의 유아세례 이해

유아세례에 관한 이해를 돕고자 대한예수교장로회(합신) 교단의 예배 모범을 통해 유아세례, 성인 세례, 입교 예식이 구체적으로 어떻게 정의되고 진행되는지 살펴보겠습니다.

유아세례

1. 유아세례는 공연히 지체할 것도 아니요, 어떠한 형편을 물론하고 평신도가 베풀 수 없고 반드시 복음의 사역자로 부르심을 받은 목사만이 베푼다.*
2. 세례는 교회의 모든 회중 앞에서 베푸는 것이 통례다.
3. 자기 자녀의 세례받기를 원하는 자는 그 뜻을 목사에게 미리 고하고, 그 부모 중 한 사람이나 두 사람이 다 그 세례받을 유아를 데리고 참석할 것이다.
4. 세례 베풀기 전에 목사는 성례의 성질과 소용과 목적을 다음과 같이 설명한다. 이 예식은 그리스도께서 세우신 것이니 믿음으로 의롭다 하심을 얻은 인표다.

---

* 유아세례는 성인의 세례와 마찬가지로 하나님의 말씀 사역의 권위로 실시되어야 한다. 말씀 사역은 일반적으로 교회의 정규적 회집에서 실행된다. 다시 말하면, 유아세례도 지체가 몸 된 교회에 참여하는 중대한 성례이니만큼, 그것이 공적으로 교회 앞에서 시행되어야 한다. 혹 유아가 중병으로 인해서 집이나 병원에서 떠날 수 없는 때에는 별도로 취급된다. 그러나 이런 경우에도 교회의 행사로 실시되어야 하기 때문에 교회의 대표자들의 임석(臨席)이 요구된다. 이런 특수한 처지는 성인 세례도 마찬가지다(I. Van Dellen & M. Monsma, *The Church Order Commentary*[1964], 238-39).

① 구약 때에 아브라함의 자손이 할례를 받는 특권이 있었던 것과 같이(창 17:9-10) 복음의 은혜 아래 있는 성도의 자손에게 이 예식을 행할 특권이 있다.

② 그리스도께서 만국 백성에게 명하사 세례를 받으라고 하셨다(마 28:19).

③ 유아들에게 축복하셔서 천국의 백성은 이와 같다 하셨으며(마 19:14),

④ 복음의 약속은 성도와 그 집안에 미친다고 하셨고(행 2:39; 16:31),

⑤ 사도들도 이와 같이 집안 세례를 베풀었다(행 16:15). 우리의 성품은 죄와 허물로 더럽게 된 것으로 말미암아 반드시 그리스도의 피로 씻으며 성령의 권능으로 성결함을 얻어야 한다.

목사는 또한 다음과 같이 그 부모를 권면하여 삼가 부모의 책임을 다하라고 해야 한다. 즉,

① 하나님의 말씀으로 자녀를 가르치며, 신구약 성경에 가르친 거룩한 종교의 원리대로 가르칠 것이니 이 원리의 요령은 웨스트민스터 신경과 대·소요리문답에 간단히 포함되어 있은즉 이 책들은 부모의 직분을 도와주는 것이다.

② 부모는 자녀를 위하여 기도하며 친히 그 자녀와 함께 기도하고,

③ 그 아이의 눈앞에 충성함과 경건함의 본을 보임으로 그 아이로 하여금 하나님이 주시는 힘을 얻어 힘써 주님의 교양과 훈계 안에서 자라도록 할 것이다.

5. 목사는 다음과 같이 그 부모에게 묻는다.

① 그대는 이 아이에게도 예수 그리스도의 피로 씻음과 성령의 새롭게 하시는 은혜가 필요함을 인식합니까?

② 그대는 이 아이를 위하여 하나님의 약속을 앙모하며 자신의 구원을 위하여 진력하는 것과 같이 이 아이도 주 예수 그리스도를 신뢰함으로만 구원 얻을 줄 믿습니까?

③ 그대는 지금 이 아이를 하나님께 완전히 바치며 이 아이를 양육함에 있어서 하나님의 은혜가 필요함을 인식합니까?

④ 그대는 이 아이에게 하나님의 말씀을 부지런히 가르치기로 서약합니까?

⑤ 그대는 이 아이를 위하여 기도하며, 이 아이와 함께 기도하기로 서약합니까?

⑥ 그대는 이 아이 앞에서 경건한 믿음과 행위의 본을 보이기로 서약합니까?

⑦ 그대는 이 아이를 교회 기관에 참석하게 하여 주님의 교훈과 양육을 받으면서 자라게 할 것을 서약합니까?

6. 그 후에는 목사가 물로 그 아이의 머리에 세례를 주면서, 말하기를 "주 예수를 믿는 사람의 아들(혹은 딸) ○○○에게 내가 성부와 성자와 성령의 이름으로 세례를 주노라. 아멘" 한다. 예식이 끝난 후 목사는 축복하는 기도를 올린 다음 그 세례받은 유아가 대한예수교장로회 ○○교회 유아세례 교인 된 것을 공포한다. 세례는 회중 앞에서 베푸는 것이 마땅하나 특별한 경우에는 사가에서도 행할 수 있으니, 목사가 그 일에 대하여 결정할 것이다.

7. 유아세례 집례는 목사만이 할 수 있다. 성경을 보면 사도들이 세례를 실행하였다(요 4:2; 마 28:19; 막 16:15-16; 행 2:38). 다시 말하면, 세례는 말씀을 전하는 정규적인 사역자들이 실시하였다. 교회 시대에 목사들이 사도급 사역자는 아니지만 말씀 사역에 있어서 대표자들이다. 그러므로 유아세례는 성인 세례와 마찬가지로 목사들만이 베풀도록 된 것이다. 사도행전 8:38을 보면, 빌립은 집사였으나 에티오피아의 내시에게 세례를 베풀었다. 그

런데 우리가 빌립을 집사로만 볼 수 없고, 그때의 특수 성직이었던 "전도자"(ευαγγελιστής)이었음을 알아야 한다. "전도자"란 사역자가 사도 시대에 있어서 교회가 세운 직위는 아닐지 모르나, 하나님이 주신 은사에 따라서 전도에 종사했던 사역자였다(엡 4:11; 딤후 4:5). 이런 사역자는 그때에 사도에게 순종하면서도 사도나 선지자처럼 단회적 성격의 사역을 하였다. 그러므로 이때의 "전도자"는 오늘날의 "전도사"와 다르다.

성인 세례

1. 세례의 중요성은 하나님의 말씀의 권위와 효과를 가짐에 있다. 그 이유는 그것을 행하라고 주님이 명하셨기 때문이다(마 28:19; 고전 11:23-26). 그가 명령하신 대로 시행되는 세례와 성찬은 예식적으로 나타내는 행동 형태의 하나님 말씀이다.

   세례가 상징적으로 실행되기는 하지만 거룩한 사건이고 참된 것인 만큼 집례자와 수세자는 구속 사건과 관계하는 신중을 기해야 된다. 그러므로 세례를 실시함에 있어서도 세례받을 자에게 미리 상당한 기간을 주어 진리 지식을 배우게 하고 또 기도로 준비하게 해야 한다.
2. 누구를 막론하고 성인으로서 세례받고 입교하려고 하면 성경을 상당히 알아야 한다. 그리고 하나님을 아는 것과 그리스도 신앙이 진실함에 대하여 만족한 증거를 당회 앞에 나타내야 한다. 나중에는 교회 공중 앞에서 자기의 신앙을 고백한 후에 목사가 세례를 베푸는 것이 통례다.
3. 세례 후보자의 복음 진리 지식을 확인하지 않은 채 쉽사리 세례를 베푸는 것은 성례를 소홀히 여기는 죄다. 그것은 결국 교회를 부패케 하는 결과도 가져온다.

4. 세례받을 자의 신앙고백은 다음과 같은 문답으로 성립된다. 세례식의 집례자는 세례받을 자들에게 다음과 같이 묻는다.

① 그대들은 자신들이 하나님 앞에 죄인인 줄 알며 당연히 그의 진노를 받을 만하나, 그의 크신 자비하심으로 구원 얻을 것밖에 소망이 없는 자인 줄 압니까?

② 그대들은 주 예수 그리스도가 하나님의 아들 되심과 죄인의 구주 되시는 줄을 믿으며, 복음에 말한 바와 같이 구원하실 이는 다만 예수 그리스도뿐이신 줄 알고 믿으며 그에게만 의지하기로 서약합니까?

③ 그대들은 지금 성령의 은혜만 의지하고 그리스도를 좇는 자가 되어 그대로 힘써 행하며 모든 죄를 버리며 그의 가르침과 모범을 따라 살기로 서약합니까?

④ 그대들은 교회의 관할과 치리를 복종하고 그 청결과 화평함을 위하여 힘쓰기로 서약합니까?

5. 목사는 손에 물을 조금 취하여 세례받을 사람의 머리를 적시고 말하기를, "주 예수를 믿는 ○○○에게 내가 성부와 성자와 성령의 이름으로 세례를 주노라. 아멘" 한다. 그 뒤에 목사는 기도하고 세례받은 이가 대한예수교장로회 ○○교회의 세례교인 됨을 공포한다.

6. 세례는 교회 공동체를 상대한 행사이니만큼 교회 공석 상에서 시행됨이 원칙이다. 다만, 세례받을 사람이 믿음을 가지고도 예배에 출석할 수 없는 부득이한 사정(질병이나 기타 사정)이 있을 때에는 별도로 고려된다. 이 경우에도 그것이 교회적인 공식 행사가 되기 위하여 목사는 물론이고 교회의 대표자들이 그 본인의 처소로 가서 세례를 베풀 수 있다(행 8:36-38).

입교 예식

1. 유아세례를 받은 자는 성년이 되기까지 진리 지식과 경건한 생활을 배우며, 입교 준비를 해야 한다. 그는 교리 공부와 기도하는 법을 잘 배울 뿐 아니라, 실생활에서도 죄를 미워하며 하나님(그리스도)을 사랑하고 순종하도록 훈련을 받아야 한다.

   그리고 그가 입교할 연령에 이르기까지 부모는 그에게 늘 기억시킬 것이 있다. 그것은 그가 출생 때부터 그리스도와 특별한 관계에 처해 있음을 명백히 또는 계속 인식시키는 것이다. 구약 시대에 이스라엘의 자녀 교육이 그러했다(출 12:26-27; 신 6:7; 시 78:4, 6-8). 다시 말하면, 부모나 교회가 입교 행사를 중대시해야 하는 것만큼, 입교할 자로 하여금 긴장하면서 그 일을 준비하게 하여, 그의 평생의 대사로 알고 입교식에 임하게 하려는 것이다.
2. 소년의 성년 되는 연기(年期)는 15세 이상으로 하고, 일반 입교인의 자격을 살펴 작정하는 책임은 그 당회에 있다.
3. 신앙을 공식으로 고백할 때가 이르러 당회 앞에 정식으로 고백하고 당회의 승인을 받은 자들이 교회 앞에 섰을 때 목사는 다음과 같이 묻는다.…목사는 당회 앞에서 신앙을 고백하고 당회에서 시행하는 시험에 합격한 자들을 교회 앞에 세우고 성인 세례 때와 같은 서약을 하게 한다.

   목사는 문답을 마친 후 이들을 위한 축복 기도를 올린 다음 말하기를, "일찍이 유아세례를 받고 성인이 되어 오늘 교회 앞에 신앙고백을 한 이들(○○○외 몇 사람)은 이제부터 믿음의 권속들 가운데서 그 유업에 관한 특권과 책임을 완전히 부담하게 되었습니다. 이들은 이제 대한예수교장로회 ○○교회 입교인 됨을 공포합니다"라고 한다.

함께 나누기: 유아세례

01 여러분이 기도를 드리는 하나님은 어떤 분이십니까? 하나님은 왜 여러분의 기도에 응답하십니까? 열심히 기도하기 때문입니까, 아니면 여러분이 하나님의 자녀이기 때문입니까? 누가복음 11:5-13, 18:1-8의 내용을 통해 확인해봅시다.

02 하이델베르크 교리문답 제72-74문을 서로 묻고 답해봅시다. 근거 성구도 다시 한번 살펴봅시다.

03 물로 하는 외면적 세례는 죄 자체를 씻어냅니까?

04 왜 성령은 세례를 "중생의 씻음"과 "죄의 씻어냄"이라고 부릅니까?

05 구약의 할례에 속하는 것이 신약에서는 무엇입니까?

06 유아들도 세례를 받아야 하는 이유는 무엇입니까?

07 예배 모범에 나오는 유아세례와 성인 세례, 입교 예식의 특징을 살펴봅시다.

성찬

Q 제75문 당신이 십자가에서 완수된 그리스도의 단번의 희생과 그의 모든 유익에 참여자가 됨을 주님의 만찬에서 당신은 어떻게 설득되고 확신합니까?

How art thou admonished and assured in the Lord's Supper, that thou art a partaker of that one sacrifice of Christ, accomplished on the cross, and of all his benefits?

A 답 이런 방식입니다. 그리스도가 나와 모든 신자에게 자신을 기념하며 뗀 떡을 먹고 잔을 마시라고 명하시며, 다음의 약속들을 덧붙이셨습니다.[1] 첫째로, 내가 내 눈으로 나를 위해 찢어진 주의 떡과 나에게 전달된 잔을 보듯이 확실하게, 그의 몸이 나를 위해 십자가에서 바쳐졌고 찢어졌으며 그의 피가 나를 위해 흘려졌다는 것입니다. 그다음으로, 내가 그리스도의 몸과 피에 대한 분명한 표식으로서 주의 떡과 잔을 목사의 손으로부터 받아 입으로 맛보는 것처럼 틀림없이, 그분은 자신의 십자가에 못 박힌 몸과 흘린 피로 나의 생명이 영생에 이르도록 먹이고 기르신다는 것입니다.

Thus: That Christ has commanded me and all believers, to eat of this broken bread, and to drink of this cup, in remembrance of him, adding these promises: first, that his body was offered and broken on the cross for me, and his blood shed for me, as certainly as I see with my eyes, the bread of the Lord broken for me, and the cup communicated to me; and further, that he feeds and nourishes my soul to everlasting life, with his crucified body and shed blood, as assuredly as I receive from the hands of the minister, and taste with my mouth the bread and cup of the Lord, as certain signs of the body and blood of Christ.

remembrance	기념, 추억	**nourish**	기르다, 영양분을 공급하다
assuredly	분명히, 틀림없이		

Q 제76문 십자가에 못 박힌 그리스도의 몸을 먹고, 흘린 피를 마신다는 것은 무슨 뜻입니까?

What is it then to eat the crucified body, and drink the shed blood of Christ?

A 답 그것은 그리스도의 모든 고난과 죽음을 믿는 마음으로 받아들이고, 그것에 의해 죄의 용서와 영생을 얻는다는 것입니다.[2] 또한 그 이외에 그리스도와 우리에게 거하시는 성령에 의해 그의 복된 몸에 점점 더 연합된다는 것입니다.[3] 그래서 비록 그리스도는 하늘에, 우리는 땅에 있을지라도[4] 우리는 "그의 살 중의 살이요, 뼈 중의 뼈"이고,[5] 한 몸의 지체들이 한 영혼에 의해 다스려지듯이 우리는 한 성령에 의해서 영원히 살고 다스려집니다.[6]

It is not only to embrace with believing heart all the sufferings and death of Christ and thereby to obtain the pardon of sin, and life eternal; but also, besides that, to become more and more united to his sacred body, by the Holy Ghost, who dwells both in Christ and in us; so that we, though Christ is in heaven and we on earth, are notwithstanding "flesh of his flesh and bone of his bone" and that we live, and are governed forever by one Spirit, as members of the same body are by one soul.

Q 제77문 그리스도는 신자들이 뗀 떡을 먹고 잔을 마시는 것처럼 확실하게 그의 몸과 피로 신자들을 먹이고 기르신다는 것을 어디서 약속하셨습니까?

Where has Christ promised that he will as certainly feed and nourish believers with his body and blood, as they eat of this broken bread, and drink of this cup?

A 답 다음과 같이 표현된 성찬의 제정에서입니다.[7] "내가 너희에게 전한 것은 주께 받은 것이니 곧 주 예수께서 잡히시던 밤에 떡을 가지사 축사하시고 떼어 이르시되 '이것은 너희를 위하는 내 몸이니 이것을 행하여 나를 기념하라' 하시고 식후에 또한 그와 같이 잔을 가지시고 이르시되 '이 잔은 내 피로 세운 새 언약이니 이것을 행하여 마실 때마다 나를 기념하라' 하셨으니 너희가 이 떡을 먹으며 이 잔을 마실 때마다 주의 죽으심을 그가 오실 때까지 전하는 것이니라"(고전 11:23-26). 이 약속은 거룩한 사도 바울에 의하여 다음처럼 반복됩니다. "우리가 축복하는 바 축복의 잔은 그리스도의 피에 참여함이 아니며, 우리가 떼는 떡은 그리스도의 몸에 참여함이 아

니냐? 떡이 하나요 많은 우리가 한 몸이니 이는 우리가 다 한 떡에 참여함 이라"(고전 10:16-17).

In the institution of the supper, which is thus expressed: "The Lord Jesus, the same night in which he was betrayed, took bread, and when he had given thanks, he brake it, and: said: eat, this is my body, which is broken for you; this do in remembrance of me. After the same manner also he took the cup, when he had supped, saying: this cup is the new testament in my blood; this do ye, as often as ye drink it, in remembrance of me. For, as often as ye eat this bread, and drink this cup, ye do show the Lord's death till he come"(1 Cor. 11:23-26). This promise is repeated by the holy apostle Paul, where he says "The cup of blessing which we bless, is it not the communion of the blood of Christ? The bread which we break, is it not the communion of the body of Christ? For we being many are one bread, and one body: for we are all partakers of that one bread"(1 Cor. 10:16, 17).

embrace 받아들이다, 안다, 포옹하다
betray 배신하다, (적에게) 넘겨주다
notwithstanding …에도 불구하고
communion 교감, 성찬식

근거 성구

1 26그들이 먹을 때에 예수께서 떡을 가지사 축복하시고 떼어 제자들에게 주시며 이르시되 "받아서 먹으라. 이것은 내 몸이니라" 하시고 27또 잔을 가지사 감사 기도 하시고 그들에게 주시며 이르시되 "너희가 다 이것을 마시라. 28이것은 죄 사함을 얻게 하려고 많은 사람을 위하여 흘리는 바 나의 피 곧 언약의 피니라"(마 26:26-28).

22그들이 먹을 때에 예수께서 떡을 가지사 축복하시고 떼어 제자들에게 주시며 이르시되 "받으라. 이것은 내 몸이니라" 하시고 23또 잔을 가지사 감사 기도 하시고 그들에게 주시니 다 이를 마시매 24이르시되 "이것은 많은 사람을 위하여 흘리는 나의 피 곧 언약의 피니라(막 14:22-24).

19또 떡을 가져 감사 기도 하시고 떼어 그들에게 주시며 이르시되 "이것은 너희를 위하여 주는 내 몸이라. 너희가 이를 행하여 나를 기념하라" 하시고 20저녁 먹

은 후에 잔도 그와 같이 하여 이르시되
"이 잔은 내 피로 세우는 새 언약이니 곧
너희를 위하여 붓는 것이라"(눅 22:19-20).

16우리가 축복하는 바 축복의 잔은 그리
스도의 피에 참여함이 아니며 우리가 떼
는 떡은 그리스도의 몸에 참여함이 아니
냐? 17떡이 하나요 많은 우리가 한 몸이
니 이는 우리가 다 한 떡에 참여함이라
(고전 10:16-17).

23내가 너희에게 전한 것은 주께 받은 것
이니 곧 주 예수께서 잡히시던 밤에 떡
을 가지사 24축사하시고 떼어 이르시되
"이것은 너희를 위하는 내 몸이니 이것
을 행하여 나를 기념하라" 하시고 25식후
에 또한 그와 같이 잔을 가지시고 이르시
되 "이 잔은 내 피로 세운 새 언약이니 이
것을 행하여 마실 때마다 나를 기념하라"
하셨으니(고전 11:23-25).

2 35예수께서 이르시되 "나는 생명의 떡
이니 내게 오는 자는 결코 주리지 아니
할 터이요 나를 믿는 자는 영원히 목마르
지 아니하리라.…40내 아버지의 뜻은 아
들을 보고 믿는 자마다 영생을 얻는 이것
이니 마지막 날에 내가 이를 다시 살리리
라" 하시니라(요 6:35, 40).

47"진실로 진실로 너희에게 이르노니 믿
는 자는 영생을 가졌나니 48내가 곧 생명
의 떡이니라. 49너희 조상들은 광야에서
만나를 먹었어도 죽었거니와 50이는 하
늘에서 내려오는 떡이니 사람으로 하여
금 먹고 죽지 아니하게 하는 것이니라. 51
나는 하늘에서 내려온 살아 있는 떡이니
사람이 이 떡을 먹으면 영생하리라. 내
가 줄 떡은 곧 세상의 생명을 위한 내 살
이니라" 하시니라. 52그러므로 유대인들
이 서로 다투어 이르되 "이 사람이 어찌
능히 자기 살을 우리에게 주어 먹게 하겠
느냐?" 53예수께서 이르시되 "내가 진실
로 진실로 너희에게 이르노니 인자의 살
을 먹지 아니하고 인자의 피를 마시지 아
니하면 너희 속에 생명이 없느니라. 54내
살을 먹고 내 피를 마시는 자는 영생을
가졌고 마지막 날에 내가 그를 다시 살리
리니"(요 6:47-54).

3 55내 살은 참된 양식이요 내 피는 참
된 음료로다. 56내 살을 먹고 내 피를 마
시는 자는 내 안에 거하고 나도 그의 안
에 거하나니(요 6:55-56).

우리가 유대인이나 헬라인이나 종이나
자유인이나 다 한 성령으로 세례를 받아
한 몸이 되었고 또 다 한 성령을 마시게
하셨느니라(고전 12:13).

4 9이 말씀을 마치시고 그들이 보는데
올려져 가시니 구름이 그를 가리어 보이
지 않게 하더라.…11이르되 "갈릴리 사람
들아, 어찌하여 서서 하늘을 쳐다보느냐?

너희 가운데서 하늘로 올려지신 이 예수는 하늘로 가심을 본 그대로 오시리라" 하였느니라(행 1:9, 11).

하나님이 영원 전부터 거룩한 선지자들의 입을 통하여 말씀하신 바 만물을 회복하실 때까지는 하늘이 마땅히 그를 받아두리라(행 3:21).

그러므로 너희가 그리스도와 함께 다시 살리심을 받았으면 위의 것을 찾으라. 거기는 그리스도께서 하나님 우편에 앉아 계시느니라(골 3:1).

5 예수께서 대답하여 이르시되 "사람이 나를 사랑하면 내 말을 지키리니 내 아버지께서 그를 사랑하실 것이요, 우리가 그에게 가서 거처를 그와 함께하리라" (요 14:23).

15너희 몸이 그리스도의 지체인 줄을 알
지 못하느냐? 내가 그리스도의 지체를
가지고 창녀의 지체를 만들겠느냐? 결코
그럴 수 없느니라.…17주와 합하는 자는
한 영이니라.…19너희 몸은 너희가 하나
님께로부터 받은 바 너희 가운데 계신 성
령의 전인 줄을 알지 못하느냐? 너희는
너희 자신의 것이 아니라(고전 6:15, 17, 19).

16그의 영광의 풍성함을 따라 그의 성령
으로 말미암아 너희 속사람을 능력으로
강건하게 하시오며 17믿음으로 말미암아
그리스도께서 너희 마음에 계시게 하시
옵고 너희가 사랑 가운데서 뿌리가 박히
고 터가 굳어져서(엡 3:16-17).

29누구든지 언제나 자기 육체를 미워하
지 않고 오직 양육하여 보호하기를 그리
스도께서 교회에게 함과 같이 하나니 30
우리는 그 몸의 지체임이라. 31그러므로
사람이 부모를 떠나 그의 아내와 합하여
그 둘이 한 육체가 될지니 32이 비밀이
크도다. 나는 그리스도와 교회에 대하여
말하노라(엡 5:29-32).

그의 계명을 지키는 자는 주 안에 거하고 주는 그의 안에 거하시나니 우리에게 주신 성령으로 말미암아 그가 우리 안에 거하시는 줄을 우리가 아느니라(요일 3:24).

그의 성령을 우리에게 주시므로 우리가 그 안에 거하고 그가 우리 안에 거하시는 줄을 아느니라(요일 4:13).

6 56내 살을 먹고 내 피를 마시는 자는
내 안에 거하고 나도 그의 안에 거하나
니 57살아 계신 아버지께서 나를 보내시
매 내가 아버지로 말미암아 사는 것 같
이 나를 먹는 그 사람도 나로 말미암아
살리라. 58이것은 하늘에서 내려온 떡이
니 조상들이 먹고도 죽은 그것과 같지 아
니하여 이 떡을 먹는 자는 영원히 살리라
(요 6:56-58).

1나는 참포도나무요 내 아버지는 농부
라. 2무릇 내게 붙어 있어 열매를 맺지 아
니하는 가지는 아버지께서 그것을 제거
해버리시고 무릇 열매를 맺는 가지는 더
열매를 맺게 하려 하여 그것을 깨끗하게
하시느니라. 3너희는 내가 일러준 말로
이미 깨끗하여졌으니 4내 안에 거하라.
나도 너희 안에 거하리라. 가지가 포도나
무에 붙어 있지 아니하면 스스로 열매를
맺을 수 없음 같이 너희도 내 안에 있지
아니하면 그러하리라. 5나는 포도나무요
너희는 가지라. 그가 내 안에, 내가 그 안
에 거하면 사람이 열매를 많이 맺나니 나
를 떠나서는 너희가 아무것도 할 수 없음
이라. 6사람이 내 안에 거하지 아니하면
가지처럼 밖에 버려져 마르나니 사람들
이 그것을 모아다가 불에 던져 사르느니
라(요 15:1-6).

15오직 사랑 안에서 참된 것을 하여 범사
에 그에게까지 자랄지라. 그는 머리니 곧
그리스도라. 16그에게서 온몸이 각 마디
를 통하여 도움을 받음으로 연결되고 결
합되어 각 지체의 분량대로 역사하여 그
몸을 자라게 하며 사랑 안에서 스스로 세
우느니라(엡 4:15-16).

7 마태복음 26:26-28(**1**번을 참고하시오).

마가복음 14:22-24(**1**번을 참고하시오).

누가복음 22:19-20(**1**번을 참고하시오).

해설

성찬이란 무엇인가?

우리는 지금까지 성례가 무엇인지(제65-68문), 또 성례 중 세례가 무엇인지(제69-74문) 살펴보았습니다. 이제 하이델베르크 교리문답 제75-82문을 통해 성례 중 성찬이 무엇인지 살펴볼 차례입니다.

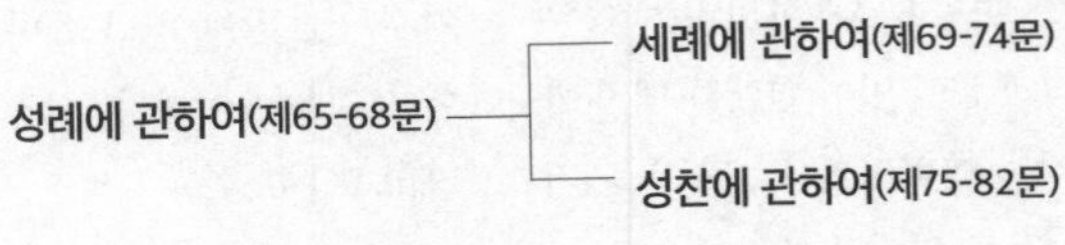

표6 하이델베르크 교리문답 제65-82문의 구성

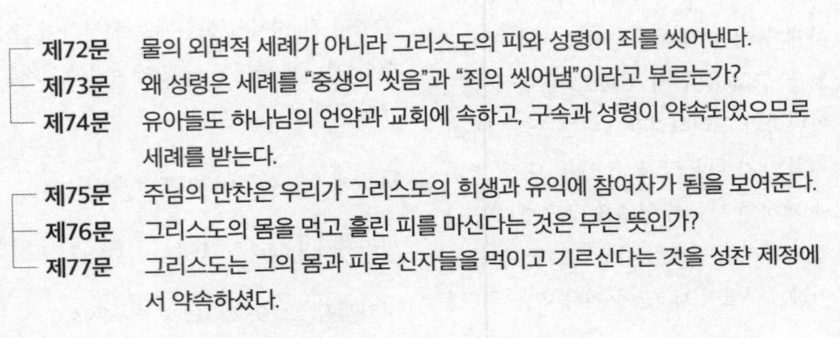

제72문	물의 외면적 세례가 아니라 그리스도의 피와 성령이 죄를 씻어낸다.
제73문	왜 성령은 세례를 "중생의 씻음"과 "죄의 씻어냄"이라고 부르는가?
제74문	유아들도 하나님의 언약과 교회에 속하고, 구속과 성령이 약속되었으므로 세례를 받는다.
제75문	주님의 만찬은 우리가 그리스도의 희생과 유익에 참여자가 됨을 보여준다.
제76문	그리스도의 몸을 먹고 흘린 피를 마신다는 것은 무슨 뜻인가?
제77문	그리스도는 그의 몸과 피로 신자들을 먹이고 기르신다는 것을 성찬 제정에서 약속하셨다.

표7 하이델베르크 교리문답 제72-77문의 구성

1. 우리가 그리스도의 희생과 유익에 참여자가 됨을 보여주는 성찬

세례가 물을 수세자에게 붓거나 뿌림으로써 수세자의 죄가 그리스도의 피와 영으로 사해짐을 보여주는 의식이라면, 떡과 포도주를 먹고 마시는 성찬은 무엇을 보여주고 상징하는 의식일까요? 성찬의 떡은 십자가에서 바쳐지고 찢긴 주의 몸을 상징하고, 포도주는 흘리신 주의 피를 상징합니다.

우리는 성찬에 참여할 때 떡과 포도주를 눈으로 보기만 하지 않고, 그것을 받아먹고 마십니다. 주의 몸과 피가 우리의 몸에 들어오는 것입니다. 그것은 단지 음식이란 측면에서의 떡과 포도주가 아니라 그것이 상징하는 그리스도의 몸과 피가 우리에게 들어온다는 의미를 갖습니다. 우리를 위해 희생하신 그리스도의 몸과 피를 먹는다는 것은 그리스도가 십자가에서 단번에 완수하신 희생과 그리스도의 모든 유익에 우리가 참여하게 되었다는 것을 나타냅니다.

그리스도는 나와 모든 신자에게 성찬의 떡과 포도주를 먹고 마실 때 **그리스도를 기억하며**(in remembrance of him) 먹고 마시라고 말씀하십니다. 그리스도가 십자가에서 완수하신 구원을 알지 못하면 성찬의 떡과 포도주를 먹고 마시는 것이 아무 소용이 없기 때문입니다. 그래서 성례를 보이는 말씀이라고 합니다. 말씀이 없으면 성례는 해석되지 않고, 미신처럼 되기 쉽습니다. 말씀을 이해하는 만큼 성례에 관한 이해가 깊어지고 은혜가 됩니다. 성례 없이 말씀은 있을 수 있어도, 말씀 없이 성례는 존재할 수 없습니다. 물론 성례 없이 말씀만 있으면 하나님이 허락하신 은혜는 더할 나위 없이 축소되겠지만, 최소한 말씀을 통한 믿음의 발생과 증가는 유지됩니다. 하지만 말씀 없는 성례는 시행하면 할수록 미신과 의혹만 증가할 뿐입니다.

말씀을 통해 그리스도가 십자가에서 몸이 찢기고 피를 흘리신 사역을 이해하면, 성찬에서 주의 떡과 잔을 우리의 두 눈으로 확실하게 볼 때, 그 떡과 잔이 우리를 위해 십자가에서 바쳐지고 찢어진 주의 몸이고, 흘리신 주의 피라는 것도 확실히 알게 됩니다. 말씀으로만 이해하던 것을 두 눈으로 보면서 더 분명하고 강렬하고 자극적으로 이해하며 더 큰 은혜를 받는 것입니다.

게다가 우리는 두 눈으로 주의 떡과 잔을 보기만 하지 않고 입으로 먹고 마시기까지 합니다. 주의 떡과 잔을 먹고 마시며 주의 살과 피를 먹고 마신다는 느낌을 온몸으로 받아들입니다. 온몸으로 체험하는 것처럼 틀림없이 십자가에 못 박히신 그리스도의 몸과 피가 영적으로 나를 영생에 이르도록 먹이고 기른다는 것을 체득합니다.

그리스도는 죽으시기 전날에 제자들에게 떡을 떼어 주시며 그 떡이 자신의 몸이라고 하셨습니다. 잔에 대해서는 죄 사함을 얻게 하려고 많은 사람을 위하여 흘리는 자신의 피라고 하셨습니다. 예수 그리스도가 떡과 잔을 주의 몸과 피라고 선언하신 후 그것을 받아서 먹고 마시라고 하셨습니다(마 26:26-28). 바울은 고린도전서 10장에서 주의 잔은 그리스도의 피에 참여하는 것이고, 주의 떡은 그리스도의 몸에 참여하는 것이라고 말했습니다. 이런 말씀들로 말미암아 우리는 성찬에 참여하여 떡과 잔을 먹고 마시는 것은 십자가에서 완수된 그리스도의 단번의 희생과 그의 모든 유익에 참여하는 것임을 깨닫고 확신하게 됩니다.

구약 시대에 유월절을 지키는 이스라엘 백성은 양을 죽이는 것에 그치지 않고 그 고기를 함께 먹었습니다. 유월절의 완성은 양을 죽이고 그 피를 문설주와 인방에 바르는 것이 아니라 고기를 불에 구워 먹는 것에 있었습니다. 그 양이 유월절에 참여하는 자의 입을 통해 배 속으로 들어가야 유월절 예식이 끝났습니다.

> 5너희 어린 양은 흠 없고 일 년 된 수컷으로 하되 양이나 염소 중에서 취하고 6이
> 달 열나흗날까지 간직하였다가 해 질 때에 이스라엘 회중이 그 양을 잡고 7그 피
> 를 양을 먹을 집 좌우 문설주와 인방에 바르고 8그 밤에 그 고기를 불에 구워 무
> 교병과 쓴 나물과 아울러 먹되 9날것으로나 물에 삶아서 먹지 말고 머리와 다리
> 와 내장을 다 불에 구워 먹고(출 12:5-9).

이 유월절 예식이 신약에 와서 성만찬이 되었습니다. 예수님은 유월절 양으로서 십자가에 달려 죽으셨습니다. 세례 요한은 예수님이 자기에게 나아오심을 보고서 "보라! 세상 죄를 지고 가는 하나님의 어린 양이로다"(요 1:29)라고 말했습니다. 세례 요한은 유월절 때 이스라엘 백성을 위하여 죽는 그 어린 양을 말한 것입니다. 예수님은 요한복음 6장에서 인자의 살과 피를 먹고 마시는 자는 영생을 가졌다고 말씀하십니다. 그 살과 피를 먹고 마시는 자는 예

수님 안에 거하고, 예수님도 그의 안에 거하십니다. 구약 시대에 유월절 양을 먹을 때에야 유월절 제사가 완성되듯, 신약 시대에는 예수 그리스도의 살과 피를 상징하는 성찬의 떡과 포도주를 먹고 마시는 자가 영생을 가집니다. 성찬식은 바로 이런 의미가 있습니다.

> 53예수께서 이르시되 "내가 진실로 진실로 너희에게 이르노니 인자의 살을 먹지
> 아니하고 인자의 피를 마시지 아니하면 너희 속에 생명이 없느니라. 54내 살을 먹
> 고 내 피를 마시는 자는 영생을 가졌고 마지막 날에 내가 그를 다시 살리리니 55
> 내 살은 참된 양식이요 내 피는 참된 음료로다. 56내 살을 먹고 내 피를 마시는 자
> 는 내 안에 거하고 나도 그의 안에 거하나니 57살아 계신 아버지께서 나를 보내시
> 매 내가 아버지로 말미암아 사는 것 같이 나를 먹는 그 사람도 나로 말미암아 살
> 리라"(요 6:53-57).

2. 그리스도의 몸을 먹고 피를 마시는 것의 의미

ㄱ. 그리스도의 고난과 죽음을 받아들이고, 그로 인한 죄의 용서와 영생을 얻는 것

십자가에 못 박힌 그리스도의 몸을 먹고, 피를 마신다는 것은 실제로 그리스도의 몸과 피를 먹고 마신다는 뜻은 아닙니다. 그리스도의 몸과 피를 상징하는 주의 떡과 잔을 먹는다는 것이고, 이것은 주의 떡과 잔이 의미하는 바를 믿는 마음으로 받아들인다는 의미입니다. 즉 그리스도의 모든 고난과 죽음, 그리고 그로 인해 우리를 위해 얻어진 죄의 용서와 영생을 받아들이는 것입니다.

예수님은 자신을 생명의 떡이라고 하시며 자신에게 오는 자는 결코 주리지 아니하고, 자신을 믿는 자는 영원히 목마르지 않고 영생을 얻는다고 하셨습니다. 그리고 만나에 관해 말씀하셨습니다. 유대인들의 조상은 광야에서

만나를 먹어도 죽었지만, 하늘에서 내려오는 살아 있는 생명의 떡을 먹는 자는 죽지 아니하고 영생합니다. 그리고 이 살아 있는 떡은 세상의 생명을 위한 예수님의 살입니다.

이런 예수님의 말씀을 문자적으로 이해하여 그 의미를 깨닫지 못한 유대인들은 "이 사람이 어찌 능히 자기 살을 우리에게 주어 먹게 하겠느냐?"라고 서로 다투어 말했습니다. 이에 예수님은 "인자의 살을 먹지 아니하고 인자의 피를 마시지 아니하면 너희 속에 생명이 없느니라. 내 살을 먹고 내 피를 마시는 자는 영생을 가졌고 마지막 날에 내가 그를 다시 살리리니"(요 6:53-54)라고 말씀하셨습니다. 여기서 그리스도의 살과 피는 우리를 위해 십자가에서 죽으신 그의 살과 피를 의미합니다. 우리는 이것을 성찬의 떡과 잔으로 먹고 마시며 그리스도의 모든 고난과 죽음, 그리고 그로 인한 죄의 용서와 영생을 받아들입니다.

ㄴ. 성령에 의해 그의 복된 몸에 점점 더 연합되는 것

그리스도의 몸과 피를 먹고 마신다는 것은 단지 과거의 사건으로만 끝나지 않습니다. 그리스도가 십자가에서 죽고 부활하신 후부터 신약성경은 우리가 성령이 거주하는 전이라고 말합니다(고전 6:19; 고후 6:16). 성령은 구약 시대에도 우리에게 계셨지만 그리스도의 죽음과 부활 이후에는 그것과 다른 형태로 더 충만하고 풍성하게 우리에게 거하십니다. 그리스도와 우리에게 공통적으로 거하시는 성령으로 말미암아 우리는 그리스도의 몸에 점점 더 연합되어갑니다.

그리스도는 "내 살은 참된 양식이요, 내 피는 참된 음료로다. 내 살을 먹고 내 피를 마시는 자는 내 안에 거하고 나도 그의 안에 거하나니"(요 6:55-56)라고 말씀하셨습니다. 그리스도의 살과 피를 상징하는 그리스도의 떡과 잔을 먹고 마시는 자는 그리스도 안에 거하고, 그리스도도 그의 안에 거하십니다.

서로가 서로에게 거하니 우리는 그의 몸에 점점 더 하나로 연합되는 것입니다. 우리는 성찬에 참여하여 주의 떡과 잔을 먹고 마시며 이것을 확인하고 더욱 확신하게 됩니다.

바울은 "우리가 유대인이나 헬라인이나 종이나 자유인이나 다 한 성령으로 세례를 받아 한 몸이 되었고 또 다 한 성령을 마시게 하셨느니라"(고전 12:13)라고 말합니다. 성령은 그리스도와 우리 안에 거하시어 우리를 하나로 연합시키십니다.

ㄷ. 그리스도는 하늘에, 우리는 땅에 있어도 우리는 그의 살 중의 살이며 뼈 중의 뼈다

그리스도는 부활 후 승천하시어 하나님 우편에 앉아 계십니다. 즉 그리스도는 하늘에 계시고 우리는 땅에 있습니다. 하지만 우리는 그리스도와 우리 안에 내주하시는 성령으로 말미암아 공간적 거리 차에도 불구하고 그리스도의 몸에 점점 더 깊이 연합되고, 그래서 그리스도의 살 중의 살, 뼈 중의 뼈가 됩니다. 즉 그리스도와 한 몸이 되어가는 것입니다. 그리스도가 우리의 머리이시고 우리는 그의 지체들입니다. 성찬에 참여한 자들이 다 한 떡에 참여함으로써 그들이 그리스도를 머리로 한 한 지체임이 드러나고 확인됩니다(고전 10:17).

성찬에 참여한다는 것은 단순히 주님의 떡과 잔을 물리적으로 먹고 마신다는 의미에 그치지 않습니다. 그것의 진정한 의미는 그리스도만이 우리의 주님이시고 생명이신 줄 알아 그의 말씀을 지키겠다는 것이고, 그럼으로써 진정으로 그리스도와 하나가 되겠다는 것입니다(요 14:23). 우리는 그리스도의 지체이므로 그리스도만을 섬겨야 합니다. 우상을 숭배하면 우리는 그 우상과 하나가 되어 우상의 지체로 전락합니다.

하나님은 아담이 돕는 배필이 없으므로 아담의 갈빗대 하나를 취하여 여자를 만드시고 그를 아담에게로 이끌어 오셨습니다. 그때 아담은 "이는 내 뼈 중의 뼈요, 살 중의 살이라. 이것을 남자에게서 취하였은즉 여자라 부르리라"(창 2:23)라고 말했습니다. 여자가 아담의 갈빗대로 만들어졌다는 것은 여자가 아담으로부터 나온 존재임을 알려줍니다. 그래서 그 존재의 이름도 그런 의미가 담긴 "여자"라고 했습니다. 또 아담은 여자의 뼈와 살이 자신으로부터 나왔다는 의미로 "이는 내 뼈 중의 뼈요, 살 중의 살"이라고 말했습니다. 그래서 남자는 부모를 떠나 그의 아내와 합하여 자신으로부터 나온 여자와 합하여 둘이 한 몸을 이루어야 합니다(창 2:24).

우리가 주의 성찬을 통해 그리스도의 몸과 피를 먹고 마신다는 것은 그와 합하여 하나가 됨을 의미합니다. 원래 그리스도의 창조로 만들어진 우리는 그리스도가 십자가에서 죽으신 희생으로 재창조되어 그리스도와 하나가 됩니다. 우리는 "그의 살 중의 살, 뼈 중의 뼈"가 됩니다. 그리스도가 치르신 십자가에서의 희생을 통해 성령으로 말미암아 우리는 주님 안에 거하고 주님은 우리 안에 거하십니다(요일 3:24). 또한 하나님이 성령을 우리에게 주시므로 우리가 그 안에 거하고 그가 우리 안에 거하십니다(요일 4:13). 우리는 성찬에 참여하여 주님의 떡과 잔을 먹고 마실 때 이것을 확인하고 확신해야 합니다.

ㄹ. 우리는 한 성령에 의해서 영원히 살고 다스려진다

그리스도는 우리의 머리이시고, 우리 신자들은 그리스도의 지체들입니다. 그에게서 온몸이 각 마디를 통해 도움을 받음으로 연결되고 결합되어 있습니다. 각 지체는 그리스도의 도움을 받아 각자의 분량대로 역사하여 그 몸을 자라게 하며 사랑 안에서 스스로 세웁니다(엡 4:15-16). 그리스도가 성령을 통해 각 신자에게 도움을 주시지 않으면 각 신자는 존재조차 할 수 없습니다.

사람의 눈에는 각 신자가 분리되어 따로 존재하고 활동하는 것처럼 보입니다. 그런데 각 사람은 성령을 통해 신비하게 머리이신 그리스도와 연결되고 결합됩니다. 또한 그리스도가 성령을 통해 각 사람에게 도움을 주시기 때문에 각 사람은 자신의 은사대로 역사합니다. 연결과 결합의 형태는 다양합니다. 밧줄이나 강철이나 접착제로 눈에 보이게 연결하는 것도 강하지만, 눈에 보이지 않는 강한 연합도 있습니다. 태양계에는 태양을 중심으로 수성, 금성, 지구 등의 여러 행성이 있습니다. 각 행성은 또 위성들을 거느리고 있습니다. 태양과 각 행성과 각 위성은 수천만에서 수억 킬로미터나 떨어져 있습니다. 하지만 중력의 힘으로 어떤 밧줄이나 접착제로 붙인 것보다 더 강하고 밀접하게 연결되어 있습니다.

그런데 중력보다 더 강하게 연결시키는 분이 바로 성령이십니다. 그리스도의 희생으로 말미암아 성령은 그리스도와 우리 신자들에게 내주하시고, 그래서 각 신자를 그리스도와 연합시키십니다. 한 사람의 머리와 지체들이 한 영혼의 다스림을 받아 한 생명으로 분리와 혼란 없이 작동되듯, 각 신자 역시 한 성령에 의해 연결되어 분리와 혼란 없이 그리스도와 연합하고 영원히 삽니다.

우리는 이것을 그리스도의 떡과 잔을 받아먹음으로써 확인하고 확신하게 됩니다. 그리스도의 살과 피가 우리 안에 들어와 우리의 살과 피가 되므로 우리는 그의 뼈이고 살입니다. 그와 함께 영원히 살기 위해서 우리는 항상 그리스도께 붙어 있어야 합니다. 그럴 때만 우리는 열매를 맺을 수 있습니다. 그리스도를 떠나서는 존재할 수도 없고 열매를 맺을 수도 없습니다. 그리스도를 떠나 맺은 열매는 배설물에 지나지 않습니다. 그리스도를 떠나서 아무리 많은 재산과 명성과 업적을 쌓아도 아무 의미가 없습니다. 그런 것들은 자극적이고 화려하지만 실은 아무것도 아닙니다(요 15:1-6). 우리는 성찬에 참여해 주님의 떡과 잔을 먹고 마실 때마다 이런 의미를 생각해야 합니다.

3. 그리스도는 그의 몸과 피로 신자들을 먹이고 기르신다는 것을 성찬 제정에서 약속하셨다

그리스도인은 성경이 말하는 만큼 말하고, 성경이 멈추는 곳에서 멈추어야 합니다. 인간은 스스로 진리를 알 수 없기에 성경에 기록된 내용에 따라 판단해야 합니다. 성찬에 대해서도 마찬가지입니다. 주님의 떡과 잔을 먹고 마시는 것이 그리스도의 몸과 피를 먹어 성장하게 된다는 의미임은 성경에 기록되어 있어야만 맞는 말이 됩니다.

그런데 그리스도는 이런 내용을 성찬을 제정하실 때 약속하셨습니다. 그 내용을 담은 구체적인 성경 구절들은 제77문에서 다룬 것처럼 고린도전서 11:23-26과 10:16-17, 마태복음 26:26-28, 마가복음 14:22-24, 누가복음 22:19-20입니다. 이런 구절들과 앞서 살펴본 근거 성구에 따라 우리는 그리스도가 그의 몸과 피로 신자들을 먹이고 기르신다는 사실을 알 수 있습니다.

함께 나누기: 성찬

01 이방인의 기도는 어떤 것인지 열왕기상 18:26-29을 통해 살펴봅시다. 바알 선지자들은 왜 중언부언하고 뛰놀고 큰 소리로 부르며 피가 흐르기까지 칼과 창으로 자신들의 몸을 상하게 했습니까? 이에 비해 참된 신자의 기도는 어떤 것인지 마태복음 6:6-8을 살펴보고 나누어봅시다.

02 하이델베르크 교리문답 제75-77문을 서로 묻고 답해봅시다. 근거 성구도 다시 한번 살펴봅시다.

03 우리는 성찬에서 그리스도의 희생과 유익에 참여자가 된다는 사실을 어떻게 확신합니까?

04 십자가에 못 박히신 그리스도의 몸을 먹고, 피를 마신다는 것은 무슨 뜻인지 다음의 관점에서 살펴봅시다.

① 그리스도의 모든 고난과 죽음을 믿는 마음으로 받아들이고, 그에 의해 죄의 용서와 영생을 얻는다는 관점에서 살펴봅시다.

② 그리스도와 우리에게 거하시는 성령에 의해 그의 복된 몸에 점점 더 연합된다는 관점에서 살펴봅시다.

③ 비록 그리스도는 하늘에, 우리는 땅에 있을지라도 우리가 "그의 살 중의 살이며 뼈 중의 뼈"라는 관점에서 살펴봅시다.

④ 한 몸의 지체들이 한 영혼에 의해 다스려지듯이, 우리는 한 성령에 의해서 영원히 살고 다스려진다는 관점에서 살펴봅시다.

05 그리스도는 당신의 몸과 피로 신자들을 먹이고 기르신다는 것을 어디서 약속하셨습니까?

제29주일: 제78-79문

화체설과 영적 임재설

Q 제78문 그러면 떡과 포도주는 그리스도의 실제 몸과 피가 됩니까?

Do then the bread and wine become the very body and blood of Christ?

A 답 전혀 그렇지 않습니다. 세례에서 물이 그리스도의 피로 변하지 않고, 죄 자체를 씻어내는 것도 아니며, 단지 하나님이 지정하시어 이것들의 신적 상징과 확약이 되듯이[1] 주님의 만찬에서도 떡은 그리스도의 실제 몸으로 변하지 않습니다.[2] 비록 성례의 본질과 특성에 따라 떡이 그리스도의 몸이라고 불릴지라도 그러합니다.[3]

Not at all: but as the water in baptism is not changed into the blood of Christ, neither is the washing away of sin itself, being only the sign and confirmation thereof appointed of God; so the bread in the Lord's supper is not changed into the very body of Christ; though agreeably to the nature and properties of sacraments, it is called the body of Christ Jesus.

confirmation 확약, 확인
properties 특성, 성질

Q 제79문 그러면 그리스도는 왜 떡을 자기 몸이라, 그리고 잔을 자기 피나 자기 피로 맺은 새 언약이라 부르시고, 바울은 "그리스도의 몸과 피에의 참여"라고 말합니까?

Why then doth Christ call the bread "his body," and the cup "his blood," or "the new covenant in his blood"; and Paul the "communion of body and blood of Christ"?

A 답 그리스도가 그렇게 말씀하신 데는 충분한 이유가 있습니다. 즉 먼저는 떡과 포도주가 육신의 생명을 유지하게 해주는 것처럼 십자가에 죽으신 그의 몸과 흘리신 피가 우리 영혼에 영생을 주는 참된 음식과 음료임을 우리에게 가르치기 위해서입니다.[4] 그뿐 아니라 더 특별하게는 이 보이는 표들과 보증들을 통해 우리가 그를 기념하며 우리 몸의 입으로 이 거룩한 표들을 받는 것처럼, 성령의 작용에 의해 그의 참된 몸과 피에 실제로 참여자가 된다는 것을 우리에게 확신시키기 위해서입니다.[5] 그리고 마치 하나님께 지은 우리의 죄에 대해 우리가 직접 고난받고 보상을 치르는 것처럼, 그의 모든 고난과 순종이 확실하게 우리의 것이 됨을 확신시키기 위해서입니다.[6]

Christ speaks thus, not without great reason, namely, not only thereby to teach us, that as bread and wine support this temporal life, so his crucified body and shed blood are the true meat and drink, whereby our souls are fed to eternal life; but more especially by these visible signs and pledges to assure us, that we are as really partakers of his true body and blood by the operation of the Holy Ghost as we receive by the mouths of our bodies these holy signs in remembrance of him; and that all his sufferings and obedience are as certainly ours, as if we had in our own persons suffered and made satisfaction for our sins to God.

support	부양하다, 살게 하다	**temporal**	시간의 제약을 받는, 속세의
satisfaction	보상, 만족, 흡족		

근거 성구

1 이는 곧 물로 씻어 말씀으로 깨끗하게 하사 거룩하게 하시고(엡 5:26).

우리를 구원하시되 우리가 행한 바 의로운 행위로 말미암지 아니하고 오직 그의 긍휼하심을 따라 중생의 씻음과 성령의 새롭게 하심으로 하셨나니(딛 3:5).

2 이르시되 "이것은 많은 사람을 위하여 흘리는 나의 피 곧 언약의 피니라" (막 14:24).

16우리가 축복하는 바 축복의 잔은 그리스도의 피에 참여함이 아니며 우리가 떼는 떡은 그리스도의 몸에 참여함이 아니냐? 17떡이 하나요 많은 우리가 한 몸이니 이는 우리가 다 한 떡에 참여함이라 (고전 10:16-17).

26너희가 이 떡을 먹으며 이 잔을 마실 때마다 주의 죽으심을 그가 오실 때까지 전하는 것이니라. 27그러므로 누구든지 주의 떡이나 잔을 합당하지 않게 먹고 마시는 자는 주의 몸과 피에 대하여 죄를 짓는 것이니라. 28사람이 자기를 살피고 그 후에야 이 떡을 먹고 이 잔을 마실지니(고전 11:26-28).

3 10너희 중 남자는 다 할례를 받으라. 이것이 나와 너희와 너희 후손 사이에 지킬 내 언약이니라. 11너희는 포피를 베어라. 이것이 나와 너희 사이의 언약의 표징이니라.…14할례를 받지 아니한 남자 곧 그 포피를 베지 아니한 자는 백성 중에서 끊어지리니 그가 내 언약을 배반하였음이니라(창 17:10-11, 14).

11"너희는 그것을 이렇게 먹을지니 허리에 띠를 띠고 발에 신을 신고 손에 지팡이를 잡고 급히 먹으라. 이것이 여호와의 유월절이니라.…13내가 애굽 땅을 칠 때에 그 피가 너희가 사는 집에 있어서 너희를 위하여 표적이 될지라. 내가 피를 볼 때에 너희를 넘어가리니 재앙이 너희에게 내려 멸하지 아니하리라."…27"너희는 이르기를 '이는 여호와의 유월절 제사라. 여호와께서 애굽 사람에게 재앙을 내리실 때에 애굽에 있는 이스라엘 자손의 집을 넘으사 우리의 집을 구원하셨느니라' 하라" 하매 백성이 머리 숙여 경배하니라.…43여호와께서 모세와 아론에게 이르시되 "유월절 규례는 이러하니라. 이방 사람은 먹지 못할 것이나…48너희와 함께 거류하는 타국인이 여호와의 유월절을 지키고자 하거든 그 모든 남자는 할례를 받은 후에야 가까이하여 지킬지니 곧 그는 본토인과 같이 될 것이나 할례받지 못한 자는 먹지 못할 것이니라" (출 12:11, 13, 27, 43, 48).

이것으로 네 손의 기호와 네 미간의 표를

삼고 여호와의 율법이 네 입에 있게 하라. 이는 여호와께서 강하신 손으로 너를 애굽에서 인도하여내셨음이니(출 13:9).

1형제들아, 나는 너희가 알지 못하기를 원하지 아니하노니 우리 조상들이 다 구름 아래에 있고 바다 가운데로 지나며 2모세에게 속하여 다 구름과 바다에서 세례를 받고 3다 같은 신령한 음식을 먹으며 4다 같은 신령한 음료를 마셨으니 이는 그들을 따르는 신령한 반석으로부터 마셨으매 그 반석은 곧 그리스도시라(고전 10:1-4).

물은 예수 그리스도께서 부활하심으로 말미암아 이제 너희를 구원하는 표니 곧 세례라. 이는 육체의 더러운 것을 제하여 버림이 아니요 하나님을 향한 선한 양심의 간구니라(벧전 3:21).

4 51"나는 하늘에서 내려온 살아 있는 떡이니 사람이 이 떡을 먹으면 영생하리라. 내가 줄 떡은 곧 세상의 생명을 위한 내 살이니라" 하시니라.…53예수께서 이르시되 "내가 진실로 진실로 너희에게 이르노니 인자의 살을 먹지 아니하고 인자의 피를 마시지 아니하면 너희 속에 생명이 없느니라. 54내 살을 먹고 내 피를 마시는 자는 영생을 가졌고 마지막 날에 내가 그를 다시 살리리니 55내 살은 참된 양식이요 내 피는 참된 음료로다(요 6:51, 53-55).

5 16우리가 축복하는 바 축복의 잔은 그리스도의 피에 참여함이 아니며, 우리가 떼는 떡은 그리스도의 몸에 참여함이 아니냐? 17떡이 하나요 많은 우리가 한 몸이니 이는 우리가 다 한 떡에 참여함이라(고전 10:16-17).

6 5만일 우리가 그의 죽으심과 같은 모양으로 연합한 자가 되었으면 또한 그의 부활과 같은 모양으로 연합한 자도 되리라. 6우리가 알거니와 우리의 옛 사람이 예수와 함께 십자가에 못 박힌 것은 죄의 몸이 죽어 다시는 우리가 죄에게 종노릇 하지 아니하려 함이니 7이는 죽은 자가 죄에서 벗어나 의롭다 하심을 얻었음이라. 8만일 우리가 그리스도와 함께 죽었으면 또한 그와 함께 살 줄을 믿노니 9이는 그리스도께서 죽은 자 가운데서 살아나셨으매 다시 죽지 아니하시고 사망이 다시 그를 주장하지 못할 줄을 앎이로라(롬 6:5-9).

그리스도의 사랑이 우리를 강권하시는도다. 우리가 생각하건대 한 사람이 모든 사람을 대신하여 죽었은즉 모든 사람이 죽은 것이라(고후 5:14).

해설

성찬의 떡과 포도주

개신교는 그리스도와 신자들의 신비한 연합을 믿습니다. 신비한 연합은 하나님의 은혜로 이루어지는 사역으로, 택함을 받은 자들이 **영적으로 신비하게, 하지만 실제로 분리되지 않게**(spiritually and mystically, yet really and inseparably) 그리스도와 연결되는 것입니다. 우리는 이런 내용을 앞서 제70문에서 세례를 다룰 때 우리가 그리스도의 피와 영으로 씻기어 그리스도의 지체가 된다는 측면에서 살펴보았습니다. 신자들이 그리스도와 그렇게 연결되기에 그리스도가 모든 율법을 지키신 순종과, 십자가에서 죽으신 희생이 신자들에게 그대로 전달됩니다. 그리스도의 것이 신자들의 것이 된다는 말입니다. 그리스도가 신자들을 위하여 죽으시고 신자들을 위하여 살아나신 것이므로, 신자들은 그리스도로 말미암아 죄에 대해 죽고 의에 대해 살아납니다. 신자들의 머리와 남편이 되시는 그리스도와 하나로 연결되기에 이런 일이 가능합니다.

그렇다면 성찬은 어떨까요? 성찬 역시 신자들이 그리스도와 연합된다는 사실을 잘 보여줍니다. 앞서 살펴보았듯이 그리스도의 몸과 피를 상징하는 성찬의 떡과 포도주를 통해 신자들은 그리스도의 살 중의 살이요, 뼈 중의 뼈가 됩니다. 그런데 성찬의 떡과 포도주를 통한 이런 신비한 연합을 바라볼 때 오해가 생기기도 합니다. 그 떡과 포도주가 진짜 그리스도의 몸과 피가 된다고 생각하는 자들이 있는 것입니다. 하이델베르크 교리문답 제78-79문은 바로 그 문제를 다룹니다.

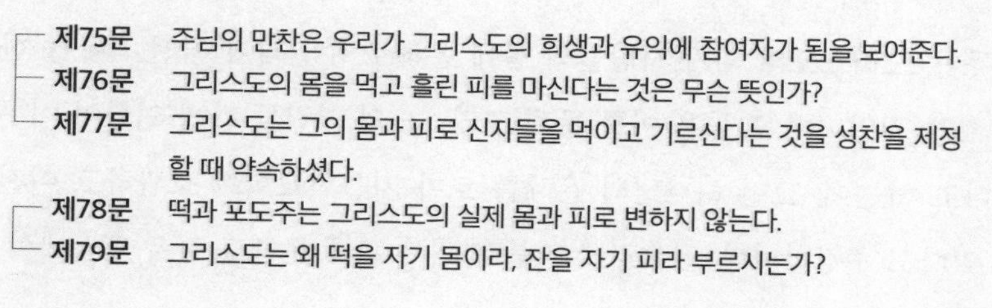
제75문 주님의 만찬은 우리가 그리스도의 희생과 유익에 참여자가 됨을 보여준다.
제76문 그리스도의 몸을 먹고 흘린 피를 마신다는 것은 무슨 뜻인가?
제77문 그리스도는 그의 몸과 피로 신자들을 먹이고 기르신다는 것을 성찬을 제정할 때 약속하셨다.
제78문 떡과 포도주는 그리스도의 실제 몸과 피로 변하지 않는다.
제79문 그리스도는 왜 떡을 자기 몸이라, 잔을 자기 피라 부르시는가?

표8 하이델베르크 교리문답 제75-79문의 구성

1. 떡과 포도주는 그리스도의 실제 몸과 피로 변하지 않는다

ㄱ. 로마 가톨릭의 주입설에 의한 칭의론과 잉여 공로 사상

하이델베르크 교리문답 제60문에서 칭의에 관해 살펴보았듯이 개신교는 전가설을 주장하지만 로마 가톨릭은 주입설을 주장합니다. 전가설은 그리스도가 생애와 죽음을 통해 우리를 위하여 획득한 의가 우리에게 전가(轉嫁, imputation)되어 우리가 의롭게 된다는 것입니다. 이에 비해 로마 가톨릭은 실제로 개인에게 의로움이 발생해야지, 그리스도의 의가 사람들의 의가 된다는 주장은 법정적 허구에 지나지 않는다고 비난합니다. 그들은 그리스도의 의가 은혜로 사람에게 실제로 주입(注入, infusion)되어 사람 안에 있는 의를 작동시켜 더 많은 의를 행하게 한다고 봅니다. 즉 사람이 그리스도의 주입된 의와 협력하여 더 많은 의로운 행위를 하여 의를 이루는 것이 칭의라고 보는 것입니다. 따라서 그들의 칭의는 하나님이 의롭다고 하는 칭의(稱義)가 아니라, 사람이 스스로 의를 만드는 성의(成義, making righteousness)에 해당합니다.

로마 가톨릭은 그리스도의 의가 실제로 사람들에게 주입된다고 보기 때문에 실제로 그리스도와 신자들 간에 오가는 실물을 중요하게 여깁니다. 사

람들이 예방주사를 맞을 때 주사기의 액체가 몸 안에 주입되어 어떤 작용을 하듯이, 그리스도의 의가 사람들의 몸에 은혜로 주입되어 어떤 작용을 한다고 보는 것입니다. 그들은 이를 통해 그리스도와 사람들 간에 연합이 이루어진다고 하는데, 그런 하나님의 은혜를 로마 가톨릭교회가 보관하고 이전할 수 있다고 주장합니다. 앞으로 살펴볼 면죄부 판매 문제도 같은 맥락에서 불거진 것이라고 할 수 있습니다.

원래 로마 가톨릭은 일반 성도들이 성경을 갖지 못하게 했습니다. 설령 성경을 구입하더라도 현재 기준으로 수천만 원에서 수억 원의 비용을 치러야 했고, 그나마 라틴어로 기록된 성경을 읽을 수 있는 사람은 많지 않았습니다. 사제들도 미사를 이끄는 약간의 라틴어만 외우면 되었기에 돈만 있으면 누구라도 사제가 될 수 있었습니다. 그러니 기록된 성경의 내용을 제대로 알고 가르치는 것이 아니라 자신들이 듣고 이해한 얄팍한 내용을 가르치는 사제가 많을 수밖에 없었습니다. 사제들도 모르고 성도들도 모르는 라틴어로는 한계가 있으니 성화나 성상을 동원했지만, 전하고자 하는 내용이 정확하지 않으니 미신이나 이단적 가르침이 횡행했습니다.

로마 가톨릭은 하나님이 은혜로 주입해주신 의에 각 신자가 자신의 의로 협력하여 공로(선행)를 쌓아야 천국에 갈 수 있다고 가르쳤습니다. 그 공로는 다양한 선행으로 이루어지는데 로마 가톨릭교회를 살찌우는 행위들은 더 큰 공로로 인정되었습니다. 또한 교회를 위한 봉사나 헌금, 신부들을 잘 섬기는 것이나 십자군 운동에 참여하는 것 등은 특별히 강조되었습니다.

로마 가톨릭의 잘못된 공로 사상은 자연스럽게 잉여 공로 사상으로 나아갔습니다. 잉여 공로 사상이란 어떤 사람은 천국에 가고도 남을 공로를 쌓는데, 그 남은(잉여) 공로가 다른 사람에게 옮겨갈 수 있다고 보는 것입니다. 로마 가톨릭은 사람의 의로움을 영적인 의미로 보지 않고 실제로 존재하는 대상으로 보면서 이런 어처구니없는 사상에 빠져버렸습니다. 그 결과 어떤 사람이 지옥이나 연옥에 빠진 부모나 가족을 위해 공로를 많이 쌓으면 그들을 천국으로 옮겨가게 할 수 있다고까지 가르쳤습니다. 그리고 로마 가톨릭교회는 이런 사상을 돈벌이 수단으로 이용했습니다. 천국에 가 있는 성인들의 잉여 공로를 사용할 수 있는 권리를 준다며 면죄부를 판매한 것입니다. 당시 교황 레오 10세(Leo X, 1475-1521)는 베드로 성당을 건축하느라 늘어난 엄청난 빚을 면죄부 판매를 통해 갚고자 했습니다. 면죄부 판매권을 교황으로부터 받은 이들은 유럽 전역에서, 면죄부를 구입한 돈이 헌금함에 떨어지는 순간 지옥의 불길 속에 있는 영혼이 천국으로 옮겨진다고 선전했습니다.

또한 잉여 공로 사상은 성인의 유해나 유물에도 공로와 신성한 효력이 있다는 미신과 연결됩니다. 성인의 유해나 유물이 있는 수도원은 순례 장소로 각광을 받아 수많은 순례자가 곳곳에서 몰려들었습니다. 성인의 유해나 유물이 있는 수도원과 그렇지 않은 수도원의 수입에는 큰 차이가 났습니다. 그래서 어떤 곳은 가짜로 성인의 유해나 유물을 만들어내 사람들을 끌어들였습니다. 예수님의 수의가 7개나, 예수님을 십자가에 박은 못이 14개나, 예수님이 할례를 받을 때 잘라낸 포피가 3개나 될 정도였습니다. 예수님이 신으신 샌들, 예수님이 달리신 십자가의 파편, 예수님이 쓰신 면류관의 가시도 성물로 숭배되었습니다. 그리고 로마 가톨릭이 성인으로 인정한 이들의 유물도 숭배되었습니다.

ㄴ. 로마 가톨릭의 화체설(化體說, transubstantiation)

로마 가톨릭의 이런 칭의론은 성찬론에도 연결됩니다. 그들은 성찬을 통해 무언가를 실제로 받아야 한다고 여겼습니다. 의를 실제로 존재하는 구체적 실물로 보는 로마 가톨릭의 사상은 성찬에 사용된 떡과 포도주가 실제로 주의 살과 피로 변한다는 생각으로 이어졌습니다. 떡과 포도주가 주님의 살과 피를 상징하는 것만으로는 성찬이 은혜의 수단이 되지 못하고, 진짜 주님의 살과 피로 변해야만 그것들을 먹는 수찬자의 내부에서 실제로 의가 된다고 본 것입니다. 그들의 관점에 따르면 그리스도의 의가 실제로 각 사람에게 주입되어 각 사람에게 있는 의와 결합하여 큰 의를 이루듯이, 떡과 포도주도 실제로 주님의 몸과 피로 변해야 수찬자의 내부에서 의가 될 수 있습니다. 또한 신자들에게 하나님의 성의(成義, making righteousness)의 은혜가 계속 주입되는 방법이 성찬입니다. 이처럼 그들은 성례를 통해 그리스도와 신자 간에 연합이 이루어진다고 보고, 이런 연합을 물질적 의미로 생각합니다.

그런데 성찬 시 먹게 되는 떡과 포도주는 여전히 떡과 포도주 맛이 나지 절대로 사람의 살과 피의 맛이 나지 않습니다. 주님의 살과 피로 변했다면 사람의 살과 피의 맛이 나야 하는데 그렇지 않은 것입니다. 이에 대해 로마 가톨릭은 떡과 포도주의 본질이 주의 몸과 피로 변해도, 그 속성은 여전히 떡과 포도주의 속성을 유지한다고 주장했습니다. 본질과 속성이 분리되어 일치하지 않고, 성찬 때마다 하나님 우편에 계신 예수 그리스도가 물리적으로 임재하게 된다는 그리스도의 물리적인 몸의 편재(遍在)를 억지스럽게 주장하는 것입니다. 하지만 이런 주장은 상식에도 어긋납니다. 합당한 수찬자는 결코 이런 신체적이고 육체적인 방식(a corporal and carnal manner)으로 그리스도의 몸과 피에 참여하지 않습니다.

이런 로마 가톨릭의 주장을 화체설(化體說, transubstantiation)이라고 합니다. 화체설이란 단어는 성찬을 집례하는 신부가 주의 떡과 포도주를 들고 "이것은 나의 몸과 피니라"라고 말하는 순간에 떡과 포도주가 실제로 예수 그리스도의 몸과 피로 변한다고 생각하기 때문에 붙여진 이름입니다. 이는 천국에 가는 사람의 의를, 주고받을 수 있는 구체적 실물로 보는 로마 가톨릭의 시각이 성찬과 관련해 주님의 떡과 포도주가 실제로 주님의 살과 피로 변한다는 시각으로 확대된 결과입니다. 로마 가톨릭의 유물론적 사고가 칭의와 잉여 공로 사상과 성찬 등 신학 전반에 큰 영향을 미친 것입니다.

우리는 앞서 제25주일에 해당하는 내용에서 개신교가 성례보다 말씀을 우선시한다는 사실을 살펴보았습니다. 그런데 로마 가톨릭은 화체설 때문에 성례를 우선시합니다. 그들이 보기에 말씀은 추상적이고 주관적이어서 듣는 자들에게 은혜가 되는지, 그래서 그들에게 의로움이 증가되는지 여부를 객관적으로 알 수 없습니다. 하지만 성찬의 떡과 포도주는 실제로 주님의 몸과 피로 변하여 수찬자의 입에 들어가는 순간에 은혜가 되어 그만큼 의로움을 증가시킵니다. 그 결과 로마 가톨릭의 성당은 성찬을 집례하는 제단을 중심으로 만들어집니다. 그들은 매주 미사를 드릴 때마다 그리스도를 죽이고, 그 살과 피를 먹는 행위를 하는 셈입니다. 십자가에서의 단번의 희생으로는 부족하고 매주 미사를 통해 실제로 그리스도의 살과 피로 변한 떡과 포도주를 받아먹어야만 은혜가 된다고 여기는 것입니다.

그들은 성찬을 할 때 떡과 포도주를 매우 중요하게 다룹니다. 그리스도의 살과 피로 변했다는 그것을 성체(聖體)와 성혈(聖血)이라고 부르며 높이 들고 숭상합니다. 떡과 포도주가 땅에 떨어지면 그리스도의 몸과 피가 떨어지는 것이기 때문에 매우 조심히 다룹니다. 그들은 성찬 시 떡과 포도주를 각 수찬자에게 돌리지 않고, 집례자가 차례대로 오는 수찬자들의 입에 직접 넣어 줍니다. 그것도 떡만 주고 포도주는 아예 잘 주지 않습니다. 성찬의 떡으로는 부스러기가 떨어지지 않는 전병(煎餠) 형태를 사용합니다. 성찬 후 남은 떡과 포도주는 그리스도의 몸과 피이므로 버릴 수 없어서 특별한 장소에 소중하게 보관합니다. 시간이 지나 썩을 수 있는 떡과 포도주는 신부가 먹고 절대로 버리지 않습니다. 이에 비해 개신교는 성찬 후 남은 떡과 포도주를 먹지 않고 땅에 묻습니다.

이렇게 보관한 떡과 포도주는 미사 불참자들에게도 신부가 사적으로 성찬을 집례하며 줄 수 있습니다. 성찬의 떡과 포도주에 담긴 영적인 의미보다 그리스도의 살과 피로 변한 그것의 객관적 효능 자체를 중시하기에 사적인 성찬 집례에서도 효력이 있다고 보는 것입니다. 이에 비해 개신교에서는 성찬보다 중요한 것은 말씀이므로, 목사는 공적 예배에서만 성찬을 집례하며 떡과 포도주를 나누기 전에 성찬에 담긴 의미를 먼저 설명합니다. 그리고 이 의미에 믿음으로 화답하는 성도들만 성찬에 참여하게 합니다. 성도들이 성찬에 참여하여 하나의 떡과 포도주를 먹는다는 것은 한 지체가 된다는 의미가 담겨 있으므로, 예배 후에는 사적으로 성찬식을 하지 않습니다. 주의 떡과 포도주에 담긴 영적인 의미를 객관적인 떡과 포도주보다 더 중시하는 것입니다.

신자들이 성찬에서 신체적이고 육체적인 방식으로 그리스도의 몸과 피에 참여한다고 여기게 되면, 믿음은 별로 중요하지 않게 됩니다. 단지 떡과 포도주를 받아먹으면 자동으로 객관적인 은혜가 임하기 때문입니다. 성례적 행동 그 자체의 힘으로 은혜가 발생하는 것에 중점을 두기 때문에, 수찬자의 믿음이나 자세, 행동거지는 상대적으로 경시되기 쉬운 것입니다. 그 결과 아무 생각 없이 성찬에 참여하여 떡과 포도주만 받아먹는 형식적인 신자들이 양산됩니다. 로마 가톨릭은 누구나 미사에 참여하기만 하면 자동으로 신자가 되는 신학의 틀을 갖고 있어 형식적으로 로마 가톨릭 가정이나 국가도 존재할 수 있습니다. 물론 로마 가톨릭도 성례에 임하는 자세가 올바라야 한다고 강조하지만, 근본적으로 말씀보다 성례를 강조하고 성찬을 화체설로 이해하기 때문에 언제든 이렇게 타락할 수 있는 큰 위험성이 있습니다.

한편 개신교에서는 "믿음"이 로마 가톨릭의 면죄부 역할을 할 수 있습니다. 어떤 이들은 개신교의 이신칭의를, 아무리 죄를 지어도 믿기만 하면 죄가 사해진다는 뜻으로 오해하여 아무렇게나 살다가 주일에만 "믿음으로" 회개합니다. 이렇게 해도 천국에 갈 수 있다고 생각하는 것입니다. 이는 로마 가톨릭에서 아무리 죄를 지어도 미사에 참여하여 주의 떡과 포도주를 받아먹으면 신자가 된다고 여기는 것과 마찬가지입니다. 비록 지금은 사라졌지만 면죄부는 언제고 다시 등장할 수 있습니다.

ㄷ. 세례의 물이 그리스도의 피로 변하지 않고, 죄 자체를 씻어내지 않는 것과 같다

이제 하이델베르크 교리문답 제78문의 답에 따라 화체설이 잘못되었음을 살펴봅시다. 앞서 제70문에서 본 것처럼 세례를 받는다는 것은 그리스도의 피와 영으로 씻음을 받는다는 뜻입니다. 하지만 그렇다고 해서 세례에 사용되는 물이 그리스도의 피로 변하는 것은 아닙니다. 물은 여전히 물이고, 그리스도의 피와 영을 상징할 뿐입니다. 물은 예수 그리스도의 부활로 말미암아 우리를 구원하는 표이고, 육체의 더러운 것을 제하는 것이 아니라 하나님을 향한 선한 양심의 간구입니다(벧전 3:21).

세례에 사용하는 물은 본질과 속성에 있어서 그대로 물입니다. 물이 "본질에 있어 그리스도의 피로 변하고, 물의 속성은 그대로 유지하는 것"이 아닙니다. 물은 물이기 때문에 절대로 물 자체의 효능으로 우리의 죄를 씻어내지 못합니다. 물은 그리스도의 피와 영을 상징하고 확인시켜주는 것이지, 절대로 그리스도의 피가 되지 않습니다.

마찬가지로 성찬에서도 떡은 그리스도의 몸으로 변하지 않습니다. 떡이 주님의 몸이라고 불리는 것은 떡이 예수님의 몸으로 변해서가 아니라, 성례에서 그 몸의 존재와 역할을 상징하기 때문입니다. 그러므로 성찬에서 "떡과 포도주"를 "주님의 떡과 포도주"라고 부른다고 하여 실제로 주님의 살과 피로 변했다고 여기면 안 됩니다. 주님의 떡과 포도주를 먹는 자는 자신이 죄인이라는 것과 오직 예수님의 피로만 자신의 죄가 사해진다는 것을 믿어야 합니다. 다시 말해 주님의 죽으심을 생각하며 먹어야 합니다. 주님의 떡이나 잔을 합당하지 않게 먹고 마시는 자는 주님의 몸과 피에 대해 죄를 짓는 것입니다. 그래서 신자는 자기를 살핀 후에야 이 떡을 먹고 이 잔을 마셔야 합니다(고전 11:26-28).

ㄹ. 그리스도는 왜 떡을 자기 몸이라, 잔을 자기 피라 부르시는가?

그리스도는 "인자의 살을 먹지 아니하고 인자의 피를 마시지 아니하면 너희 속에 생명이 없느니라. 내 살을 먹고 내 피를 마시는 자는 영생을 가졌고"(요 6:53-54)라고 말씀하셨습니다. 바울은 "우리가 축복하는 바 축복의 잔은 그리스도의 피에 참여함이 아니며 우리가 떼는 떡은 그리스도의 몸에 참여함이 아니냐?"(고전 10:16)라고 물었습니다. 하이델베르크 교리문답 제79문은 성찬에 사용되는 떡과 포도주는 주님의 살과 피로 변하지 않는데, 왜 성경은 성찬의 떡과 잔을 그리스도의 몸과 피라고 부르느냐고 질문합니다.

조카 롯이 사로잡혔다는 소식을 들은 아브라함은 318명의 군사를 거느리고 좇아가서 구출 작전을 펼쳤습니다. 승리하고 돌아오는 아브라함을 맞아 살렘 왕 멜기세덱이 떡과 포도주를 가지고 나왔습니다. 전쟁을 치르고 돌아오느라 지치고 배고픈 아브라함 일행에게 그 떡과 포도주는 기력을 회복하는 데 얼마나 큰 도움이 되었겠습니까? 떡과 포도주는 이처럼 사람의 생명을 유지시킵니다. 마찬가지로 십자가에 죽으신 그리스도의 몸과 피는 우리 영혼의 참된 음식과 음료가 됩니다. 영혼은 이것을 먹음으로써 영생에 이릅니다. 그리스도는 이것을 우리에게 가르치시기 위하여 떡을 자기 몸이라, 잔을 자기 피라 부르셨습니다.

더 나아가 그리스도는 다음 사항을 확신시키시려고 하셨습니다. 즉 성찬에 참여하는 자들은 떡과 포도주를 먹는 것이지 절대로 실제 그리스도의 살과 피를 먹는 것은 아니라는 사실입니다. 수찬자들은 어떻게 떡과 포도주를 먹으며 주님의 살과 피를 먹는다고 생각하게 되었습니까? 그것은 그리스도가 직접 떡과 포도주를 당신의 살과 피라고 부르시며 확증해주셨기 때문입니다. 그래서 그리스도는 떡을 자기 몸이라고, 잔을 자기 피라고 부르신 것입니다. 우리는 이를 통해 그리스도를 기억하며 우리의 입으로 떡과 잔을 먹으면, 우리가 성령의 작용에 의해 그리스도의 참된 몸과 피에 실제로 참여하게 된다는 것을 확신할 수 있습니다.

우리가 하나님께 지은 죄를 사하시기 위해 십자가에서 살이 찢기고 피를 흘려 죽으신 분은 예수 그리스도이십니다. 그런데 그리스도가 주의 살과 피라고 부르는 떡과 잔을 우리가 받아먹음으로써 우리는 마치 우리가 직접 우리의 죄를 위하여 고난을 받고 보상을 치르는 것처럼 확신하게 됩니다. 우리가 그의 살과 피를 먹음으로써 그와 연합되었음이 더욱 확실해지므로 우리는 그의 고난과 순종도 확실하게 우리의 것이 되었다고 확신하게 되는 것입니다. 그리스도는 우리가 이런 사실들을 확신하도록 떡을 자기 몸이라, 잔을 자기 피라 부르셨습니다.

우리가 이런 확신을 갖는 데 있어 중요한 점은 그리스도와 우리가 연합되었다는 것입니다. "만일 우리가 그의 죽으심과 같은 모양으로 연합한 자가 되었으면 또한 그의 부활과 같은 모양으로 연합한 자도 되리라. 만일 우리가 그리스도와 함께 죽었으면 또한 그와 함께 살 줄을 믿노니"(롬 6:5)라는 말씀은 우리가 그리스도의 죽음에 연합하였다면 그의 부활에도 연합하여 부활한 자가 된다는 의미입니다. 우리가 그리스도의 죽음에 함께 참여한 자라는 믿음이 있으면 우리는 그와 함께 살 것이라는 믿음도 갖게 됩니다.

> 그리스도의 사랑이 우리를 강권하시는도다. 우리가 생각하건대 한 사람이 모든 사람을 대신하여 죽었은즉 모든 사람이 죽은 것이라(고후 5:14).

그리스도가 모든 사람을 대신하여 죽었다는 것은 그 모든 사람이 그리스도와 연합되어 있다는 말입니다. 그래서 그리스도의 죽음이 우리 신자들의 죽음이 되고, 그의 부활도 우리의 부활이 됩니다. 우리는 이런 내용을 성찬에 참여하여 두 눈으로 주의 떡과 포도주를 보며 더욱 확신하게 됩니다.

심화 연구

루터교의 공재설(共在說, consubstantiation)

앞서 살펴보았듯이 로마 가톨릭의 화체설은 그들의 칭의에 관한 이해와 연결됩니다. 성찬과 관련하여 루터교가 주장하는 공재설 역시 그들이 가진 신학의 다른 분야와 연결됩니다. 우리는 하이델베르크 교리문답 제35문에서 그리스도가 신성과 인성의 두 본성을 가지시지만 한 인격임을 살펴보았습니다. 이때 신성과 인성은 변질이나 합성이나 혼합 없이(without conversion, composition, or confusion) 한 인격으로 결합되어(joined) 있습니다. 왜냐하면 신성과 인성은 무한과 유한으로 너무나 큰 차이가 나서 한쪽이 다른 쪽으로 변질되거나 합성되거나 혼합될 수 없기 때문입니다. 변질과 합성과 혼합이 발생하기에는 신성과 인성의 격차가 너무나 큽니다. 유한은 무한을 받지 못합니다(*finitum non capax infiniti*). 그런데 루터교는 신성과 인성이 교류하지 않고 따로 있으면 한 인격이라고 볼 수 없다는 주장을 펼치며 이 두 본성이 서로 교류한다고 말합니다. 그들은 처음에는 인성에서 신성으로의 이전도 주장했지만 신성모독이라는 비판이 거세지자, 그 이후로는 신성에서 인성으로의 전달만을 주장하고 있습니다.

기독론에서 신성과 인성 간에 교류가 있다고 보는 시각은 성찬에서의 공재설로 나아가게 됩니다. 그래서 루터교는 성찬 시 하나님 우편에 앉으신 그리스도가 이 땅에 임재하시는데 그 인성도 임재하신다고 봅니다. 인성이 신성의 전능과 편재와 전지와 같은 속성을 받아 인성도 편재하여 임할 수 있다고 보는 결과입니다. 즉 지상의 교회에서 성찬식이 있을 때 육체를 포함하는 그리스도의 전 인격이 신비스럽고 기적적인 방법으로 떡과 포도주 안에, 아래에, 그것들과 함께 임재하신다고 보는 것입니다.

공재설(共在說, consubstantiation)이라는 이름은 동일한 장소에 신성과 인성의 두 본성이 공존한다고 본다는 의미입니다. 또한 공재설은 떡과 포도주의 본질이 변하지 않고 그리스도의 몸과 피가 떡과 포도주의 안과 밑에 임재한다고 본다는 의미이기도 합니다.

그렇게 임재하신 그리스도가 어디에 계시느냐는 질문에 대해, 루터교는 사람들이 보따리 속에 있는 곡식과 지갑 속에 있는 돈을 염두에 두면서 보따리와 지갑을 가리켜 이것이 내 곡식이고, 내 돈이라고 말하는 것과 같다고 답변했습니다. 질문자들은 이에 대해 곡식과 돈이 보따리와 지갑 속에 있다는 것은 명백히 드러나지만, 그리스도의 몸이 떡 속에 있다는 것은 분명히 드러나지 않고 입증할 수도 없다고 비판했습니다. 그리스도는 성찬을 제정하실 때 "이것은 내 몸이니라"(마 26:26)라고 하셨지, "이 떡 속에 내 몸이 있다"라고 하시지 않았습니다. 전자는 성찬에 사용되는 떡이 무엇을 의미하는지 성례적인 의미로 말한 것이고, 후자는 그리스도의 몸이 어디에 있는지를 말한 것에 해당합니다. 그리스도의 몸은 성찬 제정 시 떡 속에 감추어지지 않았습니다. 그는 식탁에 앉아 계셨습니다.

이런 논리로 화체설도 비판할 수 있는데, 그리스도는 "이것은 내 몸이니라"라고 하셨지, "이것이 내 몸이 될지라"라고 하시지 않았습니다. 전자는 역시 떡이 무엇을 의미하는지를 성례적인 의미로 말하지만, 후자는 떡이 그리스도의 몸이 된다는 본질의 변화에 관해 말합니다. 그리스도는 성찬의 떡을 뗄 때 자신의 몸에서 떼지 않고 떡 덩어리에서 떼셨습니다. 떡이 그리스도의 몸으로 변하지 않은 것이 분명합니다. 떡은 그리스도의 몸을 상징할 뿐입니다. 그리스도는 자신의 몸을 상징하는 떡을 뗀 것이지, 자신의 몸 자체를 떼었다고는 볼 수 없습니다.

그런데 공재설에 따르면 그리스도의 육체적인 몸과 피는 신비스럽고 기적인 방법으로 성찬의 장소에 임재하고, 수찬자는 떡과 포도주 안에, 아래에, 함께 임재하신 그리스도의 자연적인 몸을 받아먹음으로써 그리스도의 몸과 피에 참여하게 됩니다. 그래서 루터교는 성찬의 요소인 떡과 피를 단순한 물질로 보지 않고 그리스도의 몸과 피에 결합시킵니다. 로마 가톨릭의 화체설처럼 떡과 포도주가 곧 그리스도의 몸과 피라고 말하지는 않지만, 떡과 포도주에 그리스도가 실제로 육체적으로 임재하신다고 보는 것입니다.

그와는 달리 장로교는 이미 그리스도와 신자들이 연합된 것에 근거하여 믿음으로 주님의 몸과 피를 자신의 것으로 받아들입니다. 실제로 입으로 먹고 마셔야만 그리스도와 연합될 수 있다고 보는 로마 가톨릭이나 루터교와는 차이가 나는 접근법입니다. 이렇게 보면 루터교의 공재설은 로마 가톨릭의 아류에 지나지 않는다고 할 수 있습니다.

그리스도의 육체는 부활 후 승천하시어 하나님 우편에 계시고, 성찬 시 신성만 임재하신다고 보는 것이 더 성경적입니다. 성찬 시 그리스도는 육체적으로나 공간적으로 임재하시지 않지만, 전 인격으로 신자들과 연합하시므로 신자들은 믿음으로 그의 몸과 피에, 또 그의 모든 유익에 함께 참여합니다.

로마 가톨릭은 칭의와 관련해 사람을 이해할 때 전적 타락과 전적 무능력의 관점에서 보지 않고 어느 정도 의로운 존재라는 관점으로 봅니다. 비록 사람이 타락한 그 존재 자체로는 하나님 보시기에 의로운 상태에 이를 수 없지만, 하나님이 그리스도가 획득한 의를 사람에게 주입하시면 그 주입된 의가 사람에게 있는 의를 촉발시켜 사람이 하나님과 협력하여 의로운 상태에 이른다는 것입니다. 신자에게 실제로 의로운 행위가 있어야만 의롭다고 보는 그들은 성찬에서도 실제로 의가 사람들에게 주입되어야만 한다고 주장합니다. 그래서 그들은 떡과 포도주가 예수 그리스도의 살과 피로 실제로 변했다고 말합니다. 사람을 전적 타락의 존재로 보느냐 마느냐에 따라 이렇게 칭의론과 성찬론이 달라집니다. 로마 가톨릭의 칭의론이 변하려면 동시에 인간론과 성찬론도 바뀌어야 할 것입니다.

루터교는 예수 그리스도의 두 본성이 한 인격을 이루는 데 있어서 서로 교류한다고 여깁니다. 신성과 인성의 좁혀지지 않는 차이를 제대로 인식하지 못하고 인성이 신성을 받아낼 수 있다고 보는 것입니다. 그들의 이해에 따르면 신성이 인성에 영향을 미쳐 인성도 신성과 같은 속성을 띨 수 있습니다. 그래서 성찬 시 예수 그리스도의 인성이 실제로 편재한다는 주장을 합니다. 루터교는 신성과 인성 간 속성의 교류를 시정하지 않는 한 공재설을 거두어들이지 않을 것입니다. 신학의 각 부분은 이렇게 서로 연결되어 있습니다.

함께 나누기: 화체설과 영적 임재설

01 마태복음 7:7-12을 살펴보십시오. 예수님은 하늘의 아버지께서 구하는 자에게 좋은 것으로 주시지 않겠느냐고 물으시면서(11절) 남에게 대접을 받고자 하는 대로 남을 대접하라고(12절) 말씀하십니다. 여기서 왜 11절과 12절이 "그러므로"라는 접속사로 연결될까요? 하나님은 구하는 자에게 좋은 것을 반드시 주시므로 우리는 그것을 믿고 하나님의 율법과 선지자가 가르치는 대로 남에게 대접을 받고자 하는 대로 남을 대접해야 한다는 의미입니까? 그렇다면 기도와 이웃 사랑은 어떤 관계가 있습니까? "그런즉 너희는 먼저 그의 나라와 그의 의를 구하라. 그리하면 이 모든 것을 너희에게 더하시리라"(마 6:33)라는 말씀과 더불어 생각해봅시다.

02 하이델베르크 교리문답 제78-79문을 서로 묻고 답해봅시다. 근거 성구도 다시 한번 살펴봅시다.

03 로마 가톨릭의 화체설과 연결된 로마 가톨릭의 주입설에 의한 칭의론 및 잉여 공로 사상이 무엇인지 설명해봅시다.

04 그리스도는 왜 성찬의 떡과 잔을 자기 몸과 피라고 부르십니까?

05 루터교의 공재설(共在說, consubstantiation)이 무엇인지 설명해보고 그 문제점까지 짚어봅시다.

제30주일: 제80-82문

주님의 만찬과 미사의 차이점

Q 제80문 주님의 만찬과 로마 가톨릭의 미사 사이에는 어떤 차이가 있습니까?

What difference is there between the Lord's supper and the popish mass?

A 답 주님의 만찬은 우리가 예수 그리스도 자신이 십자가에서 단번에 완수하신 희생에 의해 모든 죄로부터 용서받았다는 것을 증거하고,[1] 또한 우리는 성령에 의해 그리스도에게 접붙임 되었는데[2] 그분은 그의 인성으로는 지금 땅 위에 있지 않고 하늘에서 그의 아버지 하나님 우편에 계시며[3] 거기서 우리에게 경배를 받으신다는 것을 증거합니다.[4] 그러나 미사는 그리스도가 산 자들과 죽은 자들을 위하여 매일 사제들에 의해 제공되지 않는 한 그들이 그리스도의 고난을 통해 죄의 용서를 받지 못한다고 가르치고, 더 나아가 그리스도는 육체적으로 떡과 포도주의 형태로 존재하므로 그것들 속에서 경배되어야 한다고 가르칩니다. 그래서 미사는 근본적으로 예수 그리스도의 단번의 희생과 고난을 부인하는 것이며 저주받을 우상숭배 이외에 아무것도 아닙니다.[5]

The Lord's supper testifies to us, that we have a full pardon of all sin by the only sacrifice of Jesus Christ, which he himself has once accomplished on the cross; and, that we by the Holy Ghost are ingrafted into Christ, who, according to his human nature is now not on earth, but in heaven, at the right hand of God his Father, and will there be worshipped by us. But the mass teaches, that the living and dead have not the pardon of sins through the sufferings of Christ, unless Christ is also daily offered for them by the priests; and further, that Christ is bodily under the form of bread and wine, and therefore is to be worshipped in them; so that the mass, at bottom, is nothing else than a denial of the one sacrifice and sufferings of Jesus Christ, and an accursed idolatry.

Q 제81문 주님의 만찬은 누구를 위해 제정되었습니까?

For whom is the Lord's supper instituted?

A 답 자신들의 죄를 참으로 슬퍼하면서도, 그 죄들이 그리스도로 말미암아 용서되었고, 자신들의 남아 있는 연약성이 그의 고난과 죽음으로 가려진다는 것을 신뢰하는 자들을 위해, 그리고 또한 진정으로 자신들의 믿음이 더욱 강해지고 자신들의 삶이 더 거룩해지기를 바라는 자들을 위해 제정되었습니다. 그러나 위선자들과, 진실한 마음으로 하나님께 돌아서지 않는 자들은 자신들에 대한 심판을 먹고 마시는 것입니다.[6]

For those who are truly sorrowful for their sins, and yet trust that these are forgiven them for the sake of Christ; and that their remaining infirmities are covered by his passion and death; and who also earnestly desire to have their faith more and more strengthened, and their lives more holy; but hypocrites, and such as turn not to God with sincere hearts, eat and drink judgment to themselves.

Q 제82문 고백과 삶을 통해 자신이 믿음이 없고 불경건하다는 사실을 스스로 선포하는 자들에게도 이 만찬이 허용되어야만 합니까?

Are they also to be admitted to this supper, who, by confession and life, declare themselves unbelieving and ungodly?

A 답 안 됩니다. 왜냐하면 하나님의 언약이 모독을 받고, 그의 진노가 전 회중에게 불타오르기 때문입니다.[7] 그러므로 그리스도와 사도들의 규정에 따라 천국 열쇠에 의하여 그들이 삶의 개선을 보일 때까지 그들을 제외시키는 것이 기독교회의 의무입니다.

No; for by this, the covenant of God would be profaned, and his wrath kindled against the whole congregation; therefore it is the duty of the Christian church, according to the appointment of Christ and his apostles, to exclude such persons, by the keys of the kingdom of heaven, till they show amendment of life.

ingraft=engraft	접목하다, 접붙이다, 합치다	**denial**	부인, 거부, 부정
infirmity	병약	**hypocrite**	위선자
profane	신성을 더럽히다	**exclude**	제외하다, 배제하다, 거부하다
amendment	개선, 개정, 수정		

근거 성구

1 이것은 죄 사함을 얻게 하려고 많은 사람을 위하여 흘리는 바 나의 피 곧 언약의 피니라(마 26:28).

19또 떡을 가져 감사 기도 하시고 떼어 그들에게 주시며 이르시되 "이것은 너희를 위하여 주는 내 몸이라. 너희가 이를 행하여 나를 기념하라" 하시고 20저녁 먹은 후에 잔도 그와 같이 하여 이르시되 "이 잔은 내 피로 세우는 새 언약이니 곧 너희를 위하여 붓는 것이라"(눅 22:19-20).

예수께서 신 포도주를 받으신 후에 이르시되 "다 이루었다" 하시고 머리를 숙이니 영혼이 떠나가시니라(요 19:30).

그는 저 대제사장들이 먼저 자기 죄를 위하고 다음에 백성의 죄를 위하여 날마다 제사 드리는 것과 같이 할 필요가 없으니 이는 그가 단번에 자기를 드려 이루셨음이라(히 7:27).

12염소와 송아지의 피로 하지 아니하고
오직 자기의 피로 영원한 속죄를 이루사
단번에 성소에 들어가셨느니라.…25대
제사장이 해마다 다른 것의 피로써 성소
에 들어가는 것 같이 자주 자기를 드리려
고 아니하실지니 26그리하면 그가 세상
을 창조한 때부터 자주 고난을 받았어야
할 것이로되 이제 자기를 단번에 제물로
드려 죄를 없이 하시려고 세상 끝에 나타
나셨느니라. 27한 번 죽는 것은 사람에게
정해진 것이요 그 후에는 심판이 있으리
니 28이와 같이 그리스도도 많은 사람의
죄를 담당하시려고 단번에 드리신 바 되
셨고 구원에 이르게 하기 위하여 죄와 상
관없이 자기를 바라는 자들에게 두 번째
나타나시리라(히 9:12, 25-28).

10이 뜻을 따라 예수 그리스도의 몸을 단
번에 드리심으로 말미암아 우리가 거룩
함을 얻었노라.…12오직 그리스도는 죄
를 위하여 한 영원한 제사를 드리시고 하
나님 우편에 앉으사 13그 후에 자기 원수
들을 자기 발등상이 되게 하실 때까지 기
다리시나니 14그가 거룩하게 된 자들을
한 번의 제사로 영원히 온전하게 하셨느
니라(히 10:10, 12-14).

2 주와 합하는 자는 한 영이니라(고전 6:17).

우리가 축복하는 바 축복의 잔은 그리스도의 피에 참여함이 아니며 우리가 떼는 떡은 그리스도의 몸에 참여함이 아니냐?(고전 10:16)

3 여호와께서 내 주에게 말씀하시기를 "내가 네 원수들로 네 발판이 되게 하기까지 너는 내 오른쪽에 앉아 있으라" 하

셨도다(시 110:1).

주 예수께서 말씀을 마치신 후에 하늘로 올려지사 하나님 우편에 앉으시니라(마 16:19).

예수께서 이르시되 "나를 붙들지 말라. 내가 아직 아버지께로 올라가지 아니하였노라. 너는 내 형제들에게 가서 이르되 내가 내 아버지 곧 너희 아버지, 내 하나님 곧 너희 하나님께로 올라간다 하라" 하시니(요 20:17).

그러므로 너희가 그리스도와 함께 다시 살리심을 받았으면 위의 것을 찾으라. 거기는 그리스도께서 하나님 우편에 앉아 계시느니라(골 3:1).

이는 하나님의 영광의 광채시요, 그 본체의 형상이시라. 그의 능력의 말씀으로 만물을 붙드시며 죄를 정결하게 하는 일을 하시고 높은 곳에 계신 지극히 크신 이의 우편에 앉으셨느니라(히 1:3).

1지금 우리가 하는 말의 요점은 이러한 대제사장이 우리에게 있다는 것이라. 그는 하늘에서 지극히 크신 이의 보좌 우편에 앉으셨으니 2성소와 참 장막에서 섬기는 이시라. 이 장막은 주께서 세우신 것이요, 사람이 세운 것이 아니니라(히 8:1-2).

4 23아버지께 참되게 예배하는 자들은 영과 진리로 예배할 때가 오나니 곧 이때라. 아버지께서는 자기에게 이렇게 예배하는 자들을 찾으시느니라. 24하나님은 영이시니 예배하는 자가 영과 진리로 예배할지니라(요 4:23-24).

55스데반이 성령 충만하여 하늘을 우러러 주목하여 하나님의 영광과 및 예수께서 하나님 우편에 서신 것을 보고 56말하되 "보라! 하늘이 열리고 인자가 하나님 우편에 서신 것을 보노라" 한대(행 7:55-56).

그러나 우리의 시민권은 하늘에 있는지라. 거기로부터 구원하는 자 곧 주 예수 그리스도를 기다리노니(빌 3:20).

또 죽은 자들 가운데서 다시 살리신 그의 아들이 하늘로부터 강림하실 것을 너희가 어떻게 기다리는지를 말하니 이는 장래의 노하심에서 우리를 건지시는 예수시니라(살전 1:10).

5 히브리서 9:26; 10:12, 14(**1**번을 참고하시오).

히브리서 10:19-31(직접 성경을 참고하시오).

6 19그런즉 내가 무엇을 말하느냐? 우상의 제물은 무엇이며 우상은 무엇이냐? 20무릇 이방인이 제사하는 것은 귀신에게 하는 것이요 하나님께 제사하는 것이 아니니 나는 너희가 귀신과 교제하는 자가 되기를 원하지 아니하노라. 21너희가 주

의 잔과 귀신의 잔을 겸하여 마시지 못하고 주의 식탁과 귀신의 식탁에 겸하여 참여하지 못하리라. 22그러면 우리가 주를 노여워하시게 하겠느냐? 우리가 주보다 강한 자냐?(고전 10:19-22)

28사람이 자기를 살피고 그 후에야 이 떡을 먹고 이 잔을 마실지니 29주의 몸을 분별하지 못하고 먹고 마시는 자는 자기의 죄를 먹고 마시는 것이니라(고전 11:28-29).

7 악인에게는 하나님이 이르시되 "네가 어찌하여 내 율례를 전하며 내 언약을 네 입에 두느냐?"(시 50:16)

11여호와께서 말씀하시되 "너희의 무수한 제물이 내게 무엇이 유익하뇨? 나는 숫양의 번제와 살진 짐승의 기름에 배불렀고 나는 수송아지나 어린 양이나 숫염소의 피를 기뻐하지 아니하노라. 12너희가 내 앞에 보이러 오니 이것을 누가 너희에게 요구하였느냐? 내 마당만 밟을 뿐이니라. 13헛된 제물을 다시 가져오지 말라. 분향은 내가 가증히 여기는 바요, 월삭과 안식일과 대회로 모이는 것도 그러하니 성회와 아울러 악을 행하는 것을 내가 견디지 못하겠노라. 14내 마음이 너희의 월삭과 정한 절기를 싫어하나니 그것이 내게 무거운 짐이라. 내가 지기에 곤비하였느니라. 15너희가 손을 펼 때에 내가 내 눈을 너희에게서 가리고 너희가 많이 기도할지라도 내가 듣지 아니하리니 이는 너희의 손에 피가 가득함이라(사 1:11-15).

소를 잡아 드리는 것은 살인함과 다름이 없이 하고 어린 양으로 제사드리는 것은 개의 목을 꺾음과 다름이 없이 하며 드리는 예물은 돼지의 피와 다름이 없이 하고 분향하는 것은 우상을 찬송함과 다름이 없이 행하는 그들은 자기의 길을 택하며 그들의 마음은 가증한 것을 기뻐한즉(사 66:3).

21만군의 여호와 이스라엘의 하나님께서 이와 같이 말씀하시되 "너희 희생제물과 번제물의 고기를 아울러 먹으라. 22사실은 내가 너희 조상들을 애굽 땅에서 인도하여낸 날에 번제나 희생에 대하여 말하지 아니하며 명령하지 아니하고 23오직 내가 이것을 그들에게 명령하여 이르기를 '너희는 내 목소리를 들으라. 그리하면 나는 너희 하나님이 되겠고 너희는 내 백성이 되리라. 너희는 내가 명령한 모든 길로 걸어가라. 그리하면 복을 받으리라' 하였으나"(렘 7:21-23).

20그런즉 너희가 함께 모여서 주의 만찬을 먹을 수 없으니…27그러므로 누구든지 주의 떡이나 잔을 합당하지 않게 먹고 마시는 자는 주의 몸과 피에 대하여 죄를 짓는 것이니라. 28사람이 자기를 살피

고 그 후에야 이 떡을 먹고 이 잔을 마실
지니 29주의 몸을 분별하지 못하고 먹고
마시는 자는 자기의 죄를 먹고 마시는 것
이니라. 30그러므로 너희 중에 약한 자와
병든 자가 많고 잠자는 자도 적지 아니하
니 31우리가 우리를 살폈으면 판단을 받
지 아니하려니와 32우리가 판단을 받는
것은 주께 징계를 받는 것이니 이는 우리
로 세상과 함께 정죄함을 받지 않게 하려
하심이라. 33그런즉 내 형제들아, 먹으러
모일 때에 서로 기다리라. 34만일 누구든
지 시장하거든 집에서 먹을지니 이는 너
희의 모임이 판단 받는 모임이 되지 않
게 하려 함이라. 그 밖의 일들은 내가 언
제든지 갈 때에 바로잡으리라(고전 11:20, 11:27-34).

해설

주님의 만찬과 로마 가톨릭의 미사가 보이는 차이

예수 그리스도는 살아서는 우리 대신에 모든 율법을 지키셨고, 죽어서는 십자가에서 우리의 모든 죄를 짊어지셨습니다. 그리스도는 이 순종과 희생으로 우리의 모든 죄를 용서하는 데 필요한 모든 일을 완수하셨습니다. 더 이상 그리스도가 우리의 죄 용서를 위해 하실 일은 남아 있지 않습니다. 순종과 희생으로 우리를 위해 획득하신 구원이 우리에게 성령을 통해 적용이 되어야 하는 문제는 남아 있지만, 그리스도의 구원 사역에는 부족한 것이 하나도 없습니다. 주님의 만찬은 떡과 포도주가 그리스도의 찢긴 몸과 흘리신 피를 상징하는 것으로서 이 사실을 잘 드러내 줍니다.

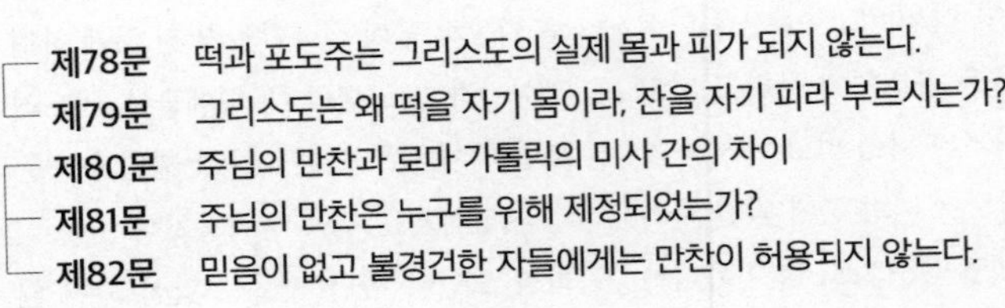

표9 하이델베르크 교리문답 제78-82문의 구성

1. 그리스도의 단번의 희생에 의해 모든 죄가 용서되었는가?

그런데 로마 가톨릭의 미사는 떡과 포도주가 실제로 그리스도의 살과 피로 변하고, 이것을 수찬자가 받아먹어야만 실제로 그리스도가 획득한 의가 수찬자에게 전달된다고 말합니다. 그들은 떡과 포도주를 그리스도의 살과 피로 변하게 하는 미사가 없으면 성도들에게 은혜와 의도 없다고 주장하는 셈입니다. 그렇다면 매일 미사를 열어 그리스도를 다시 죽이고 그 살과 피를 받아 그리스도의 은혜와 의를 얻어야 할 것입니다.

이처럼 주님의 만찬과 로마 가톨릭의 미사 사이에는 예수 그리스도의 순종과 희생이 단번에 완수되었는가 하는 측면에서 큰 차이가 있습니다. 주님의 만찬은 시행될수록 예수 그리스도에게 집중하게 하고, 우리의 모든 죄가 용서되었음을 알게 하지만, 미사는 시행될수록 그리스도의 살과 피로 변했다는 떡과 포도주에 관심을 두게 하고, 또 미사에 참여하여 자신들의 죄를 없애야 한다고 여기게 하며, 미사를 집례하는 신부들에게 예속되게 합니다.

신부가 "이것은 내 몸이니라"라고 할 때 떡과 포도주가 그리스도의 살과 피로 변하기 때문에 미사에서 신부가 차지하는 역할은 그들에게 실로 막중합니다. 신부 없이 미사가 없고, 신부 없이 신자들도 없습니다. 로마 가톨릭에서는 여전히 구약 시대처럼 신부가 제사장이 됩니다. 이에 비해 우리는 예수 그리스도가 순종과 희생을 완수하였으므로 예수 그리스도가 곧 우리의 대제사장이 되신다고 여깁니다. 우리는 그리스도를 힘입어 직접 하나님께 나아갈 수 있습니다. 모든 성도가 각각 왕 같은 제사장입니다(벧전 2:9).

로마 가톨릭은 신자들을 치리(治理)할 때 미사에 참여하지 못하게 벌을 내리곤 하는데, 신자들이 미사에서 주어지는 떡을 못 받아먹을까 봐 두려워하기 때문입니다. 예수 그리스도의 은혜와 의에서 자신들이 멀어진다고 여기는 것입니다. 이에 반해 우리는 신자들에게 성찬 금지라는 벌을 내릴 때도 예배에 참여하여 말씀을 듣게 합니다. 그 말씀을 듣고 깨달아 회개하도록 인도하기 위해서입니다. 우리에게는 성찬 자체보다 성찬의 의미를 알리는 말씀이 더 중요합니다. 그런데 미사에서는 말씀보다 그 자체로 효력이 있는 떡과 포도주가 더 중요합니다. 이는 예수 그리스도의 단번의 희생과 고난을 부인하는 것과 같습니다

2. 그리스도가 인성으로는 하나님 우편에 계셔서 경배를 받으시는가?: 영적 임재설

교회에서 성찬식이 열릴 때 우리는 예수 그리스도를 경배해야 합니까, 아니면 떡과 포도주를 경배해야 합니까? 당연히 예수 그리스도를 경배해야 합니다. 그런데 로마 가톨릭은 그리스도의 살과 피로 변했다는 떡과 포도주를 경배합니다. 그들은 떡과 포도주를 성체와 성혈이라 부르며 높이 들어 경배합니다. 성찬에 사용하고 남은 떡과 포도주는 그리스도의 살과 피이므로 버리지 않고 잘 보관합니다. 그 후에 개인적으로 신부를 찾아오는 미사 불참자들에게 그 떡과 포도주를 주기도 합니다. 그러고도 남은 떡과 포도주는 신부가 먹고 절대로 버리지 않습니다.

이에 비해 우리는 성찬의 떡과 포도주는 십자가에서 고난을 받고 죽으신 그리스도의 살과 피를 상징한다고 이해하므로 성찬의 떡과 포도주를 경배하지 않고, 그 떡과 포도주가 상징하는 예수 그리스도를 경배합니다. 그리스도

는 십자가에서 죽으신 후 사흘 만에 부활하셨고 승천하시어 하나님 우편에 앉아 계십니다. 그리스도는 육체로 죽임을 당하셨고 육체로 부활하셨으며 육체로 승천하시고 좌정하십니다. 인성으로는 하나님 우편에 앉아 계시는 것입니다. 우리는 성찬 시 이런 예수 그리스도를 경배하지 절대로 떡과 포도주를 경배하지 않습니다.

그렇다면 그리스도는 인성으로 하나님 우편에 계시므로 교회에서 성찬이 이루어질 때 이 땅에 임재하시지 않습니까? 우리는 성찬을 통해 떡과 포도주가 그리스도의 희생과 죄 용서를 상징하는 것임을 확인하는 것에 그치는 것입니까? 또한 단순히 그리스도의 사역을 기억하고 기념하고 감사하는 것에 그치는 것입니까? 그렇지 않습니다. 그리스도는 인성으로는 하나님 우편에 계시지만 신성으로는 이 땅에 임재하십니다. 신성은 무한하고 영원하고 불변하시므로 어느 한 곳에 갇혀 있을 수 없습니다.

> **TIP**
>
> 그리스도가 인성으로 하나님 우편에 앉으신 것에 대해서는 제50문을 참고하기 바랍니다. 그리스도의 신성이 있는 곳에 인성이 있지 않는 것에 대해서는 제48문을 참고하십시오.

우리는 이것을 **영적 임재설**(臨在說)이라고 부릅니다. 성찬 때 그리스도는 인성으로는 하나님 우편에 계시므로 육체적으로, 장소적으로 이 땅에 임재하시지는 않습니다. 하지만 신성으로는 성찬이 이루어지는 곳에 영적으로 임재하시어 생명을 주는 감화를 수찬자에게 전달하십니다. 이 감화는 영적으로, 신비하게 성령을 매개로 하여 주어집니다. 로마 가톨릭이 주장하는 것처럼 떡과 포도주가 그리스도의 살과 피로 실제로 변하여 감화가 주어지는 것도 아니고, 루터교가 주장하는 것처럼 그리스도의 인성이 신성의 영향을 받아 그리스도의 인성도 이 땅에 떡과 포도주와 함께 임재하여 감화가 주어지는 것도 아닙니다.

3. 우리는 성령에 의하여 그리스도에게 접붙임 되는가?

장로교는 성찬의 떡과 포도주가 그리스도의 몸과 피로 변한다는 화체설도 거부하고, 그리스도가 떡과 포도주 안에, 아래에, 함께 임재하신다는 공재설도 거부합니다. 영적 임재이되, 가상적이고 허구적인 것이 아니라 실재적(實在的, real) 임재입니다. 그리스도는 신성으로 영적으로 임재하셔서 우리에게 덕과 은혜를 끼치고, 이것을 믿음으로 받아들이는 수찬자는 큰 은혜를 받습니다. 수찬자는 성령을 통해 오직 믿음으로 그리스도의 몸과 피에 참여하며 그리스도의 수난과 죽음과 부활은 수찬자의 것이 됩니다.

우리는 성령에 의해 성찬 전에 그리스도께 접붙임 되었습니다. 하나님의 은혜로 예수 그리스도의 순종과 희생을 통해 하나님의 자녀가 되었을 때 우리는 이미 성령에 의하여 그리스도에게 접붙임된 것입니다. 성찬은 이것을 그리스도의 살과 피를 상징하는 떡과 포도주를 통해 확인시켜줍니다. 그리고 성찬 시에 그리스도는 영적으로 임재하시어 우리에게 큰 은혜를 주십니다. 그리스도와 우리는 이미 그리스도의 순종과 희생에 근거하여 성령에 의해 하나로 연결되어 있기 때문입니다. 우리는 성찬이라는 성례를 통해 그리스도와 우리가 성령에 의해 하나로 연결되었고, 그리스도가 영적으로 임재하시어 우리에게 감화를 주심을 확인하는 것이지 절대로 성찬 자체가 이런 효력을 발휘하는 것은 아닙니다. 그리스도의 살과 피로 변한 떡과 포도주를 먹음으로써 우리가 물리적으로 그리스도와 하나로 연결된다고 주장하는 성례적 연합은, 근본적으로 예수 그리스도의 단번의 희생과 고난을 부인하는 저주받을 우상숭배에 지나지 않습니다.

장로교는 성례마저도 "보이는 말씀"이라고 표현합니다. 사람은 청각을 통해서 말씀을 듣고, 시각을 통해서 성례를 봅니다. 시각이 정보를 받아들이는 데 좀 더 효과적이기 때문에 하나님은 보이는 말씀인 성례를 사용하시어 신자들의 믿음을 강화하는 은혜를 베푸십니다. 말씀을 통해 배운 내용을 성례를 통해 확인하고 믿음이 더욱 강해지게 하십니다. 그래서 성찬의 감각적이고 외적인 상징을 통해 말씀에 깃든 영적인 진리가 풍성하게 나타납니다. 그러므로 우리는 성례에 참여할 때 말씀에서 배운 내용을 통해, 또 영적인 그리스도의 임재를 통해 은혜를 받아야지 단순히 의식에 참여하는 것 자체로 은혜를 받으려고 해서는 안 됩니다.

4. 주님의 만찬은 누구를 위해 제정되었는가?

우리는 성찬의 떡과 포도주가 그리스도의 몸과 피로 변한다는 화체설을 거부합니다. 화체설을 믿는 자들은 그리스도의 몸과 피로 변한 떡과 포도주를 받아먹으면 그것 자체가 은혜가 된다고 여깁니다. 수찬자가 어떤 생각과 믿음을 갖느냐에 상관없이 객관적인 물질이 수찬자의 몸 안으로 들어가 효력을 발생한다는 것입니다. 마치 배고픈 자가 떡과 포도주를 먹으면 힘이 나듯이 말입니다. 또 우리는 그리스도가 떡과 포도주 안에, 아래에, 함께 임재하신다는 공재설도 거부합니다. 공재설도 그리스도가 실제로 임재하신다고 보기 때문에 수찬자의 자세와 믿음을 그리 중요시하지 않습니다. 화체설과 공재설을 주장하는 이들이 수찬자의 자세와 믿음을 가르치지 않는 것은 아니지만, 교리적으로 그것을 경시할 가능성은 상존합니다.

그런데 우리는 예수 그리스도의 영적 임재를 주장합니다. 수찬자가 그리스도와 성령에 의해 연합되었고, 성찬의 떡과 포도주가 그리스도의 단번의 희생을 의미한다는 전제 위에서 그리스도가 영적으로 임재하시어 은혜를 주신다고 봅니다. 수찬자는 이에 대한 믿음이 있어야만 은혜를 받습니다.

이를 위해 수찬자는 자신의 죄를 참으로 슬퍼해야 합니다. 죄를 당연한 것으로 무감각하게 받아들이면 안 되고 자신의 죽음과 이 땅에서의 비참이 죄로 인함인 줄 알아 죄를 근본적으로 싫어해야 합니다. 죄를 싫어하되 이 죄가 그리스도로 말미암아 용서되었다는 사실을 알아야 합니다. 자신의 힘이

나 타인의 의가 아니라 오직 그리스도로 말미암아 자신의 죄가 사해졌음을 확신해야 합니다. 또 여전히 남아 있는 자신의 연약성도 그의 고난과 죽음으로 가려진다는 것을 확신해야 합니다. 이처럼 자신의 죄와 남아 있는 연약성까지 모두 사해졌음을 알면서 죄를 싫어해야 하고, 그래서 죄에서 멀어지는 거룩한 삶을 바라야 합니다. 그리스도로 말미암아 거룩한 삶의 가치를 알아 이를 위해 더욱 노력하는 자들이 성찬에 참여해야 합니다.

그런데 이런 믿음과 분별 없이 성찬에 참여하는 자들이 있습니다. 그런 자들이 성찬에 참여한다고 해서 하나님의 은혜가 주어지는 것이 아닙니다. 오히려 그들은 그리스도의 고난과 죽음을 가볍게 여기고 조롱하는 자들이므로 벌을 받습니다. 주님의 떡과 잔을 분별하지 않고 가볍게 여기며 먹는 자들은 오히려 하나님의 심판을 자초하며 자신들에 대한 심판을 먹고 마시는 것입니다. 이런 분별의 측면이 있기에 유아에게 세례는 주면서도 주님의 떡과 잔을 주지는 않습니다. 그 대신 유아세례를 받은 자가 만 14세 전후가 되어 자신의 신앙으로 분명하게 교인들 앞에서 주 예수 그리스도의 존재와 사역을 인정할 때 성찬에 참여하게 합니다. 성찬에 참여하는 자들은 자기를 살핀 후에야 주님의 떡과 잔을 마셔야 합니다. 주님의 몸을 분별하지 못하고 먹고 마시는 자는 자기의 죄를 먹고 마시는 것임을 명심해야 합니다(고전 11:28-29).

5. 믿음이 없고 불경건한 자들에게 만찬이 허용되는가?

당연히 되지 않습니다. 앞서 살펴본 것처럼 하나님께 회개하지 않고 먹고 마시는 자는 자기의 죄를 먹고 마시는 것이므로, 그들을 위해서라도 교회는 성찬 참여를 금지해야 합니다. 그런 자들이 성찬에 참여하면 그리스도의 순종과 희생에 근거하여 성령을 통해 성찬 참여자들에게 은혜를 주시겠다고 한 하나님의 언약이 모독을 받게 됩니다. 하나님은 그런 자들을 성찬에 참여시키는 교회에 진노하십니다.

구약 시대에 이스라엘 백성은 무수한 제물을 하나님께 바쳤습니다. 그런데 하나님은 그런 제물이 당신께 아무 유익이 없고, 이미 숫양의 번제와 살진 짐승의 기름에 배부르다고 말씀하셨습니다. 영적인 하나님이 죄로 가득 찬 손으로 바치는 수송아지나 어린 양이나 숫염소의 피를 기뻐하시겠습니까? 하나님은 그런 것 자체가 필요하지 않으십니다. 죄로 가득한 자들은 제사를 드린다고 하지만 하나님의 성전 마당만 밟을 뿐입니다. 그 제물은 헛된 제물이고, 그 분향은 하나님이 가증히 여기는 바이며, 그들이 월삭과 안식일과 대회로 모이는 것도 가증스럽습니다. 제사와 성회로 모이는 자들이 아울러 악을 행하는 것을 하나님은 견디지 못하십니다. 오히려 하나님은 이런 절기를 싫어하시고, 이것을 지기에 곤비하셨습니다. 하나님은 손에 피가 가득한 자들이 손을 펼 때 눈을 가리시고, 많이 기도할지라도 듣지 않으십니다(사 1:11-15).

죄를 회개하지 않는 자가 소를 잡아 제물로 드리는 것은 살인과 다름이 없습니다. 어린 양으로 제사 드리는 것은 개의 목을 꺾음과 다르지 않습니다. 예물은 돼지의 피와 같고, 분향은 우상숭배와 같습니다(사 66:3). 이와 똑같은 행위에 속하는 것이 고백과 삶을 통해 스스로 불신앙과 불경건을 나타내는 자가 성찬에 참여하는 것입니다. 구약의 제사가 모독을 받으면 안 되듯, 주님의 만찬도 모독을 받으면 안 됩니다. 누구나 자기를 살핀 후에 떡과 잔을 먹고 마셔야 하고, 주의 몸을 분별하지 못하고 먹고 마시는 자는 자기의 죄를 먹고 마시는 것이라는 그리스도와 사도들의 규정(고전 11:28-29)에 따라 달라진 모습을 보일 때까지 그들을 제외시켜야 합니다. 기독교회에는 이런 결정을 할 수 있는 천국 열쇠가 주어졌고, 이 열쇠를 올바로 사용하는 것은 기독교회의 의무입니다. 천국 열쇠에 대해서는 바로 다음 문답인 제83문에서 살펴볼 것입니다.

성찬에 참여하는 자들이 받는 은혜

① 떡과 포도주가 의미하는 그리스도의 몸과 피가 가진 대속의 가치를 앎에서 오는 유익이 있습니다. 말씀으로 이 사실을 들을 뿐만 아니라, 눈으로 떡과 포도주를 주고받는 것을 보고, 실제로 떡을 입으로 씹어 먹고, 포도주를 목구멍으로 넘기면서 좀 더 실감 나게 온몸으로 느낍니다.

② 그 떡과 포도주를 입으로 삼켜 자기 것으로 삼는 것에서 오는 유익이 있습니다. 축복의 잔을 받고 떡을 먹는 것은 그리스도의 피와 몸에 참여하여 그리스도와 연합하는 것을 보이는 형태로 나타내줍니다. 수찬자는 떡과 포도주를 입으로 씹고 넘기며 그리스도의 피와 몸이 자기 것이 됨을 온몸으로 체험합니다. 예수님은 "내 살을 먹고 내 피를 마시는 자는 영생을 가졌고 마지막 날에 내가 그를 다시 살리리니"(요 6:54)라고 말씀하셨는데, 성찬은 이 말씀을 머리만이 아니라 온몸으로 느끼고 체험할 수 있게 하는 좋은 은혜의 수단입니다.

③ 떡과 포도주가 그것을 먹는 자에게 육적인 힘을 제공하듯, 영적인 떡과 포도주는 신자에게 영적인 힘을 공급합니다. 그렇게 공급되는 생명과 영양으로 인해 수찬자는 참된 기쁨과 평안과 감사를 더욱 크게 누릴 수 있습니다.

④ 수찬자들은 똑같은 떡과 포도주를 먹으며 자기들이 하나라는 의식을 갖게 됩니다. 성찬은 그리스도와 수찬자를 연합시킬 뿐만 아니라, 수찬자들도 서로 연합시킵니다. "떡이 하나요, 많은 우리가 한 몸이니 이는 우리가 다 한 떡에 참여함이라"(고전 10:17)라는 말씀처럼, 수찬자들은 한 떡을 먹음으로 한 몸이 됩니다. 수찬자들은 그리스도를 머리로 하는 한 지체라는 의식을 더 분명하게 가질 수 있습니다.

⑤ 수찬자들은 찢기는 떡과 흐르는 포도주를 보며 그리스도가 십자가에서 당

하신 고통을 생각하고, 자연히 죄를 더욱 멀리해야겠다는 다짐을 합니다. 몸이 찢기고 피를 흘릴 때 그 고통이 얼마나 크겠습니까? 수찬자들은 죄의 비참한 결과를 목도하며 회개가 깊어지고 거룩한 삶에 대한 열망이 커지는 은혜를 누립니다.

세례와 성찬의 공통점과 차이점

웨스트민스터 대요리문답은 제176, 177문에서 세례와 성찬의 공통점과 차이점이 무엇인지 다룹니다. 다음 표는 그 내용에 근거해 작성했습니다.

	구분	세례	성찬
공통점	제정자(author)	하나님 (마 28:19; 고전 11:23)	
	영적 측면(spiritual part)	그리스도와 그의 유익 (롬 6:3-4; 고전 10:16)	
	인침(seal)	동일한 언약의 인침 (롬 4:11; 마 26:27-28)	
	시행자(dispenser)	복음 사역자(목사) (요 1:33; 마 28:19; 고전 4:1; 11:23; 히 5:4)	
	언제까지(until when)	주님의 재림까지 (마 28:19-20; 고전 11:26)	

	구분	세례	성찬
차이점	시행 횟수(how often)	한 번만(마 3:11)	자주(고전 11:26)
	유아 적용 여부(infant)	유아 가능(창 17:7, 9; 행 2:38-39; 고전 7:14)	성인에게만 (고전 11:28-29)
	요소(elements: an outward and sensible sign)	물	떡과 포도주
	의미(inward and spiritual grace signified)	중생에 대한, 그리고 우리가 그리스도께 접붙임 된 것에 대한 표와 인침 (갈 3:27; 딛 3:5)	- 영혼의 신령한 양식으로 그리스도를 재현하고 나타냄 - 그리스도 안에서 우리가 계속 거하고 성장함을 확증함(고전 11:23-26, 10:16)

심화 연구

신약 시대에는 성례가 왜 세례와 성찬 두 가지뿐인가?

구약 시대에는 성례가 각종 제사와 할례와 유월절 등으로 신약 시대보다 더 많고 화려하고 더 자극적이었습니다. 혹시 여러분은 닭이나 돼지나 소를 잡아본 적이 있는지요? 살아 있는 동물은 따스한 온기가 있습니다. 초롱초롱한 두 눈으로 자신을 죽이려는 사람을 애처롭게 쳐다봅니다. 칼로 그 목을 찌르면 짐승들은 소리를 지르고 피를 흘리며 죽습니다. 최대한 살아보려고 버텨보지만 힘이 다하면 축 늘어지며 숨이 끊어집니다. 살아 있는 동물을 죽이는 일은 가볍거나 쉬운 일이 아닙니다.

구약 시대에 하나님은 이렇게 자극적으로 짐승을 죽이는 제사를 통해 이스라엘 백성을 가르치셨습니다. 이들은 제사를 드리고 유월절을 지킬 때마다 비싼 짐승을 죽여야 하는 경제적 부담을 졌고, 붉은 피를 봐야 했으며, 역한 피 냄새를 맡아야 했고, 생명체가 죽어가는 것을 목격해야 했습니다. 할례는 태어난 지 8일 된 아이의 생식기 표피를 도려내는 것으로서 사람의 죄책과 오염을 도려내는 것을 상징합니다. 할례 역시 살이 잘리며 흐르는 피가 있고, 고통으로 우는 아이의 울음소리가 있는 간단치 않은 의식입니다. 신약 시대의 성례인 세례나 성찬보다 구약 시대의 제사나 할례는 훨씬 공감각적이고 자극적입니다.

구약 시대의 이스라엘 백성은 실체이신 예수 그리스도가 이 땅에 사람으로 오신 것을 보지 못했다는 측면에서 신약 시대의 교회보다 어리다고 할 수 있습니다. 실체이신 그리스도가 오시기 전이었으므로 구약 백성은 신약 백성보다 계시의 질과 양이란 측면에서 어립니다. 그래서 더 자극적이고 시청각적인 성례들이 허락되었습니다. 이는 일반 책보다 동화책에 화려한 그림이 많은 것과 같은 이치입니다. 신약 시대에는 약속의 실체이신 그리스도가 오셨으므로 간단하게 떡과 포도주로도 풍성한 은혜의 성례를 시행할 수 있습니다. 신약 시대의 성례는 비록 세례와 성찬으로 가짓수가 2개뿐이고 덜 자극적이고 덜 화려하지만 더 분명하고 풍성한 영적 효과를 가져옵니다.

함께 나누기: 주님의 만찬과 미사의 차이점

01 성찬식이나 세례식에 참여했을 때 느낌이 어땠는지, 무엇을 깨달았는지 이야기해봅시다.

02 하이델베르크 교리문답 제80-82문을 묻고 답해봅시다. 근거 성구도 다시 한번 살펴봅시다.

03 주님의 만찬과 로마 가톨릭의 미사 사이에는 어떤 차이가 있는지 다음의 관점에서 살펴봅시다.

① 로마 가톨릭의 미사는 우리의 모든 죄가 그리스도의 단번의 희생에 의해 용서되었다는 사실을 잘 드러내 줍니까?

② 성찬 시 그리스도가 인성으로는 하나님 우편에 계셔서 경배를 받으시고 영적으로만 임재하신다는 로마 가톨릭의 영적 임재설을 화체설과 비교해봅시다.

③ 우리는 성령에 의해 그리스도에게 접붙임 될 때 성찬 전에 접붙임 됩니까, 아니면 성찬을 통해서 접붙임 됩니까?

04 주님의 만찬은 누구를 위해 제정되었습니까?

05 스스로 불신앙을 고백하고 불경건한 자들에게도 성찬이 허용됩니까?

06 왜 신약 시대에는 성례가 세례와 성찬 두 가지뿐입니까?

제31주일: 제83-85문

천국 열쇠: 복음의 선포와 교회의 권징

Q 제83문 천국 열쇠는 무엇입니까?

What are the keys of the kingdom of heaven?

A 답 거룩한 복음의 선포, 그리고 교회의 권징 혹은 출교(黜敎)입니다. 이 둘에 의해 천국이 신자들에게는 열리고, 불신자들에게는 닫힙니다.[1]

The preaching of the holy gospel, and Christian discipline, or excommunication out of the Christian church; by these two, the kingdom of heaven is opened to believers, and shut against unbelievers.

Q 제84문 천국이 거룩한 복음의 선포에 의해 어떻게 열리고 닫힙니까?

How is the kingdom of heaven opened and shut by the preaching of the holy gospel?

A 답 신자들이 복음의 약속을 참된 믿음으로 받아들이면 그들의 모든 죄가 그리스도의 공로로 하나님께 진실로 용서된다는 것을, 그리스도의 명령에 따라 모든 신자에게 선포하고 공적으로 증언할 때 천국이 열립니다. 반대로 불신자들이 돌아서지 않는 한 하나님의 진노와 영원한 저주를 받게 된다는 것을 모든 불신자와 진심으로 회개하지 않는 자들에게 선포하고 증언할 때 천국은 닫힙니다. 복음의 증언에 따라 하나님은 그들을 이생과 내생에서 심판하십니다.[2]

Thus: when according to the command of Christ, it is declared and publicly testified to all and every believer, that, whenever they receive the promise of the gospel by a true faith, all their sins are really forgiven them of God, for the sake of Christ's merits; and on the contrary, when it is declared and testified to all unbelievers, and such as do not sincerely repent, that they stand exposed to the wrath of God, and eternal condemnation, so long as they are unconverted: according to which testimony of the gospel, God will judge them, both in this, and in the life to come.

Q 제85문 천국은 교회의 권징에 의해 어떻게 닫히고 열립니까?

How is the kingdom of heaven shut and opened by Christian discipline?

A 답 그리스도인이라는 칭호를 갖고서도 그에 맞지 않는 교리와 실천을 유지하고, 거듭 형제로서 권고를 받았음에도 자신의 잘못과 사악한 삶의 방식을 버리지 않는 자들은 그리스도의 명령에 따라 교회나 교회 직분자들에게 보고되고, 그들의 권면을 무시하면 성례 참여가 금지됩니다. 이것에 의해 그들은 교회로부터, 그리고 하나님 자신에 의해 그리스도의 왕국으로부터 제외됩니다.[3] 그들이 참된 개선을 약속하고 나타내 보일 때 그들은 다시 그리스도와 교회의 지체로 받아들여집니다.[4]

Thus: when according to the command of Christ, those, who under the name of Christians, maintain doctrines, or practices inconsistent therewith, and will not, after having been often brotherly admonished, renounce their errors and wicked course of life, are complained of to the church, or to those, who are thereunto appointed by the church; and if they despise their admonition, are by them forbidden the use of the sacraments; whereby they are excluded from the Christian church, and by God himself from the kingdom of Christ; and when they promise and show real amendment, are again received as members of Christ and his church.

excommunication	추방, 제명, 파문	**unconverted**	변화 없는, 변하지 않은
inconsistent	내용이 모순되는, 부합하지 않는	**therewith**	그것과 함께
renounce	(공식적으로) 포기하다, 단념하다		

근거 성구

1 18“또 내가 네게 이르노니 너는 베드로라. 내가 이 반석 위에 내 교회를 세우리니 음부의 권세가 이기지 못하리라. 19 내가 천국 열쇠를 네게 주리니 네가 땅에서 무엇이든지 매면 하늘에서도 매일 것이요, 네가 땅에서 무엇이든지 풀면 하늘에서도 풀리리라” 하시고(마 16:18-19).

15네 형제가 죄를 범하거든 가서 너와 그 사람과만 상대하여 권고하라. 만일 들으면 네가 네 형제를 얻은 것이요, 16만일 듣지 않거든 한두 사람을 데리고 가서 두세 증인의 입으로 말마다 확증하게 하라. 17 만일 그들의 말도 듣지 않거든 교회에 말하고 교회의 말도 듣지 않거든 이방인과 세리와 같이 여기라. 18진실로 너희에게 이르노니 무엇이든지 너희가 땅에서 매면 하늘에서도 매일 것이요, 무엇이든지 땅에서 풀면 하늘에서도 풀리리라. 19진실로 다시 너희에게 이르노니 너희 중의 두 사람이 땅에서 합심하여 무엇이든지 구하면 하늘에 계신 내 아버지께서 그들을 위하여 이루게 하시리라(마 18:15-19).

2 마태복음 16:18-19, 18:15-19(**1**번을 참고하시오).

21예수께서 또 이르시되 “너희에게 평강이 있을지어다. 아버지께서 나를 보내신 것 같이 나도 너희를 보내노라.” 22이 말씀을 하시고 그들을 향하사 숨을 내쉬며 이르시되 “성령을 받으라. 23너희가 누구의 죄든지 사하면 사하여질 것이요, 누구의 죄든지 그대로 두면 그대로 있으리라” 하시니라(요 20:21-23).

3 마태복음 18:15-18(**1**번을 참고하시오).

2그리하고도 너희가 오히려 교만하여져서 어찌하여 통한히 여기지 아니하고 그 일 행한 자를 너희 중에서 쫓아내지 아니하였느냐? 3내가 실로 몸으로는 떠나 있으나 영으로는 함께 있어서 거기 있는 것 같이 이런 일 행한 자를 이미 판단하였노라. 4주 예수의 이름으로 너희가 내 영과 함께 모여서 우리 주 예수의 능력으로 5 이런 자를 사탄에게 내주었으니 이는 육신은 멸하고 영은 주 예수의 날에 구원을 받게 하려 함이라.…11이제 내가 너희에게 쓴 것은 만일 어떤 형제라 일컫는 자가 음행하거나 탐욕을 부리거나 우상숭배를 하거나 모욕하거나 술 취하거나 속여 빼앗거든 사귀지도 말고 그런 자와는 함께 먹지도 말라 함이라(고전 5:2-5, 11).

14누가 이 편지에 한 우리 말을 순종하지 아니하거든 그 사람을 지목하여 사귀지 말고 그로 하여금 부끄럽게 하라. 15그러나 원수와 같이 생각하지 말고 형제 같이 권면하라(살후 3:14-15).

범죄한 자들을 모든 사람 앞에서 꾸짖어 나머지 사람들로 두려워하게 하라(딤전 5:20).

10누구든지 이 교훈을 가지지 않고 너희에게 나아가거든 그를 집에 들이지도 말고 인사도 하지 말라. 11그에게 인사하는 자는 그 악한 일에 참여하는 자임이라(요이 10-11).

4 20이에 일어나서 아버지께로 돌아가니라. 아직도 거리가 먼데 아버지가 그를 보고 측은히 여겨 달려가 목을 안고 입을 맞추니 21아들이 이르되 "아버지, 내가 하늘과 아버지께 죄를 지었사오니 지금부터는 아버지의 아들이라 일컬음을 감당하지 못하겠나이다" 하나 22아버지는 종들에게 이르되 "제일 좋은 옷을 내어다가 입히고 손에 가락지를 끼우고 발에 신을 신기라. 23그리고 살진 송아지를 끌어다가 잡으라. 우리가 먹고 즐기자. 24이 내 아들은 죽었다가 다시 살아났으며 내가 잃었다가 다시 얻었노라" 하니 그들이 즐거워하더라(눅 15:20-24).

6이러한 사람은 많은 사람에게서 벌 받는 것이 마땅하도다. 7그런즉 너희는 차라리 그를 용서하고 위로할 것이니 그가 너무 많은 근심에 잠길까 두려워하노라. 8그러므로 너희를 권하노니 사랑을 그들에게 나타내라(고후 2:6-8).

해설

복음 선포와 권징

하이델베르크 교리문답의 구조를 다시금 살펴보면, 제83-85문은 천국 열쇠에 대한 것입니다. 천국 열쇠에 해당하는 두 가지는 거룩한 복음의 선포와 교회의 권징입니다.

서론부 (제1-2문)	**유일한 위로와 교리문답의 구조**
제1부 (제3-11문)	**우리의 죄와 비참에 관하여** • 서론: 외적 인식 원리인 율법(제3-4문) • 인간론: 인간의 죄와 부패, 하나님의 심판(제5-11문)
제2부 (제12-85문)	**우리의 구속에 관하여** • 중보자의 필요성, 믿음, 사도신경의 구분(제12-24문) • 신론: 삼위일체, 성부, 창조, 섭리(제25-28문) • 기독론: 그리스도의 신분(비하와 승귀)과 직분(사역)(제29-52문) • 구원론: 성령, 공회, 교통, 죄 사함, 이신칭의(제53-56, 59-64문) • 종말론: 부활, 영생(제57-58문) • 교회론: 말씀과 성례(제65-68문) - 세례(제69-74문) - 성찬(제75-82문) - 천국 열쇠: 복음의 선포와 권징(제83-85문)
제3부 (제86-129문)	**우리의 감사에 관하여** • 선행, 회개, 십계명(제86-115문) • 주기도문(제116-129문)

표10 하이델베르크 교리문답의 구조

> **TIP**
> - 은혜의 외적이고 통상적인 수단(the outward and ordinary means): 말씀, 성례
> - 교회의 표지(the marks of the church): 말씀, 성례, 권징

우리는 하이델베르크 교리문답 제65-68문에서 은혜의 수단이 말씀과 성례임을 살펴보았습니다. 그런데 말씀과 성례는 은혜의 수단인 동시에 교회의 표지(marks)도 됩니다. 어떤 교회가 참된 교회인지 아닌지는 하나님의 말씀과 성례가 올바로 선포되고 시행되는지에 따라 결정됩니다. 그리고 교회의 표지가 하나 더 있는데 그것이 바로 **권징**입니다. 권징은 하나님의 말씀과 성례를 올바로 지키

는 자를 격려하고, 지키지 않는 자들을 책벌합니다. 권징은 이런 역할을 통해 은혜의 수단인 말씀과 성례가 올바로 시행되게 합니다.

하이델베르크 교리문답 제82문에서 우리는 주님의 만찬이 신앙이 없고 불경건한 사람들에게는 허용되면 안 된다는 사실을 살펴보았습니다. 그렇게 되면 하나님의 언약이 모독을 받고 하나님의 진노가 불타오르기 때문입니다. 이런 일이 발생하지 않도록 권징이 존재합니다. 그래서 말씀과 성례를 은혜의 수단과 교회의 표지로서 제65-82문에서 다룬 하이델베르크 교리문답은 이어지는 제83-85문에서 권징에 관해 다룹니다.

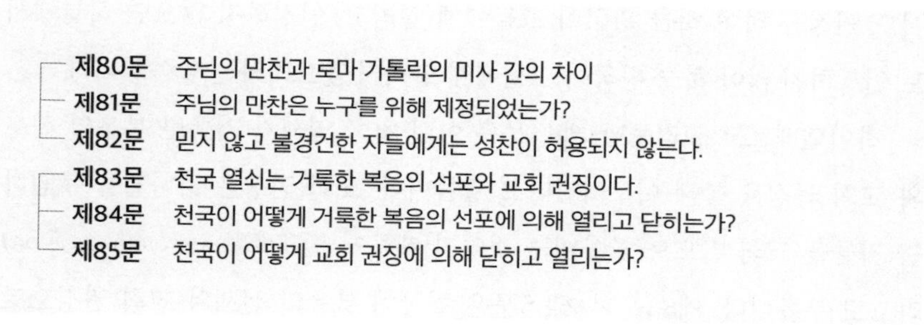

표11 하이델베르크 교리문답 제80-85문의 구성

웨스트민스터 소요리문답에는 이에 해당하는 부분, 즉 교회론의 정치 부분이 없습니다. 웨스트민스터 대요리문답에는 교회론이 있는데 교회의 정의를 다룰 뿐, 정치는 다루지 않습니다. 게다가 웨스트민스터 대요리문답은 원래 일반 성도가 아니라 목사를 위해 만들어진 것으로서 일반 성도는 잘 읽지 않는 경향이 있습니다. 하이델베르크 교리문답은 이 면에서 장점이 있습니다.

1. 천국 열쇠

"천국 열쇠"(the keys of the kingdom of heaven)는 마태복음 16:19에 등장합니다. 예수님은 제자들에게 "너희는 나를 누구라 하느냐?"고 물으셨습니다. 이에 베드로가 "주는 그리스도시요, 살아 계신 하나님의 아들이시니이다"라고 대답했습니다. 예수님은 베드로를 칭찬하시며 "너는 베드로라. 내가 이 반석 위에 내 교회를 세우리니 음부의 권세가 이기지 못하리라. 내가 천국 열쇠를 네게 주리니 네가 땅에서 무엇이든지 매면 하늘에서도 매일 것이요, 네가 땅에서 무엇이든지 풀면 하늘에서도 풀리리라"(마 16:18-19)라고 말씀하셨습니다. 천국 열쇠가 사람들에게 주어져, 그들이 어떤 자들을 인정하면 하늘에서도 인정을 하여 하늘 왕국이 그들에게 열리고, 인정하지 않으면 하늘에서도 인정하지 않아 하늘 왕국이 그들에게 열리지 않으리라는 말씀입니다.

하이델베르크 교리문답 제83문은 이런 천국 열쇠가 거룩한 복음의 선포와 교회 권징을 통해 이루어진다고 말합니다. 교회 권징은 하나님을 부인하는 자들을 교회 밖으로 쫓아내는 것이기 때문에 출교(黜敎, excommunication)라고도 부릅니다. 제84문과 제85문은 천국이 복음의 선포와 교회 권징으로 어떻게 열리고 닫히는지에 대해 각각 다루고 있습니다.

ㄱ. 천국이 어떻게 거룩한 복음의 선포에 의해 열리고 닫히는가?

간단하게 말하면 천국은 참된 신자들에게 열립니다. 그렇다면 참된 신자들은 누구입니까? 복음의 약속을 참된 믿음으로 받아들이면 그들의 모든 죄가 그리스도의 공로로 하나님 앞에서 진실로 용서된다는 것을 알고 확신하는 자들입니다. 이런 내용이 선포되고 증언될 때 믿음으로 받아들이는 자들에게 천국은 열립니다.

반대로 거짓 신자들은 누구입니까? 앞의 내용을 믿지 않고 받아들이지도 않는 자들입니다. 앞의 내용이 선포되고 증언되는데도 돌아서지 않으면 하나님의 진노와 영원한 저주를 받게 된다는 것을 모르고 진심으로 회개하지 않는 자들에게 천국은 닫힙니다. 하나님은 그들을 이생과 내생에서 심판하십니다. 그런데 그 심판이 이생에서 표현되는 방식이 바로 교회의 권징을 통해서입니다.

ㄴ. 천국이 어떻게 교회 권징에 의해 닫히고 열리는가?

교회의 권징은 교회가 교회 밖의 사람들이 아니라 교회의 지체들에게 행하는 것입니다. 그리스도인이라는 이름을 갖고서 그리스도인다운 교리와 실천을 유지하지 않는 자들에게 교회 지체들은 마태복음 18:15-20에 따라 형제로서 권고해야 합니다. 이런 권고에도 불구하고 돌아서지 않는다면 그다음에는 교회에 보고해야 합니다. 교회의 권면도 무시한다면 그때는 성례 참여가 금지됩니다. 성례 참여가 금지된다는 것은 그가 이제 주님의 지체가 아니라는 의미입니다.

성례 참여가 금지될 때 말씀까지 못 듣게 하는 경우도 있습니다. 교회에서 완전히 쫓아내는 경우입니다. 또 다른 경우는 성례 참여를 금지하되 예배는 허락하여 말씀을 듣게 하는 것입니다. 주님의 말씀을 듣고서 자신들의 잘못과 사악한 삶의 방식을 버리도록 하기 위해서입니다. 이렇게 해서 그들이 참된 개선을 약속하고, 그 개선을 실제로 나타내 보일 때 그들은 다시 그리스도와 교회의 지체로 받아들여져 성찬에도 참여하게 됩니다. 주님의 말씀을 들으면서도 계속하여 자신들의 잘못과 사악한 삶의 방식에 머문다면 그들은 말씀을 들을 기회도 빼앗기고 성도들과의 교제에서도 제외됩니다. 교회에서 완전히 쫓겨나는 것입니다.

ㄷ. 천국 열쇠는 왜 필요한가?: 교회 정치의 필요성

교회의 지체가 횡령이나 간음을 저질렀을 때 교회는 이 문제를 어떤 과정을 통해 처리해야 할까요? 경찰에 신고해야 합니까? 아니면 성도들이 모여 처리해야 합니까? 담임 목사에게 문제가 발생하면 어떻게 해야 합니까? 또 담임 목사 청빙, 장로와 집사의 선출, 교회당 건축 여부 등에 대해서는 어떻게 결정해야 합니까? 이렇게 교회에는 처리해야 할 일들이 많고 이를 위해 교회 정치가 필요합니다.

정치는 우리와 떼려야 뗄 수 없습니다. 정치가 없으면 나라와 회사와 가정의 질서가 무너집니다. 그래서 독재가 무정부보다 낫다는 말이 있을 정도입니다. 이는 마치 가정이 있으면 부모가 있어야 하고, 학생이 있으면 교사가 있어야 하며, 계 모임과 동네 조기 축구회에도 임원이 있어야 하는 것과 마찬가지입니다. 과수원이 있으면 과수원지기가 있어야 하고, 바다에 고기가 있으면 어부가 있어야 합니다. 정치는 이렇게 해당 단체의 존재 목적이 이루어지게 하는 선한 것입니다. 우리는 이런 면에서 교회 정치에 관해 관심을 두어야 합니다.

하나님은 성도들이 정치를 통해 교회를 이끌어가도록 인도하십니다. 성도들이 다양한 직분과 은사로 교회를 섬기고 이끌어가는 듯하지만 실은 하나님이 좌우를 분별하지 못하는 성도들에게 직분과 능력과 은사를 주시어 이끌어가십니다. 그래서 우리는 교회 정치를 성경에 따라 살펴야 합니다. 사회의 조직이나 원리나 경험을 교회 정치에 도입하면 안 됩니다.

ㄹ. 천국 열쇠는 누구에게 주어졌는가?

앞서 본 것처럼 예수님은 베드로에게 "너는 베드로라. 내가 이 반석 위에 내 교회를 세우리니 음부의 권세가 이기지 못하리라. 내가 천국 열쇠를 네게 주리니 네가 땅에서 무엇이든지 매면 하늘에서도 매일 것이요, 네가 땅에서 무엇이든지 풀면 하늘에서도 풀리리라"(마 16:18-19)라고 말씀하셨습니다.

여기서 반석을 무엇으로 보느냐에 따라 다양한 교회 정치 형태가 발생합니다. 로마 가톨릭은 사도 베드로가 반석이라고 봅니다. 그들은 베드로가 수석 사도로서 로마 가톨릭의 초대 교황이 되었다고 생각합니다. 개인 베드로 위에 교회가 세워졌으니 베드로가 교회의 중심일 수밖에 없습니다. 베드로를 이은 교황들도 교회의 중심이 되어, 교회의 여러 결정에 관한 최종 권위자가 됩니다. 교황이 이런 역할을 하다 보니 교황의 결정과 집행에는 오류가 없다는 교황 무오설까지 등장하게 되었습니다. 그런데 역사가 증언하는 것처럼 교황은 판단과 행동에 있어서 심각한 실수를 범해왔습니다. 그래서 로마 가톨릭은 교황이 참여하는 교회회의에 오류가 없다는 식으로 바꾸어 주장하고 있습니다.

회중 교회는 사도 베드로의 신앙고백이 반석이라고 생각합니다. "주는 그리스도시요, 살아 계신 하나님의 아들이시니이다"라는 신앙고백 위에 교회가 세워졌다고 보는 것입니다. 그래서 회중 교회는 신앙고백을 중시합니다. 세례를 받는 자들은 자신의 신앙이 어떠한지 회중 앞에서 신앙고백을 하고, 일반 성도들도 자주 자신들의 신앙을 고백하고 간증합니다. 회중 교회는 신앙고백을 하는 성도들의 모임이 온전한 교회라고 봅니다. 그래서 다른 지교회들과 연합하여 더 넓고 완전한 교회가 된다는 것을 부인하고, 개교회의 독립성을 강조합니다. 지교회들의 하나 됨이란 의미에서의 연합체가 없고, 단지 친교 수준의 연합 모임이 있을 뿐입니다.

장로교는 예수님이 말씀하신 반석이 신앙고백을 하는 베드로라고 보되, 개인 베드로가 아니라 사도들을 대표하는 베드로라고 생각합니다. 그 이유는 다음 본문 때문입니다.

15네 형제가 죄를 범하거든 가서 너와 그 사람과만 상대하여 권고하라. 만일 들으
면 네가 네 형제를 얻은 것이요, 16만일 듣지 않거든 한두 사람을 데리고 가서 두
세 증인의 입으로 말마다 확증하게 하라. 17만일 그들의 말도 듣지 않거든 교회에

말하고 교회의 말도 듣지 않거든 이방인과 세리와 같이 여기라. 18진실로 너희에
게 이르노니 무엇이든지 너희가 땅에서 매면 하늘에서도 매일 것이요, 무엇이든
지 땅에서 풀면 하늘에서도 풀리리라. 19진실로 다시 너희에게 이르노니 너희 중
의 두 사람이 땅에서 합심하여 무엇이든지 구하면 하늘에 계신 내 아버지께서 그
들을 위하여 이루게 하시리라. 20두세 사람이 내 이름으로 모인 곳에는 나도 그들
중에 있느니라(마 18:15-20).

마태복음 16:19에서 예수님은 "내가 천국 열쇠를 네게 주리니 네가 땅에서 무엇이든지 매면 하늘에서도 매일 것이요, 네가 땅에서 무엇이든지 풀면 하늘에서도 풀리리라"라고 말씀하셨습니다. 여기서는 "네게"라는 단수로 표현되지만, 마태복음 18:18에서는 "너희가" 땅에서 매면 하늘에서도 매이고, 땅에서 풀면 하늘에서도 풀릴 것이라고 하여 복수로 나타납니다. 즉 예수님이 베드로 개인이 아니라 복수인 제자들에게 말씀하셨다는 뜻입니다. 그래서 천국 열쇠는 마태복음 16장만 보면 개인 베드로에게 주어지는 것 같지만, 마태복음 18장까지 같이 보면 개인 베드로가 아니라 사도 전체에게 주어졌음을 알 수 있습니다. 따라서 마태복음 16:18의 반석도 베드로 개인이 아니라 전체 사도를 대표하는 베드로를 가리킵니다. 마태복음 16장까지의 문맥을 염두에 두면 예수님이 갑자기 베드로에게만 특별한 권세와 권한을 주었다고 보는 해석은 어색합니다. 그간 다른 사도들도 똑같이 사도로 인정하면서 옆에 두고 가르치셨는데, 갑자기 마태복음 16장에서만 베드로를 특별하게 취급한다는 것은 말이 되지 않습니다. 마태복음 16장 이후의 문맥을 봐도 베드로만 특별 대접을 하면서 특별한 권한을 준다는 구절이 없습니다.

20이 말씀을 하시고 손과 옆구리를 보이시니 제자들이 주를 보고 기뻐하더라.
21예수께서 또 이르시되 "너희에게 평강이 있을지어다. 아버지께서 나를 보내신

> 것 같이 나도 너희를 보내노라." 22이 말씀을 하시고 그들을 향하사 숨을 내쉬며 이르시되 "성령을 받으라. 23너희가 누구의 죄든지 사하면 사하여질 것이요, 누구의 죄든지 그대로 두면 그대로 있으리라" 하시니라(요 20:20-23).

예수님은 하나님 아버지께서 당신을 보내신 것 같이 제자들을 보내신다고 말씀하셨습니다. 예수님이 제자들에게 주신 사역이 성공하도록 예수님이 그들과 함께하시며 지키고 이끄시는데, 성령 안에서 그들과 함께하십니다. 예수님은 제자들이 누구의 죄든지 사하면 사하여지고, 누구의 죄든지 그대로 두면 그대로 있게 되는 권세도 주셨습니다. 여기서 이런 권세를 받은 이들은 전체 제자들이지 결코 베드로 혼자만이 아닙니다. 즉 예수님은 베드로만이 아닌 전체 사도들에게 똑같은 임무와 권세를 주셨다는 말입니다.

교회는 전체 사도를 대표하는 베드로 위에 세워졌습니다. 그래서 에베소서 2:20은 "너희는 사도들과 선지자들의 터 위에 세우심을 입은 자라. 그리스도 예수께서 친히 모퉁잇돌이 되셨느니라"라고 말하고, 요한계시록 21:14은 "그 성의 성곽에는 열두 기초석이 있고 그 위에는 어린 양의 열두 사도의 열두 이름이 있더라"라고 말합니다. 사도는 하나님의 말씀을 받아 가르치고, 복음을 전파하고, 교회를 이끌어가는 자들을 대표합니다. 하나님은 이런 이들 위에 교회를 세우십니다.

장로교는 개인 베드로가 아니라 전체 사도에게 천국 열쇠권이 주어졌다는 것을 강조합니다. 장로교는 사도들이 서로 우열 없이 평등하게 하나님의 말씀에 따라 여러 일을 판단하고 교회의 일을 감당해나갔다고 봅니다. 이에 반해 로마 가톨릭은 사도들 간에 우열이 있었다고 보고, 베드로를 수석 사도로 삼아 초대 교황 자리에 앉혔습니다. 그래서 그 교황 자리를 이어온 자기들만이 참된 교회이고, 나머지는 아니라고 봅니다. 그들의 관점에 따르면 사도들 간에 우열이 있기에 수석 사도인 베드로의 생각과 결정이 무엇보다 중요합니다. 물론 로마 가톨릭도 마태복음 18:18에서 예수님이 매고 푸는 권한을 사도단에게 주셨다고 봅니다. 하지만 이런 사도단의 권한은 현재의 주교단에게로 이어졌다고 주장합니다. 그리고 이것은 단순히 매고 푸는 권한이지 천국 열쇠권은 아니라고 설명합니다.

이와 관련해 성경의 예를 살펴보겠습니다. 안디옥 교회는 모세의 법대로 할례를 받아야 구원을 받는가 하는 문제로 큰 다툼과 변론에 빠졌습니다. 교회 자체적으로 이 문제를 해결하지 못한 안디옥 교회는 바울과 바나바와 몇 사람을 예루살렘에 있는 사도와 장로들에게 보냈습니다. 이들을 맞이한 예루살렘 교회에서는 사도와 장로들이 모여 의논을 했습니다. 많은 변론 후에 베드로는 "우리 조상과 우리도 능히 메지 못하던 멍에를 제자들의 목에 두려느냐? 그러나 우리는 그들이 우리와 동일하게 주 예수의 은혜로 구원 받는 줄을 믿노라"(행 15:10-11)라고 말했습니다. 그 후에는 야고보가 "내 의견에는 이방인 중에서 하나님께로 돌아오는 자들을 괴롭게 하지 말고 다만 우상의 더러운 것과 음행과 목매어 죽인 것과 피를 멀리하라고 편지하는 것이 옳으니"(행 15:19-20)라고 말했습니다.

즉 소위 "예루살렘 회의"에서도 베드로가 수석 사도로서 사도들을 이끌고 대표했다는 단서는 전혀 찾을 수 없습니다. 오히려 사도들과 장로들이 자유롭게 논의하고, 최종 결론은 베드로가 아니라 야고보가 내린 것을 알 수 있습니다. 베드로도 발언은 했지만, 그렇다고 해서 그가 다른 사도들보다 더 뛰어나다는 내용이 나타나지는 않는 것입니다.

이런 논의와 예시들에 근거하여 성립된 장로교의 몇 가지 정치 원리들에 관해 자세히 살펴보겠습니다.

2. 장로교의 정치 원리

ㄱ. 귀족정치

첫 번째로 장로교는 귀족정치를 택합니다. 말씀을 더 많이 알고 그에 따라 지각을 사용하여 선악을 분별하는 목사와 장로는 말씀의 귀족이 되어 교회의 여러 중요한 일을 결정해갑니다. 그래서 장로교에는 목사와 장로로 구성된 당회와 노회 및 총회라는 의사 결정 기구가 있습니다. 물론 각 지교회에 세례받은 교인들이 모두 참여하여 교회의 중요한 일들을 결정하고 승인하는 공동의회도 있어서 장로교에는 민주주의적 요소가 많습니다. 그런데 공동의회는 매우 중요한 일이나 직분자를 뽑는 선거가 있지 않은 한 1년에 한두 번 열리는 게 보통입니다. 나머지 일들은 모두 목사와 장로로 구성된 당회가 수시로 결정합니다. 장로교에서 지교회의 대소사는 당회에서 거의 결정된다고 보면 됩니다.

예수님은 사도들에게 천국 열쇠권을 주셨고, 이는 사도들의 죽음 후에 장로들에게 넘겨졌습니다. 사도들은 예수님이 직접 택하시어 임명하셨지만, 장로들은 교회의 회중을 통해 직분을 받았습니다. 하지만 장로들이 회중을 통해 직분을 받았다고 해서 장로들의 권세가 회중으로부터 나오는 것은 아닙니다. 예수님이 장로들에게 권세를 주시는데, 다만 회중의 선택을 통해 장로가 세워지게 한 것뿐입니다. 회중을 통한 장로의 택함은 권세의 원천을 말하는 것이 아니라 직분을 받는 방법을 말할 뿐입니다. 그래서 장로교는 회중에 의해 장로가 택해지지만, 목사와 장로는 하나님이 세우시고, 권세를 주시는 것으로 알아 목사와 장로로 이루어진 당회, 노회, 총회를 통해 교회의 중요한 일들을 결정해갑니다.

성경은 예수님이 직분자에게 권위를 주셨고, 회중은 직분자에게 순종해야 한다고 말합니다. 바울은 에베소 장로들에게 "성령이 그들 가운데 여러분을 감독자로 삼고 하나님이 자기 피로 사신 교회를 보살피게 하셨느니라"(행 20:28)라고 말했습니다. 여기서 우리는 장로들의 권세가 하나님으로부터 주어졌으며 그와 함께 교회를 보살피는 막중한 사역도 주어졌음을 알 수 있습니다.

히브리서 13:17은 "너희를 인도하는 자들에게 순종하고 복종하라. 그들은 너희 영혼을 위하여 경성하기를 자신들이 청산할 자인 것 같이 하느니라. 그들로 하여금 즐거움으로 이것을 하게 하고 근심으로 하게 하지 말라. 그렇지 않으면 너희에게 유익이 없느니라"라고 말합니다. 즉 하나님이 장로들에게 권세를 주셨고, 그들에게 순종하는 것이 좋다고 말하는 것입니다.

그렇다면 오늘날 각 교회에서 당회가 실제로 감당하는 직무가 무엇인지 구체적으로 살펴보겠습니다. 다음 표의 내용은 장로교단의 헌법에서 규정한 당회의 직무입니다.

당회의 직무

1. 당회의 직무는 영적 사무를 처리하는 것이니(히 13:17), 교인들의 신앙과 행위를 사랑으로 보살핀다.
2. 입교한 부모를 권하여 그들의 어린 자녀로 유아세례를 받게 하며, 교인의 입회와 퇴회, 학습과 입교할 자를 문답하여 명부에 올리는 일과, 주소가 변경된 교인에게는 이명증서(학습, 입교, 세례 , 유아세례)를 교부 또는 접수하며, 합법적으로 제명도 한다.
3. 예배와 성례 거행에 봉사한다. 목사가 없을 때는 노회에서 다른 목사를 청하여 설교하게 하며 성례를 집례하게 한다.
4. 장로와 집사를 임직하는 일을 한다. 지교회에서 선출된 장로나 집사, 권사를 6개월 이상 교양하여 장로는 노회의 승인과 노회의 시험을 통과한 후에

임직하고, 집사와 권사는 당회가 시험한 후에 임직한다(집사 시험 과목은 신조, 소요리문답, 정치, 예배 모범, 성경 등이다).

5. 권징하는 일에 봉사한다. 범과자에 대하여 먼저 교인들로 말미암아 마태복음 18:15-16의 말씀대로 실행한 후 당회는 그 범죄자와 증인을 불러 사랑으로 심사한다. 필요한 경우에는 본 교회 회원이 아닌 자라도 증인이 될 수 있다. 범죄한 증거가 명백한 때는 죄의 정도에 따라 권계, 견책, 수찬 정지, 제명, 출교를 하며, 회개하는 자를 해벌한다(살전 5:12-13; 살후 3:6, 14-15).
6. 영적 유익을 도모하고 교회의 각 기관을 사랑으로 감독하며, 교회의 영적 유익을 도모하기 위하여 교인을 심방하고, 성경을 가르치는 일과 주일학교를 주관하며, 전도회와 면려회와 각 기관을 사랑으로 감독하고, 구역 권찰회를 통하여 교회의 영적 부흥을 장려한다.
7. 노회에 총대를 파송하며 청원과 보고서를 보내고, 노회에 파송할 총대 장로는 될 수 있는 대로 윤번으로 선정하며 노회를 상대한 청원과 보고는 질서대로 하기 위하여 서식으로 한다.

교회헌법이 말하는 직무 외에도 당회는 지교회의 모든 회집 시간과 처소를 정하고, 교회의 토지와 가옥을 관리합니다. 이를 통해 장로교는 당회가 입법권과 사법권과 행정권의 상당 부분을 감당하는 귀족정치 체제임을 알 수 있습니다. 그런데 장로교가 귀족정치라고 할 때 "귀족"은 절대로 사회적인 재산이나 신분이나 학벌에 따른 것이 아닙니다. 오히려 하나님의 말씀을 잘 알아 지각을 사용하여 선악을 분별한다는 의미가 중요합니다.

하지만 애석하게도 실제로 교회에서 뽑히는 장로들은 말씀의 귀족들보다는 사회의 귀족들이 많은 듯합니다. 물론 하나님의 말씀대로 성실하게 사는 성도는 사회에서도 인정을 받아 재산이나 신분 면에서 높은 위치에 오르는 경향이 있습니다. 이런 사회의 귀족이 교회의 귀족(장로)이 되는 것은 괜찮지만, 불법적인 세속적 방법으로 재산과 지위를 획득한 자들이 장로가 되는 것은 옳지 않습니다. 이런 사람은 교회의 여러 일을 결정할 때 하나님의 말씀이 아니라 사회에서 통용되는 원리와 방법대로 하기 쉽습니다. 그런 원리와 방법으로 자기들이 성공했기 때문에 교회에도 적용하려 하고, 하나님의 말씀을 모르기에 세속적인 방법에 의지할 수밖에 없습니다. 그들은 당회를 회사의 이사회 정도로 여길 뿐 아니라 목사를 고용 사장 정도로 생각해 교회를 외적으로 성장시키지 못하는 목사를 내쫓기도 합니다.

ㄴ. 더 넓은 교회로서의 노회와 총회

두 번째로 장로교는 노회와 총회를 중요하게 여깁니다. 예수님이 사도들 위에 교회를 세우셨는데, 이 사도들은 단순히 하나의 지교회만을 목회하지 않았습니다. 예루살렘 교회에는 베드로의 설교를 통해 형성된 3천 명의 제자를 비롯해 많은 성도가 있었습니다. 이들은 넓은 예루살렘 지역에 흩어져 살았고, 자신들이 사는 가까운 교회당에 모여 예배를 드렸습니다. 열두 사도는 예루살렘과 인근에 퍼져 있는 성도들을 목회하기 위해 각자 일정한 지역을 맡아 서로 긴밀하게 협조하며 목회했을 것입니다.

이렇게 여러 지교회를 맡아 섬기던 사도들과 장로들은 사도행전 15장에서처럼 교회의 중요한 문제를 의논할 때는 모두 모였습니다. 이들은 안디옥 교회를 자기 교회처럼 생각해 성의껏 논의에 참여했습니다. 사도들에게는 자신들이 섬기는 지교회만 중요한 것이 아니라, 다른 지교회들이 모두 하나님의 교회로서 중요했습니다. 그들에게는 지교회가 자신의 것이라는 소유 개념도 없었고 욕심도 없었습니다.

장로교가 노회를 중요하게 여긴다는 것은 목사와 장로가 사도들처럼 다른 지교회들도 자신의 교회처럼 여기고 개교회주의에 빠지지 않는다는 의미입니다. 다른 지교회의 일을 자기 일처럼 여겨 진지하게 의논하고 집행해야 합니다. 또 여기서 결정된 사항은 실제로 모든 지교회가 지켜 교회의 일치를 이루어야 합니다. 사도행전 16:4을 보면 바울은 주의 말씀을 전한 여러 성이 어떠한지 살피러 돌아다닐 때 예루살렘에 있는 사도와 장로들이 작정한 규례를 전해주어 지키게 했습니다. 이런 것을 통해 교회의 일치가 이루어집니다.

노회는 일정한 지역에 있는 여러 지교회의 모임입니다. 노회는 노회에 속한 여러 지교회의 여러 중요한 현안을 처리하기 위해 모이는데, 각 지교회의 목사와 파송된 장로가 그 회원으로 참여합니다. 목사는 지교회에서 사역하지만 노회에 속한 회원 중 하나입니다. 목사는 노회의 회원으로서 노회에 속한 지교회들을 모두 소중하게 여기고 돌봐야 합니다. 목사가 노회 소속이라는 것만 봐도 장로교가 노회를 얼마나 중요하게 여기는지를 알 수 있습니다. 지교회는 그 자체로 완전하지 않고, 노회에 속해 완전해집니다. 노회는 더 넓은 의미의 완전한 교회인 것입니다.

총회는 각 노회에서 파송한 목사들과 장로들로 구성됩니다. 각 노회에서 파송한 자들로 구성되기에 총회에는 고정된 회원이 없습니다. 총회가 열릴 때 책임을 맡은 회원들이 있을 뿐입니다. 이는 총회가 3박 4일로 끝나면 회의와 동시에 총회도 없어진다는 의미입니다. 그래서 총회의 회의가 끝나는 것을 폐회(閉會)라고 하지 않고, 파회(罷會)라고 합니다. 당회와 노회는 상시회이지만 총회는 임시회입니다. 총회장은 총회가 열리는 회의 기간에 회의를 원활하게 진행하는 의장일 뿐, 총회가 끝난 후에도 이사회의 회장처럼 막강한 권력을 쥐고 임의로 의사를 결정하거나 집행할 수는 없습니다. 국회의장이 국회가 원활하게 진행되도록 하는 역할을 맡는 것과 비슷합니다. 총회는 노회들에 속한 지교회들을 위해 노회 차원에서 결정할 수 없는 일들을 처리합니다. 그래서 어떤 나라에서는 총회가 매년 열리지 않고 3-4년에 한 번 열리기도 합니다. 총회보다 노회가 할 일이 더 많기에 노회는 임시노회를 열면서까지 자주 모이지만, 총회는 중요한 사항이 있을 때만 열려도 되는 것입니다.

이쯤에서 노회가 어떤 일을 하는지 교회헌법의 내용을 살펴보면 다음과 같습니다.

노회의 직무

1. 노회는 그 구역 안에 있는 당회와 지교회의 목사와 강도사와 전도사와 목사후보생과 미조직 지교회를 사랑으로 보살피며 감독한다.
2. 노회는 각 당회에서 규칙대로 제출하는 헌의와 청원과 소원과 고소와 문의와 위탁판결을 접수하여 처리하며, 재판 건은 노회의 결의대로 권징 조례에 의하여 재판국에 위임 처리하게 할 수 있으며(고전 6:1, 8; 딤전 5:19), 상소장을 접수하여 총회에 보낸다.
3. 목사후보생을 시험하여 받고, 그 교육, 이명, 권징하는 것과 강도사를 인허하고 이명, 권징, 면직을 관리하며, 지교회의 장로 선거를 승인하며, 피택 장로를 시험하여 임직을 허락하고, 전도사를 시험하여 인가하며, 목사의 시험, 임직(딤전 4:14; 행 13:2-3), 위임, 해임, 전임, 이명, 권징을 관리하며, 당회록과 재판회록을 검열하여 처리 사건에 찬부(贊否)를 표하며, 교리와 권징에 관한 합당한 문의를 해석함에 봉사한다(행 15:10; 갈 2:2-5).
4. 교회의 순결과 화평을 방해하는 언행을 방지하며(행 15:22-24), 교회의 실정과 폐해(弊害)를 감시하고 교정(矯正)하기 위하여 각 지교회를 시찰한다(행 20:17, 30).
5. 지교회 설립, 분립, 합병, 폐지 및 당회의 조직에 봉사하며, 지교회와 미조직 교회의 목사 청빙을 처리한다.
6. 목사 시험을 실시하되 그 과목은 교회헌법(신조, 권징 조례, 예배 모범), 목회학, 면접이며, 장로시험 과목은 신조, 소요리문답, 교회헌법(정치, 권징

조례, 예배 모범), 성경, 면접 등이다.

7. 어느 지교회에 속한 것을 물론하고 토지 혹 가옥 사건에 대하여 변론이 생기면 필요한 경우에 노회가 성경적으로 처리할 권한이 있다.
8. 노회는 교회를 감독하는 치리권을 시행하기 위하여 그 소속 목사 및 장로 중에서 시찰위원을 선택하여 그들로 하여금 지교회와 미조직 교회를 순찰하게 하고, 모든 일을 협의하여 노회의 치리하는 일을 협력하게 할 것이니, 위원의 정원과 시찰할 구역은 노회에서 작정한다. 시찰위원은 치리회가 아니므로 목사 청원을 받거나 그것을 목사에게 전하지 못하고, 노회가 모이지 않는 동안 임시 목사라도 택하여 세울 권한이 없다. 그러나 시찰회는 시무 목사가 없는 당회가 설교할 목사를 청하는 일에 교회로 더불어 함께 의논할 수 있고, 또 그 지방의 목사와 강도사의 일할 처소와 사례에 대하여 의논하고 노회에 보고한다.
9. 노회는 시무 목사가 없는 교회를 돌아보기 위하여 시찰위원 혹은 특별 위원에게 위탁하여 노회 개회 때까지 임시로 목사를 택하게 할 수 있고, 혹 임시 당회장도 택하게 할 수 있다. 노회에 시찰위원을 두는 목적은 교회와 당회를 돌아보고, 노회를 위하여 교회의 형편을 시찰하기 위함이니, 시찰위원은 교회의 청원이 없을지라도 그 지역 안에 있는 당회와 연합 당회와 제직회와 부속한 각 회에 발언권 방청원으로 출석할 수 있고 투표권은 없다. 각 당회는 장로 및 전도사를 선정할 일에 대하여 의논할 때는 시찰회와 협의함이 가하다. 시찰위원은 그 구역 안 교회들의 형편과 위탁받은 사건을 노회에 보고하되, 당회나 교인이 교회헌법에 의하여 얻은 직접 청구권을 침해하지 못한다.
10. 시찰위원은 가끔 각 목사와 교회를 순방하여 교회의 영적 형편과 재정 형

편과 전도 형편과 주일학교 및 교회 소속 각 회 형편을 시찰하고, 목사가 유익하게 사역하는 여부와 그 교회의 장로나 당회와 제직회와 교회 대표자들이 제출하는 문의 및 청원서를 받아 노회에 제출한다.

11. 시찰위원으로서 1년 1차 그 지역 교회를 시찰할 자는 교회 사역에 경험이 있는 자로 한다.
12. 지교회의 어려운 문제를 해결하기 위해 협력 기구를 둔다.

여기서 보는 것처럼 보통 교회에서 전도사라고 불리는 목사후보생(목사가 되기 위해 신학교에서 수업을 받는 신학생)을 시험하여 받는 것도 노회입니다. 즉 지교회에서 어떤 청년이 목사가 될 자격이 있다고 노회에 추천하면, 노회는 그 청년이 정말로 목사가 되기에 적합한 후보인지를 시험과 면접을 통해 판별합니다. 노회는 신학교 수업을 마친 목사후보생이 신학교 수업을 제대로 받았는지 시험을 통해 살펴보고, 시험에 합격하면 강도사(講道師, 말씀을 전하고 가르칠 수 있는 사람) 자격을 부여합니다. 그 후에 노회는 강도사들이 일정 기간 신학 수업과 목회 훈련을 받으면 목사 고시를 통해 목사가 될 자격이 있는지를 살핍니다.

지교회를 섬기는 목사후보생과 강도사와 목사는 노회의 소속입니다. 지교회에서 섬기지만 이들은 지교회 소속이 아니라 노회 소속입니다. 그래서 이들의 시험과 인허와 안수가 노회에서 결정되고 노회가 열릴 때 처리됩니다. 독자들도 목사 안수식을 지교회가 아니라 노회의 이름으로 하는 것이 익숙할 것입니다. 이는 노회가 지교회들을 하나의 교회로 여긴다는 의미입니다. 노회는 지교회에서 투표를 통해 장로로 뽑힌 자들에 대해서도 장로 고시를 통해 분별합니다. 이에 비해 회중 정치를 택하는 교회들은 지교회 이름으로 목사 안수식을 하고, 중요한 결정을 대부분 지교회 자체에서 해결합니다.

목사가 어떤 지교회의 담임 목사로 섬기는 것도 노회에서 허락을 받아야 합니다. 앞서 "노회의 직무" 3번이 말하는 것처럼 노회는 목사의 시험, 임직, 위임, 해임, 전임, 이명, 권징을 관리합니다. 4번이 말하는 것처럼 노회는 교회의 실정과 폐해를 감시하고 교정하기 위해 각 지교회를 시찰(視察)합니다. 이런 장로교의 정치 원리는 요사이 한국교회에서 문제가 되는 세습 문제도 노회에서 막을 수 있다는 것을 의미합니다. 지교회에서 세습이 이루어져도 노회에서 통과시키지 않으면 지교회의 세습은 불가능합니다. 이처럼 제대로 작동하는 노회는 여러 지교회에서 발생하는 문제들을 해결하거나 견제하면서 올바른 방향으로 이끌 수 있습니다.

① 지교회의 이름 제가 섬기는 교회의 이름은 "세움교회"입니다. 이 교회는 처음에 서울 서초동에서 개척되어 "서초교회"라는 이름이 있었습니다. 10년 후에 서울 상도동으로 이사하면서 지역명을 따라 "상도교회"로 하려고 했으나 주변에 같은 이름을 가진 교회들이 너무 많아 포기할 수밖에 없었습니다.

많은 교회가 지역명을 교회 이름에 쓰는 큰 이유는 무엇보다 노회 때문입니다. 노회가 관할 지역 내에 지교회를 세우기로 결정하면, 목회할 목사를 결정하고 재정을 비롯한 여러 도움을 줍니다. 세움교회가 속한 노회는 남서울노회로서 서울의 남쪽 지역에 있는 지교회들로 이루어져 있습니다. 남서울노회에서 서초동 지역에 교단 교회가 없으므로 이곳에 지교회를 세우는 것이 합당하다고 결정했고, 제가 이 일을 주도적으로 행했으므로 저를 적임자로 여겨 서초교회를 담임하여 섬기게 했습니다. 그 후에 남서울노회는 서초교회가 상도동에 교회당을 지어 이사를 하려고 하자 교회 이름 변경과 함께 허락했습니다.

노회는 이처럼 해당 지역의 여러 지교회를 살피는 일을 합니다. 그러므로 지교회를 구분할 때 지역명을 따서 구분하는 것이 자연스럽고 편리하므로, 지역명을 딴 교회 이름이 많습니다. 세움교회니, 소망교회니, 사랑의교회니,

믿음교회니, 행복한교회니 하는 이름들이 담으려 한 의미는 사실 "교회"라는 단어에 이미 내포되어 있습니다. 교회는 이미 하나님의 믿음과 사랑과 소망에 의하여 세워졌고, 하나님은 믿음과 소망과 사랑을 교회에 가득하게 하여 성도들에게 이 세상이 줄 수 없는 평안과 기쁨과 행복을 주시기 때문입니다. 그래서 지역명이 아닌 다른 이름을 쓰는 것은 보편적 현상이 아니라 새삼스러운 현상입니다.

요사이 한국교회의 여러 문제는 교계 분위기가 너무 개교회 중심으로 흐르는 데 그 원인이 있습니다. 개교회들이 각각 분리되어 있고, 심지어 서로를 경쟁 대상으로 여깁니다. 성도를 확보하고 교세를 늘리려 할 때 주변에 다른 교회들이 있으면 방해가 된다고 생각합니다. 이런 경쟁에서 살아남기 위해서 각 교회가 경영학의 마케팅 기법을 도입하기 바쁩니다. 이렇게 하여 성도를 끌어모으는 데 성공한 교회들은 더욱 시스템을 강화하면서 부익부 빈익빈 현상이 교회 현장에도 나타나고 있습니다. 대형 할인점이 들어서면 인근의 작은 상점들의 매출이 확 줄 듯, 교회도 대형 교회로 성도가 몰리는 경향이 확연히 드러나는 것입니다.

보통 사람의 입장에서는 자신의 모든 것이 드러나는 작은 교회보다 익명성이 보장되는 대형 교회가 훨씬 좋습니다. 작은 교회는 자신의 장단점과 모든 상황이 노출되고, 교회의 여러 일에 참여하며 봉사해야 하고, 헌금에 대한 부담도 있지만, 대형 교회는 이런 노출과 간섭에 대한 부담이 상대적으로 적습니다. 언제든 진출입(進出入)이 자유롭고, 봉사와 헌금과 교제도 자기가 하고 싶은 만큼만 하면 되고, 특별하게 간섭이나 강요나 권면을 받지 않습니다. 다양한 프로그램과 연사들이 있으므로 입맛에 맞게 예배를 즐길 수 있는 장점도 있습니다. 백화점에서 다양한 물건을 쇼핑하듯 복음을 안락한 환경에서 소비하며 교회에 다닐 수 있습니다.

하지만 한번 생각해봅시다. 하나님 입장에서 더 좋은 교회가 따로 있을까요? 하나님께는 모든 지교회가 중요합니다. 다른 지교회들은 결코 경쟁 상대가 아닙니다. 하나님 앞에서 함께 든든하게 세워져야 할 형제 교회들입니다. 이것이 구체적으로 드러나는 것이 노회 개념입니다. 노회에 속한 지교회들은 모여서 하나의 교회가 됩니다. 이렇게 따지면 교회는 하나밖에 없는 것입니다. 한 장소에 모여서 전국의 신자가 예배를 드릴 수 없는 물리적 한계 때문에 여러 지역으로 흩어져 지교회들이 존재하는 것뿐입니다.

② 목사가 교회를 개척할 수 있나? "교회를 개척한다"는 말의 주어를 목사 한 명으로 사용하는 사람들이 있습니다. 예를 들면 "정요석 목사가 상도동에 세움교회를 개척했다"라는 표현입니다. 하지만 이는 틀린 표현입니다. 교회의 개척은 결코 목사 한 명이 사사로이 하는 것이 아닙니다. 교회 개척은 노회가 주관합니다. 노회가 어느 지역에 교회를 개척하는 것이 합당한지를 판단하고, 그 후에 그 교회에 적합한 목사를 파견합니다. 자본주의 사회에서 개인이 자기 의사에 따라 자유롭게 사업을 하고 회사를 세우는 것에 익숙해서 그런지, 많은 사람이 교회도 개인이 자유롭게 세울 수 있다고 생각합니다. 성도들이 많이 모일 것 같은 곳에서 누구나 교회 깃발을 꽂으면 된다고 생각하는 것입니다. 하지만 노회라는 더 큰 차원에서 그 지역에 교회가 세워지는 것이 적합한지, 그리고 그 목사가 그 개척교회를 담임하기에 적합한지를 판별해야 합니다.

노회가 성경의 내용에 따라 지교회의 중요한 일에 관심을 두고 하나님의 말씀을 기준으로 판단하면 여러 문제가 자연스레 해결됩니다. 지금 사회적 논쟁거리가 되는 교회 세습 문제도 그 본질이 무엇인지 정확하게 꿰뚫어 볼 수 있습니다. 농어촌과 같이 열악한 곳에서의 교회 세습은 칭찬받을 일이지만, 많은 월급과 성도들의 섬김을 여러모로 받을 수 있는 큰 교회의 세습은 문제가 됩니다. 특히 해당 교회의 성도 중 일부가 강렬히 반대하거나, 주변에서 세습을 비판할 때는 덕을 위해서도 세습을 안 하는 것이 좋습니다. 그런데도 세습을 원하는 담임 목사는 지교회의 당회와 공동의회에서 별의별 수단과 설득과 협박과 회유를 동원해 세습 건을 통과시킬 수 있습니다. 하지만 목사들과 장로들로 이루어진 노회에서 그 지교회의 세습 건을 통과시키지 않으면 그 지교회는 세습할 수가 없습니다. 이에 대한 최종 결정권이 노회에 있기 때문입니다. 앞서 본 것처럼 목사의 시험, 임직, 위임, 해임, 전임, 이명, 권징을 노회에서 관리하기 때문에 담임 목사가 자기의 아들이나 사위를 후임 목사로 내정하여 교회를 세습하려고 해도 노회가 허락하지 않으면 불가능합니다.

노회가 본래의 역할과 기능을 그대로 유지하면 각 지교회를 시찰하면서 목사들의 개인 생활과 목회 활동을 자세히 살피고 감독하기 때문에 각 지교회에서 목사의 문제가 크게 불거지기 전에 처리할 수 있습니다. 그런데 지금 노회 현장에서는 이런 성경적 정신이나 원리가 많이 퇴색해버렸습니다. 노회의 근본 원리가 무시되고 단순히 행정 절차를 밟는 기구로 전락한 나머지 각 지교회가 올린 문제를 웬만하면 문제 삼지 않는 쪽으로 의결하곤 합니다. 노회원들이 다른 지교회들의 상황에 관심을 두고 시시비비를 가리기보다 자신의 지교회의 성장과 보존에만 더 많은 관심을 두는 것입니다. 괜히 다른 지교회의 일에 끼어들었다가 자기 지교회에 일이 생겼을 때 보복을 당하지 않을까 우려하는 마음도 숨어 있습니다. 당장 자신에게 이익과 손해가 되지 않는다면 괜히 다른 지교회의 일에 나서지 않는 것입니다. 감리교나 다른 교단들도 장로교의 노회와 같은 역할을 하는 기관들이 모두 있는데 이런 기관들이 올바로 기능하여 옳고 그름을 판별해준다면 세습 문제를 비롯한 여러 문제가 악화하지 않을 것입니다.

장로교 정치가 가진 아름다움의 절정은 하나님 말씀에 따라 노회의 모든 목사가 평등하게 각 지교회의 일을 자기 교회의 일처럼 여겨 공평무사하게 판단하는 것에 있습니다. 이렇게 되면 개교회주의를 벗어나 다른 지교회들도 자기 교회라는 인식이 생깁니다. 그리고 경영 마케팅 기법을 도입하여 자극적인 수단을 쓰는 데 있어 주저하게 되면서 성장주의와 경쟁주의가 주춤하게 됩니다. 예수님 안에서 모든 지교회가 하나라는 의식은 더욱 강해지고, 목사들은 다른 목사가 경쟁 상대가 아니라 하나님의 말씀을 함께 맡은 동역자라는 형제애를 갖게 됩니다. 형제애로 무장한 노회원들은 지교회에 문제가 있을 때 서로 도우며 같이 든든히 서갈 수 있습니다. 노회원들이 패거리 의식을 버리고 오직 하나님의 말씀에 근거하여 판별할 때 한국교회는 더 든든하게 설 수 있을 것입니다.

한편 교회헌법에 따르면 총회는 다음과 같은 직무를 감당합니다.

총회의 직무

1. 총회는 모든 교회들 또는 노회들의 단합을 위하여 필요한 일에 봉사하며, 논쟁을 가져올 치리 문제들은 노회 차원에서 해결하도록 한다. 이런 난제가 있는 노회는 이웃 노회 또는 총회 상설 협력위원회와 합력하여 이를 해결한다.
2. 총회는 성경에 의하여 교회헌법(신조, 교리문답, 정치, 권징 조례, 예배 모범)을 해석하며, 교리와 권징에 관한 논쟁점을 해석하는 데 봉사한다.
3. 교단 안의 교인들과 그 지도자들의 영적 지식을 높이기 위하여 수양이나 훈련의 기회를 만들며, 이에 필요한 일들에 봉사한다.
4. 될 수 있는 대로 사법에 속한 일은 취급하지 않고, 교회 또는 노회의 화평과 통일을 위하여 봉사의 자세로 조용히 권면, 충고하는 것을 위주로 한다.
5. 내외지 전도 사업이나 선교 사업을 주관할 위원을 설치할 수 있으며, 교단과 관련된 신학 교육과 대학 교육 실시를 위하여 봉사한다.
6. 총회는 노회에서 합법적으로 문의한 교리 문제를 해명한다.

7. 총회는 각 노회록을 검사한다.
8. 총회는 대한예수교장로회 헌법을 성경에 의하여 수정 혹은 해석함에 있어 수종들 책임이 있다.
9. 총회는 노회를 설립, 분립, 합병하며, 노회의 구역을 정하는 일에 봉사하되 해당 노회와 협의해야 한다.
10. 총회는 강도사의 자격을 고시하고, 규칙에 의하여 다른 교단 교회들과 연락하며, 그 교회들과 더불어 성결의 덕을 세우기 위하여 힘쓴다.
11. 총회는 신학교의 설립 운영에 봉사하며 교역자를 양성한다.
12. 총회는 성경적으로 선교 사업, 사회사업 등 선한 사업을 협의하는 일에 봉사한다.
13. 총회는 노회 재산에 대한 분규가 있을 때 직접 관여하지 않고 그 노회로 하여금 이웃 노회와 합하여 해결하도록 한다(단, 총회의 상설 치리 협력 위원회로 하여금 이에 협력케 한다). 총회가 친히 교단 안에 있는 지교회들의 재산에 대하여 주장권을 가지지 못한다. 각 지교회는 자체의 현지 재산을 점유하거나 소유하거나 활용할 수 있으니, 노회나 총회나 후에 창설될 어떤 치리회나, 그 치리회들의 이사나 직원에게 그 재산에 대한 계승권이 전혀 없다.
14. 총회는 유지재단을 설립하여 별도의 규약에 따라 일하게 한다.

총회는 이런 직무를, 총회장 임의나 임원회의 결정이 아니라 총회 본회의를 통해 모두 수행합니다. 총회 회의에서 결정되지 않은 것은 아무 효력이 없습니다. 따라서 장로교에서는 임원회가 별 의미가 없습니다. 노회나 총회에서 임원회를 통해 집행하기로 결정하면 그때야 임원회가 모종의 권한을 갖습니다.

총회가 노회와 특별히 다른 점은 전 교회적 차원에서 모든 성도가 따라야 할 신조와 교리문답과 정치와 권징 조례와 예배 모범을 해석하고 결정하는 역할입니다. 실제로 총회는 성경의 해석에 관한 다양한 주장이 발생하면 이에 대해 옳고 그름을 분별하고 이단 여부를 결정합니다. 더 나아가 총회에 속한 모든 교회의 목사와 장로의 재교육, 목사후보생들의 신학 교육을 담당합니다. 앞서 본 것처럼 총회는 행정적인 일보다 전 교회의 교리와 신학 교육 문제 등에 더 관심을 두고 있는 것입니다.

ㄷ. 목사와 장로 간의 평등

세 번째로 장로교는 당회와 노회와 총회에 모인 목사와 장로의 평등을 강조합니다. 로마 가톨릭은 천국 열쇠권이 베드로에게만 주어졌다고 보기에 베드로를 수석 사도와 초대 교황으로 여깁니다. 그에 따라 로마 가톨릭은 교황 밑에 추기경과 주교와 사제와 부제라는 서열화된 계급을 둡니다. 그들은 이 권한이 사람으로부터 위임된 것이 아니라 신적 권위를 가진 고유한 것이라 여깁니다. 주교들도 해당 교구 내에서는 이런 권한을 갖습니다. 로마 가톨릭은 이렇게 신부들이 철저히 서열화되어 있습니다.

이에 반해 장로교는 장로와 목사의 평등을 말합니다. 장로와 목사로 안수를 받으면 그때부터 교회의 중요한 일을 결정하고 다스리는 데 있어서 철저히 평등이 작용합니다. 오직 하나님의 말씀만이 기준입니다. 목사와 장로가 되었다는 것은 모든 의논과 토론과 결정의 기준이 되는 하나님의 말씀을 분별할 수 있는 수준에 이르렀다는 의미입니다. 그래서 장로교는 역사적으로 볼 때 다른 교단들에 비해서 목사와 장로를 함부로 뽑지 않고, 엄격한 과정을 거치는 편입니다. 목사는 신학교에서 신학 수업을 철저히 받고, 그 이후에도 목사로 적합한지 시간을 두고 확인된 후에 목사가 됩니다. 장로 역시 까다로운 자격 요건을 보고 정해진 교육을 받아야 합니다.

정치에서도 지역구를 대표하는 국회의원은 그 자체로 헌법 기관입니다. 국회의원이 되면 그 순간에 나이와 선수(選數)와 경력에 상관없이 발언권과 의결권을 모두 갖습니다. 국회의원들은 철저히 평등한 관계로 누구나 1표의 의결권을 갖습니다. 목사와 장로도 마찬가지입니다. 목사와 장로가 되면 당회와 노회와 총회에서 나이나 학력이나 재산, 지교회의 교세나 세속 직업이나 안수받은 연수에 상관없이 오직 하나님 말씀에 의거하여 발언하고 의결할 수 있습니다. 오직 하나님 말씀만을 기준으로 하여 모두가 자유롭게 토론하고 결정합니다. 의결권에서는 당연히 모두가 1표만 행사합니다.

이를 이해하면 노회장과 총회장의 권한과 직무가 무엇인지 쉽게 이해할 수 있습니다. 노회장은 노회가 열리는 동안 노회가 질서 있게 진행되도록 이끄는 존재입니다. 노회의 회원인 목사들과 장로들이 순서를 지켜 발언하고, 적절하게 의논하고 결정하도록 회의를 이끕니다. 노회장은 회의를 이끄는 존재이지, 회사의 회장처럼 자신의 재량으로 여러 일을 결정하고 집행하는 존재가 아닙니다. 노회장은 절대로 노회에서 결정되지 않은 사항들을 임의로 집행할 수 없습니다.

마찬가지로 총회장도 총회가 열리는 동안 총회를 의장으로서 이끄는 자일 뿐입니다. 절대로 총회에서 결정되지 않은 사항들을 임의로 집행할 수 없습니다. 총회장은 총회가 끝나는 순간 그 역할 역시 끝난다고 봐도 무방할 정도입니다. 보통 총회장의 임기는 1년인데 1년 동안 대내외적으로 교단의 대표라는 의미는 있지만, 실질적인 권한과 책임은 거의 없습니다. 총회는 회의가 끝남과 동시에 파회(罷會)가 되어버리고 총회장의 권한과 의무도 함께 끝나는 것입니다.

이처럼 장로교에서 노회장과 총회장은 노회와 총회에서 결정되지 않은 것을 집행할 권한이 없으므로 노회와 총회가 끝난 후에는 그 존재감이 약화합니다. 그런데도 얼마나 많은 목사가 서로 노회장과 총회장이 되려고 하는지 모릅니다. 많은 돈을 선거 비용으로 쓰면서까지 서로 노회장과 총회장이 되려고 다툽니다. 한국교회의 부패는 여기서도 드러납니다.

개신교는 로마 가톨릭의 교황과 같은 존재를 인정하지 않고 반대하며 종교개혁을 일으켰습니다. 그래서 사회에서 종교 지도자들이 서로 대화할 때 로마 가톨릭은 추기경이라는 대표적 인물을 갖고 있지만, 개신교는 전체 개신교를 대표할 기관이나 인물이 없습니다. 교단의 총회장은 1년마다 새로이 선출되기 때문에 매년 바뀌어, 로마 가톨릭처럼 전 국민이 인지하는 인물이 생기기 어렵습니다. 그래서 많은 신자가 개신교도 로마 가톨릭의 교황이나 추기경 같은 자리를 만들자고 말합니다. 하지만 이는 성경에 위배되는 것으로서 개신교는 바로 그것 때문에 로마 가톨릭에서 나왔습니다. 성경은 베드로라는 개인이 아니라 사도들이라는 회(會)에 교회의 권세가 주어졌다고 말합니다. 그래서 개신교는 교황과 추기경 같은 자리를 만들지 않고, 인간적인 과다한 존경을 어떤 개인에게도 주지 않습니다.

그런데 이런 총회의 총회장이 되려고 목사들이 너무 큰 관심을 보입니다. 수천만에서 수억 원의 돈을 선거 비용으로 쓰기도 합니다. 감리교는 4년마다 바뀌는 총감독이 서로 되겠다고 다투며 사회 법정에 고소하는 일까지 있었습니다. 교회 안에서 해결하지 못하고, 사회 법정에 고소하여 세속 재판관의 결정을 최종 권위로 받아들이는 수치를 당했습니다. 이런 수치를 4년 간격으로 몇 번을 당했습니다. 장로교의 총회장은 감리교의 총감독과 달리 실제 권한도 별로 없는데, 그 명목적인 자리를 서로 차지하려고 싸우니 얼마나 안타까운지 모릅니다. 지금까지 개신교는 교단에 상관없이 우두머리 자리에 대한 세속적인 욕심을 드러내 보여왔습니다. 슬픈 일이 아닐 수 없습니다.

ㄹ. 교회가 내린 결정의 신적 권위

네 번째로 장로교는 당회와 노회와 총회의 결정에 하나님이 함께하신다고 믿습니다. 마태복음 16:19과 18:18에서 예수님은 사도들이 땅에서 매면 하늘에서도 매이고, 땅에서 풀면 하늘에서도 풀리리라고 말씀하셨습니다. 또 사도행전 15:28은 "성령과 우리는 이 요긴한 것들 외에는 아무 짐도 너희에게 지우지 아니하는 것이 옳은 줄 알았노니"라고 말하여, 사도들과 장로들이 내린 결정임에도 마치 성령이 같이 결정한 것처럼 "**성령과 우리는**"이라고 표현합니다. 이 말처럼 사도와 장로들이 결정할 때 성령이 함께하시어 올바로 결정하도록 이끄십니다. 사도와 장로들의 결정에는 성령 하나님이 함께하시므로 신적 권위가 있는 것입니다.

그렇다고 하여 당회와 노회와 총회의 결정에 부족함과 틀림이 없다는 뜻은 아닙니다. 다만 그들이 하나님의 영광을 위해 하나님의 말씀에 따라서 순전한 마음으로 결정할 때 하나님이 함께 계셔서 도와주신다는 의미입니다. 실제로 마태복음 18:19-20에서 예수님은 "진실로 다시 너희에게 이르노니 너희 중의 두 사람이 땅에서 합심하여 무엇이든지 구하면 하늘에 계신 내 아버지께서 그들을 위하여 이루게 하시리라. 두세 사람이 내 이름으로 모인 곳에는 나도 그들 중에 있느니라"라고 말씀하셨습니다. 이는 목사들과 장로들이 모여 교회의 일을 결정하고 그대로 이루어지기를 간구하면 하나님 아버지께서 이루게 하시고, 그렇게 모인 무리에 예수님이 함께하신다는 뜻입니다. 따라서 사도행전 15:28의 "성령과 우리"라는 표현은 절대로 과장이 아닙니다.

사도행전 16:4은 "여러 성으로 다녀갈 때에 예루살렘에 있는 사도와 장로들이 작정한 규례를 그들에게 주어 지키게 하니"라고 하여 사도와 장로들이 작정한 규례는 여러 성이 지켜야 할 권위 있는 결정이었음을 말합니다. 더 나아가 고린도전서 5:13은 "밖에 있는 사람들은 하나님이 심판하시려니와 이 악한 사람은 너희 중에서 내쫓으라"라고 말하여 교회가 교회 내의 악한 자를 내쫓는 결정을 내릴 수 있다고 말합니다. 또한 고린도전서 6:2은 "성도가 세상을 판단할 것을 너희가 알지 못하느냐? 세상도 너희에게 판단을 받겠거든 지극히 작은 일 판단하기를 감당하지 못하겠느냐?"라고 말하여 성도가 세상을 판단할 수 있는 능력이 있다고 말합니다.

하나님은 교회 정치를 성도에게 맡기셨습니다. 교회 정치를 성도가 하도록 적당한 직분과 은사를 주셨습니다. 하나님이 주신 이 귀한 선물을 남용하거나 오용해서는 안 됩니다. 또 그 가치를 몰라보고 구석에 내팽개쳐서 악한 자들이 악용하도록 두어도 안 됩니다. 그 대신 하나님의 말씀의 깊이와 넓이가 교회 정치를 통해서 최종적으로 풍성하고 찬란하게 드러나야 합니다. 교회 정치를 통해 하나님의 말씀이 실천되는 수준이 결정됩니다.

여러분은 중앙집권적 대통령제를 선호합니까, 아니면 의원내각제를 선호합니까? 대통령제가 좋으냐, 의원내각제가 좋으냐 하는 질문은 사실 답이 없는 질문입니다. 각각에 장단점이 있지, 어느 하나가 월등히 좋지 않습니다. 문제의 핵심은 이것을 운용하는 사람에게 있습니다. 대통령제를 잘 운용하는 나라는 의원내각제가 되어도 별 문제가 없습니다. 그 역도 마찬가지입니다. 여러분은 감리교의 감독 정치가 좋다고 생각합니까, 아니면 침례교의 회중 정치가 좋다고 생각합니까? 그것도 아니면 장로교의 장로 정치가 좋다고 생각합니까? 저는 장로교 목사로서 장로 정치가 가장 성경적이라고 생각하지만, 제도보다 더 중요한 것은 그래도 여전히 "사람"입니다. 어떤 신앙과 인격을 가진 자들이 정치를 하느냐가 더 중요합니다. 성경은 콕 찍어서 명시적으로 감독 정치나 회중 정치나 장로 정치를 해야 한다고 말하지 않습니다. 아주 세세한 내용까지 말하지 않습니다. 다만 교회 정치의 원리들이 성경에서 도출될 뿐입니다. 장로교 목사인 저는 성경에서 장로교의 정치 원리들이 도출된다고 생각하지만, 감독 정치와 회중 정치의 원리도 부분적으로 유출될 수 있다고 봅니다.

실제로 감독 정치는 훌륭한 목사가 총감독이 되면 그 목사의 재위 기간에는 교회가 얼마나 올바로 서는지 모릅니다. 올바른 총감독이 세워지면 그 어떠한 정치 체제보다 가장 투명하고 효율적으로 일들이 진행됩니다. 하지만 총감독이 무능하거나 부패하면 그 폐해는 이루 말할 수 없고, 그것을 바로잡으려 해도 총감독에게 권한이 집중되기 때문에 여러 한계가 있습니다. 회중 정치는 지교회의 독립이 강조되기 때문에 노회의 간섭과 영향을 받지 않고 자체적으로 정치를 잘할 수가 있습니다. 그런데 이것은 지교회가 온전할 때의 이야기이고, 지교회가 진리에서 벗어나 타락하거나 지교회의 목사가 독재를 해도 견제하고 감시할 기구가 없다는 큰 약점이 있습니다. 장로교도 노회원들이 하나님의 말씀에 따라 정직하고 투명하고 지혜롭게 노회의 일을 결정할 때는 장점이 있지만, 일부 목사들이 패거리를 이루어 사심으로 노회의 일들을 결정하기 시작하면 지교회들까지 교권에 휘둘리게 됩니다.

중요한 것은 사람입니다. 교회 정치의 성패는 얼마나 목사와 장로가 하나님의 말씀을 잘 알고 하나님을 경외하느냐에 달려 있습니다. 목사와 장로가 깨어 있지 않으면 장로교의 정치는 패거리 정치에 지나지 않습니다. 목사와 장로를 세우는 성도들이 깨어 있지 않으면 사악한 자들이 목사와 장로가 되어 교회에서 사사로운 이익을 추구하게 됩니다. 그래서 성도들은 교회 정치에 깊은 관심을 기울여야 합니다. 비정치적인 성향의 사람일수록 교회 정치의 폐해를 막기 위해서 정치적이 되어야 합니다. 좋은 의미의 정치적 성도가 되어 자신의 지교회만이 아니라 노회와 총회의 다른 지교회들까지 하나님의 진리 위에 든든히 서 가도록 노력해야 합니다. 교회 정치에 신적 권위가 찬란하게 드러나도록 말입니다.

심화 연구

교회의 직분자

1. 구약의 정치: 선지자, 제사장, 왕

구약 시대에는 교회의 정치가 어떤 직분을 통해 이루어졌는지 살펴보겠습니다. 구약 시대에는 선지자(예언자)와 제사장과 왕이 기름 부음을 받았습니다. 모세는 선지자로서 하나님의 말씀을 백성에게 가르쳤습니다. 모세는 재판 사건이 너무 많아 혼자서 처리할 수 없게 되자, 하나님을 두려워하며 진실하며 불의한 이익을 미워하는 자를 천부장과 백부장과 오십부장과 십부장으로 삼아 백성을 재판하게 했습니다. 모세는 이런 조직을 통해 백성에게 율례와 법도를 가르쳐서 마땅히 갈 길과 할 일을 그들에게 보였습니다(출 18:18-22).

또한 하나님은 모세의 형 아론과 그 아들들로 하여금 하나님을 섬기는 제사장 직분을 행하게 하셨습니다. 이들은 예물과 속죄하는 제사를 드리고, 백성에게 율법을 읽어주어 하나님의 말씀을 일깨워주는 역할을 했습니다. 그 후에는 이스라엘의 열두 지파 중에서 아론이 속했던 지파인 레위 지파가 제사장 직분을 맡아 섬겼습니다.

사무엘 때 다윗은 왕으로 기름 부음을 받고 나라를 다스렸습니다. 이스라엘은 왕정이라는 제도를 매우 늦게 도입했습니다. 왕이 생기기 전에는 선지자가 그 역할을 담당했고 모세와 그의 후계자인 여호수아, 그 뒤를 이은 사사들도 선지자와 왕의 역할을 동시에 감당했습니다. 이런 흐름은 사무엘 때까지 이어지다가, 백성이 왕을 요구하며 끊어졌습니다. 이스라엘에는 아담 이래로 왕이 없었고, 구체적인 국가의 모습을 띤 모세 시대로부터 따져도 초대 왕 사울 때까지 약 500년간이나 왕 없이 나라를 유지했습니다.

왕정이라는 제도가 없어도 선지자를 중심으로 나라가 유지되었다는 것은 이스라엘 백성이 어떤 민족들보다 하나님의 말씀을 존중했다는 의미입니다. 그들은 나름대로 힘써 하나님의 말씀에 따랐기 때문에 왕정이라는 엄격한 통치 체제가 없어도 국가가 운영되었습니다. 이스라엘에서는 법제와 경찰이 하는 역할을 하나님의 말씀이 한 것입니다. 국민 각자가 하나님 말씀에 따라 스스로 정직하게 알아서 행동하는 것이 가장 투명하고 효율적입니다.

이것으로 하나님이 선지자와 제사장과 왕을 통해 구약의 교회인 이스라엘 백성을 통치하셨다는 사실을 살펴보았습니다. 원칙적으로 선지자와 제사장과 왕은 모든 일에 있어서 항상 하나님의 말씀을 따라 섬겨야 했습니다. 진짜 선지자와 제사장과 왕이 되시는 분은 하나님뿐이신데, 그런 직분과 직능을 사람들에게 주시어 섬기게 하신 줄로 알아 하나님의 뜻에 따라야 했던 것입니다. 우리도 하나님이 하나님의 일을 하도록 사람들을 인정해주시고, 능력을 주시고, 인도하심을 알아 하나님께 감사함으로 충성해야 합니다.

2. 신약의 정치: 사도, 선지자, 전도자, 장로, 교사, 집사

이제 신약의 정치는 어떤 직분을 통해 이루어지는지 살펴보겠습니다. "기름 부음을 받은 자"는 구약의 히브리어로는 "메시아"이고, 신약의 그리스어로는 "그리스도"입니다. 그래서 예수님이 그리스도라는 것은 예수님이 메시아라는 의미이고, 이는 예수님이 바로 선지자와 제사장과 왕이시라는 뜻입니다. 예수님은 진정한 선지자와 제사장과 왕의 역할을 다 하신 분입니다.

예수님은 승천하실 때 성도들에게 여러 직분과 은사들을 선물로 주셨습니다. 사도와 선지자와 복음 전하는 자와 목사와 교사라는 다양한 직분이 허락되었습니다(엡 4:7-12). 디모데전서 3장과 디도서 1장에는 장로와 집사의 직분도 소개되었습니다. 이상의 직분 중에서 사도와 선지자와 복음 전하는 직분은 현재 존재하지 않습니다. 우리는 이 직분들을 "비상 직원"(extraordinary officers)이라고 부르는데, 하나님이 초기 교회가 세워지는 비상한 상황에 세우신 직원이라는 의미입니다. 이에 비해 장로와 집사는 "통상 직원"(ordinary officers)이라고 부르는데, 비상한 상황이 아닌 통상적 상황에 존재하는 직원이라는 의미입니다. 비상 직원이 현재에도 존재한다고 보느냐 그렇지 않느냐에 따라 매우 다른 신앙과 교회 생활이 이루어집니다. 이제 이 직분들에 대해 자세히 살펴보겠습니다.

ㄱ. 비상 직원 ①: 사도(apostle)

사도행전 1장에서 베드로는 가룟 유다를 대신할 사도를 뽑는 자격을 논할 때 "요한의 세례로부터 우리 가운데서 올려져 가신 날까지 주 예수께서 우리 가운데 출입하실 때에 항상 우리와 함께 다니던 사람 중에 하나를 세워"(행 1:21, 22)라고 말합니다. 바울은 다메섹 도상에서 예수님을 직접 보며 사도로 부르심을 받았기 때문에 여러 서신서에서 자기를 하나님의 뜻을 따라 그리스도 예수의 사도로 부르심을 받았다고 말합니다(고전 1:1; 고후 1:1; 엡 1:1; 골 1:1; 딤후 1:1). 또 성경은 바나바와 같이 바울의 사역을 긴밀하게 돕는 이도 사도라고 부릅니다(행 14:14).

성경은 예수님이 사도들을 직접 부르셨고, 자기와 함께 있게 하셨고, 보내어 전도도 하게 하셨고, 사역에 필요한 권능도 주셨다고 말합니다(막 3:13-15; 눅 6:13). 사도들은 예수님의 공생애 동안 예수님과 함께했으며 고난과 부활, 승천의 증인이 되었습니다. 사도들은 예수님에 관한 복음을 예루살렘과 유대와 사마리아와 땅 끝까지 전했고, 선포한 복음에 권위와 신빙성을 더하는 데 필요하면 기적도 일으켰습니다. 마태, 요한, 베드로, 바울과 같은 사도들은 신약성경도 기록했습니다.

우리는 이런 임무와 권능을 가진 사도들이 지금은 "없다"고 봅니다. 예수님이 승천하신 이후에는 예수님을 직접 보고 예수님과 함께 시간을 보낸 자들이 없기 때문입니다. 또한 누가 사도들과 같이 영감을 받아 성경을 기록했고, 누가 사도들처럼 이적을 일으켰습니까?

그런데 오늘날 어떤 이들은 현재에도 그런 능력과 임무를 가진 사도들이 존재한다고 주장합니다. 예언, 병 고침, 축사, 방언, 능력 전달 등을 할 수 있다는 사람들을 사도라고 부르며 추앙하는 것입니다. 이런 운동을 "신사도 운동"이라고 합니다. 신사도 운동이 교회에 끼치는 악영향이 얼마나 큰지 모릅니다. 이들은 예언과 능력을 행한다는 명목으로 성도들에게 많은 돈을 뜯어냅니다. 상식과 이성으로 얼마든지 판단할 수 있는 일에도 하나님의 직통계시를 끌어들여 이성을 흐리게 합니다. 악랄한 무당이나 점쟁이는 긴급하고 중요한 일을 해결하기 위해 찾아오는 손님들을 사로잡아 굿이나 부적 비용으로 수천만, 수억 원의 돈을 뜯어내는데, 신사도 운동을 이끄는 자들도 직통계시나 안수 기도라는 명목으로 성도들의 돈을 갈취합니다. 병원 치료가 가능한 병들도 기도를 통해 치료한다며 오히려 병을 악화시킵니다. 이들은 아브람이 아브라함으로, 사래가 사라로, 사울이 바울로 이름이 바뀌며 사역의 지경이 넓어졌다며 성도들의 이름을 바꾸라고 꼬드깁니다.

신사도 운동의 문제점은 무엇보다 성도들이 참된 신앙생활을 바라보지 않고, 오직 이적의 발휘가 참된 기독교인의 능력이라고 여기게 한다는 것입니다. 신사도 운동을 주도하는 자들은 겉으로는 예수님을 위한다고 하지만 속으로는 자신들의 배를 위합니다. 잘못된 신비주의로 성도들을 이끌어 특별계시가 기록된 성경에 관심을 두는 것이 아니라, 허황된 특별계시를 추구하게 합니다. 성도들의 판단 능력을 길러주는 것이 아니라 점점 자기들에게 빠져들게 해 "젖이나 먹는 어린아이"로 만들어버립니다. 이런 현상은 자신들이 사도가 아님에도 마치 사도인 것처럼 신분과 능력을 과장하기 때문에 일어납니다. 우리는 "사도"란 예수님 당시에만 존재했던 특별한 직분임을 명심해야 합니다.

ㄴ. 비상 직원 ②: 선지자(prophet, 예언자)

에베소서 4:11이나 사도행전 13:1, 32에는 "선지자"라는 직분이 기록되어 있습니다. 아가보라는 선지자는 천하에 큰 흉년이 들 것에 대해 성령으로 말했습니다(행 11:28). 고린도전서 12:10은 어떤 사람에게 예언하는 은사가 있다고 말하고, 14:3은 예언하는 자는 사람에게 덕을 세우며 권면하며 위로한다고 말합니다. 에베소서 2:20은 에베소 교인들이 사도들과 선지자들의 터 위에 세우심을 입었고, 3:5은 예수님이 거룩한 사도들과 선지자들에게 성령으로 나타내셨다고 말합니다. 디모데전서 4:14은 디모데에게 장로의 회에서 안수받을 때 예언을 통해 받은 은사를 가볍게 여기지 말라고 말합니다. 이처럼 성경에는 선지자와 예언에 관한 언급이 많습니다.

선지자(예언자) 하면 우리는 바로 미래에 발생할 일을 예언하는 것에 대해 생각하게 됩니다. 그런데 "미래의 일을 말하는 것"은 선지자가 일하는 방식 중 하나일 뿐입니다. 선지자의 근본적인 사명은 하나님이 그에게 "주시는 말씀을 그대로 맡아 전하는 일"입니다. 그래서 "예언자"를 한자로 쓸 때 "미래에 발생할 일을 말하는 것"(豫言, foretelling)이 아니라, 하나님이 전하라고 주신 "말씀을 맡아서 전하는 것"(預言, forthtelling)이라는 의미에서 預言者라고 씁니다. 여기서 預는 "미리"라는 뜻도 있지만 "맡는다"는 뜻도 있는 한자로서 보통 "저축예금"(貯蓄預金)과 같은 용례로 쓰입니다. 이에 비해 豫는 일기예보(日氣豫報)와 같이 앞으로 벌어질 일을 미리 말한다는 의미로 쓰입니다. 결과적으로 성경의 예언자(預言者)는 하나님이 주신 말씀을 가감하지 않고 그대로 전하는 자입니다.

하나님이 예언자에게 주시는 말씀의 내용은 크게 두 가지로 나눌 수 있습니다. 첫째, 성도들이 어떻게 살아야 하는가에 대한 것입니다. 이는 십계명으로 대표되는 도덕법과 연관됩니다. 둘째, 미래에 발생할 일에 대한 것입니다. 예를 들어 다니엘과 요한은 환상을 통해 앞으로 일어날 일에 대한 계시를 받았습니다. 따라서 선지자는 신자들이 어떻게 살아야 하는지 가르치고, 미래의 일을 알려주어 신앙을 북돋워야 합니다.

그런데 선지자가 초기 교회 시대만이 아니라 그 이후나 현재에도 존재하는가에 대해서는 서로 다른 주장이 있습니다. 첫째, 오늘날에도 선지자가 존재하며 앞서 말한 두 가지 말씀을 모두 전한다는 주장입니다. 둘째, 신자들의 삶과 관련된 말씀은 성경으로 기록되어 목사를 통해 교회에서 영원히 가르쳐지지만, 미래의 일에 대한 말씀은 초기 교회 시대까지만 선지자라는 직분을 통해 한시적으로 전해졌다는 주장입니다. 은사를 강조하는 교단일수록 첫째 주장을 택하고, 장로교와 같이 보수적인 교단일수록 둘째 주장을 택합니다.

장로교 목사인 저의 판단으로는 둘째 주장을 택하여 초기 교회 이후에는 목사가 선지자의 기능을 담당한다고 보는 것이 옳습니다. 목사는 하나님의 말씀인 성경을 설교와 성경 공부를 통해 가르치며 성도들이 하나님의 뜻을 분별하고 따르게 해야 합니다. 그렇다고 해서 제가 하나님이 초기 교회 이후에는 미래의 일에 대해 전혀 알려주시지 않는다고 생각하는 것은 아닙니다. 하나님은 지금도 초월적인 방법을 통해 미래에 어떤 일이 발생할지, 우리가 어떤 선택을 해야 할지 알려주실 수 있습니다. 하지만 그런 일은 매우 드물고 개인적입니다.

그런데 기도를 꽤 한다는 목사, 장로, 권사 중 어떤 이들은 자신이 하나님으로부터 직통 계시를 받는다고 주장하며 다른 사람의 앞날에 관해 이러쿵저러쿵 말하기를 좋아합니다. 그중 어떤 사람은 "영서"(靈書)라고 하면서 하나님으로부터 직통으로 받은 계시를 글로 표현할 수 있다고 합니다. 또 다른 사람은 하나님이 꿈과 이상과 환상과 음성으로 자기에게 직접 알려주셨다고 말합니다. 실제로 하나님이 그런 방법을 통해 말씀하실 수도 있습니다. 하지만 그런 일은 매우 드뭅니다. 제가 기도와 하나님의 뜻에 관한 책을 몇 권 써서 그런지 몰라도 기도와 관련한 상담을 요청하는 사람이 많습니다. 그중 상당수가 소위 직통 계시자들에게 돈을 뜯기거나 그들의 조언을 따랐다가 큰 어려움을 겪은 자들입니다. 신비주의에 이끌려 결정했다가 사업 실패를 맛보고, 결혼했다가 이혼에 이르고, 잘 다니던 직장을 그만두고 신학교에 갔다가 후회하게 된 사람도 있었습니다.

성경을 보면 사도들이나 선지자들도 인생의 모든 일에 대해 매번 하나님의 뜻을 물은 것은 아닙니다. 하나님의 계시는 복음이 전파되고 하나님의 교회가 든든히 서 가는 데 필요한 경우에 임했습니다. 이런 특별한 경우가 아니면 사도들과 선지자들도 하나님의 말씀 위에서 그들의 경험과 이성에 따라 결정하고 행동했습니다. 그러므로 신자들은 기도 좀 한다는 이들, 하나님의 계시를 직접 받는다는 이들의 예언과 조언을 조심해야 합니다. 하나님은 성경 말씀과 목사를 통해서도 성도들의 길을 충분히 인도하실 수 있습니다. 하나님의 계시가 기록된 성경을 깊이 보고 묵상함으로써 우리는 인생의 여러 일에 대해 올바로 생각하고 제대로 된 의사 결정을 할 수 있습니다. 성도들은 하나님의 말씀에 근거하여 여러 가지 일을 잘 판단하는 담임 목사의 도움과 안내에 귀 기울일 줄 알아야 합니다.

매우 드물게, 특별히 개인에게 임하는 하나님의 계시를 무시해서는 안 되겠지만, 이 경우에도 정말 하나님의 계시인지 현실 생활을 통해 확인해야 합니다. 본인의 특별 경험을 다른 사람들에게 함부로 말하지 않으면서 정말로 하나님이 주신 계시인지 확인해야 합니다. 어둠의 세력이 성도를 구렁텅이로 몰기 위하여 광명의 빛으로 가장하고 잘못된 계시를 줄 수도 있습니다. 또 인생의 중요한 일을 앞두고, 고도의 긴장과 고양된 감정 속에서 이상한 심리 현상으로 체험한 것을 하나님의 계시로 착각할 수도 있으므로 개인이 경험하는 현상을 절대시해서는 안 됩니다. 중요한 일일수록 시간을 두고 하나님의 말씀에 따라 충분히 확인해야 합니다. 또 한 번 이런 경험을 했다고 해서 앞으로도 이런 경험이 반복되리라고 여겨서도 안 됩니다. 신비한 경험은 말 그대로 신비하기에 우리가 예측할 수 없습니다. 우리는 주어진 성경 말씀에 따라 생각하고 행동해야지, 예측할 수 없고 확신할 수 없는 막연한 특별계시에 기대서는 안 됩니다.

ㄷ. 비상 직원 ③: 복음 전도자

신약성경을 보면 사도와 선지자 외에 "복음 전도자"라는 직분도 나옵니다. 사도행전 21:8에서 바울은 일곱 집사 중 하나인 "전도자" 빌립의 집에 들어가 머물렀습니다. 예루살렘 교회는 일곱 명의 집사를 뽑았는데 그중 빌립과 스데반은 복음을 전하는 일에 매우 열심이었고 스데반은 순교에까지 이르렀습니다. 앞서 살펴본 것처럼 에베소서 4:11은 복음 전하는 직분이 주어졌다고 말하고, 디모데후서 4:5에서 바울은 디모데에게 "모든 일에 신중하여 고난을 받으며 전도자의 일을 하며 네 직무를 다하라"고 말합니다. 즉 빌립, 스데반, 마가, 디모데, 디도 등이 복음 전도자에 속하는 것입니다.

이들이 하는 일은 말 그대로 복음을 전하는 일이었습니다. 설교하고 가르치는 일, 그리고 빌립이 에디오피아 내시에게 했듯이 세례를 베푸는 일이 여기에 해당합니다. 이들은 또 사도들과 동역하며 옆에서 사도들을 도왔습니다(롬 16:21; 고전 4:17; 고후 1:19). 바울이 디도에게 각 성에서 장로를 세우라고 한 것처럼 이들은 장로를 세우는 일도 했습니다(딛 1:5; 딤전 5:22).

현재는 복음 전도자의 직분과 하는 일을 주로 목사가 감당합니다. 목사는 복음을 전하고 설교하며 가르치고 세례를 베풀고 장로를 세우기 때문입니다. 목사는 또 선교사라는 이름으로 복음이 전해지지 않은 곳곳에 가서 열심히 복음을 전합니다. 초기 교회 때 존재한 복음 전도자는 활발하게 복음을 전하고 교회를 든든히 세우는 일을 했는데, 지금은 목사가 그 일을 맡는 것입니다.

ㄹ. 통상 직원 ①: 장로

지금까지 비상 직원(extraordinary officers)인 사도, 선지자, 복음 전도자에 관해 살펴보았습니다. 이제부터는 통상 직원(ordinary officers)인 목사, 장로, 교사, 집사에 관해 살펴보겠습니다.

성경에서 목사라는 말은 한 번 나옵니다. "그가 어떤 사람은 사도로, 어떤 사람은 선지자로, 어떤 사람은 복음 전하는 자로, 어떤 사람은 목사와 교사로 삼으셨으니"라고 기록한 에베소서 4:11입니다. 그런데 이 구절만으로는 목사 직분의 성격과 내용에 대해 자세히 알 수 없습니다. 그렇다면 성경에서 목사라는 단어 말고 어떤 단어가 목사 직분에 관해 말해줄까요? 그것은 바로 "장로"입니다.

> 잘 다스리는 장로들은 배나 존경할 자로 알되 말씀과 가르침에 수고하는 이들에게는 더욱 그리할 것이니라(딤전 5:17).

여기서 성경이 말하는 장로에 두 종류가 있다는 사실을 알 수 있습니다. 첫 번째는 "잘 다스리는 장로"이고, 두 번째는 "다스림과 말씀과 가르침에 수고하는 장로"입니다. 전자는 우리가 일반적으로 부르는 장로에 해당하고, 후자는 목사에 해당합니다. 이런 장로의 자격에 관해 성경은 아래처럼 말합니다.

> 5내가 너를 그레데에 남겨둔 이유는 남은 일을 정리하고 내가 명한 대로 각 성에
> 장로들을 세우게 하려 함이니 6책망할 것이 없고 한 아내의 남편이며 방탕하다는

비난을 받거나 불순종하는 일이 없는 믿는 자녀를 둔 자라야 할지라. 7감독은 하
나님의 청지기로서 책망할 것이 없고 제 고집대로 하지 아니하며 급히 분내지 아
니하며 술을 즐기지 아니하며 구타하지 아니하며 더러운 이득을 탐하지 아니하
며 8오직 나그네를 대접하며 선행을 좋아하며 신중하며 의로우며 거룩하며 절제
하며 9미쁜 말씀의 가르침을 그대로 지켜야 하리니 이는 능히 바른 교훈으로 권
면하고 거슬러 말하는 자들을 책망하게 하려 함이라(딛 1:5-9).

1미쁘다, 이 말이여! 곧 사람이 감독의 직분을 얻으려 함은 선한 일을 사모하는
것이라 함이로다. 2그러므로 감독은 책망할 것이 없으며 한 아내의 남편이 되며
절제하며 신중하며 단정하며 나그네를 대접하며 가르치기를 잘하며 3술을 즐기
지 아니하며 구타하지 아니하며 오직 관용하며 다투지 아니하며 돈을 사랑하지
아니하며 4자기 집을 잘 다스려 자녀들로 모든 공손함으로 복종하게 하는 자라
야 할지며 5(사람이 자기 집을 다스릴 줄 알지 못하면 어찌 하나님의 교회를 돌보리요?) 6새
로 입교한 자도 말지니 교만하여져서 마귀를 정죄하는 그 정죄에 빠질까 함이요,
7또한 외인에게서도 선한 증거를 얻은 자라야 할지니 비방과 마귀의 올무에 빠질
까 염려하라(딤전 3:1-7).

바울은 자기의 참 아들 디도를 그레데에 남겨둔 이유가 각 성에 장로들을 세우게 하는 것이라고 밝힌 후 장로의 자격(딛 1:6)과 감독의 자격(딛 1:7)에 대해 말합니다. 우리는 여기서 "장로"와 "감독"이 교차로 사용되었음을 알 수 있습니다. 말뜻만 따지면 장로(長老, elder)는 나이 든 연장자이고, 감독(監督, overseer)은 보살피고 단속하고 지휘하고 관리하는 사람입니다. 장로가 일반적인 의미로 사용되었다면 감독은 기능에 초점을 둔 어휘입니다. 즉 장로는 감독의 기능을 가진 직분이라서 장로와 감독이 서로 바뀌어 사용될 수 있다는 말입니다. 디모데전서도 3장에서 감독의 자격에 대해 말한 후 4:14에서

"네 속에 있는 은사 곧 장로의 회에서 안수받을 때에 예언을 통해 받은 것을 가볍게 여기지 말며"라고 말해 감독 대신 장로라는 단어를 사용합니다. 디모데전서 5:17, 19도 감독 대신 장로라는 말을 씁니다.

장로교는 이런 성경적 근거를 토대로 장로와 감독이 서로 같은 직분이라고 봅니다. 반대로 장로와 감독을 서로 다른 직분으로 보고 감독을 장로보다 더 높은 직분으로 보는 경우도 있습니다. 로마 가톨릭이 대표적이고, 성공회나 감리교도 이런 경향이 있습니다. 그런 조직 안에서는 감독이 장로에게 명령하거나 지휘하는 것이 자연스럽습니다.

정리하겠습니다. 성경에서 "장로"와 "감독"은 서로 같은 의미로 사용됩니다. 장로에는 다스리는 장로가 있고 말씀까지 가르치는 장로가 있습니다. 여기서 다스리는 장로를 치리(治理) 장로라고 하고, 다스리는 동시에 말씀을 가르치기(講道[강도])까지 하는 장로를 목사라고 합니다. 구약의 직분에 비교하면 치리 장로는 왕에 해당하고, 목사는 선지자와 왕의 직분을 동시에 가진 것으로 이해할 수 있습니다. 신약 시대의 목사와 장로는 구약 시대의 선지자나 왕처럼 오직 하나님의 영광을 위해서 하나님의 말씀대로 그 말씀을 선포하고 가르치며 교회의 여러 일을 처리해야 합니다. 이것을 벗어나 목사와 장로의 사사로운 이익을 추구하거나 감정과 혈기를 앞세워 직분을 수행해서는 안 됩니다.

ㅁ. 통상 직원 ②: 교사

성경에 직분으로서의 교사에 관해 언급하는 구절은 다음과 같습니다.

교사에 관해 언급하는 성구

안디옥 교회에 선지자들과 교사들이 있으니 곧 바나바와 니게르라 하는 시므온과 구레네 사람 루기오와 분봉 왕 헤롯의 젖동생 마나엔과 및 사울이라(행 13:1).

28하나님이 교회 중에 몇을 세우셨으니 첫째는 사도요, 둘째는 선지자요, 셋째는 교사요, 그다음은 능력을 행하는 자요, 그다음은 병 고치는 은사와 서로 돕는 것과 다스리는 것과 각종 방언을 말하는 것이라. 29다 사도이겠느냐? 다 선지자이겠느냐? 다 교사이겠느냐? 다 능력을 행하는 자이겠느냐?(고전 12:28-29)

그가 어떤 사람은 사도로, 어떤 사람은 선지자로, 어떤 사람은 복음 전하는 자로, 어떤 사람은 목사와 교사로 삼으셨으니(엡 4:11).

내가 이 복음을 위하여 선포자와 사도와 교사로 세우심을 입었노라(딤후 1:11).

율법 교사 세나와 및 아볼로를 급히 먼저 보내어 그들로 부족함이 없게 하고(딛 3:13).

사도, 선지자, 복음 전하는 자, 목사, 교사의 직분이 모두 성경에 등장합니다. 여기서 우리가 먼저 살펴보아야 할 점은 목사와 교사가 같은 직분을 말하는지, 아니면 서로 다른 직분을 말하는지 하는 것입니다. 에베소서 4:11은 "어떤 사람은 목사와 교사로 삼으셨으니"라고 말하는데, 여기서 목사와 교사는 한 직분으로 다루어집니다. 왜냐하면 이 구절에서 "어떤 사람은"이라는 주어를 묘사하는 "목사"와 "교사"가 하나의 관사로 연결되기 때문입니다.

TIP

"a pastor and teacher"와 같은 경우입니다. 이 경우는 목사이자 교사인 경우를 뜻합니다. 이에 비해 "a pastor and a teacher"는 한 명의 목사와 한 명의 교사를 뜻합니다. 그런데 성경 원어는 관사가 하나입니다.

따라서 최소한 에베소서 4:11에서 목사와 교사는 다른 직분이 아니라 같은 직분입니다. 목사는 교사와 같이 가르치는 기능을 감당하기에 "목사와 교사"라고 표현하며 두 기능을 한 직분으로 말하는 것이라고 볼 수 있습니다. 이는 장로라는 직분에 감독이라는 기능이 있어서 장로를 감독이라고 서로 바꾸어 부르는 것과 마찬가지입니다.

오늘날로 치면 신학교 교수를 특별히 교사라고 할 수 있을 것입니다. 신학교 교수들은 대부분 목사입니다. 그중에는 한 지교회를 담임 목사로서 목회하며 주중에 하루 이틀 가르치는 목사도 있지만, 대다수는 가르치는 일만 합니다. 특별히 그런 분들이 목회하는 목사와 구별된 교사라고 할 수 있습니다.

ㅂ. 통상 직원 ③: 집사

열두 사도는 교회에 속한 과부들을 구제하기 위해 애썼습니다. 하지만 헬라파 유대인들 사이에서 불평이 생겼습니다. 공평한 구제에 힘썼지만 무언가 빈틈이 있었던 모양입니다. 이때 사도들은 자신들이 더욱 열심히 공평무사하게 구제 사역을 하는 방식으로 문제를 해결하지 않고, 그 일을 대신 담당할 사람 7명을 선발했습니다. 그리고 사도들은 기도하는 것과 말씀 전하는 데 힘썼습니다(행 6:1-6). 이것이 집사 직분의 시작입니다.

> 8이와 같이 집사들도 정중하고 일구이언을 하지 아니하고 술에 인박히지 아니하고 더러운 이를 탐하지 아니하고 9깨끗한 양심에 믿음의 비밀을 가진 자라야 할지니 10이에 이 사람들을 먼저 시험하여보고 그 후에 책망할 것이 없으면 집사의 직분을 맡게 할 것이요, 11여자들도 이와 같이 정숙하고 모함하지 아니하며 절제하며 모든 일에 충성된 자라야 할지니라. 12집사들은 한 아내의 남편이 되어 자녀와 자기 집을 잘 다스리는 자일지니 13집사의 직분을 잘한 자들은 아름다운 지위와 그리스도 예수 안에 있는 믿음에 큰 담력을 얻느니라(딤전 3:8-13).

집사는 교회 내에서 구제의 일을 담당하며 하나님의 자비와 긍휼을 드러내는 직분입니다. 이런 직분은 구약의 어떤 직분에 대응할까요? 바로 제사장의 직능과 얼추 연결됩니다. 제사장이 보여주는 자비와 긍휼이 구제하는 일과 위로하고 격려하는 일로 표현됩니다. 성경은 교회가 어려운 자에게 관심을 두고 도와야 한다고 여러 곳에서 말합니다(눅 11:41; 12:33; 행 20:35; 고전 16:1; 고후 9:1, 7, 12-14; 갈 2:9-10; 엡 4:28; 딤전 5:10, 16; 약 1:27; 2:16-16; 요일 3:17).

교회가 나그네와 성도들과 환난 당한 자를 대접하고 구제하려면 재원이 있어야 합니다. 집사는 이런 재원을 마련하고, 모인 자원이 낭비 없이 필요한 곳에 잘 분배되도록 살펴야 합니다. 교회는 지체 중 그 누구라도 경제적 어려움으로 말미암아 하나님의 형상이 심하게 훼손되지 않도록 관심을 두어야 합니다. 더 나아가 우리는 성도가 한 형제이기 때문에 기쁨과 책임감을 가지고 도와야 합니다. 성도들은 이런 일을 통해 교회가 한 몸임을 알게 되고, 서로 돕는 중에 하나님이 주시는 영적인 기쁨과 감사를 누리게 됩니다.

ㅅ. 임시 직원 ①: 서리 집사

서리 집사와 안수 집사의 차이가 무엇인지 아십니까? "서리"(署理)는 사전적으로 "어떤 조직에 결원이 생겼을 때 그 직위의 직무를 대리함, 또는 그런 사람"이란 의미입니다. 이 단어를 쉽게 이해하려면 종종 우리의 역사 이야기에 등장하는 "국무총리 서리"를 생각하면 됩니다. 우리나라 국무총리는 대통령이 지명하고, 국회의 비준(임명 전 사전 동의)을 받아야 그때부터 정식으로 해당 권한과 역할을 감당할 수 있었습니다. 그런데 대통령에게 국무총리로 지명된 자가 국회의 비준을 받지 못할 경우, 국무총리 서리로 불리며 국무총리의 역할을 임시로 수행했습니다. 직무를 대행하는 자란 뜻으로 "서리"란 명칭을 사용한 것입니다. 그래서 영어로는 서리를 대리(代理)와 대행(代行)의 뜻을 가진 "acting"이라고 합니다. "an acting manager"라고 하면 지배인 대리라는 뜻이 되고, 국무총리 서리는 "the acting premier"가 되는 것입니다.

이런 "국무총리 서리"란 관행이 우리나라에서 없어지게 된 이유는 개정된 헌법 86조가 "국무총리는 국회의 동의를 얻어 대통령이 임명한다"고 규정하기 때문입니다. 예전에는 대통령이 지명하고 비준을 받던 것에서 먼저 국회의 동의를 얻는 것으로 바뀌었습니다. 그 결과 원래 어떤 법률에도 규정되지 않았지만 관례로 용인되던 서리 제도도 사라지게 되었습니다. 원래 "총리 서리제"는 위헌적 요소가 있고, 총리로 임명되었다가 국회의 동의를 얻지 못해 물러나는 경우도 있었기에 "총리 서리"는 이제 통용되지 않습니다.

마찬가지로 서리 집사는 정식 집사는 아니고 집사 대리란 뜻입니다. 영어로 표현해본다면 "an acting deacon"이 될 것입니다. 주요 장로교단의 헌법은 서리 집사를 "교회 혹은 목사나 당회가 신실한 남녀로 선정하여 집사 직무를 하게 하는 자니 그 임기는 1개년이다"라고 정의합니다. 즉 아직 정식으로 집사가 된 자가 아닌 자 중에서 일정 기간 집사 업무를 대리로 하게 하는 것입니다. 따라서 서리 집사는 매년 연말이나 연초에 다시 임명을 받아야 합니다.

그렇다면 안수 집사는 무엇입니까? 안수 집사야말로 성경이 말하는 정식 집사로, 그 명칭은 서리 집사와 구분하기 위해 만들어진 것입니다. "안수"라는 명칭이 들어간 것은 집사 직분을 받을 때 안수를 받기 때문입니다. 서리 집사에게는 당연히 안수를 주지 않고 매년 임명장을 주거나 간단히 주보 광고에 한 번 기재하는 것으로 갈음합니다.

서리 집사가 있다면 "서리 장로"라는 말도 있는 것은 아닌지 의문이 생깁니다. 다행히도 아직 그런 호칭은 생기지 않았는데, 성경에 없는 직분과 호칭을 자꾸 만들어내어 사람의 욕심과 필요를 충족시키는 것은 좋지 않습니다. 서리 장로라는 말이 생기면 그와 구분하기 위해 안수 장로라는 말도 생겨야 합니다. 집사와 장로가 수직적 관계가 아님에도 현실적으로는 서리 집사 위에 안수 집사, 그 위에 장로, 그 위에 목사라는 서열이 보이지 않게 형성되어 있어 문제가 됩니다. 이런 현상은 여전히 남아 있는 인간의 부패성으로 말미암아 높은 신분을 바라는 마음에서 생기는 것이지, 성경이 말하는 바는 아닙니다.

ㅇ. 임시 직원 ②: 권사

권사(勸師) 직분은 서리 집사와 마찬가지로 임시 직분입니다. 목사와 장로와 집사가 항존(恒存) 직원이라면, 권사와 서리 집사는 교회 사정에 따라 임시로 안수 없이 세우는 직원입니다. 권사는 보통 45세 이상 된 여신도 중에서 신실한 분을 대상으로 공동의회에서 3분의 2 이상 찬성을 얻어 세웁니다. 대개 이런 분들은 자식도 거의 키워놓았고 어느 정도 가정일로부터도 자유로운 데다가 재정적으로도 안정되고 다양한 경험이 있기에 교회를 열심히 섬길 수 있습니다.

이에 비해 남자들은 장로나 집사라고 해도 직장 생활로 말미암아 평일에는 교회 일에 참여하기가 힘듭니다. 그 결과 권사들이 오히려 장로나 집사보다도 교회 사정을 더 잘 알기도 합니다. 그러다 보니 권사회의 의견이 때때로 당회보다 더 큰 영향력을 미치기도 합니다. 하지만 이는 바람직하지 않습니다. 서리 집사와 권사는 임시직이고, 따라서 권사회도 임시 기관입니다. 성경이 지지하는 당회에 그 권한을 넘기고, 권사회는 원래의 취지에 맞게 당회의 지도 아래 교인을 방문하되 환자와 곤란을 당하는 자와 연약한 교인들을 돌보아 권면해야 할 것입니다.

권사들이 다른 직분을 침해하지 않고 고유의 일을 잘 수행하려면 무엇보다 장로들이 자신들의 직분을 책임 있게 수행해야 합니다. 장로들이 바쁜 직장 일을 핑계로 주일에만 간신히 교회에 출석하여 교회 일들을 대강 수행한다면 권사들의 입김은 더욱 강해집니다. 장로들이 교회의 속사정을 세세히 알아 성경에 따라 종합적으로 판단할 수 있어야 합니다.

앞서 밝혔듯이 권사는 만 45세 이상의 여성 세례 교인 중에서 행위가 성경에 적합하고 교인의 모범이 되며 출석 교회에 충성되게 봉사하는 자여야 합니다. 서리 집사로서 5년 이상 교회에서 봉사한 것을 자격 요건으로 두기도 합니다. 선거를 통해 뽑는데 전 성도가 참여하는 공동의회에서 3분의 2가 찬성해야 하고, 대개 70세가 정년입니다. 직무는 당회의 지도를 따라 교인을 방문하되 병자와 곤란을 당하는 자와 연약한 교인을 돌보는 일입니다. 이에 관한 성경적 근거는 디도서 2:3-5입니다.

> 3늙은 여자로는 이와 같이 행실이 거룩하며 모함하지 말며 많은 술의 종이 되지
> 아니하며 선한 것을 가르치는 자들이 되고 4그들로 젊은 여자들을 교훈하되 그
> 남편과 자녀를 사랑하며 5신중하며 순전하며 집안 일을 하며 선하며 자기 남편에
> 게 복종하게 하라. 이는 하나님의 말씀이 비방을 받지 않게 하려 함이라(딛 2:3-5).

ㅈ. 준비하는 직원: 강도사와 목사후보생

보통 신학교에 입학한 사람은 하룻밤 사이에 일반 성도에서 성직자(?)가 됩니다. 특히 교회에서 섬기는 신학생은 일반적으로 "전도사"라고 불립니다. 그런데 그런 신학생의 정확한 명칭은 "목사후보생"입니다. 목사가 되려는 목적으로 신학 수업을 받는 후보생이란 뜻입니다. 이는 사관학교에서 장교가 되기 위해 4년 동안 훈련받는 학생을 사관후보생이라고 부르는 것과 같습니다. 목사후보생은 목사가 되기 위해 "준비하는 직원"에 속합니다. 강도사도 목사가 되기 위한 과정의 하나이므로 역시 준비하는 직원에 속합니다.

이들은 신학교에서 3년 동안 교육을 받은 후, 노회나 총회에서 실시하는 강도사 시험을 봅니다. 강도사 시험은 신학교 수업을 잘 받았나를 노회와 총회 차원에서 검증하는 시험입니다. 이 시험에 합격하면 설교를 할 수 있다는 의미에서 강도사 자격을 부여합니다. 강도사는 교단에 따라서 부르는 이름

이 다른데 준목(準牧)이라고 부르는 경우도 있습니다. 강도사 시험에 합격한 이는 1년에서 2년 정도 강도사로서 목회 훈련과 실습을 한 후에 목사 고시에 합격하면 비로소 목사가 됩니다.

많은 교회가 유년부, 중·고등부 등을 목사후보생에게 배정하곤 합니다. 목사후보생은 신학교 입학을 위해 특별히 준비하고, 신학교 수업을 받으며 많은 실력을 쌓았으므로 한 부서의 담당 교역자로 섬길 수 있습니다. 그런데 신학생이 되었다는 이유 하나만으로 전도사라 불리며 담당 교역자가 되는 것은 섣부른 측면도 있습니다. 목사후보생은 아직 정식 직원이 아니라 준비하는 직원일 뿐입니다. 강도사는 신학교를 졸업하고 소정의 시험에 합격함으로써 실력이나 인격이 확인되지만 목사후보생은 아직 준비할 것이 많습니다. 따라서 교회가 신학생을 교역자로 청빙할 때는 가능하면 1학년생은 피하는 것이 좋습니다. 2, 3학년 중에서 실력과 인격이 검증된 이들을 청빙해야 합니다.

강도사와 목사후보생의 신분은 개인 신자로서는 출석 교회 당회의 치리를 받아야 합니다. 하지만 강도사와 목사후보생이 행하는 직무상으로는 노회의 관할에 속합니다. 그래서 강도사와 목사후보생은 다른 교회로 사역지를 옮길 때, 강도사 고시나 목사 고시를 볼 때 등에는 노회의 허락을 받아야 합니다.

3. 직분자의 자세

에베소서 4:12은 여러 직분에 관해 "이는 성도를 온전하게 하여 봉사의 일을 하게 하며 그리스도의 몸을 세우려 하심이라"고 말합니다. 이 말씀처럼 직분자는 성도 위에 군림해서는 안 됩니다. 교회를 위해 직분자가 있는 것이지 직분자를 위해 교회가 존재하는 것이 아닙니다. 물론 선지자와 제사장과 왕이 맡은 일들을 수행하려면 충분한 권한과 권위가 보장되어야 하듯, 신약의 직분자들에게도 권한과 권위가 보장되어야 하고 성도들은 그에 순종함으로써 직분자들이 즐거움으로 섬기게 해야 합니다. 하지만 이것은 직분자들이 맡은 직분을 올바로 수행하기 위해서이지, 성도들 위에 군림하기 위해서가 아닙니다. 직분자의 권한과 권위는 오직 하나님의 말씀에 근거해야 합니다. 사람의 기준이나 욕심, 혈기에 따르면 안 됩니다.

구약의 선지자와 제사장과 왕은 자기 생각에 옳은 대로 직분을 수행하지 않았습니다. 사울과 웃시야는 하나님이 말씀으로 금지한 제사 직무를 수행하려 하다가 왕직에서 쫓겨났습니다. 또한 이스라엘의 왕들은 절대 권력을 휘두르며 자신의 마음대로 나라를 다스리면 안 되었습니다. 그들은 하나님의 말씀에 따라야 했습니다. 하나님은 그렇게 하지 않는 왕들이 전쟁에서 죽거나 문둥병에 걸리게 하셨습니다. 그래서 참된 선지자는 하나님 말씀을 왕에게 선포할 때 위축되지 않았습니다. 하나님 말씀에 관해서는 왕이나 선지자가 평등했던 것입니다. 물론 선지자도 자기 혈기나 욕심에 따라 하나님 말씀을 가감하여 선포하면 벌을 받을 수밖에 없었습니다.

이것은 그대로 신약의 직분자에게도 적용됩니다. 목사와 장로로 이루어진 당회에서 중요한 것은 하나님의 말씀입니다. "목사의 말에 장로가 감히 반대를 하다니!" 하는 식의 표현은 적절치 않습니다. "수석 장로가 말을 하면 후배 장로들은 그대로 따라야지!"라는 표현도 옳지 않습니다. "나이 많은 장로들이 만장일치로 결정하면 젊은 목사가 믿고 따라야지 건방지게 제동을 걸다니"라는 생각도 가당치 않습니다.

로마 가톨릭에서는 교황의 생각과 결정이 어떤 주교나 신부의 생각보다 중요합니다. 그들의 교회는 서열화가 되어 있어 하위 직분자가 상위 직분자에게 복종해야 합니다. 하나님의 말씀이라는 기준 이외에도 서열화된 조직의 논리와 그들이 오랜 세월을 통해 갖게 된 전통이 중요한 의미를 갖습니다. 개신교는 바로 이런 폐쇄적 교회 정치의 문제를 종교개혁 때 혁파하기 위해 애

쓴 역사를 가지고 있습니다.

개신교에서는 모든 성도가 하나님의 말씀을 중시하며 교회 정치에 임하는 것이 매우 중요합니다. 교회에 하나님의 말씀이 살아 있도록 집행하고 감시하는 것이 교회의 정치입니다. 정치는 말씀에 따라 논의되고 결정된 사항들이 마지막 단계로 제도화되어 구체적으로 현실화되는 것이므로, 정치를 보면 그 교회의 수준을 알 수 있습니다. 그 교회가 하나님 앞에 얼마나 참된지는 교회 정치에서 잘 드러난다는 말입니다. 바꾸어 말해 교회 정치는 일종의 영적 온도계와 같습니다. 우리나라 정치 수준이 우리나라 국민의 의식 수준을 나타내듯, 교회 정치 역시 성도들 안에 하나님의 말씀이 얼마나 살아 있는가를 나타내는 척도입니다.

4. 직분의 임기와 항존직

서리 집사의 임기는 보통 1년입니다. 정식 집사가 아니기에 당회와 목사는 1년마다 서리 집사를 다시 임명합니다. 너무 바쁜 성도나 덕이 되지 않는 행동을 한 경우에는 서리 집사로 재임명하지 않습니다. 그런데 목회 현장에서는 한 번 직분을 받은 사람을 다시 임명하지 않으면 시험에 드는 경우가 많습니다. 그러다 보니 한 번 서리 집사로 임명이 되면 그 후부터는 자동으로 임명되는 경향이 생겼습니다.

교회에서 서리 집사의 숫자는 얼마 정도가 되어야 적당할까요? 여러 교단의 헌법은 세례 교인 5명당 1명으로 규정해놓았습니다. 그런데 실제 현장에서는 서리 집사가 너무 많습니다. 얼마나 교회에 서리 집사가 많은지, 교회에서 어른 성도들의 이름을 모를 때 그냥 "집사님"이라고 호칭하면 별문제가 없을 정도입니다. 연세가 많으신 분들에게는 "장로님"이나 "권사님"이라고 부르면 됩니다.

이런 직위의 인플레이션은 높은 지위에 대해 갖는 호감과 시기심 등의 죄성 때문에, 그리고 이름 대신 직위명을 호칭으로 사용하기 좋아하는 우리의 문화 때문에 일어납니다. 우리나라에서는 하급자가 상급자를 부를 때 이름을 부르면 큰 실례가 됩니다. 서양 문화에서는 대부분 이름을 불러도 문제가 없습니다. 이런 문화가 교회에서도 그대로 작용합니다. 그러다 보니 직분이 없는 성도들을 부를 수 있는 적당한 호칭이 없고, 이런 불편 때문에 직분자가 많아지는 경향이 생기는 것입니다.

또한 한국교회는 항존직(恒存職)에 대해 오해하는 경우가 많습니다. "한 번 해병은 영원한 해병"이라는 식으로, 한 번 장로나 집사가 되면 죽을 때까지 장로와 집사인 것으로 생각합니다. 하지만 목사와 장로와 집사가 항존직이라는 것은 이런 직분이 교회 내에 항상 있어야 한다는 말이지, 그 직분에 오른 어느 특정인이 항상 그 직분에 있어야 한다는 뜻이 아닙니다. 직분자는 바뀔 수 있습니다. 목사나 장로나 집사가 덕이 되지 않는 행위를 했을 때, 혹은 너무 바쁘거나 중병이 들어 직무를 수행할 수 없을 때는 그 직분을 내려놓는 것이 마땅합니다.

장로와 집사는 대다수 교회헌법이 정한 70세의 은퇴 나이까지 직분을 유지합니다. 어떤 교회에서는 임기제를 두어 6년간 섬긴 후에 1년간 안식년을 갖고, 그 후에 공동의회에서 3분의 2나 과반수의 신임을 얻어 다시 6년간 섬깁니다. 저도 장로 임기제를 시행하는 교회를 다녔었는데, 장로가 신임 투표에서 떨어진 경우는 볼 수 없었습니다. 그 이유로 첫째, 장로님들이 정해진 기간에 잘 섬겼기 때문입니다. 둘째, 성도 수가 천 명이 넘으니 성도 대다수가 특정 장로님에 관해 잘 알지 못한 채 그냥 찬성표를 던졌기 때문입니다. 셋째, 장로님들이 특별히 큰 잘못을 하지 않는 한 우리나라 문화에서는 반대표를 던지지 않기 때문입니다.

이런 임기제는 목사에게도 해당합니다. 목사가 지교회에서 올바로 목회하지 못하면 임기 중에 언제든 신임을 물을 수 있습니다. 그리고 무엇보다 노회는 임기에 상관없이 항상 지교회들의 목사들이 올바로 목회하는지를 살핍니다. 조그마한 흠이 있더라도 권면하고 책망합니다. 흠이 중하면 중한 벌을 내립니다. 우선 지교회의 담임 목사직을 내려놓게 하고, 목사직 자체에 대해 정직(停職)이나 면직(免職)의 벌을 내립니다. 장로교에서는 노회가 깨어 있어 목사들을 잘 살피고 견제해야 합니다. 노회의 목사들이 동업자 의식으로 서로를 감싸고 들면 장로교는 패거리 정치에 빠져버립니다.

한편 제도라는 것은 완벽할 수 없습니다. 아무리 좋은 제도라고 할지라도 운영하는 사람들이 악용하면 소용이 없습니다. 사람이 중요합니다. 교회의 성도들이 직분에 대해 올바른 생각을 갖고 올바로 임하면 임기제를 하든 안 하든 교회는 올바로 서 갈 것입니다. 반대로 아무리 철저한 임기제를 시행하더라도 성도들이 올바르지 못하면 또 다른 부작용이 생겨날 수밖에 없습니다. 하나님을 경외하며 그 말씀에 따라 교회 정치에 임하겠다는 자세가 무엇보다 중요합니다.

헌법

최순실 국정농단 사건을 발단으로 박근혜 전 대통령에 대한 탄핵소추안이 2016년 12월 9일에 국회에서 가결되었다. 300명의 국회의원 중 234명은 박 대통령이 국민주권주의(헌법 제1조), 국무회의에 관한 규정(헌법 제88조, 제89조), 대통령의 헌법수호 및 헌법준수의무(헌법 제66조 제2항, 제69조) 등을 위배했으며 대통령으로서 직무를 계속해서는 안 된다고 보았다. 같은 날 오후 7시경에 박 대통령은 국회로부터 탄핵소추의결서를 전해 받았다. 이로써 대통령 권한 행사는 정지되었고, 황교안 전 국무총리가 대통령 권한을 대행하기 시작했다.

개인적으로 2004년 3월에 노무현 전 대통령이 겪은 탄핵 해프닝을 이미 보았기 때문에, 이번 탄핵의 진행 과정이 그리 놀랍거나 새롭지는 않았다. 우리 국민은 두 번의 경험을 통해 헌법이 보장하는 탄핵 과정과 헌법재판소의 기능 등에 대해 잘 알게 되었다. 동시에 헌법이 얼마나 중요한지도 깨닫게 되었다. 헌법은 국가의 근본법으로서 국가의 통치 조직과 통치 작용의 원리를 규정하고, 국민의 기본권을 보장하는 최고법이다. 어떤 법률도 헌법을 위배해서는 안 된다.

그런데 국가에만 헌법이 있는 것이 아니라 각 교단에도 헌법이 있다. 교단 헌법은 목사의 자격과 직무와 사직, 장로와 집사의 자격과 직무와 선거, 당회와 노회와 공동의회와 제직회의 운영 등에 관해 규정한다. 대통령을 비롯해 대한민국 국민이라면 모두가 헌법과 법률에 따라 행동해야 하듯이, 교인이라면 자신이 속한 교단의 헌법에 따라 신앙생활을 해야 한다.

내가 속한 교단의 헌법은 총 5부로 구성된다. 제1부는 "총론"으로서 선서와 체제 선언 등을 다룬다. 앞서 말한 각종 직분이나 조직에 관련한 내용은 제3부 "교회 정치"에서 다룬다. 제4부는 "권징 조례"인데 "권징"은 그리스도가 교회에 주신 권리를 행사하여 그가 세우신 법도를 시행하는 것으로서, 교회가 범죄한 교인이나 직원을 권고하며 징계하는 것이다. 장로교 헌법은 사회의 형사소송법에 영향을 줄 정도로 권징에 관하여 성경에 따라 잘 정리해놓았다.

제5부는 "예배 모범"으로서 주일 성수, 성경 봉독, 시와 찬송, 기도, 설교, 헌금, 세례, 성찬식, 주일학교 등을 다룬다. 우리는 예배 순서를 정할 때도 어떤 효과나 은혜가 클 것처럼 보이는 것들을 함부로 도입해서는 안 된다. 먼저 헌법의 예배 모범을 참조해야 한다. 예배 모범은 신앙의 선배들이 성경 전체의 원리에 따라 오랜 연구와 검증을 통해 만들어놓은 것이다. 자신의 일천한 경험과 소견을 그것보다 우선시하는 데는 상당한 주의가 요구된다. 교회의 헌법을 존중한다는 것은 자신의 소견과 자신감을 절제하며 성경 전체의 내용을 존중한다는 것과 비슷한 의미를 가진다.

그렇다면 교단 헌법의 제2부는 무엇일까? 바로 "교리"로서 웨스트민스터 신앙고백과 대·소요리 문답의 내용을 고루 다룬다. 제2부는 분량 면에서도 전체 헌법의 반을 넘을 정도로 중요한 부분이다. 목사와 장로와 집사는 안수를 받을 때 이 교리가 신·구약 성경의 교훈한 도리를 총괄한 것으로 알고 성실한 마음으로 받아 신종하겠다고 선서한다. 다른 성도들은 몰라도 그들은 이 선서 때문에라도 교리에 관해 잘 알아야 한다. 특히 목사는 그 내용을 정독하고 숙지해야 할 것이다.

목사들이 "탄핵"당하지 않고 정년까지 교회에서 즐겁고 유익하게 목회하는 비결은 무엇일까? 나는 무엇보다 교단 헌법을 숙지하고 그에 따라 목회에 힘쓰는 것이라고 본다. 성경의 전체 내용이 체계적으로 정리된 교리를 깊이 알수록 성경을 깊이 알고 깊이 있는 설교를 할 수 있다. 헌법에 따라 하나님의 사랑으로 자기를 부인하며 교회 정치와 권징과 예배에 관한 사항들을 결정해간다면 그렇게 큰 실수를 저지르지 않게 된다.

간혹 새로 교회를 개척하는 후배들로부터 교회 정관이 있으면 보내달라는 부탁을 받곤 한다. 목사의 정년이나 교회의 부동산 소유 규칙 등에 대해 헌법보다 강한 내용을 원하는 것이다. 나는 그들에게 교단 헌법에 만족하는 것이 좋다고 조언한다. 젊을 때의 생각을 정관으로 정해놓으면 나중에 목회 경륜과 인생 경험이 쌓였을 때 자기 생각이 성급했음을 깨닫게 된다. 정년 전에 은퇴하겠다고 공언했다가 지키지 못해 부끄러움을 당하며 권위를 잃는 목사들도 종종 있다. 헌법보다 더 강한 내용은 마음으로 간직하며 평생 실천하고, 헌법보다 더 못한 내용은 자신을 채찍질하며 헌법에 맞추려고 해야 한다. 모든 성도는 국가의 헌법이 지금 이 순간에도 국가의 통치 조직과 통치 작용의 원리를 규정하고 작용하게 하듯, 교회의 헌법도 교회의 교리와 정치와 권징과 예배를 규정하고 실행되게 함을 알아 더욱 친숙해지려고 노력해야 할 것이다.

함께 나누기: 천국 열쇠

01 여러분은 성경을 통독해보았습니까? 성경을 통째로 읽는 것의 장점은 무엇입니까? 성경 통독을 하는 데 도움이 되는 노하우나 팁이 있다면 나누어봅시다.

02 하이델베르크 교리문답 제83-85문을 서로 묻고 답해봅시다. 근거 성구도 다시 한번 살펴봅시다.

03 "천국 열쇠"란 무엇입니까?

04 천국이 어떻게 거룩한 복음의 선포에 의해 열리고 닫힙니까?

05 천국이 어떻게 교회 권징에 의해 열리고 닫힙니까?

06 천국 열쇠가 왜 필요한지, 교회 정치의 필요성과 연관해 나누어봅시다.

07 천국 열쇠는 누구에게 주어졌습니까?

08 장로교회는 "귀족정치"의 원리를 따르는데, 여기서 장로가 어떤 면에서 귀족이란 뜻입니까?

09 당회의 직무 및 더 넓은 교회로서의 노회 및 총회의 직무에 대해 살펴봅시다.

10 지교회의 작명은 어떻게 해야 하는지, 또 목사 개인이 교회를 개척할 수 있는지에 대해 이야기해봅시다.

11 목사와 장로는 평등한지 이야기해보고 교회가 내린 결정에 신적 권위가 있는지 생각해봅시다.

12 임시 직원인 서리 집사와 권사의 특징에 관해 이야기해봅시다.

13 직분자의 자세와 임기, 그리고 "교회의 항존직"이 무엇을 의미하는지 살펴봅시다.

제3부: 제86-129문

우리의 감사에 관하여

제32주일: 제86-87문

선행을 하는 이유

Q 제86문 우리는 우리의 공로가 전혀 없이, 그리스도를 통해, 순전히 은혜로, 우리의 비참에서 구원되었는데 왜 여전히 선행을 해야 합니까?

Since then we are delivered from our misery, merely of grace, through Christ, without any merit of ours, why must we still do good works?

A 답 왜냐하면 우리를 피로 구속하고 구원하신 그리스도는 또한 자신의 형상을 좇아 그의 성령으로 우리를 새롭게 하시는데, 이는 우리가 하나님의 축복에 대해 우리의 전 행위로 하나님께 우리의 감사를 증거하기 위함이고,[1] 하나님이 우리에 의해 찬양받으시기 위함이고,[2] 또한 각 사람이 자신의 믿음의 열매에 의해 자신의 믿음에 대해 확신을 갖기 위함이고,[3] 우리와의 경건한 교제를 통해 타인들이 그리스도께 인도되도록 하기 위함이기 때문입니다.[4]

Because Christ, having redeemed and delivered us by his blood, also renews us by his Holy Spirit, after his own image; that so we may testify, by the whole of our conduct, our gratitude to God for his blessings, and that he may be praised by us; also, that every one may be assured in himself of his faith, by the fruits thereof; and that, by our godly conversation others may be gained to Christ.

Q 제87문 그렇다면 자신들의 사악하고 감사가 없는 삶을 지속하며 하나님께로 회심하지 않는 자들은 구원받을 수 없습니까?

Cannot they then be saved, who, continuing in their wicked and ungrateful lives, are not converted to God?

A 답 절대로 안 됩니다. 왜냐하면 성경은 부정한 자, 우상숭배자, 간음자, 도둑, 탐욕자, 술주정뱅이, 비방자, 강도 등과 같은 자들은 하나님의 나라를 상속할 수 없다고 말하기 때문입니다.[5]

By no means; for the holy scripture declares that no unchaste person, idolater, adulterer, thief, covetous man, drunkard, slanderer, robber, or any such like, shall inherit the kingdom of God.

conduct	행동, 수행, 경영	**gratitude**	감사, 고마움
conversation	대화, 교제	**declare**	선언하다, 언명하다
inherit	상속받다, 물려받다		

근거 성구

1 또한 너희 지체를 불의의 무기로 죄에게 내주지 말고 오직 너희 자신을 죽은 자 가운데서 다시 살아난 자 같이 하나님께 드리며 너희 지체를 의의 무기로 하나님께 드리라(롬 6:13).

1그러므로 형제들아, 내가 하나님의 모든 자비하심으로 너희를 권하노니 너희 몸을 하나님이 기뻐하시는 거룩한 산 제물로 드리라. 이는 너희가 드릴 영적 예배니라. 2너희는 이 세대를 본받지 말고 오직 마음을 새롭게 함으로 변화를 받아 하나님의 선하시고 기뻐하시고 온전하신 뜻이 무엇인지 분별하도록 하라(롬 12:1-2).

5너희도 산 돌 같이 신령한 집으로 세워지고 예수 그리스도로 말미암아 하나님이 기쁘게 받으실 신령한 제사를 드릴 거룩한 제사장이 될지니라.…9그러나 너희는 택하신 족속이요 왕 같은 제사장들이요 거룩한 나라요 그의 소유가 된 백성이니 이는 너희를 어두운 데서 불러내어 그의 기이한 빛에 들어가게 하신 이의 아름다운 덕을 선포하게 하려 하심이라(벧전 2:5, 9).

2 이같이 너희 빛이 사람 앞에 비치게 하여 그들로 너희 착한 행실을 보고 하늘에 계신 너희 아버지께 영광을 돌리게 하라(마 5:16).

값으로 산 것이 되었으니 그런즉 너희 몸으로 하나님께 영광을 돌리라(고전 6:20).

너희 믿음의 확실함은 불로 연단하여도

없어질 금보다 더 귀하여 예수 그리스도께서 나타나실 때에 칭찬과 영광과 존귀를 얻게 할 것이니라(벧전 1:7).

너희가 이방인 중에서 행실을 선하게 가져 너희를 악행한다고 비방하는 자들로 하여금 너희 선한 일을 보고 오시는 날에 하나님께 영광을 돌리게 하려 함이라(벧전 2:12).

3 이와 같이 좋은 나무마다 아름다운 열매를 맺고 못된 나무가 나쁜 열매를 맺나니(마 7:17).

6그리스도 예수 안에서는 할례나 무할례
나 효력이 없으되 사랑으로써 역사하는
믿음뿐이니라.…22오직 성령의 열매는 사
랑과 희락과 화평과 오래 참음과 자비와
양선과 충성과 23온유와 절제니 이같은
것을 금지할 법이 없느니라(갈 5:6, 22-23).

그러므로 형제들아, 더욱 힘써 너희 부르심과 택하심을 굳게 하라. 너희가 이것을 행한즉 언제든지 실족하지 아니하리라(벧후 1:10).

4 마태복음 5:16(**2**번을 참고하시오).

18이로써 그리스도를 섬기는 자는 하나
님을 기쁘시게 하며 사람에게도 칭찬
을 받느니라. 19그러므로 우리가 화평의
일과 서로 덕을 세우는 일을 힘쓰나니
(롬 14:18-19).

1아내들아, 이와 같이 자기 남편에게 순
종하라. 이는 혹 말씀을 순종하지 않는
자라도 말로 말미암지 않고 그 아내의 행
실로 말미암아 구원을 받게 하려 함이니
2너희의 두려워하며 정결한 행실을 봄이
라(벧전 3:1-2).

5 9불의한 자가 하나님의 나라를 유업으
로 받지 못할 줄을 알지 못하느냐? 미혹
을 받지 말라. 음행하는 자나 우상숭배하
는 자나 간음하는 자나 탐색하는 자나 남
색하는 자나 10도적이나 탐욕을 부리는
자나 술 취하는 자나 모욕하는 자나 속여
빼앗는 자들은 하나님의 나라를 유업으
로 받지 못하리라(고전 6:9-10).

19육체의 일은 분명하니 곧 음행과 더러
운 것과 호색과 20우상숭배와 주술과 원
수 맺는 것과 분쟁과 시기와 분냄과 당 짓
는 것과 분열함과 이단과 21투기와 술 취
함과 방탕함과 또 그와 같은 것들이라. 전
에 너희에게 경계한 것 같이 경계하노니
이런 일을 하는 자들은 하나님의 나라를
유업으로 받지 못할 것이요(갈 5:19-21).

5너희도 정녕 이것을 알거니와 음행하는
자나 더러운 자나 탐하는 자 곧 우상숭배
자는 다 그리스도와 하나님의 나라에서
기업을 얻지 못하리니 6누구든지 헛된
말로 너희를 속이지 못하게 하라 이로 말
미암아 하나님의 진노가 불순종의 아들

들에게 임하나니(엡 5:5-6).

우리는 형제를 사랑함으로 사망에서 옮겨 생명으로 들어간 줄을 알거니와 사랑하지 아니하는 자는 사망에 머물러 있느니라(요일 3:14).

해설

선행을 하는 이유

우리는 드디어 제3부에 들어왔습니다. 제3부에서는 하나님의 은혜로 예수 그리스도의 사역에 근거하여 성령의 적용으로 구원을 온전히 받은 우리가 그 구원에 감사하는 삶을 어떻게 사는지에 관해 알아봅니다. 우리 안에 내주하시는 성령을 통한 새로운 삶이 무엇인지 살피는 것인데, 그 삶이 바로 우리의 구원에 대해 하나님께 감사하는 삶입니다. 하이델베르크 교리문답 제2문은 우리의 유일한 위로를 즐기면서 행복하게 살고 죽기 위하여 우리가 알아야 할 세 가지에 대해 말합니다. 첫째는 나의 죄와 비참이 얼마나 심각한가이고, 둘째는 내가 어떻게 나의 모든 죄와 비참에서 구원받는가이고, 셋째는 내가 어떻게 그러한 구원을 주신 하나님께 감사를 드리는가입니다. 제3부에서는 바로 이 셋째 주제를 살펴보는데, 하나님을 향한 우리의 감사는 크게 십계명을 지키고 주님이 가르쳐주신 대로 기도하는 것으로 드려집니다.

제83문	천국 열쇠는 거룩한 복음의 선포와 교회 권징이다.
제84문	천국이 어떻게 거룩한 복음의 선포에 의해 열리고 닫히는가?
제85문	천국이 어떻게 교회 권징에 의해 닫히고 열리는가?
제86문	우리의 공로 없이 순전히 은혜로 구원받는 우리가 왜 선한 행위를 해야 하는가?
제87문	사악한 삶을 지속하며 하나님께 회심하지 않는 자들은 구원받을 수 없다.

표12 하이델베르크 교리문답 제83-87문의 구성

서론부 (제1-2문)	**유일한 위로와 교리문답의 구조**
제1부 (제3-11문)	**우리의 죄와 비참에 관하여** • 서론: 외적 인식 원리인 율법(제3-4문) • 인간론: 인간의 죄와 부패, 하나님의 심판(제5-11문)
제2부 (제12-85문)	**우리의 구속에 관하여** • 중보자의 필요성, 믿음, 사도신경의 구분(제12-24문) • 신론: 삼위일체, 성부, 창조, 섭리(제25-28문) • 기독론: 그리스도의 신분(비하와 승귀)과 직분(사역)(제29-52문) • 구원론: 성령, 공회, 교통, 죄 사함, 이신칭의(제53-56, 59-64문) • 종말론: 부활, 영생(제57-58문) • 교회론: 말씀과 성례(제65-68문) - 세례(제69-74문) - 성찬(제75-82문) - 천국 열쇠: 복음의 선포와 권징(제83-85문)
제3부 (제86-129문)	**우리의 감사에 관하여** • 선행, 회개, 십계명(제86-115문) • 주기도문(제116-129문)

표13 하이델베르크 교리문답의 구조

1. 우리의 공로 없이 순전히 은혜로 구원받는 우리가 왜 선한 행위를 해야 하는가?

우리는 선행으로 구원받지 않습니다. 우리는 그리스도가 우리를 그의 피로 구속하셨기 때문에 비참에서 벗어납니다. 그리스도가 우리를 구원하시는 데는 다른 이유가 없습니다. 오직 순전히 은혜입니다. 하나님이 우리를 사랑하신다는 것이 유일한 이유입니다. 공로라고 내세울 것이 우리에게는 전혀 없습니다. 그런데 왜 선행을 해야 합니까?

ㄱ. 우리를 구원하신 그리스도는 또한 성령으로 우리를 새롭게 하신다

우리가 선행을 하는 것은 선행으로 구원받기 위해서가 아니라, 구원을 받은 자로 적합하게 살기 위해서입니다. 그리스도가 우리를 구원하신 이유는 우리가 구원받은 후에 마음대로 살도록 하기 위해서가 아닙니다. 구원이 확보되었으니 이제 마음 놓고 하고 싶은 대로 살면 될까요? 그렇지 않습니다. 거룩함으로 우리를 구원하셨으니 그 거룩함의 가치를 알고 그에 맞는 삶을 살아야 합니다. 그래서 우리는 선행을 합니다. 선행이 우리의 가치이고 즐거움이고 기쁨이기 때문에 선행을 하는 것입니다.

그런데 구원을 받은 이후에도 우리에게는 부패성이 여전히 남아 있습니다. 그 부패성으로 말미암아 거룩함을 계속 유지하지 못하고 선행도 지속적으로 실천하지 못합니다. 그래서 그리스도는 우리를 그의 피로 구속하신 이후에도 자신의 성령을 통해 여전히 우리의 구원을 위해 일하십니다. 우리에게 여전히 남아 있는 우리의 부패성이 우리를 지배하지 못하게 하십니다. 우리는 우리 안에 거하시는 성령의 말할 수 없는 탄식과 도우심으로 성령에 맞는 자로 그리스도의 형상을 좇아 성장해갑니다. 그리고 그 결과가 우리의 선행으로 나타납니다. 우리는 선행으로 구원받지 않지만, 구원받은 자는 선행을 하게 됩니다.

ㄴ. 선행을 하는 네 가지 목적

첫째, 우리는 선행이라는 우리의 전 행위로 하나님이 베풀어주신 구원의 축복에 관한 우리의 감사함을 증거합니다. 우리는 그리스도와 성령으로 말미암아 불의의 무기에서 의의 무기가 되었으므로 다시 살아난 자 같이 우리 자신을 의의 무기로 하나님께 드려야 합니다(롬 6:13). 우리 몸을 하나님이 기뻐하시는 거룩한 산 제물로 드려야 하는 것입니다. 이것이 짐승으로 드리는 구약의 제사가 상징하는 영적 예배입니다. 그리고 이것은 이 세대를 본받지 않는 것으로, 또 오직 마음을 새롭게 함으로 변화를 받아 하나님의 선하시고 기뻐하시고 온전하신 뜻이 무엇인지 분별하는 것으로 표현됩니다(롬 12:1-2).

둘째, 우리는 선행을 통해 하나님이 찬양받으시도록 합니다. 하나님을 모르기 전에는 악행을 일삼던 우리가 선행을 할 때 우리를 변화시키신 하나님이 찬양을 받으십니다. 우리의 선행의 빛이 사람들에게 비칠 때 우리의 착한 행실을 보고 그들은 하나님께 영광을 돌립니다(마 5:16). 우리가 악행을 한다고 비방하는 자들도 우리의 선행을 보고는 하나님께 영광을 돌립니다(벧전 2:12). 우리는 그리스도의 생애와 죽음이라는 비싼 값으로 변화된 자들이므로 그 변화에 걸맞게 우리 몸으로 하나님께 영광을 돌려야 합니다(고전 6:20).

셋째, 선행을 할 때 우리는 그 믿음의 열매로 인해 우리가 믿음을 갖고 있음을 확신하게 됩니다. 좋은 나무마다 아름다운 열매를 맺고 못된 나무가 나쁜 열매를 맺습니다(마 7:17). 우리는 선행을 통해 우리가 믿음을 가진 좋은 나무로서 선행이라는 열매를 맺을 수 있음을 확인합니다. 성령의 열매는 사랑과 희락과 화평과 오래 참음과 자비와 양선과 충성과 온유와 절제인데(갈 5:22-23), 우리가 이런 선행의 열매를 맺을 때 우리 자신이 성령의 사람이라는 것을 알게 되는 것과 마찬가지입니다.

넷째, 우리가 선행을 통해 타인들과 경건하게 교제할 때 그들은 우리에게 감동을 받아 우리의 주인이 되시는 그리스도께로 이끌립니다. 그리스도를 섬기는 자는 하나님만을 기쁘시게 하지 않고 사람에게도 칭찬을 받으며(롬 14:18), 그 결과 때때로 타인들을 그리스도께로 인도하는 역할을 하게 되는 것입니다. 믿지 않는 남편도 아내의 전도가 아니라 아내의 두려워하며 정결한 행실을 봄으로 말미암아 구원을 받게 됩니다(벧전 3:1-2).

ㄷ. 로마 가톨릭의 면죄부처럼 되기 쉬운 개신교의 이신칭의

우리는 절대로 우리의 선행으로 구원받지 않습니다. 오직 순전한 은혜로 구원받습니다. 예수 그리스도는 그의 순종과 희생으로 우리의 구원을 획득하셨고, 성령 하나님은 그 구원을 우리에게 틀림없이 적용하십니다. 그리스도가 획득한 의가 바로 우리의 것이 됩니다. 우리는 이것을 믿음으로 받아들여 누립니다.

그런데 이것을 오해하여 아무리 죄를 많이 지어도 믿기만 하면 죄가 사해진다고 생각하는 이들이 있습니다. 그들은 주중 6일간 죄책감 없이 죄를 지은 뒤 주일에 교회에 와서는 예수 그리스도로 말미암아 죄가 사해지는 줄 믿사오니 죄를 사해달라고 기도합니다. 그런 후에 다시 6일간 거침없이 죄를 짓습니다. 이런 태도는 종교개혁의 도화선이 되었던 로마 가톨릭의 면죄부를 구매하는 것과 비슷합니다. 당시 로마 가톨릭은 아무리 죄를 지어도 면죄부를 구입하면 그 즉시 죄가 없어진다는 논리를 펼쳤습니다. 하지만 우리가 믿음으로 의롭게 된다는 것은 물리적으로 우리의 죄가 없어진다는 것이 아니라, 우리가 죄를 슬퍼한다는 것이고, 그 죄를 우리의 힘으로 없애지 못하는데 그리스도의 순종과 희생, 그리고 성령의 적용으로 없앤다는 것입니다. 그래서 구원받은 자로서 죄를 멀리하는 삶을 살아간다는 것입니다.

참된 그리스도인은 죄를 슬퍼하고 멀리합니다. 또 선행을 하려고 노력합니다. 선행으로 구원받지 않았지만, 선행을 기뻐하는 자로 구원받았기 때문입니다. 선행은 우리의 구원의 조건이 되지 않습니다. 하지만 구원받은 자는 선행을 하도록 부름을 받은 것이기에 선행을 하지 않을 수 없습니다. 구원받은 우리의 선행 역시 하나님의 은혜로 인한 것입니다. 제64문이 말하는 것처럼 참된 믿음으로 그리스도에게 접붙임 된 사람들이 감사의 열매를 맺지 않는 것은 불가능합니다. 그래서 선행의 교리는 사람들을 소홀하거나 불경스럽게 만들지도 않고, 교만하게 만들지도 않습니다.

2. 사악한 삶을 지속하며 하나님께 회심하지 않는 자들은 구원받을 수 없다

사악한 행위를 몇 번 행하는 것과 사악한 삶을 지속하는 것 사이에는 큰 차이가 있습니다. 이스라엘 왕 중에서 가장 정직한 왕으로 평가받는 다윗도 밧세바와 간음하고, 이를 숨기기 위해 남편 우리야를 맹렬한 전쟁터에 다른 동료들과 보내어 죽게 하는 큰 범죄를 저질렀습니다. 하지만 그는 예언자 나단이 자신의 죄를 지적하자 그 죄를 시인하고 하나님 앞에서 철저히 회개했습니다. 반면 사울 왕은 제사장도 아니면서 제사를 주도한 것에 대해 사무엘로부터 책망을 받을 때 회개하지 않았습니다. 그 후에도 하나님의 말씀을 어기고 모두 죽여야 할 아말렉 왕과 양과 소의 가장 좋은 것을 살려두었습니다. 이에 대해 다시 사무엘이 지적하였지만 그는 건성으로 듣고 깊이 회개하지 않았습니다. 이런 그에게 나중에 돌아온 것은 전쟁에서의 비참한 죽음이었습니다.

하나님의 구원을 감사하지 않는 자, 그래서 여전히 사악한 삶에 머무는 자, 그래서 부정과 우상숭배와 간음과 도둑과 탐욕과 술주정과 비방과 강도 등의 죄를 짓는 자들은 결코 하나님의 나라를 유업으로 받을 수 없습니다(고전 6:9-10). 그런 것에 계속 머무는 자는 육체의 일에 빠진 것입니다(갈 5:19-21). 노아의 홍수 때에 하나님은 그런 것에 계속 빠져 있는 자들을 모두 진멸하시고 오직 구별된 8명만 살려주셨음을 우리는 명심해야 합니다. 하나님의 은혜는 경시되지 말아야 합니다. 은혜 주실 때 그 은혜를 귀하게 받아들여야 합니다. 소돔과 고모라도 하늘에서 비처럼 내리는 유황과 불로 멸망 당했고, 여리고의 남녀노소도 모두 진멸 받았음을 기억해야 합니다. 그 누구도 하나님의 은혜를 헛되이 받으면 안 됩니다(고후 6:1).

함께 나누기: 선행을 하는 이유

01 여러분은 성경을 매일 읽으며 묵상합니까? 큐티(Quiet Time)의 장단점은 무엇입니까? 매일 성경을 읽고 묵상하는 다양한 방법에 대해 나누어봅시다. 그리고 매일 성경을 읽는 데 도움이 되는 노하우나 팁을 나누어봅시다.

02 하이델베르크 교리문답 제86-87문을 서로 묻고 답해봅시다. 근거 성구도 다시 한번 살펴봅시다.

03 우리는 우리의 공로 없이 순전히 은혜로 구원받는데 왜 선한 행위를 해야 합니까?

04 우리를 구원하신 그리스도가 성령으로 우리를 새롭게 하신다는 것은 무슨 뜻입니까?

05 선행을 하는 네 가지 목적에 관해 이야기해봅시다.

06 개신교의 이신칭의는 어떤 면에서 로마 가톨릭의 면죄부처럼 되기 쉽습니까?

07 사악한 삶을 지속하며 하나님께 회심하지 않는 자들은 왜 구원받을 수 없습니까?

제33주일: 제88-91문

회심: 옛사람의 죽음과 새사람의 삶

Q 제88문 사람의 참된 회심은 몇 부분으로 되어 있습니까?

Of how many parts does the true conversion of man consist?

A 답 두 가지인데, 옛사람이 죽는 것과 새사람으로 사는 일입니다.[1]

Of two parts; of the mortification of the old, and the quickening of the new man.

Q 제89문 옛사람이 죽는다는 것은 무엇입니까?

What is the mortification of the old man?

A 답 우리가 우리의 죄로 하나님을 진노케 한 것에 대해 진심으로 슬퍼하는 것으로, 점점 죄를 싫어하여 죄로부터 멀리 도망하는 것입니다.[2]

It is a sincere sorrow of heart, that we have provoked God by our sins; and more and more to hate and flee from them.

Q 제90문 새사람으로 산다는 것은 무엇입니까?

What is the quickening of the new man?

A 답 그리스도로 말미암아 하나님 안에서 갖는 진심 어린 기쁨으로,[3] 사랑과 즐거움으로 하나님의 뜻에 따라 모든 선행을 하며 사는 것입니다.[4]

It is a sincere joy of heart in God, through Christ, and with love and delight to live according to the will of God in all good works.

Q 제91문 그러면 선행은 무엇입니까?

But what are good works?

A 답 참된 믿음으로부터 나오는 것들만 선행인데,[5] 하나님의 율법에 따라[6] 그의 영광을 위해[7] 행해져야 하고, 우리의 생각이나 사람들의 제정에 근거하지 않아야 합니다.[8]

Only those which proceed from a true faith, are performed according to the law of God, and to his glory; and not such as are founded on our imaginations, or the institutions of men.

mortification	금욕, 굴욕	**provoke**	화나게 하다, 도발하다
delight	기쁨, 즐거움	**imagination**	상상력, 상상

근거 성구

1 4그러므로 우리가 그의 죽으심과 합하여 세례를 받음으로 그와 함께 장사되었나니 이는 아버지의 영광으로 말미암아 그리스도를 죽은 자 가운데서 살리심과 같이 우리로 또한 새 생명 가운데서 행하게 하려 함이라. 5만일 우리가 그의 죽으심과 같은 모양으로 연합한 자가 되었으면 또한 그의 부활과 같은 모양으로 연합한 자도 되리라. 6우리가 알거니와 우리의 옛 사람이 예수와 함께 십자가에 못 박힌 것은 죄의 몸이 죽어 다시는 우리가 죄에게 종 노릇 하지 아니하려 함이니(롬 6:4-6).

너희는 누룩 없는 자인데 새 덩어리가 되기 위하여 묵은 누룩을 내버리라. 우리의 유월절 양 곧 그리스도께서 희생되셨느니라(고전 5:7).

하나님의 뜻대로 하는 근심은 후회할 것이 없는 구원에 이르게 하는 회개를 이루는 것이요, 세상 근심은 사망을 이루는 것이니라(고후 7:10).

22너희는 유혹의 욕심을 따라 썩어져 가는 구습을 따르는 옛사람을 벗어버리고 23오직 너희의 심령이 새롭게 되어 24하나님을 따라 의와 진리의 거룩함으로 지으심을 받은 새사람을 입으라(엡 4:22-24).

5그러므로 땅에 있는 지체를 죽이라. 곧

음란과 부정과 사욕과 악한 정욕과 탐심
이니 탐심은 우상숭배니라. 6이것들로 말
미암아 하나님의 진노가 임하느니라. 7너
희도 전에 그 가운데 살 때에는 그 가운
데서 행하였으나 8이제는 너희가 이 모
든 것을 벗어버리라. 곧 분함과 노여움과
악의와 비방과 너희 입의 부끄러운 말이
라. 9너희가 서로 거짓말을 하지 말라. 옛
사람과 그 행위를 벗어버리고 10새사람
을 입었으니 이는 자기를 창조하신 이의
형상을 따라 지식에까지 새롭게 하심을
입은 자니라(골 3:5-10).

2 오라. 우리가 여호와께로 돌아가자. 여호와께서 우리를 찢으셨으나 도로 낫게 하실 것이요, 우리를 치셨으나 싸매어주실 것임이라(호 6:1).

너희는 옷을 찢지 말고 마음을 찢고 너희 하나님 여호와께로 돌아올지어다. 그는 은혜로우시며 자비로우시며 노하기를 더디 하시며 인애가 크시사 뜻을 돌이켜 재앙을 내리지 아니하시나니(요엘 2:13).

너희가 육신대로 살면 반드시 죽을 것이로되 영으로써 몸의 행실을 죽이면 살리니(롬 8:13).

3 8내게 즐겁고 기쁜 소리를 들려주시사
주께서 꺾으신 뼈들도 즐거워하게 하소
서.…12주의 구원의 즐거움을 내게 회복
시켜주시고 자원하는 심령을 주사 나를
붙드소서(시 51:8, 12).

지극히 존귀하며 영원히 거하시며 거룩하다 이름하는 이가 이와 같이 말씀하시되 "내가 높고 거룩한 곳에 있으며 또한 통회하고 마음이 겸손한 자와 함께 있나니 이는 겸손한 자의 영을 소생시키며 통회하는 자의 마음을 소생시키려 함이라"(사 57:15).

1그러므로 우리가 믿음으로 의롭다 하심
을 받았으니 우리 주 예수 그리스도로 말
미암아 하나님과 화평을 누리자. 2또한
그로 말미암아 우리가 믿음으로 서 있는
이 은혜에 들어감을 얻었으며 하나님의
영광을 바라고 즐거워하느니라(롬 5:1-2).

하나님의 나라는 먹는 것과 마시는 것이 아니요, 오직 성령 안에 있는 의와 평강과 희락이라(롬 14:17).

4 10그가 죽으심은 죄에 대하여 단번에
죽으심이요, 그가 살아 계심은 하나님께
대하여 살아 계심이니 11이와 같이 너희
도 너희 자신을 죄에 대하여는 죽은 자요,
그리스도 예수 안에서 하나님께 대하여는
살아 있는 자로 여길지어다(롬 6:10-11).

내가 그리스도와 함께 십자가에 못 박혔나니 그런즉 이제는 내가 사는 것이 아니요, 오직 내 안에 그리스도께서 사시는 것이라. 이제 내가 육체 가운데 사는 것은 나를 사랑하사 나를 위하여 자기 자신을 버리신 하나님의 아들을 믿는 믿음 안에서 사는 것이라(갈 2:20).

5 의심하고 먹는 자는 정죄되었나니 이는 믿음을 따라 하지 아니하였기 때문이라. 믿음을 따라 하지 아니하는 것은 다 죄니라(롬 14:23).

6 너희는 내 법도를 따르며 내 규례를 지켜 그대로 행하라. 나는 너희의 하나님 여호와이니라(레 18:4).

사무엘이 이르되 "여호와께서 번제와 다른 제사를 그의 목소리를 청종하는 것을 좋아하심 같이 좋아하시겠나이까? 순종이 제사보다 낫고 듣는 것이 숫양의 기름보다 나으니"(삼상 15:22).

우리는 그가 만드신 바라. 그리스도 예수 안에서 선한 일을 위하여 지으심을 받은 자니 이 일은 하나님이 전에 예비하사 우리로 그 가운데서 행하게 하려 하심이니라(엡 2:10).

7 그런즉 너희가 먹든지 마시든지 무엇을 하든지 다 하나님의 영광을 위하여 하라(고전 10:31).

8 내가 너희에게 명령하는 이 모든 말을 너희는 지켜 행하고 그것에 가감하지 말지니라(신 12:32).

주께서 이르시되 "이 백성이 입으로는 나를 가까이하며 입술로는 나를 공경하나 그들의 마음은 내게서 멀리 떠났나니 그들이 나를 경외함은 사람의 계명으로 가르침을 받았을 뿐이라"(사 29:13).

18내가 광야에서 그들의 자손에게 이르
기를 "너희 조상들의 율례를 따르지 말며
그 규례를 지키지 말며 그 우상들로 말
미암아 스스로 더럽히지 말라. 19나는 여
호와, 너희 하나님이라. 너희는 나의 율
례를 따르며 나의 규례를 지켜 행하고"
(겔 20:18-19).

7"외식하는 자들아. 이사야가 너희에 관
하여 잘 예언하였도다. 일렀으되 8'이 백
성이 입술로는 나를 공경하되 마음은 내
게서 멀도다. 9사람의 계명으로 교훈을
삼아 가르치니 나를 헛되이 경배하는도
다' 하였느니라" 하시고(마 15:7-9).

해설

참된 회심

앞서 우리는 하이델베르크 교리문답 제87문에서 자신들의 사악한 삶을 지속하며 하나님께 회심하지 않는 자들은 구원받을 수 없음을 살펴보았습니다. 제88문은 하나님께 회심하는 자들은 구원을 받는데, 그렇다면 그 회심은 몇 부분으로 되어 있느냐고 질문합니다. 그리고 제89문과 제90문은 회심을 이루는 옛사람의 죽음과 새사람의 삶이 각각 무엇인지 말해줍니다.

제86문	우리는 우리의 공로 없이 순전히 은혜로 구원받는데 왜 선한 행위를 해야 하는가?
제87문	사악한 삶을 지속하며 하나님께 돌아서지 않는 자들은 구원받을 수 없다.
제88문	참된 회심은 옛사람의 죽음과 새사람의 삶으로 구성된다.
제89문	옛사람의 죽음은 죄에 대해 슬퍼하여 점점 죄를 싫어하고 멀리하는 것이다.
제90문	새사람의 삶은 사랑과 즐거움으로 하나님의 뜻에 따라 선행을 하는 것이다.
제91문	선행은 하나님의 율법에 따라 그의 영광을 위해 참된 믿음에서 나오는 것이다.

표14 하이델베르크 교리문답 제86-91문의 구성

1. 옛사람의 죽음과 새사람의 삶

회심이란 돌아서는 것입니다. 구원받기 전의 삶의 방식에서 구원받은 자들의 삶의 방식으로 돌아서는 것입니다.

"18 그 눈을 뜨게 하여 어둠에서 빛으로, 사탄의 권세에서 하나님께로 돌아오게 하

고…20이방인에게까지 회개하고 하나님께로 돌아와서 회개에 합당한 일을 하라" 전하므로(행 26:18, 20).

하이델베르크 교리문답 제88문은 회심을 옛사람이 죽고 새사람이 사는 것으로 나눕니다. 따라서 사람의 참된 회심은 두 부분으로 이루어집니다. 예전의 방식인 옛사람의 죽음과 새로운 방식인 새사람으로 사는 것이 바로 그것입니다.

우리가 구원을 받았다는 것은 우리의 옛사람이 예수와 함께 십자가에 못 박혔다는 뜻입니다(롬 6:6). 우리는 유혹의 욕심을 따라 썩어져 가는 구습을 따르는 옛사람을 벗어버렸습니다. 그리고 대신 심령이 새롭게 되어 하나님을 따라 의와 진리의 거룩함으로 지으심을 받은 새사람을 입었습니다(엡 4:22-24). 옛사람과 그 행위를 벗어버리고, 자기를 창조하신 이의 형상을 따라 지식에까지 새롭게 하심을 입은 자가 된 것입니다(골 3:9-10).

ㄱ. 죄에 대해 슬퍼하여 점점 죄를 싫어하고 멀리하는 것

하이델베르크 교리문답 제89문은 제88문이 말한 옛사람이 죽는다는 것이 무엇인지 자세히 살핍니다. 그것은 무엇보다 우리의 죄로 하나님을 진노케 한 것에 대해 진심으로 슬퍼하는 것입니다. 그래서 죄를 점점 싫어하고 점점 죄에서 벗어나게 됩니다.

구원받기 전에는 죄가 무엇인지 알지 못합니다. 우리가 우리의 죄로 하나님을 진노케 했다는 사실 자체도 알지 못합니다. 그래서 죄를 싫어하지도 않고 죄와 가까이 지내는 것을 문제시하지도 않습니다. 그런데 회심하면 죄가 무엇인지를 깨닫고 자신이 바로 죄인이며 그 죄로 하나님을 진노케 했다는 사실을 알게 됩니다. 그래서 죄를 점점 싫어하고 점점 멀리합니다.

옛사람의 죽음을 경험하는 자는 옷을 찢지 않고 마음을 찢으며 여호와께로 돌아옵니다(요엘 2:13). 영으로써 몸의 행실을 죽입니다(롬 8:13). 육체의 소욕은 성령을 거스르고 성령은 육체를 거스르므로, 옛사람의 죽음은 성령을 거스르는 육체의 소욕을 죽이는 것도 포함합니다(갈 5:17). 그리스도 예수의 사람들은 육체와 함께 그 정욕과 탐심을 십자가에 못 박습니다(갈 5:24).

ㄴ. 사랑과 즐거움으로 하나님의 뜻에 따라 선행을 하는 것이다

구원을 받아 그리스도를 알게 된 사람은 그로 말미암아 진심 어린 기쁨을 누립니다. 그리고 하나님의 뜻을 어기고 자기 뜻대로 산 것이 죄임을 알게 되어 이제는 사랑과 즐거움으로 하나님의 뜻에 따라 모든 선행을 하며 살고자 합니다.

그리스도로 말미암아 구원을 받았으니 얼마나 기쁩니까? 죄를 진심으로 슬퍼하듯, 그리스도로 말미암아 하나님 안에서 진심으로 기뻐합니다. 시편 기자는 그것을 "즐겁고 기쁜 소리"와 "주의 구원의 즐거움"이라고 표현했습니다(시 51:8, 12). 죄로 말미암아 진심으로 통회하던 자의 마음이 소생되어 기뻐하는 마음으로 바뀌는 것입니다(사 57:15).

구원받은 자는 하나님과 화평을 누리며 하나님의 영광을 바라고 즐거워하게 됩니다(롬 5:1-2). 그리스도로 말미암아 하나님 안에서 진심 어린 기쁨을 누리게 되었으니, 이제 기꺼이 사랑과 즐거움으로 하나님의 뜻에 따라 선행 속에서 살려고 합니다. 구원받은 기쁨으로 무엇을 하든지 하나님의 말씀이 기록된 성경에 따라 생각하고 행동하기 시작합니다. 우리는 그리스도와 함께 십자가에 못 박혔으므로 우리가 사는 것이 아니고 오직 우리 안에 그리스도가 사십니다(갈 2:20). 그러므로 우리 안에 사시는 그리스도에 맞게 우리는 무엇을 하든 우리의 뜻이 아니라 그리스도의 뜻대로 해야 합니다.

세리장이었던 삭개오는 많은 부를 누렸습니다. 하지만 그리스도를 통해 복음을 받아들이게 되자 "보시옵소서. 내 소유의 절반을 가난한 자들에게 주겠사오며 만일 누구의 것을 속여 빼앗은 일이 있으면 네 갑절이나 갚겠나이다"(눅 19:8)라고 말했습니다. 자신의 소유를 남에게 주는 일은 쉽지 않습니다. 몸의 피를 빼는 것처럼 힘든 것이 소유물을 나누는 일입니다. 그런데 주님을 알게 된 삭개오는 기꺼이 소유의 절반을 가난한 자들에게 주었습니다. 또 속여 빼앗는 일을 그만둘 뿐만 아니라 네 배로 갚았습니다.

베드로의 설교를 듣고 예수님을 구주로 받아들인 예루살렘의 성도들은 모든 물건을 서로 통용하고, 재산과 소유를 팔아 각 사람의 필요에 따라 나눠주었습니다. 또한 날마다 마음을 같이하여 성전에 모이기를 힘쓰고 집에서 떡을 떼며 기쁨과 순전한 마음으로 음식을 먹고 하나님을 찬미하며 온 백성에게 칭송을 받았습니다(행 2:44-47). 이것이 바로 죄를 점점 싫어하여 죄로부터 멀리 도망하며, 사랑과 즐거움으로 하나님의 뜻에 따라 선행을 하는 모습입니다.

2. 선행은 하나님의 율법에 따라 그의 영광을 위해 참된 믿음에서 나온 것

하이델베르크 교리문답 제90문에서 새사람의 삶은 사랑과 즐거움으로 하나님의 뜻에 따라 선행을 하는 것임을 살펴보았습니다. 이어지는 제91문은 그 선행이 무엇이냐고 묻습니다.

첫째, 믿음으로부터 나온 것들만 선행입니다. 믿음을 따라 하지 아니하는 것은 다 죄입니다(롬 14:23). 예수 그리스도의 보혈로 우리의 원죄가 없어진 줄 알고, 무엇을 하든 항상 하나님의 크신 은혜와 사랑에 근거해서 해야 합니다. 우리의 부족함이 그리스도와 성령으로 말미암아 채워지는 줄 알고, 자랑하는 마음이나 교만이 아니라 겸손함으로 해야 합니다. 이런 자세로 하는 행동들만이 선행에 속합니다. 자부심과 공명심이 조금이라도 들어가면 그것은 선행이 아닙니다. 선행은 오직 예수 그리스도의 순종과 희생에 근거하여 믿음으로 해야 합니다.

둘째, 하나님의 율법에 따라야지, 사람들의 생각이나 제정에 근거하면 선행이 아닙니다. 구원을 받았을지라도 사람은 누구나 하나님의 말씀을 벗어나서 스스로 진리를 알 수는 없습니다. 그래서 우리는 믿음으로 율법에 따라 옳고 그름을 구분해야 합니다. 스스로 선악을 구분하여 하나님처럼 되고자 했던 아담과 하와의 죄에 빠지지 말고, 겸손하게 하나님의 율법에 따라 살아가야 합니다. 우리의 소견에 따르면 안 됩니다. 선행은 우리의 생각이나 사람들의 제정에 근거하지 않습니다.

고려 시대나 조선 시대의 규칙이나 관습에 따르면 일부다처, 인신공양(人身供養), 서자(庶子) 차별 등 하나님의 율법에 어긋나는 일들이 아무렇지도 않게 자행될 수 있습니다. 오늘날의 관습이나 문화도 마찬가지입니다. 그래서 그리스도인은 시대의 규칙이나 관습이 아니라, 성경이 말하는 바에 따라 행동해야 합니다. 사람들의 칭찬을 받는 선행이 성경의 기준으로는 악행이 될 수 있다는 사실을 잊지 말아야 합니다.

사울 왕이 하나님의 말씀을 어기고 아말렉 왕과 양과 소의 가장 좋은 것을 살려두었을 때 사무엘은 이렇게 꾸짖었습니다.

> 22여호와께서 번제와 다른 제사를 그의 목소리를 청종하는 것을 좋아하심 같이 좋아하시겠나이까? 순종이 제사보다 낫고 듣는 것이 숫양의 기름보다 나으니
> 23이는 거역하는 것은 점치는 죄와 같고 완고한 것은 사신 우상에게 절하는 죄와 같음이라. 왕이 여호와의 말씀을 버렸으므로 여호와께서도 왕을 버려 왕이 되지 못하게 하셨나이다(삼상 15:22-23).

형식적인 제사보다 순종이 낫습니다. 여호와의 율법을 듣는 것이 숫양의 기름보다 낫습니다. 사람에게 좋아 보이는 행위가 선행이 아니라, 여호와의 율법에 따르는 것이 선행입니다.

이사야는 이스라엘 백성이 입술로는 하나님을 공경하되 마음은 하나님에게서 멀다고 예언했습니다. 그리고 예수님은 이 예언이 바리새인과 서기관들에게 들어맞는다고 하셨습니다. 그들은 사람의 계명으로 교훈 삼아 가르쳤고, 하나님을 헛되이 경배했습니다(마 15:7-9). 그들은 예수님의 제자들이 떡 먹을 때 손을 씻지 아니하여 장로들의 전통을 범하였다고 예수님께 따졌습니다. 예수님은 "너희는 어찌하여 너희의 전통으로 하나님의 계명을 범하느냐?"(마 15:3)라고 꾸짖으셨습니다. 그들은 자신들에게 편리하게 하나님의 계명을 바꾸어 지켰습니다. 예를 들어 그들은 부모께 드려야 할 것에 대해 욕심이 나면 부모께 드려야 할 것이 하나님께 드림이 되었다고 말했습니다. 그런 것은 부모께 드리지 않아도 된다는 전통을 만들었기 때문입니다. 참되게 선행을 하려는 자는 이런 인간의 전통을 따라서는 안 됩니다. 하나님의 말씀을 가감하는 것은 죄이기 때문입니다(신 12:32).

셋째, 하나님의 영광을 위한 행위가 선행입니다. 우리는 먹든지 마시든지 무엇을 하든지 다 하나님의 영광을 위하여 해야 합니다(고전 10:31). 우리 자신의 영광을 위한 것은 선행이 아닙니다. 하나님은 외모가 아니라 중심을 보시기에 우리의 속마음을 숨길 수 없습니다. 하나님은 겉으로는 하나님의 영광을 위하지만 속으로는 자신을 높이는 행위를 모두 간파하십니다.

아나니아와 삽비라가 소유를 팔아 얼마를 감추고 나머지를 판 값이라고 속여 사도들에게 가져왔습니다. 인간적인 생각으로는 그 일부나마 헌금하여 가난한 자들을 돕게 했으니 기특하다고 할 수 있습니다. 그런데 그들은 하나님의 영광이 아니라 칭찬과 명성을 얻고 싶어서 거짓된 마음으로 선행을 한 것이었습니다. 하나님의 영광이 아니라 자신의 영광을 위한 것입니다. 그래서 그 벌로 베드로가 꾸짖을 때 죽고 말았습니다(행 5:1-5).

3. 회심의 주체

회심은 사람의 힘으로 할까요, 아니면 하나님의 도우심으로 할까요? 하이델베르크 교리문답 제1문을 분석할 때 살펴보았듯이 성령은 그리스도가 그의 보배로운 피로 우리의 죗값을 치르며 획득하신 구원을 보증하시고 우리로 진심으로 기꺼이 선뜻 주를 위해 살게 하십니다. 우리가 그리스도를 믿고 회심한다고 하지만, 실은 성령이 먼 원인으로 작용하시어 우리가 믿고 회심하게 하시는 것입니다.

- **성자 하나님**: 그의 보배로운 피로 나의 모든 죗값을 치러주셨고, 마귀의 모든 권세로부터 나를 구하셨습니다.
- **성부 하나님**: 하늘에 계신 아버지의 뜻이 아니고는 나의 머리털 하나도 상하지 않듯이, 주는 나를 지켜주십니다.
- **성령 하나님**: 영생을 보증하시고, 내가 이후로 진심으로 기꺼이 선뜻 주를 위하여 살게 하십니다.

표15 삼위일체 하나님의 역할

또한 하이델베르크 교리문답 제21문에서는 성령이 미련하고 고집스러운 사람들에게 믿음을 주신다는 사실을 살펴보았습니다. 그리스도가 획득하신 구원에 대해 다루는 것이 기독론이고, 그 획득하신 구원이 성령에 의해 어떻게 우리에게 적용되는지를 다루는 것이 구원론입니다. 구원론은 구원을 받는 사람의 관점이 아니라, 구원을 사람에게 적용하시는 하나님의 관점에서 다루어집니다. 사람이 믿고, 회심하고, 성장해나가지만 더 먼 원인의 관점에서는 이 모든 일이 성령을 통해 이루어집니다. 유효적 소명, 칭의, 양자 됨, 성화, 믿음, 회심 등이 모두 성령에 의한 은혜의 사역입니다.

4. 생명에 이르는 회심과 일시적 감상의 회심

"에브라임이 스스로 탄식함을 내가 분명히 들었노니 '주께서 나를 징벌하시매 멍에에 익숙하지 못한 송아지 같은 내가 징벌을 받았나이다. 주는 나의 하나님 여호와이시니 나를 이끌어 돌이키소서. 그리하시면 내가 돌아오겠나이다. 내가 돌이킨 후에 뉘우쳤고 내가 교훈을 받은 후에 내 볼기를 쳤사오니 이는 어렸을 때의 치욕을 지므로 부끄럽고 욕됨이니이다' 하도다"(렘 31:18-19)라는 말씀은 회개에 대해 잘 설명해줍니다.

에브라임은 자신의 죄와 그로 인한 징벌로 말미암아 탄식했습니다. 자신의 상황에 관해 정확히 알고, 부끄럽게 여긴 것입니다. 그리고 여기에서부터 돌아서기 위해 하나님께 자신을 돌이켜달라고 간구했습니다. 에브라임은 죄에 관한 인식뿐 아니라 죄에 대한 탄식 및 싫어함, 죄로부터 돌아서 하나님께로 향하는 의지를 잘 나타냈습니다. 회심의 세 가지 요소인 지정의(知情意)가 그 기도문에 잘 나타나 있는 것입니다.

그런데 간음, 술, 도박 중독자가 죄책감을 느끼며 빠져나오기를 바란다고 할지라도 실제로 실행에 옮기지 않으면 아직 회심하지 않은 것입니다. 얼마나 많은 이들이 자신의 죄에 대해 후회하면서도 여전히 그 죄 속에 빠져 탐닉하는지 모릅니다. 회심은 죄를 탄식하고 싫어하는 것에 그치는 것이 아니라, 죄로부터 과감하게 돌아서 하나님께로 향해야 하는 것입니다. 자기 죄를 탄식하되 여전히 죄에 머무는 것은 일시적 감상의 회심에 지나지 않습니다.

가룟 유다는 예수님을 은 삼십에 판 후에 "내가 무죄한 피를 팔고 죄를 범하였도다"라고 말하며 스스로 목매어 죽었습니다(마 27:3-5). 그는 뉘우쳐 스스로 목매어 죽었지만 하나님께로 돌아오지는 않았습니다. 죄로부터 완전히 돌아선 것이 아니고 자기의 의와 감상에 빠진 것입니다. 나봇을 죽인 후에 하나님의 저주를 접한 아합 왕은 자기 옷을 찢고 굵은 베로 몸을 동이고 금식하며 풀이 죽어 다녔습니다(왕상 21:27). 하지만 그는 하나님께로 돌아오지는 않았습니다. 하나님의 저주에 놀라 잠시 자신의 악행을 뉘우친 것이지, 진정으로 자기 죄를 탄식하며 하나님께로 돌아선 것은 아니었던 것입니다. 가룟 유다나 아합의 경우가 일시적 감상의 회심에 속합니다.

하나님께로 돌아와야만 진정한 회심입니다. 단지 죄를 탄식하고 싫어하는 것은 자기 의와 감상적 혈기에 지나지 않습니다. 예수 그리스도를 받아들이는 믿음과, 죄로부터 돌아서서 하나님께로 향하는 회심이 없는 후회와 뉘우침은 인간적인 일시적 감상일 뿐입니다. 생명에 이르는 회심과 일시적 감상의 회심을 잘 구분해야 합니다.

5. 반복적 회심

베드로는 예수님을 세 번 부인했습니다. 하지만 그는 그 후에 돌이켜 형제를 굳게 하는 일을 했습니다. 이런 사례를 통해 신자도 베드로처럼 악의 유혹을 받아 죄에 빠지고, 그 후에 다시 하나님의 은혜를 통해 죄에서 돌이켜 하나님께로 돌아온다는 사실을 알 수 있습니다. 물론 생명에 이르는 구원론적 의미의 회심은 단 한 번이지만, 신자는 남아 있는 부패성 때문에 죄에 거듭 빠지고 다시 회복합니다. 이런 면에서 회심은 반복적입니다.

예수님은 에베소 교회에 "그러나 너를 책망할 것이 있나니 너의 처음 사랑을 버렸느니라. 그러므로 어디서 떨어졌는지를 생각하고 회개하여 처음 행위를 가지라. 만일 그리하지 아니하고 회개하지 아니하면 내가 네게 가서 네 촛대를 그 자리에서 옮기리라"(계 2:4-5)라고 말씀하셨습니다. 여기서 말하는 회개는 구원과 연관된 의미의 회개가 아니라, 구원을 받은 상태에서 죄의 유혹에 빠진 경우의 회개입니다. 예수님은 버가모 교회에도 같은 의미에서 "이와 같이 네게도 니골라 당의 교훈을 지키는 자들이 있도다. 그러므로 회개하라. 그리하지 아니하면 내가 네게 속히 가서 내 입의 검으로 그들과 싸우리라"(계 2:15-16)라고 말씀하셨습니다.

예수님이 제자들에게 "너희는 스스로 조심하라. 만일 네 형제가 죄를 범하거든 경고하고 회개하거든 용서하라. 만일 하루에 일곱 번이라도 네게 죄를 짓고 일곱 번 네게 돌아와 '내가 회개하노라' 하거든 너는 용서하라"(눅 17:3-4)고 하신 말씀도 반복적 회심을 말합니다. 교회에서 대표로 기도하는 이들도 지난 한 주일 동안 신자로서 적절하게 살지 못한 것에 대해 회개하며 용서를 구하는데, 이 역시 반복적 회심에 속합니다.

이익에 휩싸인 경건

기름 부음을 받고 이스라엘의 왕이 된 예후는 아합의 잔재를 청산하며 다음과 같은 과업을 수행했다.

① 아합을 이어 왕이 된 그의 아들 요람을 죽였다.
② 아합의 아내 이세벨을 창에서 떨어뜨려 그 피가 담과 말에게 튀게 했다.
③ 아합의 후손인 왕자 70명의 목을 베었다.
④ 이스르엘과 사마리아에 남아 있는 아합의 집에 속한 자들과 그의 귀족들과 신뢰받는 자들과 제사장들을 다 죽였다.
⑤ 바알을 섬기는 예언자들과 제사장들과 봉사자들을 다 죽였다.

그런데 성경은 예후에 관해 "전심으로 이스라엘 하나님 여호와의 율법을 지켜 행하지 아니하며 여로보암이 이스라엘에게 범하게 한 그 죄에서 떠나지 아니하였더라"(왕하 10:31)라고 평가한다. 여기서 여로보암의 죄란 벧엘과 단에 금송아지 제단을 두고 섬긴 것을 의미한다. 아합의 집을 전멸시키는 데는 그렇게 열심이었던 예후는 왜 여로보암의 죄에서는 떠나지 못했을까?

예후는 아합의 아들 요람 왕을 죽이며 왕이 되었지만, 왕권이란 것은 단순히 왕 하나를 죽인다고 확립되는 것이 아니다. 이전 왕과 함께 나라를 이끄는 유력한 세력들까지 제압해야 한다. 그래서 예후는 아합 밑에서 사회 지도층으로 있던 자들을 모두 죽이고 왕권을 강화했다.

그런데 거기서 더 나아가 벧엘과 단에 있는 금송아지를 섬기는 일을 그만

두게 했다면 어떻게 되었을까? 애초에 북이스라엘의 여로보암 왕은 북이스라엘의 백성이 남유다의 예루살렘 성전에 내려가 제사를 드리면 그 마음이 유다의 왕에게로 향할 것이라 걱정하면서 벧엘과 단에 금송아지를 만들고 거기서 제사를 지내게 한 것이었다. 예후도 바로 이 면에서는 여로보암과 같은 생각에 빠져 벧엘과 단의 금송아지를 제거하지 못했다고 보아야 한다. 자신의 사적·정치적 이익이 걸린 일에서는 하나님의 말씀 대신 자신의 욕망을 따른 것이다.

많은 교회가 전도를 강조하며 힘을 쏟는다. 그런데 모든 교회가 죽어가는 영혼에 대한 안타까움만으로 전도에 나서는 것일까? 꼭 그렇지는 않은 듯하다. 어떤 목사들은 전도를 통해 교인 수가 증가하면 헌금도 늘어나고 자신의 입지와 리더십이 강화되기 때문에 전도에 열심을 낸다. 개인적으로는 전도에 전혀 관심이 없지만, 교회 운영을 위해 프로그램을 통해 전도에 열심을 내는 것이다.

나는 성도들에게 자주 신앙의 열심을 강조하고, 실제로도 교회 행사와 봉사 활동에 열심히 참여한다. 그런데 얼마만큼 순전한 마음인지 나 자신을 의심하게 될 때가 있다. 하나님 앞에서 순수한 경건으로 하는지, 아니면 그것들이 나의 사적 이익에 도움이 되기 때문인지 동기를 점검하는 것이다. 우리 교회에 다니시는 우리 부모님은 교회 건축 때 집을 팔아 대금 일부를 헌금하셨다. 그런데 문득 다른 교회를 다니셨어도 집을 팔아 헌금을 하셨을까 하는 생각이 들었다. 아무래도 자식 사랑과 교회 사랑이 혼합된 결과가 아닐까 싶었던 것이다.

얼마나 많은 신앙인이 경건을 이익의 재료로 생각하는지 모른다. 경건과 이익이 오랫동안 혼재된 상태로 지내면 자신까지 속이게 된다. 자신은 분명히 하나님의 영광을 위해 그런 발언과 행동을 했다고 생각하지만, 실상은 자신의 이익을 위한 발언과 행동인 경우가 생기는 것이다.

정치도 마찬가지다. 많은 정치인이 애국, 통일, 북한의 핵 위협, 국방, 경제 발전 등에 관해 목소리를 높인다. 그런데 그들이 살아온 인생 내력은 그들의 진심과 진실이 무엇인지 적나라하게 말해준다. 그들 중에는 한결같이 국가의 질서와 번영이라는 명분을 내걸지만 실제로는 나라를 조금도 사랑하지 않는 사람도 있다. 자기 이익에 부합하기 때문에 그런 표현을 사용하는 것뿐이다.

그와 비슷하게 오늘도 얼마나 많은 신앙인이 하나님의 영광, 교회의 성장과 연합에 관해 말하는지 모른다. 성공을 축하하는 자리에서 하나님이 다 하셨다고 짐짓 겸손한 척 하나님께 영광을 돌리는 사람도 적지 않다. 하지만 우리는 그간의 행보와 이력을 통해 자신에게 이익이 되기 때문에 그렇게 하는 사람들을 가려낼 수 있다.

목사, 장로, 집사처럼 교회에서 직분을 맡은 사람들은 이 문제에 대해 각별히 조심해야 한다. 사적 이익 때문에 종교 행위를 하더라도 외적으로는 경건하게 보여서 자신들이 정말 경건한 줄로 착각할 위험이 크기 때문이다. 우리는 신앙생활이 깊어질수록 옛사람을 죽이는 데 더욱 집중해야 한다. 절대로 경건을 이익의 재료로 사용하면 안 된다. 경건은 그 자체로 가치가 있다. 사람은 빈손으로 왔다 빈손으로 간다. 그때 유일하게 가져갈 수 있는 것이 하나 있다면 그것은 바로 "경건"이다. 예배드리는 것을 그 자체로 기뻐하는 자, 기도하면서 하나님과 교제하는 그 자체를 기뻐하는 자를 하나님은 기억하신다. 신앙의 연수가 길어질수록 옛사람을 죽이고 새사람으로 사는 일에 힘이 붙어야 한다. 외양간에 소가 없고, 두 손에 가진 것이 적어도 새사람으로 사는 자체를 기뻐할 줄 알아야 한다. 이것이 참된 경건이다.

함께 나누기: 회심

01 최근에 전도를 해본 적이 있습니까? 여러분의 전도를 통해 주님을 믿게 된 사람이 있습니까? 우리는 왜 전도를 해야 합니까? 전도의 어려움과 두려움을 어떻게 극복하면 좋은지 나누어봅시다. 또 좋은 전도의 방법이 있다면 소개해봅시다.

02 하이델베르크 교리문답 제88-91문을 서로 묻고 답해봅시다. 근거 성구도 다시 한번 살펴봅시다.

03 사람의 참된 회심은 몇 부분으로 되어 있습니까?

04 옛사람이 죽는다는 것은 무엇입니까?

05 새사람으로 산다는 것은 무엇입니까?

06 선행은 무엇입니까?

07 회심의 주체는 누구입니까?

08 생명에 이르는 회심과 일시적 감상의 회심을 구분해봅시다. 아울러 반복적 회심은 무엇인지 말해봅시다.

제34주일: 제92-95문

십계명의 구분과 제1계명

Q 제92문 하나님의 율법은 무엇입니까?

What is the law of God?

A 답 출애굽기 20:1-17과 신명기 5:6-21에 나옵니다. 즉 "나는 너를 애굽 땅, 종 되었던 집에서 인도하여낸 네 하나님 여호와니라. 너는 나 외에는 다른 신들을 네게 두지 말라. 너를 위하여 새긴 우상을 만들지 말고 또 위로 하늘에 있는 것이나 아래로 땅에 있는 것이나 땅 아래 물속에 있는 것의 어떤 형상도 만들지 말며 그것들에게 절하지 말며 그것들을 섬기지 말라. 나, 네 하나님 여호와는 질투하는 하나님인즉 나를 미워하는 자의 죄를 갚되 아버지로부터 아들에게로 삼사 대까지 이르게 하거니와 나를 사랑하고 내 계명을 지키는 자에게는 천 대까지 은혜를 베푸느니라. 너는 네 하나님 여호와의 이름을 망령되게 부르지 말라. 여호와는 그의 이름을 망령되게 부르는 자를 죄 없다 하지 아니하리라. 안식일을 기억하여 거룩하게 지키라. 엿새 동안은 힘써 네 모든 일을 행할 것이나 일곱째 날은 네 하나님 여호와의 안식일인즉 너나 네 아들이나 네 딸이나 네 남종이나 네 여종이나 네 가축이나 네 문안에 머무는 객이라도 아무 일도 하지 말라. 이는 엿새 동안에 나 여호와가 하늘과 땅과 바다와 그 가운데 모든 것을 만들고 일곱째 날에 쉬었음이라. 그러므로 나 여호와가 안식일을 복되게 하여 그 날을 거룩하게 하였느니라. 네 부모를 공경하라 그리하면 네 하나님 여호와가 네게 준 땅에서 네 생명이 길리라. 살인하지 말라. 간음하지 말라. 도둑질하지 말라. 네 이웃에 대하여 거짓 증거하지 말라. 네 이웃의 집을 탐내지 말라. 네 이웃의 아내나 그의 남종이나 그의 여종이나 그의 소나 그의 나

귀나 무릇 네 이웃의 소유를 탐내지 말라"입니다.

Q 제93문 이 십계명은 어떻게 나뉩니까?

How are these commandments divided?

A 답 두 부분입니다.[1] 첫째 부분은 우리가 하나님을 향해 어떻게 행해야 하는지 가르치고, 둘째 부분은 우리가 우리의 이웃에게 어떤 의무를 갖는지 가르칩니다.[2]

Into two tables; the first of which teaches us how we must behave towards God; the second, what duties we owe to our neighbour.

Q 제94문 하나님은 제1계명에서 무엇을 요구하십니까?

What does God enjoin in the first commandment?

A 답 다음을 요구하십니다. 나의 영혼의 구원을 진정으로 바라는 만큼 내가 모든 우상숭배,[3] 마법, 점, 미신,[4] 성인이나 피조물에게 간구하는 것을 피하고 멀리하는 것입니다.[5] 그리고 유일한 참 하나님을 올바로 아는 것을 배우고,[6] 그분만을 신뢰하고,[7] 겸손과[8] 인내로 복종하고,[9] 그분에게만 모든 좋은 일을 기대하고,[10] 나의 온 마음으로 그분을 사랑하고[11] 경외하며[12] 영화롭게 하는 것입니다.[13] 그래서 그의 뜻에 거슬리는 아주 작은 일을 하기보다 차라리 모든 피조물을 포기하고 버리기를 요구하십니다.[14]

That I, as sincerely as I desire the salvation of my own soul, avoid and flee from all idolatry, sorcery, soothsaying, superstition, invocation of saints, or any other creatures; and learn rightly to know the only true God; trust in him alone, with humility and patience submit to him; expect all good things from him only; love, fear, and glorify him with my whole heart; so that I renounce and forsake all creatures, rather than commit even the least thing contrary to his will.

invocation 간구, 기도, 탄원 **submit** 복종하다, 항복하다, 제출하다
renounce 포기하다, 단념하다

Q 제95문 우상숭배란 무엇입니까?

What is idolatry?

A 답 우상숭배란 자신의 말씀으로 자기를 계시하신 유일한 참된 하나님 대신에, 혹은 하나님과 함께, 그들의 신뢰를 둘 다른 대상을 고안하고 갖는 것입니다.[15]

Idolatry is, instead of, or besides that one true God, who has manifested himself in his word, to contrive, or have any other object, in which men place their trust.

manifest 나타내다, 계시하다 **contrive** 고안하다

근거 성구

1 여호와께서 그의 언약을 너희에게 반포하시고 너희에게 지키라 명령하셨으니 곧 십계명이며 두 돌판에 친히 쓰신 것이라(신 4:13).

2 37 예수께서 이르시되 "네 마음을 다하고 목숨을 다하고 뜻을 다하여 주 너의 하나님을 사랑하라 하셨으니 38 이것이 크고 첫째 되는 계명이요, 39 둘째도 그와 같으니 네 이웃을 네 자신 같이 사랑하라 하셨으니 40 이 두 계명이 온 율법과 선지자의 강령이니라"(마 22:37-40).

3 9 불의한 자가 하나님의 나라를 유업으로 받지 못할 줄을 알지 못하느냐? 미혹을 받지 말라. 음행하는 자나 우상숭배하는 자나 간음하는 자나 탐색하는 자나 남색하는 자나 10 도적이나 탐욕을 부리는 자나 술 취하는 자나 모욕하는 자나 속여 빼앗는 자들은 하나님의 나라를 유업으로 받지 못하리라(고전 6:9-10).

7 그들 가운데 어떤 사람들과 같이 너희는 우상숭배하는 자가 되지 말라. 기록된 바 "백성이 앉아서 먹고 마시며 일어나서 뛰논다" 함과 같으니라.…14 그런즉 내 사랑하는 자들아. 우상숭배하는 일을 피하라(고전 10:7, 14).

자녀들아, 너희 자신을 지켜 우상에게서 멀리하라(요일 5:21).

4 너희는 신접한 자와 박수를 믿지 말며 그들을 추종하여 스스로 더럽히지 말라.

나는 너희 하나님 여호와이니라(레 19:31).

9네 하나님 여호와께서 네게 주시는 땅
에 들어가거든 너는 그 민족들의 가증
한 행위를 본받지 말 것이니 10그의 아들
이나 딸을 불 가운데로 지나게 하는 자
나 점쟁이나 길흉을 말하는 자나 요술
하는 자나 무당이나 11진언자나 신접자
나 박수나 초혼자를 너희 가운데에 용납
하지 말라. 12이런 일을 행하는 모든 자
를 여호와께서 가증히 여기시나니 이런
가증한 일로 말미암아 네 하나님 여호와
께서 그들을 네 앞에서 쫓아내시느니라
(신 18:9-12).

5 이에 예수께서 말씀하시되 "사탄아, 물러가라! 기록되었으되 '주 너의 하나님께 경배하고 다만 그를 섬기라' 하였느니라"(마 4:10).

내가 그 발 앞에 엎드려 경배하려 하니 그가 나에게 말하기를 "나는 너와 및 예수의 증언을 받은 네 형제들과 같이 된 종이니 삼가 그리하지 말고 오직 하나님께 경배하라. 예수의 증언은 예언의 영이라" 하더라(계 19:10).

8이것들을 보고 들은 자는 나 요한이니
내가 듣고 볼 때에 이 일을 내게 보이던
천사의 발 앞에 경배하려고 엎드렸더니
9그가 내게 말하기를 "나는 너와 네 형제
선지자들과 또 이 두루마리의 말을 지키는 자들과 함께 된 종이니 그리하지 말고
하나님께 경배하라" 하더라(계 22:8-9).

6 "그러므로 우리가 여호와를 알자. 힘써 여호와를 알자. 그의 나타나심은 새벽 빛 같이 어김없나니 비와 같이, 땅을 적시는 늦은 비와 같이 우리에게 임하시리라" 하니라(호 6:3).

영생은 곧 유일하신 참 하나님과 그가 보내신 자 예수 그리스도를 아는 것이니이다(요 17:3).

7 5여호와께서 이와 같이 말씀하시니라.
무릇 사람을 믿으며 육신으로 그의 힘을
삼고 마음이 여호와에게서 떠난 그 사람
은 저주를 받을 것이라.…7그러나 무릇
여호와를 의지하며 여호와를 의뢰하는
그 사람은 복을 받을 것이라(렘 17:5, 7).

8 5젊은 자들아, 이와 같이 장로들에게
순종하고 다 서로 겸손으로 허리를 동이
라. 하나님은 교만한 자를 대적하시되 겸
손한 자들에게는 은혜를 주시느니라. 6
그러므로 하나님의 능하신 손 아래에서
겸손하라. 때가 되면 너희를 높이시리라
(벧전 5:5-6).

9 3다만 이뿐 아니라 우리가 환난 중에도
즐거워하나니 이는 환난은 인내를, 4인내
는 연단을, 연단은 소망을 이루는 줄 앎이
로다(롬 5:3-4).

그들 가운데 어떤 사람들이 원망하다가 멸망시키는 자에게 멸망하였나니 너희는 그들과 같이 원망하지 말라(고전 10:10).

모든 일을 원망과 시비가 없이 하라(빌 2:14).

그의 영광의 힘을 따라 모든 능력으로 능하게 하시며 기쁨으로 모든 견딤과 오래 참음에 이르게 하시고(골 1:11).

너희에게 인내가 필요함은 너희가 하나님의 뜻을 행한 후에 약속하신 것을 받기 위함이라(히 10:36).

10 27이것들은 다 주께서 때를 따라 먹을 것을 주시기를 바라나이다. 28주께서 주신즉 그들이 받으며 주께서 손을 펴신즉 그들이 좋은 것으로 만족하다가 29주께서 낯을 숨기신즉 그들이 떨고 주께서 그들의 호흡을 거두신즉 그들은 죽어 먼지로 돌아가나이다. 30주의 영을 보내어 그들을 창조하사 지면을 새롭게 하시나이다(시 104:27-30).

"나는 빛도 짓고 어둠도 창조하며 나는 평안도 짓고 환난도 창조하나니 나는 여호와라. 이 모든 일들을 행하는 자니라" 하였노라(사 45:7).

온갖 좋은 은사와 온전한 선물이 다 위로부터 빛들의 아버지께로부터 내려오나니 그는 변함도 없으시고 회전하는 그림자도 없으시니라(약 1:17).

11 너는 마음을 다하고 뜻을 다하고 힘을 다하여 네 하나님 여호와를 사랑하라(신 6:5).

예수께서 이르시되 "네 마음을 다하고 목숨을 다하고 뜻을 다하여 주 너의 하나님을 사랑하라 하셨으니"(마 22:37).

12 곧 너와 네 아들과 네 손자들이 평생에 네 하나님 여호와를 경외하며 내가 너희에게 명한 그 모든 규례와 명령을 지키게 하기 위한 것이며 또 네 날을 장구하게 하기 위한 것이라(신 6:2).

여호와를 경외함이 지혜의 근본이라. 그의 계명을 지키는 자는 다 훌륭한 지각을 가진 자이니 여호와를 찬양함이 영원히 계속되리로다(시 111:10).

여호와를 경외하는 것이 지식의 근본이거늘 미련한 자는 지혜와 훈계를 멸시하느니라(잠 1:7).

여호와를 경외하는 것이 지혜의 근본이요 거룩하신 자를 아는 것이 명철이니라(잠 9:10).

몸은 죽여도 영혼은 능히 죽이지 못하는 자들을 두려워하지 말고 오직 몸과 영혼을 능히 지옥에 멸하실 수 있는 이를 두려워하라(마 10:28).

그리스도를 경외함으로 피차 복종하라

(엡 5:21).

13 20네 하나님 여호와를 경외하여 그를 섬기며 그에게 의지하고 그의 이름으로 맹세하라. 21그는 네 찬송이시요 네 하나님이시라. 네 눈으로 본 이같이 크고 두려운 일을 너를 위하여 행하셨느니라(신 10:20-21).

마태복음 4:10(**1**번을 참고하시오).

14 29만일 네 오른 눈이 너로 실족하게 하거든 빼어 내버리라. 네 백체 중 하나가 없어지고 온몸이 지옥에 던져지지 않는 것이 유익하며 30또한 만일 네 오른 손이 너로 실족하게 하거든 찍어 내버리라. 네 백체 중 하나가 없어지고 온몸이 지옥에 던져지지 않는 것이 유익하니라(마 5:29-30).

아버지나 어머니를 나보다 더 사랑하는 자는 내게 합당하지 아니하고 아들이나 딸을 나보다 더 사랑하는 자도 내게 합당하지 아니하며(마 10:37).

베드로와 사도들이 대답하여 이르되 "사람보다 하나님께 순종하는 것이 마땅하니라"(행 5:29).

15 만국의 모든 신은 헛것이나 여호와께서는 하늘을 지으셨도다(대상 16:26).

한 사람이 두 주인을 섬기지 못할 것이니 혹 이를 미워하고 저를 사랑하거나 혹 이를 중히 여기고 저를 경히 여김이라. 너희가 하나님과 재물을 겸하여 섬기지 못하느니라(마 6:24).

이는 모든 사람으로 아버지를 공경하는 것 같이 아들을 공경하게 하려 하심이라. 아들을 공경하지 아니하는 자는 그를 보내신 아버지도 공경하지 아니하느니라(요 5:23).

그러나 너희가 그때에는 하나님을 알지 못하여 본질상 하나님이 아닌 자들에게 종노릇하였더니(갈 4:8).

그때에 너희는 그리스도 밖에 있었고 이스라엘 나라 밖의 사람이라. 약속의 언약들에 대하여는 외인이요, 세상에서 소망이 없고 하나님도 없는 자이더니(엡 2:12).

너희도 정녕 이것을 알거니와 음행하는 자나 더러운 자나 탐하는 자 곧 우상숭배자는 다 그리스도와 하나님의 나라에서 기업을 얻지 못하리니(엡 5:5).

그들의 마침은 멸망이요, 그들의 신은 배요, 그 영광은 그들의 부끄러움에 있고 땅의 일을 생각하는 자라(빌 3:19).

아들을 부인하는 자에게는 또한 아버지가 없으되 아들을 시인하는 자에게는 아버지도 있느니라(요일 2:23).

지나쳐 그리스도의 교훈 안에 거하지 아니하는 자는 다 하나님을 모시지 못하되 교훈 안에 거하는 그 사람은 아버지와 아들을 모시느니라(요이 1:9).

해설

십계명

하이델베르크 교리문답 제91문은 선행이란 하나님의 율법에 따라 행해진 것들이지, 우리의 생각이나 사람들의 제정에 근거한 것이 아니라고 말합니다. 이어지는 제92문은 그렇다면 하나님의 율법은 무엇이냐고 묻습니다. 그것은 바로 출애굽기 20:1-17과 신명기 5:6-21에 있는 십계명입니다.

제88문	참된 회심은 옛사람의 죽음과 새사람의 삶으로 구성된다.
제89문	옛사람의 죽음은 죄에 대해 슬퍼하여 점점 죄를 싫어하고 멀리하는 것이다.
제90문	새사람의 삶은 사랑과 즐거움으로 하나님의 뜻에 따라 선행을 하는 것이다.
제91문	선행은 하나님의 율법에 따라 그의 영광을 위해 참된 믿음에서 나오는 것이다.
제92문	하나님의 율법은 십계명으로 요약된다.
제93문	십계명은 하나님에 대한 우리의 행동과 이웃에 대한 책임으로 나뉜다.
제94문	하나님은 제1계명에서 무엇을 요구하시는가?
제95문	우상숭배란 무엇인가?

표16 하이델베르크 교리문답 제88-95문의 구성

1. 십계명은 어떻게 나뉘는가?: 하나님에 대한 행동과 이웃에 대한 책임

앞서 하이델베르크 교리문답 제4문은 하나님의 율법이 요구하는 바가 "하나님 사랑"과 "이웃 사랑"이라고 했는데, 제93문도 십계명을 그와 같이 두 부분으로 나눕니다. 또 제4문에서 하나님의 율법이 도덕법과 의식법과 시민법으로 나뉘는 것도 살펴보았는데, 하나님 사랑과 이웃 사랑에 대해 말하는 하나님의 율법은 의식법이나 시민법이 아니라 도덕법입니다. 도덕법은 하나님의 형상을 지닌 사람들이 어떻게 인생을 살아야 하는지를 알려주는 율법입니다.

TIP

- 율법의 구분: 도덕법, 의식법, 시민법
- 도덕법: 십계명으로 요약됨
- 하나님의 율법은 무엇인가?: 십계명이다.

우리의 선행은 하나님의 율법 중 도덕법에 따라 행해져야 합니다. 그리고 도덕법은 십계명으로 요약되기 때문에 십계명도 당연히 하나님 사랑과 이웃 사랑을 요구합니다. 그래서 하이델베르크 교리문답 제93문은 십계명이 하나님에 대한 행동과 이웃에 대한 책임 두 부분으로 나뉜다고 말합니다.

- 하나님의 율법이 요구하는 바: 하나님 사랑과 이웃 사랑(제4문)
- 제4문이 말하는 하나님의 율법은 도덕법을 의미한다.
- 도덕법은 십계명으로 요약된다.
- 십계명이 요구하는 바: 하나님 사랑과 이웃 사랑

표17 도덕법과 십계명의 관계

2. 하나님은 제1계명에서 무엇을 요구하시는가?

ㄱ. 십계명의 서문

십계명의 제1계명인 "너는 나 외에는 다른 신들을 네게 두지 말라"의 뜻을 이해하고자 할 때 십계명의 서문이 큰 도움이 됩니다. 십계명의 서문은 "나는 너를 애굽 땅, 종 되었던 집에서 인도하여낸 네 하나님 여호와니라"입니다(출 20:2; 신 5:6). 이스라엘 백성이 애굽에서 종이 되었을 때 하나님은 열 가지 이적과 홍해 바다가 갈라지는 역사를 통해 인도해내셨습니다. 이것이 의미하는 바는 첫째로 하나님이 이스라엘 백성을 인도하실 수 있는 능력이 있다는 것이고, 둘째로 하나님이 그들을 사랑하시어 아무 이유 없이 구원하셨다는 것입니다.

물론 하나님의 전능하심과 사랑 많으심은 그 백성을 애굽에서 인도해내신 것 이전에도 세상을 창조하신 것과 이스라엘 백성을 택하신 것에서 나타났습니다. 하나님은 전능하사 세상을 창조하셨습니다. 세상의 창조는 무에서 만물을 만드신 것입니다. 그 어떤 존재와 능력도 무에서 유를 만들지 못합니다. 오직 하나님만이 그렇게 하실 수 있습니다. 사람들이 하나님을 섬긴다고 하지만 하나님은 무엇이 부족한 것처럼 사람의 손으로 섬김을 받으시지 않습니다. 하나님은 만민에게 생명과 호흡과 만물을 친히 주시는 분이신데 어찌 부족함이 있거나 섬김을 필요로 하시겠습니까?(행 17:25)

노아의 홍수 때는 부패하여 죄를 범한 모든 사람이 죽고 노아의 식구 8명만이 살아남았습니다. 그리고 그 후손이 시간이 흘러 또 부패하였을 때 하나님은 아브라함을 택하시어 그와 그의 후손을 하나님의 자녀로 삼아주셨습니다. 땅의 모든 족속이 아브라함으로 말미암아 복을 얻게 된 것입니다. 아브라함과 그 후손이 얼마나 하나님의 사랑을 특별하게 받았는지 모릅니다. 하나님은 아브라함과 맺은 언약을 기억하셔서 애굽에서 종이 된 그의 후손들을 인도해내신 것입니다.

그러므로 하나님은 십계명의 서문을 통해 십계명을 주시는 하나님이 능력과 사랑의 하나님이시므로 십계명을 잘 지키라고 말씀하시는 것입니다. 즉 십계명의 서문에는 십계명에 담긴 하나님의 능력과 사랑을 보라는 요청이 담겨 있습니다. 그래서 우리는 십계명의 각 계명을 살필 때 항상 서문을 염두에 두어야 합니다.

십계명의 제1계명은 하나님이 아닌 다른 대상을 섬기지 말라고 명하고, 제2계명은 하나님을 섬길 때 하나님이 정하신 방법이 아닌 방법을 따르지 말라고 명합니다. 이어서 제3계명은 하나님의 섭리를 받아들이지 않고 상황을 자신의 수준에서 판단한 채 하나님의 이름을 경시하면서 망령되이 부르지 말라고 명합니다.

ㄴ. 제1계명의 요구

하나님만이 무에서 생명과 호흡과 만물을 친히 주십니다. 창조하시고 보존하시고 통치하십니다. 제1계명은 이 유일하신 하나님을 인정하지 않거나, 경시하는 것을 금합니다. 또 하나님 말고 다른 대상에게 이런 영광을 돌리는 우상숭배를 금지합니다. 우상숭배가 무엇인지는 제95문에서 자세히 살펴보겠습니다.

제1계명은 다른 대상의 능력을 빌려 자신의 욕구를 관철하려는 마법이나 점, 미신 등도 금합니다. 점쟁이나 길흉을 말하는 자나 요술하는 자나 무당이나 진언자나 신접자나 박수나 초혼자를 통해 그들의 능력으로 자신의 목표를 달성하려는 것은 유일하신 하나님을 거부하는 행태입니다. 그들을 통해 추구하는 내용 자체가 거룩하지 못할뿐더러 그들에게는 실제 능력도 없으므로 효과가 나타나지도 않습니다.

창조주 하나님이 아닌 성인(聖人)이나 피조물에게 무언가를 기대하고 요구하는 것도 금지됩니다. 성인이나 천사를 통해 하나님의 크신 일이 이루어지는 측면이 있지만, 그것은 하나님이 그들에게 능력을 주시어 그렇게 사용하신 것뿐입니다. 그들이 절대로 첫째 원인자가 아닙니다. 그들은 중간 통로나 매개물에 지나지 않습니다. 그러므로 성인이나 피조물에게 간구하는 것은 하나님의 유일하심을 부인하는 것이 되므로 피하고 멀리해야 합니다.

그 대신 야웨만을 유일한 참된 하나님으로 알고서 그분이 어떤 분이신지 더 깊고 넓게 올바로 배우려고 해야 합니다. 그분이 우리의 삶과 죽음을 책임지고 인도하신다는 사실을 믿어 그분만을 신뢰해야 합니다. 우리 자신의 처지나 형편이 우리 생각과 다르게 전개되더라도 하나님의 크신 능력과 섭리를 믿으며 겸손과 인내로 복종해야 합니다. 하나님은 교만한 자를 대적하시되 겸손한 자들에게는 은혜를 주시고, 하나님의 능하신 손아래에서 겸손하면 때가 되었을 때 반드시 우리를 높이시기 때문입니다(벧전 5:5-6).

우리가 곡식이나 채소나 과일 등의 먹을 것을 얻고, 사업이나 인맥을 통해 돈과 권력과 명예와 칭송을 얻을지라도 그것은 궁극적으로 하나님에게서 온 것들입니다. 하나님이 태양과 바람을 주지 않으시거나 사람들을 붙이시지 않고, 총명과 지혜를 허락하지 않으시면 우리는 아무것도 얻을 수 없기 때문입니다. 하나님은 심지어 어둠과 환난도 창조하시고 섭리하시어 끝내 우리에게 좋은 것을 주십니다(사 45:7). 온갖 좋은 은사와 온전한 선물이 다 위로부터 빛들의 아버지께로부터 내려오는 줄 알고, 오직 그분께만 모든 좋은 일을 기대해야 합니다(약 1:17).

이런 자세를 가지면 우리는 그분만을 온 마음으로 사랑하고 경외하고 영화롭게 하게 됩니다. 또 마음과 뜻과 힘과 목숨을 다하여 하나님을 사랑하게 됩니다(신 6:5). 하나님을 경외하는 것이 지혜의 근본임을 알게 되며(시 111:10; 잠 1:7; 9:10), 영혼도 능히 죽이시는 그분을 경외하게 됩니다(마 10:28). 그분만이 우리의 찬송과 경배와 섬김의 대상이십니다(신 10:20-21; 마 4:10).

그리고 결과적으로 하나님의 뜻에 어긋나는 것이라면 아주 작은 일도 하지 않게 됩니다. 차라리 모든 것을 포기합니다. 아버지와 어머니, 아들과 딸이 얼마나 소중하고 사랑스러운 대상입니까? 하지만 그들에 대한 사랑이 하나님에 대한 사랑보다 앞설 수 없습니다. 그 둘을 비교조차 할 수 없습니다. 그래서 그들이 하나님의 뜻에 어긋나면 그들과 불화가 일어납니다(마 10:34-37). 원수가 집안 식구가 됩니다. 이처럼 하나님을 안다는 것은 무엇이 우선이고, 근본 가치인지를 알게 된다는 뜻입니다.

3. 우상숭배란 무엇인가?

"우상숭배" 하면 먼저 떠오르는 것은 하나님이 아닌 다른 피조물을 신으로 섬기는 것입니다. 이사야 44장은 나무로 만든 우상이 땔감으로 사용하는 나무에 지나지 않는다고 정확하게 말합니다. 나무를 베어 일부는 불에 사르고 일부로는 고기를 구워 먹고 몸을 덥게 하면서 그 나머지로 우상을 만들어 경배하면서 엎드리는 사람들이 있습니다. 말 못 하는 나무에, 자신이 심고 기른 나무 앞에 엎드려 경배하고 기도하면서 "너는 나의 신이니 나를 구원하라"고 합니다. 사람들이 이렇게 알지도 못하고 깨닫지도 못함은 그들의 눈이 가려서 보지 못하며 그들의 마음이 어두워져서 깨닫지 못하기 때문입니다(사 44:15-19). 사람들이 우상으로 섬기는 피조물은 모두 이렇게 사람보다 능력이 덜한 존재인데, 사람이 어느 순간 어리석음에 빠져 신으로 섬겨버립니다. 스스로 지혜 있다 하는 사람들이 어리석게 되어, 썩어지지 아니하는 하나님의 영광을 썩어질 사람과 새와 짐승과 기어 다니는 동물 모양의 우상으로 바꾸어버리는 것입니다(롬 1:22-23).

방금 살펴본 우상숭배의 형태는 우리가 쉽게 구별할 수 있습니다. 하지만 더 미묘한 형태의 우상숭배도 있습니다. 하나님은 자신에 대해 말씀으로 나타내셨습니다. 유한한 존재인 사람은 무한하신 하나님을 정확하게 인식할 수 없기에 하나님은 말씀을 통해 자신에 대해 알려주신 것입니다. 따라서 사람은 절대로 자신의 소견이나 상상을 근거로 하나님을 규정하거나 자신이 선호하는 방식으로 하나님을 섬기면 안 됩니다. 먼저 하나님을 자신의 소견과 상상이 아니라 하나님의 말씀에 따라 알아가겠다는 자세를 가져야 합니다. 이런 자세를 갖는 것이 바로 자기 부인의 첫걸음이고, 미묘한 우상숭배를 멀리하는 길입니다.

우리는 하나님의 말씀이 기록된 성경에 따라 하나님을 섬겨야 하는데, 하나님의 말씀을 위배하여 하나님이 아닌 다른 대상을 신뢰하는 것이나, 하나님을 섬기되 동시에 다른 대상도 신뢰하는 것도 엄밀한 의미의 우상숭배입니다. 그리고 제2계명이 말하는 것처럼 하나님의 말씀을 위배하여 하나님을 형상화하는 것도 우상숭배입니다. 무한하고 영원하시어 도저히 이 땅 위의 그 어떤 것으로도 형상화할 수 없는 하나님을 형상화하면 안 됩니다. 예배 출석과 성경 공부에 충실한 성도는 의도적으로 우상숭배를 하지는 않지만, 성경이 말하는 방식으로 하나님을 섬기지 않으면 본의 아니게 우상을 숭배할 위험이 있다는 점을 명심해야 합니다.

함께 나누기: 십계명의 구분과 제1계명

01 하루에 스마트폰을 얼마나 사용하고 주로 어떤 용도로 사용합니까? 스마트폰의 장점과 단점에 관해 나누어봅시다. 스마트폰에 중독되지 않고, 유용하게 사용하는 법에 관해 나누어봅시다.

02 하이델베르크 교리문답 제92-95문을 서로 묻고 답해봅시다. 근거 성구도 다시 한번 살펴봅시다.

03 하나님의 율법은 무엇입니까?

04 십계명은 어떻게 나뉩니까?

05 십계명의 서문은 무엇이고 무슨 의미입니까?

06 하나님은 제1계명에서 무엇을 요구하십니까?

07 우상숭배란 무엇입니까?

제35주일: 제96-98문

제2계명의 요구: 하나님의 형상에 관하여

Q 제96문 하나님은 제2계명에서 무엇을 요구하십니까?

What does God require in the second commandment?

A 답 하나님을 형상으로 절대 나타내지 않을 것과[1] 하나님이 말씀으로 명하신 것과 다르게 그분을 경배하지 않기를[2] 요구하십니다.

That we in no wise represent God by images, nor worship him in any other way than he has commanded in his word.

Q 제97문 그러면 형상은 전혀 만들어져서는 안 됩니까?

Are images then not at all to be made?

A 답 하나님은 어떤 방식으로도 형상화될 수 없고, 되어서도 안 됩니다.[3] 피조물은 형상화될 수 있겠지만, 하나님은 피조물을 경배하거나 그 형상을 통해 하나님을 경배하려고 피조물의 형상을 만들거나 소유하는 것을 금하십니다.[4]

God neither can, nor may be represented by any means: but as to creatures; though they may be represented, yet God forbids to make, or have any resemblance of them, either in order to worship them or to serve God by them.

resemblance 닮음, 비슷함, 유사함

Q 제98문 일반 성도들에게 책이 허용되는 것처럼 형상들이 교회에서 허용될 수 없습니까?

But may not images be tolerated in the churches, as books to the laity?

A 답 안 됩니다. 우리가 하나님보다 더 현명한 척할 수는 없습니다. 하나님은 당신의 백성을 가르치시는데, 말 못 하는 형상이 아니라[5] 당신의 살아 있는 말씀의 선포로[6] 하시고자 합니다.

No: for we must not pretend to be wiser than God, who will have his people taught, not by dumb images, but by the lively preaching of his word.

tolerate	허용하다, 용인하다	**pretend**	~인 척하다, 가식적으로 행동하다
dumb	말을 못 하는		

근거 성구

1 15여호와께서 호렙산 불길 중에서 너
희에게 말씀하시던 날에 너희가 어떤 형
상도 보지 못하였은즉 너희는 깊이 삼가
라. 16그리하여 스스로 부패하여 자기를
위해 어떤 형상대로든지 우상을 새겨 만
들지 말라. 남자의 형상이든지, 여자의
형상이든지, 17땅 위에 있는 어떤 짐승의
형상이든지, 하늘을 나는 날개 가진 어떤
새의 형상이든지, 18땅 위에 기는 어떤
곤충의 형상이든지, 땅 아래 물속에 있는
어떤 어족의 형상이든지 만들지 말라. 19
또 그리하여 네가 하늘을 향하여 눈을 들
어 해와 달과 별들, 하늘 위의 모든 천체
곧 너희의 하나님 여호와께서 천하 만민
을 위하여 배정하신 것을 보고 미혹하여
그것에 경배하며 섬기지 말라(신 4:15-19).

18그런즉 너희가 하나님을 누구와 같다
하겠으며 무슨 형상을 그에게 비기겠느
냐? 19우상은 장인이 부어 만들었고 장
색이 금으로 입혔고 또 은 사슬을 만든
것이니라. 20궁핍한 자는 거제를 드릴 때
에 썩지 아니하는 나무를 택하고 지혜로
운 장인을 구하여 우상을 만들어 흔들리
지 아니하도록 세우느니라. 21너희가 알
지 못하였느냐? 너희가 듣지 못하였느
냐? 태초부터 너희에게 전하지 아니하였

느냐? 땅의 기초가 창조될 때부터 너희가 깨닫지 못하였느냐? 22그는 땅 위 궁창에 앉으시나니 땅에 사는 사람들은 메뚜기 같으니라. 그가 하늘을 차일 같이 펴셨으며 거주할 천막 같이 치셨고 23귀인들을 폐하시며 세상의 사사들을 헛되게 하시나니 24그들은 겨우 심기고 겨우 뿌려졌으며 그 줄기가 겨우 땅에 뿌리를 박자 곧 하나님이 입김을 부시니 그들은 말라 회오리바람에 불려 가는 초개 같도다. 25거룩하신 이가 이르시되 "그런즉 너희가 나를 누구에게 비교하여 나를 그와 동등하게 하겠느냐?" 하시니라(사 40:18-25).

이와 같이 하나님의 소생이 되었은즉 하나님을 금이나 은이나 돌에다 사람의 기술과 고안으로 새긴 것들과 같이 여길 것이 아니니라(행 17:29).

23썩어지지 아니하는 하나님의 영광을 썩어질 사람과 새와 짐승과 기어다니는 동물 모양의 우상으로 바꾸었느니라. 24그러므로 하나님께서 그들을 마음의 정욕대로 더러움에 내버려 두사 그들의 몸을 서로 욕되게 하게 하셨으니 25이는 그들이 하나님의 진리를 거짓 것으로 바꾸어 피조물을 조물주보다 더 경배하고 섬김이라. 주는 곧 영원히 찬송할 이시로다. 아멘(롬 1:23-25).

2 1아론의 아들 나답과 아비후가 각기 향로를 가져다가 여호와께서 명령하시지 아니하신 다른 불을 담아 여호와 앞에 분향하였더니 2불이 여호와 앞에서 나와 그들을 삼키매 그들이 여호와 앞에서 죽은지라(레 10:1-2).

30너는 스스로 삼가 네 앞에서 멸망한 그들의 자취를 밟아 올무에 걸리지 말라. 또 그들의 신을 탐구하여 이르기를 "이 민족들은 그 신들을 어떻게 섬겼는고? 나도 그와 같이 하겠다" 하지 말라. 31네 하나님 여호와께는 네가 그와 같이 행하지 못할 것이라. 그들은 여호와께서 꺼리시며 가증히 여기시는 일을 그들의 신들에게 행하여 심지어 자기들의 자녀를 불살라 그들의 신들에게 드렸느니라. 32내가 너희에게 명령하는 이 모든 말을 너희는 지켜 행하고 그것에 가감하지 말지니라(신 12:30-32).

22사무엘이 이르되 "여호와께서 번제와 다른 제사를 그의 목소리를 청종하는 것을 좋아하심 같이 좋아하시겠나이까? 순종이 제사보다 낫고 듣는 것이 숫양의 기름보다 나으니 23이는 거역하는 것은 점치는 죄와 같고 완고한 것은 사신 우상에게 절하는 죄와 같음이라. 왕이 여호와의 말씀을 버렸으므로 여호와께서도 왕을 버려 왕이 되지 못하게 하셨나이다" 하니(삼상 15:22-23).

"'사람의 계명으로 교훈을 삼아 가르치니 나를 헛되이 경배하는도다' 하였느니라" 하시고(마 15:9).

3 거룩하신 이가 이르시되 "그런즉 너희가 나를 누구에게 비교하여 나를 그와 동등하게 하겠느냐?" 하시니라(사 40:25).

4 24너는 그들의 신을 경배하지 말며 섬기지 말며 그들의 행위를 본받지 말고 그것들을 다 깨뜨리며 그들의 주상을 부수고 25네 하나님 여호와를 섬기라. 그리하면 여호와가 너희의 양식과 물에 복을 내리고 너희 중에서 병을 제하리니(출 23:24-25).

13너희는 도리어 그들의 제단들을 헐고 그들의 주상을 깨뜨리고 그들의 아세라 상을 찍을지어다. 14너는 다른 신에게 절하지 말라. 여호와는 질투라 이름하는 질투의 하나님임이니라.…17너는 신상들을 부어 만들지 말지니라(출 34:13-14, 17).

그 땅의 원주민을 너희 앞에서 다 몰아내고 그 새긴 석상과 부어 만든 우상을 다 깨뜨리며 산당을 다 헐고(민 33:52).

오직 너희가 그들에게 행할 것은 이러하니 그들의 제단을 헐며 주상을 깨뜨리며 아세라 목상을 찍으며 조각한 우상들을 불사를 것이니라(신 7:5).

그 제단을 헐며 주상을 깨뜨리며 아세라 상을 불사르고 또 그 조각한 신상들을 찍어 그 이름을 그곳에서 멸하라(신 12:3).

21네 하나님 여호와를 위하여 쌓은 제단 곁에 어떤 나무로든지 아세라 상을 세우지 말며 22자기를 위하여 주상을 세우지 말라. 네 하나님 여호와께서 미워하시느니라(신 16:21-22).

그가 여러 산당들을 제거하며 주상을 깨뜨리며 아세라 목상을 찍으며 모세가 만들었던 놋뱀을 이스라엘 자손이 이때까지 향하여 분향하므로 그것을 부수고 느후스단이라 일컬었더라(왕하 18:4).

5 5"그것이 둥근 기둥 같아서 말도 못 하며 걸어 다니지도 못하므로 사람이 메어야 하느니라. 그것이 그들에게 화를 주거나 복을 주지 못하나니 너희는 두려워하지 말라" 하셨느니라.…8그들은 다 무지하고 어리석은 것이니 우상의 가르침은 나무뿐이라(렘 10:5, 8).

18새긴 우상은 그 새겨 만든 자에게 무엇이 유익하겠느냐? 부어 만든 우상은 거짓 스승이라. 만든 자가 이 말하지 못하는 우상을 의지하니 무엇이 유익하겠느냐? 19나무에게 "깨라" 하며 말하지 못하는 돌에게 "일어나라" 하는 자에게 화 있을진저! 그것이 교훈을 베풀겠느냐? 보라! 이는 금과 은으로 입힌 것인즉 그 속에는 생기가 도무지 없느니라(합 2:18-19).

6 14그런즉 그들이 믿지 아니하는 이를
어찌 부르리요? 듣지도 못한 이를 어찌
믿으리요? 전파하는 자가 없이 어찌 들
으리요? 15보내심을 받지 아니하였으면
어찌 전파하리요? 기록된 바 "아름답도
다. 좋은 소식을 전하는 자들의 발이여!"
함과 같으니라. 16그러나 그들이 다 복음
을 순종하지 아니하였도다. 이사야가 이
르되 "주여, 우리가 전한 것을 누가 믿었
나이까?" 하였으니 17그러므로 믿음은
들음에서 나며 들음은 그리스도의 말씀
으로 말미암았느니라(롬 10:14-17).

16모든 성경은 하나님의 감동으로 된 것
으로 교훈과 책망과 바르게 함과 의로 교
육하기에 유익하니 17이는 하나님의 사람
으로 온전하게 하며 모든 선한 일을 행할
능력을 갖추게 하려 함이라(딤후 3:16-17).

또 우리에게는 더 확실한 예언이 있어 어두운 데를 비추는 등불과 같으니 날이 새어 샛별이 너희 마음에 떠오르기까지 너희가 이것을 주의하는 것이 옳으니라(벧후 1:19).

해설

제2계명의 요구

십계명의 제1계명은 "너는 나 외에는 다른 신들을 네게 두지 말라"이고, 제2계명은 "너를 위하여 새긴 우상을 만들지 말고 또 위로 하늘에 있는 것이나 아래로 땅에 있는 것이나 땅 아래 물속에 있는 것의 어떤 형상도 만들지 말며 그것들에게 절하지 말며 그것들을 섬기지 말라"입니다. 제1계명은 누구를 경배해야 하는지 경배의 대상을 다루고, 제2계명은 그 경배의 대상을 어떻게 경배해야 하는지 경배의 방법을 다룹니다.

제92문	하나님의 율법은 십계명으로 요약된다.
제93문	십계명은 하나님에 대한 우리의 행동과 이웃에 대한 책임으로 나뉜다.
제94문	하나님은 제1계명에서 무엇을 요구하시는가?
제95문	우상숭배란 무엇인가?
제96문	하나님은 제2계명에서 무엇을 요구하시는가?
제97문	하나님은 어떤 방식으로도 형상화될 수 없고, 피조물의 형상을 통해 하나님을 경배해서도 안 된다.
제98문	하나님은 말 못 하는 형상이 아니라, 말씀 선포로 백성을 가르치시고자 한다.

표18 하이델베르크 교리문답 제92-98문의 구성

1. 하나님을 형상으로 나타내지 말아야 한다

제1계명에 따라 여호와 하나님만을 경배하는 것은 좋은데, 그 여호와 하나님을 형상으로 만들어 경배하면 제2계명을 어기게 됩니다. 하나님은 무한하고 영원한 영이시라 유한하고 썩어가는 물리적 형상으로 표현될 수 없습니다. 피조물(creatures)이 어떻게 창조자(creator)를 담아낼 수 있겠습니까? 피조물의 형상으로 창조자를 표현하면 창조자의 어떤 한 면을 표현할 수는 있겠지만, 동시에 더 큰 면을 왜곡합니다. 유한은 무한을 받지 못함을(*finitum non capax infiniti*) 명심해야 합니다.

우리가 섬길 형상을 만든다는 것은 어떤 피조물을 하나님과 같다고 하는 것입니다. 그런데 하나님은 피조물 중 가장 보기 좋게 만드신 사람을 메뚜기에 지나지 않는다고 하십니다. 하나님은 땅의 기초를 놓으셨고, 하늘을 차일 같이 펴셨습니다. 그 땅과 하늘에 있는 귀인들을 폐하시고, 사사들을 헛되게 하십니다. 그들이 강하게 심어 깊게 뿌리를 박았다고 하는 것들도 하나님이 입김을 부시면 회오리바람에 불려가는 초개 같습니다. 하나님과 비교해 동등하게 여길 만한 것이 아무것도 없습니다(사 40:18-25). 만민에게

생명과 호흡과 만물을 친히 주시는 이는 손으로 지은 전에 계시지 아니하시고, 무엇이 부족한 것처럼 사람의 손으로 섬김을 받으시지도 않습니다(행 17:24-25).

경배하려는 마음에서 하나님을 어떤 형상으로 만든다면 어떨까요? 그것도 썩어지지 아니하는 하나님의 영광을 썩어질 피조물의 우상으로 바꾸는 것과 같습니다. 어떤 형상을 만드는 것은 결국에 사람이나 새, 짐승이나 기는 동물 모양으로 바꾸는 것, 혹은 그것들을 조합하거나 변형하는 것에 지나지 않습니다. 하지만 인간이 얼마나 어리석은지 처음에는 하나님을 알고 하나님을 경배하려고 하다가도 곧 그 생각이 허망하여지고 마음이 미련하게 어두워져 하나님을 제대로 영화롭게도 하지 않고 감사하지도 않습니다. 스스로 지혜 있다 하나 어리석게 되어 영원한 하나님을 형상으로 만들며 썩어질 피조물로 전락시켜버립니다(롬 1:21-24). 이에 관해 하나님은 무한하고 영원한 영이심을 알아야지, 능력이 큰 물체적 존재로 생각하면 안 됩니다. 그 차이는 하늘이 땅보다 높은 것보다 더 큽니다(사 55:9).

2. 하나님이 말씀으로 명하신 것과 다르게 그분을 경배해서는 안 된다

하나님은 너무나 높으시기에 유한한 우리는 하나님의 존재와 사역에 관해 스스로 알 수 없습니다. 그래서 하나님은 우리가 하나님의 존재와 사역을 이해할 수 있도록 말씀을 통해 알려주셨습니다. 우리는 이 말씀에 따라 하나님을 경배해야지, 경배한다는 명분을 앞세워 우리의 소견과 상상에 따라 함부로 하나님을 경배해서는 안 됩니다. 하나님을 경배한다는 좋은 뜻만으로는 불충분합니다.

사람들이 하나님이 말씀으로 명하신 것과 다르게 그분을 경배하는 것은 하나님을 사람들보다 조금 더 높은 분 정도로 여기기 때문입니다. 인간관계에서는 상급자를 존중하려는 좋은 뜻을 갖고 섬기면 다소 격식이 틀려도 크게 실례가 되지 않습니다. 다른 사람도 똑같은 사람이기 때문에 인지상정을 벗어나지 않는 것입니다. 하지만 하나님은 우리와 그 정도가 아니라 무한한 차이가 나는 분이십니다.

아론의 아들 나답과 아비후는 각기 향로를 가져다가 하나님이 명령하지 아니하신 다른 불을 담아 분향했습니다. 그러자 불이 하나님 앞에서 나와 그들을 삼켜버렸습니다. 다른 불로 분향을 한다고 해서 무슨 차이가 있겠느냐고 안이하게 생각했다가 죽임을 당한 것입니다(레 10:1-2). 하지만 그것은 큰 차이였습니다. 지금도 하나님을 섬기는 데 있어서 안이하게 생각하는 성도들은 교회의 일도 쉽게 소견에 옳은 대로 행하려 합니다. 우리는 한 번 더 생각하고, 한 번 더 성경이 무어라고 하는지 살피며 사람이 빠지기 쉬운 혈기와 무절제함을 통제해야 할 것입니다.

신 광야에서 이스라엘 회중은 물이 없으므로 모세와 아론에게 불평했습니다. 이때 하나님은 모세와 아론에게 다음과 같이 말씀하셨습니다.

> 지팡이를 가지고 네 형 아론과 함께 회중을 모으고 그들의 목전에서 너희는 반석에게 명령하여 물을 내라 하라. 네가 그 반석이 물을 내게 하여 회중과 그들의 짐승에게 마시게 할지니라(민 20:8).

모세는 그 명령대로 지팡이를 잡고 회중에게 "반역한 너희여, 들으라. 우리가 너희를 위하여 이 반석에서 물을 내랴?" 하고 물었습니다. 그런데 모세는 불평하며 자신에게 달려든 회중에게 분노하여 지팡이로 반석을 두 번 쳤습니다(민 20:11). 반석에서 물이 솟아나 문제는 해결됐지만, 모세는 하나님의 명령을 어기고 혈기를 부리며 반석을 두 번 친 벌로 가나안 땅에 들어가지 못했습니다. 모세는 가나안 땅 맞은편에서 그곳을 바라보기는 했지만 거기로 들어가지는 못하고 죽고 말았습니다(신 32:52). 하나님이 말씀하시지 않은 대로 예배를 드리거나 행동하는 것은 작은 것이라도 이렇게 큰 결과를 가져옵니다.

우리나라 개신교의 각 교단의 헌법에는 예배 모범이 있습니다. 이에 따라 각 지교회는 주일날 예배를 드릴 때 인간적인 생각으로 감동과 은혜가 있으리라고 여겨지는 것들을 함부로 예배 순서에 도입하면 안 됩니다. 먼저 성경에 근거해 만들어진 예배 모범에 위배되지 않는지 살펴야 합니다. 예배 모범은 몇백 년 동안 오랜 검증도 받아왔으므로 이에 따라 행하면 큰 실수가 없습니다. 물론 예배 모범에 없는 내용이라고 무조건 비판해서는 안 되고, 먼저 성경에 위배되지 않는지 살피는 것이 중요합니다. 하나님의 무한하심을 생각하며 경외하는 자세로 예배 순서를 살펴야지, 인간의 소견에 옳은 대로 가볍게 결정하면 안 됩니다. 하나님의 말씀을 가감하지 않으려는 자세를 늘 가져야 합니다(신 12:30-32).

사무엘은 사울에게 아말렉의 남녀노소와 모든 가축을 죽이라는 하나님의 말씀을 전했습니다. 그런데 사울은 아말렉 왕 아각과 가축의 가장 좋은 것을 살려두었습니다. 사울이 하나님의 명령을 행하지 않았기에 하나님은 사울을 왕으로 세우신 것을 후회하셨습니다. 사울은 스스로 작게 여길 때 이스라엘의 머리가 되었지만, 스스로 높게 여길 때 왕직에서 쫓겨나 죽임을 당했습니다. 사람이 하나님의 말씀을 버리면 하나님도 그를 버리십니다. 하나님은 번제나 다른 제사보다 당신의 목소리를 청종하는 것을 좋아하십니다. 순종이 제사보다 낫고 듣는 것이 숫양의 기름보다 낫습니다(삼상 15:22-23). 청종과 순종이 없는 제물과 피에 대해 하나님은 오히려 내 마당만 밟을 뿐이라고 책망하십니다(사 1:11-15).

3. 어떤 형상도 만들어서는 안 되는가?

ㄱ. 하나님은 어떤 방식으로도 형상화될 수 없고, 되어서도 안 된다

우리가 앞서 살펴본 것처럼 무한한 하나님은 결코 유한한 사람에 의해 온전히 파악되거나, 유한한 피조물의 모습으로 정확하게 표현될 수 없습니다. 하나님이 형상화되면 그 순간에는 하나님의 어느 한 면이 드러나겠지만, 동시에 나머지 면들이 왜곡됩니다. 그 어떤 것도 하나님과 견주어 비교할 수 없습니다(사 40:25).

한국인은 "열심"이 뛰어난 편입니다. 한국 전쟁의 폐허 속에서도 빠른 경제 성장을 이룬 이유 중에서 한국인의 열정과 열심을 빼놓을 수 없습니다. 그런데 때로 너무 열심이다 보니 옳음을 경시하는 수가 있습니다. 신앙의 성숙도 "열정과 열심"으로 표현되지만 반드시 그 안에 "옳음"이 내용으로 있어야 합니다. 하나님을 더 널리, 강렬하게, 쉽게 전하려는 마음으로 하나님을 형상화하는 오류를 범해서는 안 됩니다. 그 오류만큼 하나님은 잘못 전달되고, 끝내 우상숭배의 미혹으로 빠질 수 있습니다.

우리나라에서 기독교인의 비율이 꽤 높지만 그만큼 기독교 윤리나 문화가 사회에 정착되지 않는 것은 하나님을 자신들의 소견에 따라 믿는 그리스도인이 많기 때문입니다. 하나님은 구약 시대에도 제사의 의미를 모르고 제물을 가져오는 이들에게 헛된 제물을 가져오지 말라고 하셨습니다. 또 성회와 아울러 악을 행하는 것을 견디지 못하겠다고 하셨습니다(사 1:13). 우리는 하나님의 말씀에 따라 하나님을 섬겨야 합니다. 우리의 욕구나 생각에 따라 하나님을 형상화하여 상상의 신을 섬겨서는 안 됩니다.

ㄴ. 하나님은 피조물을 경배하거나, 그 형상을 통해 하나님을 경배하는 것을 금하신다

피조물을 경배하는 것은 제1계명에서 살펴본 것처럼 하나님이 모든 것을 만드신 창조자이자 보존자시라는 사실을 거부하는 행태입니다. 하나님께 지음을 받은 것에 지나지 않는 피조물을 경배하는 사람은 얼마나 어리석은지 모릅니다. 하나님은 이방인들의 신을 경배하거나 섬기지 말고 다 깨뜨리고 부수라고 말씀하십니다(출 23:24).

위도 60도 이상의 고위도 지대에 속하는 툰드라에서 최상위 포식자는 곰입니다. 이 지대에 사는 사람들은 곰을 사냥하여 음식과 피복을 얻습니다. 그런데 재미있는 것은 그들이 곰을 숭배하기도 한다는 사실입니다. 그 지역에서는 곰이 거대한 체격과 막강한 힘으로 최상위 포식자의 위세를 떨치기에 곰에게 위압감과 경외감을 느낄 수 있겠지만, 아무리 힘이 세도 결국은 사람들에게 제압되어 죽는 곰을 신으로 숭배한다는 것은 매우 어리석은 행위입니다. 힘만 세지 지능이 사람보다 모자라 잡아먹히는 곰을 왜 사람들이 숭배합니까? 이것이 어리석은 사람들이 행하는 우상숭배의 본질입니다.

우상을 숭배하는 사람들은 하나님을 알되 그 생각이 허망하여지고 미련한 마음이 어두워져 하나님을 영화롭게도 아니하고 감사하지도 아니하며 썩어지지 아니하는 하나님의 영광을 썩어질 사람과 새와 짐승과 기는 동물 모양의 우상으로 바꿉니다. 사람의 생각과 상상으로 만든 것들이 바로 우상인데(시 135:15), 지구 상에는 별의별 우상과 신이 다 있습니다. 스스로 지혜 있다 하나 얼마나 어리석은지 모릅니다. 사람의 손으로 만든 것들은 신이 아닙니다(행 19:26).

설령 그렇게 만든 피조물을 가지고 하나님을 경배하려고 해도 역시 금지되기는 마찬가지입니다. 하나님의 말씀을 받으러 산으로 올라간 모세가 내려오지 않자, 백성들은 아론에게 자신들을 인도할 신을 만들라고 요구했습니다. 아론이 그들에게 금붙이를 받아 송아지 형상을 만들고, "이스라엘아, 이는 너희를 애굽 땅에서 인도하여낸 너희의 신이로다"(출 32:4)라고 말했습니다. 이튿날에 그들은 일찍이 일어나 번제와 화목제를 그 앞에 드리고 앉아서 먹고 마시며 일어나서 뛰놀았습니다.

그들은 송아지를 하나님이라 여기고 경배했습니다. 애굽 땅에서 자신들을 인도하신 하나님의 역사를 송아지에게 돌렸습니다. 그런데 그 순간에 그들은 하나님을 송아지의 수준으로 추락시키고 왜곡시킵니다. 그들의 이런 타락과 왜곡이 번제와 화목제를 드린 후에 앉아서 먹고 마시며 일어나서 뛰노는 형태로 변질되어 나타납니다. 하나님을 말씀에 따라 경배할 때는 번제와 화목제를 드린 후에도 그 말씀에 따라 행동하지만, 번제와 화목제를 송아지로 표현된 하나님께 드린 후에는 자신들의 소견에 따라 먹고 마시고 일어나서 뛰놀게 됩니다. 그래서 하나님은 피조물을 통해 하나님을 경배하려고 어떤 형상을 만들거나 소유하는 것까지 금하십니다. 이 명령을 따르지 않는 신자들은 이스라엘 백성처럼 자신들의 방식대로 예배를 드린 후에 앉아서 먹고 마시며 일어나서 뛰놀게 되어 있습니다. 반드시 예배와 생활에 왜곡이 따르는 것입니다.

4. 책이 허용되는 것처럼 형상들이 교회에서 허용될 수 있는가?

사람들 소견에 옳아 보이는 것이 끝까지 진실로 옳은 것은 아닙니다. 사람들을 하나님께로 인도하는 데 형상이 도움이 될 것 같지만, 그것은 초반에나 잠깐 그런 것이고 실제로 장기적 측면에서는 그렇지 않습니다. 우리는 하나님보다 더 현명한 척하면 안 됩니다. 하나님이 형상을 사용할 때 발생하는 유익을 모르시겠습니까? 그런데 하나님은 그것보다 말씀 선포로 사람들을 가르치고자 하십니다. 형상 사용은 부작용이 더 크기 때문입니다. 하나님이 그렇게 정하시면 우리는 따를 뿐입니다. 지음을 받은 유한한 피조물이 어찌 지으신 무한한 창조자의 뜻과 지혜를 거스르겠습니까?

형상은 말이 없습니다. 그러므로 형상을 지켜보는 자들은 스스로 말을 만들어냅니다. 자신의 소견과 상상으로 형상에 의미를 부여하는 것입니다. 살아 있지 않고 능력이 없기에 말도 못 하고 걷지도 못하는 우상은 사람의 길흉화복을 주장하지 못합니다(렘 10:5). 사람들이 그렇다고 착각할 뿐입니다. 사람들에게 새김을 받은 우상은 그 새겨 만든 사람들에게 어떤 유익도 주지 못합니다. 만든 자가 자신이 만든 말 못 하는 우상을 의지하니 이 얼마나 어리석은 일입니까? 나무와 돌로 만든 우상은 아무 능력도 교훈도 생기도 없습니다(하 2:18-19). 사람들이 조각칼로 형상을 새길 뿐만 아니라 능력과 교훈과 생기까지 새겨 넣는 것에 지나지 않습니다.

하나님은 우리가 말씀을 전할 때 듣는 자가 믿도록 하십니다. 우리의 미련한 전도를 능력 있게 사용하십니다(고전 1:21). 우리가 씨앗을 심고 물을 주면 싹이 나서 자라듯, 하나님의 말씀을 선포하면 그 말씀은 살아 있고 활력이 있어 좌우에 날 선 어떤 검보다도 예리하여 혼과 영과 및 관절과 골수를 찔러 쪼개기까지 하고, 또 마음의 생각과 뜻을 판단합니다(히 4:12). 하나님이 우리가 전하는 말씀을 그렇게 능력 있게 사용하십니다. 하나님이 그렇게 하겠다고 하셨으므로 우리는 말 못 하는 형상이 아니라 살아 있는 말씀의 선포로 많은 사람을 하나님께로 인도해야 합니다.

5. 제2계명에 딸린 논리

제2계명에는 "나, 네 하나님 여호와는 질투하는 하나님인즉 나를 미워하는 자의 죄를 갚되 아버지로부터 아들에게로 삼사 대까지 이르게 하거니와 나를 사랑하고 내 계명을 지키는 자에게는 천 대까지 은혜를 베푸느니라"(출 20:5-6)라는 내용이 덧붙습니다.

하나님이 사람을 창조하신 이유가 무엇일까요? 하나님의 형상을 지닌 하나님의 자녀로서 하나님과 교제하도록 하기 위함입니다. 그런데 그런 사람이 창조자와 주인이 되시는 하나님을 부인하고 우상을 숭배하면 하나님은 뜨거운 마음으로 질투하십니다. 하나님의 질투는 사람이 다른 사람을 미워하면서 갖는 격렬한 감정이 아니라, 최고의 선과 영광과 진리이신 당신의 본질이 부정되는 것에 대한 반응입니다. 그리고 거짓과 불의를 기뻐하지 않음에서 오는 반응이기도 합니다. 고린도전서 13:6도 사랑에 대해 "불의를 기뻐하지 아니하며 진리와 함께 기뻐하고"라고 말합니다. 즉 하나님의 질투는 불의를 기뻐하지 않음에서 오는 질투입니다.

하나님의 질투는 응징과 보상으로 나타납니다. 제2계명을 어긴 죄에 대해서는 삼사 대까지 갚으시고, 지킨 자에 대해서는 천 대까지 은혜를 베푸십니다. 사람들은 올바르지 않은 경배에 대해 그냥 넘어갈지 모릅니다. 하지만 모든 것을 감찰하시는 하나님은 삼사 대까지 죄를 갚으시고, 올바른 경배에 대해서는 천 대까지 은혜를 베푸십니다. 하나님은 하나님의 존재와 영광을 스스로 지키시는 분입니다.

장로교단의 예배 모범

장로교단 대다수의 헌법은 교리와 교회 정치와 권징 조례와 예배 모범을 포함합니다. 예배 모범은 예배 순서와 신앙생활에 관한 내용을 담고 있습니다. 18장으로 구성된 대한예수교장로회 교단의 예배 모범의 각 장 제목을 정리하면 다음과 같습니다. 이를 참조하면 신앙의 선배들이 제2계명을 무게 있게 받아들여 구체적인 신앙생활 지침을 작성하기 위해 얼마나 심혈을 기울였는가를 알 수 있습니다.

제1장 주일을 거룩히 지킬 것
제2장 교회의 예배 의식
제3장 예배 때 성경 봉독
제4장 시와 찬송
제5장 공식 기도
제6장 강도(설교)
제7장 주일학교
제8장 기도회
제9장 유아세례
제10장 입교 예식

제11장 성찬 예식
제12장 혼례식
제13장 장례식
제14장 금식일과 감사일
제15장 은밀 기도와 가정 예배
제16장 시벌
제17장 해벌
제18장 헌금

함께 나누기: 제2계명의 요구

01 하루에 인터넷을 얼마나 사용하고 주로 어떤 용도로 사용합니까? "즐겨찾기"에 있는 항목들은 주로 무엇입니까? 그 "즐겨찾기" 항목들이 변화합니까, 아니면 변화가 없습니까? 인터넷을 유용하게 사용하는 요령이 있다면 나누어봅시다.

02 하이델베르크 교리문답 제96-98문을 서로 묻고 답해봅시다. 근거 성구도 다시 한번 살펴봅시다.

03 제2계명이 요구하는 바가 무엇인지 다음의 관점에서 살펴봅시다.

① 제2계명은 하나님을 형상으로 절대 나타내지 않을 것을 요구합니다.

② 제2계명은 하나님이 말씀으로 명하신 것과 다르게 그분을 경배하지 않기를 요구합니다. 이와 관련해 레위기 10:1-2을 통해 나답과 아비후가 왜 죽었는지 살펴봅시다. 또 모세가 가나안 땅에 들어가지 못한 이유가 무엇인지 민수기 20:1-12을 통해 살펴봅시다.

04 형상은 전혀 만들어져서는 안 됩니까? 출애굽기 32:1-6에서 아론이 송아지에게 부여한 의미를 통해 살펴봅시다.

05 일반 성도들에게 책이 허용되는 것처럼 형상들이 교회에서 허용될 수 있습니까?

06 제2계명에 딸린 논리에 대해 살펴봅시다.

07 장로교단의 예배 모범에 어떤 항목들이 있는지 살펴봅시다.

제36주일: 제99-100문

제3계명의 요구 I: 하나님의 이름에 관하여

Q 제99문 무엇이 제3계명에서 요구됩니까?

What is required in the third commandment?

A 답 다음이 요구됩니다. 우리는 저주나[1] 거짓 맹세만이[2] 아니라 성급한 맹세로도[3] 하나님의 이름을 욕되게 하거나 남용해서는 안 되고, 또 침묵과 방조로 타인들의 무서운 죄악에 동참해서도 안 됩니다.[4] 한마디로 경외와 존경으로만[5] 하나님의 거룩한 이름을 사용하여, 하나님이 옳게 고백되고,[6] 경배되고,[7] 우리의 모든 말과 행위에서 영화로워지기 위해서입니다.[8]

That we, not only by cursing or perjury, but also by rash swearing, must not profane or abuse the name of God; nor by silence or connivance be partakers of these horrible sins in others; and, briefly, that we use the holy name of God no otherwise than with fear and reverence; so that he may be rightly confessed and worshipped by us, and be glorified in all our words and works.

Q 제100문 그렇다면 맹세와 저주로 하나님의 이름을 모독하는 것은 너무나 큰 죄라서, 그분의 진노가 그런 저주와 맹세를 막거나 금하지 않는 자들에게도 저주와 맹세 자체의 악독함만큼 불타오릅니까?

Is then the profaning of God's name, by swearing and cursing, so heinous a sin, that his wrath is kindled against those who do not endeavour, as much as in them lies, to prevent and forbid such cursing and swearing?

A 답 의심할 여지없이 그렇습니다. 어떤 죄도 그분의 이름을 모독하는 것보다 더 크지 않고, 그분의 분노를 자아내지 않습니다. 그래서 그분은 이 죄를

죽음으로 응징하라고 명령하셨습니다.[9]

It undoubtedly is, for there is no sin greater or more provoking to God, than the profaning of his name; and therefore he has commanded this sin to be punished with death.

perjury	위증죄	**rash**	성급한, 경솔한
connivance	방조, 묵인	**heinous**	악랄한, 극악무도한

근거 성구

1 11그 이스라엘 여인의 아들이 여호와
의 이름을 모독하며 저주하므로 무리가
끌고 모세에게로 가니라. 그의 어머니의
이름은 슬로밋이요, 단 지파 디브리의 딸
이었더라. 12그들이 그를 가두고 여호와
의 명령을 기다리더니 13여호와께서 모
세에게 말씀하여 이르시되 14"그 저주한
사람을 진영 밖으로 끌어내어 그것을 들
은 모든 사람이 그들의 손을 그의 머리에
얹게 하고 온 회중이 돌로 그를 칠지니
라. 15너는 이스라엘 자손에게 말하여 이
르라. 누구든지 그의 하나님을 저주하면
죄를 담당할 것이요, 16여호와의 이름을
모독하면 그를 반드시 죽일지니 온 회중
이 돌로 그를 칠 것이니라. 거류민이든지
본토인이든지 여호와의 이름을 모독하면
그를 죽일지니라"(레 24:11-16).

2 너희는 내 이름으로 거짓 맹세함으로 네 하나님의 이름을 욕되게 하지 말라. 나는 여호와이니라(레 19:12).

3 오직 너희 말은 옳다 옳다, 아니라 아니라 하라. 이에서 지나는 것은 악으로부터 나느니라(마 5:37).

내 형제들아, 무엇보다도 맹세하지 말지니 하늘로나 땅으로나 아무 다른 것으로도 맹세하지 말고 오직 너희가 그렇다고 생각하는 것은 그렇다 하고 아니라고 생각하는 것은 아니라 하여 정죄 받음을 면하라(약 5:12).

4 만일 누구든지 저주하는 소리를 듣고서도 증인이 되어 그가 본 것이나 알고 있는 것을 알리지 아니하면 그는 자기의 죄를 져야 할 것이요 그 허물이 그에게로 돌아갈 것이며(레 5:1).

도둑과 짝하는 자는 자기의 영혼을 미워하는 자라. 그는 저주를 들어도 진술하지 아니하느니라(잠 29:24).

5 내가 나를 두고 맹세하기를 "내 입에서 공의로운 말이 나갔은즉 돌아오지 아니하나니 내게 모든 무릎이 꿇겠고 모든 혀가 맹세하리라" 하였노라(사 45:23).

진실과 정의와 공의로 여호와의 삶을 두고 맹세하면 나라들이 나로 말미암아 스스로 복을 빌며 나로 말미암아 자랑하리라(렘 4:2).

6 누구든지 사람 앞에서 나를 시인하면 나도 하늘에 계신 내 아버지 앞에서 그를 시인할 것이요(마 10:32).

9네가 만일 네 입으로 예수를 주로 시인하며 또 하나님께서 그를 죽은 자 가운데서 살리신 것을 네 마음에 믿으면 구원을 받으리라. 10사람이 마음으로 믿어 의에 이르고 입으로 시인하여 구원에 이르느니라(롬 10:9-10).

7 환난 날에 나를 부르라. 내가 너를 건지리니 네가 나를 영화롭게 하리로다(시 50:15).

그러므로 각처에서 남자들이 분노와 다툼이 없이 거룩한 손을 들어 기도하기를 원하노라(딤전 2:8).

8 기록된 바와 같이 하나님의 이름이 너희 때문에 이방인 중에서 모독을 받는도다(롬 2:24).

무릇 더러운 말은 너희 입 밖에도 내지 말고 오직 덕을 세우는 데 소용되는 대로 선한 말을 하여 듣는 자들에게 은혜를 끼치게 하라(엡 4:29).

또 무엇을 하든지 말에나 일에나 다 주 예수의 이름으로 하고 그를 힘입어 하나님 아버지께 감사하라(골 3:17).

무릇 멍에 아래에 있는 종들은 자기 상전들을 범사에 마땅히 공경할 자로 알지니 이는 하나님의 이름과 교훈으로 비방을 받지 않게 하려 함이라(딤전 6:1).

9 레위기 5:1(**4**번을 참고하시오).

레위기 24:15-16(**1**번을 참고하시오).

잠언 29:24(**4**번을 참고하시오).

해설

제3계명의 요구

십계명의 제3계명은 "너는 네 하나님 여호와의 이름을 망령되게 부르지 말라. 여호와는 그의 이름을 망령되게 부르는 자를 죄 없다 하지 아니하리라"입니다. 제1계명이 누구를 경배해야 하는지 경배의 대상을 다루고, 제2계명이 그 경배의 대상을 어떻게 경배해야 하는지 경배의 방법을 다룬다면, 제3계명은 섭리를 주관하시는 하나님을 받아들여 쉽게 현재의 상황을 자신의 수준으로 판단하여 불평하지 말고, 하나님의 이름을 망령되이 부르지도 말라고 말합니다.

제96문	하나님은 제2계명에서 무엇을 요구하시는가?
제97문	하나님은 어떤 방식으로도 형상화될 수 없고, 피조물의 형상을 통해 하나님을 경배해서는 안 된다.
제98문	하나님은 말 못 하는 형상이 아니라, 말씀 선포로 백성을 가르치시고자 한다.
제99문	무엇이 제3계명에서 요구되는가?
제100문	하나님의 이름을 모독하는 것은 너무나 큰 죄라서 죽음의 벌이 따른다.

표19 하이델베르크 교리문답 제96-100문의 구성

1. 하나님의 이름을 모독하며 저주하는 죄

어머니는 이스라엘 사람이고, 아버지는 애굽 사람인 자가 이스라엘 사람과 진영 중에서 싸우다가 하나님의 이름을 모독하며 저주했습니다. 하나님은 그 자를 돌로 치라고 명령하셨습니다. 이에 그 사람이 저주하는 소리를 들은 자

들이 손을 그의 머리에 얹고, 온 회중이 돌로 그를 쳤습니다(레 24:10-16). 저주의 소리를 들은 자들의 손이 그의 머리에 얹혀 있기에, 회중은 멀리서 돌을 던져 그를 맞히는 것이 아니라, 가까이서 조준하여 돌을 던져야 합니다. 사람들은 그가 피를 흘리고 비명을 지르며 죽어가는 것을 가까이서 지켜보며, 하나님의 이름을 모독하고 저주하는 것이 얼마나 큰 죄인가를 확인하게 됩니다.

아합 왕은 나봇의 포도원이 탐났습니다. 나봇의 성읍에 사는 장로와 귀족들은 아합의 아내 이세벨의 사주를 받아 금식을 선포하고 나봇을 백성 가운데 높이 앉혔습니다. 그리고 불량자 두 사람이 들어와 나봇에 대해 "나봇이 하나님과 왕을 저주했다"라고 거짓 증언했습니다. 그러자 무리가 그를 성읍 밖으로 끌고 나가서 돌로 쳐 죽였고 아합과 이세벨은 죽은 나봇의 포도원을 차지했습니다. 이에 하나님은 엘리야 선지자로 이들을 다음처럼 저주하게 하셨습니다.

> 21내가 재앙을 네게 내려 너를 쓸어버리되 네게 속한 남자는 이스라엘 가운데에
> 매인 자나 놓인 자를 다 멸할 것이요,…23개들이 이스르엘 성읍 곁에서 이세벨을
> 먹을지라. 24아합에게 속한 자로서 성읍에서 죽은 자는 개들이 먹고 들에서 죽은
> 자는 공중의 새가 먹으리라(왕상 21:21-24).

나봇의 포도원을 빼앗으려고 거짓 증인을 세워 나봇을 죽인 아합과 이세벨, 그리고 이들의 사주를 받은 나봇의 성읍에 사는 장로와 귀족들, 그리고 그들의 지시에 따라 거짓 증언을 한 불량자 두 사람은 모두 제3계명을 어겼습니다. 하나님의 이름을 자신들의 사적 목표를 위하여 망령되게 사용한 것입니다. 하나님을 저주했다는 명목으로 나봇을 죽인 이들이야말로 하나님을 저주한 자들입니다. 그래서 하나님은 즉시 선지자 엘리야를 보내 아합과 이

세벨을 저주하고, 그 저주대로 그들을 비참하게 죽이십니다. "여호와는 그의 이름을 망령되게 부르는 자를 죄 없다 하지 아니하리라"라는 제3계명의 부가된 논리처럼 하나님은 자신의 이름을 망령되게 부른 아합과 이세벨, 그리고 그의 후손들까지 철저히 쓸어버리셨습니다.

예수님은 헛맹세를 피하고 맹세한 것을 지키는 수준을 넘어서서 아예 맹세하지 말라고 가르치셨습니다. 하늘로도 맹세하면 안 되는데 이는 하나님의 보좌이기 때문이고, 땅은 하나님의 발등상이기 때문에 안 되고, 예루살렘은 큰 임금의 성이기 때문에 안 됩니다(마 5:33-37). 머리로도 안 되는데 이는 사람이 한 터럭도 희거나 검게 할 수 없기 때문입니다. 한마디로 사람이 무엇을 걸고 맹세할 때 그것의 존재와 유지에 사람이 기여한 바가 없으므로 맹세해서는 안 된다는 것입니다.

사람은 겸손해야 합니다. 한 치 앞을 내다보지 못하는 존재가 사람입니다. 현재 눈앞에 명백하게 보이는 사건의 정확한 상황을 알지 못하는 것이 사람이고, 그 상황에 진정한 영향을 조금도 미치지 못하는 연약한 존재 역시 사람입니다. 그러므로 사람은 현재 자신의 부족한 판단력과 능력을 인정하고 겸손하게 옳으면 옳다, 아니면 아니라 해야지, 이에서 지나는 것은 악으로부터 나는 것입니다. 이는 마치 모세가 반석을 향해 물을 내라고 명령해야 하는데, 혈기를 이기지 못하고 지팡이로 반석을 두 번 친 결과 가나안 땅 맞은편까지는 갔지만 그리로 들어가지 못하고 죽은 것과 같습니다. 모세는 반석에서 물을 나오게 할 능력이 없었습니다. 그는 자신도 죄인인 줄 알고 겸손히 하나님이 말씀하시는 대로 따라야 하는 피조물에 지나지 않는데, 이에서 지나 반석을 두 번이나 쳤고, 그것이 하나님께 큰 죄가 되었던 것입니다. 이와 관련해 야고보서의 다음 말씀도 명심해야 합니다.

내 형제들아, 무엇보다도 맹세하지 말지니 하늘로나 땅으로나 아무 다른 것으로도 맹세하지 말고 오직 너희가 그렇다고 생각하는 것은 그렇다 하고 아니라고 생각하는 것은 아니라 하여 정죄 받음을 면하라(약 5:12).

우리는 염려나 노력으로 키를 한 자라도 더할 수 없음을 알아야 합니다. 그리고 현재와 미래를 주관하시는 하나님을 함부로 모독하면 안 됩니다. 하나님께 많은 능력을 받은 자일수록, 그리고 하나님의 말씀을 많이 접한 자일수록 더욱 엄밀하게 하나님의 말씀을 따라야 합니다.

사사 입다는 암몬 족속과 전쟁하러 나가면서 서원하기를 "주께서 과연 암몬 자손을 내 손에 넘겨 주시면 내가 암몬 자손에게서 평안히 돌아올 때에 누구든지 내 집 문에서 나와서 나를 영접하는 그는 여호와께 돌릴 것이니 내가 그를 번제물로 드리겠나이다"(삿 11:30-31)라고 말했습니다. 그는 하나님이 금하신 인신 제사를 서원했을 뿐 아니라 자기를 영접할 자가 누구인지 알 수 없음에도 함부로 말을 내뱉었습니다. 하나님은 암몬 족속을 그의 손에 넘겨 주셨고 그는 평안히 돌아올 수 있었습니다. 그런데 입다가 자기 집에 이를 때 소고를 잡고 춤추며 나와서 영접한 사람은 그의 무남독녀였습니다. 입다는 이를 보고 자기 옷을 찢으며 "어찌할꼬, 내 딸이여! 너는 나를 참담하게 하는 자요, 너는 나를 괴롭게 하는 자 중의 하나로다. 내가 여호와를 향하여 입을 열었으니 능히 돌이키지 못하리로다"(삿 11:35)라고 말했습니다. 그러나 사실 입다의 딸이 그를 참담하게 하는 것이 아니라, 입다가 그의 딸을 참담하게 했습니다. 아무도 그에게 서원을 요구하지 않았는데, 그는 자신의 비장한 마음을 절제하지 못하고 함부로 서원하여 자신의 딸을 죽게 만들었습니다. 우리는 알 수 없는 미래에 관해 함부로 맹세하면 안 됩니다. 오직 하나님만이 미래에 관해 말씀하실 수 있고, 우리는 단지 현재에 그렇다고 생각하는 것은 그렇다 하고, 아니라고 생각하는 것은 아니라고 해야 합니다.

다른 한편 하나님의 존재와 창조와 섭리를 인정하지 않고 경멸하는 자가 하나님을 저주하는 소리를 할 때 침묵과 방조로 그 무서운 죄악에 동참해서는 안 됩니다. 레위기는 누구든지 저주하는 소리를 듣고서도 증인이 되어 알리지 아니하면 그 죄를 져야 하고, 그 허물이 그에게로 돌아간다고 말합니다(레 5:1). 또한 도둑질하지 않더라도 도둑과 짝하여 그 범죄를 진술하지 않는 자는 자기의 영혼을 미워하는 강퍅한 자입니다(잠 29:24).

요셉의 형들은 요셉을 시기하여 자신들을 찾아온 요셉을 죽이기로 꾀했습니다. 그들은 "자, 그를 죽여 한 구덩이에 던지고 우리가 말하기를 악한 짐승이 그를 잡아먹었다 하자"(창 37:20)라고 말했습니다. 이때 맏형인 르우벤은 침묵과 방조로 그들의 무서운 죄악에 동참하지 않고, 요셉을 그들의 손에서 구원하려고 "우리가 그의 생명은 해치지 말자.…피를 흘리지 말라. 그를 광야 그 구덩이에 던지고 손을 그에게 대지 말라"(창 37:21-22)라고 제안했습니다. 그는 요셉을 그들의 손에서 구출해 그의 아버지에게로 돌려보내려고 그렇게 한 것이었습니다. 유다도 "우리가 우리 동생을 죽이고 그의 피를 덮어 둔들 무엇이 유익할까? 자, 그를 이스마엘 사람들에게 팔고 그에게 우리 손을 대지 말자. 그는 우리의 동생이요 우리의 혈육이니라"(창 37:26-27)라고 말하여 형제들의 죄악에 동참하지 않았습니다. 르우벤과 유다가 요셉의 꿈이 어떻게 되는지 보자면서 그를 죽이자고 옆에서 거들었다면 요셉은 어떻게 되었을까요? 만약에 그때 르우벤과 유다가 침묵했더라면 요셉은 분명히 죽임을 당했을 것입니다. 이렇게 침묵과 방조로 타인들의 무서운 죄악에 동참하지 않는 것도 제3계명을 지키는 것입니다.

신자들은 모든 상황과 사건을 하나님의 존재와 섭리의 관점에서 바라보고, 감사함으로 받아들이며 기본적으로 기쁨 가운데서 하나님을 찬양해야 합니다. 무슨 일이든지 주 예수 없이 가능하지 않음을 알고 모든 말과 일을 주 예수의 이름으로 하고, 하나님 아버지께 감사해야 합니다(골 3:17). 또한 무릇 더러운 말은 입 밖에도 내지 말고 오직 덕을 세우는 선한 말을 하여 듣는 자들에게 은혜를 끼치게 해야 합니다(엡 4:29).

특별히 신자들은 경외와 존경 없이 하나님의 거룩한 이름을 함부로 사용하면 안 됩니다. 그에 대한 엄중한 대가가 반드시 따른다는 사실을 명심해야 합니다. 우리가 하나님을 올바로 고백하면 하나님의 때에 하나님의 일하심을 보게 될 것입니다. 누구든지 사람 앞에서 그리스도를 시인하면 그리스도도 하늘에 계신 아버지 앞에서 그를 시인하십니다(마 10:32). 그래서 우리는 창조와 섭리의 하나님을 인정하고, 현재를 판단할 때 상황에 따르는 것이 아니라 오직 하나님의 말씀에 따라 판단하여 그의 이름을 영화롭게 사용해야 합니다.

사도행전 19장에서 마술하는 어떤 유대인들은 악귀 들린 자들에게 시험삼아 "내가 바울이 전파하는 예수를 의지하여 너희에게 명하노라"라고 했습니다. 제사장 스게와의 일곱 아들도 그런 일을 행했는데, 악귀가 "내가 예수도 알고 바울도 알거니와 너희는 누구냐?"(행 19:15)라고 따지며 그들에게 뛰어올라 눌러 이기는 사건이 벌어졌습니다. 일곱 아들은 "예수"라는 이름을 사용했지만 예수님에 대한 참된 신앙 없이 비인격적으로 그냥 "예수"라는 단어만 사용했으므로 하나님의 이름을 망령되게 부른 것입니다.

서구 사회에서는 "오, 나의 하나님"(Oh, my God!) "예수 그리스도"(Jesus Christ)라는 단어가 감탄사로 쓰입니다. 놀라거나 실망하거나 공포를 느끼거나 강조하고자 할 때 이 단어들을 사용합니다. 우리나라 말로 옮기면 "오, 신이시여!", "제기랄", "세상에, 이럴 수가!" 등으로 번역할 수 있습니다. 역시 이 경우도 하나님과 예수 그리스도라는 단어를 사용하지만, 하나님에 대한 신뢰나 존경 없이 오히려 경멸과 경시의 의미로 쓰이고 있으니 신자들은 피해야 합니다.

"할렐루야"라는 단어도 가볍게 사용되기 쉽습니다. 특히 교회에서 윷놀이를 할 때 보면 원하던 대로 결과가 나왔다고 기뻐하며 "할렐루야"를 외치는 사람이 있습니다. 윷놀이하는 사람들과 함께 웃으며 즐거워하는 마음은 이해되지만 "할렐루야"라는 단어가 이런 식으로 남용되면 하나님에 대한 경외가 인본적 수준으로 떨어질 수 있으므로 적절하게 한두 번 사용하는 경우를 빼고는 자제하는 것이 좋습니다. 그렇지 않으면 서구 사회에서 "오, 하나님"(Oh, my God!), "예수 그리스도"(Jesus Christ)라는 단어가 욕이나 감탄사로 전락했듯이 "할렐루야"라는 단어도 그렇게 되어버릴 것입니다. 교회나 기도원에서 단체로 기도하기 전에 "주여 삼창"을 하는 것도 진지한 자세가 아니라면 감탄사나 구호나 기합에 지나지 않게 됨을 명심해야 합니다.

2. 하나님의 이름을 모독하는 것은 너무나 큰 죄라서 죽음의 벌이 따른다

하나님의 이름을 모독하는 것은 하나님의 존재를 부인하고, 만물을 창조하신 하나님이 지금도 만물을 친히 보존하고 통치하시며 사람들과 협력하시어 당신의 뜻을 이루어가신다는 사실을 부인하는 죄입니다. 하나님의 존재와 창조와 섭리 자체를 부인하는 것이니 하나님의 분노를 자아내는 그보다 더 큰 죄가 없습니다. 그래서 하나님의 이름을 모독하는 자는 반드시 죽여야 했습니다. 온 회중이 돌로 쳤습니다. 이스라엘에 사는 자들은 거류민이든 본토인이든 가리지 않고 모두 이 법을 따라야 했습니다.

그렇다면 그런 저주나 맹세를 막거나 금하려고 시도하지 않는 자들에게는 어떻게 해야 합니까? 구약 시대에는 그들에게도 죽음이라는 벌이 똑같이 주어졌습니다. 누구든지 하나님을 저주하는 소리를 듣고서도 증인이 되어 알리지 아니하는 자는 자기의 죄를 져야 합니다(레 5:1).

하나님의 이름을 모독하는 자에게 벌을 주시는 분은 하나님 자신입니다. 제3계명에는 "여호와는 그의 이름을 망령되게 부르는 자를 죄 없다 하지 아니하리라"라는 말씀이 덧붙어 있습니다. 이는 하나님이 당신의 이름을 망령되게 부르는 자들이 의로운 심판을 받게 하신다는 뜻입니다. 그들이 사람의 징계를 피할 수는 있겠지만, 모든 것을 감찰하시는 하나님의 징계를 피할 수는 없습니다.

그래서 금송아지를 만든 아론과 이스라엘 백성은 하나님께 벌을 받았고, 스게와의 일곱 아들은 악귀의 공격을 받아 벗은 몸으로 도망쳐야 했습니다. 또한 거짓 선지자 발람은 칼로 죽임을 당했고, 아론의 두 아들 나답과 아비후는 제단 앞에서 나온 불에 삼킴을 당해 죽었습니다. 모세도 가나안 땅을 목전에 둔 채 죽어야 했습니다.

제사장 엘리의 두 아들은 제사를 드리러 온 사람이 기름을 태우기도 전에 제사장 몫의 고기를 달라고 해 억지로 빼앗았습니다. 이에 관해 성경은 하나님의 제사를 멸시한 그들의 죄가 여호와 앞에서 심히 크다고 말합니다(삼상 2:17). 그들은 회막 문에서 수종 드는 여인들과 동침하기도 했습니다. 엘리는 두 아들을 불러 꾸짖었지만, 그들에게서 제사장 직분을 박탈하지 않고 여전히 제사장 직무를 행하게 했습니다. 그 결과 하나님은 엘리가 자기 아들들을 하나님보다 더 중히 여겼다고 말씀하셨습니다. 시간이 흐른 후 두 아들은 전쟁에 나가 죽임을 당했고, 이 소식을 들은 엘리 제사장도 자기 의자에서 뒤로 넘어져 목이 부러져 죽었습니다.

우리는 하나님이 당신의 이름을 망령되게 부르는 자를 죄 없다 하지 아니하시는 줄 명심해야 합니다. 하나님은 그 일에 열심이십니다. 하이델베르크 교리문답은 십계명의 다른 계명들에 관해서는 모두 한 주일에 다루는데 제3계명만 두 번의 주일에 걸쳐서 다룹니다. 그만큼 제3계명을 강조하므로 우리도 더 관심을 두고 제3계명을 바라보아야 합니다.

욕망의 충족을 위해 하나님을 부르는 일

2013년 9월, 법원은 최태원 SK 사장이 계열사로 하여금 1,500억 원을 부당하게 유출하게 한 데에 대해 징역 4년을 선고했다. 다음과 같은 판결문의 일부가 눈길을 끈다.

> 최태원은 기업인으로서 정상적인 기업 경영 활동을 통해 이윤을 추구하고 정당한 대가를 획득하여야 함에도, 무속인 출신의 김원홍이 마치 신통력을 이용해 막대한 자금을 일시에 획득할 수 있는 것처럼 믿고 일확천금을 추구하기 위한 동기에서 피고인들의 허황되고 탐욕스런 욕망을 충족하기 위해 계열사의 자금이 동원됐다는 점에서 죄질이 매우 불량하다.

최태원 회장은 무속인의 점괘에 현혹되어 수천억 원 상당의 선물 투자를 무속인에게 맡겼다. 그 결과 계열사에 엄청난 손실을 끼쳤다. 최태원 회장뿐만이 아니라 내로라하는 정·재계 인사들이 진로, 경영, 사옥 이전, 작명 등을 위해 무속인들을 찾는다는 이야기가 종종 들려온다. 이병철 삼성그룹 전 회장은 면접 때 무속인을 동석시켜 사주와 관상을 보게 하고, 계열사 사장들의 한 해 운수를 보고 인사에 반영했다는 일화도 있다.

그뿐만이 아니다. 과학자들은 인공위성을 쏘기 전에 굿을 하고, 축구협회 관련자들은 국가대표팀의 버스를 구입한 후에도 굿을 한다. 새로운 시즌을 시작할 때 굿을 하는 프로스포츠팀도 많고 유명인들이 운수를 좋게 바꾸기 위해 개명하는 경우도 흔하다. 특히 최근에는 최순실 사태를 통해 무속이 우리나라 전반에 얼마나 큰 영향을 미치고 있는지 다시금 확인할 수 있었다.

그런데 교회에서는 목사가 이런 무속인의 역할을 하게 되기 쉽다. 일상생활을 하다 보면 여러 가지 어려운 일이 생기고, 결정하기 힘든 사항들에 직면하기 마련이다. 이런 상황에서 목사는 양복 입은 무당이 되어 성도들의 결정에 부당한 영향을 끼치게 되는 것이다. 물론 기독교인도 이런 면에서 하나님의 도우심을 구해야 하고, 목사는 성도를 위해 기도하는 것이 맞다. 그런데 이는 모두 하나님의 영광과 진리라는 대전제 하에서 이루어져야 하지, 문제의 해결과 누군가의 높아짐이 우선시되어서는 안 된다. 하나님 앞에서 민감하게 깨어 있지 않으면 어느 순간 이 순서는 뒤바뀌기에 십상이다.

역설적으로 목사가 무속인의 역할을 열심히 할수록 성도들은 오히려 목사에게 더 순종하고 많은 것을 갖다 바치는 경향이 있다. 세속에는 무당이 영력이 셀수록 바람기도 세다는 말이 있다. 하지만 이는 문제가 되지 않는다. 무당에게 굿을 부탁하는 이들은 무당의 도덕성이나 경건함을 따지지 않고 굿의 효력만을 바라보기 때문이다. 목사를 통해 진리가 아니라 이생을 살아가는 데 필요한 것들을 얻고자 하는 이들도 목사의 횡령, 부정, 표절, 거짓말, 세습 등에 대해서는 둔감한 경향이 있다. 그런 것은 목사가 하나님 앞에서 해결할 문제이고, 자신들은 목사를 통해 복을 받아 이 땅에서 잘살면 그만이라고 여기는 것이다.

그런데 예수님은 "아버지께서 구하는 자에게 좋은 것으로 주시지 않겠느냐? 그러므로 무엇이든지 남에게 대접을 받고자 하는 대로 너희도 남을 대접하라. 이것이 율법이요 선지자니라"(마 7:11-12)라고 말씀하셨다. 신자들이 이방인처럼 먹을 것과 입을 것을 위해 기도하지 않아도, 하늘 아버지께서는 이 모든 것이 그들에게 있어야 할 줄을 아신다. 그래서 신자들은 먼저 그의 나라와 그의 의를 구하며 살 수 있다. 그리하면 이 모든 것이 더하여진다. 그러므로 신자들은 기도가 깊어질수록 하나님의 보호와 인도를 확신하며 남에게 대접을 받고자 하는 대로 남을 잘 대접해야 한다. 기도할수록 우리 자신을 높이려는 마음은 줄어들고, 하나님의 나라와 의에 집중할 수 있게 되는 것이 정상이다.

기도를 하면 할수록 무엇이든지 우리에게 유익하던 것을 그리스도를 위해 다 해로 여기는 마음이 커져야 한다. 우리 주 그리스도 예수를 아는 지식이 가장 고상하기 때문이고, 우리가 그리스도를 얻고 그 안에서 발견되기 위해서다. 기독교인이 된다는 것은 많은 경우 세상의 흐름에 역류하며, 세상과 전혀 다른 생각과 가치관을 가지고 산다는 것이다. 신앙생활을 할수록 오직 하나님의 진리와 사랑만이 우리 삶의 기준과 내용과 목적이 되어야 한다. 그렇지 않으면 아무리 하나님의 이름을 불러도 망령되이 부르는 것, 하나님과 우상을 겸하여 섬기는 것이 되고 만다. 자신의 욕망을 충족시키기 위해 하나님의 이름을 오용해서는 안 될 것이다.

제37주일: 제101-102문

제3계명의 요구 Ⅱ: 맹세에 관하여

Q 제101문 그러면 우리는 하나님의 이름으로 경건하게 맹세해도 됩니까?

May we then swear religiously by the name of God?

A 답 네. 관리들이 국민에게 맹세를 요구할 때나, 하나님의 영광과 우리 이웃의 안전을 위해 정확성과 진실을 확증하려고 우리에게 맹세를 요구하는 상황에서는 맹세해도 됩니다. 왜냐하면 그런 맹세는 하나님의 말씀에 근거한 것으로,[1] 신구약 모두에서 성도들에 의해 정당하게 사용되었기 때문입니다.[2]

Yes: either when the magistrates demand it of the subjects; or when necessity requires us thereby to confirm a fidelity and truth to the glory of God, and the safety of our neighbour: for such an oath is founded on God's word, and therefore was justly used by the saints, both in the Old and New Testament.

Q 제102문 우리는 성인들이나 다른 피조물들로 맹세해도 됩니까?

May we also swear by saints or any other creatures?

A 답 안 됩니다. 왜냐하면 올바른 맹세는 하나님을 불러, 마음을 감찰하시는 유일한 분으로서 진실을 증언해주시고, 내가 거짓으로 맹세할 때는 나를 벌해달라고 요청하는 것이기 때문입니다.[3] 이런 영예는 어떤 피조물에게도 적합하지 않습니다.[4]

No; for a lawful oath is calling upon God, as the only one who knows the heart, that he will bear witness to the truth, and punish me if I swear falsely; (a) which honour is due to no creature.

magistrate	치안 판사	**fidelity**	정확도, 충실함
punish	벌하다, 처벌하다		

근거 성구

1 네 하나님 여호와를 경외하며 그를 섬기며 그의 이름으로 맹세할 것이니라(신 6:13).

네 하나님 여호와를 경외하여 그를 섬기며 그에게 의지하고 그의 이름으로 맹세하라(신 10:20).

사람들은 자기보다 더 큰 자를 가리켜 맹세하나니 맹세는 그들이 다투는 모든 일의 최후 확정이니라(히 6:16).

2 아브라함이 이르되 "내가 맹세하리라" 하고(창 21:24).

"아브라함의 하나님, 나홀의 하나님, 그들의 조상의 하나님은 우리 사이에 판단하옵소서" 하매 야곱이 그의 아버지 이삭이 경외하는 이를 가리켜 맹세하고(창 31:53).

15여호수아가 곧 그들과 화친하여 그들을 살리리라는 조약을 맺고 회중 족장들이 그들에게 맹세하였더라.…19모든 족장이 온 회중에게 이르되 "우리가 이스라엘의 하나님 여호와로 그들에게 맹세하였은즉 이제 그들을 건드리지 못하리라"(수 9:15, 19).

21"그런즉 너는 내 후손을 끊지 아니하며 내 아버지의 집에서 내 이름을 멸하지 아니할 것을 이제 여호와의 이름으로 내게 맹세하라" 하니라. 22다윗이 사울에게 맹세하매 사울은 집으로 돌아가고 다윗과 그의 사람들은 요새로 올라가니라(삼상 24:21-22).

석양에 뭇 백성이 나아와 다윗에게 음식을 권하니 다윗이 맹세하여 이르되 "만일 내가 해 지기 전에 떡이나 다른 모든 것을 맛보면 하나님이 내게 벌 위에 벌을 내리심이 마땅하니라" 하매(삼하 3:35).

29왕이 이르되 "내 생명을 모든 환난에서 구하신 여호와께서 살아 계심을 두고 맹세하노라. 30내가 이전에 이스라엘의 하나님 여호와를 가리켜 네게 맹세하여 이르기를 '네 아들 솔로몬이 반드시 나를 이어 왕이 되고 나를 대신하여 내 왕위에 앉으리라' 하였으니 내가 오늘 그대로 행하리라"(왕상 1:29-30).

내가 그의 아들의 복음 안에서 내 심령으로 섬기는 하나님이 나의 증인이 되시거니와 항상 내 기도에 쉬지 않고 너희를 말하며(롬 1:9).

내가 내 목숨을 걸고 하나님을 불러 증언하시게 하노니 내가 다시 고린도에 가지 아니한 것은 너희를 아끼려 함이라(고후 1:23).

3 내가 그리스도 안에서 참말을 하고 거짓말을 아니하노라. 나에게 큰 근심이 있는 것과 마음에 그치지 않는 고통이 있는 것을 내 양심이 성령 안에서 나와 더불어 증언하노니(롬 9:1).

고린도후서 1:23(2번을 참고하시오).

4 34나는 너희에게 이르노니 도무지 맹세하지 말지니 하늘로도 하지 말라. 이는 하나님의 보좌임이요, 35땅으로도 하지 말라. 이는 하나님의 발등상임이요, 예루살렘으로도 하지 말라. 이는 큰 임금의 성임이요, 36네 머리로도 하지 말라. 이는 네가 한 터럭도 희고 검게 할 수 없음이라(마 5:34-36).

16화 있을진저, 눈먼 인도자여! 너희가 말하되 "누구든지 성전으로 맹세하면 아무 일 없거니와 성전의 금으로 맹세하면 지킬지라" 하는도다. 17어리석은 맹인들이여! 어느 것이 크냐? 그 금이냐, 그 금을 거룩하게 하는 성전이냐? 18너희가 또 이르되 "누구든지 제단으로 맹세하면 아무 일 없거니와 그 위에 있는 예물로 맹세하면 지킬지라" 하는도다. 19맹인들이여! 어느 것이 크냐? 그 예물이냐, 그 예물을 거룩하게 하는 제단이냐? 20그러므로 제단으로 맹세하는 자는 제단과 그 위에 있는 모든 것으로 맹세함이요, 21또 성전으로 맹세하는 자는 성전과 그 안에 계신 이로 맹세함이요, 22또 하늘로 맹세하는 자는 하나님의 보좌와 그 위에 앉으신 이로 맹세함이니라(마 23:16-22).

내 형제들아, 무엇보다도 맹세하지 말지니 하늘로나 땅으로나 아무 다른 것으로도 맹세하지 말고 오직 너희가 그렇다고 생각하는 것은 그렇다 하고 아니라고 생각하는 것은 아니라 하여 정죄 받음을 면하라(약 5:12).

해설

맹세에 관하여

우리는 앞선 교리문답을 통해 함부로 맹세하면 안 된다는 사실을 살펴보았습니다. 그렇다면 하나님의 이름으로 어떤 맹세도 하면 안 될까요? 이에 대해 하이델베르크 교리문답 제101문은 하나님의 이름으로 경건하게 맹세하는 것은 가능하다고 말합니다.

제99문	무엇이 제3계명에서 요구되는가?
제100문	하나님의 이름을 모독하는 것은 너무나 큰 죄라서 죽음의 벌이 따른다.
제101문	우리는 하나님의 이름으로 경건하게 맹세해도 되는가?
제102문	우리는 성인들이나 다른 피조물들로 맹세해도 되는가?

표20 하이델베르크 교리문답 제99-102문의 구성

1. 하나님의 이름으로 경건하게 하는 맹세

우리가 맹세해도 되는 경우는 첫째, 국가의 관리들이 국민에게 맹세를 요구하는 경우입니다. 둘째, 진행되어가는 상황이 정확성과 진실을 확증하기 위해 우리에게 맹세를 요구할 때입니다. 국가는 우리에게 맹세를 통해 국가가 시행하는 일에 진실과 성실함으로 임할 것을 요구합니다. 우리는 그때 기꺼이 맹세해도 됩니다. 또 어떤 사람이 우리의 진실성을 요구하며 막중한 일을 맡기고자 할 때 우리는 하나님의 이름으로 경건하게 맹세하며 그 일을 맡을 수 있습니다. 또한 신자들이 법정에 증인으로 서게 될 때는 "양심에 따라 숨김과 보탬이 없이 사실 그대로 말하고, 만일 거짓말이 있으면 위증의 벌을 받기로 맹세합니다"라는 증인선서를 법정의 요구에 따라 할 수 있습니다.

왜냐하면 그런 맹세는 하나님의 말씀에 근거한 것으로서 신구약 성경에서도 성도들이 그런 맹세를 정당하게 사용하였기 때문입니다. 신명기는 여호와의 이름으로 맹세하라고 말합니다(신 6:13; 10:20). 실제로 아브라함은 "너는 나와 내 아들과 내 손자에게 거짓되이 행하지 아니하기를 이제 여기서 하나님을 가리켜 내게 맹세하라. 내가 네게 후대한 대로 너도 나와 네가 머무는 이 땅에 행할 것이니라"(창 21:23)라는 아비멜렉의 요구에 따라 성심으로 맹세했습니다. 야곱도 삼촌이 "내가 이 무더기를 넘어 네게로 가서 해하지 않을 것이요, 네가 이 무더기, 이 기둥을 넘어 내게로 와서 해하지 아니할 것이라"라고 말했을 때 하나님을 가리켜 맹세했습니다(창 31:53). 여호수아와 회중 족장들도 기브온 주민들이 먼 곳에 사는 것처럼 꾸미고 화친하자고 제안했을 때 그들을 살리겠다는 조약을 맺고 그들에게 맹세했습니다. 그들과 조약을 맺고 사흘 후에 그들이 이웃에 거주하는 자들임을 알게 되었지만 하나님의 이름으로 맹세했기 때문에 그들을 치지 못했습니다. 대신 기브온 주민들은 온 회중을 위해 나무를 패며 물을 긷는 자가 되었습니다(수 9:3-21).

다윗도 사울 왕이 "너는 내 후손을 끊지 아니하며 내 아버지의 집에서 내 이름을 멸하지 아니할 것을 이제 여호와의 이름으로 내게 맹세하라"라고 말했을 때 사울에게 맹세하고(삼상 24:21-22), 그 약속을 지켰습니다. 다윗은 솔로몬을 후임 왕으로 세우겠다고 맹세했고 그 맹세도 지켰습니다(왕상 1:29-30). 신약에서도 바울은 자신이 로마 교인들을 위해 기도한 것에 대해 하나님이 증인이시라고 말하고(롬 1:9), 자신이 고린도에 가지 않은 것도 고린도 교인들을 아끼기 위한 것이었음을 하나님을 불러 증언하시게 합니다(고후 1:23). 그러므로 지금도 우리는 정당한 일에 대하여 하나님의 이름으로 경건하게 맹세해도 됩니다.

물론 우리는 하나님의 이름으로 경건하게 맹세할 때 신중해야 합니다. 맹세를 지키기 위해 최선을 다해야 하기에 우리 자신이 지킬 수 있는 맹세인지 신중하게 살펴야 합니다. 여호수아와 족장들은 기브온 주민들과 조약을 맺을 때 신중하지 못했습니다. 곰팡이 난 떡과 낡은 가죽 부대와 해진 옷과 신만을 보고 그들이 멀리서 왔다고 단정했습니다. 어떻게 해야 할지를 더 깊이 생각하지 않고 하나님께 묻지도 않았습니다(수 9:14). 그 결과 얼마 후 그들이 이웃에 사는 자들임을 알게 되었지만, 그 맹세로 말미암아 그들을 치지 못했습니다. 이에 회중은 다 족장들을 원망했습니다. 그러므로 우리는 하나님의 이름으로 경건하게 맹세할 수 있더라도 최대한 신중하게 맹세해야 할 것입니다.

감추어진 일은 하나님께 속하고, 나타난 일은 우리와 우리 자손에게 영원히 속합니다(신 29:29). 우리는 나타난 일만 보고 미래도 그렇게 펼쳐질 것이라고 함부로 단정해서는 안 됩니다. 따라서 우리는 함부로 맹세하면 안 되고, 단지 당면한 문제를 하나님의 율법에 따라 판단하며 우리가 행해야 할 바를 결정해가야 합니다. 특별히 하나님의 율법에 따라 하나님의 이름으로 경건하게 맹세한 것은 지키기 위해 최선을 다해야 합니다.

2. 우리는 성인들이나 다른 피조물들로 맹세해도 되는가?

어떤 일에 대해 맹세를 한다는 것은 그 일에 대한 증인으로 하나님을 초청하는 것입니다. 하나님은 우리의 마음을 가장 정확하게 아시는 유일한 분이십니다(롬 9:1; 고후 1:23). 시편 기자는 자신의 입의 말과 마음의 묵상이 주님 앞에 열납되기를 원했습니다(시 19:14). 마음의 묵상까지 아시는 하나님께 자신의 마음의 묵상이 인정되기를 바란 것입니다. 시편 기자는 하나님께 자기를 살피어 자기 마음을 아시고, 자기를 시험하시어 자기 뜻을 아시라고 간구합니다(시 139:23). 자신의 마음을 아시는 하나님이 자신을 영원한 길로 인도하여달라고 기도하는 것입니다.

우리 안에 내주하시는 성령님은 우리가 우리에 대해 모르는 부분까지도 잘 아십니다. 우리를 만드셨기 때문이고, 우리 안에 내주하시기 때문입니다(시 94:9). 그 하나님이 어떤 일에 대해서 우리 마음의 증언자가 되어달라고 요청하는 것이 맹세입니다. 동시에 우리가 거짓으로 맹세하는 것이라면 우리를 징계해달라고 요청하는 것이기도 합니다. 그런데 이런 영예를 하나님 말고 다른 누구에게 줄 수 있겠습니까? 그러므로 성인들이나 다른 피조물들로 맹세하는 것은 신성모독에 속해 당연히 금지됩니다.

성인들이나 다른 피조물들은 사람의 마음을 정확하게 감찰하지 못합니다. 거짓을 말하는지 아닌지를 정확히 파악하지 못합니다. 따라서 거짓에 대해 정확하게 응징하지 못합니다. 그와 같이 충분한 능력이 없기에 그들로 맹세하는 것은 헛된 일에 지나지 않습니다.

설사 성인들이나 다른 피조물들에 어떤 가치나 능력이 있다고 해도 그것은 궁극적으로 하나님으로 말미암은 것입니다. 우리가 하늘에 대고 맹세한다고 해봅시다. 하늘은 스스로 생긴 것이 아니라 하나님이 만드신 것으로서 하나님의 보좌에 해당합니다. 땅은 하나님의 발등상이고, 예루살렘은 큰 임금의 성입니다. 우리의 머리로 맹세한다고 해도, 우리는 그것을 한 터럭이라도 희거나 검게 할 수 없습니다(마 5:34-36). 우리 자신이 통제하지 못하는 머리로 우리가 맹세한들 무슨 유익과 의미가 있겠습니까?

서기관들과 바리새인들은 성전으로 맹세하면 안 지켜도 되지만 성전의 금으로 맹세하면 지켜야 하고, 제단으로 맹세하면 괜찮지만 그 위에 있는 예물로 맹세하면 지켜야 한다고 가르쳤습니다. 이에 대해 예수님은 금보다 그 금을 거룩하게 하는 성전이 더 크고, 예물보다 그 예물을 거룩하게 하는 제단이 더 크다고 말씀하셨습니다. 부패한 그들은 성전과 제단 자체보다 실제 유익이 되는 금과 예물을 더 중시했지만, 사실은 성전과 제단이 금이나 예물보다 훨씬 더 큽니다.

그런데 제단이나 성전으로 맹세하는 자는 단순히 물리적 의미에서 제단이나 성전을 바라보아서는 안 됩니다. 그 제단과 성전이 상징하는 실체를 바라보아야 합니다. 제단으로 맹세하는 자는 단순히 물리적 시설물이 아니라, 제단과 그 위에 있는 모든 것으로 맹세하는 것입니다. 성전으로 맹세하는 자도 성전과 그 안에 계신 이로 맹세하는 것이고, 또 하늘로 맹세하는 자는 하나님의 보좌와 그 위에 앉으신 이로 맹세하는 것입니다(마 23:16-22). 따라서 맹세하는 자는 절대로 성인들이나 피조물들로 맹세해서는 안 되고, 그것들을 존재하게 하시는 하나님으로 맹세해야 합니다. 성인들이나 피조물들은 아무 영예도, 아무 능력도 없습니다.

함께 나누기: 제3계명의 요구

01 결혼을 했다면 부부 생활이 행복한 편인지 말해봅시다. 가정생활에서 자신의 약점과 강점은 무엇입니까? 더 행복한 가정생활을 위해 여러분 자신이 바뀌어야 할 점은 무엇입니까? 미혼이라면 부모님에 관해, 아니면 장차 결혼할 경우에 관해 생각해서 나누어봅시다.

02 하이델베르크 교리문답 제99-102문을 서로 묻고 답해봅시다. 근거 성구도 다시 한번 살펴봅시다.

03 무엇이 제3계명에서 요구되는지 다음의 관점에서 살펴봅시다.

① 레위기 24:10-16을 통해 하나님의 이름을 모독하며 저주하는 자를 어떻게 해야 하는지 살펴봅시다.

② 열왕기상 21:1-16을 통해 누가 하나님의 이름을 모독하는지 살펴봅시다.

③ 마태복음 5:33-37, 야고보서 5:12, 사사기 11:29-31을 통해 성급한 맹세의 위험성에 관해 살펴봅시다.

④ 창세기 37:20-27을 통해 침묵과 방조로 타인들의 죄악에 동참하는 것이 무엇인지 살펴봅시다.

⑤ 사도행전 19:13-18을 통해 경외와 존경으로만 하나님의 거룩한 이름을 사용하는 것에 대해 살펴봅시다. 아울러 "오, 나의 하나님"(Oh, my God!), "예수 그리스도"(Jesus Christ), "할렐루야" 등의 어휘를 무분별하게 사용하는 경우가 있는지 성찰해봅시다.

04

하나님의 이름을 모독하는 것은 너무나 큰 죄라서 죽음의 벌이 따릅니까? 제3계명에 부가된 말씀은 무엇이고, 그 뜻은 무엇인지 나누어봅시다.

05

우리는 어느 경우에 하나님의 이름으로 경건하게 맹세해도 됩니까? 그 이유는 무엇입니까?

06

우리는 성인들이나 다른 피조물들로 맹세해도 됩니까?

제38주일: 제103문

제4계명의 요구: 안식일에 관하여

Q 제103문 하나님은 제4계명에서 무엇을 요구하십니까?

What does God require in the fourth commandment?

A 답 첫째, 복음과 교육의 사역이 유지되는 것을 요구하십니다.[1] 그래서 나는 특히 안식일, 즉 휴식의 날에 하나님의 교회에 부지런히 참석하여[2] 하나님의 말씀을 듣고[3] 성례에 참여하며[4] 공적(公的)으로 주님을 부르고[5] 가난한 자들의 구제에 공헌합니다.[6] 둘째, 나의 전 생애를 통해서 나쁜 행위를 그만두고, 나 자신을 주님께 바쳐 주님이 그의 성령을 통해 내 안에서 일하시도록 하고, 그래서 이생에서의 영원한 안식을 시작할 것을 요구하십니다.[7]

First, that the ministry of the gospel and the schools be maintained; and that I, especially on the sabbath, that is, on the day of rest, diligently frequent the church of God, to hear his word, to use the sacraments, publicly to call upon the Lord, and contribute to the relief of the poor. Secondly, that all the days of my life I cease from my evil works, and yield myself to the Lord, to work by his Holy Spirit in me: and thus begin in this life the eternal sabbath.

근거 성구

1 13성전의 일을 하는 이들은 성전에서 나는 것을 먹으며 제단에서 섬기는 이들은 제단과 함께 나누는 것을 너희가 알지 못하느냐? 14이와 같이 주께서도 "복음 전하는 자들이 복음으로 말미암아 살리라" 명하셨느니라(고전 9:13-14).

잘 다스리는 장로들은 배나 존경할 자로 알되 말씀과 가르침에 수고하는 이들에게는 더욱 그리할 것이니라(딤전 5:17).

또 네가 많은 증인 앞에서 내게 들은 바를 충성된 사람들에게 부탁하라. 그들이 또 다른 사람들을 가르칠 수 있으리라(딤후 2:2).

14그러나 너는 배우고 확신한 일에 거하라. 너는 네가 누구에게서 배운 것을 알며 15또 어려서부터 성경을 알았나니 성경은 능히 너로 하여금 그리스도 예수 안에 있는 믿음으로 말미암아 구원에 이르는 지혜가 있게 하느니라(딤후 3:14-15).

내가 너를 그레데에 남겨둔 이유는 남은 일을 정리하고 내가 명한 대로 각 성에 장로들을 세우게 하려 함이니(딛 1:5).

2 엿새 동안은 일할 것이요 일곱째 날은 쉴 안식일이니 성회의 날이라. 너희는 아무 일도 하지 말라. 이는 너희가 거주하는 각처에서 지킬 여호와의 안식일이니라(레 23:3).

10내가 주의 공의를 내 심중에 숨기지 아니하고 주의 성실과 구원을 선포하였으며 내가 주의 인자와 진리를 많은 회중 가운데에서 감추지 아니하였나이다. 11여호와여, 주의 긍휼을 내게서 거두지 마시고 주의 인자와 진리로 나를 항상 보호하소서(시 40:10-11).

사람이 내게 말하기를 "여호와의 집에 올라가자" 할 때에 내가 기뻐하였도다(시 122:1).

42그들이 사도의 가르침을 받아 서로 교제하고 떡을 떼며 오로지 기도하기를 힘쓰니라.…46날마다 마음을 같이하여 성전에 모이기를 힘쓰고 집에서 떡을 떼며 기쁨과 순전한 마음으로 음식을 먹고(행 2:42, 46).

모이기를 폐하는 어떤 사람들의 습관과 같이 하지 말고 오직 권하여 그 날이 가까움을 볼수록 더욱 그리하자(히 10:25).

3 그러므로 믿음은 들음에서 나며 들음은 그리스도의 말씀으로 말미암았느니라(롬 10:17).

3그러나 예언하는 자는 사람에게 말하여 덕을 세우며 권면하며 위로하는 것이요…19그러나 교회에서 네가 남을 가르치기 위하여 깨달은 마음으로 다섯 마디 말을 하는 것이 일만 마디 방언으로 말하는 것보다 나으니라(고전 14:3, 19).

내가 이를 때까지 읽는 것과 권하는 것과 가르치는 것에 전념하라(딤전 4:13).

4 그 주간의 첫날에 우리가 떡을 떼려 하여 모였더니 바울이 이튿날 떠나고자 하여 그들에게 강론할새 말을 밤중까지 계속하매(행 20:7).

23내가 너희에게 전한 것은 주께 받은 것이니 곧 주 예수께서 잡히시던 밤에 떡을 가지사 24축사하시고 떼어 이르시되 "이것은 너희를 위하는 내 몸이니 이것을 행하여 나를 기념하라" 하시고(고전 11:23-24).

5 그리스도의 말씀이 너희 속에 풍성히 거하여 모든 지혜로 피차 가르치며 권면하고 시와 찬송과 신령한 노래를 부르며 감사하는 마음으로 하나님을 찬양하고(골 3:16).

1그러므로 내가 첫째로 권하노니 모든 사람을 위하여 간구와 기도와 도고와 감사를 하되 2임금들과 높은 지위에 있는 모든 사람을 위하여 하라. 이는 우리가 모든 경건과 단정함으로 고요하고 평안한 생활을 하려 함이라. 3이것이 우리 구주 하나님 앞에 선하고 받으실 만한 것이니(딤전 2:1-3).

6 땅에는 언제든지 가난한 자가 그치지 아니하겠으므로 내가 네게 명령하여 이르노니 너는 반드시 네 땅 안에 네 형제 중 곤란한 자와 궁핍한 자에게 네 손을 펼지니라(신 15:11).

매주 첫날에 너희 각 사람이 수입에 따라 모아 두어서 내가 갈 때에 연보를 하지 않게 하라(고전 16:2).

만일 믿는 여자에게 과부 친척이 있거든 자기가 도와주고 교회가 짐지지 않게 하라. 이는 참 과부를 도와주게 하려 함이라(딤전 5:16).

7 22내가 지을 새 하늘과 새 땅이 내 앞에 항상 있는 것 같이 너희 자손과 너희 이름이 항상 있으리라. 여호와의 말이니라. 23여호와가 말하노라. 매월 초하루와 매 안식일에 모든 혈육이 내 앞에 나아와 예배하리라(사 66:22-23).

9그런즉 안식할 때가 하나님의 백성에게 남아 있도다. 10이미 그의 안식에 들어간 자는 하나님이 자기의 일을 쉬심과 같이 그도 자기의 일을 쉬느니라. 11그러므로 우리가 저 안식에 들어가기를 힘쓸지니 이는 누구든지 저 순종하지 아니하는 본에 빠지지 않게 하려 함이라(히 4:9-11).

해설

안식일을 기억하여 거룩하게 지키라

제4계명은 "안식일을 기억하여 거룩하게 지키라. 엿새 동안은 힘써 네 모든 일을 행할 것이나 일곱째 날은 네 하나님 여호와의 안식일인즉, 너나 네 아들이나 네 딸이나 네 남종이나 네 여종이나 네 가축이나 네 문안에 머무는 객이라도 아무 일도 하지 말라"입니다.

하이델베르크 교리문답 제103문은 하나님이 이 계명을 통해 크게 두 가지를 요구하신다고 말합니다. 각각에 대해 살펴보기에 앞서 안식일의 의미와 안식일을 지키는 이유에 대해 먼저 살펴보겠습니다.

제101문 우리는 하나님의 이름으로 경건하게 맹세해도 되는가?
제102문 우리는 성인들이나 다른 피조물들로 맹세해도 되는가?
제103문 하나님은 제4계명에서 무엇을 요구하시는가?

표21 하이델베르크 교리문답 제101-103문의 구성

1. 안식일의 의미

태초에 하나님이 천지 만물을 보시기에 심히 좋게 창조하셨습니다. 이 완벽한 창조에 대해 성경은 "천지와 만물이 다 이루어지니라"(창 2:1)라고 말합니다. 사람이 만든 모든 것에는 부족함이 있고, 시간이 흐를수록 흠이 점점 크게 드러납니다. "다 이루어지니라"라는 표현은 오직 하나님께만 적용됩니다. 하나님이 일곱째 날에 안식하신 것은 모든 일을 다 이루었기 때문이지,

할 일이 남아 있는데도 안식하신 것이 아니고, 피곤하여 안식하신 것도 아닙니다. 모든 것을 완벽하게 만드셨기 때문에 그날을 기념하시고, 복되게 하사 거룩하게 하셨습니다.

그런데 심히 좋게 만들어진 천지 만물이 아담의 죄로 인해 깨져버렸습니다. 땅은 저주를 받아 가시덤불과 엉겅퀴를 내었습니다. 사람이 행하는 모든 일에는 가시덤불과 엉겅퀴가 발생하여 이제 평생에 걸쳐 땀을 흘려 수고해야 그 소산을 먹게 되었습니다. 사람은 음식을 100퍼센트 소화시키지 못하니 화장실에 가야 하고, 자동차는 연료를 100퍼센트 연소하지 못하니 유독한 가스를 배출합니다. 어떤 모임과 조직도 완벽하게 돌아가지 않고, 누구에게나 가시덤불과 엉겅퀴 같은 부담스러운 사람과 일이 있기 마련입니다. 100퍼센트 만족스러운 대상은 세상 어디에도 없습니다.

바로 이런 문제를 해결하시러 예수님이 오셨습니다. 예수님은 십자가에서 죽으시기 직전에 "다 이루었다"(요 19:30)라고 말씀하셨습니다. "다 이루었다"라는 말은 이렇게 하나님만이 하실 수 있습니다. 예수님은 아담의 죄로 인해 일그러진 인류와 세상을 회복하는 모든 일을 하신 것입니다. 하나님은 창조만 하시지 않고, 창조하신 세상이 죄로 일그러졌을 때 회복하는 일까지 하셨습니다.

창조자와 구속자이신 하나님은 지금도 이 세상을 보존하고 통치하시며 우리와 협력하시어 하나님의 뜻을 이루십니다. 우리는 바로 이 사실에 근거해 지금 이 땅에서 안식할 수 있습니다. 우리의 생명을 구원해주신 하나님이 지금 이 순간도 우리를 지켜주시니 안식하지 않을 수 없습니다. 무슨 일을 하든지 하나님의 보호와 통치 아래 있음을 확신하고 궁극적으로 하나님이 선한 것을 우리에게 주실 줄 알기에 평안한 마음을 가질 수 있습니다. 이런 하나님의 보호와 통치를 더욱 분명하게 확인하는 날이 안식일입니다.

2. 안식일을 지키는 이유: 십계명의 서문과 제4계명에 부가된 논리

십계명은 출애굽기 20장과 신명기 5장에 나옵니다. 출애굽기 20장은 안식일을 지켜야 하는 이유에 대해 "이는 엿새 동안에 나 여호와가 하늘과 땅과 바다와 그 가운데 모든 것을 만들고 일곱째 날에 쉬었음이라. 그러므로 나 여호와가 안식일을 복되게 하여 그 날을 거룩하게 하였느니라"(출 20:11)라고 말합니다. 신명기 5장은 "너는 기억하라. 네가 애굽 땅에서 종이 되었더니 네 하나님 여호와가 강한 손과 편 팔로 거기서 너를 인도하여내었나니 그러므로 네 하나님 여호와가 네게 명령하여 안식일을 지키라 하느니라"(신 5:15)라고 말합니다.

출애굽기 20장은 하나님이 창조자이심에 근거해, 신명기 5장은 하나님이 구원자이심에 근거해 안식일을 지키라고 말합니다. 여기서 후자의 내용은 십계명의 서문인 "나는 너를 애굽 땅, 종 되었던 집에서 인도하여낸 네 하나님 여호와니라"(출 20:2)와 거의 같습니다.

안식일에 쉬지 않고 일을 하면 처음에는 많은 성과와 돈을 얻는 것처럼 보이지만, 그렇게 쉬지 않고 5년, 10년 지나면 건강과 가정에 문제가 생기기 시작합니다. 병에 걸리면 그간 정성스럽게 모은 돈을 치료비로 날리게 되고, 죽게 되면 그 돈이 누구에게 흘러가게 될지 아무도 모릅니다. 가정도 화합과 안정을 위해 노력해야 유지되지 일에만 몰두하면 깨지기 쉽습니다. 주일까지 일하는 사람은 부부 관계를 좋게 유지하거나 자녀 양육에 공을 들일 가능성이 상대적으로 줄어듭니다. 부부 관계가 깨지고 자식 농사에 실패하면 안식일에 쉬지 않고 힘들게 돈을 버는 의미가 없습니다. 또 몇 년 열심히 일해도 갑자기 흉악한 사건, 사고가 발생하면 모은 돈을 한 번에 날리게 됩니다. 결론적으로 안식일에 쉬지 않고 일한다고 하여 큰돈을 버는 것이 절대 아닙니다.

하나님은 만나를 주실 때 매일 들에 나가 한 오멜씩 취하고, 다음 날 아침까지 남겨두지 말라고 하셨습니다. 남겨두면 벌레가 꼬이고 냄새가 났습니다(출 16:20). 그런데 제6일에는 만나를 두 오멜씩 취해도 다음날까지 멀쩡했습니다. 어떤 사람들은 안식일에도 들에 나가 신선한 만나를 얻으려고 했는데(출 16:27), 하나님은 그들이 계명을 지키지 않은 것에 대해 진노하셨습니다. 그들이 안식일에 들에 나가는 것은 하나님이 전능하신 창조주이시며 긍휼이 많으신 구원자이심을 믿지 못하는 불신의 행위입니다. 하나님은 안식일에는 일하지 않아도 살 수 있도록 그 전날에 두 배의 양식을 주십니다. 하나님이 안식일을 허락하셨다는 것은 다른 날에만 일해도 먹고살 수 있게 하시겠다는 이야기입니다. 안식일은 사람을 위한 축복의 날입니다.

그런데 출애굽기 20장의 십계명은 출애굽기 16장의 만나에 관한 내용 후에 나옵니다. 이는 십계명이 주어지기 전에도 이스라엘 백성이 안식일 준수 원칙을 이미 알고 있었다는 말입니다. 이 책의 상권에서 살펴본 것처럼 하나님은 아담을 성인으로 만드시어 에덴동산을 경작하며 지키게 하셨습니다. 아담은 경험과 교육을 통해 에덴동산을 지킨 것이 아니라, 하나님이 그의 마음에 심어주신 지식과 능력으로 지켰습니다. 하나님은 당신의 형상을 따라 사람에게 지식과 의와 진정한 거룩함을 입히시고(창 1:26; 골 3:10; 엡 4:24), 그 마음에 하나님의 법을 기록하시며(롬 2:14, 15), 그 법을 행할 능력을 주셨습니다(전 7:29). 그래서 안식일만이 아니라 하나님의 율법은 아담과 그의 후손의 마음에 기록되어 있다고 보아야 합니다(롬 2:14-15).

아담은 자기의 마음에 새겨진 말씀과 하나님이 직접 주신 말씀으로 말미암아 하나님이 어떤 분이신지 알고 있었고, 사람이 어떻게 살아야 하는지에 관해서도 알고 있었습니다. 그래서 하나님이 왜 선악을 알게 하는 나무의 열매를 따 먹으면 안 된다고 하는지, 그 이유와 목적을 충분히 알고 있었습니다. 안식일에 관해서도 마찬가지였으며 이는 아담의 가르침을 통해 후손들에게 전수되었습니다. 하지만 하나님은 출애굽기 20장의 십계명을 통해 안식일 규례를 다시금 확인시키셨습니다. 즉 십계명은 아담 때부터 있었던 율법을 하나님이 열 가지로 축약해주신 것이지, 이스라엘 백성이 전혀 듣지도 보지도 못한 생소한 율법을 새삼스럽게 강요한 것이 아니었습니다.

안식일을 지킨다는 것은 하나님이 창조자와 구원자 되심을 인정하는 것입니다. 또한 은혜로우시며 노하기를 더디 하시며 인애가 크신 하나님이 우리의 필요를 우리가 간구하기도 전에 아시고 채워주신다는 것과, 우리가 이방인과 같이 중언부언하며 구하지 않아도 하나님이 우리에게 정말로 필요한 것을 필요한 때에 주신다는 사실을 인정하는 것입니다. 그래서 이방인들이 구하는 먹을 것과 입을 것이 아니라, 먼저 하나님의 나라와 의를 구할 수 있습니다. 결국 안식일을 지킨다는 것은 하나님이 생명이고 진리이고 길이라는 것에 대한 적극적인 인정이 됩니다. 안식일 규례는 우리의 자유를 제한하는 나쁜 율법이 아니라, 오히려 우리를 자유하게 하고 쉼을 주는 좋은 율법입니다.

3. 하나님은 제4계명에서 무엇을 요구하시는가?

ㄱ. 복음과 교육의 사역이 유지되는 것

하나님은 제4계명에서 복음과 교육의 사역이 유지되기를 원하십니다. 안식일에 그 어떤 일보다 중요시되어야 하는 것이 바로 복음과 교육의 사역(the ministry of the gospel and the schools)입니다. 이것을 위해 첫째, 우리는 하나님의 교회에 부지런히 참석해야 합니다. 교회에 참석하여 무엇보다 하나님의 말씀을 들어야 합니다. 설교를 통해, 그리고 성경 공부를 통해 들어야 합니다. 제103문의 답이 말하는 "하나님의 말씀을 듣는다"는 것은 하나님의 말씀을 배운다는 것이고 하나님의 말씀을 통해 은혜를 받는다는 의미입니다.

둘째, 성례에 참여해야 합니다. 우리는 예배 중에 말씀으로 들은 내용을 세례와 성찬의 성례에 참여하여 두 눈으로 확인합니다. 믿지 않던 자가 공적으로 신앙을 고백하며 세례받는 것을 보며 죄인이 그리스도의 피와 영으로 의로운 자가 됨을 확인합니다. 그리고 그리스도의 찢긴 살과 흘린 피를 상징하는 성찬의 떡과 포도주를 두 눈으로 보면서 은혜를 받습니다. 성례 참여자들은 같은 떡과 포도주를 먹고 마시며 한 형제임을 확인합니다. 두 귀로 말씀을 통해 배운 그리스도의 대속이 의미하는 바를 상징하는 성례를 두 눈으로 보며 은혜를 받는 것입니다.

셋째, 공적으로 주님을 불러야 합니다. 우리는 사적으로 골방에서 주님을 부르며 기도하고 찬양할 수 있습니다. 그런데 안식일에는 교회에 공적으로 모여 주님을 부릅니다. 기도하며 부르고 찬양하며 부릅니다. 우리의 게으름과 죄 때문에 사적으로 주님을 부르지 못할지라도, 안식일에는 교회에 나아와 공적인 찬양과 기도와 간구로 주님을 부를 수 있습니다. 안식일에 함께 드리는 예배가 우리를 얼마나 하나님께로 가까이 인도하는지 모릅니다.

넷째, 가난한 자들을 돕는 일에 참여해야 합니다. 우리는 하나님께 받은 사랑을 이웃에게 돌려주어야 합니다. 궁핍한 자, 마음이 아픈 자, 병을 앓는 환자를 위로하고 격려하며 실제로도 도와줘야 합니다. 우리는 기회가 닿는 대로 모든 이에게 착한 일을 하되 더욱 믿음의 가정들에게 해야 합니다(갈 6:10). 주일에 예배를 드린 후에 우리가 도움을 주어야 할 성도들이 있는지 살필 줄 알아야 합니다. 예전에는 성도들이 주일 오전에 예배를 드리고, 같이 점심을 먹은 후에는 결석자, 아픈 자, 도움이 필요한 자, 시험에 든 자를 방문하여 격려하고 도왔습니다. 오후 2시가 아니라 저녁 7시 전후로 예배가 있어 그런 일이 가능했습니다. 오후 2시 전후로 예배가 있다면 그 예배 후에 성도들을 방문하는 것도 좋은 방법입니다. 주일 성수를 한다는 것은 예배를 드린다는 것에서 끝나지 않고, 교우들을 살피는 일까지 포함합니다. 성경과 교회는 기본적으로 공동체를 전제하고 있음을 잊지 말아야 합니다.

ㄴ. 악행을 그만두고, 영원한 안식을 시작하는 것

그다음으로 하나님이 제4계명에서 요구하시는 것은 악행을 그만두고 이생에서 영원한 안식을 시작하는 것입니다. 안식일의 의미는 앞서 살펴본 것처럼 하나님이 무에서 천지 만물을 창조하셨다는 것과, 하나님이 죄를 지어 죽을 수밖에 없는 사람들을 구원하셨음을 인정하는 것입니다. 그러므로 우리는 전 생애를 통해서 나쁜 행위를 그만두려고 노력해야 합니다. 특히 안식일에는 안식일의 의미를 깊이 생각하며 죄와의 싸움에 더욱 힘을 쏟아야 합니다. 창조와 구원을 통해 우리의 진정한 주인이 되신 주님께 우리 자신을 바쳐야 합니다. 특히 안식일에 더욱 이런 믿음을 갖고서 주님께 우리를 바침으로써 주님이 우리 안에서 성령을 통해 일하게 하셔야 합니다. 우리 안에 내주하시는 성령이 원하시는 삶을 살아 성령의 아홉 가지 열매를 맺어야 합니다.

이런 삶은 비록 우리가 이 땅에 있지만 하나님 나라에서 누리는 영원한 안식을 이미 시작한 것으로 만들어줍니다. 우리는 우리의 시민권이 천국에 있는 줄 알고 천국 시민다운 삶을 살 수 있습니다. 세상 사람들과 다른 논리와 정서와 목표를 가지고 살기에 우리는 영원한 안식을 이 땅에서 누립니다. 이런 인식과 기쁨과 감사가 안식일에는 더욱 깊어져야 합니다.

4. 제4계명은 도덕법인가, 의식법인가?

우리는 하이델베르크 교리문답 제4문에서 율법이 도덕법과 의식법과 시민법 세 가지로 나뉜다는 사실을 살펴보았습니다. 그렇다면 십계명 중 제4계명은 도덕법과 의식법 중 어디에 속할까요? 하이델베르크 교리문답 제4문은 도덕법이 십계명에 종합적으로 내포되어 있다고 말합니다. 십계명은 구약 시대에만 지켜야 하는 의식법이 아니라, 지금도 신자들이 지켜야 하는 하나님의 영원한 도덕법에 속합니다. 따라서 제4계명도 의식법이 아니라 도덕법입니다.

그런데 십계명의 다른 9개 계명은 모두 도덕법이라고 생각하면서 오직 제4계명은 구약의 제사나 할례나 유월절처럼 의식법이라고 생각하는 이들이 있습니다. 하지만 제4계명은 하고 싶은 일들을 7일째에는 하지 못하게 하여 우리의 자유와 권리를 제한하는 법이 아니라, 7일째에는 푹 쉬어도 우리가 먹고사는 데 지장이 없다는 것을 확인시키며 자유와 권리를 주는 법입니다. 제4계명이 구약에만 유효한 의식법이라면 오히려 신약의 신자들은 그러한 자유와 권리를 누리지 못하게 됩니다.

하나님이 창조자와 구속자시라는 것은 구약 시대에만 한정되지 않습니다. 신약 시대에도 유효하고 앞으로도 영원히 유효합니다. 하나님은 제4계명을 지켜야 하는 다른 이유는 들지 않고 하나님이 창조자와 구속자시라는 것을 이야기합니다. 영원히 우리의 창조자와 구속자가 되시는 하나님이 이것에 근거하여 제4계명을 지키라고 말씀하셨으므로 제4계명은 도덕법에 속합니다.

물론 예수 그리스도가 오셔서 우리의 죄를 짊어지고 죽으시므로 제4계명이 말하는 참된 안식이 이루어졌습니다. 이런 의미에서 예수님은 "내가 율법이나 선지자를 폐하러 온 줄로 생각하지 말라. 폐하러 온 것이 아니요 완전하게 하려 함이라. 진실로 너희에게 이르노니 천지가 없어지기 전에는 율법의 일점일획도 결코 없어지지 아니하고 다 이루리라"(마 5:17-18)라고 말씀하셨습니다. 예수님은 모든 율법을 완전하게 하려고 오신 것입니다.

예수님은 이 말씀을 하신 후에 살인과 간음에 관하여 예를 드셨습니다. 형제에게 노하는 것과 바보 혹은 미련한 놈이라고 욕하는 것도 살인에 속하고, 음욕을 품고 여자를 보는 자마다 마음에 이미 간음한 것이라고 말씀하셨습니다. 하지만 그 정도로 살인과 간음을 극복할 자가 누가 있겠습니까? 오직 우리 대신에 사람이 되시어 모든 율법을 지키신 예수님밖에 없습니다. 예수님은 제4계명만이 아니라 다른 계명들도 모두 이루러 오셨습니다. 그래서 제4계명을 예수님이 이 땅에 오셔서 다 이루셨음이 틀림없습니다. 하지만 그렇다고 하여 제4계명이 의식법이란 뜻은 아닙니다. 예수님은 이 땅에 오시어 의식법을 철폐하셨고, 도덕법을 완성하셨습니다. 그러므로 제4계명은 도덕법으로서 신약 시대의 신자들이 여전히 지켜야 합니다.

ㄱ. 지금도 안식일에 나무를 하면 죽여야 하는가?

민수기 15장에서 이스라엘 자손이 광야에 거류할 때 어떤 사람이 안식일에 나무하다가 적발되어 모세와 아론과 회중 앞으로 끌려왔습니다. 하나님은 모세에게 "그 사람을 반드시 죽일지니 온 회중이 진영 밖에서 돌로 그를 칠지니라"라고 말씀하셨고, 온 회중은 그 명령에 따라 그를 진영 밖으로 끌어내고 돌로 쳐 죽였습니다(민 15:32-36). 하나님은 이미 십계명을 주시며 안식일에 일하는 자를 죽이라고 말씀하셨습니다.

> 14그 날을 더럽히는 자는 모두 죽일지며 그 날에 일하는 자는 모두 그 백성 중에서 그 생명이 끊어지리라. 15엿새 동안은 일할 것이나 일곱째 날은 큰 안식일이니 여호와께 거룩한 것이라. 안식일에 일하는 자는 누구든지 반드시 죽일지니라(출 31:14-15).

즉 하나님이 안식일에 나무한 자를 죽이라고 명령하신 것은 출애굽기 31장의 말씀을 재확인해주신 것입니다.

그렇다면 신약 시대에 안식일에 나무를 하는 자는 어떻게 해야 할까요? 안식일 법은 도덕법이고 현재에도 유효하니 죽여야 할까요? 그렇지 않습니다. 안식일을 지키는 것은 도덕법에 속하지만 그 안식일에 일하는 자를 죽이는 것은 시민법에 속합니다. 출애굽기 21, 22장에는 남종과 여종에 대한 법, 사형에 해당하는 죄들, 배상법과 인간관계에 관한 법 등이 많이 나오는데 이는 모두 시민법에 속합니다.

예를 들어 “자기 아버지나 어머니를 치는 자는 반드시 죽일지니라”(출 21:15)라는 말씀이 있습니다. 우리 주변에는 자식의 학대로 고생하는 부모들이 꽤 있고, 그들 중에 기독교인도 있습니다. 그렇다고 해서 이 말씀에 따라 부모를 학대하는 자식을 바로 죽일 수는 없습니다. 그렇게 했다가는 살인죄로 경찰에 잡혀갑니다. 이 말씀이 신약 시대를 살아가는 우리에게 의미하는 바는 자기 부모를 구타하거나 학대해서는 안 된다는 일반적 윤리입니다. 그리고 이는 거의 모든 나라에서 인정을 받습니다.

오늘날 신자들이 안식일에 일하는 자를 죽인다면 역시 경찰에 잡혀갈 것입니다. 불신자들은 안식일의 개념이 없기에 그날에 일하는 것이 왜 죄가 되는지 알지 못하고, 그래서 그런 자를 처벌하는 신자들의 행위를 광신적인 행위로 여기기 쉽습니다. 그러므로 주일에 일하는 신자들을 다른 신자들이 발견할지라도 죽이거나 구타하거나 감금해서는 안 됩니다. 그 대신 신약 시대에도 주일에 일하면 안 된다는 일반적 원리를 가르치고, 각인시키고, 권면해야 합니다. 계속되는 권면에도 순종하지 않을 때는 교회에서 권징을 할 수 있는데, 권징이란 경고, 견책(딤전 5:20), 정직, 면직, 수찬 정지(살후 3:14), 제명, 출교(마 18:17) 등으로 모두 영적인 것들이지, 구금이나 벌금이나 체형과는 관련이 없습니다.

ㄴ. 무엇이 안식일에 해서는 안 되는 일에 속하는가?

안식일에 해서는 안 되는 것들이 무엇인지 크게 세 가지로 살펴보겠습니다. 첫째는 바로 앞에서 살펴본 것처럼 나무를 하는 행위와 같은 노동입니다.

둘째는 장사입니다. 느헤미야는 유다에서 어떤 사람이 안식일에 포도주와 포도와 무화과와 여러 가지 짐을 지고 예루살렘에 들어와서 음식물을 팔자 경계했습니다. 또 물고기와 각양 물건을 가져다가 안식일에 예루살렘에서 판 두로 사람을 꾸짖었습니다(느 13:15-17). 그는 안식일 전에 예루살렘 성문을 닫고 안식일이 지나기 전에는 열지 못하게 하고, 아무 짐도 들어오지 못하게 했습니다. 이를 통해 물건을 사고파는 것이 안식일에 금해야 하는 일에 속함을 알 수 있습니다.

셋째는 오락과 사사로운 말입니다. 이사야 58:13-14의 말씀—"만일 안식일에 네 발을 금하여 내 성일에 오락을 행하지 아니하고 안식일을 일컬어 즐거운 날이라, 여호와의 성일을 존귀한 날이라 하여 이를 존귀하게 여기고 네 길로 행하지 아니하며 네 오락을 구하지 아니하며 사사로운 말을 하지 아니하면 네가 여호와 안에서 즐거움을 얻을 것이라"—이 그 근거입니다.

ㄷ. 안식일에 모든 일이 금지되는가?

제자들이 안식일에 밀밭 사이로 지나가며 이삭을 잘라 먹었는데, 이에 대해 바리새인들이 예수님께 "당신의 제자들이 안식일에 하지 못할 일을 하나이다"라고 시비를 걸었습니다. 그러자 예수님은 다윗이 부하들과 함께 시장하자 하나님의 전에 들어가서 제사장만 먹을 수 있는 진설병을 먹은 사례와 안식일에 제사장들이 성전에서 안식을 범해도 죄가 안 된다는 규례를 드시며, "나는 자비를 원하고 제사를 원하지 아니하노라 하신 뜻을 너희가 알았더라면 무죄한 자를 정죄하지 아니하였으리라"라고 말씀하셨습니다(마 12:1-7).

그 후 사람들은 회당에서 한쪽 손 마른 사람을 보고서 예수님께 "안식일에 병 고치는 것이 옳으니이까?"라고 물었습니다. 예수님은 "너희 중에 어떤 사람이 양 한 마리가 있어 안식일에 구덩이에 빠졌으면 끌어내지 않겠느냐? 사람이 양보다 얼마나 더 귀하냐? 그러므로 안식일에 선을 행하는 것이 옳으니라"라고 말씀하시고 그 사람의 손을 고쳐주셨습니다(마 12:9-13).

우리는 이런 예수님의 가르침을 통해 안식일에 배가 고플 경우에는 이삭을 잘라 먹을 수 있으며, 교회와 관련된 일을 할 수 있고, 병든 사람을 고칠 수 있음을 알게 됩니다. 이런 일들은 우리가 앞서 살펴본 대로 가난한 자들을 돕는 일에 해당합니다. 그래서 우리는 첫째, 주일에 식사를 비롯해 생리 현상을 해결하는 불가피한 일들을 할 수 있습니다. 둘째, 예배와 관련된 식사 준비와 차량 봉사와 청소와 교육 등의 봉사를 할 수 있습니다. 셋째, 병자를 치료할 수 있고, 환우를 찾아볼 수 있습니다.

민수기 15장에서 안식일에 나무를 하다 죽은 이도 집에 배고픈 이가 있어서 나무를 하여 요리를 하려고 했다면 죽임을 당하지 않았을 것입니다. 또 느헤미야 13장에서 안식일에 두로 사람에게 물건을 산 이들도 집 안의 굶는 자나 아픈 자를 위해서 샀다면 역시 악한 행위에 속하지 않았을 것입니다. 하나님은 안식일을 통해 당신이 창조자와 구원자 되심이 드러나기를 원하시지, 이런 고백 없이 습관적으로나 율법적으로 안식일이 지켜지기를 원하시지는 않습니다. 그래서 예수님은 바리새인들을 책망하시며 하나님이 제사가 아니라 자비를 원하신다고 말씀하신 것입니다.

신약 시대의 우리는 예수 그리스도의 생애와 죽으심을 통해 구약 시대의 백성보다 더 많은 자유를 누립니다. 우선 구약 시대의 의식법을 지키지 않아도 되는데 의식법으로서 폐지된 율법들이 얼마나 많은지 모릅니다. 우리는 안식일도 구약 시대의 백성보다 더 풍성하고 자유롭게 지킬 수 있습니다. 제사가 아니라 자비를 원하신다는 예수님의 말씀에 따라 안식일에 하는 일이 자비에 속하는 것이라면 해도 됩니다. 물론 그 자유를 남용하거나 오용해서 안식일의 본질을 흐리면 안 되는 것은 당연합니다.

저는 몇 년 전에 브라질 상파울로의 한인 교회에 말씀을 전하러 방문한 적이 있었는데 그곳에서 많은 유대인을 볼 수 있었습니다. 그들은 안식일이 되면 엘리베이터 버튼도 누르지 않고, 다른 사람에게 대신 눌러달라고 말합니다. 엘리베이터 버튼 누르는 것을 안식일에 해서는 안 되는 일로 규정해놓은 것입니다. 성경을 얼마나 문자적으로 해석하는지, 예수님이 꾸짖으신 바리새인들과 얼마나 똑같이 행동하는지 모릅니다. 안식일을 잘 지키되, 바리새인처럼 안식일의 본 의미를 잃어버린 채 문자적으로나 율법적으로 지켜서는 안 됩니다. 안식일은 우리에게 무거운 짐이 아니라 자유하게 하는 가벼운 짐이 되어야 합니다.

5. 어떤 날이 안식일인가?

"하나님이 그가 하시던 일을 일곱째 날에 마치시니 그가 하시던 모든 일을 그치고 일곱째 날에 안식하시니라. 하나님이 그 일곱째 날을 복되게 하사 거룩하게 하셨으니 이는 하나님이 그 창조하시며 만드시던 모든 일을 마치시고 그 날에 안식하셨음이니라"(창 2:2-3)라는 말씀에 근거하여, 세상 처음부터 그리스도의 부활 때까지는 일곱째 날이 안식일이었습니다. 지금의 달력으로 말하면 토요일이 그 일곱째 날에 해당합니다. 보통 달력을 보면 "일월화수목금토"로 되어 있는데 이것은 첫날이 일요일이고 일곱째 날이 토요일임을 말해줍니다. 그래서 구약 시대에는 일곱째 날인 토요일을 안식일로 지켰습니다.

그런데 예수님이 금요일에 십자가에 돌아가셔서 사흘째 되는 일요일에 부활하셨습니다. 그때부터 신약의 성도들은 일주일 중 첫째 날인 일요일을 안식일로 지켰습니다. 특별히 이날을 주 예수 그리스도의 날이라고 하여 "주일"(主日, the Lord's day)이라고 부르며 안식일로 삼은 것입니다.

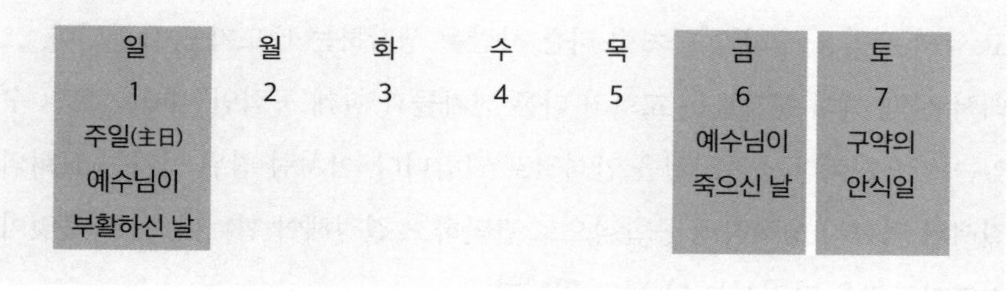

일	월	화	수	목	금	토
1	2	3	4	5	6	7
주일(主日) 예수님이 부활하신 날					예수님이 죽으신 날	구약의 안식일

표22 주일과 안식일의 구분

고린도전서 16:2에 있는, "매주 첫날"에 연보를 모아두라는 바울의 말은 이미 그 당시에 그리스도인들이 매주 첫날을 주일로 삼아 예배드리며 헌금을 하고 있었다는 사실을 알려줍니다. 사도행전 20:7에서 "주간의 첫날에" 그들이 모여 떡을 떼려 하였다는 말도 신자들이 매주 첫날 일요일에 모였음을 나타내줍니다. 그리스도의 부활 이후에는 신자들이 이처럼 부활 사건을 기려 토요일 대신에 일요일에 모여 예배를 드렸습니다. 여기서 주일은 주일(主日, the Lord's day)이란 뜻이지, 주일(週日, a week)이 아닙니다.

사실 안식일은 7일 중 하루를 지키는 데 의미가 있지, 어느 특정 요일이 중요하지는 않습니다. 구약 시대에는 7일째를 안식일로 하라고 하나님이 정하셨기 때문에 토요일을 안식일로 삼았고, 신약 시대에는 일요일에 예수님이 부활하셨기 때문에 일요일을 안식일로 삼습니다.

어떤 신자가 일요일에 꼭 출근해야 하는 직장에 다닌다면 그 신자는 일요일이 아니라 자신이 쉬는 요일을 안식일로 지킬 수 있습니다. 그런데 실제적인 면에서 주중에 쉬는 그날에 교회에서 성도들과 함께 공적인 예배를 드리고 교제하기는 쉽지 않습니다. 온전히 안식일을 지키기가 현실적으로 힘든 것입니다. 각 신자는 교회에 속한 회원으로서 자기 자신에게 편리한 날을 자기 혼자서만 주일로 지키는 것은 덕이 되지 않습니다. 고린도전서 10:23-24의 말씀—"모든 것이 가하나 모든 것이 유익한 것은 아니요, 모든 것이 가하나 모든 것이 덕을 세우는 것은 아니니 누구든지 자기의 유익을 구하지 말고 남의 유익을 구하라"—처럼 다른 사람을 생각하는 태도가 중요합니다. 그래서 신약 시대 신자들은 교회의 다른 신자들과 함께 공적인 예배를 드릴 수 있는 일요일이라는 특정일을 안식일로 지킵니다. 이처럼 참된 신자는 교회의 질서와 덕까지 생각하며 종합적으로 판단하고 결정해야 합니다. 단지 무엇이 가능한가만을 따져서는 안 될 것입니다.

6. 안식일을 어떻게 거룩하게 지키는가?

안식일은 우리가 하고 싶은 일을 하지 못하는 짜증 나고 귀찮은 날이 아니라, 세상의 일들로부터 자유롭게 푹 쉴 수 있는 복된 날입니다. 이런 관점으로 안식일을 바라보면 안식일이 기다려지기 시작합니다. 그날에 푹 쉬어도 창조자와 구원자이신 하나님이 우리의 삶을 책임지시기 때문입니다. 주일에 쉬는 것의 가치와 맛을 알면 주중에 누구보다 활력 있게 일하고, 주일에는 만사를 하나님께 맡기고 푹 쉴 수 있습니다.

신자들은 주일에 하나님께 예배를 드릴 때 깊은 쉼에 이를 수 있습니다. 하나님께 예배드리며 하나님의 존재와 본질과 속성을 확인하고 자신들이 그 하나님의 귀한 자녀임을 느낄 때 비로소 참된 휴식을 취합니다. 그러므로 신자들이 안식일에 해야 할 첫 번째 일은 하나님께 예배를 드리는 일입니다. 교회에서 성도들과 같이 드리는 공적 예배와, 집이나 들의 조용한 장소에서 개인적으로 드리는 사적 예배, 또 가족과 함께하는 가정 예배를 드려야 합니다.

더 나아가 주일 성수란 단순히 주일 예배를 드리는 것만을 의미하지 않고, 교회의 회원으로서 교회의 여러 일에 참여하는 것을 포함합니다. 자신의 은사에 따라 식사 준비, 청소, 교사나 성가대 봉사 등 여러 일을 감당해야 교회가 유지됩니다. 구약 시대에 안식일에 성전에서 일하는 것은 안식일 규례에 저촉되지 않았듯이 주일날 교회에서 여러 가지 봉사를 적절하게 하는 것은 일에 속하지 않습니다.

교회는 성도들의 모임이지 단순히 건물이 아닙니다. 따라서 교회 성도들과 교제를 나누며 기쁜 일을 같이 기뻐하고, 슬픈 일을 같이 슬퍼하는 일도 주일에 해야 할 일입니다. 주일에 아픈 이를 찾아가 병문안하고 마음이 울적한 이를 격려하는 일을 하나님은 무척 기뻐하십니다.

그렇다고 하여 주일에 너무 많은 봉사와 섬김으로 피곤함이 누적되어서는 안 됩니다. 주일은 기본적으로 거룩한 휴식을 취하는 날이 되어야 하므로,

몸과 마음이 과도하게 지치는 것도 피해야 합니다. 좋은 일을 하는 데도 절제와 지혜가 필요한 법입니다.

ㄱ. 개인적 사례

저는 토요일에 아내와 함께 과일과 아이스크림과 맛있는 과자 등으로 먹을거리를 풍성하게 준비합니다. 5명의 자녀에게 주일은 기쁘고 행복한 날이란 느낌을 주려는 노력의 일환입니다. 자녀들이 잘못된 행위를 해도 주일에는 너그럽게 대하고, 아내와도 웬만한 일로는 부부싸움을 하지 않습니다.

우리 집 아이들은 이 글을 쓰는 지금 고등학교 3학년과 1학년, 중학교 2학년, 초등학교 6학년과 4학년인데 주일에는 공부를 하지 않습니다. 월요일에 시험이 있어도 주일에는 푹 쉬게 합니다. 자녀들이 주일에는 공부를 하고 싶어도 할 수 없다는 사실을 알기 때문에 주중에 열심히 하는 편입니다. 시험이 월요일에 있으면 아침 일찍 일어나 준비할 때도 있습니다.

주일에 공부하지 않는 자녀들은 어떻게 시간을 보낼까요? 그들도 또래들처럼 텔레비전을 보고 인터넷과 스마트폰 하기를 좋아합니다. 하지만 우리 가정은 자녀들이 그런 것에 과도하게 빠져들지 않고, 다른 식구들과 소통이 단절되지 않도록 1시간 전후 내에서 허락합니다. 주일의 의미를 지속적으로 알려주어 그들이 스스로 주일에 무엇을 해야 하고, 하지 말아야 하는지 종합적으로 판단하게 합니다. 이런 과정을 통해 주일만이 아니라 인생의 여러 일에 대해서 성경에 근거하여 판단하는 법을 배울 수 있으리라 봅니다.

우리 가정은 주일 저녁에는 가정 예배를 드립니다. 이것은 우리 가정의 중요한 약속으로 자녀들이 모두 이 약속을 지켜야 한다는 것을 알고 있습니다. 구약성경과 신약성경을 한 장씩 돌아가며 읽고 제가 간단하게 설명한 후, 한 명씩 돌아가며 일주일간 있었던 일들을 나눕니다. 이 시간을 통해 부모는 자녀들에게 어떤 일들이 있었는지 알게 되고, 그들이 어려워하는 것에 대해 고민하고 조언해주며 도와줄 수 있습니다. 반대로 자녀들은 부모의 나눔을 통해 가정에 당면한 중요한 사항이 무엇인지 알게 됩니다.

저는 이 전통을 자녀들이 20, 30대로 성장해도 계속 지키려고 합니다. 자녀들은 보통 초등학교 고학년만 되어도 부모 품을 떠나려고 하고, 친구들을 더 좋아합니다. 그런데 이런 주일 전통을 통해 같이 식사하고 예배하며 서로 소통할 수 있으니 얼마나 좋은지 모릅니다. 가정 예배 후에는 온 식구가 같이 산책을 하며 대화와 정을 나눕니다. 자녀들도 나중에 이 시절을 무척 그리워할 것입니다. 이 전통은 자녀들이 어려서부터 지켜왔으므로 당연히 지켜야 하는 것이 되었습니다. 저는 우리 가정이 주일과 가정 예배의 전통을 앞으로도 잘 지키면 가족 간의 소통과 유대감은 자연스럽게 증진할 것이라고 봅니다.

우리 가족은 모두 주일을 기다리는 편입니다. 주일에는 푹 쉴 수 있기 때문입니다. 주중에 힘든 일이 있어도 주일을 바라보며 견딥니다. 자녀들의 입에서 "빨리 주일이 왔으면!"이라는 표현을 종종 듣습니다. 이런 고백이 그들이 성장해서도 이루어진다면 창조자와 구원자와 섭리자이신 하나님에 대한 믿음이 분명하다는 증거일 것입니다.

또한 저는 주일날 영월에 거주하시는 장인어른을 방문하는 경우를 빼고는 멀리 여행하지 않습니다. 장인을 찾아뵙는 일은 노동이 아니라 가족의 교제에 해당한다고 생각하기 때문입니다. 또 저는 주일에 매매 행위를 최대한 안 하려고 노력합니다. 필요한 것은 토요일에 미리 사놓고 주일에는 최대한 그런 일에 시간을 빼앗기지 않으려고 합니다. 저는 개인적으로 탁구를 좋아하지만 주일에는 탁구도 치지 않습니다. 그런 행위 자체는 죄가 아니지만 주일을 좀 더 편하고 안정되게 보내기 위해서입니다.

주일을 맞는 저의 큰 즐거움 중 하나는 온 식구가 같이 산책하는 시간입니다. 온 식구가 같이 즐겁게 대화하며 산책하는 것처럼 기쁘고 감사한 일도 인생에 별로 없습니다. 산책을 하면서 자녀들이 무엇을 즐거워하고 힘들어하는지 대부분 알게 됩니다. 부모로서 무엇을 도와주어야 하는지도 파악할 수 있습니다. 저 개인적으로도 목회와 저술 등으로 바쁘지만 주일 저녁은 최대한 집에서 자녀들과 같이 식사하고 산책하고 가정 예배를 드리는 일에 집중하려고 노력합니다. 그렇게 하는 것이 그 어떤 노력과 수단보다도 가정의 믿음과 행복을 안전하게 지켜줄 것이라고 봅니다.

우리 부부는 자녀들이 중학교 1학년이 되면 인터넷이 되지 않는 핸드폰을 사줍니다. 자녀들에게 핸드폰이 없는 초등학교 때는 친구들이 집 전화로 연락해옵니다. 그러면 우리 부부는 전화를 바꿔주며 어떤 친구에게서 전화가 왔는지 알 수 있고, 자녀들의 통화 내용을 들으며 대강 무슨 용건인지도 파악할 수 있습니다. 그런데 핸드폰이 생기는 순간부터 자녀들은 자기 방으로 들어가 친구들과 통화합니다. 자녀들에게 어떤 일이 발생하는지 알 수가 없습니다. 원활한 소통을 위해서 핸드폰이 만들어졌는데 실제로는 가정의 소통을 깨뜨리니 참 역설적입니다.

우리 가정은 이런 어려움을 주일 성수로 극복하고 있습니다. 미디어 절제와 가정 예배와 산책으로 가족 간에 대화하는 시간을 늘리며 핸드폰으로 인한 단절을 이겨내고 있습니다. 부모가 자녀들이 어릴 때부터 대화에 힘쓰지 않으면 자녀들은 사춘기가 되면서부터 부모와 대화하려고 하지 않습니다. 대화하는 습관과 가정의 전통은 자녀들이 초등학생 고학년만 되어도 만들어내기가 쉽지 않습니다. 자녀들의 태도가 유연한 어린아이 때부터 좋은 습관과 전통이 만들어져야 자녀들이 성장을 해도 군말하지 않고 따라옵니다.

TIP

유대인들이 안식일을 지켜온 것보다 더 안식일이 유대인을 지켜왔다(More than the Jews have kept the Sabbath, the Sabbath has kept the Jews).

유대인들은 안식일을 철저히 지키는 것으로 유명합니다. 그리고 안식일도 유대인들을 지켰다는 말이 있을 정도로 유대인들은 안식일 준수로 여러 유익을 누려왔습니다. 우리가 주일을 지키면 주일은 우리를 더 잘 지켜줄 것입니다. 주일 성수는 단순히 하루를 구별하는 문제에 그치지 않습니다. 우리가 하나님의 말씀을 얼마나 진리로 대하고 그에 따라 생각하는지를 보여주는 영적 온도계가 바로 주일을 대하는 태도입니다. 구약성경에는 이스라엘 백성의 영적 상태를 안식일 준수 여부로 판가름하는 구절들이 많이 있습니다. 독자들도 주일 성수의 의미를 깊이 생각하고 그 가치와 유익을 크게 느끼고 누리시기 바랍니다.

함께 나누기: 제4계명의 요구

01 건강이 좋은 편입니까? 건강이 나쁘다면 개선을 위해서 어떻게 노력하고 있습니까? 건강을 위해서 꾸준히 운동을 합니까? 건강 유지를 위해 우리가 할 수 있는 일들에 관하여 나누어봅시다.

02 하이델베르크 교리문답 제103문을 서로 묻고 답해봅시다. 근거 성구도 다시 한번 살펴봅시다.

03 안식일을 지켜야 하는 이유를 십계명의 서문과 제4계명의 부가된 논리를 통해 살펴봅시다.

04 하나님은 제4계명에서 무엇을 요구하시는지 다음의 관점에서 살펴봅시다.

① 복음과 교육의 사역이 유지되는 것

② 악행을 그만두고, 영원한 안식을 시작하는 것

05 제4계명은 도덕법입니까, 의식법입니까?

06 일주일의 7일 중 어떤 날이 안식일입니까?

07 각자 주일을 어떻게 지키고 있는지 나누어봅시다.

제39주일: 제104문

제5계명의 요구: 부모 공경에 관하여

Q 제104문 하나님은 제5계명에서 무엇을 요구하십니까?

What does God require in the fifth commandment?

A 답 나의 부모와 나에 대해 권위를 갖는 모든 이에게 존경과 사랑과 충실함을 나타내고, 그들의 좋은 가르침과 교정에 적절한 순종으로 온순하게 복종하며,[1] 또한 그들의 약점과 결점을 인내심으로 참을 것을 요구합니다.[2] 왜냐하면 그들의 손으로 우리를 다스리는 것을[3] 하나님이 기뻐하시기 때문입니다.

That I show all honour, love and fidelity, to my father and mother, and all in authority over me, and submit myself to their good instruction and correction, with due obedience; and also patiently bear with their weaknesses and infirmities, since it pleases God to govern us by their hand.

authority 권위, 지휘권, 권한

infirmity 결점, 병약

weakness 약점, 약함

근거 성구

1 자기의 아버지나 어머니를 저주하는 자는 반드시 죽일지니라(출 21:17).

내 아들아, 네 아비의 훈계를 들으며 네 어미의 법을 떠나지 말라(잠 1:8).

아들들아, 아비의 훈계를 들으며 명철을 얻기에 주의하라(잠 4:1).

지혜로운 아들은 아비를 즐겁게 하여도 미련한 자는 어미를 업신여기느니라(잠 15:20).

자기의 아비나 어미를 저주하는 자는 그의 등불이 흑암 중에 꺼짐을 당하리라(잠 20:20).

1각 사람은 위에 있는 권세들에게 복종
하라. 권세는 하나님으로부터 나지 않음
이 없나니 모든 권세는 다 하나님께서 정
하신 바라. 2그러므로 권세를 거스르는
자는 하나님의 명을 거스름이니 거스르
는 자들은 심판을 자취하리라. 3다스리는
자들은 선한 일에 대하여 두려움이 되지
않고 악한 일에 대하여 되나니 네가 권
세를 두려워하지 아니하려느냐? 선을 행
하라. 그리하면 그에게 칭찬을 받으리라.
4그는 하나님의 사역자가 되어 네게 선
을 베푸는 자니라. 그러나 네가 악을 행
하거든 두려워하라. 그가 공연히 칼을 가
지지 아니하였으니 곧 하나님의 사역자
가 되어 악을 행하는 자에게 진노하심을
따라 보응하는 자니라. 5그러므로 복종하
지 아니할 수 없으니 진노 때문에 할 것
이 아니라 양심을 따라 할 것이라. 6너희
가 조세를 바치는 것도 이로 말미암음이
라. 그들이 하나님의 일꾼이 되어 바로
이 일에 항상 힘쓰느니라. 7모든 자에게
줄 것을 주되 조세를 받을 자에게 조세를
바치고 관세를 받을 자에게 관세를 바치
고 두려워할 자를 두려워하며 존경할 자
를 존경하라(롬 13:1-7).

아내들이여, 자기 남편에게 복종하기를 주께 하듯 하라(엡 5:22).

1자녀들아, 주 안에서 너희 부모에게 순
종하라. 이것이 옳으니라. 2네 아버지와
어머니를 공경하라. 이것은 약속이 있는
첫 계명이니 3이로써 네가 잘되고 땅에서
장수하리라. 4또 아비들아, 너희 자녀를
노엽게 하지 말고 오직 주의 교훈과 훈계
로 양육하라. 5종들아, 두려워하고 떨며
성실한 마음으로 육체의 상전에게 순종
하기를 그리스도께 하듯 하라(엡 6:1-5).

18아내들아, 남편에게 복종하라. 이는 주
안에서 마땅하니라. 19남편들아, 아내를
사랑하며 괴롭게 하지 말라. 20자녀들아,
모든 일에 부모에게 순종하라. 이는 주
안에서 기쁘게 하는 것이니라. 21아비들

아, 너희 자녀를 노엽게 하지 말지니 낙심할까 함이라. 22종들아, 모든 일에 육신의 상전들에게 순종하되 사람을 기쁘게 하는 자와 같이 눈가림만 하지 말고 오직 주를 두려워하여 성실한 마음으로 하라. 23무슨 일을 하든지 마음을 다하여 주께 하듯 하고 사람에게 하듯 하지 말라. 24이는 기업의 상을 주께 받을 줄 아나니 너희는 주 그리스도를 섬기느니라. 1상전들아, 의와 공평을 종들에게 베풀지니 너희에게도 하늘에 상전이 계심을 알지어다(골 3:18-4:1).

2 이에 이르되 "가나안은 저주를 받아 그의 형제의 종들의 종이 되기를 원하노라" 하고(창 9:25).

너를 낳은 아비에게 청종하고 네 늙은 어미를 경히 여기지 말지니라(잠 23:22).

사환들아, 범사에 두려워함으로 주인들에게 순종하되 선하고 관용하는 자들에게만 아니라 또한 까다로운 자들에게도 그리하라(벧전 2:18).

3 이르되 "가이사의 것이니이다." 이에 이르시되 "그런즉 가이사의 것은 가이사에게, 하나님의 것은 하나님께 바치라" 하시니(마 22:21).

로마서 13:2-4(**1**번을 참고하시오).

4또 아비들아, 너희 자녀를 노엽게 하지 말고 오직 주의 교훈과 훈계로 양육하라.…9상전들아, 너희도 그들에게 이와 같이 하고 위협을 그치라. 이는 그들과 너희의 상전이 하늘에 계시고 그에게는 사람을 외모로 취하는 일이 없는 줄 너희가 앎이라(엡 6:4, 9).

골로새서 3:18-4:1(**1**번을 참고하시오).

해설

네 부모를 공경하라

십계명의 제1계명은 하나님이 아닌 다른 대상을 섬기지 말라고 명하고, 제2계명은 하나님을 섬길 때 하나님이 정하시지 않은 방법으로 섬기지 말라고 명합니다. 이어지는 제3계명은 하나님의 섭리를 받아들이지 않고, 현재의 상황을 자신의 수준에서 판단하고 불평하면서 하나님의 이름을 망령되이 부르지 말라고 명합니다. 제4계명은 하나님의 창조와 섭리를 인정하면서 안식일을 지키라고 명합니다. 하나님에 대한 우리의 의무를 담고 있는 이 네 계명을 합하면 우리의 마음을 다하고 목숨을 다하고 힘을 다하고 뜻을 다하여 주 우리의 하나님을 사랑하라는 것으로 볼 수 있습니다(눅 10:27).

제5계명부터는 사람에 대한 우리의 의무를 담고 있는데 그 강령(綱領)은 이웃을 자기 몸같이 사랑하고, 남에게 대접을 받고자 하는 대로 남을 대접하라는 것입니다(마 22:39; 7:12). 이 강령에 따라 각 계명을 살피면 각 계명이 요구하는 바를 쉽게 이해할 수 있습니다. 제5계명은 부모를 공경하라는 것인데, 이는 단순히 부모에 관해서만 언급하는 것은 아니고 하나님이 사람들 간에 세우신 질서와 권위를 상호 인정하라는 의미입니다.

— **제103문** 하나님은 제4계명에서 무엇을 요구하시는가?
— **제104문** 하나님은 제5계명에서 무엇을 요구하시는가?

표23 하이델베르크 교리문답 제103-104문의 구성

1. 하나님은 제5계명에서 무엇을 요구하시는가?

제5계명은 "네 부모를 공경하라. 그리하면 네 하나님 여호와가 네게 준 땅에서 네 생명이 길리라"입니다. 이 계명이 의미하는 바를 자세히 살펴보겠습니다.

ㄱ. 부모와 권위자에게 존경과 사랑과 충실함을 나타내는 것

사람이 누구에게서 태어날지는 자신의 의지나 노력으로 결정할 수 없습니다. 부모도 주어지는 대로 자식을 낳을 뿐이지 자기 힘과 방법으로 원하는 형태의 자녀를 낳는 것은 아닙니다. 부모와 자녀는 전적으로 하나님이 설정해주시는 관계이고, 하나님은 이런 관계가 어떻게 유지되어야 하는지 가르쳐주셨습니다. 즉 부모는 자녀를 사랑하고, 자녀는 부모에게 순종하라는 것입니다.

자녀는 성장하면서 부모 이외에도 교사와 선배와 상사와 관리와 같은 권위자를 만나게 됩니다. 이런 권위자들은 하나님에게서 나옵니다. 하나님이 주신 권위자이므로 각 사람은 위에 있는 권세들에게 복종해야 합니다. 권세를 거스르는 자는 이런 관계를 설정하신 하나님을 거스르는 것입니다(롬 13:1-2). 우리가 권위자에게 존경과 사랑과 충실함을 나타내야 하는 이유는 기본적으로 그 권위자를 하나님이 섭리 가운데 허락하셨고, 또 그런 자세를 가질 것을 하나님이 원하시기 때문입니다.

하나님은 부모나 권위자를 세우실 때 훌륭한 가르침과 교정 활동을 기대하십니다. 권위자가 자신의 부패성으로 말미암아 주어진 권위를 잘 사용하지 못할지라도 기본적으로는 아랫사람을 사랑하며 잘 인도하려고 하는 것이 대부분입니다. 일부러 아랫사람을 괴롭히는 권위자는 소수입니다. 그래서 성경은 아랫사람이 사람 사이의 질서를 위해 세워진 권위자를 기본적으로 인정하고 그 권위자의 좋은 가르침과 교정에 온순하게 복종해야 한다고 말하는 것입니다.

ㄴ. 약점과 결점을 인내심으로 참는 것

이 세상에 완벽한 사람이 어디에 있겠습니까? 우리 자신도 다 인격과 성향과 실력에 부족한 점이 있습니다. 그런데 이런 부족한 우리도 시간이 지나 나이가 들면 자연스레 부모나 권위자가 됩니다. 우리의 지도를 받는 아랫사람들은 우리의 부족함 때문에 피해를 보고 불편을 겪을 수 있습니다. 이때 그들이 인내심으로 참으며 우리를 향한 기본적인 존경심을 가져준다면 얼마나 기쁘겠습니까? 마찬가지로 우리 위에 있는 부모나 권위자도 모두 약점과 결점을 가진 분들입니다. 이때 우리가 불평하며 그들의 권위를 인정하지 않을 것이 아니라 그들의 권위를 기본적으로 인정하며 인내할 줄 알아야 합니다. 순종하는 마음으로 조언할 때 그 권위자도 진심 어린 조언을 받아들이며 변화를 시도할 수 있습니다.

다윗이 군대의 장이 되어 블레셋 사람을 죽이고 돌아올 때 여인들은 "사울이 죽인 자는 천천이요, 다윗은 만만이로다"라고 노래했습니다. 사울은 그 말에 심히 노하여 '다윗이 이제 더 얻을 것이 나라 말고 무엇이냐?'고 생각했습니다. 이때부터 그를 핍박하며 죽이려고 했습니다. 하지만 다윗은 사울을 하나님이 기름 부어 세우신 왕으로 인정하고 끝까지 그 앞에서 순종했습니다. 다윗이 권위자를 대하는 이런 자세는 그가 왕이 되었을 때 그의 권위가 든든히 서도록 했습니다. 그의 후손이 다스린 남유다는 멸망할 때까지 역성혁명이 일어나지 않았습니다. 반대로 솔로몬의 아들 르호보암 때 여로보암이 열 지파와 함께 반역을 일으켜 세운 북이스라엘은 역성혁명을 여러 차례 겪었습니다.

다윗 왕의 군대 장관은 요압이었습니다. 그는 전쟁에서 큰 공을 세웠으나 다윗에게 전적으로 순종하지는 않았습니다. 그는 자기 동생을 해친 아브넬을 다윗의 명을 어기고 죽여버렸습니다. 다윗은 아브넬의 죽음을 매우 슬퍼하면서 "내가 기름 부음을 받은 왕이 되었으나 오늘 약하여서 스루야의 아들인 이 사람들을 제어하기가 너무 어려우니 여호와는 악행한 자에게 그 악한 대로 갚으실지로다"(삼하 3:39)라고 한탄했습니다. 여기서 스루야의 아들은 요압과 그 형제들을 의미합니다. 다윗은 요압의 불순종이 가져오는 해악을 알았습니다. 그래서 솔로몬에게 "스루야의 아들 요압이 내게 행한 일 곧 이스라엘 군대의 두 사령관 넬의 아들 아브넬과 예델의 아들 아마사에게 행한 일을 네가 알거니와 그가 그들을 죽여 태평 시대에 전쟁의 피를 흘리고 전쟁의 피를 자기의 허리에 띤 띠와 발에 신은 신에 묻혔으니 네 지혜대로 행하여 그의 백발이 평안히 스올에 내려가지 못하게 하라"(왕상 2:5-6)라고 유언을 남겼습니다.

다윗의 이 유언은 솔로몬이 요압에게 따로 손을 쓸 필요도 없이 요압 자신의 순종하지 않는 성향으로 말미암아 자연스레 성취되었습니다. 그는 다윗의 아들 아도니야와 손을 잡고 솔로몬을 향하여 반역을 꾀하다가 솔로몬에게 죽임을 당했습니다(왕상 2:34). 요압은 다윗을 반역하지는 않았지만, 그렇다고 다윗에게 온전히 순종한 인물도 아니었습니다. 그리고 다윗의 아들 솔로몬 때 반역을 꾀하다 비참한 죽임을 당한 것입니다. 이것만 보아도 평상시에 권위자의 권위를 충분히 인정하고 순종하는 자세를 갖는 것이 얼마나 중요한가를 알 수 있습니다.

노아는 홍수 후 포도나무를 심었고, 어느 날 포도주를 마시고 취해 장막 안에서 벌거벗고 잠이 들었습니다. 노아의 아들이자 가나안의 아버지인 함은 노아의 하체를 보고 밖으로 나가서 그의 두 형제에게 알렸습니다. 하지만 셈과 야벳은 옷을 가져다가 자기들의 어깨에 메고 뒷걸음쳐 들어가서 아버지의 하체를 덮었고, 얼굴을 돌이켜 아버지의 하체를 보지 않았습니다. 노아는 술이 깬 후에 함이 자기에게 행한 일을 알고서 "가나안은 저주를 받아 그의 형제의 종들의 종이 되기를 원하노라"(창 9:25)라고 말했습니다.

노아는 함이 이번에 저지른 무례함 하나만으로 그렇게 저주를 퍼부은 것이 아니라, 평상시 함의 자세가 이런 행동으로 나왔다고 판단했을 것입니다. 요압 장군의 예에서도 보듯이 평상시의 자세가 결정적 순간의 행동을 결정합니다. 함은 평상시에 아버지 노아의 약점과 결점을 지적하며 온전한 순종과는 거리가 먼 삶을 살아온 대가를 치렀습니다.

베드로는 "사환들아, 범사에 두려워함으로 주인들에게 순종하되 선하고 관용하는 자들에게만 아니라 또한 까다로운 자들에게도 그리하라"라고 말합니다. 부당하게 고난을 받아도 하나님을 생각함으로 슬픔을 참으면 아름다우나, 죄가 있어 매를 맞고 참으면 무슨 칭찬이 있겠느냐는 것입니다(벧전 2:18-20). 무엇이 옳은지 그른지 분별하기는 쉬울 때가 많습니다. 권위자의 약점과 결점을 드러내고 비판하는 것도 어렵지 않습니다. 하지만 그런 비판 자체로는 충분하지 않습니다. 그른 것에 관해서 지혜를 갖고 잘 참는 것이 중요하고도 어렵습니다. 참을 때 억지로 힘들게 참는 것이 아니라, 권위에 평안하게 순종하는 가운데 지혜롭게 틀린 것을 드러내며 참을 줄 알아야 합니다.

ㄷ. 권위자의 손으로 우리를 다스리고자 하시는 하나님

자녀는 부모 없이 자랄 수 없습니다. 하지만 시대와 지역을 불문하고 부모 중 일부는 자녀를 잘 기르지 못하는 부적격자들입니다. 그럼에도 "독재가 무정부보다 낫다"라는 말이 유효합니다. 독재의 피해가 크지만 무정부 상태보다는 낫고 못된 부모도 없는 것보다는 나을 때가 많습니다. 그래서 하나님은 부모와 권위자를 통해 우리를 다스리고자 하십니다. 부모와 권위자들 외에는 우리를 교육하고 본을 보일 자가 없습니다. 비록 남아 있는 부패성으로 말미암아 여전히 약점과 결점이 있는 부모와 권위자이지만 하나님은 그들을 통해 우리를 다스리십니다. 그러므로 우리는 그들에게 순종해야 합니다.

바리새인들이 예수님을 올무에 걸리게 하려고 "가이사에게 세금을 바치는 것이 옳으니이까, 옳지 아니하니이까?"라고 여쭈었습니다. 그때 예수님은 세금 내는 데 쓰는 데나리온 주화를 가리키며 "이 형상과 이 글이 누구의 것이냐?"라고 되물으셨습니다. "가이사의 것이니이다"라고 답하는 그들에게 예수님은 "가이사의 것은 가이사에게, 하나님의 것은 하나님께 바치라"라고 말씀하셨습니다(마 22:15-21).

예수님은 로마 제국의 지배가 하나님의 말씀에 따라 올바로 이루어지고 있다고 인정하신 적이 없습니다. 로마 제국의 리더십이나 체제가 좋다고 칭찬하신 적도 없습니다. 하지만 그들을 통해 이 땅의 체제가 유지되고 있는 현실은 인정하셨습니다. 그래서 로마 제국의 체제가 요구하는 기본적인 납세나 국방의 의무를 감당하되, 더욱 중요한 것에 속하는 하나님의 것은 하나님께 바치라고 말씀하신 것입니다. "가이사의 것은 가이사에게, 하나님의 것은 하나님께 바치라"라는 말씀에서 강조점은 "하나님의 것은 하나님께"에 있습니다.

우리는 하나님의 것을 하나님께 바치기 위해서 가이사의 것을 가이사에게 바칩니다. 가이사가 훌륭하거나 하나님이 그를 옳다고 인정하시기 때문이 아니라, 단지 하나님이 그를 통해 이 땅의 정치를 관리하고자 하시기 때문입니다. 우리 위에 세워진 부모나 권위자가 까다롭고 옳지 않은 리더십이라 할지라도 우리가 기본적으로 순종해야 하는 이유는 하나님이 그들을 통해 우리를 다스리는 것을 기뻐하시기 때문입니다.

1각 사람은 위에 있는 권세들에게 복종하라. 권세는 하나님으로부터 나지 않음이 없나니 모든 권세는 다 하나님께서 정하신 바라. 2그러므로 권세를 거스르는 자는 하나님의 명을 거스름이니 거스르는 자들은 심판을 자취하리라. 3다스리는 자들은 선한 일에 대하여 두려움이 되지 않고 악한 일에 대하여 되나니 네가 권세를 두려워하지 아니하려느냐? 선을 행하라. 그리하면 그에게 칭찬을 받으리라. 4그는 하나님의 사역자가 되어 네게 선을 베푸는 자니라. 그러나 네가 악을 행하거든 두려워하라. 그가 공연히 칼을 가지지 아니하였으니 곧 하나님의 사역자가 되어 악을 행하는 자에게 진노하심을 따라 보응하는 자니라. 5그러므로 복종하지 아니할 수 없으니 진노 때문에 할 것이 아니라 양심을 따라 할 것이라. 6너희가 조세를 바치는 것도 이로 말미암음이라. 그들이 하나님의 일꾼이 되어 바로 이 일에 항상 힘쓰느니라(롬 13:1-6).

이 본문에 있는 "권세자"는 선한 리더십과 정치력을 가졌느냐의 문제를 떠나서 일반적인 권력자를 가리킵니다. 부모도 좋은 부모가 있는가 하면, 자식을 학대하거나 방임하는 부모도 있습니다. 그런데 성경은 일반적으로 부모에게 순종해야 한다고 말합니다. 악한 부모에 대해서도 일반적으로 순종하되, 그 나쁜 리더십의 정도에 따라서 지혜롭게 반응해야 한다는 것입니다.

"권세자"는 하나님의 사역자가 되어 선을 베푸는 자입니다. 여기서 하나님의 사역자라는 의미는 하나님의 말씀을 선포하고 가르친다는 의미에서가 아니라, 하나님이 일반적으로 권력을 허락하실 때 기대하는 바가 있다는 의미입니다. 지구상에 악한 권세자들이 얼마나 많은지, 얼마나 완고하게 예수님을 믿지 않으며 오히려 신앙을 탄압하기까지 하는지 모릅니다. 그런데 하나님의 섭리 차원에서는 그들까지도 하나님께 세우심을 받은 자들이고 하나님의 사역자로서 선을 베푸는 자들입니다.

하이델베르크 교리문답 제4문에서 우리는 율법의 첫 번째 용도인 세속적(정치적) 용도가 악을 억제하고 선을 권장하는 것임을 살펴보았습니다. 율법은 순종 여부에 따른 벌과 축복이 무엇인지 알려줌으로써 악을 억제하고 선을 장려합니다. 이 용도는 세상 사람들에게도 적용이 되어 세상의 법과 윤리로 표현되면서 사회와 국가의 질서가 유지되게 합니다. 이런 면에서 세속적(정치적) 용도라고 합니다. 즉 권세자가 "하나님의 사역자"라는 말은 바로 율법의 첫 번째 용도를 드러내는 자라는 의미입니다.

자신의 권력 유지에는 물불을 가리지 않고 불법을 행하는 나쁜 독재자일지라도 기본적인 신상필벌(信賞必罰)에는 힘쓰려고 합니다. 이런 면에서는 독재자에게 복종해야 합니다. 그의 전반적 리더십이 옳아서가 아니라, 그를 통해 일하시는 하나님 때문에 복종하는 것입니다. 물론 이런 논의들은 절대로 잘못된 정치를 행하는 지도자가 계속해서 집권을 해도 된다는 근거로 악용되면 안 됩니다. 단지 신자들이 이 말씀들에 근거하여 부모와 권위자를 세워 우리를 다스리시는 하나님의 섭리를 인정하며 권세자들에게 복종하기 위해 노력해야 한다는 의미입니다.

2. 제5계명에서 "부모"는 어떤 범주를 포함하는가?

에베소서 5:22-6:9은 남편과 아내의 관계, 아비와 자녀의 관계, 상전과 종의 관계에 관해 말합니다. 이 세 가지 관계는 시대와 지역에 상관없이 사람들의 기본적인 관계를 말해줍니다. 그런데 에베소서 5:21에는 이 세 관계에서 지녀야 하는 기본적인 자세가 무엇인지 언급되어 있습니다. 그것은 "그리스도를 경외함으로 피차 복종하라"입니다.

남편과 아내, 아비와 자녀, 상전과 종은 그리스도를 경외함으로 피차 복종해야 합니다. 이 기본적인 전제 하에서 각각의 관계가 지니는 자세가 펼쳐집니다. 남편과 아비와 상전도 기본적으로 그리스도를 경외함으로 아내와 자녀와 종에게 복종해야 합니다. 이런 관점에서 베드로전서 2:17도 "뭇 사람을 공경하며 형제를 사랑하며 하나님을 두려워하며 왕을 존대하라"라고 말하고, 로마서 12:10도 "형제를 사랑하여 서로 우애하고 존경하기를 서로 먼저 하며"라고 말합니다.

이런 관점에서 제5계명의 부모 공경은 다른 인간관계들에 대한 자세도 포함하는 개념입니다. 한 사람이 맺는 인간관계를 분류하면 크게 아랫사람, 윗사람, 동등자의 세 가지가 됩니다. 이에 대해 웨스트민스터 소요리문답 제64문은 "제5계명은 상급자, 하급자 그리고 동급자로서 갖는 지위와 관계에서 각자에게 속하는 그 영예를 유지하고, 그 의무를 수행할 것을 요구합니다"라고 말합니다.

하나님의 형상으로 만들어졌다는 점에서 모든 사람은 평등합니다. 다른 사람들보다 더 월등하거나 열등한 자가 없습니다. 따라서 모든 사람은 그리스도를 경외함으로 피차 복종해야 합니다. 이런 평등 속에서 각 사람은 다른 사람들과 다양한 인간관계를 맺습니다. 성경은 이 다양한 인간관계를 크게 남편과 아내, 부모와 자녀, 상전과 종의 세 가지로 분류해 각 관계에서 가져야 할 자세에 관해 말하는 것입니다.

이는 "동등 속의 질서"에 속합니다. 성부와 성자와 성령이 본질에 있어서 같고 동등하지만 위격들의 관계에서는 질서가 있듯이, 사람들도 모두 본질에 있어서 같고 동등하지만 그 관계에서는 질서가 있습니다. 그 질서는 크게 하급자와 상급자와 동등자의 관점에서 살펴볼 수 있는데 하급자의 자세는 앞서 살펴보았으므로 여기서는 상급자와 동등자의 자세를 살펴보겠습니다.

ㄱ. 상급자(superiors)의 자세

개인주의가 팽배해지면서 주변 사람들의 일탈이 법적으로 잘못된 것이 아니면 간섭하지 않는 경향이 강해지고 있습니다. 적절한 권고와 훈계라는 개념이 가정과 학교와 직장과 교회에서 사라지고 있습니다. 그런데 상급자의 가르침과 훈계가 없으면 사회와 가정과 교회는 점차 부패와 무질서에 빠지게 됩니다. 상급자는 신상필벌로 잘하는 자들을 격려하고 잘못하는 자들을 책망함으로써 하급자들에게 무엇이 옳고 그른지 알려주어야 합니다.

그리스도인 상급자는 일반적인 상급자보다 더 모범을 보여야 합니다. 예수님이 모든 율법을 지키며 먼저 본을 보이셨듯이, 가르침의 내용을 먼저 실천하며 본을 보여야 합니다. 그럴 때 하급자에게 진정한 권위를 인정받을 수 있습니다. 또한 상급자는 직위에 어울리는 인격과 실력을 갖추어야 합니다.

성경은 "내 형제들아, 너희는 선생 된 우리가 더 큰 심판을 받을 줄 알고 선생이 많이 되지 말라"(약 3:1)고 말합니다. 상급자의 권리를 누리려고 하기 전에 상급자의 책무가 무엇인 줄 알고 함부로 상급자가 되려고 해서는 안 될 것입니다. 에베소서 6:4은 "또 아비들아, 너희 자녀를 노엽게 하지 말고 오직 주의 교훈과 훈계로 양육하라"라고 말합니다. 상급자가 하급자보다 힘이 세거나 돈과 권력이 많다고 하여 하급자를 분노에 이르도록 격동해서는 안 됩니다. 기분이나 이득을 좇을 것이 아니라 자신을 절제하며 오직 주의 교훈과 훈계로 양육해야 합니다.

모든 성도는 자신이 상급자가 될 때 자신의 리더십에 따라 하급자에게 미치는 영향이 큰 줄 알고, 좋은 리더십을 갖추기 위해 노력해야 합니다. 자신이 하급자일 때 상급자에게 바라고 기대했던 것을 기억하고 그것을 상급자가 되었을 때 현실성 있게 실행할 줄 알아야 합니다. 제5계명은 상급자의 말에 순종하라는 것에서 그치지 않고 상급자로서의 책무도 이야기합니다. 아랫사람의 역할은 잘하던 사람이 상급자가 되었을 때 독재자가 되는 안타까운 경우가 종종 있습니다. 우리는 상급자의 덕목까지 갖추기 위해 노력해야 할 것입니다.

ㄴ. 동급자(equals)의 자세

동급자들 사이에서 발생하기 쉬운 감정은 질투와 경쟁심입니다. 이때 동급자의 존엄과 가치를 진정으로 존중하며 그 진보를 질시하지 않고 자신의 것처럼 기뻐해야 합니다. 이는 매우 힘든 일입니다. 이렇게 되려면 무엇보다 동급자를 적이 아닌 자신의 지체로 여겨야 합니다. 자신의 지체가 영광을 받으니 자신도 기쁜 것입니다. 또 그의 진보를 통해 당장은 그가 영예를 얻지만 그것이 우회하여 나에게도 풍성한 떡고물이 돌아온다는 생각도 가질 줄 알아야 합니다.

경쟁심과 질투심은 능력이 뛰어난 사람일수록 빠지기 쉬운 감정입니다. 이들은 2, 3등에 만족하지 못하고 1등만을 바라봅니다. 꼴찌는 1등을 진심으로 축하하고 존중할 수 있지만, 2등은 1등을 시기하고 질투하기 쉽습니다. 그런데 성경은 "즐거워하는 자들과 함께 즐거워하고 우는 자들과 함께 울라. 서로 마음을 같이하며 높은 데 마음을 두지 말고 도리어 낮은 데 처하며 스스로 지혜 있는 체하지 말라"(롬 12:15-16)고 말합니다. 같이 기뻐하고 같이 슬퍼하라는 것입니다. 높은 데가 아니라 낮은 데 마음을 두어야 합니다. 동급자를 진정으로 사랑하고 존중하는 비결은 우리 마음을 낮은 데 두는 것입니다.

모세는 미리암과 아론이 "여호와께서 모세와만 말씀하셨느냐? 우리와도 말씀하지 아니하셨느냐?"라고 말하며 시기심을 나타냈을 때 그들을 긍휼히 여겼습니다. 모세는 온유함이 지면의 모든 사람보다 더하여 질투와 경쟁에서 벗어난 자가 되었습니다. 하지만 하나님이 모세 대신 그들에게 진노하시어 미리암이 나병에 걸리고 말았습니다(민 12장). 가인은 아벨을 시기하여 죽였고(창 4장), 요셉의 형들은 요셉을 시기하여 애굽 상인에게 팔아버렸습니다(창 37장). 하만은 모르드개를 시샘하여 죽이려다 오히려 비참한 죽임을 당했습니다(에 7장). 예수님의 열두 제자들은 서로 누가 큰지 따지며 심하게 다투었습니다(눅 22:24). 누가 예수님의 우편과 좌편에 앉을 것인지가 그들의 관심사였습니다. 이렇게 시기심과 질투는 사람들을 항상 따라다니고 특히 동급자들 간에 발생하기 쉽습니다. 그러므로 신자는 남을 자기보다 낫게 여기는 낮은 마음으로 이것을 극복해야 합니다.

3. 제5계명에 부가된 논리

제5계명에 부가된 내용은 "그리하면 네 하나님 여호와가 네게 준 땅에서 네 생명이 길리라"입니다. 이 내용에 깔린 논리는 이 계명을 지키는 모든 자에게 장수와 번영이 약속된다는 것입니다. 이에 관해 에베소서 6:2-3은 "네 아버지와 어머니를 공경하라. 이것은 약속이 있는 첫 계명이니 이로써 네가 잘되고 땅에서 장수하리라"라고 말합니다. 제5계명을 지키면 장수와 번영이 보상으로 주어진다는 약속이 덧붙어 있기에 "약속이 있는 첫 계명"이라고 하는 것입니다.

현실적으로도 상급자와 하급자와 동급자를 자기 몸같이 사랑하고, 그들에게 대접을 받고자 하는 대로 그들을 대접한다면 그들로부터 진심 어린 인정을 받게 됩니다. 그리고 이렇게 인정받으면 그들로부터 다양한 도움을 받게 됩니다. 직장인이라면 승진하게 되고, 사업가라면 유망한 사업을 제안받거나 인맥을 쌓을 수 있습니다. 자연히 번영이 따를 수밖에 없는 것입니다. 또한 하나님은 이런 자를 축복하셔서 긴 수명도 주십니다. 제5계명을 지키면 사람들로부터 인정을 받아 땅을 소유할 수 있는 재력이 생기기 때문에, 그리고 그런 자를 하나님이 축복하시기 때문에 제5계명에는 "그리하면 네 하나님 여호와가 네게 준 땅에서 네 생명이 길리라"라는 말씀이 부가된 것입니다.

권위자의 양심 있는 판단

사람들은 우리 부부에게 어떻게 자녀 5명을 낳아 길렀느냐고 묻곤 한다. 대부분 하나 기르기도 힘든데 다섯을 길렀으니 대단하다고 생각하는 듯하다. 아이 다섯을 키운 데는 여러 가지 요인이 작용했지만, 그중에서 첫째를 낳을 때 제왕절개가 아니라 자연분만 방식을 택한 것이 결정적인 요인 중 하나였다.

우리는 1999년 11월에 첫째를 낳았다. 그때 2호선 서울대역 부근에는 자○산부인과가 있었는데, 그곳에서 두 정거장 떨어진 관악구 남현동에 살던 우리 부부는 임신 초기부터 이 산부인과에서 모든 검진을 받았다. 드디어 아이가 나올 강력한 조짐이 보여 11월 27일 이른 아침에 산부인과에 찾아갔다. 그런데 원장은 아이가 나올 때가 되었는데 산도가 적게 열렸다며 산모와 태아가 모두 위험하니 제왕절개 수술을 해야 한다고 권했다. 마침 그날이 토요일이라 오후가 되면 마취할 사람을 구하기 힘드니 빨리 결정하라고 보채기도 했다.

그런데 그런 이야기를 하는 원장 선생님의 표정과 어투에서 의사로서의 권위가 느껴지지 않았다. 특히 양심이 느껴지지 않았다. 제왕절개를 시키려는 목표에 맞추어 여러 상황을 끼워 맞추는 느낌이었다. 그래도 의사의 말인지라 양가 부모님을 비롯해 주변의 몇 분들에게 전화를 드려 상의해보았다. 의사의 말을 듣는 것이 좋겠다는 의견과 다른 병원에 가보라는 의견으로 갈렸다. 최종판단은 이제 내가 해야 했다. 나는 그 의사에게서 진실성을 느끼지 못했다는 사실에 근거해 다른 병원에 가보기로 결정을 내렸다.

우리는 부모님 집 근처의 건국대학교 병원으로 찾아갔다. 그곳에서는 아직 아이가 나올 때가 아니라며 하루나 이틀 지나면 자연분만을 할 수 있다고 말해주었다. 그리고 그 말대로 하루가 지난 11월 28일, 첫째 아이가 건강하게 태어났다. 바로 그 결정 때문에 네 명의 동생들도 자연분만으로 낳을 수 있었다.

만약에 처음 자○산부인과 원장 말대로 제왕절개를 했다면 자녀 출산은 한두 명에서 그쳤을 것이다. 첫째가 나올 무렵 나는 세움교회를 개척한 첫해인지라 경제적으로 어려운 때였다. 건대 병원으로 갈 때도 택시비를 아끼겠다고 짐보따리를 싸 들고 만삭의 아내를 부축하며 전철을 탔다. 신혼의 풋풋함과 순진함으로 그 모든 것을 웃음으로 받아넘기며 경쾌하게 임했지만 지금 생각해보면 그 원장이 참 밉다.

법, 의료, 정치 분야 등의 전문가는 권위를 인정받고 월급도 많이 받는다. 그런데 거기에 진정성과 양심이 없으면 그들의 판단과 행위에 따른 폐해가 얼마나 큰지 모른다. 실력과 권위가 높은 사람일수록 개인적 이득이 아니라 자신에게 권위를 부여한 사회를 위해 양심 있는 판단을 내려야 한다. 한 나라의 총체적 경쟁력에는 여러 요소가 있지만, 권위자들이 자신의 직분에 맞는 능력을 진정으로 발휘하려는 양심과 태도는 매우 중요하다. 구한말에 우리나라가 일본의 강제 지배를 받은 데는 조정의 위정자들에게도 큰 책임이 있지 않은가!

아내가 첫째를 낳은 후 나는 자○산부인과 원장에게 전화를 걸었다. 당신은 제왕절개를 권했지만 다른 병원에서는 충분히 자연분만이 가능하다고 진단했고, 실제로 자연분만으로 아이를 낳았다고 설명했다. 내가 목사라서 다른 형태로 불만을 제기하지 않고 이렇게 정중하게 전화를 드리는 것이니 앞으로는 좀 더 진실하게 진료에 임하면 좋겠다고 간곡하게 말씀드렸다. 그 원장은 자신의 판단에 아쉬움이 있었다며 사과를 했다. 그로부터 몇 년 지나지 않아 그 병원은 문을 닫았다.

우리 신자들은 제5계명을 명심해야 한다. 하급자라면 권위자에게 순종해야 하고, 권위자라면 주어진 권한과 권위로 하급자를 잘 섬겨야 한다. 어떻게 하면 하급자들을 편안하게 하고 기쁘게 하고 그러면서도 질서가 있게 할 것인지 애정과 지혜를 가지고 직임에 임해야 한다. 신자들이 제5계명을 잘 지키면 그것이 바로 대한민국의 경제적·윤리적 발전에 크게 이바지하는 길이다. 하나님의 말씀은 한 나라의 근간인 정치, 경제, 교육, 국방 등과 밀접한 관계를 갖는 매우 구체적 자원이다. 하나님의 말씀을 소중히 여기는 민족, 하나님의 말씀으로 역량을 키워가는 나라에 진정한 번영이 있다.

함께 나누기: 제5계명의 요구

01 여러분의 정서는 건강한 편입니까? 흥분을 잘하거나 충동적입니까? 나쁜 면이 있다면 개선을 위해서 어떻게 노력하고 있습니까? 건강을 위해서 운동을 꾸준히 하듯이, 좋은 정서를 위해서 어떤 노력을 해야 합니까?

02 하이델베르크 교리문답 제104문을 서로 묻고 답해봅시다. 근거 성구도 다시 한번 살펴봅시다.

03 하나님은 제5계명에서 무엇을 요구하시는지 다음의 관점에서 살펴봅시다.

① 부모와 권위자에게 존경과 사랑과 충실함을 나타내는 것

② 약점과 결점을 인내심으로 참는 것

③ 권위자의 손으로 우리를 다스리고자 하시는 하나님

04 제5계명의 부모는 어떤 범주를 포함합니까?

① 상급자의 자세는 무엇입니까?

② 동급자의 자세는 무엇입니까?

05 제5계명에 부가된 내용은 "그리하면 네 하나님 여호와가 네게 준 땅에서 네 생명이 길리라"입니다. 이 말씀은 구체적으로 어떤 의미입니까?

제40주일: 제105-107문

제6계명의 요구: 살인하지 말라

Q 제105문 하나님은 제6계명에서 무엇을 요구하십니까?

What does God require in the sixth commandment?

A 답 내 이웃을 생각이나 말이나 몸짓으로, 특히 행동으로 욕되게 하거나 미워하거나 상하게 하거나 죽이지 않는 것입니다. 스스로 그리하거나 다른 사람을 따라서 그리해도 안 됩니다.[1] 오히려 모든 복수심을 버려야 합니다.[2] 또한 자기 자신을 해치거나 의도적으로 위험에 빠뜨리지 말아야 합니다.[3] 통치자가 살인을 막기 위해 칼로 무장하는 것도 그 때문입니다.[4]

That neither in thoughts, nor words, nor gestures, much less in deeds, I dishonour, hate, wound, or kill my neighbour, by myself or by another: but that I lay aside all desire of revenge: also, that I hurt not myself, nor wilfully expose myself to any danger. Wherefore also the magistrate is armed with the sword, to prevent murder.

Q 제106문 그런데 이 계명은 오직 살인만을 언급하는 것입니까?

But this commandment seems only to speak of murder?

A 답 살인의 금지와 관련해 하나님은 당신이 시기,[5] 증오,[6] 분노,[7] 복수심과 같은 살인의 원인들을 혐오하시고, 그 모든 것을 살인처럼 여기신다고 가르치십니다.[8]

In forbidding murder, God teaches us, that he abhors the causes thereof, such as envy, hatred, anger, and desire of revenge; and that he accounts all these as murder.

Q 제107문 그러면 위에서 언급된 방법으로 살인하지 않으면 충분합니까?

But is it enough that we do not kill any man in the manner mentioned above?

A 답 아닙니다. 왜냐하면 시기, 증오, 분노를 금지하실 때 하나님은 우리가 이웃을 우리 자신처럼 사랑하고,[9] 이웃에게 인내, 화평, 온유, 자비와 모든 친절을 베풀며,[10] 힘이 닿는 대로 이웃의 손해를 막아내고,[11] 심지어 원수에게도 선을 행하라고 명령하시기 때문입니다.[12]

No: for when God forbids envy, hatred, and anger, he commands us to love our neighbour as ourselves; to show patience, peace, meekness, mercy, and all kindness, towards him, and prevent his hurt as much as in us lies; and that we do good, even to our enemies.

revenge	복수, 설욕	**expose**	노출시키다, 드러내다
abhor	혐오하다	**meekness**	온순함, 유화함, 얌전함

근거 성구

1 다른 사람의 피를 흘리면 그 사람의 피도 흘릴 것이니 이는 하나님이 자기 형상대로 사람을 지으셨음이니라(창 9:6).

21 옛 사람에게 말한 바 "살인하지 말라. 누구든지 살인하면 심판을 받게 되리라" 하였다는 것을 너희가 들었으나 22 나는 너희에게 이르노니 형제에게 노하는 자마다 심판을 받게 되고 형제를 대하여 라가라 하는 자는 공회에 잡혀가게 되고 미련한 놈이라 하는 자는 지옥 불에 들어가게 되리라(마 5:21-22).

이에 예수께서 이르시되 "네 칼을 도로 칼집에 꽂으라. 칼을 가지는 자는 다 칼로 망하느니라"(마 26:52).

2 21 네 원수가 배고파하거든 음식을 먹이고 목말라하거든 물을 마시게 하라. 22 그리하는 것은 핀 숯을 그의 머리에 놓는 것과 일반이요, 여호와께서 네게 갚아주시리라(잠 25:21-22).

너희가 각각 마음으로부터 형제를 용서하지 아니하면 나의 하늘 아버지께서도 너희에게 이와 같이 하시리라(마 18:35).

내 사랑하는 자들아, 너희가 친히 원수를 갚지 말고 하나님의 진노하심에 맡기라. 기록되었으되 "원수 갚는 것이 내게 있으니 내가 갚으리라"고 주께서 말씀하시니라(롬 12:19).

분을 내어도 죄를 짓지 말며 해가 지도록 분을 품지 말고(엡 4:26).

3 예수께서 이르시되 "또 기록되었으되 '주 너의 하나님을 시험하지 말라' 하였느니라" 하시니(마 4:7).

이런 것들은 자의적 숭배와 겸손과 몸을 괴롭게 하는 데는 지혜 있는 모양이나 오직 육체 따르는 것을 금하는 데는 조금도 유익이 없느니라(골 2:23).

4 창세기 9:6(**1**번을 참고하시오).

사람이 그의 이웃을 고의로 죽였으면 너는 그를 내 제단에서라도 잡아 내려 죽일지니라(출 21:14).

그는 하나님의 사역자가 되어 네게 선을 베푸는 자니라. 그러나 네가 악을 행하거든 두려워하라. 그가 공연히 칼을 가지지 아니하였으니 곧 하나님의 사역자가 되어 악을 행하는 자에게 진노하심을 따라 보응하는 자니라(롬 13:4).

5 평온한 마음은 육신의 생명이나 시기는 뼈를 썩게 하느니라(잠 14:30).

곧 모든 불의, 추악, 탐욕, 악의가 가득한 자요, 시기, 살인, 분쟁, 사기, 악독이 가득한 자요, 수군수군하는 자요(롬 1:29).

6 9빛 가운데 있다 하면서 그 형제를 미
워하는 자는 지금까지 어둠에 있는 자요,
10그의 형제를 사랑하는 자는 빛 가운데
거하여 자기 속에 거리낌이 없으나 11그
의 형제를 미워하는 자는 어둠에 있고 또
어둠에 행하며 갈 곳을 알지 못하나니 이
는 그 어둠이 그의 눈을 멀게 하였음이라
(요일 2:9-11).

7 분을 그치고 노를 버리며 불평하지 말라. 오히려 악을 만들 뿐이라(시 37:8).

19육체의 일은 분명하니 곧 음행과 더러
운 것과 호색과 20우상숭배와 주술과 원
수 맺는 것과 분쟁과 시기와 분냄과 당
짓는 것과 분열함과 이단과 21투기와 술
취함과 방탕함과 또 그와 같은 것들이라.
전에 너희에게 경계한 것 같이 경계하노
니 이런 일을 하는 자들은 하나님의 나라
를 유업으로 받지 못할 것이요(갈 5:19-21).

사람이 성내는 것이 하나님의 의를 이루지 못함이라(약 1:20).

8 그 형제를 미워하는 자마다 살인하는 자니 살인하는 자마다 영생이 그 속에 거하지 아니하는 것을 너희가 아는 바라(요일 3:15).

9 그러므로 무엇이든지 남에게 대접을 받고자 하는 대로 너희도 남을 대접하라. 이것이 율법이요 선지자니라(마 7:12).

둘째도 그와 같으니 네 이웃을 네 자신 같이 사랑하라 하셨으니(마 22:39).

형제를 사랑하여 서로 우애하고 존경하기를 서로 먼저 하며(롬 12:10).

10 5온유한 자는 복이 있나니 그들이 땅을 기업으로 받을 것임이요,…7긍휼히 여기는 자는 복이 있나니 그들이 긍휼히 여김을 받을 것임이요,…9화평하게 하는 자는 복이 있나니 그들이 하나님의 아들이라 일컬음을 받을 것임이요(마 5:5, 7, 9).

너희 아버지의 자비로우심 같이 너희도 자비로운 자가 되라(눅 6:36).

10형제를 사랑하여 서로 우애하고 존경하기를 서로 먼저 하며…15즐거워하는 자들과 함께 즐거워하고 우는 자들과 함께 울라.…18할 수 있거든 너희로서는 모든 사람과 더불어 화목하라(롬 12:10, 15, 18).

22오직 성령의 열매는 사랑과 희락과 화평과 오래 참음과 자비와 양선과 충성과 23온유와 절제니 이같은 것을 금지할 법이 없느니라(갈 5:22-23).

1형제들아, 사람이 만일 무슨 범죄한 일이 드러나거든 신령한 너희는 온유한 심령으로 그러한 자를 바로잡고 너 자신을 살펴보아 너도 시험을 받을까 두려워하라. 2너희가 짐을 서로 지라. 그리하여 그리스도의 법을 성취하라(갈 6:1-2).

모든 겸손과 온유로 하고 오래 참음으로 사랑 가운데서 서로 용납하고(엡 4:2).

그러므로 너희는 하나님이 택하사 거룩하고 사랑 받는 자처럼 긍휼과 자비와 겸손과 온유와 오래 참음을 옷 입고(골 3:12).

마지막으로 말하노니 너희가 다 마음을 같이하여 동정하며 형제를 사랑하며 불쌍히 여기며 겸손하며(벧전 3:8).

11 4네가 만일 네 원수의 길 잃은 소나 나귀를 보거든 반드시 그 사람에게로 돌릴지며 5네가 만일 너를 미워하는 자의 나귀가 짐을 싣고 엎드러짐을 보거든 그것을 버려두지 말고 그것을 도와 그 짐을 부릴지니라(출 23:4-5).

12 44나는 너희에게 이르노니 너희 원수를 사랑하며 너희를 박해하는 자를 위하여 기도하라. 45이같이 한즉 하늘에 계신 너희 아버지의 아들이 되리니 이는 하나님이 그 해를 악인과 선인에게 비추시며 비를 의로운 자와 불의한 자에게 내려주심이라(마 5:44-45).

20네 원수가 주리거든 먹이고 목마르거든 마시게 하라. 그리함으로 네가 숯불을 그 머리에 쌓아놓으리라. 21악에게 지지 말고 선으로 악을 이기라(롬 12:20-21; 참조. 잠 25:21-22).

해설

살인하지 말라

십계명 중 제5계명은 하나님이 사람 사이에 세우신 질서와 권위를 상호 인정할 것을 요구합니다. 이어지는 제6계명은 하나님의 형상으로 지음을 받은 사람을 욕되게 하거나 미워하거나 상하게 하거나 죽이지 말라고 요구합니다.

— **제104문** 하나님은 제5계명에서 무엇을 요구하시는가?
┌ **제105문** 하나님은 제6계명에서 무엇을 요구하시는가?
├ **제106문** 하나님은 살인의 원인들인 시기, 증오, 분노, 복수심도 살인처럼 여기신다.
└ **제107문** 하나님은 이웃을 우리 자신처럼 사랑하고, 원수에게도 선을 행할 것을 명령하신다.

표24 하이델베르크 교리문답 제104-107문의 구성

1. 생각, 말, 몸짓, 행동으로

십계명 중 제6계명은 "살인하지 말라"입니다. 사람을 죽이면 안 되는 이유는 사람이 하나님의 형상으로 만들어진 고귀한 존재이기 때문입니다. 사람은 능

력이나 신분에 상관없이 하나님의 형상이라는 측면에서 놀라운 가치를 지니고 있습니다. 그런 사람에게 생명보다 귀한 것은 없습니다. 사람이 만일 온 천하를 얻고도 제 목숨을 잃으면 아무것도 유익하지 않고, 사람이 자기 목숨과 바꿀 것이 천하에 없습니다(마 16:26).

모든 사람에게 생명을 주신 분은 하나님이십니다. 따라서 그 생명을 거두는 분도 하나님이셔야 합니다. 하나님을 대신하여 피조물이 자신의 판단과 능력을 동원하여 함부로 생명을 빼앗으면 안 됩니다. 피조물로서는 그럴 권한이 없습니다. 성경은 "다른 사람의 피를 흘리면 그 사람의 피도 흘릴 것이니 이는 하나님이 자기 형상대로 사람을 지으셨음이니라"(창 9:6)라고 말합니다. 즉 다른 사람을 죽인 자는 자신의 목숨으로 그 대가를 치러야 한다는 것입니다.

살인의 도구와 수단에는 직접적 행동만이 아니라 생각과 말과 몸짓도 포함됩니다. 살인은 생각에서부터 시작됩니다. 남을 죽이고 싶다는 생각이 말과 몸짓과 행동으로 표출됩니다. 이에 대해 하이델베르크 교리문답 제106문은 시기, 증오, 분노, 복수심이 살인의 원인이며 이 역시 살인에 해당한다고 말합니다. 마음속에 있는 시기, 증오, 분노, 복수심이 자라나면 말과 몸짓으로 표현되고, 이를 절제하지 못하면 끝내 살인에 이르고 맙니다.

예를 들어 다윗의 군사령관 요압의 이야기를 살펴보겠습니다. 사울 왕이 죽은 후 이스라엘 왕국은 다윗을 따르는 세력과 사울의 아들 이스보셋을 따르는 세력으로 양분되어 내전을 치러야 했습니다. 이때 요압의 동생 아사헬이 전투 중에 이스보셋의 군사령관인 아브넬에게 죽임을 당했습니다. 이에 대해 요압은 원한을 가슴에 품었습니다(삼하 3:27). 그래서 나중에 다윗 왕과 평화 조약을 체결하러 왔다가 평안히 돌아가는 아브넬을 속여 다시 불러들였고, 급기야 조용히 이야기하는 척하다가 배를 찔러 죽이고 말았습니다. 요압은 전투 중에 벌어진 일에 사적인 감정을 담아두었고, 평화를 추구한 다윗 왕의 의도를 무시하면서까지 복수의 피를 본 것입니다. 이처럼 마음속의 생각은 실제 살인에까지 이르게 됩니다.

또 다른 예를 살펴보겠습니다. 다윗의 맏아들 암논은 이복동생이자 압살롬의 누이인 다말과 억지로 동침하고 무정하게 내쫓았습니다. 이 소식을 들은 압살롬은 분했지만 "누이야, 지금은 잠잠히 있고 이것으로 말미암아 근심하지 말라"(삼하 13:20)고 말하며 달랬습니다. 만 2년이 지난 후 압살롬은 양털을 깎고 축하하는 잔치 자리에 다윗의 모든 아들을 초청했습니다. 그리고 거기서 술을 마시며 즐거워하는 암논을 죽였습니다. 처음에 이 충격적인 소식을 전해 들은 다윗은 다른 아들들까지 모두 죽임을 당한 것은 아닌지 염려했습니다. 이에 이 사건의 전후 사정을 알고 있던 요나답은 "내 주여, 젊은 왕자들이 다 죽임을 당한 줄로 생각하지 마옵소서. 오직 암논만 죽었으리이다. 그가 압살롬의 누이 다말을 욕되게 한 날부터 압살롬이 결심한 것이니이다"(삼하 13:32)라고 말하여 왕을 진정시켰습니다. 요나답의 말대로 그 사건은 압살롬이 암논에 대해 가진 복수심에서 말미암은 살인 사건이었습니다.

살인의 원인이 되는 증오와 분노는 말과 몸짓으로 드러나기도 합니다. 다윗 왕이 압살롬의 반역을 피해 도망갈 때 사울의 친족 중 시므이라는 사람은 다윗 일행을 향하여 돌을 던지며 "피를 흘린 자여, 사악한 자여! 가거라, 가거라! 사울의 족속의 모든 피를 여호와께서 네게로 돌리셨도다. 그를 이어서 네가 왕이 되었으나 여호와께서 나라를 네 아들 압살롬의 손에 넘기셨도다. 보라! 너는 피를 흘린 자이므로 화를 자초하였느니라"(삼하 16:7-8)라고 저주했습니다. 시므이는 마음속의 증오와 분노를 말과 몸짓으로 드러냈습니다. 그는 실제로 살인을 하지는 않았지만 그럴 힘이 있었다면 분명히 살인을 저질렀을 것입니다. 우리 주변에는 이런 분노와 살의가 담긴 말이나 몸짓에 충격을 받아 속병을 앓다가 자살로 생을 마감하는 사람들이 적지 않습니다.

기드온은 공적을 놓고 시비를 걸어온 에브라임 지파를 추켜세우며 "에브라임의 끝물 포도가 아비에셀의 맏물 포도보다 낫지 아니하냐?"(삿 8:2)라고 말해 화를 누그러뜨렸습니다. 하지만 다윗의 도움을 받고도 "다윗은 누구며 이새의 아들은 누구냐? 요즈음에 각기 주인에게서 억지로 떠나는 종이 많도다. 내가 어찌 내 떡과 물과 내 양털 깎는 자를 위하여 잡은 고기를 가져다가 어디서 왔는지도 알지 못하는 자들에게 주겠느냐?"(삼상 25:10-11)라고 되물은 나발의 미련한 말은 다윗의 분노를 사 죽을 위기를 자초했습니다. 나발의 아내 아비가일의 지혜로운 대처가 아니었다면 나발은 다윗의 손에 죽임을 당했을 것입니다(삼상 25:34). 유순한 대답은 분노를 쉬게 해도 과격한 말은 노를 격동합니다(잠 15:1). 오히려 부드러운 혀가 뼈를 꺾습니다(잠 25:15).

산상수훈에서 예수님은 "형제에게 노하는 자마다 심판을 받게 되고 형제를 대하여 라가라 하는 자는 공회에 잡혀가게 되고 미련한 놈이라 하는 자는 지옥 불에 들어가게 되리라"(마 5:21-22)라고 말씀하셨습니다. 분노와 욕설과 폄하, 욕되게 하고 미워하며 상하게 하는 것이 모두 살인에 해당합니다. 따라서 제6계명은 하나님의 형상으로 지음을 받은 사람을 대할 때 하나님의 형상을 해치는 것이라면 생각이나 말, 몸짓이나 행동으로 욕되게 하거나 미워하면 안 되고, 상하게 하거나 죽게 해서도 안 된다고 말합니다.

이를 위해서는 모든 복수심을 마음에서 버려야 합니다. 복수심을 버리지 않으면 생각과 말과 몸짓과 행동으로 어떻게든 표출되기 마련입니다. 예수님이 원수들을 위해 죽으신 것을 생각하며 복수심을 버리고 원수를 사랑하여 그의 필요를 채워줘야 합니다(잠 25:21-22). 이는 일반인에게는 불가능한 이야기입니다. 하지만 그리스도의 사랑을 맛본 성도는 성령의 도움을 받으며 노력할 때 그렇게 할 수 있습니다. 성도의 승리와 성공은 적을 제압하는 데 있는 것이 아니라 적을 얼마나 사랑하느냐에 달려 있습니다. 우리는 예수 그리스도가 적과 다름없는 부패한 우리의 죄에 상응하는 벌을 내리시지 않고 그 죗값을 대신 지고 자신을 버리는 죽음을 택하셨음을 명심해야 합니다. 예수님은 큰 사랑으로 죄와 죽음을 이기셨습니다.

또한 우리는 우리 자신이 아니라 하나님만이 원수를 완전하게 갚으실 수 있음을 알아야 합니다. 우리 스스로 원수를 갚으려고 하면 원수도 가만히 있지 않고 반격을 가합니다. 설령 복수에 성공한다고 해도 복수는 복수를 낳고 서로를 해치는 악순환이 반복될 뿐입니다. 그런데 당사자들의 잘잘못을 정확하게 아시는 하나님은 가장 정확한 방식으로 그 잘잘못을 갚아주십니다. 우리는 원수 갚는 것을 하나님께 맡겨야 반격을 받지 않고 가장 정확하게 복수할 수 있습니다. 복수는 하나님께 속한 것입니다. 우리의 손에 피를 묻히지 않고 가장 정확하고 평안하게 복수하는 방법이 하나님께 맡기는 것임을 기억하며 평안 가운데 거해야 합니다.

우리가 마음으로부터 형제를 용서하지 아니하면 하나님도 우리를 용서하지 않으십니다(마 18:35). 진정한 그리스도인은 원수를 마음으로부터 용서하는 자입니다. 원수를 용서하기 힘들다면 자신이 하나님 앞에서 얼마나 큰 원수인가를 생각해야 합니다. 하나님의 원수로 살던 자신을 용서하신 하나님의 크신 사랑과 비움을 깊이 생각하면 원수를 용서할 수 있습니다(빌 2:7). 원수가 나에게 잘못한 것을 생각하면 용서하기 힘들지만, 하나님이 내 죄를 용서하신 것을 생각하면 용서할 힘이 생깁니다. 그래서 성숙한 신자일수록 분노가 일어도 죄를 짓지 않고, 해가 지기 전에는 분을 풉니다(엡 4:26).

2. 자신을 해치지 않아야 한다

살인은 사람을 죽이는 것입니다. 그 사람의 범주에는 나 자신도 포함됩니다. 따라서 자살도 자신을 죽이는 살인에 속합니다. 나의 생명은 나 자신의 것이 아니라 하나님이 주신 것입니다. 그러므로 함부로 자기 자신의 생명을 빼앗으면 안 됩니다. 특히 그리스도인의 생명은 그리스도가 값을 주고 사신 것입니다. 우리는 우리가 우리 자신의 주인이 아님을 늘 기억해야 합니다.

하이델베르크 교리문답 제1문에서 본 것처럼 사나 죽으나 나의 유일한 위로는 내가 나의 것이 아니고 몸과 영혼이 모두 미쁘신 주 예수 그리스도의 것이라는 사실입니다. 예수님은 보배로운 피로 나의 모든 죗값을 치르시고 나의 주인이 되셨습니다. 그래서 우리 몸은 우리가 하나님께로부터 받은 바 우리 가운데 계신 성령의 전이 되었습니다. 우리는 우리 몸으로 하나님께 영광을 돌려야 합니다(고전 6:19-20).

자기 몸을 상하게 하거나 의도적으로 위험을 자초하는 것도 안 됩니다. 식사나, 음주, 노동이나 오락에 무절제한 것도 제6계명에 위배됩니다(잠 25:16; 눅 21:34; 롬 13:13). 신자는 무엇을 하든 절제해야 합니다. 식사도 적당하게 하여 저체중이나 과체중에 이르지 말아야 하고 성실하게 노동하되 과로에 이르지 말아야 합니다. 게임, 인터넷, 스마트폰, 운동, 노름, 담배, 술, 약물, 마약 등에 중독되는 것도 피해야 합니다. 사소해 보이는 것일지라도 중독을 통해 우리 자신을 해치면 하나님이 기뻐하지 않으십니다.

TIP

"너는 꿀을 보거든 족하리만큼 먹으라. 과식함으로 토할까 두려우니라"(잠 25:16).

"너희는 스스로 조심하라. 그렇지 않으면 방탕함과 술취함과 생활의 염려로 마음이 둔하여지고 뜻밖에 그날이 덫과 같이 너희에게 임하리라"(눅 21:34).

"낮에와 같이 단정히 행하고 방탕하거나 술 취하지 말며 음란하거나 호색하지 말며 다투거나 시기하지 말고"(롬 13:13).

3. 통치자가 살인을 막기 위해 칼로 무장하고 있다

정상적인 국가라면 살인을 큰 죄로 다루어 엄격한 벌로 다스리기 마련입니다. 그 이유는 우선 살인 자체가 나쁘기 때문입니다. 또 살인이 일상화하면 사회 분위기가 살벌해지고, 국가적인 차원에서 귀중한 노동력에 손실이 생기기 때문입니다. 반대로 부패하거나 혼란스러운 국가에서는 치안이 확립되지 않아 살인이 흔하게 벌어집니다. 그런 국가는 공정하게 살인 사건을 해결할 공권력이 부재하기에 살인자가 권력자에게 뇌물을 주고 풀려나기 일쑤입니다. 실제로 어떤 나라에서는 우리나라 돈으로 백만 원이 안 되는 비용을 들이면 살인을 청탁할 수 있다고 합니다.

그리스도인은 "다른 사람의 피를 흘리면 그 사람의 피도 흘려야 한다"라는 창세기 9:6의 말씀을 명심해야 합니다. 개인의 삶에서뿐만 아니라 국가나 사회의 차원에서도 사람의 생명을 귀하게 여겨 살인을 금하는 엄격한 법이 제정되도록 힘써야 합니다. 살인죄를 단기 징역형으로 가볍게 다루거나 살인자를 몇천만 원의 보석금으로 풀려나게 하면 안 됩니다. 엄중한 법 적용을 통해 생명의 고귀함을 드러내야 합니다.

4. 제6계명은 오직 실제 살인에만 관련되는가?

앞서 우리는 압살롬과 요압의 원한과 복수심이 살인으로 이어진 것을 살펴보았습니다. 과실이 아니라면 어떤 사람을 죽이는 행위는 갑자기 튀어나오지 않습니다. 살인은 그 사람에 대한 시기, 증오, 분노가 쌓인 결과물입니다. 이는 실제 살인은 아니지만 살인의 원인이 됩니다. 그래서 하나님은 이런 것까지도 살인처럼 여기시고 살인과 마찬가지로 금하십니다. 제6계명만이 아니라 다른 십계명도 무엇을 명령하거나 금지할 때 그와 관련된 원인까지 모두 다룹니다. 예수님은 간음을 금지한 제7계명에 관해 음욕을 품고 여자를 보는 것도 간음이라고 말씀하셨습니다. 음욕을 품는 것이 간음의 원인이 되기 때문입니다.

그러므로 우리는 마음에 시기, 증오, 분노, 복수심이 일 때 그것이 살인으로 이어질 수 있음을 알고 물리치기 위해 치열하게 싸워야 합니다. 성경은 "그 형제를 미워하는 자마다 살인하는 자"(요일 3:15)라고 말합니다. 물론 우리를 괴롭히는 자를 대하면 우리 마음에는 자연스레 시기, 증오, 분노, 복수심이 일어납니다. 하지만 이것이 어느 선을 넘지 않게 해야 합니다.

"분을 내어도 죄를 짓지 말며 해가 지도록 분을 품지 말고 마귀에게 틈을 주지 말라"(엡 4:26-27)라는 말씀에 따르면 우리는 악행에 대해 분을 내면서도 죄를 짓지 않을 수 있습니다. 해가 지도록 분을 품지 않는 것이 방법입니다. 분을 못 이겨 죄를 짓는 사람은 마귀에게 틈을 주어 시기, 증오, 분노, 복수심에 빠져 며칠이고 몇 달이고 허비하게 됩니다. 그런 사람은 현행법만 피할 수 있다면 구체적인 행동으로 죄를 드러내려고 합니다.

시기, 증오, 분노, 복수심은 언제 구체적인 상해와 살인으로 이어질지 모릅니다. 신자들은 이런 충동이 일 때 죄를 짓지 않도록 마음에서 빨리 몰아내야 합니다. 이런 충동들은 상대방만 해하는 것이 아니라 우리 자신을 먼저 해합니다. 평온한 마음은 육신의 생명이지만 시기는 뼈를 썩게 합니다(잠 14:30). 마음의 즐거움은 얼굴을 빛나게 하여도 마음의 근심은 심령을 상하게 합니다(잠 15:13). 우리의 건강을 위해서라도 시기, 증오, 분노, 복수심을 빨리 버려야 합니다. 해가 지기 전에 분을 푸는 사람은 잠도 잘 자게 되어 건강한 몸과 마음으로 정열적으로 맡은 일을 감당하며 오래 살 수 있습니다.

ㄱ. 살인만 하지 않으면 충분한가?

하나님이 살인과 그 원인이 되는 시기, 증오, 분노를 금하실 때 단순히 소극적인 의미에서 말씀하시는 것은 아닙니다. 무엇을 하지 말라는 명령에는 그 반대의 행위를 적극적으로 하라는 의미까지 담겨 있습니다. 그래서 제6계명은 실제 살인은 물론이고 시기, 증오, 분노를 금하는 것을 넘어서 적극적인 이웃 사랑의 의미까지 포함합니다.

앞서 언급했듯이 십계명의 제5-10계명을 종합하면 "이웃 사랑"이 됩니다. 그래서 여기에 해당하는 각 계명을 이웃 사랑의 큰 관점에서 바라보아야 합니다. 살인하지 말라는 계명도 이웃을 내 몸처럼 사랑하라는 명령에 비추어 살펴보아야 합니다. 이때 적극적으로 이웃에게 인내, 화평, 온유, 자비와 더불어 모든 친절을 베풀어야 한다는 사실을 깨닫게 됩니다.

만일 원수의 소가 길을 잃고 헤매는 것을 보면 어떻게 해야 합니까? 그냥 못 본 척하거나 마음속으로 고소하게 여기지 않는 것으로 충분할까요? 그렇지 않습니다. 이웃 사랑이라는 차원에서는 그 소를 주인인 원수에게 돌려주어야 합니다. 또 싫어하는 사람의 나귀가 짐을 싣고 엎드러져 있다면 짐을 부릴 수 있도록 도와야 합니다(출 23:4-5). 힘이 닿는 대로 이웃의 손해를 막아내야 하는 것입니다.

우리가 원수나 미워하는 자에게 친절을 베풀면 그들도 다음에 그렇게 할 가능성이 커집니다. 이를 통해 서로에 대한 악한 감정이 누그러지게 됩니다. 이런 태도를 지닌 그리스도인들이 많아지면 그 사회는 자연스럽게 범죄가 줄고 구성원들이 서로 이해하고 배려하는, 안정되고 신뢰가 넘치는 사회가 됩니다. 십계명을 잘 지키는 것은 사회의 안정과 발전 및 번영에도 큰 영향을 미칩니다. 한 나라가 경제적으로 풍요로워지려면 그 국민들이 무엇보다 먼저 십계명을 잘 지켜야 합니다.

그리스도인은 이웃의 손해를 막아낼 뿐만 아니라 원수에게까지 선을 행하는 존재입니다. 원수가 주리거든 먹이고 목마르거든 마시게 해야 합니다(롬 12:20). 하나님은 해를 악인과 선인에게 비추시며, 비를 의로운 자와 불의한 자에게 차별 없이 내려주십니다. 신자다운 삶의 기준은 하나님입니다. 우리가 우리를 사랑하는 자만 사랑하면 무슨 상이 있겠습니까? 손익에 밝은 세리들도 그리합니다. 또 우리가 우리 형제에게만 문안하면 남보다 나을 것이 하나도 없습니다. 비신자들도 그렇게 하기 때문입니다. 신자는 하늘에 계신 아버지의 온전하심과 같이 온전해야 합니다(마 5:43-48). 악에게 지지 말고 선으로 악을 이겨야 합니다(롬 12:21). 물론 이를 위한 우리의 노력은 자주 실패에 부딪힙니다. 하지만 그래도 우리의 기준은 늘 아버지의 온전하심입니다. 그 온전함을 위해 피를 흘리면서까지 죄와 싸워야 합니다(히 12:4). 우리의 기도 역시 무엇보다 죄와의 싸움에서 승리하는 데 집중되어야 합니다.

ㄴ. 성경이 말하는 살인의 범위

첫째, 사람의 추락을 방지하는 건축 시설의 미비도 살인에 해당합니다. 성경은 "네가 새 집을 지을 때에 지붕에 난간을 만들어 사람이 떨어지지 않게 하라. 그 피가 네 집에 돌아갈까 하노라"(신 22:8)라고 말합니다. 2014년 10월, 판교의 야외 공연장에서 16명이 사망하고 11명이 다치는 사고가 있었습니다. 환풍구 위에 올라가 공연을 보던 시민들이 환풍구 덮개가 내려앉으면서 변을 당한 것이었습니다. 조사 결과 그 환풍구는 시공 면허가 없는 자재 업체에 의해 부실 시공된 것으로 밝혀졌습니다. 2014년 4월 16일에 발생한 세월호 침몰 참사의 주요 원인도 무리한 증·개축이었습니다. 만약 제6계명을 제대로 이해하고 실천하는 그리스도인들이 관련 부서에서 제 역할을 했다면 그런 사고가 예방되었을 수도 있습니다. 십계명의 준수 여부는 우리의 안전한 일상과도 깊은 관계가 있습니다.

둘째, 소나 애완동물을 잘못 키우는 것도 살인에 해당합니다. 출애굽기에서 하나님은 "소가 남자나 여자를 받아서 죽이면 그 소는 반드시 돌로 쳐서 죽일 것이요, 그 고기는 먹지 말 것이며 임자는 형벌을 면하려니와 소가 본래 받는 버릇이 있고 그 임자는 그로 말미암아 경고를 받았으되 단속하지 아니하여 남녀를 막론하고 받아 죽이면 그 소는 돌로 쳐죽일 것이고 임자도 죽일 것"(출 21:28-29)이라고 말씀하셨습니다. 즉 사람에게 해를 끼치는 성향이 있는 동물을 잘 관리하지 못하는 주인에게도 살인죄를 적용하신 것입니다. 따라서 신자는 동물을 키울 때도 다른 사람을 배려할 줄 알아야 합니다.

셋째, 도둑을 죽이는 것도 상황에 따라 살인이 됩니다. "도둑이 뚫고 들어오는 것을 보고 그를 쳐 죽이면 피 흘린 죄가 없으나 해 돋은 후에는 피 흘린 죄가 있으리라"(출 22:2-3)는 말씀처럼 아무리 도둑이라도 해가 돋은 후에는 소리를 지르거나 위협하여 물리칠 다른 방법이 있기에 그 생명을 빼앗으면 안 됩니다. 정당방위는 의도와 과정 모두에서 실제로 정당해야 합니다. 어떤 상황이라도 고의적이고 분노에 찬 과도한 보복은 신자에게 어울리지 않습니다.

넷째, 남들이 흥분할 때 그것에 맞장구치는 것도 살인입니다. 르우벤은 다른 형제들이 요셉을 죽이려고 할 때 "그의 생명은 해치지 말자. 피를 흘리지 말라. 그를 광야 그 구덩이에 던지고 손을 그에게 대지 말라"(창 37:21-22)고 말하며 만류했습니다. 그들의 불타는 질투심과 폭력성을 다독여 요셉의 생명을 구했습니다. 신자는 르우벤과 같은 자가 되어야지 말리는 시누이나, 불난 집 옆에서 부채질하는 자처럼 되면 안 됩니다. 신자는 자신의 감정을 먼저 달랠 줄 알아야 하고, 흥분한 주변 사람들까지 달래어 무엇이 옳은지 바라보게 하는 자가 되어야 합니다.

공정한 경쟁과 경쟁자의 보호

2017년 6월 14일, 새로 공정거래위원장이 된 김상조 씨는 취임사에서 "경쟁법의 목적은 경쟁을 보호하는 것이지, 경쟁자를 보호하는 것이 아니다"라는 명제를 인용했다. 공정한 경쟁을 통해 이긴 자에게 많은 이익이 돌아갈 때 경쟁자들은 더욱 열심히 노력하고, 그것이 결과적으로 국민 소비자에게도 이익이 된다는 뜻이다. 한국과 미국을 비롯해 자본주의를 택한 많은 나라가 이 명제에 따라 경쟁법을 도입하고 있다.

그런데 공정한 경쟁이 이루어진다고 할지라도 모든 문제가 해결되지는 않는다. 경쟁에서 능력이 많은 사람이나 조직은 계속해서 앞서 나가기 때문이다. 승자독식의 구조가 형성되면 경쟁에서 진 자는 가져갈 것이 너무 없게 되어 빈부의 격차가 크게 벌어진다. 게다가 갑의 위치에 있는 자들이 합법이라는 명분을 앞세워 경제적 약자를 압박한다면 그 사회는 매우 각박해지고, 을의 위치에 있는 자들은 더욱 살기가 힘들어진다. 그래서 우리 사회는 공정거래위원회(공정위)에 갑의 활동을 견제하고, 갑들이 을을 향해 갑질을 못 하게 해주기를 요구한다. 즉 경제적 약자를 보호해달라는 것인데 이는 자칫 앞의 명제와 어긋나기 쉽다.

모순되게 보이는 이 두 가지 큰 원리가 양립할 수 있을까? 현실적으로는 공정위 직원들과 국회의원들이 의도적으로 갑의 편에 서지 않고, 공평무사하게 경쟁법을 만든다면 상당 부분 양립할 수 있을 것이다. 그런데도 기본적으로는 양립이 쉽지 않아 보인다. 돈을 사랑함이 일만 악의 뿌리라고 성경이 말하는 것처럼(딤전 6:10), 돈을 본능적으로 추구하는 사람들은 아무리 법을 엄밀하게 만들어도 그 속에서 사각지대를 찾아내고 편법을 써서 이익을 극대화하기 때문이다. 나는 이 간격을 메울 수 있는 것은 국민 일반의 "더불어" 의식이라고 생각한다. 자신만 잘 먹고 잘사는 것이 아니라, 사회 구성원들과 함께 잘살려는 의식이 우리나라에 얼마나 농도 짙게 서려 있느냐에 따라 이 간격이 메워질 수 있다고 보는 것이다.

그리고 이 간격을 메우는 일에 누구보다 교회가 큰 역할을 할 수 있다. 성경은 기본적으로 공정함과 더불어 함께 사는 것을 강조한다. 이와 관련된 말씀은 차고 넘친다. 예를 들어 "즐거워하는 자들과 함께 즐거워하고 우는 자들과 함께 울라"(롬 12:15)는 말씀, "너는 네 이웃을 억압하지 말며 착취하지 말며 품꾼의 삯을 아침까지 밤새도록 네게 두지 말며"(레 19:13)라는 말씀 등이 있다.

교회는 이런 말씀들을 잘 가르쳐야 한다. 설교자는 성도들에게 비전을 가지고 노력하면 하나님의 은혜와 능력으로 승리자가 될 수 있다는 식으로 교묘하게 사람의 높아지려는 마음을 자극해서는 안 된다. 성경 전체의 주제와 내용에 맞는 메시지를 전해야지, 사람들의 귀를 간지럽게 하는 자극적 내용을 선전하는 것은 교회의 본분에 맞지 않는다.

내가 아는 권사님 한 분은 연세가 많으셔서 온종일을 침대에만 누워서 생활하신다. 그 권사님은 기독교 방송의 설교 프로그램들을 즐겨 보시는데 어느 날에는 왜 목사님들이 야곱과 요셉의 비전에 대해 그렇게 설교를 많이 하시느냐고 불평하셨다. 사람들의 욕망을 자극하고 가려운 귀를 긁어주는 설교가 아니라, 성경 전체가 말하는 무게 있는 진리를 전하는 설교가 필요하다. 살인하지 말라는 제6계명을 풀어 설명할 때도 물리적으로 목숨을 빼앗는 것만 다루면 안 된다. 경쟁에서 무자비하게 이기는 것도 살인임을 가르쳐야 한다.

교회 생태계에서도 마찬가지다. 각 지교회는 다른 지교회와 공정한 경쟁을 해야 한다. 자극적인 프로그램으로 교인들을 쓸어 모으는 식의 경쟁은 그만두고 누가 더 하나님의 말씀과 사랑을 제대로 드러내는지를 두고 경쟁해야 한다. 더 나아가 하나님은 누군가가 속한 특정 지교회만이 아니라 다른 지교회들도 모두 잘되기를 바라신다. 모든 목사와 성도는 같은 교단과 노회의 지교회들이 공존할 방법이 무엇인지, 교단 내 목사들의 월급과 복지 수준이 어느 정도 같아지는 방법이 무엇인지도 고민해야 한다.

우리는 지난 20년 동안 기업의 감시자로 시민단체에서 일하다 마침내 공정거래위원장의 임무를 맡게 된 김상조 씨를 보면서 그간 교회의 공정한 경쟁과 지교회의 평등을 위해서 우리는 무엇을 해왔나 하는 반성을 해야 한다. 신임 공정거래위원장의 개인적 공과를 떠나서 더불어 함께 사는 사회, 투명한 기업 문화를 위한 그의 관심과 노력은 박수를 받아야 마땅하지 않은가! 하나님 나라라는 원대한 이상을 사모하는 우리는 더더욱 더불어 사는 사회를 꿈꾸며 노력해야 하고 교회 생태계 안에서 이를 좀 더 구체화해야 할 것이다.

함께 나누기: 제6계명의 요구

01 여러분이 출석하는 교회의 장점은 무엇입니까? 그 장점은 어떤 성도로 인해 발생한 것입니까? 단점은 하나만 말해봅시다. 그 단점을 보완하기 위해 자신이 해야 할 일은 무엇인지 말해봅시다.

02 하이델베르크 교리문답 제105-107문을 서로 묻고 답해봅시다. 근거 성구도 다시 한번 살펴봅시다.

03 하나님은 제6계명에서 무엇을 요구하시는지 다음의 관점에서 살펴봅시다.

① 생각, 말, 몸짓, 행동으로

② 나 자신을 해치거나 의도적으로 위험에 빠뜨리지 않아야 한다.

③ 통치자가 칼로 무장하고 있는 이유

04 제6계명은 오직 살인과만 관련됩니까?

05 제6계명을 이웃을 내 몸처럼 사랑하라는 계명의 관점에서 살펴봅시다.

06 성경이 살인에 포함된다고 말하는 다양한 경우에는 어떤 것들이 있습니까?

제41주일: 제108-109문

제7계명의 요구: 간음하지 말라

Q 제108문 제7계명은 우리에게 무엇을 가르칩니까?

What does the seventh commandment teach us?

A 답 모든 불결은 하나님께 정죄된다는 것을 가르칩니다.[1] 그러므로 우리는 온 마음으로 불결을 혐오해야 하고,[2] 거룩한 결혼 생활이든 독신의 삶이든,[3] 삶을 순결하고 규모 있게 가꾸어야 합니다.[4]

That all uncleanness is accursed of God: and that therefore we must with all our hearts detest the same, and live chastely and temperately, whether in holy wedlock, or in single life.

Q 제109문 하나님은 이 계명에서 오직 간음 그리고 이와 같은 추악한 죄만을 금하십니까?

Does God forbid in this commandment, only adultery, and such like gross sins?

A 답 우리의 몸과 영은 모두 성령의 전(殿)이므로, 하나님은 우리에게 이를 순결하고 거룩하게 보존할 것을 명하십니다. 그러므로 하나님은 모든 정결치 않은 행동, 몸짓, 말,[5] 생각, 욕망,[6] 그리고 사람들을 그리로 이끄는 모든 것을 금하십니다.[7]

Since both our body and soul are temples of the holy Ghost, he commands us to preserve them pure and holy: therefore he forbids all unchaste actions, gestures, words, thoughts, desires, and whatever can entice men thereto.

detest	혐오하다, 몹시 싫어하다	**temperately**	적당하게
wedlock	결혼(한 상태)	**gross**	추악한, 역겨운, 중대한
entice	유혹하다, 유도하다		

근거 성구

1 27너희가 전에 있던 그 땅 주민이 이 모든 가증한 일을 행하였고 그 땅도 더러워졌느니라. 28너희도 더럽히면 그 땅이 너희가 있기 전 주민을 토함 같이 너희를 토할까 하노라. 29이 가증한 모든 일을 행하는 자는 그 백성 중에서 끊어지리라(레 18:27-29).

너희도 정녕 이것을 알거니와 음행하는 자나 더러운 자나 탐하는 자 곧 우상숭배자는 다 그리스도와 하나님의 나라에서 기업을 얻지 못하리니(엡 5:5).

2 또 어떤 자를 불에서 끌어내어 구원하라. 또 어떤 자를 그 육체로 더럽힌 옷까지도 미워하되 두려움으로 긍휼히 여기라(유 1:23).

3 모든 사람은 결혼을 귀히 여기고 침소를 더럽히지 않게 하라. 음행하는 자들과 간음하는 자들을 하나님이 심판하시리라(히 13:4).

7나는 모든 사람이 나와 같기를 원하노라. 그러나 각각 하나님께 받은 자기의 은사가 있으니 이 사람은 이러하고 저 사람은 저러하니라. 8내가 결혼하지 아니한 자들과 과부들에게 이르노니 나와 같이 그냥 지내는 것이 좋으니라. 9만일 절제할 수 없거든 결혼하라. 정욕이 불같이 타는 것보다 결혼하는 것이 나으니라(고전 7:7-9).

4 3하나님의 뜻은 이것이니 너희의 거룩함이라. 곧 음란을 버리고 4각각 거룩함과 존귀함으로 자기의 아내 대할 줄을 알고 5하나님을 모르는 이방인과 같이 색욕을 따르지 말고(살전 4:3-5).

5 18음행을 피하라. 사람이 범하는 죄마다 몸 밖에 있거니와 음행하는 자는 자기 몸에 죄를 범하느니라. 19너희 몸은 너희가 하나님께로부터 받은 바 너희 가운데 계신 성령의 전인 줄을 알지 못하느냐? 너희는 너희 자신의 것이 아니라. 20값으로 산 것이 되었으니 그런즉 너희 몸으로 하나님께 영광을 돌리라(고전 6:18-20).

3음행과 온갖 더러운 것과 탐욕은 너희 중에서 그 이름조차도 부르지 말라. 이는 성도에게 마땅한 바니라. 4누추함과 어리석은 말이나 희롱의 말이 마땅치 아니하니 오히려 감사하는 말을 하라(엡 5:3-4).

6 27또 간음하지 말라 하였다는 것을 너희가 들었으나 28나는 너희에게 이르노니 음욕을 품고 여자를 보는 자마다 마음에 이미 간음하였느니라(마 5:27-28).

7 속지 말라. 악한 동무들은 선한 행실을 더럽히나니(고전 15:33).

술 취하지 말라. 이는 방탕한 것이니 오직 성령으로 충만함을 받으라(엡 5:18).

해설

간음하지 말라

십계명 중 제5계명은 하나님이 사람들 간에 세우신 질서와 권위를 상호 인정할 것을 요구합니다. 이어지는 제6계명은 하나님의 형상으로 지음을 받은 사람을 욕되게 하거나 미워하거나 상하게 하거나 죽이지 말라고 요구합니다. 제7계명은 간음으로 대표되는 불결을 하나님이 정죄하시므로, 온 마음으로 불결을 혐오하고 순결하고 규모 있게 살라고 요구합니다.

제105문 하나님은 제6계명에서 무엇을 요구하시는가?
제106문 하나님은 살인의 원인들인 시기, 증오, 분노, 복수심도 살인처럼 여기신다.
제107문 하나님은 이웃을 우리처럼 사랑하고, 원수에게도 선을 행할 것을 명령하신다.
제108문 제7계명은 우리에게 무엇을 가르치는가?
제109문 간음만이 아니라 모든 정결치 않은 행동, 몸짓, 말, 생각, 욕망이 금지된다.

표25 하이델베르크 교리문답 제105-109문의 구성

제7계명은 "간음하지 말라"입니다. 하나님은 이스라엘 백성을 출애굽 시키신 후에 "나는 너희의 하나님이 되려고 너희를 애굽 땅에서 인도하여낸 여호와라. 내가 거룩하니 너희도 거룩할지어다"(레 11:44)라고 말씀하셨습니다. 가나안 민족들이 쫓겨난 것은 가증한 일을 행하였기 때문입니다. 땅을 더럽혔기 때문에 그 땅도 그들을 토해냈습니다(레 18:27-29). 하나님은 이스라엘 백성에게 가증한 죄를 멈추라고 간절히 말씀하셨습니다.

거룩하고 정결하신 하나님은 제7계명에서 모든 불결을 대표하는 간음을 금하십니다. 우리는 제7계명을 통해 온 마음으로 불결을 혐오해야 함을 확인하고 다짐해야 합니다. 기혼자나 독신자나 모두 순결하고 규모 있게 살아야 합니다. 바울은 고린도 교인들에게 자신처럼 독신으로 지내기를 권면했습니다. 하지만 절제할 수 없다면 결혼하는 것이 낫다고 말했습니다. 정욕이 불같이 타는 것보다 결혼하는 것이 났습니다(고전 7:7-9). 어떤 사람은 하나님의 일에 더 집중하기 위해서라며 미혼 상태로 지냅니다. 하지만 그것보다 거룩한 삶이 더 중요합니다.

바울은 데살로니가 교인들에게 하나님의 뜻은 그들의 거룩함이라고 말했습니다(살전 4:3-5). 어떤 일을 할 때 우리가 고려해야 할 여러 기준과 가치가 있겠지만 무엇보다 중요한 우선순위는 "거룩함"입니다. 얼마나 많은 능력

자가 자신의 우월한 위치를 이용하여 음란을 행하는지 모릅니다. 큰 영향력으로 단체에 어떤 유익을 끼친다는 명분과 자신감으로 무장한 채 죄책감 없이 성희롱을 하기도 합니다. 그런데 하나님은 능력이나 업적 이전에 거룩함을 원하십니다. 하나님은 능력이 없으셔서 능력 있는 사람이 꼭 필요한 것이 아닙니다. 하나님은 사람들을 협력자로 허용하시어 그들을 통해 일하실 뿐입니다. 신자들은 거룩하신 하나님이 거룩함을 요구하시는 줄 알고 무슨 일을 하든 거룩하게 해야 합니다.

1. 모든 불결을 대표하는 간음

제7계명은 "간음하지 말라"이므로 제7계명은 오직 간음이나 간음과 같은 추악한 죄만을 금지하는 것처럼 보입니다. 하지만 여기서 간음은 모든 불결을 대표합니다. 하나님은 거룩하시므로, 하나님의 형상으로 만들어진 사람 역시 거룩해야 합니다. 그런데 이런 거룩한 삶을 사람들이 살지 못하여, 하나님이 사람이 되시어 죽으심으로써 사람들을 의롭게 하셨습니다. 성령 하나님은 우리가 거룩한 삶을 살게 하기 위해 아예 우리 안에 내주하십니다. 우리는 내주하시는 성령님에 맞게 몸과 영 모두를 순결하고 거룩하게 보존해야 합니다. 제7계명은 바로 이 순결과 거룩함을 유지하도록 간음하지 말라고 말합니다. 그러므로 모든 정결치 않은 행동, 몸짓, 말, 생각, 욕망이 금지됩니다. 그리고 사람들을 유혹하여 이것들에 이르게 하는 모든 것 역시 금지됩니다.

제7계명은 왜 간음을 모든 불결을 대표하는 단어로 사용할까요? 하나님은 아담이 돕는 배필이 없으므로 아담의 갈빗대로 여자를 만드시고 아담에게로 이끌어 오셨습니다. 여자를 본 아담은 "이는 내 뼈 중의 뼈요, 살 중의 살이라(This is now bone of my bones, and flesh of my flesh. KJV). 이것을 남자에게서 취하였은즉 여자라 부르리라"라고 말했습니다. 이러므로 남자가 부모를 떠나 그의 아내와 합하여 둘이 한 몸을 이룹니다(창 2:20-24). 여기서 뼈 중의 뼈란 "내 뼈로부터 나온 뼈"란 뜻입니다. 여자의 뼈와 살이 어디에서 나왔는지 그 출처를 말하는 것입니다.

아담은 그녀의 이름을 여자라고 불렀는데 "남자에게서 취하였은즉" 여자라고 불렀습니다. 여자라는 이름의 뜻은 "남자에게서 취하였다"입니다. 역시 여자의 출처는 남자라는 것을 말해줍니다. 남자와 여자는 이런 관계이므로, 남자는 장성하면 부모를 떠나 그의 아내와 합하여 둘이 한 몸을 이룹니다. 여자의 출처가 남자이므로 여자와 남자는 같이 합하여 하나가 되는 것입니다. 간음은 이와 같은 하나 됨이란 거룩함을 깨는 죄입니다.

> 15너희 몸이 그리스도의 지체인 줄을 알지 못하느냐? 내가 그리스도의 지체를 가지고 창녀의 지체를 만들겠느냐? 결코 그럴 수 없느니라. 16창녀와 합하는 자는 그와 한 몸인 줄을 알지 못하느냐? 일렀으되 "둘이 한 육체가 된다" 하셨나니 17주와 합하는 자는 한 영이니라. 18음행을 피하라. 사람이 범하는 죄마다 몸 밖에 있거니와 음행하는 자는 자기 몸에 죄를 범하느니라. 19너희 몸은 너희가 하나님께로부터 받은 바 너희 가운데 계신 성령의 전인 줄을 알지 못하느냐? 너희는 너희 자신의 것이 아니라. 20값으로 산 것이 되었으니 그런즉 너희 몸으로 하나님께 영광을 돌리라(고전 6:15-20).

우리의 몸은 그리스도의 지체입니다. 그리스도의 지체라는 것은 그리스도에게 속했다는 뜻입니다. 그리스도의 지체인 우리가 창녀의 지체가 될 수는 없습니다. 창녀와 합하는 자는 그와 한 몸이 되어 그의 지체가 됩니다. 창세기 2:24에서 말하듯 둘이 한 육체가 되는 것입니다.

고린도전서 6:17은 주와 합하는 자는 한 영이라고 말합니다. 두 영이 아닙니다. 하나입니다. 이를 통해서도 남편과 아내가 한 몸이 된다는 의미를 알 수 있습니다. 간음은 그 하나 됨을 깨뜨립니다. 그리고 사람이 영적 간음을 한다는 것은 그리스도와 하나 됨을 깨고 우상에게 자신을 바치는 죄와 같습니다.

음행을 특별히 피해야 하는 이유는 사람이 범하는 죄는 보통 몸 밖에 있는데, 음행하는 자는 자기 몸에 죄를 범하기 때문입니다. 우리 몸은 우리 자신의 것이 아니라 하나님께 받은 것입니다. 예수 그리스도가 값으로 사신 우리 안에 성령이 내주하십니다. 그런데 이런 몸으로 하나님께 영광을 돌리지 않고 오히려 음행을 하면 얼마나 큰 죄입니까? 음행은 성령을 심하게 모독하고 하나님의 거룩함을 처참하게 깨뜨리는 행위입니다. 그래서 간음은 모든 불결을 대표하는 큰 죄가 됩니다.

2. 정결치 않은 생각과 욕망도 간음에 포함된다

앞서 우리는 십계명 중 제6계명이 단지 살인만을 금하는 것이 아니라 시기, 증오, 분노, 복수심과 같은 살인의 원인까지 금한다는 사실을 살펴보았습니다. 제7계명도 마찬가지입니다. 간음의 원인에 해당하는 것들까지 모두 간음과 마찬가지로 금지됩니다. 형제에게 노하는 것과 형제에게 라가나 미련한 놈이라 하는 것을 모두 살인이라고(마 5:22) 규정하신 예수님은 "음욕을 품고 여자를 보는 자마다 마음에 이미 간음하였느니라"(마 5:28)라고 말씀하십니다. 음욕을 품은 자는 언제 상황만 허락한다면 간음에 쉽게 이를 수 있기 때문입니다.

정욕이 불같이 타는 것은 그 자체로 옳지 못하고, 더 음란한 행동으로 이어지기 쉽습니다. 그러므로 마음속에 음욕이 일 때 긴장을 늦추지 말고 싸워야 합니다. 사람은 죄와의 싸움에서 자주 집니다. 기혼자일지라도 배우자와 떨어지는 시간이 많아지면 시험에 듭니다. 부부는 기도할 틈을 얻기 위하여 합의하여 얼마 동안은 떨어지되, 다시 합해야 합니다. 사람이 절제하지 못하기 때문이고, 떨어져 있으면 사탄의 시험에(고전 7:5) 무너지기 때문입니다.

신자일지라도 남아 있는 부패성으로 말미암아 죄를 짓기 쉬우므로 성경은 매우 현실적으로 접근합니다. 죄와 결연한 의지로 싸우되, 시험에 들 여건 자체를 없애라는 것입니다. 그래서 음행을 피하기 위해 남자마다 자기 아내를 두고 여자마다 자기 남편을 두어야 합니다. 천하의 다윗이 밧세바와 간음에 빠졌습니다. 칼과 창으로 싸우는 적들과의 싸움에서 연전연승한 다윗도 간음에서는 쉽게 무너졌고, 간음을 숨기려고 우리아까지 죽이지 않았습니까?

결혼 후에 남편과 아내는 서로에 대한 의무를 다해야 합니다. 아내는 자기 몸을 주장하지 못하고 오직 그 남편이 하며, 그 반대도 마찬가지입니다(고전 7:4). 얼마 동안 기도할 틈을 얻기 위해서가 아니라면 남편과 아내는 기본적으로 분방하면 안 됩니다.

바울은 미혼자들과 과부들에게 자기처럼 혼자 지내는 것이 좋으나 절제할 수 없으면 결혼하라고 말했습니다. 독신으로 있으면 주님의 일을 염려하지만, 결혼하면 배우자를 어떻게 기쁘게 할까 생각합니다. 그러므로 독신으로 지내는 것이 좋습니다. 하지만 정욕이 불같이 타는 것보다는 결혼하는 것이 낫습니다.

결혼 적령기의 사람들이 음행을 피하는 가장 좋은 방법은 결혼입니다. 요사이 결혼 연령이 자꾸 높아지는 것은 바람직한 현상이 아닙니다. 20세 초반에 결혼하여 음행을 피하고 건강한 몸으로 자식들을 많이 낳아 씩씩하게 키우는 것이 더 성경적입니다. 이렇게 하려면 결혼 초기부터 거창한 규모의 살림살이로 시작하려는 생각을 버려야 합니다. 검소한 결혼 생활의 시작을 부끄러워하지 않는 마음가짐이 있어야 합니다. 제8계명 "도둑질하지 말라"를 다룰 때 자세히 살펴보겠지만 자족하는 마음이 큰 도움이 됩니다. 이렇듯 각 계명은 홀로 존재하지 않고 다른 계명들과 연관되어 있습니다. 다른 계명들에 대한 깊은 이해와 실천이 있을 때 해당 계명도 자연스럽게 지킬 수 있습니다.

야한 옷차림과 색기 어린 눈은 성적으로 사람들을 자극합니다. 그러므로 신자들은 성적 유혹을 유발하지 않도록 치장에도 신경을 써야 합니다. 이와 관련해 바울은 다음과 같이 말합니다.

> 여자들도 단정하게 옷을 입으며 소박함과 정절로써 자기를 단장하고 땋은 머리와 금이나 진주나 값진 옷으로 하지 말고(딤전 2:9).

> 음심이 가득한 눈을 가지고 범죄하기를 그치지 아니하고 굳세지 못한 영혼들을 유혹하며 탐욕에 연단된 마음을 가진 자들이니 저주의 자식이라(벧후 2:14).

3. 구체적인 금지 사항

첫째, 근친상간을 금합니다("각 사람은 자기의 살붙이를 가까이하여 그의 하체를 범하지 말라. 나는 여호와이니라"[레 18:6]).

둘째, 동성애를 금합니다("누구든지 여인과 동침하듯 남자와 동침하면 둘 다 가증한 일을 행함인즉 반드시 죽일지니 자기의 피가 자기에게로 돌아가리라"[레 20:13]).

셋째, 수간(獸姦)을 금합니다("남자가 짐승과 교합하면 반드시 죽이고 너희는 그 짐승도 죽일 것이며 여자가 짐승에게 가까이하여 교합하면 너는 여자와 짐승을 죽이되 그들을 반드시 죽일지니 그들의 피가 자기들에게로 돌아가리라"[레 20:15-16]).

넷째, 감정에 따른 성적인 판단과 행동을 금합니다. 암논은 배다른 자매인 다말에게 이성으로서 호감을 느낀 나머지 꾀병을 부렸고 병문안 온 다말과 억지로 동침했습니다(삼하 13:11). 그런데 암논은 그 후에 미워하는 마음이 전에 사랑하던 마음보다 더 커져 다말을 억지로 쫓아냈습니다(삼하 13:15). 암논은 감정에 따라 행동했습니다. 연애의 감정은 소중하지만, 이성의 통제를 벗어난 감정은 파괴와 살인과 간음을 불러옵니다. 그래서 누가 마음에 들어도 무조건 연애하거나 동침하면 안 됩니다. 신자들은 마음을 다스릴 줄 알아야 합니다. 건강하게 욕구를 표현하고, 연애하고 결혼하여 행복한 가정을 이룰 수 있는 능력을 종합적으로 길러야 합니다.

다섯째, 음행한 연고 없이 배우자 버리는 것을 금합니다. 예수님은 이혼과 관련하여 "…누구든지 음행한 연고 외에 아내를 내어버리고 다른 데 장가드는 자는 간음함이니라"(마 19:9)라고 말씀하셨습니다. 음행으로 남녀의 하나 됨을 깬 자와는 이혼할 수 있습니다. 또 부부 중 한 사람이 고의로 배우자를 버리고, 교회와 주변이 화해시킬 수 없는 정도라면 그때에도 이혼이 가능합니다(고전 7:15). 그런 경우를 제외하고 이혼하면 간음에 해당합니다.

> 11이르시되 "누구든지 그 아내를 버리고 다른 데에 장가드는 자는 본처에게 간음을 행함이요, 12또 아내가 남편을 버리고 다른 데로 시집가면 간음을 행함이니라"(막 10:11-12).

여섯째, 무엇보다 영적 간음을 금합니다. 하나님은 예언자 호세아에게 "너는 가서 음란한 여자를 맞이하여 음란한 자식들을 낳으라. 이 나라가 여호와를 떠나 크게 음란함이니라"(호 1:2)라고 하셨습니다. 호세아는 이스라엘 백성이 하나님을 떠나 다른 신을 섬기는 것에 대한 상징으로 음란한 여자와 결혼을 했습니다. 그 여자가 자녀 셋을 낳고 음행을 하며 남편을 떠났을 때, 하나님은 호세아에게 타인의 사랑을 받아 음녀가 된 그 여자를 사랑하라고 하셨습니다. 이는 "이스라엘 자손이 다른 신을 섬기고 건포도 과자를 즐길지라도 여호와가 그들을 사랑하시는"(호 3:1-3) 것을 나타내는 명령이었습니다. 배우자가 간음을 저지른다면 어떻겠습니까? 간음을 한 자와 계속 살아야 한다면 얼마나 힘들겠습니까? 하지만 우리를 향한 하나님의 사랑은 그런 어려움을 극복한 사랑입니다. 하나님의 사랑을 아는 신자들은 그 사랑의 진가를 알고 영적 간음을 하면 안 됩니다.

함께 나누기: 제7계명의 요구

01 여러분은 교회에서 봉사를 하고 있습니까, 아니면 예배만 드리고 있습니까? 봉사를 한다면 그간 어떤 일로 섬겨왔고 지금은 어떤 일로 섬기고 있습니까? 교회를 섬겨야 하는 이유는 무엇입니까? 교회를 섬기면 본인에게는 어떠한 장점이 있습니까?

02 하이델베르크 교리문답 제108-109문을 서로 묻고 답해봅시다. 근거 성구도 다시 한번 살펴봅시다.

03 제7계명은 거룩에 대해 우리에게 무엇을 가르칩니까?

04 제7계명은 간음만이 아니라 모든 정결치 않은 행동, 몸짓, 말, 생각, 욕망을 금지합니까?

05 제7계명에서 간음은 모든 불결을 대표하는 것으로 볼 수 있습니까?

06 간음에 관하여 성경이 말하는 구체적인 금지 사항들이 무엇인지 나누어 봅시다.

제42주일: 제110-111문

제8계명의 요구: 도둑질하지 말라

Q 제110문 하나님은 제8계명에서 무엇을 금하십니까?

What does God forbid in the eighth commandment?

A 답 하나님은 통치자에 의하여 처벌되는 절도와[1] 강도를[2] 금지하실 뿐만이 아니라, 이웃에게 속하는 재산을 우리 것으로 삼으려고 의도하는 모든 악한 속임수와 수단들도 절도로 여기십니다.[3] 강압이든지, 혹은 불공정한 추, 자, 측정기, 불량한 물품,[4] 위조 주화, 고리대금과[5] 같은 합법을 가장한 것이든지, 혹은 하나님에 의해서 금지된 어떤 방식이든지 금지되고, 모든 탐욕,[6] 어떤 은사의 남용이나 낭비도[7] 금지됩니다.

God forbids not only those thefts, and robberies, which are punishable by the magistrate; but he comprehends under the name of theft all wicked tricks and devices, whereby we design to appropriate to ourselves the goods which belong to our neighbour: whether it be by force, or under the appearance of right, as by unjust weights, ells, measures, fraudulent merchandise, false coins, usury, or by any other way forbidden by God; as also all covetousness, all abuse and waste of his gifts.

Q 제111문 그렇다면 하나님은 이 계명에서 무엇을 요구하십니까?

But what does God require in this commandment?

A 답 내가 할 수 있고, 해도 되는 모든 경우에 내 이웃의 유익을 도모하는 것을, 그리고 남들에게 대접을 받고자 하는 대로 이웃을 대접하는 것을 원하십니다.[8] 더 나아가 내가 신실하게 일하여 가난한 자들을 도울 수 있기를 원하십니다.[9]

That I promote the advantage of my neighbour in every instance I can or may; and deal with him as I desire to be dealt with by others: further also that I faithfully labour, so that I may be able to relieve the needy.

comprehend	이해하다	**appropriate**	(불법으로) 도용하다, 전용하다
fraudulent	불량한, 사기를 치는	**covetousness**	탐욕스러움
instance	경우, 사례		

근거 성구

1 사람이 소나 양을 도둑질하여 잡거나 팔면 그는 소 한 마리에 소 다섯 마리로 갚고 양 한 마리에 양 네 마리로 갚을지니라(출 22:1).

도적이나 탐욕을 부리는 자나 술 취하는 자나 모욕하는 자나 속여 빼앗는 자들은 하나님의 나라를 유업으로 받지 못하리라(고전 6:10).

2 너는 네 이웃을 억압하지 말며 착취하지 말며 품꾼의 삯을 아침까지 밤새도록 네게 두지 말며(레 19:13).

너, 학대를 당하지 아니하고도 학대하며 속이고도 속임을 당하지 아니하는 자여. 화 있을진저! 네가 학대하기를 그치면 네가 학대를 당할 것이며 네가 속이기를 그치면 사람이 너를 속이리라(사 33:1).

3 군인들도 물어 이르되 "우리는 무엇을 하리이까?" 하매 이르되 "사람에게서 강탈하지 말며 거짓으로 고발하지 말고 받는 급료를 족한 줄로 알라" 하니라(눅 3:14).

이 말은 이 세상의 음행하는 자들이나 탐하는 자들이나 속여 빼앗는 자들이나 우상 숭배하는 자들을 도무지 사귀지 말라 하는 것이 아니니 만일 그리하려면 너희가 세상 밖으로 나가야 할 것이라(고전 5:10).

4 13너는 네 주머니에 두 종류의 저울추 곧 큰 것과 작은 것을 넣지 말 것이며 14네 집에 두 종류의 되 곧 큰 것과 작은 것을 두지 말 것이요, 15오직 온전하고 공정한 저울추를 두며 온전하고 공정한 되를 둘 것이라. 그리하면 네 하나님 여호와께서 네게 주시는 땅에서 네 날이 길리라

(신 25:13-15).

속이는 저울은 여호와께서 미워하시나 공평한 추는 그가 기뻐하시느니라(잠 11:1).

공평한 저울과 접시저울은 여호와의 것이요 주머니 속의 저울추도 다 그가 지으신 것이니라(잠 16:11).

9주 여호와께서 이같이 말씀하셨느니라.
이스라엘의 통치자들아! 너희에게 만족하니라. 너희는 포악과 겁탈을 제거하여 버리고 정의와 공의를 행하여 내 백성에게 속여 빼앗는 것을 그칠지니라. 주 여호와의 말씀이니라. 10너희는 공정한 저
울과 공정한 에바와 공정한 밧을 쓸지니"(겔 45:9-10).

5 이자를 받으려고 돈을 꾸어주지 아니하며 뇌물을 받고 무죄한 자를 해하지 아니하는 자이니 이런 일을 행하는 자는 영원히 흔들리지 아니하리이다(시 15:5).

오직 너희는 원수를 사랑하고 선대하며 아무것도 바라지 말고 꾸어주라. 그리하면 너희 상이 클 것이요, 또 지극히 높으신 이의 아들이 되리니 그는 은혜를 모르는 자와 악한 자에게도 인자하시니라(눅 6:35).

6 그들에게 이르시되 "삼가 모든 탐심을 물리치라. 사람의 생명이 그 소유의 넉넉한 데 있지 아니하니라" 하시고(눅 12:15).

너희도 정녕 이것을 알거니와 음행하는 자나 더러운 자나 탐하는 자 곧 우상숭배자는 다 그리스도와 하나님의 나라에서 기업을 얻지 못하리니(엡 5:5).

7 지혜 있는 자의 집에는 귀한 보배와 기름이 있으나 미련한 자는 이것을 다 삼켜버리느니라(잠 21:20).

20술을 즐겨 하는 자들과 고기를 탐하는
자들과도 더불어 사귀지 말라. 21술 취하
고 음식을 탐하는 자는 가난하여질 것이요, 잠자기를 즐겨 하는 자는 해어진 옷을 입을 것임이니라(잠 23:20-21).

10지극히 작은 것에 충성된 자는 큰 것
에도 충성되고 지극히 작은 것에 불의한
자는 큰 것에도 불의하니라. 11너희가 만
일 불의한 재물에도 충성하지 아니하면
누가 참된 것으로 너희에게 맡기겠느냐?
12너희가 만일 남의 것에 충성하지 아니
하면 누가 너희의 것을 너희에게 주겠느
냐? 13집 하인이 두 주인을 섬길 수 없나
니 혹 이를 미워하고 저를 사랑하거나 혹
이를 중히 여기고 저를 경히 여길 것임이
니라. 너희는 하나님과 재물을 겸하여 섬
길 수 없느니라(눅 16:10-13).

8 그러므로 무엇이든지 남에게 대접을 받고자 하는 대로 너희도 남을 대접하라.

이것이 율법이요, 선지자니라(마 7:12).

9 6내가 기뻐하는 금식은 흉악의 결박을 풀어주며 멍에의 줄을 끌러주며 압제 당하는 자를 자유하게 하며 모든 멍에를 꺾는 것이 아니겠느냐? 7또 주린 자에게 네 양식을 나누어주며 유리하는 빈민을 집에 들이며 헐벗은 자를 보면 입히며 또 네 골육을 피하여 스스로 숨지 아니하는 것이 아니겠느냐?(사 58:6-7)

9우리가 선을 행하되 낙심하지 말지니 포기하지 아니하면 때가 이르매 거두리라. 10그러므로 우리는 기회 있는 대로 모든 이에게 착한 일을 하되 더욱 믿음의 가정들에게 할지니라(갈 6:9-10).

도둑질하는 자는 다시 도둑질하지 말고 돌이켜 가난한 자에게 구제할 수 있도록 자기 손으로 수고하여 선한 일을 하라(엡 4:28).

해설

도둑질하지 말라

십계명 중 제5계명은 하나님이 사람 사이에 세우신 질서와 권위를 상호 인정할 것을 요구합니다. 그에 이어 제6계명은 하나님의 형상으로 지음을 받은 사람을 욕되게 하거나 미워하거나 상하게 하거나 죽이지 말라고 요구합니다. 제7계명은 간음으로 대표되는 불결을 하나님이 정죄하시므로, 온 마음으로 불결을 혐오하면서 순결하고 규모 있게 살아야 한다고 요구합니다. 그리고 제8계명은 내 이웃의 유익을 도모하고, 남들에게 대접을 받고자 하는 대로 이웃을 대접하라고 요구합니다.

제108문	제7계명은 우리에게 무엇을 가르치는가?
제109문	간음만이 아니라 모든 정결치 않은 행동, 몸짓, 말, 생각, 욕망이 금지된다.
제110문	하나님은 제8계명에서 무엇을 금하시는가?
제111문	하나님은 제8계명에서 무엇을 요구하시는가?

표26 하이델베르크 교리문답 제108-111문의 구성

1. 하나님은 제8계명에서 무엇을 금하시는가?

십계명의 제8계명은 "도둑질하지 말라"입니다. 하이델베르크 교리문답은 다른 계명들의 해석에서는 하나님이 무엇을 요구하시느냐고 묻는데, 제8계명에 대해서만은 먼저 하나님이 무엇을 금하시는지를 다룬 다음 하나님이 무엇을 요구하시는지를 묻습니다. 크게 보면 제5계명은 사람들 간의 관계를, 제6계명은 사람들의 목숨을, 제7계명은 사람들의 정절을, 제8계명은 사람들의 재산을, 제9계명은 사람들 간의 진실을, 그리고 제10계명은 사람들의 탐욕을 다룹니다.

사람의 인생살이에서 관계, 목숨, 정절, 그리고 재산은 얼마나 중요한지 모릅니다. 특히 재산 관련 문제는 매일의 삶에서 발생합니다. 어떤 사람의 됨됨이는 재산 문제에 있어서 얼마나 정직하고 신실한가에 달려 있다고 해도 과언이 아닙니다. 다른 문제들은 마음으로 참아내고 버티면 괜찮을 수 있는데, 재산 문제는 현실적으로, 물리적으로 우리에게 큰 영향을 미치기 때문입니다.

몇 년 전에 저는 택시에서 내렸는데 운전사가 뒷주머니에 있는 지갑을 몰래 빼낸 것을 몇 시간 후에 눈치챘습니다. 또 어떤 날은 지하철 선반 위에 노트북 컴퓨터를 놓고 내렸는데 다음 정거장에서 확인해보니 이미 누가 가져가 버린 뒤였습니다. 지갑이야 그 액수만큼 손해를 보면 그만이지만 컴퓨

터는 그 안에 저장된 자료 때문에 더욱 마음이 아팠습니다. 노트북을 가져간 사람은 몇십만 원의 이득을 위해 남의 귀중한 지적 재산까지 앗아간 것입니다. 보이스피싱을 통해 사기를 당하는 사람들의 고통은 얼마나 큽니까? 또 저는 아직 강도를 당해보지는 않았지만, 총과 칼로 위협을 받으며 가진 모든 것을 빼앗기는 경험은 두고두고 상처로 남을 것입니다.

제8계명은 이런 절도와 강도를 금합니다. 절도에는 이웃의 소유물을 자기에게 돌리려는 모든 악한 속임수와 수단들도 포함됩니다. 악한 사람들은 절도를 통해 남에게 속한 재산을 쉽게 자신의 것으로 삼으려고 합니다. 힘이나 권력을 악용해 강압적으로 빼앗는 것도 금지됩니다. 또 겉으로는 합법적이지만 속으로는 교묘하게 속이는 거짓 저울, 불량품, 위조 화폐의 제작과 유통, 돈 없는 사람들의 고통을 악용하는 고리대금도 금지됩니다. 성경은 하나님의 자녀가 제8계명에 관해 어떻게 살아야 하는지를 구체적으로 다룹니다. 그 내용은 다음과 같은데 여기 소개된 내용은 『소요리문답, 삶을 읽다(하)』를 바탕으로 함을 밝힙니다.

첫째, 인신매매를 금합니다(딤전 1:10). 인신매매는 현대 사회에서도 유괴, 납치, 장기 밀매 등의 다양한 방법으로 이루어지고 있습니다. 아무리 상황이 어려워도 신자는 이런 일에 참여하면 안 되고, 이런 범죄자들을 엄하게 징계해야 합니다.

둘째, 장물 소유를 금합니다("도둑과 짝하는 자는 자기의 영혼을 미워하는 자라. 그는 저주를 들어도 진술하지 아니하느니라"[잠 29:24]). 도둑이 훔친 물건을 사주는 행동은 도둑질을 격려하는 것이며 도둑질과 다르지 않습니다.

셋째, 속이는 저울이나 측정기를 금합니다("한결같지 않은 저울추와 한결같지 않은 되는 다 여호와께서 미워하시느니라"[잠 20:10]).

넷째, 지계표 제거를 금합니다("네 하나님 여호와께서 네게 주어 차지하게 하시는 땅 곧 네 소유가 된 기업의 땅에서 조상이 정한 네 이웃의 경계표를 옮기지 말지니라"[신 19:14]). 이스라엘 백성은 왕에게 땅을 받은 것이 아니라, 여호수아 시대에 하나님으로부터 제비를 뽑아 지파별, 가족별로 분배받았습니다. 하나님께 분배받은 땅의 경계를 나타내는 경계표를 옮기는 것은 남의 것에 욕심을 내는 죄일 뿐만 아니라, 하나님이 정해주신 기준을 임의로 변경하는 큰 죄입니다.

다섯째, 고리대를 금합니다("이자를 받으려고 돈을 꾸어주지 아니하며 뇌물을 받고 무죄한 자를 해하지 아니하는 자이니 이런 일을 행하는 자는 영원히 흔들리지 아니하리이다"[시 15:5]).

여섯째, 뇌물을 금합니다("경건하지 못한 무리는 자식을 낳지 못할 것이며 뇌물을 받는 자의 장막은 불탈 것이라"[욥 15:34]). 뇌물은 받는 자의 판단을 흐리게 하여 뇌물 제공자에게 편중된 이익을 주므로 뇌물 제공자는 그만큼 타인의 것을 도둑질하게 됩니다. 우리나라에서 발생하는 대형 범죄에는 뇌물이 빠지지 않습니다.

일곱째, 소송 남발을 금합니다("네 이웃이 네 곁에서 평안히 살거든 그를 해하려고 꾀하지 말며 사람이 네게 악을 행하지 아니하였거든 까닭 없이 더불어 다투지 말며"[잠 3:29-30]). 우리나라는 소송이 남발되어 낭비되는 사회적 비용이 매우 큽니다. 소송 건이 너무 많아서 법원이 제때 처리하지 못할 정도이고, 법관들도 과다한 업무량으로 힘들어합니다. 신자는 소송에도 신중해야 하고, 이유 없이 소송을 남발하는 경우가 없어야 합니다.

여덟째, 불법적 봉쇄와 추방을 금합니다("밭들을 탐하여 빼앗고 집들을 탐하여 차지하니 그들이 남자와 그의 집과 사람과 그의 산업을 강탈하도다"[미 2:2]). 성경은 부당한 방법으로 집과 논과 밭을 대량으로 획득하여 거주자를 몰아내는 것을 금합니다.

아홉째, 가격 상승을 위한 매점을 금합니다("곡식을 내놓지 아니하는 자는 백성에게 저주를 받을 것이나 파는 자는 그의 머리에 복이 임하리라"[잠 11:26]).

열째, 임금 지급 거부와 체불을 금합니다("보라! 너희 밭에서 추수한 품꾼에게 주지 아니한 삯이 소리 지르며 그 추수한 자의 우는 소리가 만군의 주의 귀에 들렸느니라"[약 5:4]). 임금을 부당하게 깎거나 주지 않는 만큼 도둑질한 셈입니다. 품삯을 받지 못한 자들의 외침을 하나님이 들으십니다. 요사이 외국인 노동자에게 이런 일이 자주 발생합니다. 단기적으로는 임금 미지급이 이득 같지만 하나님은 그런 자를 반드시 벌하십니다. 우리나라가 경제적으로 잘되려면 외국인 노동자들에게 잘해주어야 합니다. 주께서 그들의 우는 소리를 들으시기 때문입니다.

열한째, 세상 재물에 대한 과도한 사랑을 금합니다. 잠언 23:5은 "네가 어찌 허무한 것에 주목하겠느냐? 정녕히 재물은 스스로 날개를 내어 하늘을 나는 독수리처럼 날아가리라"라고 말합니다. 재물을 무시하지 않되 집착해서는 안 되고, 자기의 수중에 있는 재물을 즐기고 누릴 줄 알아야 합니다.

열둘째, 재물에 대한 과도한 염려를 금합니다("재산이 많아지면 먹는 자들도 많아지나니 그 소유주들은 눈으로 보는 것 외에 무엇이 유익하랴? 노동자는 먹는 것이 많든지 적든지 잠을 달게 자거니와 부자는 그 부요함 때문에 자지 못하느니라"[전 5:11-12]). 어느 선을 넘어가는 재물은 소유주를 더 행복하게 하는 것이 아니라 오히려 근심을 늘게 하므로, 자기가 감당할 수 있는 수준만큼 재산을 늘려야 합니다.

열셋째, 타인의 번영에 대한 질투를 금합니다("여호와 앞에 잠잠하고 참고 기다리라. 자기 길이 형통하며 악한 꾀를 이루는 자 때문에 불평하지 말지어다"[시 37:7]). 하나님이 때가 되면 자신도 형통하게 하실 줄 알고, 타인의 번영을 자신의 것처럼 기뻐할 줄 알아야 합니다.

열넷째, 게으름과 방탕을 금합니다("연락을 좋아하는 자는 가난하게 되고 술과 기름을 좋아하는 자는 부하게 되지 못하느니라"[잠 21:17], "술을 즐겨 하는 자들과 고기를 탐하는 자들과도 더불어 사귀지 말라. 술 취하고 음식을 탐하는 자는 가난하여질 것이요, 잠자기를 즐겨 하는 자는 해어진 옷을 입을 것임이니라"[잠 23:20-21]). 잔치와 술과 노는 것을 좋아하는 자는 가난해지고 건강을 해치게 됩니다. 신자일수록 하나님이 주신 재능을 올바로 사용하여 남을 유익하게 해야지, 그 은사를 남용하거나 낭비하면 안 됩니다. 또 신자는 반복되는 일상생활의 가치와 소중함을 알고 즐기며 성실하게 임해야 합니다.

열다섯째, 표절을 금합니다. 표절 역시 타인의 지적 재산을 도둑질하는 것입니다. 논문만이 아니라 회의나 일상 대화에서도 남의 아이디어를 마치 자신의 것인 양 표현하면 안 됩니다. 그리스도인은 이런 일들에서도 하나님이 감찰하시는 줄 알고 진실해야 합니다.

열여섯째, 커닝을 금합니다. 커닝은 열심히 공부한 자의 소유를 도둑질하는 것이므로 금합니다. 저는 영국에서 석사 과정을 밟을 때 거기서는 커닝이 없다는 것을 확인했습니다. 그런데 우리나라 신학교에서 시험 감독을 하면서 커닝하는 모습을 수차례 보았습니다. 우리나라는 커닝에 대해 관대한 분위기가 있는데 이것이 교회와 신학교에까지 파고들어 성도나 신학생들까지도 별다른 죄의식 없이 죄를 범하는 것입니다. 하지만 커닝은 도둑질에 해당하고, 또 커닝하지 않겠다는 자세를 가지면 더 열심히 공부하게 되어 결과적으로는 좋은 실력을 갖출 수 있으므로 신자는 커닝할 생각을 아예 하지 말아야 합니다.

열일곱째, 불법 복제를 금합니다. 불법 복제 역시 남의 지적 재산을 훔치는 것이므로, 신자는 이런 일에서도 깨끗해야 합니다.

2. 하나님은 제8계명에서 무엇을 요구하시는가?

제8계명의 기본적 요구는 이웃의 유익을 도모하라는 것입니다. 유익을 도모하는 기준은 이웃에게 대접을 받고자 하는 대로 이웃을 대접하는 태도에 있습니다. 이 역시 제5-10계명의 강령인 이웃 사랑에 연결됩니다. 이보다 더 큰 계명이 없습니다(막 12:31). 간음하지 말라, 살인하지 말라, 도둑질하지 말라, 탐내지 말라 한 것과 그 외에 다른 계명이 있을지라도 네 이웃을 네 자신과 같이 사랑하라 하신 그 말씀 가운데 다 들어 있습니다. 사랑은 율법의 완성입니다(롬 13:9-10). 하나님이 기뻐하시는 금식은 이웃을 얽어맨 흉악의 결박과 멍에의 줄을 풀어주고, 압제당하는 자를 자유하게 하며 모든 멍에를 꺾는 것입니다. 또 주린 자에게 양식을 주고, 유리하는 빈민을 집에 들이며, 헐벗은 자를 입히고, 골육을 피하지 않는 것입니다(사 58:6-7).

그런데 하물며 이웃을 사랑한다면서 어떻게 그의 것을 도둑질할 수 있겠습니까? 오히려 신실하게 열심히 일해 가난한 자들을 도와주려고 해야 합니다. 신자는 가난한 자를 구제할 수 있도록 자기 손으로 수고하여 선한 일을 해야 합니다(엡 4:28). 참된 신자는 자신의 도움을 통해 이웃이 기뻐하는 것을 보며 기뻐하는 자입니다. 지금부터는 구체적으로 하나님이 제8계명에서 요구하시는 것을 살펴보겠습니다.

첫째, 사람 간에 계약과 거래를 할 때 진실과 공의로 하는 것입니다("너희는 이웃과 더불어 진리를 말하며 너희 성문에서 진실하고 화평한 재판을 베풀고, 마음에 서로 해하기를 도모하지 말며 거짓 맹세를 좋아하지 말라. 이 모든 일은 내가 미워하는 것이니라"[슥 8:16-17]).

둘째, 각자에게 정당한 몫을 주는 것입니다("모든 자에게 줄 것을 주되 조세를 받을 자에게 조세를 바치고 관세를 받을 자에게 관세를 바치고 두려워할 자를 두려워하며 존경할 자를 존경하라"[롬 13:7]). 국가에 세금과 과태료 등을 납부하지 않는 것도 제8계명을 어기는 것입니다.

압살롬은 송사가 있어 왕에게 재판을 청하러 오는 사람들을 친절히 대하며 "네 일이 옳고 바르다마는 네 송사를 들을 사람을 왕께서 세우지 아니하셨다. 내가 이 땅에서 재판관이 되고 누구든지 송사나 재판할 일이 있어 내게로 오는 자에게 내가 정의 베풀기를 원하노라"라고 말했습니다. 사람이 그에게 절하려 하면 그는 손을 펴서 그 사람을 붙들고 입을 맞추었습니다. 이에 대해 성경은 "이스라엘 무리 중에 왕께 재판을 청하러 오는 자들마다 압살롬의 행함이 이와 같아서 이스라엘 사람의 마음을 압살롬이 훔치니라"(삼하 15:6)라고 말합니다. 자신에게 허락되지 않는 권한과 지위를 사용하여 남의 인심을 얻는 행위도 도둑질입니다. 회사나 교회에서 사사로이 사람들을 만나 그들의 말을 들어주면서 옳지 않은 위로를 하는 것도 도둑질에 해당할 수 있습니다.

셋째, 불법으로 점유한 물건에 대해 배상하는 것입니다("이웃이 맡긴 물건이나 전당물을 속이거나 도둑질하거나 착취하고도 사실을 부인하거나 남의 잃은 물건을 줍고도 사실을 부인하여 거짓 맹세하는 등 사람이 이 모든 일 중의 하나라도 행하여 범죄하면 이는 죄를 범하였고 죄가 있는 자니, 그 훔친 것이나 착취한 것이나 맡은 것이나 잃은 물건을 주운 것이나 그 거짓 맹세한 모든 물건을 돌려보내되 곧 그 본래 물건에 오분의 일을 더하여 돌려보낼 것이니 그 죄가 드러나는 날에 그 임자에게 줄 것이요"[레 6:2-5]). 앞서 살펴본 대로 예수님을 만나 회개한 삭개오는 "내 소유의 절반을 가난한 자들에게 주겠사오며 만일 누구의 것을 속여 빼앗은 일이 있으면 네 갑절이나 갚겠나이다"(눅 19:8)라고 말했습니다. 참된 신자는 남을 속여 빼앗은 것에 대한 죄책감을 못 이겨 자신이 빼앗은 것을 충분하게 갚으려고 합니다. 기독교인은 남의 잃은 물건을 주인에게 찾아주어 그에게 기쁨을 줍니다. 이런 사람이 많은 사회는 자신이 불이익을 받지 않을까 하는 긴장도가 전체적으로 낮아지고 평안이 기본에 자리하게 됩니다. 신자는 우리 사회가 그런 사회가 되도록 공헌해야 합니다.

넷째, 우리의 재능을 타인의 필요에 따라 거저 주고, 빌려주는 것입니다("네게 구하는 자에게 주며 네 것을 가져가는 자에게 다시 달라 하지 말며"[눅 6:30], "누가 이 세상의 재물을 가지고 형제의 궁핍함을 보고도 도와줄 마음을 닫으면 하나님의 사랑이 어찌 그 속에 거하겠느냐?"[요일 3:17], "그러므로 우리는 기회 있는 대로 모든 이에게 착한 일을 하되 더욱 믿음의 가정들에게 할지니라"[갈 6:10]). 이처럼 성경은 자신이 풍요로운데도 남의 필요를 보면서 도와주지 않는 것이 도둑질이라고 말합니다. 참된 신자는 기회가 되는 대로 모든 이에게 착한 일을 해야 하고, 특히 같이 신앙생활을 하는 교인들에게는 더욱 그렇게 해야 합니다.

다섯째, 세상 재물에 대한 우리의 판단과 의지와 애정을 절제하는 것입니다("누구든지 자기 친족 특히 자기 가족을 돌보지 아니하면 믿음을 배반한 자요, 불신자보다 더 악한 자니라"[딤전 5:8]). 성경은 재물에 대한 우리의 판단과 의지와 애정을 절제하지 않으면 경건을 이익의 방도로 생각하게 된다고 경고합니다. 자족하는 마음이 있어야 경건이 큰 이익이 됩니다. 세상에 아무것도 가지고 오지 못하고 아무것도 가지고 가지 못하는 줄 알아, 먹을 것과 입을 것이 있으면 족하다고 생각해야 합니다(딤전 6:5-9). 제8계명을 잘 지키려면 현재의 상태에 만족하는 마음이 있어야 합니다. 비천에 처할 줄도 알고 풍부에 처할 줄도 알아야 합니다. 배부름과 배고픔과 풍부와 궁핍에도 처할 줄 아는 일체의 비결을 배워야 제8계명을 온전히 지킬 수 있습니다(빌 4:12-13). 그렇지 않으면 제8계명이 외형적으로 남의 것을 훔치지 않는 것만을 말한다고 오해하기 쉽습니다.

여섯째, 우리의 본질을 유지하는 데 필요하고 편리한 물건들과 우리의 상황에 적합한 물건들을 얻고 보존하고 사용하고 처리하기 위해 주의 깊은 보호와 연구를 하는 것입니다("네 양 떼의 형편을 부지런히 살피며 네 소 떼에게 마음을 두라. 대저 재물은 영원히 있지 못하나니 면류관이 어찌 대대에 있으랴? 풀을 벤 후에는 새로 움이 돋나니 산에서 꼴을 거둘 것이니라. 어린 양의 털은 네 옷이 되며 염소는 밭을 사는 값이 되며 염소의 젖은 넉넉하여 너와 네 집의 음식이 되며 네 여종의 먹을 것이 되느니라"[잠 27:23-27]).

창세로부터 하나님의 영원하신 능력과 신성이 그가 만드신 만물에 분명히 보여 알려졌습니다(롬 1:20). 그래서 그리스도인은 만물에서 하나님의 영원하신 능력과 신성을 찾아 누리고 즐거워합니다. 물리와 화학을 연구하거나 생물과 지질과 우주를 탐구하기도 합니다. 양과 소를 기른다면 부지런히 살피며 더 좋은 사육 방식을 고민합니다. 이처럼 성도는 자신의 직업과 생계를 깊이 연구하여 그 분야에서도 자연스럽게 성공을 거둡니다. 직업에서의 성공을 인생의 첫째 목표로 삼지는 않되, 중요한 부분임을 알고 성실하게 임하는 것입니다.

일곱째, 하나님이 적법하게 주신 직업(부르심)에 근면하게 임하는 것입니다("각 사람은 부르심을 받은 그 부르심 그대로 지내라"[고전 7:20], "도둑질하는 자는 다시 도둑질하지 말고 돌이켜 가난한 자에게 구제할 수 있도록 자기 손으로 수고하여 선한 일을 하라"[엡 4:28]). 참된 신자는 하나님이 주신 소질과 재능을 열심히 갈고닦아 자신의 직업에서도 인정받기 위해 열심히 노력합니다. 게으름은 신자에게 어울리지 않습니다.

여덟째, 검소한 것입니다. 예수님은 보리떡 다섯 개와 물고기 두 마리로 5,000명을 먹이신 후에 제자들에게 "남은 조각을 거두고 버리는 것이 없게 하라"(요 6:12)라고 말씀하셨습니다. 예수님은 오병이어로 5,000명을 먹이실 수 있으시지만, 그 남은 조각을 버리지 말고 거두라고 하셨습니다. 참된 신자는 낭비와 사치와 향락 대신 검소함을 지향합니다("지혜 있는 자의 집에는 귀한 보배와 기름이 있으나 미련한 자는 이것을 다 삼켜 버리느니라"[잠 21:20]).

아홉째, 불필요한 소송이나 연대 보증, 또 그와 유사한 약속을 피하는 것입니다. "너희 중에 누가 다른 이와 더불어 다툼이 있는데 구태여 불의한 자들 앞에서 고발하고 성도 앞에서 하지 아니하느냐? 성도가 세상을 판단할 것을 너희가 알지 못하느냐? 세상도 너희에게 판단을 받겠거든 지극히 작은 일 판단하기를 감당하지 못하겠느냐?" 하고 묻는 고린도전서 6:1-2의 말씀처럼 참된 신자는 불필요한 소송을 하지 말아야 하고, 교회 내에서 신앙의 문제로 다투는 사건을 불신자들에게 판결해달라고 요구하지도 말아야 합니다.

보증을 서는 것에 대해 성경은 다음과 같이 이야기합니다.

> 내 아들아, 네가 만일 이웃을 위하여 담보하며 타인을 위하여 보증하였으면 네 입의 말로 네가 얽혔으며 네 입의 말로 인하여 잡히게 되었느니라(잠 6:1-2).

> 타인을 위하여 보증이 되는 자는 손해를 당하여도 보증이 되기를 싫어하는 자는 평안하니라(잠 11:15).

열 길 물속은 알아도 한 길 사람 속은 모릅니다. 또 사람 자체는 정직하고 성실하지만 갑작스러운 실패나 병으로 약속을 어기게 될 수도 있습니다. 내일 일도 알지 못하는 사람이 어찌 한 달 후 일 년 후를 장담할 수 있겠습니까? 그리스도인은 크게 이와 같은 두 가지 이유로 보증을 함부로 서면 안 됩니다.

또한 성경의 가르침에 따라 교인들 간에 돈거래는 최대한 하지 말아야 합니다. 친구에게 돈을 빌려주면 돈도 잃고 친구도 잃습니다. 서운하더라도 처음부터 돈을 빌려주지 않는 것이 오히려 그 후에 좋은 관계를 지속할 수 있는 비결입니다. 돈을 빌려달라고 하는 이가 먹을 것과 입을 것이 없는 생계형 필요 때문이라면 차라리 적당한 금액을 거저 주는 것이 좋습니다. 이때 동시에 명심해야 할 것은 "우리가 너희와 함께 있을 때에도 너희에게 명하기를 '누구든지 일하기 싫어하거든 먹지도 말게 하라' 하였더니"(살후 3:10)라는 말씀입니다. 즉 게으르고 나태하여 일하지 않는 자가 돈이나 도움을 요청할 때는 상황을 종합적으로 판단해 지혜롭게 행해야지 무조건 도와서는 안 될 것입니다.

제8계명에서 금지하는 것과 요구하는 것을 정리하면 다음과 같습니다.

제8계명이 금지하는 것

① 인신매매
② 장물 소유
③ 속이는 저울이나 측정기
④ 지계표 제거
⑤ 고리대
⑥ 뇌물
⑦ 소송 남용
⑧ 불법적 봉쇄와 추방
⑨ 매점매석
⑩ 임금 지급 거부와 체불
⑪ 재물을 과도하게 사랑함
⑫ 재물에 관한 산만한 염려와 노력
⑬ 타인의 번영에 대한 질투
⑭ 게으름과 방탕
⑮ 표절
⑯ 커닝
⑰ 불법 복제

제8계명이 요구하는 것

① 진실과 공의에 기초한 계약과 거래
② 각자의 몫을 정당하게 주는 것
③ 물건을 정당하게 배상
④ 재능을 타인에게 주기
⑤ 재물욕 절제
⑥ 물건들의 보호와 연구
⑦ 근면한 직업 수행
⑧ 검소
⑨ 불필요한 소송과 보증을 피함

함께 나누기: 제8계명의 요구

01 여러분의 특기나 장점은 무엇입니까? 누군가의 특기나 장점이나 관심사가 교회를 위해 사용될 때 그것은 은사와 연결됩니다. 여러분은 교회를 위해 자신의 특기나 장점을 사용하고 있습니까? 각 조원의 특기와 장점이 무엇인지 말해주는 시간을 가져봅시다.

02 하이델베르크 교리문답 제110-111문을 서로 묻고 답해봅시다. 근거 성구도 다시 한번 살펴봅시다.

03 제8계명이 금지하는 것을 다음의 항목들과 연결해 살펴봅시다.

① 인신매매
② 장물 소유
③ 속이는 저울이나 측정기
④ 지계표 제거
⑤ 고리대
⑥ 뇌물
⑦ 소송 남용
⑧ 불법적 봉쇄와 추방
⑨ 매점매석
⑩ 임금 지급 거부와 체불
⑪ 재물을 과도하게 사랑함
⑫ 재물에 관한 산만한 염려와 노력
⑬ 타인의 번영에 대한 질투
⑭ 게으름과 방탕
⑮ 표절
⑯ 커닝
⑰ 불법 복제

04 하나님은 제8계명에서 무엇을 요구하십니까?

05 제8계명이 요구하는 것을 다음의 항목들과 연결해 살펴봅시다.

① 진실과 공의에 기초한 계약과 거래

② 각자의 몫을 정당하게 주는 것

③ 물건을 정당하게 배상

④ 재능을 타인에게 주기

⑤ 재물욕 절제

⑥ 물건들의 보호와 연구

⑦ 근면한 직업 수행

⑧ 검소

⑨ 불필요한 소송과 보증을 피함

제43주일: 제112문

제9계명의 요구: 거짓 증거에 관하여

Q 제112문 제9계명에서 무엇이 요구됩니까?

What is required in the ninth commandment?

A 답 누구에게도 거짓 증언을 하지 않고,[1] 다른 사람의 말을 왜곡하지 않고,[2] 험담자나 중상자가 되지 않고,[3] 성급하게 혹은 듣지 않은 채 어떤 사람을 판단하거나 비난하지 않고,[4] 마귀의 고유한 일인 모든 종류의 거짓과 속임을 피하여[5] 하나님의 극심한 진노가 나에게 내리지 않게 하는 것입니다.[6] 또한 판정할 때와 다른 모든 관계에서도 똑같이 진실을 사랑하고, 진실을 정직하게 말하고, 진실을 고백하고,[7] 내가 할 수 있는 대로 이웃의 명예와 선한 평판을 보호하고 드높이는 것이 요구됩니다.[8]

That I bear false witness against no man, nor falsify any man's words; that I be no backbiter, nor slanderer; that I do not judge, nor join in condemning any man rashly, or unheard; but that I avoid all sorts of lies and deceit, as the proper works of the devil, unless I would bring down upon me the heavy wrath of God; likewise, that in judgment and all other dealings I love the truth, speak it uprightly and confess it; also that I defend and promote, as much as I am able, the honor and good character of my neighbour.

slanderer 중상하는 사람　　**promote** 촉진하다, 홍보하다, 승진시키다

근거 성구

1 5거짓 증인은 벌을 면하지 못할 것이요, 거짓말을 하는 자도 피하지 못하리라…9거짓 증인은 벌을 면하지 못할 것이요, 거짓말을 뱉는 자는 망할 것이니라(잠 19:5, 9).

거짓 증인은 패망하려니와 확실히 들은 사람의 말은 힘이 있느니라(잠 21:28).

2 그의 혀로 남을 허물하지 아니하고 그의 이웃에게 악을 행하지 아니하며 그의 이웃을 비방하지 아니하며(시 15:3).

19네 입을 악에게 내어주고 네 혀로 거짓을 꾸미며 20앉아서 네 형제를 공박하며 네 어머니의 아들을 비방하는도다(시 50:19-20).

3 29곧 모든 불의, 추악, 탐욕, 악의가 가득한 자요, 시기, 살인, 분쟁, 사기, 악독이 가득한 자요, 수군수군하는 자요, 30비방하는 자요, 하나님께서 미워하시는 자요, 능욕하는 자요, 교만한 자요, 자랑하는 자요, 악을 도모하는 자요, 부모를 거역하는 자요(롬 1:29-30).

4 1비판을 받지 아니하려거든 비판하지 말라. 2너희가 비판하는 그 비판으로 너희가 비판을 받을 것이요, 너희가 헤아리는 그 헤아림으로 너희가 헤아림을 받을 것이니라(마 7:1-2).

비판하지 말라. 그리하면 너희가 비판을 받지 않을 것이요, 정죄하지 말라. 그리하면 너희가 정죄를 받지 않을 것이요, 용서하라. 그리하면 너희가 용서를 받을 것이요(눅 6:37).

5 너희는 너희 아비 마귀에게서 났으니 너희 아비의 욕심대로 너희도 행하고자 하느니라. 그는 처음부터 살인한 자요, 진리가 그 속에 없으므로 진리에 서지 못하고 거짓을 말할 때마다 제 것으로 말하나니 이는 그가 거짓말쟁이요, 거짓의 아비가 되었음이라(요 8:44).

6 거짓 입술은 여호와께 미움을 받아도 진실하게 행하는 자는 그의 기뻐하심을 받느니라(잠 12:22).

의인은 거짓말을 미워하나 악인은 행위가 흉악하여 부끄러운 데에 이르느니라(잠 13:5).

그러나 두려워하는 자들과 믿지 아니하는 자들과 흉악한 자들과 살인자들과 음행하는 자들과 점술가들과 우상숭배자들과 거짓말하는 모든 자들은 불과 유황으로 타는 못에 던져지리니 이것이 둘째 사망이라(계 21:8).

7 불의를 기뻐하지 아니하며 진리와 함께 기뻐하고(고전 13:6).

그런즉 거짓을 버리고 각각 그 이웃과 더불어 참된 것을 말하라. 이는 우리가 서로 지체가 됨이라(엡 4:25).

8 4요나단이 그의 아버지 사울에게 다윗을 칭찬하여 이르되 "원하건대 왕은 신하 다윗에게 범죄하지 마옵소서. 그는 왕께 득죄하지 아니하였고 그가 왕께 행한 일은 심히 선함이니이다. 5그가 자기 생명을 아끼지 아니하고 블레셋 사람을 죽였고 여호와께서는 온 이스라엘을 위하여 큰 구원을 이루셨으므로 왕이 이를 보고 기뻐하셨거늘 어찌 까닭 없이 다윗을 죽여 무죄한 피를 흘려 범죄하려 하시나이까?"(삼상 19:4-5)

무엇보다도 뜨겁게 서로 사랑할지니 사랑은 허다한 죄를 덮느니라(벧전 4:8).

해설

거짓 증거하지 말라

십계명 중 제5계명은 하나님이 사람 사이에 세우신 질서와 권위를 상호 인정할 것을 요구합니다. 제6계명은 하나님의 형상으로 지음을 받은 사람을 욕되게 하거나 미워하거나 상하게 하거나 죽이지 말라고 요구합니다. 제7계명은 간음으로 대표되는 불결을 하나님이 정죄하시므로, 온 마음으로 불결을 혐오하며 순결하고 규모 있게 살라고 요구합니다. 제8계명은 이웃의 유익을 도모하고, 남들에게 대접을 받고자 하는 대로 남들을 대접하라고 요구합니다. 그리고 제9계명은 진실을 추구하라고 요구합니다.

하이델베르크 교리문답 제112문은 "네 이웃에 대하여 거짓 증거하지 말라"라는 제9계명이 요구하는 바가 무엇인지를 자세히 다룹니다.

제110문　하나님은 제8계명에서 무엇을 금하시는가?
제111문　하나님은 제8계명에서 무엇을 요구하시는가?
제112문　제9계명에서 무엇이 요구되는가?

표27 하이델베르크 교리문답 제110-112문의 구성

1. 제9계명에서 무엇이 요구되는가?

첫째, 어떤 사람에 대해서도 거짓 증언을 하지 않는 것입니다. 아합 왕은 나봇의 포도원이 탐났지만, 그가 주기를 거부하므로 근심하고 답답하여 침상에 누워 얼굴을 돌리고 식사를 거절했습니다. 이것을 지켜본 아내 이세벨은 불량자 두 사람을 앞세워 나봇이 하나님과 왕을 저주했다고 거짓말하게 했고 나봇은 돌에 맞아 죽어야 했습니다. 그렇게 아합은 나봇의 포도원을 빼앗았습니다(왕상 21장). 이처럼 거짓 증언은 사람을 죽이기까지 하므로 반드시 피해야 합니다.

둘째, 다른 사람의 말을 왜곡하지 않는 것입니다. 간교한 뱀은 여자에게 "하나님이 참으로 너희에게 동산 모든 나무의 열매를 먹지 말라 하시더냐?"(창 3:1)라고 물으며 하나님의 말씀을 왜곡해 여자를 꾀었습니다. 또 사무엘은 사울에게 아말렉을 쳐서 그들의 모든 소유를 진멸하고 남녀와 소아와 젖 먹는 아이와 우양과 낙타와 나귀를 모두 죽이라는 하나님의 말씀을 전했습니다. 그런데 사울은 가장 좋은 양과 소는 남기고 진멸하기를 즐겨 아니했습니다. 이를 책망하는 사무엘에게 사울은 "백성이 당신의 하나님 여호와께 제사하려 하여 양들과 소들 중에서 가장 좋은 것을 남김이요, 그 외의 것은 우리가 진멸하였나이다"라고 변명했습니다. 이 왜곡에 대해 사무엘은 "왕이 여호와의 말씀을 버렸으므로 여호와께서도 왕을 버려 왕이 되지 못하게 하셨나이다"(삼상 15:23)라는 엄중한 선고를 사울에게 전했습니다.

셋째, 험담자나 중상자가 되지 않는 것입니다. 모세가 구스 여자를 취하였을 때 미리암과 아론은 "여호와께서 모세와만 말씀하셨느냐? 우리와도 말씀하지 아니하셨느냐?"라고 따지며 모세를 비방했습니다. 이 비방으로 말미암아 미리암은 하나님께 벌을 받아 나병에 걸렸습니다(민 12장). 또 출애굽한 이스라엘 백성은 길로 말미암아 마음이 상하자 "어찌하여 우리를 애굽에서 인도해내어 이 광야에서 죽게 하는가? 이곳에는 먹을 것도 없고 물도 없도다. 우리 마음이 이 하찮은 음식을 싫어하노라"라고 불평하며 하나님과 모세를 원망했습니다. 이에 하나님이 불뱀들을 보내어 백성을 물게 하시므로 많은 사람이 죽고 말았습니다(민 21장).

하나님은 "자기의 이웃을 은근히 헐뜯는 자를 내가 멸할 것이요, 눈이 높고 마음이 교만한 자를 내가 용납하지 아니하리로다"(시 101:5)라고 말씀하십니다. 은근하고 교묘하게 이웃을 헐뜯는 자를 하나님이 멸하겠다고 하셨으므로 신자들도 그런 자들을 배격해야 합니다. 그 대신 사랑의 마음으로 이웃에 관해 진실하게 말하는 자들과 깊이 사귀어야 합니다.

넷째, 성급하게 혹은 듣지 않은 채 판단하거나 비난하지 않는 것입니다. 다윗이 골리앗을 물리치고 군대의 장이 되어 돌아올 때였습니다. 이를 환영하는 여인들은 "사울이 죽인 자는 천천이요, 다윗은 만만이로다"라고 노래했습니다. 그런데 사울은 그 말을 듣고 불쾌하게 여기며 심히 분노했습니다. 그는 "다윗에게는 만만을 돌리고 내게는 천천만 돌리니 그가 더 얻을 것이 나라 말고 무엇이냐?"(삼상 18:8)라고 말했습니다. 다윗은 나라를 빼앗을 생각이 전혀 없었는데도 경솔하게 판단했던 것입니다. 이로 인해 사울은 빼어난 장수인 다윗을 자기 부하가 아닌 적으로 두게 되었습니다. 정당한 근거 없이 비판하는 사람은 같은 방식으로 비판을 받게 됩니다. 이것이 하나님의 섭리입니다. 헤아리는 그 헤아림으로 헤아림을 받고, 정죄하는 그 정죄로 정죄를 받습니다. 반대로 용서하는 자는 용서를 받습니다(마 7:1-2; 눅 6:37).

다섯째, 모든 종류의 거짓과 속임은 마귀의 고유한 일에 속한다는 사실을 아는 것입니다. 앞서 살펴본 것처럼 뱀은 간계로 하와를 유혹했습니다. 또 아우 아벨을 쳐 죽인 가인은 하나님이 “네 아우 아벨이 어디 있느냐?”라고 물으실 때 “내가 알지 못하나이다. 내가 내 아우를 지키는 자니이까?”(창 4:9)라고 되물었습니다. 이에 대해 요한1서 3:12은 가인이 악한 자에게 속하였기 때문에 이런 행위를 했다고 말합니다. 그 말씀처럼 거짓과 속임은 마귀가 본래 하는 일입니다(요 8:44). 불신자들의 아비인 마귀는 처음부터 살인자이고 거짓말쟁이로서 거짓의 아비입니다. 마귀는 진리가 그 속에 없으므로 진리에 서지 못합니다. 믿지 않는 자들의 아비는 마귀이고, 우리 신자들의 아비는 하나님이십니다. 우리는 하나님에게서 났으므로 진실만을 말해야 합니다.

여섯째, 판정할 때와 다른 모든 관계에서도 진실을 사랑하고, 진실을 정직하게 말하고, 진실을 고백하는 것입니다. 참된 신자는 거짓을 버리고 참된 것을 말합니다(엡 4:25). 또 재판할 때 세력 있는 자라고 두둔하지 않고, 가난한 자라도 편을 들지 않으며 오직 공의로 재판합니다(레 19:15).

성경은 “너는 말 못 하는 자와 모든 고독한 자의 송사를 위하여 입을 열지니라. 너는 입을 열어 공의로 재판하여 곤고한 자와 궁핍한 자를 신원할지니라”(잠 31:8-9)라고 말합니다. 약자의 편에 서서 옳은 것을 말해줄 때 그 약자는 얼마나 기뻐하고 고마워하겠습니까? 진실의 소리가 묵살된다면 자신과 상관이 없더라도 약자들을 위해 입을 열어야 합니다(레 5:1).

TIP

“만일 누구든지 저주하는 소리를 듣고서도 증인이 되어 그가 본 것이나 알고 있는 것을 알리지 아니하면 그는 자기의 죄를 져야 할 것이요, 그 허물이 그에게로 돌아갈 것이며”(레 5:1).

일곱째, 이웃의 명예와 선한 평판을 보호하고 드높이는 것입니다. 사울 왕의 아들 요나단은 아버지를 이어 왕이 될 수 있었지만, 사적 욕심을 버리고 무엇이 옳고 무엇이 그른지에 따라 행동했습니다. 그 결과 다윗에게 적의를 드러내는 아버지 앞에서 다윗의 무죄를 변호하고 다윗을 해치지 말라고 조언할 수 있었습니다.

> 4요나단이 그의 아버지 사울에게 다윗을 칭찬하여 이르되 "원하건대 왕은 신하 다윗에게 범죄하지 마옵소서. 그는 왕께 득죄하지 아니하였고 그가 왕께 행한 일은 심히 선함이니이다. 5그가 자기 생명을 아끼지 아니하고 블레셋 사람을 죽였고 여호와께서는 온 이스라엘을 위하여 큰 구원을 이루셨으므로 왕이 이를 보고 기뻐하셨거늘 어찌 까닭 없이 다윗을 죽여 무죄한 피를 흘려 범죄하려 하시나이까?"(삼상 19:4-5)

참된 그리스도인은 요나단처럼 사적 이익보다 옳은 것이 무엇인지 고민하고 그편에 설 수 있어야 합니다. 그리스도인은 사촌이 땅을 사면 배가 아픈 것이 아니라 기뻐하는 사람입니다. 우리는 무엇보다 뜨겁게 서로 사랑해야 합니다(벧전 4:8).

2. 거짓 증거하는 이들의 예

ㄱ. 아합과 이세벨, 그리고 시드기야와 미가야

엘리야는 바알의 선지자를 묘사할 때 "이세벨의 상에서 먹는 바알의 선지자 사백오십 명"(왕상 18:10)이라고 표현합니다. 이세벨이 제공하는 음식과 재물을 받아 살아가는 어용(御用) 선지자들이란 의미입니다. 그런 자들이 무슨 올바른 소리를 할 수 있겠습니까? 선지자는 앞서 제83-85문에서 살펴본 것처럼 預言(예언, forthtelling)을 하지, 豫言(예언, foretelling)을 하는 자가 아닙니다. 참된 선지자는 하나님이 주시는 말씀을 그대로 전해야 합니다. 그런데 이세벨의 상에서 먹게 되면 이세벨의 마음에 드는 말만 전하게 됩니다.

이세벨의 남편인 아합 왕은 말년에 남유다의 여호사밧 왕과 연합하여 아람 왕국과 전쟁을 치르고자 계획했습니다. 이때 여호사밧 왕은 먼저 하나님의 말씀이 어떤지 물어보자고 제안했습니다. 아합 왕은 사백 명 정도의 예언자를 모아서 물었는데 그들은 한결같이 승리를 예견하며 전쟁에 나서라고 부추겼습니다. 그중에 특히 시드기야라는 사람은 철로 만든 뿔들을 가지고 와서 하나님이 "왕이 이것들로 아람 사람을 찔러 진멸하리라"라고 말씀하셨다고 예언하기도 했습니다(왕상 22장).

하지만 여호사밧 왕은 이들이 어용이란 느낌을 받았는지, 다른 예언자는 없냐고 물었습니다. 아합은 그제야 예언자 미가야를 불러오게 했습니다. 아합은 미가야가 길한 예언은 하지 않고 흉한 예언만 한다고 하여 그를 싫어했습니다. 아합의 명령으로 미가야를 부르러 간 사신은 미가야에게 "선지자들의 말이 하나같이 왕에게 길하게 하니 청하건대 당신의 말도 그들 중 한 사람의 말처럼 길하게 하소서"(왕상 22:13)라고 부탁했습니다. 하지만 미가야는 "여호와께서 내게 말씀하시는 것 곧 그것을 내가 말하리라"라고 응답했습니다. 하나님이 말씀하신 것을 그대로 전하는 자가 참된 예언자이고 성도입니다. 우리는 언제 어디서나 하나님이 우리에게 말하라고 하시는 것을 말하기 위해 힘써야 합니다. 사람들의 기대를 못 이겨 사실관계를 왜곡하거나 권력과 돈에 이끌려 거짓을 말하면 안 됩니다.

그러려면 때로 미가야처럼 다수의 무리에서 벗어난 삶을 살아야 합니다. 다른 예언자들은 모두 하나가 되어 미가야를 배척했습니다. "왕따"를 시킨 것입니다. 미가야는 외롭고 쓸쓸했을 것입니다. 경제적인 어려움도 겪었을 것입니다. 그런데 미가야는 하나님을 깊이 믿었기에 그 어려움을 이겨냈습니다. 사람들과 인간적으로 너무 친하게 지내는 것도 문제가 될 수 있습니다. 세상 사람들은 진실에서 멀다는 사실을 기억하며 적당히 거리를 두는 지혜도 필요합니다. 그들과 너무 친해진 나머지 인간관계 때문에 진실이 아니라 거짓을 말해야 하는 상황을 만들어서는 안 됩니다.

미가야는 왕에게 하나님의 영이 거짓말하는 영이 되어 아합의 모든 선지자의 입에 있어서 그들이 잘못된 예언을 하는 것이라고 말했습니다. 그러자 시드기야가 미가야의 뺨을 치며 "여호와의 영이 나를 떠나 어디로 가서 네게 말씀하시더냐?"(왕상 22:24)라고 성질을 부렸습니다. 이처럼 시드기야는 확신범이었습니다. 거짓의 편에 서서 이세벨의 상에서 먹다 보니 자기 자신마저도 속여버렸습니다. 처음에는 양심의 가책을 받으며 거짓을 말하지만, 나중에는 거짓 논리에 깊이 물들어 양심의 가책 없이 자신의 행위가 옳다고 확신하며 악을 행합니다. 이것이 악인의 말로입니다. 아합은 거짓 선지자들의 말을 듣고 전쟁에 나섰다가 우연히 날아온 화살에 맞아 죽었습니다.

그때 아합이 죽으며 병거에 흘린 피를 사마리아 못에서 씻었는데, 개들이 그 핏물을 핥아 먹었습니다. 하나님은 아합이 거짓 증인들을 내세워 나봇을 죽였을 때 "개들이 나봇의 피를 핥은 곳에서 개들이 네 피, 곧 네 몸의 피도 핥으리라"(왕상 21:19)라고 말씀하셨던 것을 기억하셨습니다. 하나님은 아합을 충동하여 가장 악한 자로 만든 이세벨에 대해서는 "개들이 이스르엘 성읍 곁에서 이세벨을 먹을지라"(왕상 21:23)라고 말씀하셨는데 실제로 반역을 일으킨 예후가 이세벨을 높은 성에서 떨어뜨리게 하여 그녀의 피가 담과 말에 튀었습니다. 그리고 그 시체를 개들이 먹었습니다(왕하 9:33-36). 불량자 두 사람을 거짓 증언자로 세워 나봇을 죽인 아합과 이세벨은 거짓 선지자들의 예언에 속아 비참한 최후를 맞았습니다. 우리는 거짓의 편에 서는 자들이 자신도 모르는 사이에 거짓의 영에 사로잡혀 틀린 것을 강하게 주장하는 확신범으로 변한다는 사실을 명심하고, 자신의 내면이 거짓의 편으로 기우는지 아니면 하나님의 편으로 기우는지 수시로 살펴야 할 것입니다.

ㄴ. 발람과 나귀와 발락

아합과 이세벨이 노골적으로 하나님을 반대하며 거짓 증언을 한 자들이라면, 발람은 교묘하게 하나님의 뜻을 왜곡하려 한 자입니다. 모압 왕 발락은 이스라엘 백성이 모압 평지에 진을 치자 심히 두려워하여, 예언자 발람에게 장로들을 보내어 이스라엘 백성을 저주해달라고 부탁했습니다. 발람은 메소포타미아 브돌 지방에 사는 이방인이었지만 하나님을 알고 경외하는 자였습니다. 발람은 복채를 가지고 온 장로들에게 "이 밤에 여기서 유숙하라. 여호와께서 내게 이르시는 대로 너희에게 대답하리라"(민 22:8)라고 말했습니다. 그날 밤에 하나님은 발람에게 "너는 그들과 함께 가지도 말고 그 백성을 저주하지도 말라. 그들은 복을 받은 자들이니라"라고 분명하게 말씀하셨습니다. 이에 발람은 장로들을 그냥 돌려보냈습니다.

하지만 발락은 더 높은 고관들을 발람에게 보냈습니다. 발람은 이번에도 "그 집에 가득한 은금을 내게 줄지라도 내가 능히 여호와 내 하나님의 말씀을 어겨 덜하거나 더하지 못하겠노라. 그런즉 이제 너희도 이 밤에 여기서 유숙하라. 여호와께서 내게 무슨 말씀을 더하실는지 알아보리라"라고 말했습니다. 하나님은 그 밤에 발람에게 임하시어 "그 사람들이 너를 부르러 왔거든 일어나 함께 가라. 그러나 내가 네게 이르는 말만 준행할지니라"라고 말씀하셨습니다(민 22:18-19).

발람이 한 말들만 놓고 보면 그는 하나님의 말씀대로만 사는 사람처럼 보입니다. 그런데 하나님은 그들과 함께 가는 발람을 죽이려고 사자를 보내셨습니다. 발람을 태운 나귀는 하나님의 사자가 칼을 빼어 손에 들고 길에 선 것을 보고 옆으로 피했습니다. 영문을 모르는 발람이 그 나귀에게 채찍질하며 때릴 때 하나님의 능력으로 입이 열린 나귀는 "나는 당신이 오늘까지 당신의 일생 동안 탄 나귀가 아니냐? 내가 언제 당신에게 이같이 하는 버릇이 있었더냐?"(민 22:30)라고 말했습니다. 그제야 발람의 눈이 밝아졌고 손에 칼을

든 하나님의 사자를 볼 수 있었습니다.

베드로는 이에 대해 "그[발람]는 불의의 삯을 사랑하다가 자기의 불법으로 말미암아 책망을 받되 말하지 못하는 나귀가 사람의 소리로 말하여 이 선지자의 미친 행동을 저지하였느니라"(벧후 2:15-16)라고 평가했습니다. 그는 겉으로는 하나님의 말씀에 따라 행하는 자처럼 보였지만, 속으로는 불의의 삯을 사랑했습니다. 하나님을 경외하는 예언자가 어떻게 하나님의 백성인 이스라엘을 저주할 수 있습니까? 그는 발락이 보낸 사신들이 와서 이스라엘 백성을 저주해달라고 부탁할 때부터 딱 잘라 거절해야 했습니다. 이에 관해 하나님께 물어볼 필요가 없었습니다. 사실 그는 두 마음을 가지고 거짓 증언을 하고 싶어 안달이 난 자였던 것입니다. 우리 주변에도 노골적으로 드러내어 거짓 증언을 하지는 않지만 교묘하게 거짓 증언을 하는 자들이 많이 있습니다. 우리는 하나님이 이런 자들을 징계하신다는 사실을 발람의 예를 통해 명확히 알아야 합니다.

현대 사회에서 언론의 중요성은 매우 큽니다. 언론인은 옳은 것을 보도하고 옳은 관점을 제공해야 합니다. 자신에게 이득을 주는 자들의 입맛에 맞는 것만 전하면 안 됩니다. 특히 노골적으로 어느 한 편을 들거나 악한 자들의 편에 서지 않는 체하면서 교묘하게 논지를 흐리며 궤변으로 이상한 주장을 하면 안 됩니다. 마찬가지로 목사는 더욱 깨어서 성경이 말하는 내용만을 전해야지, 성경의 일부 내용을 인용하여 자신이 하고 싶은 말을 하면 안 됩니다. 목사가 성도들에게 설교와 성경 공부를 통해 미치는 영향은 매우 큽니다. 목사일수록 더욱 물질과 명예와 권력에 초연하여 하나님의 진리를 전함으로써 맑은 물을 흘려보내야 합니다.

정직이 주는 편리함

나는 2016년 10월 5일 오후 5시 18분부터 7시 43분까지, 국내에서 미국의 웨스트민스터 신학교 신학석사(Th. M.) 과정을 밟는 학생의 라틴어 시험을 감독했다. 그 학생은 논문을 제외한 모든 학습 과정을 마치고, 한국으로 돌아와 졸업논문을 쓰는 중이었는데 필수로 치러야 할 라틴어 시험이 있었다. 그 학생은 나를 감독관으로 정했다고 신학교에 알렸고 학교는 나에게 감독을 부탁하며 이메일로 시험지를 보내왔다. 학교 당국이 학생과 외부 감독자를 신뢰하기에 가능한 일이었다.

나는 세움교회에서 그 학생을 만나 시험지를 건네주면서 시험이 시작되었다고 알려줌으로써 대부분의 감독 업무를 마쳤다. 학생이 시험을 치르는 동안 나는 교회에서 여러 업무를 처리했다. 그 신학교에서 알려온 시험 지침에 시험을 보는 동안 감독관이 지켜볼 필요는 없다고 나와 있기 때문이었다. 그 학생은 감독관이 감시하지 않아도 하나님을 감독관으로 하여 정직하게 시험을 봤다. 나는 그다음 날 아침에 스마트폰을 이용해 답안지를 사진으로 찍은 후에 이메일로 학교 담당자에게 보내주었다. 만약에 신학교와 학생이 서로를 믿지 못했다면 그 학생은 시험을 치르기 위해 미국까지 가야 했을 것이다. 이처럼 "정직"이 얼마나 사람들을 편하게 하고 비용을 아끼게 하는지 모른다.

우리나라는 신학교나 교회에서도 지원자에게 서류를 받을 때 각종 졸업증명서를 요구한다. 나는 1993년에 영국의 애버딘 대학교(Univ. of Aberdeen)에서 토지 경제학으로 석사학위(Master of Land Economy)를 받았다. 그 후 귀국하여 2-3년 후에 졸업증명서가 필요해져 학교에 연락한 적이 있었는데,

놀랍게도 담당자는 내 말을 잘 이해하지 못했다. 졸업했으면 그만이지 무슨 증명이 필요하냐는 반응이었다. 나는 거듭해서 한국의 한 기관에서 졸업증명서를 요구하므로 내가 그 학교의 석사학위 취득자임을 증명하는 서류를 보내달라는 것이라고 설명해야 했다. 담당자는 마뜩지 않은 목소리로 우편으로 발송은 해주겠지만 앞으로 이런 증명서를 더는 발행하지 않을 것이라고 강조했다.

그도 그럴만한 것이, 나는 애버딘 대학교에 다니는 동안 학생들이 커닝하는 모습을 본 적이 한 번도 없었다. 영국은 사회 전체가 커닝과 표절을 큰 도둑질로 여긴다. 그뿐 아니라 그 사회가 정직을 바탕으로 돌아간다는 사실을 행정기관이나 다양한 사람들을 만나면서 자연스레 느낄 수 있었다. 그런데 한국에서는 신학생들마저도 커닝을 한다. 커닝에 다소 관대한 한국 사회의 문화가 신학교에까지 파고들어 커닝에 대한 죄책감이 약해진 탓이다. 표절 문제도 마찬가지여서 표절이 죄라는 인식이 별로 없고, 표절 사실이 발각되어도 크게 부끄러워하지 않는다.

영국이나 유럽에 있는 다른 여러 나라에도 단점이 많이 있겠지만 기독교가 문화 전반에 영향을 미친 결과 그런 나라들이 다른 나라들에 비해 상대적으로 건전한 윤리 의식이 자리 잡았다는 사실을 부정할 수는 없을 듯하다. 나는 그런 나라들을 접할 때마다 정직이 뒷받침될수록 행정 비용이 줄어들고, 서로를 향한 긴장감과 감시의 눈초리도 줄어든다는 사실을 온몸으로 느낄 수 있었다. 정직은 경제 발전과 밀접한 관계가 있을 뿐 아니라 정신 건강과 수명과도 긴밀하게 연결되어 있다.

교회는 설교와 성경 공부를 통해 하나님의 말씀을 선포하고 가르친다. 이보다 더 좋은 평생교육도 없다. 우리나라의 정직도와 윤리 수준을 높이는 데 있어 한국교회가 끼칠 수 있는 영향은 매우 크다. 나는 외국 신학교의 라틴어 시험 감독관을 하면서 교회가 정직의 측면에서 본이 된다면 우리나라가 구성원들이 서로 신뢰하는 더 안전한 사회가 될 것이라고 생각하게 되었다. 그 학생은 시험 시작 시각과 마무리 시각을 분 단위까지 정확하게 시험지에 기재했다. 본인이 스스로를 감독하니 더 엄밀하게 시험 과정을 통제한 것이었다. 정직은 사회를 더 정확하게, 그리고 더 실력 있게 만든다. 교회에서 이루어지는 제9계명에 관한 올바른 가르침이 우리나라를 더 건강하고 부유하고 행복한 나라가 되게 할 것이다.

함께 나누기: 제9계명의 요구

01 여러분에게는 교회에 와서 반갑게 대화할 수 있는 사람 5명이 있습니까? 이런 사람 5명이 있는 성도는 교회를 떠나지 않는다고 합니다. 여러분의 교회에 이런 5명이 없어서 외로워하는 성도는 없습니까? 혹시 그런 성도가 있다면 그들을 위해 여러분이 할 수 있는 일은 무엇일까요?

02 하이델베르크 교리문답 제112문을 서로 묻고 답해봅시다. 근거 성구도 다시 한번 살펴봅시다.

03 제9계명에서 무엇이 요구되는지 다음의 관점에서 살펴봅시다.

① 어떤 사람에 대해서도 거짓 증언을 하지 않는 것

② 다른 사람의 말을 왜곡하지 않는 것

③ 험담자나 중상자가 되지 않는 것

④ 성급하게 혹은 듣지 않은 채 판단하거나 비난하지 않는 것

⑤ 모든 종류의 거짓과 속임은 마귀의 고유한 일에 속하는 것임을 아는 것

⑥ 판정할 때와 다른 모든 관계에서도 진실을 사랑하고, 정직하게 말하고, 진실을 고백하는 것

⑦ 이웃의 명예와 선한 평판을 보호하고 드높이는 것

04 열왕기상 22:1-28에 기록된 아합, 시드기야, 미가야의 이야기를 다시 한 번 살펴보고 그 이야기를 통해 제9계명의 가치가 무엇인지 이야기해봅시다.

05 민수기 22:1-35에 기록된 발람과 발락의 이야기를 통해 제9계명이 어떤 의미가 있는지 살펴봅시다.

제44주일: 제113-115문

제10계명의 요구, 그리고 십계명의 가치

Q 제113문 제10계명은 우리에게 무엇을 요구합니까?

What does the tenth commandment require of us?

A 답 하나님의 계명들에 어긋나는 것은 아무리 작은 욕망이나 생각이라도 우리 마음속에 일어나지 않게 하고, 항상 온 마음으로 모든 죄는 미워하고 모든 의는 즐거워할 것을 요구합니다.[1]

That even the smallest inclination or thought, contrary to any of God's commandments, never rise in our hearts; but that at all times we hate all sin with our whole heart, and delight in all righteousness.

Q 제114문 하나님께 회심한 자들은 이 계명들을 완전하게 지킬 수 있습니까?

But can those who are converted to God perfectly keep these commandments?

A 답 아닙니다. 이생에서는 가장 거룩한 자일지라도 이러한 순종의 시작만 조금 할 뿐입니다.[2] 그런데도 그들은 하나님이 주신 계명의 일부만이 아니라 전부에 맞추어 사는 삶을 진지한 결심으로 시작합니다.[3]

No: but even the holiest men, while in this life, have only a small beginning of this obedience; yet so, that with a sincere resolution they begin to live, not only according to some, but all the commandments of God.

inclination	경향, 성향	**contrary**	~와는 다른(반대되는)
resolution	결심, 다짐, 결의안	**conformable**	적합한, 상응하는, 비슷한

Q 제115문 아무도 이생에서 십계명을 지킬 수 없다면 왜 하나님은 그렇게 엄하게 십계명이 설교되도록 하셨습니까?

Why will God then have the ten commandments so strictly preached, since no man in this life can keep them?

A 답 첫째, 우리가 전 인생에 걸쳐서 우리의 죄성에 관해 점점 깨달아 배우고,[4] 그래서 그리스도 안에서 죄 사함과 의를 더욱 간절히 구하도록 하기 위해서입니다.[5] 둘째, 내생에서 우리에게 의도된 완전함에 이를 때까지 하나님의 형상에 점점 가까워지도록 우리가 항상 노력하면서 성령의 은혜를 달라고 하나님께 기도하게 하기 위해서입니다.[6]

First, that all our lifetime we may learn more and more to know our sinful nature, and thus become the more earnest in seeking the remission of sin, and righteousness in Christ; likewise, that we constantly endeavour and pray to God for the grace of the Holy Spirit, that we may become more and more conformable to the image of God, till we arrive at the perfection proposed to us, in a life to come.

근거 성구

1 나의 반석이시요, 나의 구속자이신 여호와여! 내 입의 말과 마음의 묵상이 주님 앞에 열납되기를 원하나이다(시 19:14).

23하나님이여, 나를 살피사 내 마음을 아
시며 나를 시험하사 내 뜻을 아옵소서.
24내게 무슨 악한 행위가 있나 보시고 나
를 영원한 길로 인도하소서(시 139:23-24).

그런즉 우리가 무슨 말을 하리요? 율법이 죄냐? 그럴 수 없느니라. 율법으로 말미암지 않고는 내가 죄를 알지 못하였으니 곧 율법이 탐내지 말라 하지 아니하였더라면 내가 탐심을 알지 못하였으리라(롬 7:7).

2 선을 행하고 전혀 죄를 범하지 아니하는 의인은 세상에 없기 때문이로다(전 7:20).

14우리가 율법은 신령한 줄 알거니와 나
는 육신에 속하여 죄 아래에 팔렸도다.
15내가 행하는 것을 내가 알지 못하노니

곧 내가 원하는 것은 행하지 아니하고 도리어 미워하는 것을 행함이라(롬 7:14-15).

우리는 부분적으로 알고 부분적으로 예언하니(고전 13:9).

8만일 우리가 죄가 없다고 말하면 스스로 속이고 또 진리가 우리 속에 있지 아니할 것이요,…10만일 우리가 범죄하지 아니하였다 하면 하나님을 거짓말하는 이로 만드는 것이니 또한 그의 말씀이 우리 속에 있지 아니하니라(요일 1:8, 10).

3 오직 여호와의 율법을 즐거워하여 그의 율법을 주야로 묵상하는도다(시 1:2).

5내 길을 굳게 정하사 주의 율례를 지키게 하소서. 6내가 주의 모든 계명에 주의할 때에는 부끄럽지 아니하리이다.…106주의 의로운 규례들을 지키기로 맹세하고 굳게 정하였나이다(시 119:5-6, 106).

내 속사람으로는 하나님의 법을 즐거워하되(롬 7:22).

우리가 그의 계명을 지키면 이로써 우리가 그를 아는 줄로 알 것이요(요일 2:3).

4 내가 이르기를 "내 허물을 여호와께 자복하리라" 하고 주께 내 죄를 아뢰고 내 죄악을 숨기지 아니하였더니 곧 주께서 내 죄악을 사하셨나이다(시 32:5).

그러므로 율법의 행위로 그의 앞에 의롭다 하심을 얻을 육체가 없나니 율법으로는 죄를 깨달음이니라(롬 3:20).

만일 우리가 우리 죄를 자백하면 그는 미쁘시고 의로우사 우리 죄를 사하시며 우리를 모든 불의에서 깨끗하게 하실 것이요(요일 1:9).

5 의에 주리고 목마른 자는 복이 있나니 그들이 배부를 것임이요(마 5:6).

24오호라, 나는 곤고한 사람이로다. 이 사망의 몸에서 누가 나를 건져내랴? 25우리 주 예수 그리스도로 말미암아 하나님께 감사하리로다. 그런즉 내 자신이 마음으로는 하나님의 법을 육신으로는 죄의 법을 섬기노라(롬 7:24-25).

6 운동장에서 달음질하는 자들이 다 달릴지라도 오직 상을 받는 사람은 한 사람인 줄을 너희가 알지 못하느냐? 너희도 상을 받도록 이와 같이 달음질하라(고전 9:24).

12내가 이미 얻었다 함도 아니요, 온전히 이루었다 함도 아니라. 오직 내가 그리스도 예수께 잡힌 바 된 그것을 잡으려고 달려가노라. 13형제들아, 나는 아직 내가 잡은 줄로 여기지 아니하고 오직 한 일 즉 뒤에 있는 것은 잊어버리고 앞에 있는 것을 잡으려고 14푯대를 향하여 그리스도 예수 안에서 하나님이 위에서 부르신 부름의 상을 위하여 달려가노라(빌 3:12-14).

2사랑하는 자들아, 우리가 지금은 하나님의 자녀라. 장래에 어떻게 될지는 아직 나타나지 아니하였으나 그가 나타나시면 우리가 그와 같을 줄을 아는 것은 그의 참모습 그대로 볼 것이기 때문이니
3주를 향하여 이 소망을 가진 자마다 그의 깨끗하심과 같이 자기를 깨끗하게 하느니라(요일 3:2-3).

해설

탐내지 말라

십계명 중 제5계명은 하나님이 사람들 간에 세우신 질서와 권위를 상호 인정할 것을 요구합니다. 제6계명은 하나님의 형상으로 지음을 받은 사람을 욕되게 하거나 미워하거나 상하게 하거나 죽이지 말라고 요구합니다. 제7계명은 간음으로 대표되는 불결을 하나님이 정죄하시므로, 온 마음으로 불결을 혐오하고 순결하고 규모 있게 살아야 한다고 요구합니다. 제8계명은 내 이웃의 유익을 도모하고, 남들에게 대접을 받고자 하는 대로 이웃을 대접할 것을 요구합니다. 제9계명은 사람들 간에 진실을 추구하라고 요구합니다. 마지막으로 제10계명은 위의 계명들의 원인이 되는 탐심을 절제할 것을 요구합니다.

— 제112문 제9계명에서 무엇이 요구되는가?
┌ 제113문 제10계명은 우리에게 무엇을 요구하는가?
├ 제114문 하나님께 회심한 자들은 이 계명들을 완전하게 지킬 수 있는가?
└ 제115문 하나님은 아무도 지키지 못하는 십계명을 왜 그렇게 엄하게 설교하게 하셨는가?

표28 하이델베르크 교리문답 제112-115문의 구성

1. 제10계명은 우리에게 무엇을 요구하는가?

"네 이웃의 집을 탐내지 말라. 네 이웃의 아내나 그의 남종이나 그의 여종이나 그의 소나 그의 나귀나 무릇 네 이웃의 소유를 탐내지 말라"라는 제10계명은 다음을 요구합니다. 첫째, 하나님의 계명들에 어긋나는 것은 아무리 작은 욕망이나 생각이라도 우리 마음속에 일어나지 않게 하라는 것입니다. 둘째, 항상 온 마음으로 모든 죄는 미워하고, 모든 의는 즐거워하라는 것입니다.

여기서 알 수 있는 것처럼 제10계명은 특정 행위의 금지나 요청이 아니라 내면의 욕망과 생각에 대한 금지와 요청입니다. 제5계명은 부모를 공경하라, 제6계명은 살인하지 말라, 제7계명은 간음하지 말라, 제8계명은 도둑질하지 말라, 제9계명은 거짓 증거하지 말라는 것입니다. 모두 특정 행위를 언급합니다. 그런데 제10계명은 네 이웃의 집을 탐내지 말라는 명령으로 "탐심"이라는 내면의 욕망과 생각을 다룹니다.

ㄱ. 탐심은 살인과 간음과 도둑질과 거짓 증거의 원인이 된다

이웃의 아내를 탐내면 어떻게 될까요? 다윗의 경우가 이를 잘 설명해줍니다. 다윗은 부하들이 전쟁터로 나갈 때 예루살렘에 그대로 있었습니다. 어느 날 저녁, 이웃집에서 목욕하는 여인을 왕궁 옥상에서 보고는 데려다가 동침했습

니다. 그 여인은 전쟁터에 나간 충신 우리아의 아내 밧세바였습니다. 동침으로 그 여인이 임신하자, 다윗은 이 사실을 숨기려고 전쟁터에 있는 우리아를 불러들였습니다. 다윗은 그에게 휴가를 주었지만 그는 자기 집으로 가지 않았습니다. 이유를 묻는 다윗에게 우리아는 "언약궤와 이스라엘과 유다가 야영 중에 있고 내 주 요압과 내 왕의 부하들이 바깥 들에 진 치고 있거늘 내가 어찌 내 집으로 가서 먹고 마시고 내 처와 같이 자리이까? 내가 이 일을 행하지 아니하기로 왕의 살아 계심과 왕의 혼의 살아 계심을 두고 맹세하나이다"(삼하 11:11)라고 대답했습니다. 얼마나 충직한 군인인지 모릅니다.

그러자 다윗은 군대 장관인 요압에게 편지를 써서 우리아를 맹렬한 전투에 앞장세워 죽게 하라고 명령했습니다. 다윗은 이 편지를 우리아의 손에 직접 들려 보낼 정도로 사악한 모습을 보입니다. 요압 장군이 왕의 명령대로 우리아를 맹렬한 싸움에 내보내 죽게 하자 다윗은 밧세바를 데려다가 자기의 아내로 삼고 아들을 낳았습니다. 다윗은 이웃의 아내를 탐하여 간음한 것도 모자라 살인까지 저지름으로써 제7계명과 제6계명을 어겼습니다. 또 요압 장군에게 우리아를 죽이기 위해 속임수를 쓰라는 명령을 내림으로써 제9계명을 어겼고 왕의 권한을 나쁜 데 씀으로써 제5계명을 어겼습니다. 제10계명을 어긴 것이 이렇게 여러 계명을 어기는 것으로 귀결됩니다. 탐심이 여러 계명을 어기는 원인이 되는 것입니다.

하나님은 다윗의 악행에 대해 예언자 나단을 보내 질책하셨습니다. 나단은 다윗에게 한 가지 이야기를 전해주었습니다.

1"한 성읍에 두 사람이 있는데 한 사람은 부하고 한 사람은 가난하니 2그 부한 사
람은 양과 소가 심히 많으나 3가난한 사람은 아무것도 없고 자기가 사서 기르는
작은 암양 새끼 한 마리뿐이라. 그 암양 새끼는 그와 그의 자식과 함께 자라며 그
가 먹는 것을 먹으며 그의 잔으로 마시며 그의 품에 누우므로 그에게는 딸처럼

되었거늘 4어떤 행인이 그 부자에게 오매 부자가 자기에게 온 행인을 위하여 자기의 양과 소를 아껴 잡지 아니하고 가난한 사람의 양 새끼를 빼앗아다가 자기에게 온 사람을 위하여 잡았나이다" 하니(삼하 12:1-4).

다윗은 이 말을 듣자 화를 내며 "여호와의 살아 계심을 두고 맹세하노니 이 일을 행한 그 사람은 마땅히 죽을 자라. 그가 불쌍히 여기지 아니하고 이런 일을 행하였으니 그 양 새끼를 네 배나 갚아주어야 하리라"(삼하 12:5-6)라고 말했습니다. 이에 나단은 다윗이 바로 그 부자라고 말했습니다(삼하 12:7).

다윗은 알지 못했지만 하나님의 관점에서는 다윗이 밧세바와 간음하고 그 남편을 죽인 것이나 나단의 이야기에서 부자가 가난한 자의 암양을 빼앗은 것이나 똑같은 죄였습니다. 그래서 우리는 다른 사람의 죄를 비난할 때 우리가 그와 똑같은 모양은 아니더라도 하나님의 관점에서 같은 죄를 짓고 있지는 않은지 잘 살펴야 합니다. 우리는 간음한 여인을 돌로 치려는 무리에게 "너희 중에 죄 없는 자가 먼저 돌로 치라"(요 8:7)라고 말씀하신 예수님을 기억합니다. 우리는 모든 사람이 특정한 죄에 대해 특별히 약한 면이 있음을 인정하고 남들의 죄를 정죄하기에 앞서 자신의 약함을 살피며 하나님의 은혜를 구하는 기도를 해야 합니다. 우리의 탐심이 어떤 죄로 나타나는지 경계하며 겸손해야 합니다.

열왕기상 21장에 기록된 아합 왕의 탐심에 대해서도 다시 한번 살펴봅시다. 아합은 왕궁에서 가까운 곳에 있는 나봇의 포도원이 탐나 포도원을 사들이려고 했습니다. 하지만 나봇은 "내 조상의 유산을 왕에게 주기를 여호와께서 금하실지로다"라고 말하며 거절했습니다. 아합은 근심하고 답답하여 왕궁으로 돌아와 침상에 누워 얼굴을 돌리고 식사를 거절했습니다. 이것을 본 왕비 이세벨은 아합 왕의 이름으로 나봇이 사는 성읍의 장로와 귀족들에게 편지를 보냈습니다. 이세벨의 사주를 받은 그들은 금식을 선포하고 나봇을 백성 가운데 높이 앉힌 후에 불량자 두 사람을 시켜 나봇에 대해 "하나님과 왕을 저주하였다"라고 거짓 증언을 하게 했습니다. 그 결과 나봇은 돌아 맞아 죽어야 했습니다.

아합은 나봇의 포도원을 탐내 나봇을 죽이는 살인죄를 범하였고, 거짓 증인을 세우는 죄를 범하였으며, 왕의 권력을 악용해 성읍의 장로와 귀족들에게 나쁜 영향력을 행사하는 죄를 범했습니다. 왕의 권한으로 백성을 잘 섬긴 것이 아니라 불법으로 사람들을 짓누르고 사적 이득을 취했으니 제5계명도 어겼습니다. 이처럼 탐심은 살인과 거짓 증언, 권한의 남용 및 오용을 가져옵니다. 여기서도 제10계명이 여러 계명과 관련한 근간을 다룬다는 사실을 알 수 있습니다.

이에 관해 하이델베르크 교리문답 제113문은 제10계명이 "하나님의 계명들에 어긋나는 것은 아무리 작은 욕망이나 생각이라도 우리 마음속에 일어나지 않게 하고, 항상 온 마음으로 모든 죄는 미워하고 모든 의는 즐거워할 것을 요구한다"고 말합니다. 작은 욕망이나 생각도 점점 커지며 구체적인 살인과 간음과 도둑질과 거짓 증거로 이어집니다. 그래서 우리는 구체적 범죄를 이겨내기 위해 항상 온 마음으로 모든 죄는 미워하고 모든 의는 즐거워해야 합니다. 마음속에 이는 작은 욕망과 생각과의 싸움에서 지는 자는 반드시 구체적 범죄로 빠져듭니다.

다윗은 "나의 반석이시요, 나의 구속자이신 여호와여! 내 입의 말과 마음의 묵상이 주님 앞에 열납되기를 원하나이다"(시 19:14)라고 고백했습니다. 이웃 여인을 탐하는 죄를 범한 다윗은 그 누구보다 "입의 말과 마음의 묵상"이 중요함을 깨닫지 않았겠습니까? 입의 말과 마음의 묵상이 주님 앞에 열납되지 않는 자는 그만큼 죄를 범하기 쉽습니다.

또 다윗은 "하나님이여, 나를 살피사 내 마음을 아시며 나를 시험하사 내 뜻을 아옵소서. 내게 무슨 악한 행위가 있나 보시고 나를 영원한 길로 인도하소서"(시 139:23-24)라고 기도했습니다. 인간의 마음과 뜻을 아시는 하나님께 자신의 악한 의도와 행위를 감찰하심으로써 자신을 영원한 길로 인도해달라고 간구한 것입니다. 우리도 구체적 범죄를 피하기 위해 노력할 뿐만 아니라, 마음의 깊숙한 곳까지도 살펴 구체적 범죄의 원인이 될 만한 작은 욕망까지 미워해야 합니다.

ㄴ. 이웃의 것을 지켜주도록 더욱 주의해야 한다

제10계명에서 "네 이웃"이란 단어는 같은 대상을 가리키는 "그의"라는 대명사까지 합하면 총 7번 사용됩니다. 제10계명은 특별히 "이웃"의 것을 탐내지 말고 지켜주라는 의미를 담고 있습니다.

도둑질이나 간음을 저지를 때 익명의 누군가를 상대로 하는 경우가 있는 반면, 잘 아는 이웃을 상대로 하는 경우도 있습니다. 전자의 예에 해당하는 사람은 여리고에서 "시날산의 아름다운 외투 한 벌과 은 이백 세겔과 그 무게가 오십 세겔 되는 금덩이 하나를" 훔친 아간입니다(수 7:21). 이스라엘 백성은 가나안의 첫 번째 성인 여리고를 점령할 때 하나님의 명령에 따라 그 어떤 것도 남기거나 가지면 안 되었습니다. 그런데 아간은 욕심에 이끌려 그 명령을 어겼습니다. 이때 아간은 잘 아는 이웃의 소유를 훔친 것이 아니라 누구의 것인지 모르는 물품을 훔쳤습니다. 이는 "도둑질하지 말라"는 제8계명을 어긴 것에 해당합니다.

한편 후자의 예로는 앞서 살펴본 다윗이 밧세바를 범한 사건, 아합이 포도원을 빼앗기 위해 나봇을 죽인 사건이 있습니다. 얼굴을 알고 가까이 사는 사람들과는 많은 시간을 함께 보냅니다. 특별히 가까운 이웃의 사정에 대해서는 여러모로 잘 알고 지냅니다. 그 사정을 잘 알게 되면 이해심과 돕고자 하는 마음이 커지기도 하지만, 다른 한편으로 부러움이나 질투, 시기심이 생길 수도 있습니다. 이웃이 가진 좋은 것을 탐내게 되는 것입니다. 이에 대해 제10계명은 이 가까운 사이에 관해 특별히 언급하며 "이웃의 것"을 탐내지 말라고 명령합니다. 우리는 이런 면에서 즐거워하는 이웃과 함께 진심으로 즐거워하고 우는 이웃과 함께 진심으로 울 수 있어야 합니다. 그를 나 자신처럼 생각하며 사랑하는지 끊임없이 살펴야 합니다. 우리는 이웃을 자기 몸같이 사랑하라는 말씀을 통해 제10계명을 제대로 이해할 수 있습니다.

2. 하나님께 회심한 자들은 이 계명들을 완전하게 지킬 수 있는가?

우리는 지금까지 열 가지 계명을 하나씩 살펴보았습니다. 독자 여러분은 십계명을 살펴본 소감이 어떠신지요? 하나님 앞에서 어떻게 살아야 하는지에 관해 그 구체적 내용과 방법을 알아서 좋은 면도 있지만, 동시에 이 내용을 어떻게 다 기억하고 지키나 하는 부담과 불안도 느낄 것입니다. 이에 관해 하이델베르크 교리문답은 십계명을 다 살펴본 후에 곧바로 가장 거룩한 자일지라도 이 계명들을 완전하게 지킬 수 없고 순종의 시작만 조금 할 뿐이라고 밝힙니다.

이런 구조는 웨스트민스터 소요리문답도 똑같습니다. 웨스트민스터 소요리문답도 십계명을 살펴본 후에 바로 이어서 "사람은 하나님의 계명들을 완벽하게 지킬 수 있습니까?"(제82문)라고 묻고, "어떠한 사람도 타락 이래로는 금생에서 하나님의 계명들을 완벽하게 지킬 수 없고(전 7:20; 요일 1:8, 10; 갈 5:17), 매일 생각과 말과 행동으로 계명들을 어깁니다"(창 6:5; 8:21; 롬 3:9-21; 약 3:2-13)라고 답합니다. 모든 사람은 부족하기에 예수 그리스도의 은혜만을 바라보아야 한다는 점을 강조하는 것입니다.

우리는 앞서 하이델베르크 교리문답 제5문에서도 사람은 하나님의 율법을 완전히 지킬 수 없다는 사실을 살펴보았습니다. 사람에게는 하나님과 이웃을 미워하는 악한 성향이 있습니다. 하나님은 당신의 형상에 따라 사람을 의롭고 거룩하게 창조하셨지만, 우리의 첫 조상 아담과 하와의 타락과 불순종은 인간 본성의 타락을 불러왔습니다. 하나님의 영으로 거듭나지 않는 한 우리는 너무 부패하여 어떤 선도 행할 수 없으며 모든 악으로 기울어져 갈 수밖에 없습니다. 또한 하나님의 영으로 거듭난 성도들일지라도 여전히 남아 있는 부패성으로 말미암아 하나님의 율법을 완전하게 지킬 자가 하나도 없습니다.

ㄱ. 가장 거룩한 자일지라도 이러한 순종의 시작만 조금 할 뿐이다

사람이 죄를 짓는 순간 두 가지 결과가 발생합니다. 첫째, 죄에 대한 벌로 죄책(罪責)이 따르며 아담의 죄로 인한 죄책은 곧 사망입니다. 그래서 모든 사람이 죽습니다. 둘째, 전 속성의 부패입니다. 죄의 결과 사람의 속성 전체가 부패합니다. 그래서 사람은 어떤 선도 행할 수 없으며 모든 악으로 기울어지게 됩니다. 물론 그리스도의 대속의 죽음은 우리가 가진 죄의 문제를 완전히 해결해줍니다. 하지만 우리의 부패한 속성은 이 땅에서는 완전히 없어지지 않고 여전히 남아 있습니다. 그래서 하나님께 회심한 자 중 가장 거룩한 자라도 하나님의 계명들을 완전하게 지킬 수는 없으며, 계명들을 완전하게 지키는 순종의 시작만 조금 하는 것에 지나지 않습니다. 이에 관해 바울도 다음과 같이 고백했습니다.

> 18내 속 곧 내 육신에 선한 것이 거하지 아니하는 줄을 아노니 원함은 내게 있으
> 나 선을 행하는 것은 없노라. 19내가 원하는 바 선은 행하지 아니하고 도리어 원
> 하지 아니하는 바 악을 행하는도다. 20만일 내가 원하지 아니하는 그것을 하면 이
> 를 행하는 자는 내가 아니요, 내 속에 거하는 죄니라. 21그러므로 내가 한 법을 깨
> 달았노니 곧 선을 행하기 원하는 나에게 악이 함께 있는 것이로다. 22내 속사람으
> 로는 하나님의 법을 즐거워하되 23내 지체 속에서 한 다른 법이 내 마음의 법과
> 싸워 내 지체 속에 있는 죄의 법으로 나를 사로잡는 것을 보는도다. 24오호라! 나

는 곤고한 사람이로다. 이 사망의 몸에서 누가 나를 건져내랴? 25우리 주 예수 그리스도로 말미암아 하나님께 감사하리로다. 그런즉 내 자신이 마음으로는 하나님의 법을 육신으로는 죄의 법을 섬기노라(롬 7:18-25).

이 말씀이 말해주듯 하나님께 회심한 신자일지라도 육신에는 선한 것이 거하지 아니합니다. 선한 것을 원하여도 선을 행하는 것은 없습니다. 우리가 우리 자신을 통해 잘 아는 것처럼 원하는 선은 행하지 아니하고 도리어 원하지 않는 악을 행합니다. 선을 행하기 원하는 우리에게 악이 함께 있습니다. 속사람으로는 하나님의 법을 즐거워하지만, 우리 지체 속에서 한 다른 법이 우리 마음의 법과 싸워 죄의 법으로 우리를 사로잡습니다. 그래서 우리는 십계명을 완전하게 지킬 수 없습니다. 이런 면에서 우리는 곤고한 사람들입니다. 마음으로는 하나님의 법을, 육신으로는 죄의 법을 섬기는 곤고한 중에 있습니다. 이에 관해서는 잠시 후 "완전 성화의 불가능성"이란 제목으로 더 자세히 살펴보겠습니다.

ㄴ. 신자는 하나님의 계명에 맞추어 사는 삶을 진지한 결심으로 시작한다

회심한 자들은 비록 하나님의 계명들을 완전하게 지킬 수 없지만, 하나님의 계명들에 맞추어 사는 삶을 포기하지 않고 계속해서 살려고 노력하는 이들입니다. 왜냐하면 회심을 통해 어떤 삶이 가치 있는지 잘 알게 되었기 때문입니다. 남아 있는 부패성으로 말미암아 가장 거룩한 자일지라도 겨우 완전한 순종의 시작만 조금 한 것에 지나지 않지만, 순종의 삶을 절대 포기하지 않습니다. 그래서 "오직 여호와의 율법을 즐거워하여 그의 율법을 주야로 묵상"합니다(시 1:2).

사람과 원숭이는 외모와 성격 등에서 여러 면으로 닮았습니다. 하지만 그 닮은 정도는 다른 동물과의 차이에 비해 상대적으로 닮았다는 것일 뿐입니다. 실제로 사람과 원숭이 사이에는 큰 차이가 있습니다. 회심한 자와 회심하지 않은 자도 사람이라는 면에서는 닮았지만 하나님의 자녀인지 아닌지에 있어서는 큰 차이가 있습니다. 회심한 사람은 하나님의 계명들 전부를 지키려는 삶을 포기하지 않습니다. 그것이 바로 회심자의 삶입니다. 사람이 동물의 삶이 아니라 사람의 삶을 살아가듯, 회심자는 하나님의 자녀다운 삶을 살아갑니다. 하나님의 율법을 매일 어기면서도 또다시 하나님께 회개하는 기도를 드리고 곧 다음날부터 다시 굳건한 결심으로 완전한 순종의 삶을 시작합니다. 그런 삶이 가장 가치 있다고 여기기 때문입니다. 회심자는 하나님의 율법을 다 지킬 수 없음을 슬퍼하지만 절대로 낙심하지 않으며 그리스도의 보혈을 의지하고 내주하시는 성령에 이끌려 순종의 삶을 지속하는 사람입니다.

3. 하나님은 아무도 지키지 못하는 십계명을 왜 그렇게 엄하게 설교하게 하셨는가?

ㄱ. 우리의 죄성에 관해 점점 깨닫고, 그리스도의 죄 사함과 의를 구하도록

하나님은 어떤 사람도 완전하게 지킬 수 없는 십계명을 왜 사람들에게 주시고, 그 십계명이 설교되도록 왜 그렇게 엄하게 명령하셨을까요? 우리는 앞서 하이델베르크 교리문답 제3-5문에서 "율법의 용도"를 살펴보았는데, 우리가 전 인생에 걸쳐서 우리의 죄성에 관해 점점 깨달아 배우는 것은 첫 번째 용도에 해당하고, 그리스도 안에서 죄 사함과 의를 더욱 간절히 구하는 것은 두 번째 용도에 해당합니다. 율법의 세 가지 용도는 다음과 같습니다.

① 세속적 용도: 악을 억제하고 선을 권장 먼저 율법에는 악을 억제하고(스 9:13-14; 시 89:30-34) 선을 권장하는(시 37:11; 마 5:5; 엡 6:2-3) 세속적(혹은 정치적) 용도가 있습니다. 율법은 사람의 죄에 따른 벌과 순종에 따른 축복이 무엇인지 보여줌으로써 악을 억제하고 선을 장려합니다. 율법의 이런 용도를 통해 사회와 국가의 도덕과 질서가 작동합니다. 이 용도는 신자들에게만 국

한되지 않고 세상 사람들에게도 영향을 미쳐 세상의 법과 제도와 윤리를 통해 그들의 악이 어느 선을 넘지 않게 하고 선을 행하도록 격려합니다. 신자들도 율법의 이 용도를 통해 자신들이 죄인이라는 것과 자신들이 매일 죄를 더하고 있음을 알게 됩니다.

② 몽학(蒙學) 선생으로서의 용도: 예수 그리스도께로 인도 한편 율법은 신자를 예수 그리스도께로 인도하는 몽학 선생(초등 교사)의 역할을 합니다. 신자는 율법을 통해 죄의 의미와 인간의 한계를 깨닫습니다. 율법은 몽학 선생처럼 사람이 율법을 다 지킬 수 없어 죽어야 한다는 사실을 알게 하여 그 사람을 예수 그리스도께 인도합니다(롬 7:9, 14, 24; 8:3, 9; 갈 3:24). 몽학 선생이 귀족의 자녀가 성숙한 성인이 되도록 인도하듯, 율법은 사람을 예수 그리스도께로 인도합니다. 우리는 전 인생에 걸쳐서 우리의 죄성에 관해 점점 깨달으면서 사람의 힘으로는 죄성을 벗어날 수 없음을 절감하고 그리스도 안에서 죄 사함과 의를 더욱 간절히 구해야 합니다.

③ 규범으로서의 용도: 복종의 규칙인 하나님의 영원한 도덕법 마지막으로 율법은 신자들에게 어떻게 삶을 살아야 하는지 알려주는 규범으로서의 역할을 합니다(롬 7:12; 시 119:5; 고전 7:9; 갈 5:14, 18, 23). 신자들은 율법을 통해 삶의 다양한 상황에서 어떻게 살아야 하나님이 기뻐하시는지 알게 됩니다. 하나님의 말씀은 우리 발에 등이고 우리 길에 빛입니다(시 119:105). 하나님의 말씀은 복잡한 상황을 어떻게 분별해야 하는지 알려줍니다. 율법은 하나님의 영원한 성정이 밴 것으로서 하나님의 영원한 뜻입니다. 신자는 구원을 받은 이후에도 율법을 하나님의 영원한 도덕법으로 인정하며 주야로 묵상해야 합니다. 또한 신자는 율법을 성숙한 신자로 자라가는 데 필요한 도구로 사용하여 많은 열매를 맺어야 합니다.

ㄴ. 점점 하나님의 형상에 가까워지도록 항상 노력하면서 성령의 은혜를 달라고 기도하게

이 부분이 바로 앞서 살펴본 율법의 셋째 용도에 해당합니다. 우리는 십계명을 통해서 어떻게 삶을 살아야 하는지 알 수 있습니다. 십계명을 통해서 어떻게 사는 것이 하나님의 형상에 가까워지는 삶인지, 그리고 하나님이 원하시는 완벽한 삶은 무엇인지 알게 됩니다. 그런데 이런 삶이 쉽지 않으므로 우리는 십계명 설교를 통해서 도전을 받으며 더욱 노력하게 되고 성령의 은혜를 달라고 하나님께 기도하게 됩니다. 우리는 십계명을 지켜서 구원받는 것이 아니라 구원받았기 때문에 십계명을 지킵니다. 구원받은 자의 삶이 바로 그것을 지키는 삶이므로 십계명을 지켜나가고, 성령을 통해 삶에 대한 이런 자극과 도전을 받기 위해 꾸준히 십계명 설교를 듣습니다. 우리는 하나님이 원하시는 완벽한 삶에 매번 미치지 못하지만, 완벽함에 이르려는 도전을 멈추지 않습니다. 이것이 바로 신자의 삶이기 때문입니다. 이런 과정을 성화라고 부르는데 이제 성화에 관해 좀 더 자세히 살펴보겠습니다.

4. 성화(聖化, sanctification)

성화란 우리가 내생에서 우리에게 주어지는 완전함에 이를 때까지 점점 하나님의 형상에 가까워지는 자가 되도록 항상 노력하는 것이고 성령의 은혜를 달라고 하나님께 기도하는 것입니다. 또한 성화는 구원을 받아 하나님의 자녀가 된 신자가 하나님의 자녀다운 삶을 사는 것입니다. 하나님의 자녀다운 삶을 다른 말로 표현하면 하나님의 형상에 가까워지는 삶입니다. 이런 자는 죄에 대해서는 점점 죽게 되고, 의에 대해서는 점점 살게 됩니다. 이런 삶은 인간의 노력과 의지로 되지 않고 하나님의 은혜로만 가능합니다. 성령의 은혜가 없이는 불가능합니다. 하나님이 성령을 통해 우리 안에서 일하실 때 성화가 이루어집니다. 성화도 칭의와 믿음처럼 하나님의 은혜로 가능한 것이지 사람의 행위가 아닙니다. 다음과 같은 성경 구절들이 이것을 잘 말해줍니다.

성화에 관한 성구

내가 그리스도와 함께 십자가에 못 박혔나니 그런즉 이제는 내가 사는 것이 아니요, 오직 내 안에 그리스도께서 사시는 것이라. 이제 내가 육체 가운데 사는 것은 나를 사랑하사 나를 위하여 자기 자신을 버리신 하나님의 아들을 믿는 믿음 안에서 사는 것이라(갈 2:20).

오직 성령의 열매는 사랑과 희락과 화평과 오래 참음과 자비와 양선과 충성과(갈 5:22).

그의 영광의 풍성함을 따라 그의 성령으로 말미암아 너희 속사람을 능력으로 강건하게 하시오며(엡 3:16).

그의 영광의 힘을 따라 모든 능력으로 능하게 하시며 기쁨으로 모든 견딤과 오래 참음에 이르게 하시고(골 1:11).

평강의 하나님이 친히 너희를 온전히 거룩하게 하시고 또 너희의 온 영과 혼과 몸이 우리 주 예수 그리스도께서 강림하실 때에 흠 없게 보전되기를 원하노라(살전 5:23).

(평강의 하나님이) 모든 선한 일에 너희를 온전하게 하사 자기 뜻을 행하게 하시고 그 앞에 즐거운 것을 예수 그리스도로 말미암아 우리 가운데서 이루시기를 원하노라(히 13:21).

그런데 성화는 칭의와 달리 사람이 참여합니다. 앞서 살펴본 대로 하나님의 작정은 창조와 섭리로 실행됩니다. 창조는 하나님이 무에서 유를 만드시는 사역이고, 섭리는 그 만드신 것을 보존하고 통치하며 협력하시는 것입니다. 섭리에 "협력"이란 부분이 있는 것은 창조를 통해 사람과 천사라는 인격체가 만들어졌기 때문입니다. 하나님은 이런 인격체를 사물처럼 반응이 없는 존재나 동물처럼 낮은 수준의 한정된 반응만 보이는 존재로 여기시지 않습니다. 특히 사람은 하나님의 형상을 따라 지으셨기 때문에 그에 맞는 종합적인 인식과 행위를 하게 하십니다. 하나님의 놀라운 능력은 그런 인격체의 자유로운 반응까지도 모두 사용하시어 하나님의 뜻을 이루어가신다는 것에서 드러납니다. 이것이 바로 섭리이고 성화입니다. 그래서 성화에는 신자가 참여하는 부분이 있습니다.

칭의는 하나님의 법정에서, 즉 죄인의 밖에서 일어나지만 성화는 죄인의 내면에서 발생합니다. 그의 내면에서 발생하므로 죄인도 이 일에 참여합니다. 물론 성화에 신자가 참여한다고 하여 신자가 주도적으로 성화를 이루어가는 것은 아닙니다. 단지 하나님이 성화의 일에 신자를 참여하게 하실 뿐입니다. 하나님은 신자의 독립성을 인정하시면서도 동시에 자유로운 은혜의 사역으로 성화를 이루십니다. 사람의 독립성과 하나님의 주권이 동시에 유지되는 것은 참으로 신비스럽습니다. 이에 관한 성경 구절은 아래와 같습니다.

ㄱ. 성화의 필요성

신생아의 탄생에는 얼마나 큰 감동과 기쁨이 있는지 모릅니다. 그런데 신생아가 성장하지 않고 계속 아이 상태로 있다면 큰일입니다. 사람이 태어났으면 건강한 성인으로 성장해야 합니다. 신자들도 마찬가지입니다. 하나님의 형상을 따라 전 인격에 걸쳐 새롭게 변화되어야 합니다. 예수님을 새로 알게 된 것에 그치지 않고 더 깊이 알아가야 합니다. 그래야 인생의 복잡한 여러 일을 마주해도 지각을 사용하여 선악을 분별하는(히 5:14) 수준으로 높아질 수 있습니다.

ㄴ. 하나님의 형상에 점점 가까워지도록

우리는 하이델베르크 교리문답 제6문에서 하나님은 사람을 하나님의 형상으로 지으셨고, 하나님의 형상은 지식과 의와 거룩함이며, 일반적 용어로 이것은 지정의(知情意)로 표현된다는 사실을 살펴보았습니다. 그리스도인이 된다는 것은 잃어버린 하나님의 형상을 회복하여 참된 지식과 의와 거룩함을 알고 추구하게 된다는 의미입니다. 지정의의 모든 면에서 변화와 성장이 있게 됩니다. 성화는 외적인 신분의 상승이나 재산의 증가와는 관련이 없습니다. 오히려 내적인 인격의 변화, 지정의의 변화와 직접적 연관이 있습니다.

성화와 관련해 하나님의 주권과 사람의 독립성을 동시에 보여주는 성구

너희가 나를 택한 것이 아니요, 내가 너희를 택하여 세웠나니 이는 너희로 가서 열매를 맺게 하고 또 너희 열매가 항상 있게 하여 내 이름으로 아버지께 무엇을 구하든지 다 받게 하려 함이라(요 15:16).

1그러므로 형제들아, 내가 하나님의 모든 자비하심으로 너희를 권하노니 너희 몸을 하나님이 기뻐하시는 거룩한 산 제물로 드리라. 이는 너희가 드릴 영적 예배니라. 2너희는 이 세대를 본받지 말고 오직 마음을 새롭게 함으로 변화를 받아 하나님의 선하시고 기뻐하시고 온전하신 뜻이 무엇인지 분별하도록 하라(롬 12:1-2).

아무에게도 악을 악으로 갚지 말고 모든 사람 앞에서 선한 일을 도모하라(롬 12:17).

16내가 이르노니 너희는 성령을 따라 행하라. 그리하면 육체의 욕심을 이루지 아니하리라. 17육체의 소욕은 성령을 거스르고 성령은 육체를 거스르나니 이 둘이 서로 대적함으로 너희가 원하는 것을 하지 못하게 하려 함이니라. 18너희가 만일 성령의 인도하시는 바가 되면 율법 아래에 있지 아니하리라. 19육체의 일은 분명하니 곧 음행과 더러운 것과 호색과 20우상숭배와 주술과 원수 맺는 것과 분쟁과 시기와 분냄과 당 짓는 것과 분열함과 이단과 21투기와 술 취함과 방탕함과 또 그와 같은 것들이라. 전에 너희에게 경계한 것 같이 경계하노니 이런 일을 하는 자들은 하나님의 나라를 유업으로 받지 못할 것이요, 22오직 성령의 열매는 사랑과 희락과 화평과 오래 참음과 자비와 양선과 충성과 23온유와 절제니 이같은 것을 금지할 법이 없느니라(갈 5:16-23).

자기의 육체를 위하여 심는 자는 육체로부터 썩어질 것을 거두고 성령을 위하여 심는 자는 성령으로부터 영생을 거두리라(갈 6:8).

성화가 이루어지면 소극적으로는 죄에 대해서 점점 죽고, 적극적으로는 의에 대해서 점점 살게 됩니다. 우리의 옛사람은 예수와 함께 십자가에 못 박히고 죄의 몸이 죽어 더 이상 죄에 종노릇하지 않게 됩니다(롬 6:6). 그리스도 예수의 사람들은 육체와 함께 그 정욕과 탐심을 십자가에 못 박습니다(갈 5:24). 이렇게 죄에 대해 점점 죽으면, 자연히 의에 대해서는 점점 살게 됩니다. 이 일은 동시에 이루어집니다. 실내를 환기할 때 더러운 공기가 외부로 빠져나가면 그만큼 깨끗한 공기가 들어오듯이, 사람의 죄가 죽는 만큼 의가 그 자리를 차지합니다. 다음 성경 구절들은 이 일이 동시에 발생하는 것을 잘 보여줍니다.

죄에 대해 죽는 동시에 의에 대해 사는 것을 말하는 성구

4그러므로 우리가 그의 죽으심과 합하여 세례를 받음으로 그와 함께 장사되었나니 이는 아버지의 영광으로 말미암아 그리스도를 죽은 자 가운데서 살리심과 같이 우리로 또한 새 생명 가운데서 행하게 하려 함이라. 5만일 우리가 그의 죽으심과 같은 모양으로 연합한 자가 되었으면 또한 그의 부활과 같은 모양으로 연합한 자도 되리라(롬 6:4-5).

이와 같이 너희도 너희 자신을 죄에 대하여는 죽은 자요, 그리스도 예수 안에서 하나님께 대하여는 살아 있는 자로 여길지어다(롬 6:11).

내가 율법으로 말미암아 율법에 대하여 죽었나니 이는 하나님에 대하여 살려 함이라(갈 2:19).

너희가 세례로 그리스도와 함께 장사되고 또 죽은 자들 가운데서 그를 일으키신 하나님의 역사를 믿음으로 말미암아 그 안에서 함께 일으키심을 받았느니라(골 2:12).

1그러므로 너희가 그리스도와 함께 다시 살리심을 받았으면 위의 것을 찾으라. 거기는 그리스도께서 하나님 우편에 앉아 계시느니라. 2위의 것을 생각하고 땅의 것을 생각하지 말라(골 3:1-2).

ㄷ. 칭의와 성화의 차이점

우리는 앞서 죄가 죄책(the guilt of the sin)과 전 속성의 부패(the corruption of whole nature)를 가져온다는 사실을 살펴보았습니다. 칭의가 죄책을 제거하는 것이라면, 성화는 전 속성의 부패를 제거합니다.

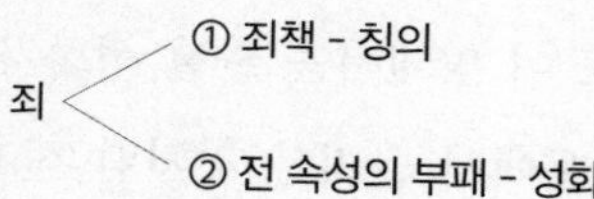

표29 죄의 결과와 칭의, 성화

죄책의 제거가 하나님의 법정에서 단번에 이루어지는 신분의 변화를 가져온다면 부패의 제거는 삶에서 점진적으로 평생 이루어지는 내면의 변화입니다. 칭의는 죄인의 외부에서 일어나므로 내적인 변화가 없지만, 성화는 죄인의 내부에서 일어나므로 내적인 변화가 지정의 전체에 걸쳐 일어납니다. 칭의는 단번에 완성되지만 성화는 지속적 과정으로 평생 해도 완성되지 않습니다.

	칭의(justification)	성화(sanctification)
전가와 주입	그리스도의 의를 전가(imputation)	그의 영이 은혜를 주입(infusion)
죄	죄책(guilt)의 제거, 죄의 용서	부패(corruption)의 제거, 죄의 억제
어디에서	죄인의 밖, 하나님의 법정에서	죄인의 내면에서
변화	신분의 변화	내면의 변화
기간	단번에	평생에 걸쳐서
완성도	완전하게 됨, 더 이상 정죄가 없음	평생 미완성, 완성을 향해 자라감
공평도	모든 사람에게 공평하게	사람에 따라 다르게
사람의 참여	전혀 참여하지 않음	참여함

표30 칭의와 성화의 구분

ㄹ. 완전 성화의 불가능성

신자가 아무리 성화를 위해 노력해도 이 땅에서는 완전 성화가 되지 않습니다. 하이델베르크 교리문답 제114문에서 살펴본 것처럼 신자가 구원받을 때 신자의 죄책은 완전히 제거되지만 전 속성의 부패까지 제거된 것은 아니기 때문입니다. 성경은 형제에게 노하고 미련한 놈이라고 하는 자도 심판을 받고, 음욕을 품고 여자를 보는 자마다 마음에 이미 간음한 것이라고 말합니다. 그렇다면 우리 중 누가 마음과 입으로 죄를 짓지 않을 수 있겠습니까?

또한 성경은 율법 책에 기록된 모든 일을 항상 행하지 아니하는 자는 저주 아래에 있다고 말합니다. 우리 중 누가 모든 율법을 항상 지킬 수 있겠습니까? 만일 우리가 죄가 없다고 말하면 스스로 속이고, 진리가 우리 속에 있지 아니합니다(요일 1:8). 천하의 다윗도 우리아의 아내 밧세바와 간음했고, 이것을 숨기려고 우리아를 맹렬한 전쟁터에 보내 죽게 했습니다. 가정 파괴범이자 살인 교사범입니다. 아브라함도 자기 목숨을 위해 자기 아내를 자기 누이라고 두 번씩이나 속였습니다. 성경은 절대로 사람들을 미화하지 않고 그들의 약함과 악함을 그대로 기술하여 사람의 별수 없음을 보여줍니다. 그렇게 그리스도의 구원의 획득과 성령의 적용이 필요함을 알려줍니다.

신자는 완전 성화가 불가능함을 반드시 알아야 합니다. 그래야 자신의 약함과 악함을 인정하고 수용하여 죄와 싸우되 결벽증 환자처럼 그것에 집착하지는 않게 됩니다. 자신을 먼저 수용할 줄 알아야 타인의 약함과 악함도 수용할 수 있습니다. 완전 성화를 믿는 이들은 자신과 타인에 대해 너무 엄격하여 숨 쉴 여지를 내주지 않습니다. 깐깐한 검사보다 더 엄격하게 사람들의 부족함을 들추어내 힘들게 합니다. 하나님은 아브라함과 다윗의 약함을 정죄만 하신 것이 아니라 오히려 그들이 별수 없음을 깨닫고 하나님께 더욱 매달리게 하셨습니다. 우리도 죄를 지을 때마다 깊이 회개하며 동시에 더욱 그리스도께 매달려야 합니다. 불완전한 성화에 관한 성경 구절들은 다음과 같습니다.

불완전한 성화에 관한 성구

범죄하지 아니하는 사람이 없사오니 그들이 주께 범죄함으로 주께서 그들에게 진노하사 그들을 적국에게 넘기시매 적국이 그들을 사로잡아 원근을 막론하고 적국의 땅으로 끌어간 후에(왕상 8:46).

"내가 내 마음을 정하게 하였다, 내 죄를 깨끗하게 하였다" 할 자가 누구냐?(잠 20:9).

선을 행하고 전혀 죄를 범하지 아니하는 의인은 세상에 없기 때문이로다(전 7:20).

무릇 우리는 다 부정한 자 같아서 우리의 의는 다 더러운 옷 같으며 우리는 다 잎사귀 같이 시들므로 우리의 죄악이 바람 같이 우리를 몰아가나이다(사 64:6).

10기록된 바 "의인은 없나니 하나도 없으
며 11깨닫는 자도 없고 하나님을 찾는 자
도 없고 12다 치우쳐 함께 무익하게 되
고 선을 행하는 자는 없나니 하나도 없도
다"(롬 3:10-12).

내 속 곧 내 육신에 선한 것이 거하지 아니하는 줄을 아노니 원함은 내게 있으나 선을 행하는 것은 없노라(롬 7:18).

11게바가 안디옥에 이르렀을 때에 책망
받을 일이 있기로 내가 그를 대면하여 책
망하였노라. 12야고보에게서 온 어떤 이
들이 이르기 전에 게바가 이방인과 함께
먹다가 그들이 오매 그가 할례자들을 두
려워하여 떠나 물러가매(갈 2:11-12).

도덕성 없는 과학의 발달

여름에 돼지고기가 안 좋다는 말은 냉장고가 없던 시절에 먹고 남은 고기의 부패와 연관이 있다. 남은 고기가 아까워 버리지 않고 먹다가 식중독에 걸리는 경우들이 많았던 것이다. 소고기도 물론 탈을 일으키지만 돼지고기가 상대적으로 더 심한 식중독을 일으킨다. 그런데 요사이는 냉장고의 보급으로 이런 말들이 통하지 않게 되었다. 냉장고는 참 편리하다. 남은 음식을 저온으로 보관할 수 있어 며칠이 지난 음식, 제철이 아닌 음식도 언제든 먹을 수 있게 해준다.

그런데 냉장고의 보급에 맞물려 이웃과 음식을 나눠 먹던 풍습은 사라져 간다. 물론 음식의 나눔은 이웃에게 무언가를 주고 싶은 따스한 마음이 가장 큰 동기겠지만, 나누지 않으면 어차피 썩어버리기 때문에 가능한 일이기도 했다. 썩어서 버리느니 인심이라도 쓰자는 것이다. 예전에는 이웃의 잔치를 온 마을 사람들이 바라며 준비했다. 말 그대로 음식물을 풍성하게 장만하고 나누는 잔치가 벌어졌기 때문이다. 그런데 냉장고의 사용으로 음식의 장기 보존이 가능해지면서 잔치를 벌여도 떨어지는 떡고물이 별로 없게 되었다. 음식의 측면에서도 빈부 격차가 심해졌고 그만큼 이웃과의 소통과 나눔은 적어졌다.

화폐가 유통되기 전에는 농부가 농작물을 아무리 많이 수확하여 창고에 들여도 몇 달이 지나면 썩기 때문에 싼값에 방출하거나, 친지 및 이웃과 나눠 가져야 했다. 그런데 화폐가 유통되면서 부자들은 수확물을 창고에 보관하는 대신 모두 팔아서 화폐로 깔끔하게 보관하면 되었다. 거대한 창고의 필요성과 보관물이 썩을 것에 대한 걱정이 사라지는 동시에 이웃 간의 나눔과 소통도 줄어들면서 빈부 격차는 심해졌다. 부패와 추위와 더위라는 물리적 한계를 이겨내는 데 유요한 과학이 이런 부작용을 뜻하지 않게 불러온 것이다.

그래도 예전에 널리 사용되던 동전은 부피가 크고 무거워 특별한 관리가 필요했다. 금고를 만들거나 경비를 서야 했고 수레에 실어 날라야 했다. 이런 동전을 노리는 도둑이나 산적들이 곳곳에서 나타나기도 했다. 그런데 지폐와 어음이 발달하면서 큰 액수의 돈이 달랑 종이 몇 장으로 둔갑했다. 게다가 새롭게 자리 잡은 은행 체제는 막대한 현금을 직접 운반할 필요까지 없애버렸다. 시간이 지날수록 과학의 발달은 빈부 격차의 자연적 해소 장치를 없애버리는 방향으로 흘러온 것이다.

2017년 여름, 별 4개를 단 육군 대장의 공관에서 쓰인 냉장고 9개가 화젯거리가 되었다. 얼마나 음식물을 많이 보관했으면 냉장고가 9개나 필요했을까? 문제는 이 냉장고 9개가 한창나이의 공관병들을 비롯한 부하들과 공관을 찾는 손님들을 대접하는 데 필요했는지, 아니면 수시로 들어오는 음식 선물을 비축하는 데 필요했는지 하는 것이다. 만약에 전자였다면 그 대장은 자신이 나눠준 만큼 칭찬을 들었을 것이고, 육군참모총장이나 국방부 장관 등 더 높은 요직에 중용되었을 것이다. 하지만 현실은 그렇지 않았다. 그간 빼어난 능력과 남다른 노력으로 별 4개까지 달았지만, 그런 공과 명예마저 냉장고 9개로 대변되는 인색함으로 인해 모두 무너져내리는 상황이니 얼마나 애석한가!

나는 경험을 통해 1-2년 사용하지 않는 물건은 10년이 지나도 사용하지 않는다는 사실을 잘 알고 있다. 그래서 1-2년 정도 사용하지 않는 물건은 과감히 필요한 사람에게 나눠주려고 한다. 주는 것이 받는 것보다 복이 있다는 말씀을 마음에 새기고 실천하면 간혹 힘들기는 하지만 정말 그 말이 맞음을 깨닫게 된다. 나눌수록 자유로워지고 베푼 것이 더 큰 선물로 돌아오기 때문이다.

전능하신 하나님은 우리를 위해 추위와 더위 자체를 없애실 수도 있고, 태풍이나 폭우가 없는 날씨만 주실 수도 있으며, 맛있는 것을 무한정 먹을 수 있는 소화 기관을 허락해주실 수도 있다. 또 음식물이 썩지 않게 해주실 수도 있다. 그런데 그렇게 하면 우리가 탐욕과 게으름을 스스로 제어하지 못할 것을 아시기 때문에 여러 물리적·신체적 한계를 설정해주셨다. 이런 모든 한계의 제거는 완전 성화가 이루어지는 하나님 나라에서만 가능하고, 거기에서만 이루어져야 한다.

이 땅에서 살아가는 사람들은 인간의 한계를 과학의 발달로 해결하려고 한다. 그래서 실제로 여러 한계를 뛰어넘기도 한다. 하지만 마음의 탐욕과 자기주장까지 해결하지는 못하기에 뜻하지 않은 부작용에 직면한다. 그래서 과학이 발달할수록 사람들에게 필요한 것은 도덕성이라고 말할 수 있다. 도덕성이 빠진 과학의 발달은 더 심한 부패와 비참을 가져올 뿐이다. 과학의 발달로 능력이 신장하고 편리함이 증대될수록 그에 따른 부작용을 다스릴 도덕이 고양되어야 한다. 신자들이 바로 이 일에 본을 보일 수 있다. 신자의 성공과 교회의 부흥은 외적 안정이나 성장에 있는 것이 아니라, 제10계명이 말하는 것처럼 마음의 탐심을 없애고 더불어 살려는 의식에 있다. 신자는 이 땅에서 살아가면서 탐심을 버리고 가진 것을 나누어야 한다. 그래야 미련 없이 기꺼이 이 땅을 떠날 수 있고, 그래야 하나님이 우리를 통해 이 땅을 복되게 하실 수 있다. 신자는 이런 면에서 비신자들에게 인생의 가치가 무엇인지에 관한 깊은 통찰을 보여주어야 한다.

함께 나누기: 제10계명의 요구, 그리고 십계명의 가치

01 여러분이 좋아하는 음식은 무엇입니까? 또 여러분이 잘 만드는 음식은 무엇입니까? 편식을 하는 편인지도 이야기해봅시다. 더 나아가 음식에 관한 편견이 있는지, 어떤 음식이 좋은 음식이라고 생각하는지 나누어봅시다.

02 하이델베르크 교리문답 제113-115문을 서로 묻고 답해봅시다. 근거 성구도 다시 한번 살펴봅시다.

03 제10계명은 우리에게 무엇을 요구합니까?

① 제10계명은 제5-9계명과 어떤 면에서 다릅니까? 탐심은 살인과 간음과 도둑질과 거짓 증거의 원인이 됩니까?

② 우리는 왜 이웃의 것을 지키기 위해 더욱 주의해야 합니까?

04 하나님께 회심한 자들은 이 계명들을 완전하게 지킬 수 있습니까?

① 가장 거룩한 자일지라도 이런 순종의 시작만 조금 할 뿐입니까?

② 신자는 하나님이 주신 계명의 일부만이 아니라 전부에 맞추어 사는 삶을 진지한 결심으로 시작합니까?

05 하나님은 아무도 지키지 못하는 십계명을 왜 그렇게 엄하게 설교하게 하셨습니까?

① "우리가 전 인생에 걸쳐서 우리의 죄성에 관해 점점 깨달아 배우는 것"은 율법의 어떤 용도와 연관됩니까?

② "그리스도 안에서 죄 사함과 의를 더욱 간절히 구하기 위해서"라는 내용은 율법의 어떤 용도와 연관됩니까?

③ "우리가 하나님의 형상에 점점 가까워지도록, 우리가 항상 노력하면서 성령의 은혜를 달라고 하나님께 기도하게 하기 위해서"라는 내용은 율법의 어떤 용도와 연관됩니까?

06 성화의 정의와 필요성, 칭의와 성화의 차이점, 그리고 완전 성화의 불가능성 등이 무엇인지 설명해봅시다.

제45주일: 제116-119문

기도의 필요성과 조건

Q 제116문 왜 그리스도인들에게 기도가 필요합니까?

Why is prayer necessary for Christians?

A 답 기도는 하나님이 우리에게 요구하시는 감사함의 주요한 부분이기 때문이고,[1] 또한 하나님은 당신의 은혜와 성령을, 진지한 바람으로 계속하여 구하며 그것에 대해 감사하는 자들에게만 주시기 때문입니다.[2]

Because it is the chief part of thankfulness which God requires of us: and also, because God will give his grace and Holy Spirit to those only, who with sincere desires continually ask them of him, and are thankful for them.

Q 제117문 하나님이 받아들이고 들으시는 기도의 필수조건은 무엇입니까?

What are the requisites of that prayer, which is acceptable to God, and which he will hear?

A 답 첫째, 우리는 마음으로,[3] 말씀 가운데 자신을 나타내신 유일한 참된 하나님께만[4] 그분이 우리에게 구하도록 명하신 모든 것을 기도해야 합니다.[5] 둘째, 그분의 신적인 존엄한 임재 앞에 우리 자신을 매우 겸손하게 하기 위해 우리의 필요와 비참을 바르고 철저하게 알아야 합니다.[6] 셋째, 하나님이 말씀에서 우리에게 약속하신 것처럼[7] 우리가 기도할 자격이 없음에도 불구하고 하나님이 우리 주 그리스도로 말미암아 우리의 기도를 분명히 들으신다는 사실을 확실히 알아야 합니다.[8]

First, that we from the heart pray to the one true God only, who has manifested himself in his word, for all things, he has commanded us to ask of him; secondly, that we rightly and thoroughly know our need and misery, that so we may deeply humble ourselves in the presence of his divine majesty; thirdly, that we be fully persuaded that he, notwithstanding that we are unworthy of it, will, for the sake of Christ our Lord, certainly hear our prayer, as he has promised us in his word.

Q 제118문 하나님은 당신에게 무엇을 구하라고 우리에게 명하셨습니까?

What has God commanded us to ask of him?

A 답 영과 육에 필요한 모든 것으로서 이는 우리 주 그리스도가 몸소 우리에게 가르쳐주신 기도에 포함되어 있습니다.[9]

All things necessary for soul and body; which Christ our Lord has comprised in that prayer he himself has taught us.

Q 제119문 그 기도의 내용은 무엇입니까?

What are the words of that prayer?

A 답 하늘에 계신 우리 아버지여, 이름이 거룩히 여김을 받으시오며 나라가 임하시오며 뜻이 하늘에서 이루어진 것 같이 땅에서도 이루어지이다. 오늘 우리에게 일용할 양식을 주시옵고 우리가 우리에게 죄지은 자를 사하여준 것 같이 우리 죄를 사하여주시옵고 우리를 시험에 들게 하지 마시옵고 다만 악에서 구하시옵소서. 나라와 권세와 영광이 아버지께 영원히 있사옵나이다. 아멘.[10]

Our Father which art in heaven, hallowed be thy name. Thy kingdom come. Thy will be done on earth, as it is in heaven. Give us this day our daily bread. And forgive us our debts, as we forgive our debtors. And lead us not into temptation, but deliver us from evil. For thine is the kingdom, and the power, and the glory, for ever. Amen.

misery	비참, 고통, 빈곤	**notwithstanding**	~에도 불구하고, 그래도
comprise	~으로 구성되다, 구성하다	**hallow**	신성하게 하다, 신에게 바치다

근거 성구

1 14감사로 하나님께 제사를 드리며 지
존하신 이에게 네 서원을 갚으며 15환난
날에 나를 부르라. 내가 너를 건지리니 네
가 나를 영화롭게 하리로다(시 50:14-15).

2 7구하라. 그리하면 너희에게 주실 것
이요, 찾으라. 그리하면 찾아낼 것이요,
문을 두드리라. 그리하면 너희에게 열릴
것이니 8구하는 이마다 받을 것이요, 찾
는 이는 찾아낼 것이요, 두드리는 이에게
는 열릴 것이니라(마 7:7-8).

9"내가 또 너희에게 이르노니 구하라. 그
러면 너희에게 주실 것이요, 찾으라. 그
러면 찾아낼 것이요, 문을 두드리라. 그
러면 너희에게 열릴 것이니 10구하는 이
마다 받을 것이요, 찾는 이는 찾아낼 것
이요, 두드리는 이에게는 열릴 것이니라.
13너희가 악할지라도 좋은 것을 자식에
게 줄 줄 알거든 하물며 너희 하늘 아버
지께서 구하는 자에게 성령을 주시지 않
겠느냐?" 하시니라(눅 11:9-10, 13).

16항상 기뻐하라. 17쉬지 말고 기도하라.
18범사에 감사하라. 이것이 그리스도 예
수 안에서 너희를 향하신 하나님의 뜻이
니라(살전 5:16-18).

3 하나님은 영이시니 예배하는 자가 영
과 진리로 예배할지니라(요 4:24).

여호와께서는 자기에게 간구하는 모든
자 곧 진실하게 간구하는 모든 자에게 가
까이하시는도다(시 145:18).

4 22너희는 알지 못하는 것을 예배하고
우리는 아는 것을 예배하노니 이는 구원
이 유대인에게서 남이라. 23아버지께 참
되게 예배하는 자들은 영과 진리로 예배
할 때가 오나니 곧 이때라. 아버지께서는
자기에게 이렇게 예배하는 자들을 찾으
시느니라(요 4:22-23).

내가 그 발 앞에 엎드려 경배하려 하니
그가 나에게 말하기를 "나는 너와 및 예
수의 증언을 받은 네 형제들과 같이 된
종이니 삼가 그리하지 말고 오직 하나님
께 경배하라. 예수의 증언은 예언의 영이
라" 하더라(계 19:10).

5 사람이 귀를 돌려 율법을 듣지 아니하
면 그의 기도도 가증하니라(잠 28:9).

이와 같이 성령도 우리의 연약함을 도우
시나니 우리는 마땅히 기도할 바를 알지
못하나 오직 성령이 말할 수 없는 탄식으
로 우리를 위하여 친히 간구하시느니라
(롬 8:26).

너희 중에 누구든지 지혜가 부족하거든
모든 사람에게 후히 주시고 꾸짖지 아니
하시는 하나님께 구하라. 그리하면 주시

리라(약 1:5).

그를 향하여 우리가 가진 바 담대함이 이것이니 그의 뜻대로 무엇을 구하면 들으심이라(요일 5:14).

6 "우리 하나님이여, 그들을 징벌하지 아니하시나이까? 우리를 치러 오는 이 큰 무리를 우리가 대적할 능력이 없고 어떻게 할 줄도 알지 못하옵고 오직 주만 바라보나이다" 하고(대하 20:12).

여호와를 경외함으로 섬기고 떨며 즐거워할지어다(시 2:11).

의인은 고난이 많으나 여호와께서 그의 모든 고난에서 건지시는도다(시 34:19).

나 여호와가 말하노라. 내 손이 이 모든 것을 지었으므로 그들이 생겼느니라. 무릇 마음이 가난하고 심령에 통회하며 내 말을 듣고 떠는 자 그 사람은 내가 돌보려니와(사 66:2).

7 "너희는 내 얼굴을 찾으라" 하실 때에 내가 마음으로 주께 말하되 "여호와여, 내가 주의 얼굴을 찾으리이다" 하였나이다(시 27:8).

구하는 이마다 받을 것이요, 찾는 이는 찾아낼 것이요, 두드리는 이에게는 열릴 것이니라(마 7:8).

그런즉 그들이 믿지 아니하는 이를 어찌 부르리요? 듣지도 못한 이를 어찌 믿으리요? 전파하는 자가 없이 어찌 들으리요?(롬 10:14)

오직 믿음으로 구하고 조금도 의심하지 말라. 의심하는 자는 마치 바람에 밀려 요동하는 바다 물결 같으니(약 1:6).

8 17그러하온즉 우리 하나님이여, 지금 주의 종의 기도와 간구를 들으시고 주를 위하여 주의 얼굴 빛을 주의 황폐한 성소에 비추시옵소서. 18나의 하나님이여, 귀를 기울여 들으시며 눈을 떠서 우리의 황폐한 상황과 주의 이름으로 일컫는 성을 보옵소서. 우리가 주 앞에 간구하옵는 것은 우리의 공의를 의지하여 하는 것이 아니요, 주의 큰 긍휼을 의지하여 함이니이다(단 9:17-18).

13너희가 내 이름으로 무엇을 구하든지 내가 행하리니 이는 아버지로 하여금 아들로 말미암아 영광을 받으시게 하려 함이라. 14내 이름으로 무엇이든지 내게 구하면 내가 행하리라(요 14:13-14).

그날에는 너희가 아무것도 내게 묻지 아니하리라. 내가 진실로 진실로 너희에게 이르노니 너희가 무엇이든지 아버지께 구하는 것을 내 이름으로 주시리라(요 16:23).

9 그런즉 너희는 먼저 그의 나라와 그의 의를 구하라. 그리하면 이 모든 것을 너

희에게 더하시리라(마 6:33).

아무것도 염려하지 말고 다만 모든 일에 기도와 간구로, 너희 구할 것을 감사함으로 하나님께 아뢰라(빌 4:6).

온갖 좋은 은사와 온전한 선물이 다 위로부터 빛들의 아버지께로부터 내려오나니 그는 변함도 없으시고 회전하는 그림자도 없으시니라(약 1:17).

10 마태복음 6:9-13(성경을 직접 참고하시오).

누가복음 11:2-4(성경을 직접 참고하시오).

해설

기도의 필요성

우리는 이번 과부터 이 책의 끝까지 주기도문으로 대표되는 기도에 대해 살펴볼 것입니다. 이것은 하이델베르크 교리문답의 전체 구조에서 제3부 "우리의 감사에 관하여"에 해당합니다.

하이델베르크 교리문답 제2문은 우리가 우리의 유일한 위로를 누리면서 행복하게 살고 죽기 위해 반드시 알아야 할 세 가지에 관해 말합니다. 첫째, "나의 죄와 비참이 얼마나 심각한가"입니다. 둘째, "내가 어떻게 나의 모든 죄와 비참에서 구원받는가"입니다. 셋째, "내가 어떻게 그런 구원을 주신 하나님께 감사를 드리는가"입니다. 하이델베르크 교리문답 전체가 바로 이 내용에 따라 세 부분으로 나뉘며, 그중 셋째 부분에 해당하는 것이 지금까지 살펴본 십계명과 앞으로 살펴볼 주기도문입니다. 우리는 십계명을 지키고, 주님이 가르쳐주신 대로 기도함으로써 구원을 주신 하나님께 감사를 나타낼 수 있습니다.

제113문	제10계명은 우리에게 무엇을 요구하는가?
제114문	하나님께 회심한 자들은 이 계명들을 완전하게 지킬 수 있는가?
제115문	하나님은 아무도 지키지 못하는 십계명을 왜 그렇게 엄하게 설교하게 하셨는가?
제116문	그리스도인들에게 기도가 왜 필요한가?
제117문	하나님이 받아들이고 들으시는 기도의 필수조건은 무엇인가?
제118문	하나님은 영과 육에 필요한 모든 것을 자신에게 구하라고 명하셨다.
제119문	그 기도의 내용은 주기도문이다.

표31 하이델베르크 교리문답 제113-119문의 구성

서론부 (제1-2문)	**유일한 위로와 교리문답의 구조**
제1부 (제3-11문)	**우리의 죄와 비참에 관하여** • 서론: 외적 인식 원리인 율법(제3-4문) • 인간론: 인간의 죄와 부패, 하나님의 심판(제5-11문)
제2부 (제12-85문)	**우리의 구속에 관하여** • 중보자의 필요성, 믿음, 사도신경의 구분(제12-24문) • 신론: 삼위일체, 성부, 창조, 섭리(제25-28문) • 기독론: 그리스도의 신분(비하와 승귀)과 직분(사역)(제29-52문) • 구원론: 성령, 공회, 교통, 죄 사함, 이신칭의(제53-56, 59-64문) • 종말론: 부활, 영생(제57-58문) • 교회론: 말씀과 성례(제65-68문) - 세례(제69-74문) - 성찬(제75-82문) - 천국 열쇠: 복음의 선포와 권징(제83-85문)

제3부 (제86-129문)	**우리의 감사에 관하여** • 선행, 회개, 십계명(제86-115문) • 주기도문(제116-129문)

표32 하이델베르크 교리문답의 구조

1. 그리스도인들에게 기도는 왜 필요한가?

첫째, 우리가 기도를 통해 하나님께 간구하기를 하나님이 원하시기 때문입니다. 하나님은 "환난 날에 나를 부르라. 내가 너를 건지리니"(시 50:15)라고 말씀하십니다. 예수님은 우리에게 구하고 찾고 두드리라고 말씀하셨습니다(마 7:7-8; 눅 11:9-10). 그리고 이렇게 드리는 기도는 우리가 하나님께 드려야 하는 감사함의 주요한 부분입니다. 우리는 감사로 하나님께 제사를 드려야 하는데(시 50:14), 어떻게 하는 것이 감사로 제사를 드리는 것입니까? 바로 기도를 통해 하나님이 우리에게 베풀어주신 은혜를 찬양하고 감사할 수 있습니다.

둘째, 우리의 필요 때문에 기도해야 합니다. 우리가 우리의 연약함과 결핍을 인정하고 하나님께 진지하게 구할 때 하나님은 은혜와 성령을 주십니다. 계속하여 구하고 주신 것에 대해 감사할 때 하나님은 응답하신다고 약속하셨습니다. 하나님은 우리 아버지이시기 때문에 우리가 구하지 않아도 필요한 것을 주시지만, 하나님은 우리가 진지한 태도로 하나님께 간구하면 하나님이 돌봐주신다는 것을 우리가 알기 원하십니다. 그래서 우리가 하나님의 존재와 일하심을 믿고 감사함으로 기도할 때 하나님은 우리의 필요한 바를 더욱 잘 채워주십니다. 그래서 우리는 기도해야 합니다.

2. 하나님이 받아들이고 들으시는 기도의 필수조건은 무엇인가?

하이델베르크 교리문답 제117문은 하나님이 받아들이고 들으시는 기도의 필수조건 세 가지에 관해 말합니다. 하나씩 살펴보겠습니다.

ㄱ. 마음으로, 유일하신 참된 하나님께만, 구하도록 명하신 모든 것을

첫째, 우리는 유일하신 참된 하나님께만 기도해야 합니다. 오직 하나님만이 창조자이자 섭리자이십니다. 다른 모든 존재는 존재 자체와 존재의 유지 측면에서 하나님께 빚을 지고 있습니다. 하나님이 아닌 그 어떤 것도 우리의 기도에 응답할 능력이 없습니다. 우리는 오직 하나님께만 경배하고(계 19:10), 하나님께만 기도해야 합니다. 천사나 어떤 능력 있는 사람도 우리 기도의 대상이 될 수 없습니다.

둘째, 말씀 가운데 자신을 나타내신 하나님에 대한 앎이 있어야 합니다. 하나님은 우리를 긍휼히 여기시어 하늘에 속한 진리를 사람의 언어로 기록해 알려주셨습니다. 우리는 우리의 생각과 경험으로만 하나님을 헤아려서는 안 되고, 오직 하나님이 자신을 나타내신 성경에 근거해 하나님을 알아야 합니다. 그래야 올바른 것에 대해 기도할 수 있습니다. 하나님이 원하시지 않는 것은 아무리 열심히 기도해도 소용이 없습니다. 기도는 열심히 하기에 앞서 올바르게 하는 것이 중요합니다.

셋째, 마음으로 진지하게 기도해야 합니다. 자신에게는 간절함이 없는데 남들을 따라서 건성으로 간구하는 척하면 하나님은 그 가벼움에 실망하십니다. 영이신 하나님은 우리 마음의 동기까지 모두 아시므로 우리는 진정으로 기도해야 합니다(요 4:24). 하나님은 진실하게 간구하는 모든 자에게 가까이하십니다(시 145:18).

ㄴ. 자신을 매우 겸손하게 하기 위해 우리의 필요와 비참을 바르게 아는 것

우리가 누군가에게 무엇을 달라고 요청하는 것은 그것이 우리에게 필요하기 때문입니다. 자신의 결핍을 모르는 자는 남에게 손을 내밀지 않습니다. 하지만 모든 사람은 비참과 결핍 가운데 있습니다. 늙음과 병과 죽음에서 벗어날 사람이 아무도 없기 때문입니다. 이 문제만 생각해도 기도하지 않을 수 없습니다. 또한 늙음과 병과 죽음 이외에도 매일의 삶 속에서 필요한 바가 얼마나 많은지 모릅니다. 갑작스러운 강도를 만날 수도 있고, 주변 나라의 침략을 당해 어려움을 겪을 수도 있습니다(대하 20:12). 하나님의 은총이 아니면 다양한 사건 사고 속에서 건강이나 재산, 목숨도 잃기 쉽습니다. 이런 현실을 아는 자는 하나님께 기도하지 않을 수 없습니다. 진심으로 기도하는 자는 자신의 목숨과 안위와 재산과 명예가 전적으로 하나님께 달려 있음을 알고 존엄하신 하나님의 거룩한 임재 앞에서 매우 겸손하게 사는 자입니다.

ㄷ. 하나님이 그리스도로 말미암아 우리의 기도를 분명히 들으신다는 사실을 확실히 아는 것

첫째, 그리스도에 관한 지식이 있어야 합니다. 우리는 하나님께 기도하며 무엇을 달라고 요구할 자격이 없음에도 우리 주 그리스도로 말미암아 기도할 수 있습니다. 그리스도의 순종과 희생을 통해 우리는 하나님의 의로운 자녀가 되었기에 자녀로서 아버지께 당당히 요구할 수 있습니다. 이렇게 우리 주 예수 그리스도에 관한 지식이 풍성해야 날마다 우리의 부족한 모습에 실망하고 낙담해도 하나님께 기도할 수 있습니다.

둘째, 하나님이 우리의 기도를 들으신다는 확신이 있어야 합니다. 하나님은 우리가 기도하면 들으시고 응답하겠다고 약속하셨습니다. 구하는 이마다 받는다고 하셨고(마 7:8), "오직 믿음으로 구하고 조금도 의심하지 말라"(약 1:6)고 하셨습니다. 이 약속에 근거해 우리의 기도를 분명히 들으신다는 확신을 가져야 합니다. 우리의 공의가 아니라 주의 큰 긍휼에 의지하여 기도할 때 하나님은 응답하십니다(단 9:18). 우리가 그리스도의 이름으로 무엇을 구하든지 그리스도는 행하십니다(요 14:14). 하나님은 우리가 구하는 것을 그리스도의 이름으로 주십니다(요 16:23).

3. 영과 육에 필요한 모든 것을 구하라

하나님은 영과 육에 필요한 모든 것을 구하라고 우리에게 명하셨습니다. 온갖 좋은 은사와 온전한 선물이 다 위로부터 빛들의 아버지께로부터 내려옵니다(약 1:17). 그는 무한하고 영원하고 불변하신 전능의 하나님이시기 때문입니다. 그래서 우리는 모든 일에 기도와 간구를 해야 합니다(빌 4:6). 하나님이 감당하실 수 없을 만큼 큰 일도 없고, 하나님이 관심을 기울이시지 못할 만큼 작은 일도 없습니다. 그러므로 우리는 적당해 보이는 일만이 아니라 모든 일에 관해 기도해야 합니다.

우리는 영과 육에 필요한 모든 것을 구해야 합니다. 사람은 영과 육으로 구성되어 있는데 영과 육이 필요로 하는 것들이 참 많습니다. 영만 구해서도 안 되고 육만 구해서도 안 됩니다. 이방인들은 중언부언하며 육에 필요한 것만 욕심으로 구하고, 반대로 물질을 무시하는 이들은 육의 필요를 무시하고 영적인 것만 구합니다. 하지만 사람은 그중 어느 하나라도 없으면 생존할 수 없습니다. 물론 우리는 이방인처럼 중언부언하며 먹을 것과 입을 것을 근심하며 구하는 대신 먼저 하나님의 나라와 의를 구해야 합니다. 그러면 우리의 필요를 아시는 하나님이 모든 것을 더하시기 때문입니다(마 6:33).

4. 그 기도의 내용은 주기도문이다

하나님이 우리에게 영과 육에 필요한 모든 것을 당신께 구하라고 명하셨는데 그 내용은 주기도문에 담겨 있습니다. "주기도문"(the Lord's Prayer)은 "주님이 가르쳐주신 기도문"이란 의미로 예수님이 제자들에게 알려주신 기도문입니다(마 6:9-13; 눅 11:2-4). 하이델베르크 교리문답의 마지막 부분인 제120-129문은 주기도문의 내용을 자세히 설명합니다.

주기도문은 예수님이 가르쳐주셨으므로 이보다 더 좋은 기도문은 없을 것입니다. 우리는 기도에 관하여 알고 싶을 때 이 기도문을 반드시 참고해야 합니다. 어떻게 기도해야 할지 모를 때 이에 따라야 하고, 그 내용이 무엇을 의미하는지 전체 성경을 통해 이해하려고 노력해야 합니다. 앞서 살펴본 것처럼 기도는 우리가 하나님께 드려야 할 감사의 주요한 부분입니다. 그런데 하나님을 향한 찬양과 감사의 마음이 아니라 자신을 높이기 위해 욕심으로 무엇을 달라고 기도하면 그 기도는 오히려 하나님께 짐이 됩니다. 기도는 오래, 열정적으로 하는 것이 중요하지 않습니다. 중요한 것은 하나님이 원하시는 대로 기도하는가의 문제입니다. 이런 면에서 주기도문은 기도의 모범이므로 충분히 숙지하고, 그 내용에 따라 구체적으로 우리의 필요를 아뢰어야 합니다. 물론 모범적 기도문이라고 해서 주기도문으로만 기도하라는 이야기는 아닙니다. 오히려 그 일반 법칙을 우리의 구체적 상황에 적용하면서 우리의 인격을 담아 간절히 기도해야 합니다.

5. 하나님이 받으시지 않는 기도란

우리는 하나님이 받아들이고 들으시는 기도의 필수조건이 무엇인지 살펴보았습니다. 여기서는 잠시 하나님이 받지 않으시는 기도에 관해 살펴보겠습니다. 예수님은 다음과 같이 말씀하셨습니다.

> 5또 너희는 기도할 때에 외식하는 자와 같이 하지 말라. 그들은 사람에게 보이려
> 고 회당과 큰 거리 어귀에 서서 기도하기를 좋아하느니라. 내가 진실로 너희에게
> 이르노니 그들은 자기 상을 이미 받았느니라. 6너는 기도할 때에 네 골방에 들어

가 문을 닫고 은밀한 중에 계신 네 아버지께 기도하라. 은밀한 중에 보시는 네 아버지께서 갚으시리라. 7또 기도할 때에 이방인과 같이 중언부언하지 말라. 그들은 말을 많이 하여야 들으실 줄 생각하느니라. 8그러므로 그들을 본받지 말라. 구하기 전에 너희에게 있어야 할 것을 하나님 너희 아버지께서 아시느니라. 9그러므로 너희는 이렇게 기도하라. 하늘에 계신 우리 아버지여, 이름이 거룩히 여김을 받으시오며(마 6:5-9).

이 말씀에 따르면 첫째, 하나님은 사람에게 보이려고 회당과 큰 거리 어귀에 서서 하는 기도를 받지 않으십니다. 그런 기도는 골방에서 기도해도 은밀한 중에 계신 아버지께서 들으신다는 사실을 모르는 외식자의 기도입니다. 신자의 참된 기도는 영원히 어디에나 계시어 모든 것을 아시는 하나님을 믿으며 드리는 기도입니다. 하나님의 그런 속성을 경시하고 다른 사람 들으라는 듯이 하는 기도는 인간의 감성에 더 중점을 둔 결과라고도 할 수 있습니다.

둘째, 이방인처럼 중언부언하며 하는 기도입니다. 이방인들은 인간 냄새가 나는 신들을 만들어내고 그 앞에서 기도를 드립니다. 그래서 그들은 말을 많이 하거나 소리를 지르고, 피가 흐르기까지 칼과 창으로 몸을 상하게 해야 기도가 응답된다고 생각합니다(왕상 18:28). 그들은 신을 자극하여 신의 감동을 끌어내는 것에 관심이 있습니다. 하지만 아무리 열심히 기도해도 하나님의 뜻에 맞지 않는다면 그 기도는 오히려 하나님의 영광을 짓밟는 행위입니다. 하나님의 뜻에 어긋나는 기도의 대표적인 세 가지 예를 들겠습니다.

ㄱ. 바알 숭배자들의 기도

엘리야는 바알의 선지자 450명을 갈멜산으로 불렀습니다. 그리고 둘 중 누가 섬기는 신이 제물 위에 불을 내릴 것인가 하는 대결을 벌였습니다. 바알의 선지자들은 아침부터 낮까지 바알의 이름을 부르며 응답해달라고 빌었습니다. 그러나 아무 반응이 없으므로 그들은 그 쌓은 제단 주위에서 뛰놀았습니다. 엘리야는 그들을 조롱하며 이렇게 말했습니다.

> 큰 소리로 부르라. 그는 신인즉 묵상하고 있는지 혹은 그가 잠깐 나갔는지 혹은 그가 길을 행하는지 혹은 그가 잠이 들어서 깨워야 할 것인지(왕상 18:27).

그러자 그들은 더 큰 소리로 신을 부르고, 그들의 규례를 따라 피가 흐르기까지 칼과 창으로 몸을 상하게 했습니다. 이는 어쩌면 그리도 무당들이 하는 짓과 비슷한지 모릅니다. 하지만 그들이 그렇게 미친 듯이 떠들었음에도 아무 반응이 없었습니다. 묵상을 하느라 소리를 듣지 못하는 신은 진정한 신이 아닙니다. 그런 신은 장소와 시간에 갇히는 유한한 존재입니다. 어디 잠깐 나가느라고 추종자들의 소리를 못 듣는 신을 어떻게 믿을 수 있겠습니까? 몸에 피가 흐르기까지 칼과 창으로 자극해야만 응답하는 신은 가학적이고 변태적이기까지 합니다. 하지만 엘리야는 다음과 같이 기도했습니다.

> 36아브라함과 이삭과 이스라엘의 하나님 여호와여, 주께서 이스라엘 중에서 하나님이신 것과 내가 주의 종인 것과 내가 주의 말씀대로 이 모든 일을 행하는 것을 오늘 알게 하옵소서. 37여호와여, 내게 응답하옵소서. 내게 응답하옵소서. 이 백성에게 주 여호와는 하나님이신 것과 주는 그들의 마음을 되돌이키심을 알게 하옵소서(왕상 18:36-37).

엘리야가 이렇게 기도하자 그 기도를 들으신 하나님은 강력한 불을 내리시어 번제물을 모두 태우셨습니다. 참 하나님은 큰 소리나 뛰놂, 피 흘림이나 상함이 없어도 응답하십니다. 천지와 만물을 만드신 하나님은 피조물의 작은 신음에도 응답하시는 창조주이십니다. 엘리야는 하나님 앞에서 거친 행동과 자극적인 말로 시위를 벌이기보다는 자신이 섬기는 하나님이 진정한 신이심을 모든 사람이 알게 해달라고 기도했습니다. 이방인은 신을 자극하기 위해 중언부언하고 뛰놀며 몸까지 상하게 하지만, 참된 신자들은 전능하신 능력과 크신 사랑을 지니신 하나님과 자신들이 어떤 인격적인 관계에 있는가를 알고 그에 따라 진실하게 간구합니다.

ㄴ. 잘못된 간청

누가복음 11:5-13에 기록된 예수님의 말씀은 기도와 관련하여 우리에게 중요한 가르침을 줍니다.

> 5또 이르시되 "너희 중에 누가 벗이 있는데 밤중에 그에게 가서 말하기를 '벗이여
> 떡 세 덩이를 내게 꾸어달라. 6내 벗이 여행중에 내게 왔으나 내가 먹일 것이 없노
> 라' 하면 7그가 안에서 대답하여 이르되 '나를 괴롭게 하지 말라. 문이 이미 닫혔
> 고 아이들이 나와 함께 침실에 누웠으니 일어나 네게 줄 수가 없노라' 하겠느냐?
> 8내가 너희에게 말하노니 비록 벗 됨으로 인하여서는 일어나서 주지 아니할지라
> 도 그 간청함을 인하여 일어나 그 요구대로 주리라. 9내가 또 너희에게 이르노니
> 구하라. 그러면 너희에게 주실 것이요, 찾으라. 그러면 찾아낼 것이요, 문을 두드
> 리라. 그러면 너희에게 열릴 것이니 10구하는 이마다 받을 것이요, 찾는 이는 찾아
> 낼 것이요, 두드리는 이에게는 열릴 것이니라. 11너희 중에 아버지 된 자로서 누가
> 아들이 생선을 달라 하는데 생선 대신에 뱀을 주며 12알을 달라 하는데 전갈을 주
> 겠느냐? 13너희가 악할지라도 좋은 것을 자식에게 줄 줄 알거든 하물며 너희 하
> 늘 아버지께서 구하는 자에게 성령을 주시지 않겠느냐?" 하시니라(눅 11:5-13).

예수님은 밤중에 어떤 사람이 친구를 찾아가 떡 세 덩이를 꾸어달라고 말

할 때 벗 됨을 인해서는 주지 않을지라도 그 간청함 때문에 줄 것이라고 말씀하셨습니다. 그러면서 하나님께 구하면 주실 것이고, 찾으면 찾아낼 것이고, 문을 두드리면 열릴 것이라고 알려주셨습니다. 여기까지만 보면 하나님께 간청하여 원하는 바를 얻어내라고 말씀하시는 것 같습니다.

그런데 이어지는 구절은 악한 자일지라도 좋은 것을 자식에게 줄 줄 아는데 하물며 하늘에 계신 하나님 아버지께서는 어떠하시겠느냐고 묻습니다. 사람들은 벗이어서가 아니라 간청을 못 이겨서 주지만, 하나님은 아버지와 자식이라는 관계로 인해서 응답하십니다. 하나님은 자녀된 우리를 사랑하시기에 우리의 기도에 응답하시는 아버지이십니다.

따라서 이 본문은 절대로 이방인의 중언부언 기도나 간청 기도를 지지하는 것이 아니고, 하나님과 우리의 관계가 기도 응답의 근거이니 하나님께 간절히 기도하라고 말합니다. 기도에서 중요한 것은 인간의 지치지 않는 끈기와 인내가 아니라, 하나님과 우리의 관계라는 단단한 근거입니다.

1 예수께서 그들에게 항상 기도하고 낙심하지 말아야 할 것을 비유로 말씀하여
2 이르시되 "어떤 도시에 하나님을 두려워하지 않고 사람을 무시하는 한 재판장이
있는데 3 그 도시에 한 과부가 있어 자주 그에게 가서 '내 원수에 대한 나의 원한
을 풀어주소서' 하되 4 그가 얼마 동안 듣지 아니하다가 후에 속으로 생각하되 '내
가 하나님을 두려워하지 않고 사람을 무시하나 5 이 과부가 나를 번거롭게 하니
내가 그 원한을 풀어주리라. 그렇지 않으면 늘 와서 나를 괴롭게 하리라' 하였느
니라. 6 주께서 또 이르시되 불의한 재판장이 말한 것을 들으라. 7 하물며 하나님께
서 그 밤낮 부르짖는 택하신 자들의 원한을 풀어주지 아니하시겠느냐? 그들에게
오래 참으시겠느냐? 8 내가 너희에게 이르노니 속히 그 원한을 풀어주시리라. 그
러나 인자가 올 때에 세상에서 믿음을 보겠느냐?" 하시니라(눅 18:1-8).

이 본문도 관계의 중요성에 관해 말해줍니다. 예수님의 말씀에 등장한 재판장은 과부의 청을 들어주지 않으면 자기를 괴롭게 할 것이므로 그 원한을 풀어주었습니다. 여기서도 누가복음 11장에서처럼 "하물며"로 시작하는 18:7의 내용이 중요합니다. 하나님을 두려워하지 않고 사람을 무시하는 불의한 재판장은 과부가 괴롭힐까 봐 원한을 풀어주지만, 하나님은 부르짖는 자들이 택하신 자녀들이기 때문에 그 원한을 속히 풀어주십니다. 사람들은 간청하는 자와의 관계를 보지 않고 더 고생하는 것이 싫어 청을 들어주지만 하나님은 우리와의 관계에 주목하십니다. 그러므로 우리는 항상 기도하고 낙망하지 말아야 합니다. 기도에서 중요한 것은 하나님과 우리 사이의 관계에 근거하는 것입니다.

ㄷ. 오해된 일천 번제

기도와 관련하여 많은 사람이 오해하는 본문이 있습니다. 열왕기상 3:3-5입니다.

> 3솔로몬이 여호와를 사랑하고 그의 아버지 다윗의 법도를 행하였으나 산당에서 제사하며 분향하더라. 4이에 왕이 제사하러 기브온으로 가니 거기는 산당이 큼이라. 솔로몬이 그 제단에 일천 번제를 드렸더니 5기브온에서 밤에 여호와께서 솔로몬의 꿈에 나타나시니라. 하나님이 이르시되 "내가 네게 무엇을 줄꼬? 너는 구하라"(왕상 3:3-5).

솔로몬은 왕이 된 후에 하나님께 일천 번제를 드렸습니다. 그런데 이 "일천 번제"(一千 燔祭)를 "일천 번 제"(一千 番 祭)로 오해하는 사람이 많습니다. "번제"(燔祭)의 번(燔)은 굽거나 태우는 것을 뜻하고, "번 제"(番 祭)의 번(番)은 횟수나 차례를 뜻합니다. 즉 일천 번제는 일천 개의 번제를 의미하고, 일천 번 제는 일천 번 드린 제물을 의미합니다. 그리고 앞의 성경 본문은 분명히 "일천 번제"를 언급합니다. 그런데도 많은 이들이 태우는 "번"(燔)을 횟수 "번"(番)으로 오해하는 이유는 무엇일까요?

솔로몬이 번제를 드린 기브온의 산당은 규모가 컸기에 일천 개의 번제를 드릴 수 있었습니다. 그런데 어떤 교회는 솔로몬이 드린 번제를 "일천 번 제"로 해석하며 일천 번의 기도나 헌금을 은근히 강요합니다. 또 중요한 일을 앞둔 성도들에게 일천 번의 헌금과 기도를 드리면 응답이 있을 것이라고 부추깁니다. 하지만 횟수를 통해 기도 응답을 받아내는 것은 기독교의 기도가 아니라 이방인의 기도입니다. 기독교의 기도는 기도하는 자의 끈기와 인내와 강청과 정성 이전에, 기도를 들으시는 하나님이 어떤 분이시고, 우리와 그분의 관계가 무엇인가를 아는 데에 핵심이 있습니다.

6. 그리스도에 관한 지식

앞서 우리는 하나님이 받으시는 기도는 그리스도에 관한 지식이 있어야 함을 살펴보았는데, 여기서 좀 더 자세히 다루어보겠습니다. 하나님은 거룩하십니다. 하나님을 보고 살 자가 없습니다. 죄악으로 얼룩진 사람이 어떻게 하나님께 나아갈 수 있겠습니까? 그런데 우리는 예수의 피를 힘입어 하나님께 나아갈 수 있습니다(히 10:19-20). 은혜의 보좌 앞에 담대히 나아갈 수 있습니다(히 4:16).

승천하신 예수님은 하나님 앞에서 우리의 죄를 변호하십니다. 그리스도는 아버지 앞에서 우리의 대언자가 되십니다(요일 2:1; 요 14:16). 예수님의 이런 중보 사역은 예수님의 완벽한 속죄적 희생에 근거한 것으로서 우리에 대한 대제사장의 사역을 완성시킵니다.

구약 시대에 드리던 성전 제사에서도 먼저 놋 제단에서 짐승을 잡아 죽이고 태웁니다. 그리고 이 번제단에서 취한 불붙은 숯으로 성소에서 금단의

향을 피웁니다(레 16:12). 놋 제단에서 희생되는 짐승이 예수 그리스도의 속죄를 상징한다면, 금단에서 피워지는 향은 예수 그리스도의 중보를 상징합니다. 즉 중보는 오직 속죄의 희생에만 근거합니다.

부활하신 예수님이 하나님 우편에서 우리를 위해 간구하시므로 누구도 우리를 정죄할 수 없습니다(롬 8:34). 그리스도의 희생과 간구로 말미암아 아무도 우리를 정죄하지 못합니다. 그리스도는 영원히 계시고, 항상 살아 계셔서 그리스도를 힘입어 하나님께 나아가는 자들을 위해 간구하십니다(히 7:23-25).

예수님이 우리를 위해 실제로 기도하시는 내용을 살펴보겠습니다. 우선 예수님은 "내게 주신 아버지의 이름으로 그들을 보전하사 우리와 같이 그들도 하나가 되게 하옵소서"(요 17:11)라고 기도하시어, 우리가 하나님과 하나가 되며 보존되게 해달라고 간구하셨습니다. 또한 우리가 악에 빠지지 않게 간구하셨고(요 17:15), "그들을 진리로 거룩하게 하옵소서"(요 17:17)라고 기도하셨습니다. 이런 예수님의 기도를 통해 우리의 기도는 수준이 높아지고 거룩해집니다. 우리는 기도할 때 얼마나 우리 자신의 영광과 이익으로 기우는지 모릅니다. 하지만 그리스도는 죽음과 중보로 우리가 하나님께 용인되게 하시고 우리의 삶과 기도를 수준 높게 만드시며 거룩하게 하십니다.

영원하고 광대하신 예수 그리스도는 우리를 위해 죽으셨을 뿐만 아니라 앞으로도 영원히 우리를 위해 중보해주십니다. 우리가 스스로 삶을 살아가는 듯하지만, 사실 우리는 예수 그리스도의 사역과 중보하심으로 살아갑니다. 우리의 열심과 기도와 일 이전에 그리스도의 열심과 기도와 일이 있는 것입니다. 그리스도의 존재와 사랑과 사역이 없다면 우리는 기도할 수 없으며 존재할 수도 없습니다. 은혜 위에 은혜일 뿐입니다(요 1:16). 그리스도에 관한 지식으로 기도를 한다는 것은 이렇게 우리를 향한 그리스도의 죽음과 중보에 기초하여 기도한다는 의미입니다.

7. 성령에 관한 지식

성령 하나님에 관한 지식이 있으면 우리의 기도는 더욱 풍성해집니다. 성령은 그리스도가 획득하신 구원을 우리에게 적용하고 완성하는 일을 하십니다. 우리의 대적 마귀는 우는 사자 같이 두루 다니며 삼킬 자를 찾지만(벧전 5:8), 성령 하나님은 우리가 근신하여 깨어 있게 하십니다. 또한 그리스도가 이루신 구원의 가치를 알고 그 가치를 위해 살아가는 성숙한 자가 되도록 인도하고 보호하십니다.

이런 성령 하나님의 중보 사역이 있기에 우리는 신자로서의 삶을 유지하며 성장해갑니다. 성령 하나님은 세상을 책망하시며 신자들을 변호하실 뿐 아니라(요 16:8), 신자들에게 하나님 아버지와 예수 그리스도의 뜻을 가르치고 증언하며, 생각나게 하고 인도하십니다(요 14:26; 15:26; 16:14).

그리스도는 승천하시면서 성령 하나님을 보내주셨습니다. 이 땅에 오신 성령은 그리스도에 관해 증언하시고, 스스로 말하지 않되 오직 들은 것을 말씀하시며, 그리스도의 것을 가지고 그리스도의 영광을 나타내실 뿐 아니라(요 16:13-14), 모든 것을 가르치시고, 예수님이 제자들에게 말씀하신 모든 것을 생각나게 하십니다.

성령이 없는 자들은 자신의 소견에 따라 정욕대로 행하지만, 성령이 있는 자들은 믿음으로 하나님의 말씀에 따라 행합니다. 성령으로 기도한다는 것은 성령의 갑작스러운 능력을 경험하며 영적 세계를 환상으로 보고 신비한 방언으로 기도하며 예언한다는 것이 아니라, 성령이 내주하시는 자답게 기도한다는 의미입니다. 성령이 알려주시는 바에 따라, 즉 예수님이 말씀하신 바에 따라, 즉 하나님의 말씀에 따라 드리는 기도가 바로 성령으로 하는 기도입니다.

우리는 마땅히 기도할 바를 알지 못하지만 오직 성령이 말할 수 없는 탄식으로 우리를 위해 친히 간구하십니다. 우리는 하나님의 뜻이 아니라 우리의 왜곡된 뜻으로 우리를 높이기 위해 기도하려 하지만, 성령 하나님은 하나님의 뜻대로 성도를 위해 간구하십니다(롬 8:26-27). 우리는 눈앞의 필요에 급급하기 쉽습니다. 그래서 정작 중요한 영적 필요보다는 육체의 필요를 구하고, 눈에 보이지 않는 위험과 감지할 수 없는 사건 및 사고, 대적을 미리 대비하는 기도는 드리지 못합니다. 하지만 영원하시고 광대하시고 모든 것을 아시는 성령 하나님이 말할 수 없는 탄식으로 우리에게 가장 필요한 바를 위해 기도해주십니다.

이런 하나님이 우리에게 계신다는 사실을 아는 것이 우리에게 얼마나 큰 위로와 격려가 되는지 모릅니다. 예수 그리스도와 성령 하나님의 중보로 우리는 인생을 담대히 살아갈 수 있고, 동기와 목표가 불순해도 하나님께 기도하며 나아갈 수 있습니다. 하나님이 우리를 구원하시고 우리를 위해 중보하시기에 우리의 부족한 기도도 거룩해집니다. 하나님의 일하심과 도우심이 없다면 우리는 기도를 포함한 아무것도 할 수 없습니다.

인생을 살아갈 때 그리스도인이라고 해서 좋은 일들만 생기지는 않습니다. 때로는 헤어나기 힘들고 숨쉬기조차 힘든 상황을 겪을 수도 있습니다. 그때 우리를 위해 기도하시는 예수 그리스도와 성령 하나님을 생각해야 합니다. 하나님은 우리가 우리 자신을 포기하는 그때도 우리를 포기하지 않는 분이십니다. 우리는 불변하시고 영원하시고 광대하신 예수 그리스도와 성령 하나님이 우리를 위해 기도하신다는 사실을 잊지 말아야 합니다. 우리는 절대로 우리 자신의 열심이나 의지나 기도로 살아가는 것이 아니라 하나님의 열심과 의지와 기도에 기대어 살아가는 존재입니다.

함께 나누기: 기도의 필요성과 조건

01 여러분은 집안일을 어느 정도 분담하고 있습니까? 집에서 설거지, 화장실 청소, 이불 털기, 걸레질, 차량 청소 등은 누가 하고 있습니까? 이런 것들을 한 번도 하지 않았다면 앞으로 시도해보는 것은 어떨지 이야기해봅시다.

02 하이델베르크 교리문답 제116-119문을 서로 묻고 답해봅시다. 근거 성구도 다시 한번 살펴봅시다.

03 하나님이 받아들이고 들으시는 기도의 필수조건은 무엇인지 다음의 관점에서 살펴봅시다.

① 마음으로, 유일하신 참된 하나님께만, 구하도록 명하신 모든 것을 기도할 것

② 자신을 매우 겸손하게 하기 위해 우리의 필요와 비참을 바르게 아는 것

③ 하나님은 그리스도로 말미암아 우리의 기도를 분명히 들으신다는 사실을 확실히 아는 것

04 하나님은 당신께 무엇을 구하라고 우리에게 명하셨습니까?

05 하나님이 받으시지 않는 기도가 무엇인지 마태복음 6:5-9을 통해 살펴봅시다.

① 바알 숭배자들의 기도는 어떤 것인지 열왕기상 18:25-29을 통해 살펴봅시다.

② 잘못된 간청은 무엇인지 누가복음 11:5-13, 18:1-8을 통해 살펴봅시다.

06 일천 번제가 어떻게 일천 번 제로 오해되는지 열왕기상 3:3-5을 읽고 이야기해봅시다.

07 올바른 기도를 하는 데 있어 그리스도와 성령에 관한 지식이 어떤 도움을 주는지 나누어봅시다.

제46주일: 제120-121문

하늘에 계신 우리 아버지여

Q 제120문 그리스도는 왜 하나님을 "우리 아버지"라고 부르도록 우리에게 명하셨습니까?

Why has Christ commanded us to address God thus: "Our Father"?

A 답 기도의 첫머리에서부터 곧바로 우리 기도의 기초가 되는, 하나님에 대한 어린이 같은 경외와 신뢰를 우리에게 일으키시기 위해서입니다. 즉 하나님은 그리스도 안에서 우리의 아버지가 되셔서,[1] 우리 부모가 땅 위의 것들을 우리에게 거부하지 않는 것보다 더 우리가 참된 믿음으로 당신께 구하는 것을 거부하지 않으십니다.[2]

That immediately, in the very beginning of our prayer, he might excite in us a childlike reverence for, and confidence in God, which are the foundation of our prayer: namely, that God is become our Father in Christ, and will much less deny us what we ask of him in true faith, than our parents will refuse us earthly things.

Q 제121문 "하늘에 계신"이란 말이 왜 첨가되었습니까?

Why is it here added, "Which art in heaven"?

A 답 우리가 하나님의 천상적 존엄을 땅의 개념으로 생각하지 않고,[3] 영육에 필요한 모든 것을 그의 전능한 능력으로부터 기대하게 하기 위해서입니다.[4]

Lest we should form any earthly conceptions of God's heavenly majesty, and that we may expect from his almighty power all things necessary for soul and body.

excite 자극하다, 흥분시키다 **reverence** 경외, 숭배

근거 성구

1 주는 우리 아버지시라. 아브라함은 우리를 모르고 이스라엘은 우리를 인정하지 아니할지라도 여호와여, 주는 우리의 아버지시라. 옛날부터 주의 이름을 우리의 구속자라 하셨거늘(사 63:16).

예수께서 이르시되 "나를 붙들지 말라. 내가 아직 아버지께로 올라가지 아니하였노라. 너는 내 형제들에게 가서 이르되 내가 내 아버지 곧 너희 아버지, 내 하나님 곧 너희 하나님께로 올라간다 하라" 하시니(요 20:17).

너희가 아들이므로 하나님이 그 아들의 영을 우리 마음 가운데 보내사 아빠 아버지라 부르게 하셨느니라(갈 4:6).

2 9너희 중에 누가 아들이 떡을 달라 하
는데 돌을 주며 10생선을 달라 하는데 뱀
을 줄 사람이 있겠느냐? 11너희가 악한
자라도 좋은 것으로 자식에게 줄 줄 알거든 하물며 하늘에 계신 너희 아버지께서 구하는 자에게 좋은 것으로 주시지 않겠느냐?(마 7:9-11)

11"너희 중에 아버지 된 자로서 누가 아
들이 생선을 달라 하는데 생선 대신에 뱀
을 주며 12알을 달라 하는데 전갈을 주
겠느냐? 13너희가 악할지라도 좋은 것을
자식에게 줄 줄 알거든 하물며 너희 하늘 아버지께서 구하는 자에게 성령을 주시지 않겠느냐?" 하시니라(눅 11:11-13).

3 18하나님이 참으로 사람과 함께 땅에
계시리이까? 보소서! 하늘과 하늘들의 하늘이라도 주를 용납하지 못하겠거든 하물며 내가 건축한 이 성전이오리이까?
19그러나 나의 하나님 여호와여, 주의 종
의 기도와 간구를 돌아보시며 주의 종이 주 앞에서 부르짖는 것과 비는 기도를 들으시옵소서(대하 6:18-19).

23여호와의 말씀이니라. 나는 가까운 데
에 있는 하나님이요 먼 데에 있는 하나님
은 아니냐? 24여호와의 말씀이니라. 사람
이 내게 보이지 아니하려고 누가 자신을 은밀한 곳에 숨길 수 있겠느냐? 여호와가 말하노라. 나는 천지에 충만하지 아니하냐?(렘 23:23-24)

24우주와 그 가운데 있는 만물을 지으신
하나님께서는 천지의 주재시니 손으로
지은 전에 계시지 아니하시고 25또 무엇
이 부족한 것처럼 사람의 손으로 섬김을 받으시는 것이 아니니 이는 만민에게 생명과 호흡과 만물을 친히 주시는 이심이라(행 17:24-25).

4 31그런즉 이 일에 대해 우리가 무슨
말 하리요? 만일 하나님이 우리를 위하

시면 누가 우리를 대적하리요? 32자기 아들을 아끼지 아니하시고 우리 모든 사람을 위하여 내주신 이가 어찌 그 아들과 함께 모든 것을 우리에게 주시지 아니하겠느냐?(롬 8:31-32)

해설

하늘에 계신 우리 아버지

하이델베르크 교리문답 제120-129문은 주기도문의 내용을 자세히 다룹니다. 이를 위해 하이델베르크 교리문답은 주기도문을 서언, 여섯 개의 간구, 결언으로 나눕니다. 여기서 서언은 하나님을 부르는 내용이고 결언은 하나님을 송영하는 내용입니다.

제116문	그리스도인들에게 기도가 왜 필요한가?
제117문	하나님이 받아들이고 들으시는 기도의 필수조건은 무엇인가?
제118문	하나님은 영과 육에 필요한 모든 것을 당신께 구하라고 명하셨다.
제119문	그 기도의 내용은 주기도문이다.
제120문	그리스도는 왜 하나님을 "우리 아버지"라고 부르도록 우리에게 명하셨는가?
제121문	"하늘에 계신"이란 말이 왜 첨가되었는가?

표33 하이델베르크 교리문답 제116-121문의 구성

◆ **서언: 하나님을 부름**
제120문 우리 아버지여(Our Father)
제121문 하늘에 계신(which art in heaven)

◆ **본문: 여섯 개의 간구**
1. 하나님의 이름과 나라와 뜻을 위한 세 가지 간구
제122문(첫 번째 간구) 이름이 거룩히 여김을 받으시오며(Hallowed be **thy name**)
제123문(두 번째 간구) 나라가 임하시오며(**Thy kingdom** come)
제124문(세 번째 간구) 뜻이 하늘에서 이루어진 것 같이 땅에서도 이루어지이다(**Thy will** be done in earth, as it is in heaven)

2. 우리의 양식과 죄 사함과 구원을 위한 세 가지 간구
제125문(네 번째 간구) 오늘 우리에게 일용할 양식을 주시옵고(**Give us** this day our daily bread)
제126문(다섯 번째 간구) 우리가 우리에게 죄지은 자를 사하여준 것 같이 우리 죄를 사하여주시옵고(**Forgive us** our debts, as we forgive our debtors)
제127문(여섯 번째 간구) 우리를 시험에 들게 하지 마시옵고 다만 악에서 구하시옵소서(Lead us not into temptation, but **deliver us** from evil)

◆ **결언: 하나님을 송영**
제128문 나라와 권세와 영광이 아버지께 영원히 있사옵나이다(For thine is the kingdom, and the power, and the glory, for ever)
제129문 아멘(Amen)

표34 주기도문의 구조

여섯 개의 간구 중에서 앞의 세 개의 의미는 영어로 살펴보면 더 분명하게 드러납니다. 모두 "**하나님의**"(thy) 이름과 나라와 뜻이 이 땅에서 풍성히 펼쳐지는 것과 연관되어 있습니다. 뒤의 세 개 간구 역시 영어로 살펴보면 의미가 분명해집니다. "**우리에게**"(us) 무언가를 이루어달라고 기도하는 내용이기 때문입니다. "**하나님의**"(thy)와 "**우리에게**"(us)를 통해 알 수 있는 것처럼 앞의 세 간구는 하나님의 영광을 위해, 뒤의 세 간구는 우리의 필요를 위해 기도하는 것이라고 하겠습니다.

1. 그리스도는 왜 하나님을 "우리 아버지"라고 부르도록 우리에게 명하셨는가?

우리가 무엇을 간구할 때 그 간구의 대상은 매우 중요합니다. 이웃집 아저씨에게 부탁하는 것과 아버지에게 부탁하는 것에는 큰 차이가 있습니다. 우리는 기도를 하나님께 드립니다. 그런데 예수님은 그 하나님이 우리의 아버지가 되신다고 말씀하십니다. 육신의 부모는 자식에게 필요한 모든 것을 해주려고 노력합니다. 누가 아들이 떡을 달라 하는데 돌을 주며 생선을 달라 하는데 뱀을 주겠습니까? 악한 자라도 자식에게는 좋은 것을 줄 줄 압니다(마 7:9-11). 우리는 그런 아버지의 사랑과 애정을 "우리 아버지"라는 호칭에서 되새깁니다.

어린아이는 아버지를 전적으로 믿고 몸과 마음을 의탁합니다. 아버지를 거의 전능한 존재로 여겨 무엇이든 요구합니다. 교회에서 주일에 점심 식사를 할 때면 우리 아이들은 제 무릎에 와서 앉곤 했습니다. 성도님들의 아이들은 목사인 저를 좋아하고 인사도 하며 지냈지만, 제 무릎에까지 와서 앉지는 않았습니다. 그런데 우리 자녀들은 거침없이 저에게 다가와 무릎에 앉아서는 자신이 원하는 것을 요구했습니다. 이런 것이 자녀와 부모의 관계입니다.

우리는 하나님을 "아버지"라고 부르며 하나님을 전적으로 믿고 모든 것을 맡길 수 있습니다. 로마서 8:15은 "너희는 다시 무서워하는 종의 영을 받지 아니하고 양자의 영을 받았으므로 우리가 아빠 아버지라고 부르짖느니라"라고 말합니다. 이 말씀처럼 우리는 하나님의 분명한 자녀입니다. 그러므로 우리는 거침없이 하나님께 아빠 아버지라고 부르며 나아가 그 무릎에 앉고 그 품에 안겨야 합니다.

바울은 갈라디아 교인들에게 "너희가 아들이므로 하나님이 그 아들의 영을 우리 마음 가운데 보내사 아빠 아버지라 부르게 하셨느니라"(갈 4:6)라고 말했습니다. 그 말씀처럼 하나님이 성령을 우리 마음 가운데 보내셨습니다. 성령은 우리가 하나님이 우리 아버지이심을 지식과 정서 측면에서 온전히 알아 그분을 아빠 아버지라 부르게 하십니다. 그러므로 우리는 이것저것 따지기에 앞서 본능적으로 하나님께 나아가 아버지라 부르며 모든 것을 아뢰며 간구하는 습관을 들여야 합니다.

우리는 주기도문의 앞부분에서 "우리 아버지여"라고 부름으로써 우리가 전적으로 신뢰할 수 있는 아버지께 기도하고 있다는 사실을 분명히 확신하게 됩니다. 기도의 기초는 얼마나 경외하고 신뢰할 만한 분께 간구하느냐 하는 것입니다. 전능하신 하나님 아버지는 육신의 부모보다 훨씬 더 우리를 사랑하셔서 우리가 참된 믿음으로 간구하는 것들을 외면하지 않으십니다. 우리의 기도를 다 들으시고 우리에게 가장 적합한 것을 가장 적합한 때에 주고자 하십니다.

저는 1999년부터 사회복지시설인 보육원에서 일주일에 한 번 성경을 가르치다가 몇 년 후에는 아예 원목이 되었습니다. 그곳에서 생활하는 원생 중 일부는 갓난아이 때 버려진 아이들이었습니다. 그들의 마음에는 자신들이 버려졌다는 깊은 상처가 있는 듯했고 왠지 기가 약해 보였습니다. 잡견도 자기 집 앞에서는 기가 산다고 하는데 그들은 부모가 없으니 기가 죽어 있었던 것입니다. 동네 개도 주인이 먼저 예뻐해줘야 동네 사람들의 귀염을 받습니다. 그런데 그들은 부모가 없기에 어디를 가나 눈칫밥을 먹는 경향이 있고 그것을 극복하기 위해 많은 노력을 해야 합니다.

그런데 그들에게도 하늘에 계시는 전능하신 하나님이 아버지가 되어주십니다. 이 아버지는 자녀들을 너무나 사랑하시어 절대로 버리지 않으십니다. 우리는 바로 이런 아버지께 기도하는 것입니다. 그러므로 우리는 하나님께 무엇이든지 당당하게 구할 수 있습니다. 우리가 당당하지 않으면 오히려 하나님이 마음 아파하십니다. 하나님을 아직도 아버지로 받아들이지 못하고 서

먹하게 여기는 것으로 말미암아 안타까워하시는 것입니다.

2. "우리"라는 말의 의미는 무엇인가?

다음으로 왜 "나의 아버지"가 아니라 "우리 아버지"라고 부르는지 살펴보겠습니다. 그 이유를 한마디로 말한다면 성경이 신자들은 그리스도를 머리로 하는 한 지체라고 말하기 때문입니다. 그에게서 온몸이 각 마디를 통해 도움을 받음으로 연결되고 결합되어 각 지체의 분량대로 역사하여 그 몸을 자라게 하며 사랑 안에서 스스로 세웁니다(엡 4:15-16).

지구에서 태양까지의 거리는 약 1억 5,000만 킬로미터입니다. 한국고속철도(KTX)의 최고 속도가 시속 300킬로미터 정도 되는데, 그 속도로 한순간도 쉬지 않고 60년을 넘게 가야 도착할 수 있는 거리입니다. 그런데 이렇게 멀리 떨어져 있는 지구와 태양은 중력으로 단단하게 연결되어 있습니다. 태양계에는 수성, 금성, 지구, 화성, 목성, 토성, 천왕성, 해왕성 등 8개의 행성과 그 행성의 둘레를 돌고 있는 위성들, 그리고 소행성, 혜성 등이 존재하는데 그 모든 것이 태양과 중력으로 연결되어 있습니다. 각각 독립적으로 움직이는 것 같지만 크게 보면 태양의 영향권에서 벗어날 수 없다는 사실을 알 수 있습니다.

사람의 몸은 세포로 이루어져 있습니다. 세포를 이루는 리보솜, 미토콘드리아, 핵 등은 각자 독립적으로 기능하지만 조화롭게 한 덩어리를 이룹니다. 또한 각 세포는 독립적으로 존재하면서도 주변의 다른 세포들과 정보와 물질을 주고받으며 조화롭게 한 인체를 이룹니다.

사람들의 관계는 어떨까요? 우리 눈에는 중력이 보이지 않고, 세포 간에 일어나는 화학 반응과 전기 반응도 쉽게 파악할 수 없지만 분명히 존재하는 것처럼 사람과 사람 사이의 연결과 하나 됨도 분명히 존재합니다. 특히 그리스도인들은 모두 예수 그리스도의 대속의 피로 말미암아 성령에 의해 예수 그리스도를 머리로 하는 한 몸을 이룹니다. 그것이 우리 눈에 안 보인다고 해도 그리스도인들은 서로 분리되지 않습니다. 믿음의 눈으로 보면 우리가 성령에 의해 한 몸으로 연결되었다는 사실을 알 수 있습니다. 그래서 우리는 하나님을 "나의 아버지"가 아니라 "우리 아버지"라고 부르는 것입니다.

우리가 이런 인식을 가지면 성경을 "나"라는 개인의 관점이 아니라, "우리"라는 공동체의 관점으로 읽으며 더 넓고 깊게 많은 것을 깨달을 수 있습니다. 신자들은 항상 "우리"라는 개념으로 성경과 교회와 그리스도를 바라보아야 합니다. "나"만 홀로 이 땅에서 잘되고 죽어서는 천국에 갈 것이 아니라, "우리"가 함께 잘되고 천국에도 함께 가야 합니다. 어떻게 보면 성경은 "우리"를 전제로 한다고 할 수도 있습니다. 성찬에서도 우리는 한 떡과 한 포도주를 먹으며 "우리"가 한 몸임을 확인합니다. 우리 각자는 홀로 떨어져 있지 않고 다른 신자들과 더불어 같이 존재하므로 즐거워하는 자들과 함께 즐거워하고 우는 자들과 함께 울어야 합니다(롬 12:15). 부모는 어느 한 자식이 잘되는 것만 기뻐하지 않고 다른 자식들도 모두 잘되기를 바랍니다. "우리 아버지"라는 호칭에서 우리는 한 아버지를 둔 한 형제임을 느끼고 서로 사랑하며 위해야 함을 배웁니다.

하이델베르크 교리문답 제120문의 답에 있는 "하나님은 그리스도 안에서 우리의 아버지가 되셔서"라는 구절의 내용은 앞서 제33문에서 다루었으니 참고하기 바랍니다. 이에 관해 간단히 말하면 그리스도는 하나님의 영원하시고 본질적인 아들이시고, 우리는 그리스도로 말미암아 은혜로 입양된 자녀들입니다. 하나님이 그리스도의 아버지시라는 것은 성부와 성자의 위격 간의 관계에 관한 표현이고, 하나님이 우리의 아버지시라는 것은 성부와 성자와 성령이 모두 본질에 있어서 우리의 아버지시라는 것입니다. 우리는 본래 하나님의 자녀가 아니었는데, 그리스도의 순종과 희생으로 말미암아 하나님의 자녀로 입양되었습니다.

3. "하늘에 계신"이란 말이 왜 첨가되었는가?

"우리 아버지"라는 표현만 있으면 우리는 하나님을 육신의 아버지보다 힘과 애정에 있어서 조금 더 뛰어난 분 정도로 생각합니다. 그런데 "하늘에 계신"이라는 묘사가 붙으면 천상적 존엄이란 차원에서 하나님 아버지를 바라보게 됩니다. 하늘은 땅과 비교할 수 없습니다. 하늘이 땅보다 얼마나 높은지 모릅니다. 하늘에 계신 아버지를 땅의 아버지와 같은 연장선에서 생각하면 안 됩니다. 하늘에 계신 하나님의 생각과 길은 땅에 있는 사람의 생각과 길과 다릅니다. 하늘로부터 내린 비와 눈은 하늘로 되돌아가지 않고 땅을 적셔서 식물의 싹이 나게 하여 파종하는 자에게 종자를, 먹는 자에게 양식을 줍니다. 그와 같이 하나님의 입에서 나가는 말도 헛되이 하나님께로 되돌아가지 않고 하나님이 기뻐하시는 뜻을 이룹니다. 반드시 이룹니다! 그래서 신자들은 기쁨으로 나아가고 평안히 인도함을 받습니다(사 55:8-12).

물리적인 하늘과 그 하늘들의 하늘이라도 주를 용납하지 못합니다(대하 6:18). 하나님이 하늘에 계신다는 것은 물리적 의미가 아니라 영적인 의미로 무한과 영원과 불변을 상징합니다. 하나님은 장소를 초월하여 천지에 충만하시고(렘 23:24), 시간을 초월하여 영원하십니다. 무엇이 부족한 것처럼 사람의 손으로 섬김을 받지 않으시고, 오히려 만민에게 생명과 호흡과 만물을 친히 주십니다(행 17:25). 하나님은 절대로 무엇이 부족해서 우리에게 하나님을 경배하라고 하는 것이 아닙니다.

육신의 부모는 자녀에게 해주고 싶은 마음은 많아도 실제로 해줄 수 있는 능력은 제한되어 있습니다. 돈과 시간과 권력 등이 유한하기 때문입니다. 자녀가 치료할 수 없는 병이라도 들면 부모에게 돈이 아주 많아도 아무 소용이 없습니다. 더군다나 육신의 부모는 영적인 필요에 관해서는 더욱 무능합니다. 그런데 하늘에 계신 아버지는 무한하시고 영원하시고 불변하시기에 영육에 필요한 모든 것을 전능하신 능력으로 우리에게 주실 수 있습니다. 전능하사 천지를 만드신 하나님은 우리의 기도에 전능하신 능력으로 응답하십니다. 우리는 그런 아버지께 기도하는 것입니다. 자기 아들을 아끼지 아니하시고 우리 모든 사람을 위해 내어주신 하나님은 그 아들과 함께 모든 것을 우리에게 주시기 때문에(롬 8:32), 우리는 기도할 수 있고 기도해야만 합니다.

함께 나누기: 하늘에 계신 우리 아버지여

01 여러분은 자녀가 지금 어떤 문제로 고민하고 있는지 아십니까? 자녀가 당면한 과제는 무엇입니까? 자녀라면 부모님이 요사이 힘들어하시는 문제가 무엇인지 알고 있습니까? 부모님의 근심과 걱정거리를 알고 함께 해결하려고 했는지 말해봅시다.

02 하이델베르크 교리문답 제120-121문을 서로 묻고 답해봅시다. 근거 성구도 다시 한번 살펴봅시다.

03 주기도문의 구조를 서언, 본문, 결언으로 나누어 그 내용이 무엇인지 살펴봅시다.

04

그리스도는 왜 하나님을 "우리 아버지"라고 부르도록 우리에게 명하셨습니까?

① 우리는 누구에게 기도합니까? 그분은 우리와 어떤 관계입니까?

② 우리는 왜 "나의 아버지"가 아니라 "우리 아버지"라고 부릅니까? 에베소서 4:15-16을 참고하여 나누어봅시다.

05

"하늘에 계신"이란 말이 왜 첨가되었습니까? 이사야 55:8-12을 읽고 나누어봅시다.

제47주일: 제122문

이름이 거룩히 여김을 받으시오며

Q 제122문 [주기도문의] 첫 번째 간구는 무엇입니까?

Which is the first petition?

A 답 "이름이 거룩히 여김을 받으시오며"로 이러한 간구입니다. 첫째, 우리가 하나님을 옳게 알고,[1] 당신을 거룩하게 하고, 영화롭게 하고, 찬양하게 하소서.[2] 당신의 권능, 지혜, 선, 공의, 자비와 진리가 분명하게 드러나는 당신의 모든 일에서 그렇게 되게 하소서.[3] 둘째 우리가 우리의 전 삶, 우리의 생각, 말과 행위를 매우 잘 조정하고 이끌어, 당신의 이름이 결코 더럽혀지지 않고, 오히려 우리로 말미암아 영예롭게 되고 칭송받게 하소서.[4]

"Hallowed be thy name"; that is, grant us, first, rightly to know thee, and to sanctify, glorify and praise thee, in all thy works, in which thy power, wisdom, goodness, justice, mercy and truth, are clearly displayed; and further also, that we may so order and direct our whole lives, our thoughts, words and actions, that thy name may never be blasphemed, but rather honoured and praised on our account.

blaspheme 신성 모독적인 발언을 하다

근거 성구

1 주의 말씀은 내 발에 등이요, 내 길에 빛이니이다(시 119:105).

자랑하는 자는 이것으로 자랑할지니 곧 명철하여 나를 아는 것과 나, 여호와는 사랑과 정의와 공의를 땅에 행하는 자인 줄 깨닫는 것이라. 나는 이 일을 기뻐하노라. 여호와의 말씀이니라(렘 9:24).

33그러나 그 날 후에 내가 이스라엘 집과 맺을 언약은 이러하니 곧 내가 나의 법을 그들의 속에 두며 그들의 마음에 기록하여 나는 그들의 하나님이 되고 그들은 내 백성이 될 것이라. 여호와의 말씀이니라.
34그들이 다시는 각기 이웃과 형제를 가리켜 이르기를 "너는 여호와를 알라" 하지 아니하리니 이는 작은 자로부터 큰 자까지 다 나를 알기 때문이라. 내가 그들의 악행을 사하고 다시는 그 죄를 기억하지 아니하리라. 여호와의 말씀이니라(렘 31:33-34).

예수께서 대답하여 이르시되 "바요나 시몬아, 네가 복이 있도다. 이를 네게 알게 한 이는 혈육이 아니요, 하늘에 계신 내 아버지시니라"(마 16:17).

영생은 곧 유일하신 참 하나님과 그가 보내신 자 예수 그리스도를 아는 것이니이다(요 17:3).

너희 중에 누구든지 지혜가 부족하거든 모든 사람에게 후히 주시고 꾸짖지 아니하시는 하나님께 구하라. 그리하면 주시리라(약 1:5).

2 137여호와여, 주는 의로우시고 주의 판단은 옳으니이다. 138주께서 명령하신 증거들은 의롭고 지극히 성실하니이다(시 119:137-138).

46마리아가 이르되 "내 영혼이 주를 찬양하며 47내 마음이 하나님 내 구주를 기뻐하였음은…68찬송하리로다. 주, 이스라엘의 하나님이여! 그 백성을 돌보사 속량하시며 69우리를 위하여 구원의 뿔을 그 종 다윗의 집에 일으키셨으니"(눅 1:46-47, 68-69).

33깊도다. 하나님의 지혜와 지식의 풍성함이여. 그의 판단은 헤아리지 못할 것이며 그의 길은 찾지 못할 것이로다. 34누가 주의 마음을 알았느냐? 누가 그의 모사가 되었느냐? 35누가 주께 먼저 드려서 갚으심을 받겠느냐? 36이는 만물이 주에게서 나오고 주로 말미암고 주에게로 돌아감이라. 그에게 영광이 세세에 있을지어다. 아멘(롬 11:33-36).

3 6여호와께서 그의 앞으로 지나시며 선포하시되 "여호와라. 여호와라. 자비롭고

은혜롭고 노하기를 더디 하고 인자와 진실이 많은 하나님이라. 7인자를 천대까지 베풀며 악과 과실과 죄를 용서하리라. 그러나 벌을 면제하지는 아니하고 아버지의 악행을 자손 삼사 대까지 보응하리라(출 34:6-7).

8여호와는 은혜로우시며 긍휼이 많으시며 노하기를 더디 하시며 인자하심이 크시도다. 9여호와께서는 모든 것을 선대하시며 그 지으신 모든 것에 긍휼을 베푸시는도다(시 145:8-9).

옛적에 여호와께서 나에게 나타나사 "내가 영원한 사랑으로 너를 사랑하기에 인자함으로 너를 이끌었다" 하였노라(렘 31:3).

18주는 은혜를 천만인에게 베푸시며 아버지의 죄악을 그 후손의 품에 갚으시오니 크고 능력 있으신 하나님이시요, 이름은 만군의 여호와시니이다. 19주는 책략에 크시며 하시는 일에 능하시며 인류의 모든 길을 주목하시며 그의 길과 그의 행위의 열매대로 보응하시나이다(렘 32:18-19).

예수께서 이르시되 "어찌하여 선한 일을 내게 묻느냐? 선한 이는 오직 한 분이시니라. 네가 생명에 들어가려면 계명들을 지키라"(마 19:17).

3어떤 자들이 믿지 아니하였으면 어찌하리요? 그 믿지 아니함이 하나님의 미쁘심을 폐하겠느냐? 4그럴 수 없느니라. "사람은 다 거짓되되 오직 하나님은 참되시다" 할지어다. 기록된 바 "주께서 주의 말씀에 의롭다 함을 얻으시고 판단 받으실 때에 이기려 하심이라" 함과 같으니라(롬 3:3-4).

22그러므로 하나님의 인자하심과 준엄하심을 보라. 넘어지는 자들에게는 준엄하심이 있으니 너희가 만일 하나님의 인자하심에 머물러 있으면 그 인자가 너희에게 있으리라. 그렇지 않으면 너도 찍히는 바 되리라. 23그들도 믿지 아니하는 데 머무르지 아니하면 접붙임을 받으리니 이는 그들을 접붙이실 능력이 하나님께 있음이라(롬 11:22-23).

4 주를 찬송함과 주께 영광 돌림이 종일토록 내 입에 가득하리이다(시 71:8).

여호와여, 영광을 우리에게 돌리지 마옵소서. 우리에게 돌리지 마옵소서. 오직 주는 인자하시고 진실하시므로 주의 이름에만 영광을 돌리소서(시 115:1).

이같이 너희 빛이 사람 앞에 비치게 하여 그들로 너희 착한 행실을 보고 하늘에 계신 너희 아버지께 영광을 돌리게 하라(마 5:16).

해설

하나님의 거룩한 이름

우리는 앞의 제120-121문에서 주기도문의 서문에 해당하는 "하늘에 계신 우리 아버지"의 의미에 관해 살펴보았습니다. 여기서는 본문에 해당하는 여섯 개의 간구 중 첫 번째 간구인 "이름이 거룩히 여김을 받으시오며"의 뜻이 무엇인지 살펴봅니다.

제120문	그리스도는 왜 하나님을 "우리 아버지"라고 부르도록 우리에게 명하셨는가?
제121문	"하늘에 계신"이란 말이 왜 첨가되었는가?
제122문	"이름이 거룩히 여김을 받으시오며"는 무슨 뜻인가?

표35 하이델베르크 교리문답 제120-122문의 구성

1. 우리가 하나님을 옳게 알고, 거룩하게 하고, 영화롭게 하고, 찬양하게 하소서

ㄱ. 우리가 하나님을 옳게 알고

예수님이 제자들에게 "너희는 나를 누구라 하느냐?" 하고 물으시자 베드로는 "주는 그리스도시요, 살아 계신 하나님의 아들이시니이다"라고 대답했습니다. 그러자 예수님은 "네가 복이 있도다. 이를 네게 알게 한 이는 혈육이 아니요, 하늘에 계신 내 아버지시니라"(마 16:17)라고 칭찬하셨습니다. 예수님이 주 그리스도시라는 사실을 아는 것은 사람의 힘으로 되지 않습니다. 아버지께서 알려주셔야만 합니다. 하나님이 우리에게 믿음을 주셔야만 하고, 성

경으로 기록된 내용을 계시해주셔야만 알 수 있습니다. 매일의 삶 속에서 다양한 경험과 앎이 편견과 우상숭배로 빠지지 않게 하시는 분은 하나님이십니다. 하나님만이 우리에게 하나님을 올바로 알게 하시어 하나님의 이름이 더럽혀지지 않고 거룩하게 하십니다. 그러므로 우리는 하나님을 알되 올바로 알게 해달라고 하나님께 기도해야 합니다.

주의 말씀이 우리 발에 등이고 우리 길에 빛이 됩니다(시 119:105). 그래서 우리는 하나님을 바르게 알아가고 인생을 올바로 살아갈 수 있습니다. 우리의 인생에서 우리가 자랑해야 할 한 가지는 하나님의 은혜로 명철을 얻고 하나님을 아는 것입니다. 많은 사람이 자신의 욕심과 경험으로 하나님을 왜곡합니다. 또 다른 사람들은 하나님이 자신의 필요를 채워주는 요술 램프의 거인인 듯 오해합니다. 하지만 우리가 하나님을 사랑과 정의와 공의를 땅에 행하시는 자라고 올바로 깨닫는다면 우리는 이 깨달음으로 말미암아 크게 기뻐할 수 있습니다(렘 9:24). 다른 모든 것을 알아도, 하나님을 제대로 모르면 아무 소용이 없습니다. 그리스도 예수를 아는 지식이 가장 고상하며 다른 모든 것은 배설물에 지나지 않습니다(빌 3:8).

하나님은 우리와 언약을 맺으셨습니다. 하나님이 당신의 법을 우리 속에 두시고 우리의 마음에 기록하시어 당신은 우리의 하나님이 되시고 우리는 당신의 백성이 되는 언약이 맺어졌습니다. 우리의 힘으로는 거룩하기 이를 데 없고, 무한하기 이를 데 없는 하나님을 알 수 없지만 우리는 이 언약에 근거해 하나님의 은혜와 방법으로 하나님을 알려달라고 기도합니다. 우리의 악행과 죄를 사하시고 기억하지 아니하심으로, 하나님을 계시하여주시고 우리에게 영생을 달라고 기도하는 것입니다(렘 31:33-34). 이 땅 위의 모든 지식은 영생을 얻는 데 아무 소용이 없지만 예수 그리스도를 아는 한 가지 지식은 유일하게 우리를 영생으로 인도합니다. 하나님은 이런 지혜를 우리가 구할 때 후히 주시겠다고 약속하셨습니다(약 1:5). 우리는 이런 내용을 가득 담아 “이름이 거룩히 여김을 받으시오며"라고 기도합니다.

ㄴ. 하나님을 거룩하게 하고, 영화롭게 하고, 찬양하게 하소서

인생의 최고 목적은 무엇일까요? 앞서 살펴본 것처럼 인생이 이 땅에서 자랑할 것은 명철을 얻어 하나님을 알고, 하나님이 사랑과 정의와 공의를 땅에 행하는 자인 줄 깨닫는 것입니다. 그런데 이는 우리 사람의 힘으로 이룰 수 없는 일입니다. 우리는 단지 그런 은혜가 우리에게 임하게 해달라고 기도해야 합니다. 하나님을 알고 깨닫는 자는 자연스럽게 하나님을 거룩하게 하고, 영화롭게 하고, 찬양하는 삶을 삽니다. 물론 이 일도 사람의 힘으로 되지 않기에 우리는 하나님께 간구하며 도우심을 구합니다.

누가 하나님의 깊고 깊은 지혜와 지식에서 나오는 판단을 헤아리겠습니까? 누가 주의 마음을 알고, 누가 주의 모사가 되며, 누가 먼저 주께 드려서 갚으심을 받겠습니까? 주님은 주시는 분이시지 우리에게서 받는 분이 아니십니다. 우리가 주님께 무엇을 드리더라도 그것들은 모두 그분으로부터 온 것들입니다. 멀리 우회하여 왔기에 우리가 우리의 것으로 착각하는 것일 뿐입니다. 피조물이 이 땅에서 해야 할 일은 주님께로부터 받은 은혜를 최대한 갚아 돌려드리는 것입니다. 그 은혜를 우리가 높아지는 데 사용하면 안 됩니다.

그런데 얼마나 많은 이들이 주님께 영광을 돌린다고 하면서 자신을 높이는지 모릅니다. 그러면서도 자신은 욕심이 없으며 단지 가난한 자들을 도울 수 있는 형편 정도만 되면 된다고 말합니다. 그런 자들은 하나님을 알고 기도하는 삶이란 이 땅에서 남에게 눌리지 않으며 안정되게 살아가는 것과 다르지 않다고 착각합니다. 그들은 자기 자신을 위해 주님이 필요합니다. 하나님이 절대적 가치를 지니신 존재라는 것을 모르고, 그 하나님이 우리에게 무엇을 선물로 주고자 하시는지도 알지 못합니다.

만물이 주에게서 나오고 주로 말미암고 주에게로 돌아갑니다(롬 11:33-36). 우리는 근본적으로 무에서 지음을 받아 존재하게 되었고, 실존적으로는 죄로 인해 부패한 자들입니다. 우리 자신에게서 나오는 모든 것은 주님이 만드신 만물을 부패하게 하는 것뿐입니다. 우리가 전 인생을 통해 배우는 교훈 하나는 우리의 선택과 행동으로 어떤 선도 만들어내지 못한다는 것입니다. 하나님의 은혜로우신 간섭과 섭리가 없다면 우리가 만들어내는 결과물은 모두 배설물과 같고 부끄러운 실패뿐입니다. 그나마 현재의 신분과 형편을 우리가 누리는 것은 우리의 어리석음과 강퍅함을 하나님이 선하게 바꾸어주셨기 때문입니다. 우리에게는 영광이 전혀 없습니다. 그분께만 영광이 세세에 있고, 있어야 하고, 있을 것입니다. 그러므로 우리가 그분을 거룩하게 하고, 영화롭게 하고, 찬양하는 일을 할 수 있도록 하나님께 기도해야 합니다.

2. 당신의 권능, 지혜, 선, 공의, 자비와 진리가 분명하게 드러나게 하소서

우리가 하나님을 옳게 알고, 거룩하게 하고, 영화롭게 하고, 찬양하는 일은 하나님의 권능, 지혜, 선, 공의, 자비와 진리가 분명하게 드러나는 모든 일에서 그리해야 합니다. 모든 것이 주에게서 나오고 주로 말미암고 주에게로 돌아가는데 어찌 주의 권능, 지혜, 선, 공의, 자비와 진리가 없는 일이 있겠습니까? 우리는 모든 것에서 그것들을 찾아 발견하고 누려야 합니다. 창세로부터 하나님의 영원하신 능력과 신성이 하나님이 만드신 만물에 분명히 보여 알려졌습니다(롬 1:20).

하나님을 위해 우리가 홀로 할 수 있는 일이 하나도 없습니다. 그분께서 하시는 일을 찾아 발견하여 그분을 영화롭게 하고 찬양하는 일이 우리가 해야 할 가장 큰 일입니다. 그래서 하나님이 보내신 이를 믿는 것이 하나님의 일입니다(요 6:29). 이보다 더 큰 하나님의 일도 별로 없습니다. 그리스도가 이 땅에 오셔서 하신 일이 그의 권능, 지혜, 선, 공의, 자비와 진리 안에서 풍성하게 펼쳐졌다는 사실을 아는 것이 하나님의 일인 것입니다.

앞서 제시한 "근거 성구"에서 하나님이 일을 어떻게 하시는지 살펴보시기 바랍니다. 예를 들어 출애굽기 34:6-7에서는 하나님이 자비롭고 은혜롭고 노하기를 더디 하고 인자와 진실이 많으시며, 그래서 인자를 천대까지 베풀고 아버지의 악행을 자손 삼사 대까지 보응하신다고 말합니다. 이 구절은 하나님의 권능, 지혜, 선, 공의, 자비와 진리가 분명하게 드러나는 모습을 잘 표현해줍니다. 다른 구절들도 모두 마찬가지입니다.

3. 하나님의 이름이 더럽혀지지 않고, 오히려 우리로 말미암아 영예롭게 되고 칭송받게 하소서

하나님을 옳게 알고, 하나님을 거룩하게 하고 영화롭게 하고 찬양하게 해달라고 기도하는 우리에게 무엇이 따라야 할까요? 실제로 우리의 온 삶으로, 그리고 우리의 생각과 말과 행동으로 그렇게 사는 삶이 뒤따라야 합니다. 우리의 그런 삶을 통해 하나님의 이름이 더럽혀지지 않고 오히려 영예롭게 되고 칭송받기 때문입니다. 그런데 그런 삶은 우리의 노력이나 의지로 되지 않습니다. 알고 있어도 행동으로는 잘 실천하지 못하는 존재가 사람이기 때문입니다. 그래서 우리는 이런 실천에도 하나님의 은혜가 임하기를 기도합니다.

우리는 세상의 소금입니다. 소금이 맛을 잃으면 아무 쓸 데가 없어 밖에 버려집니다. 우리는 세상의 빛입니다. 빛으로 말미암아 산 위에 있는 동네가 숨겨지지 못합니다. 사람들은 등불을 켜서 집 안 모든 사람에게 비추기 위하여 등경 위에 둡니다. 하나님의 이름을 거룩하게 하는 우리의 온 삶과 말과 행위가 빛처럼 사람들 앞에 비친다면, 그들은 우리의 착한 행실을 보고 하늘 아버지께 영광을 돌리게 됩니다(마 5:16). 예수님은 이런 면에서 우리의 의가 서기관과 바리새인보다 더 나아야 한다고 말씀하셨습니다. 이 말씀을 하신 후에 예수님이 하신 말씀이 “형제에게 노하는 자마다 심판을 받게 되고 형제를 대해 라가라 하는 자는 공회에 잡혀가게 되고 미련한 놈이라 하는 자는 지옥 불에 들어가게 되리라”(마 5:22)이고, “음욕을 품고 여자를 보는 자마다 마음에 이미 간음하였느니라”(마 5:28)입니다.

그런데 그와 같이 생각에 있어서까지 죄를 짓지 않을 자가 아무도 없습니다. 그래서 우리는 기도합니다. 우리의 힘으로 되지 않기에 하나님이 도와주심으로 거룩한 삶을 살게 해달라고 간구합니다. 우리는 거룩한 삶을 살고자 하는 목표와 노력에서 매번 실패하지만, 그때마다 실망과 좌절에 빠지지 않고 다시금 피곤한 손과 연약한 무릎을 일으켜 세워 전진하게 해달라고 기도합니다. 거룩하신 하나님을 알기에, 이제 우리가 그분의 자녀로서 거룩한 삶을 살기 위해 간절히 간구하는 것입니다. 우리는 “이름이 거룩히 여김을 받으시오며”라는 간구를 할수록 하나님의 거룩하심을 생각하며 우리의 삶, 생각, 말과 행위를 잘 조정하고 이끌기 위해 더욱 노력해야 합니다.

함께 나누기: 이름이 거룩히 여김을 받으시오며

01 여러분은 인생에서 언제가 황금기였습니까? 황금기가 아직 안 왔다면 언제가 황금기일 것이라고 생각합니까? 황금기가 지난 이후의 늙음을 받아들이며 순응할 수 있겠습니까? 늙음에 대해 어떻게 생각하며 어떻게 준비하고 있는지 나누어봅시다.

02 하이델베르크 교리문답 제122문을 서로 묻고 답해봅시다. 근거 성구도 다시 한번 살펴봅시다.

03 첫 번째 간구의 내용은 무엇입니까? 그 의미는 무엇인지 다음의 관점에서 살펴봅시다. 관련된 성구들도 꼼꼼하게 확인해봅시다.

① 우리가 하나님을 옳게 알고

② 하나님을 거룩하게 하고, 영화롭게 하고, 찬양하게 하소서

③ 당신의 권능, 지혜, 선, 공의, 자비와 진리가 분명하게 드러나게 하소서

④ 하나님의 이름이 더럽혀지지 않고, 오히려 우리로 말미암아 영예롭게 되고 칭송받게 하소서

제48주일: 제123문

나라가 임하시오며

Q 제123문 [주기도문의] 두 번째 간구는 무엇입니까?

Which is the second petition?

A 답 "나라가 임하시오며"로 이러한 간구입니다. 우리를 당신의 말씀과 영으로 잘 다스려주셔서, 우리로 점점 당신께 복종하게 하시옵소서.[1] 당신의 교회를 보존하고 확장시켜주옵소서.[2] 마귀의 일과, 당신께 대항하여 마귀 자신을 높이려는 모든 힘의 행사와, 당신의 거룩한 말씀에 대항하려고 의도된 모든 사악한 계획을 파괴해주옵소서.[3] 당신의 왕국이 완전히 완성되어, 당신이 만유의 주로서 만유 안에 계실 때까지 그리하옵소서.[4]

"Thy kingdom come"; that is, rule us so by thy word and Spirit, that we may submit ourselves more and more to thee; preserve and increase thy church; destroy the works of the devil, and all violence which would exalt itself against thee; and also all wicked counsels devised against thy holy word; till the full perfection of thy kingdom take place, wherein thou shalt be all in all.

violence	폭행, 폭력, 맹렬함	**counsel**	조언, 충고
devise	의도하다, 창안하다		

근거 성구

1 내 길을 굳게 정하사 주의 율례를 지키게 하소서(시 119:5).

주는 나의 하나님이시니 나를 가르쳐 주의 뜻을 행하게 하소서. 주의 영은 선하시니 나를 공평한 땅에 인도하소서(시 143:10).

그런즉 너희는 먼저 그의 나라와 그의 의를 구하라. 그리하면 이 모든 것을 너희에게 더하시리라(마 6:33).

2 주의 은택으로 시온에 선을 행하시고 예루살렘 성을 쌓으소서(시 51:18).

6 예루살렘을 위하여 평안을 구하라. 예루
살렘을 사랑하는 자는 형통하리로다. 7 네
성안에는 평안이 있고 네 궁중에는 형통
함이 있을지어다. 8 내가 내 형제와 친구
를 위하여 이제 말하리니 네 가운데에 평
안이 있을지어다. 9 여호와 우리 하나님의
집을 위하여 내가 너를 위하여 복을 구하
리로다(시 122:6-9).

또 내가 네게 이르노니 너는 베드로라. 내가 이 반석 위에 내 교회를 세우리니 음부의 권세가 이기지 못하리라(마 16:18).

46 날마다 마음을 같이하여 성전에 모이
기를 힘쓰고 집에서 떡을 떼며 기쁨과 순
전한 마음으로 음식을 먹고 47 하나님을
찬미하며 또 온 백성에게 칭송을 받으니
주께서 구원받는 사람을 날마다 더하게
하시니라(행 2:46-47).

하나님의 말씀이 점점 왕성하여 예루살렘에 있는 제자의 수가 더 심히 많아지고 허다한 제사장의 무리도 이 도에 복종하니라(행 6:7).

그리하여 온 유대와 갈릴리와 사마리아 교회가 평안하여 든든히 서가고 주를 경외함과 성령의 위로로 진행하여 수가 더 많아지니라(행 9:31).

3 1 어찌하여 이방 나라들이 분노하며 민
족들이 헛된 일을 꾸미는가? 2 세상의 군
왕들이 나서며 관원들이 서로 꾀하여 여
호와와 그의 기름 부음 받은 자를 대적
하며 3 "우리가 그들의 맨 것을 끊고 그의
결박을 벗어버리자" 하는도다.…7 내가 여
호와의 명령을 전하노라. 여호와께서 내
게 이르시되 "너는 내 아들이라. 오늘 내
가 너를 낳았도다. 8 내게 구하라. 내가 이
방 나라를 네 유업으로 주리니 네 소유가
땅 끝까지 이르리로다. 9 네가 철장으로
그들을 깨뜨림이여 질그릇 같이 부수리
라" 하시도다(시 2:1-3, 7-9).

평강의 하나님께서 속히 사탄을 너희 발 아래에서 상하게 하시리라. 우리 주 예수의 은혜가 너희에게 있을지어다(롬 16:20).

죄를 짓는 자는 마귀에게 속하나니 마귀는 처음부터 범죄함이라. 하나님의 아들이 나타나신 것은 마귀의 일을 멸하려 하심이라(요일 3:8).

4 22피조물이 다 이제까지 함께 탄식하며 함께 고통을 겪고 있는 것을 우리가 아느니라. 23그뿐 아니라 또한 우리 곧 성령의 처음 익은 열매를 받은 우리까지도 속으로 탄식하여 양자 될 것 곧 우리 몸의 속량을 기다리느니라(롬 8:22-23).

만물을 그에게 복종하게 하실 때에는 아들 자신도 그때에 만물을 자기에게 복종하게 하신 이에게 복종하게 되리니 이는 하나님이 만유의 주로서 만유 안에 계시려 하심이라(고전 15:28).

17성령과 신부가 말씀하시기를 "오라" 하시는도다. 듣는 자도 "오라" 할 것이요, 목마른 자도 올 것이요, 또 "원하는 자는 값없이 생명수를 받으라" 하시더라.…20이 것들을 증언하신 이가 이르시되 "내가 진실로 속히 오리라" 하시거늘, 아멘! 주 예수여, 오시옵소서(계 22:17, 20).

해설

하나님 나라가 임하기를

앞서 우리는 하이델베르크 교리문답 제122문을 통해 주기도문의 첫 번째 간구인 "이름이 거룩히 여김을 받으시오며"의 뜻이 무엇인지 살펴보았습니다. 여기서는 제123문을 통해 주기도문의 두 번째 간구인 "나라가 임하시오며"의 뜻이 무엇인지 살펴보겠습니다.

— **제122문** "이름이 거룩히 여김을 받으시오며"는 무슨 뜻인가?
— **제123문** "나라가 임하시오며"는 무슨 뜻인가?

표36 하이델베르크 교리문답 제122-123문의 구성

1. "나라가 임하시오며"는 무슨 뜻인가?

ㄱ. 우리를 당신의 말씀과 영으로 잘 다스려주옵소서

조선은 이성계의 주도로 세워졌고, 미국은 건국의 아버지라 일컫는 조지 워싱턴, 존 애덤스, 토머스 제퍼슨 등에 의해 세워졌습니다. 대한민국이나 미국을 비롯한 이 땅 위의 나라들은 모두 세운 이들이 있습니다. 그런데 하나님 나라는 사람이 세우지 못합니다. 하나님 나라는 사람의 능력으로 세울 수 있는 수준이 아니기 때문입니다. 하나님이 주인이 되시어 주도적으로 세우시는 하나님 나라는 사람들이 세운 나라와 질적으로 완전히 다릅니다.

하나님은 그 나라를 말씀과 영으로 다스리십니다. 사람이 세운 나라들은 헌법과 법률에 따라 다스려지지만, 하나님 나라는 하나님의 속성이 새겨진 하나님의 말씀에 근거해 다스려집니다. 그리고 창세기 1:2에서 수면 위에 운행하시어 혼돈과 공허와 흑암의 상태를 질서와 채움과 빛의 세계로 이끄신 하나님의 영은 하나님 나라 역시 그렇게 이끄십니다. 하나님 나라는 사람들의 의견이나 혈기나 작당에 의해 운영되지 않고, 하나님의 말씀과 영에 의해 다스려지는 것입니다. 하나님 나라는 하나님의 영에 의해 하나님의 말씀이 그대로 작동되고, 하나님의 속성이 그대로 반영되는 나라입니다.

그런데 우리는 이 땅에서 살아가면서도 하나님 나라와 그의 의를 구해야 합니다. 왜냐하면 우리는 하나님의 자녀로서 하나님 나라에 속한 백성이기 때문입니다. 하나님은 우리를 당신의 형상을 따라 지으셨고, 우리가 아담의 죄로 인해 그 형상을 잃어버리자 십자가에 죽으심으로써 그것을 회복시키셨습니다. 비록 하나님 나라는 아직 그 위용을 이 땅에 완전히 드러내지는 않았지만 이미 존재하며 작동하고 있습니다. 특히 예수 그리스도의 피와 성령의 내주하심으로 하나님의 형상을 회복한 신자들은 그 실체를 맛보며 하나님 나라와 의를 구하는 삶을 이 땅에서 살아가도록 부르심을 받았습니다.

이것이 신자들이 이 땅에서 살아야 할 삶의 본분입니다. 하나님은 아담을 만드신 후 "생육하고 번성하여 땅에 충만하라. 땅을 정복하라. 바다의 물고기와 하늘의 새와 땅에 움직이는 모든 생물을 다스리라"(창 1:28)라고 말씀하셨습니다. 하나님의 형상으로 지음을 받은 사람이 하나님의 속성과 말씀에 따라 이 세상을 다스리며 생육하고 번성하기를 바라신 것입니다. 그래서 우리는 단지 숫자상으로, 생물학적으로 생육하고 번성하는 것이 아니라, 하나님의 말씀과 영에 맞게 생육하고 번성해야 합니다. 이 목적과 의미를 잃어버린 채 자신의 소견에 옳은 대로 살아간다면 사람은 이 땅에 존재할 가치가 없습니다. 노아 시대의 홍수를 통해 오직 8명만 살고 나머지는 싹쓸이 당한 것도 바로 이 이유 때문입니다. 여리고 성의 가나안 사람들이 남녀노소를 막론하고 모두 죽임을 당한 것도 바로 이 이유 때문입니다. 이 사건들은 사람의 존재 가치가 어디에 있는지 잘 말해줍니다.

우리는 하나님이 당신의 말씀과 영으로 우리를 다스리실 때만 점점 더 하나님께 복종할 수 있습니다. 하나님은 사람을 하나님의 형상으로 만드시고 동물들에게서 볼 수 없는 지정의를 주셨습니다. 그래서 하나님은 사람을 사물이나 동물처럼 대우하시지 않습니다. 뜻과 생각을 가진 인격체이므로 그에 맞게 다스리십니다. 죄로 인해 뜻과 생각이 부패한 사람을, 그리고 비록 구원을 받았지만 여전히 남아 있는 부패성으로 말미암아 자신의 뜻과 생각을 잘 통제하지 못하는 신자들을 온전히 다스릴 자가 누구입니까? 이에 대해 바울은 깊이 탄식했습니다.

> [21]내가 한 법을 깨달았노니 곧 선을 행하기 원하는 나에게 악이 함께 있는 것이
> 로다. [22]내 속사람으로는 하나님의 법을 즐거워하되 [23]내 지체 속에서 한 다른 법
> 이 내 마음의 법과 싸워 내 지체 속에 있는 죄의 법으로 나를 사로잡는 것을 보는
> 도다. [24]오호라! 나는 곤고한 사람이로다. 이 사망의 몸에서 누가 나를 건져내랴?
> (롬 7:21-24)

바울은 이처럼 깊이 탄식했고, 밧세바와 간음한 다윗도 깊이 탄식했습니다. 사람의 마음 깊숙이 숨어 있는 부패한 뜻과 생각을 다스릴 자가 누구입니까? 오직 하나님밖에 없습니다. 소를 물가로 끌고 갈 수는 있어도 물을 억지로 먹일 수는 없다는 말이 있습니다. 하지만 사람은 아예 물가로 끌고 가기도 힘듭니다. 오직 하나님만이 사람의 뜻과 생각을 하나님께 복종하게 하십니다. 사람을 가르쳐 주의 뜻을 행하게 하실 자는 하나님뿐이십니다(시 119:5).

ㄴ. 당신의 교회를 보존하고 확장시켜주옵소서

교회는 건물이 아니라 하나님을 믿는 자들의 모임입니다. 교회는 이 땅에서 믿지 않는 자들과 섞여서 지냅니다. 불신자들은 기본적으로 진리의 빛을 발하며 살아가는 신자들을 좋아하지 않습니다. 때론 매우 싫어하며 핍박하기까지 합니다. 이런 악한 이들에게서 교회를 보존하고 확장시키실 분이 누구일까요? 오직 하나님뿐이십니다. "나라가 임하시오며"라는 구절에서 주어는 "나라"입니다. 이를 통해서도 인간이 하나님 나라를 보존하거나 확장시키는 것이 아님을 알 수 있습니다. 하나님만이 하나님 나라가 임하게 하십니다. 교회의 보존과 확장은 사람이 아니라 하나님께 달린 문제입니다.

예수님은 올바른 신앙고백을 한 베드로에게 "내가 이 반석 위에 내 교회를 세우리니 음부의 권세가 이기지 못하리라"(마 16:18)라고 말씀하셨습니다. 예수님이 주체가 되어 교회를 세우고 보존하시기에 음부의 권세가 이기지 못합니다. 예수님은 부활하신 후 제자들에게 "너희는 가서 모든 민족을 제자로 삼아 아버지와 아들과 성령의 이름으로 세례를 베풀고 내가 너희에게 분부한 모든 것을 가르쳐 지키게 하라. 볼지어다. 내가 세상 끝날까지 너희와 항상 함께 있으리라"(마 28:19-20)라고 말씀하셨습니다. 제자들이 모든 민족에게 복음을 전하며 교회를 세우고 세례를 베풀 때 예수님이 세상 끝날까지 그들과 항상 함께하시며 분부한 모든 것을 가르쳐 지키게 하십니다. 예수님이 그들과 함께하시기에 그 모든 일이 가능합니다.

부활 후 승천하실 때 예수님은 제자들에게 "오직 성령이 너희에게 임하시면 너희가 권능을 받고 예루살렘과 온 유대와 사마리아와 땅 끝까지 이르러 내 증인이 되리라"(행 1:8)라고 말씀하셨습니다. 이렇게 말씀하신 예수님은 그후 실제로 그들과 항상 함께하시며 복음이 예루살렘에 널리 선포되어 퍼지게 하셨고(행 6:7), 그 후에는 온 유대에, 그다음에는 사마리아와 땅 끝까지 퍼지게 하셨습니다(행 9:31). 사도행전은 예수님의 말씀에 따라 복음이 어떻게 예루살렘과 온 유대와 사마리아와 땅 끝까지 퍼지는지 보여줍니다. 각 상황마다 등장하는 인물들이 있어서 그들의 활동을 통해 복음이 퍼져나가지만, 그 모든 상황을 이끌어가시는 분은 하나님이십니다.

예루살렘에 복음이 선포될 때 예수님을 구주로 받아들인 이들은 날마다 마음을 같이하여 성전에 모이기를 힘쓰고 집에서 떡을 떼며 기쁨과 순전한 마음으로 음식을 먹고 하나님을 찬미하며 또 온 백성에게 칭송을 받았습니다(행 2:46-47). 복음은 단순히 지역적으로만 퍼진 것이 아니라 질적으로도 확장되어 복음을 받아들인 자들이 하나님의 말씀대로 살아내는 현상이 발생했습니다. 믿는 사람이 다 함께 모든 물건을 서로 통용하고 또 재산과 소유를 팔아 각 사람의 필요를 따라 나눠주었습니다(행 2:44-45). 이것이야말로 교회의 진정한 확장입니다. 그런데 이런 일은 사람의 결단과 의지만으로는 되지 않는 일입니다. 우리는 "나라가 임하시오며"라고 기도할 때 이런 나라가 오기를 바라는 동시에 이런 나라를 위해 살 수 있기를 바라는 것입니다.

ㄷ. 마귀의 일과 모든 힘의 행사와 모든 사악한 계획을 파괴해주옵소서

우리의 대적 마귀는 우는 사자 같이 두루 다니며 삼킬 자를 찾습니다(벧전 5:8). 그런데 마귀는 우리의 눈에 보이지 않습니다. 욥이 사탄에게 시험을 받을 때도 사탄은 욥의 눈에 보이지 않았습니다. 욥은 도대체 왜 자기에게 여러 가지 고난이 찾아오는지 알지 못했습니다. 욥은 재산과 건강의 상실로 인해 힘들었지만, 고난이 오는 이유를 알지 못하는 것 때문에 더 힘들었습니다. 스바 사람이 갑자기 이르러 욥의 소와 나귀를 빼앗고 칼로 종들을 죽였는데, 이 일의 주동자인 사탄은 보이지 않고 충동을 받은 스바 사람만 보일 뿐이었습니다(욥 1:15). 그 후 사탄이 또 욥을 치자 발바닥에서부터 정수리까지 종기가 생겨 성한 곳이 없었습니다. 욥이 재 가운데 앉아서 질그릇 조각을 가져다가 몸을 긁고 있을 때 그의 눈에는 종기들만 보일 뿐, 종기가 나게 한 사탄은 보이지 않았습니다(욥 2:7-8).

눈에 보이지 않는 사탄에 맞서 욥이 승리할 수 있었던 비결은 무엇이었습니까? 하나님의 보호뿐이었습니다. 하나님은 사탄의 사악한 계획이 물거품으로 돌아가도록 사탄을 통제하고 욥을 든든히 붙잡아 세우셨습니다. 하나님은 사탄이 욥의 소유물을 치되 그의 몸에는 손을 대지 못하게 하셨고, 그다음에는 욥의 뼈와 살을 치되 그의 생명은 해하지 못하게 하셨습니다. 우리가 하나님 보좌 앞에서 벌어지는 이런 일들을 어떻게 알아 영향을 미칠 수 있겠습니까? 보이지 않는 것을 볼 수 없는 우리에게는 오직 하나님의 사랑과 돌보심만이 우리를 지키는 방패입니다. 우리는 속히 사탄을 우리 발아래에서 상하게 하실 평강의 하나님을 의지할 뿐입니다(롬 16:20). 그래서 우리는 "나라가 임하시오며"라는 기도로 하나님이 사탄의 일과 그 모든 힘의 행사와 사악한 계획을 파괴해주시기를 간구합니다.

이방 나라들은 늘 분노하고 각 민족은 항상 헛된 일을 꾸밉니다. 그들은 서로 꾀하여 하나님과 그의 기름 부음 받은 자를 대적하고자 합니다. 마귀의 책동으로 그들의 종착점은 사람의 이름을 높이고 하나님을 대적하는 반역의 길이 될 수밖에 없습니다. 그런데 하나님은 그들을 철장으로 깨뜨리시고, 질그릇 같이 부수십니다(시 2:1-9). 세계 역사의 이면에는 이렇게 마귀의 책동과 그를 제압하시는 하나님의 다스리심이 있습니다.

우리의 씨름은 혈과 육을 상대하는 것이 아님을 알아야 합니다. 신자들은 그리스도와 함께 통치자들과 권세들과 어둠의 세상 주관자들과 하늘에 있는 악의 영들을 상대합니다. 사탄과 그의 졸개들이 존재하고 활동한다는 사실을 인지하지 못한 채 눈에 보이는 혈과 육만을 싸움의 대상으로 여기면 안 됩니다. 설사 그들의 존재를 인지한다고 해도 우리의 제한된 판단력과 능력으로는 사탄과 그 졸개들의 사악한 계획을 가로막거나 그들이 하는 일을 방해할 수 없습니다. 잘못된 신비주의나 과장된 영적 싸움에 빠져드는 사람은 자신도 잘 알지 못하는 싸움에 빠져드는 꼴이며 패배를 맛볼 수밖에 없습니다. 혈과 육이 상대라면 총과 칼을 준비하면 됩니다. 하지만 우리의 적수가 혈과 육이 아니므로 우리는 하나님의 전신갑주를 취해야 합니다. 진리, 의, 평안, 믿음, 성령이 우리의 무기이고(엡 6:11-17), 하나님이 우리의 대장이십니다. 그러면 우리는 최종적으로 백전백승할 수밖에 없습니다. 우리는 이 승리를 위해 "나라가 임하시오며"라고 기도합니다.

ㄹ. 당신의 왕국이 완전히 완성될 때까지 그리하옵소서

하나님은 당신의 왕국이 완전히 완성될 때까지 일하기를 멈추지 않으십니다. 우리의 힘으로는 하나님 나라를 이루는 데 조금도 이바지하지 못합니다. 하지만 하나님은 우리가 이 일에 협력자로 참여할 수 있게 이끌어주십니다. 이 사실이 우리에게 얼마나 큰 안전감과 평안을 주는지 모릅니다. 임마누엘 하나님은 항상 우리와 함께하시며 우리와 함께 일하기를 기뻐하십니다.

성경에서 "하나님의 나라"와 연관된 동사들은 다음에 정리해놓은 것처럼 "임하다", "들어가다", "오다", "받다", "내려오다" 등입니다. 하나님의 나라는 하나님의 초월적 능력으로 우리에게 일방적인 은혜로 임하고, 오고, 내려오는 것이지, 절대로 사람의 힘으로 세우고, 건설하고, 넓히고, 이루는 것이 아닙니다. 사람의 힘으로는 사람의 나라를 세우고 부술 뿐이며 절대로 하나님 나라를 세우고 확장할 수는 없습니다. 요사이 하나님 나라와 관련하여 사람을 주어로 하여 "세우다", "건설하다", "넓히다", "이루다"와 같은 동사를 쓰는 사람이 많은데, 그런 동사들이 성경에서는 잘 쓰이지 않는다는 사실을 기억해야 합니다.

하나님 나라와 관련된 성구

그러나 내가 하나님의 성령을 힘입어 귀신을 쫓아내는 것이면 하나님의 나라가 이미 너희에게 임하였느니라(마 12:28).

"그 둘 중의 누가 아버지의 뜻대로 하였느냐?" 이르되 "둘째 아들이니이다." 예수께서 그들에게 이르시되 "내가 진실로 너희에게 이르노니 세리들과 창녀들이 너희보다 먼저 하나님의 나라에 들어가리라"(마 21:31).

이르시되 "때가 찼고 하나님의 나라가 가까이 왔으니 회개하고 복음을 믿으라" 하시더라(막 1:15).

만일 네 눈이 너를 범죄하게 하거든 빼버리라. 한 눈으로 하나님의 나라에 들어가는 것이 두 눈을 가지고 지옥에 던져지는 것보다 나으니라(막 9:47).

거기 있는 병자들을 고치고 또 말하기를 "하나님의 나라가 너희에게 가까이 왔다" 하라(눅 10:9).

이와 같이 너희가 이런 일이 일어나는 것을 보거든 하나님의 나라가 가까이 온 줄을 알라(눅 21:31).

"내가 너희에게 이르노니 내가 이제부터 하나님의 나라가 임할 때까지 포도나무에서 난 것을 다시 마시지 아니하리라" 하시고(눅 22:18).

예수께서 대답하시되 "진실로 진실로 네게 이르노니 사람이 물과 성령으로 나지 아니하면 하나님의 나라에 들어갈 수 없느니라"(요 3:5).

제자들의 마음을 굳게 하여 이 믿음에 머물러 있으라 권하고, 또 "우리가 하나님의 나라에 들어가려면 많은 환난을 겪어야 할 것이라" 하고(행 14:22).

형제들아, 내가 이것을 말하노니 혈과 육은 하나님 나라를 이어받을 수 없고 또한 썩는 것은 썩지 아니하는 것을 유업으로 받지 못하느니라(고전 15:50).

투기와 술 취함과 방탕함과 또 그와 같은 것들이라. 전에 너희에게 경계한 것 같이 경계하노니 이런 일을 하는 자들은 하나님의 나라를 유업으로 받지 못할 것이요(갈 5:21).

또 내가 보매 거룩한 성 새 예루살렘이 하나님께로부터 하늘에서 내려오니 그 준비한 것이 신부가 남편을 위하여 단장한 것 같더라(계 21:2).

우리는 어떻게 이렇게 엄청난 능력으로 세워진 하나님 나라의 시민이 됩니까? 예수 그리스도의 순종과 희생, 그리고 성령이 그것을 우리에게 적용하심으로써 우리는 그 나라의 시민권을 획득합니다. 하나님의 전적인 은혜입니다. 우리는 하나님의 초월적 능력으로 세워진 하나님 나라에 하나님의 은혜로 들어갈 뿐입니다. 우리의 공로는 하나님 나라에 들어가는 문제에서 아무런 소용이 없습니다. 하나님만이 알파와 오메가이시고, 처음과 마지막이시며, 시작과 마침이십니다(계 22:13).

2. 교회의 성격

앞서 우리는 "나라가 임하시오며"라는 기도에 하나님의 교회를 보존하고 확장시켜달라는 의미가 있음을 살펴보았습니다. 교회가 어떤 성격을 갖는지 알면 "나라가 임하시오며"라는 구절을 더 잘 이해할 수 있습니다. 교회의 성격은 세 가지 측면에서 살펴볼 수 있는데, 전투하는 교회와 승리하는 교회, 보이는 교회와 보이지 않는 교회, 유기체로서의 교회와 제도(조직)로서의 교회가 바로 그것입니다. 각각에 관해 자세히 살펴보겠습니다.

ㄱ. 전투하는 교회와 승리하는 교회

그리스도의 교회는 이 지상에 있는 동안 하나님의 보호와 통치 아래서 전투를 지속해야 합니다. 하나님 나라가 완전히 완성되어 임할 때까지 지상의 교회는 사탄과 비진리에 맞서 싸워나갑니다. 전투하는 교회의 정체성을 잃어버린 교회는 참혹한 패배를 맛보게 됩니다. 적은 아군의 정체를 샅샅이 알고 있는데 아군은 전쟁 중이라는 의식도 없고 적에 대한 경계심도 없다면 그 전쟁의 결과는 뻔하지 않겠습니까?

육체의 소욕은 성령을 거스르고, 성령의 소욕은 육체를 거스르는 치열한 전투는 예수님의 재림 때까지 끊이지 않습니다. 마귀는 신자들에게서 하나님의 진리와 사랑을 빼앗아 성령의 열매를 맺지 못하게 합니다. 이 전투에서 패배한 신자들의 삶에서는 육체의 일이 현저하게 드러납니다. 반대로 신자들이 이 전투에서 승리하면 성령의 열매를 전리품으로 얻습니다. 신자는 헛된 영광에 취해 마귀와의 전투에서 패배하면 안 됩니다(갈 5:16-26).

앞서 살펴본 것처럼 우는 사자 같이 우리를 삼키려고 하는 대적은 분명히 존재합니다(벧전 5:8). 그리고 우리의 무기는 진리, 의, 평안, 믿음, 성령으로 이루어진 하나님의 전신갑주입니다(엡 6:11-17). 이 무기 중 유일한 공격 무기는 성령의 검인 하나님의 말씀입니다. 예수님도 광야에서 하나님의 말씀으로 마귀를 물리치셨습니다. 마귀도 하나님의 말씀으로 예수님을 시험하였는데, 문맥에 상관없는 뜻으로 인용하면서 교묘하게 뒤틀어서 악용했습니다. 예수님은 말씀의 의미를 정확하게 살려 마귀를 대적하셨습니다. 교회도 정확한 이해를 바탕으로 하나님의 말씀을 사탄에 맞서는 공격 무기로 잘 활용해야 합니다. 공격 무기는 오직 하나님의 말씀뿐입니다. 이 문제에서 교회의 외형적 숫자와 재정과 조직은 별 영향력이 없습니다.

땅 위의 교회가 전투하는 교회라면 하늘의 교회는 승리하는 교회입니다. 예수님의 재림과 함께 전투는 끝이 나고 완전한 승리가 우리에게 주어집니다. 전투의 노래는 승전가로 바뀌고 우리의 머리에는 승리의 면류관이 씌워질 것입니다. 완전한 승리는 그때가 되어야만 맛볼 수 있습니다. 우리가 지상에 있는 동안에는 크고 작은 전투가 계속해서 이어집니다. 그러니 우리는 이 땅에서 완전한 승리를 맛보지 못한다고 하여 실망할 필요가 없습니다. 어떤 힘든 상황이 닥치더라도 미래에 주어질 승리의 교회를 바라보며 견뎌내야 합니다. 또 이 땅에서 아무리 큰 승리를 얻더라도 즉시 사탄의 반격이 있을 것이라 예상하고 긴장의 끈을 놓으면 안 됩니다.

이 땅에 사는 동안 우리는 국지전에서 패배해 후퇴할 때도 있습니다. 하지만 우리의 대장 예수 그리스도가 우리를 보호하시므로 우리는 최종적 승리를 확신할 수 있습니다. 승리가 보장되었으므로 비록 힘들지만 신나는 싸움입니다. 우리는 이 싸움의 결과를 예견하고 오늘의 분투를 즐기는 신자들이 되어야 합니다.

ㄴ. 보이는 교회와 보이지 않는 교회

예수님은 십자가에 못 박혀 죽는 한 강도에게 "오늘 네가 나와 함께 낙원에 있으리라"(눅 23:43)라고 말씀하셨습니다. 예수님은 정확한 통찰로 그를 신자로 인정하셨습니다. 하지만 사람들은 열 길 물속은 알아도 한 길 사람 속을 알지 못하고 누가 참된 신자인지 아닌지도 정확하게 파악하지 못합니다. 그래서 아무리 신중을 기해도 땅 위에 있는 "보이는 교회"에는 거짓 성도가 포함될 수밖에 없습니다. 쭉정이가 존재하기 마련인 것입니다. 바울도 아시아에 있는 모든 사람이 자기를 버렸으며(딤후 1:15), 이 세상을 사랑하여 자기를 버리고 떠난 동지가 있다고 말하기도 했습니다(딤후 4:10).

이에 비해 하나님의 택함을 받은 참된 성도로 구성된 "보이지 않는 교회"에는 거짓 교인이 없습니다. 보이지 않는 교회는 사람 눈에는 보이지 않지만 하나님께는 분명히 보입니다. 외로운 사역에 지친 엘리야가 하나님을 섬기는 사람이 자기만 남았다고 했을 때 하나님은 바알에게 무릎을 꿇지 않은 7,000명이 남아 있다고 알려주셨습니다(왕상 19:18). 바로 그와 같은 자들이 눈에 보이지 않는 교회의 회원에 해당합니다.

보이지 않는 교회의 개념은 성도가 하나님의 은혜로 존재함을 말해줍니다. 바울은 바알에게 무릎을 꿇지 않은 7,000명과 관련하여 "그런즉 이와 같이 이제도 은혜로 택하심을 따라 남은 자가 있느니라"(롬 11:5)라고 말합니다. 성도는 하나님의 은혜로 택하심을 받아 남은 자들입니다. 성도는 자기 행위로 구원받지 않고 하나님의 은혜로 구원받습니다. 보이지 않는 교회가 존재함을 알 때 우리는 한 사람에 대한 기다림을 포기하지 않을 수 있습니다. 하나님의 은혜가 임하면 사람은 변하기 마련입니다. 그래서 오직 기독교와 그리스도인만이 어떤 상황에서도 사람의 변화를 기다리고 사모하며 끝까지 인내합니다. 그리고 모든 사람에 대한 전도를 포기하지 않습니다.

보이는 교회만 아는 사람들은 선교사에게도 눈에 보이는 즉각적인 열매를 요구하게 됩니다. 선교사는 순수한 복음이 아니라 자극적인 다양한 방법을 사용해 교회당에 사람을 끌어모을 수 있습니다. 하지만 이는 의미가 없습니다. 그 사람들은 하나님의 은혜로 성도가 된 것이 아니라 자극적인 방법에 이끌려 호기심으로 교회에 발을 들여놓았을 뿐이기 때문입니다. 하지만 보이지 않는 교회를 알고 바라보는 자는 지금 당장 열매가 없어도 어느 곳에서 싹이 나서 자라고 있는지 모르므로 순전한 복음을 전했다는 사실 하나에 기뻐할 수 있습니다. 가시적 현상에 갇히지 않고 은혜와 능력으로 일하시는 하나님이 앞으로 펼치실 일을 기대하는 것입니다. 이런 인식이 있으면 사람 눈에 보이는 성도가 없어도 하나님이 어딘가에 믿는 자들을 숨겨놓으신 것을 믿게 되고, 이미 하나님의 나라가 그들에게 임한 것에 관해서도 확신을 갖게 됩니다.

ㄷ. 유기체로서의 교회와 제도(조직)로서의 교회

탈무드는 머리가 둘 달린 아이가 태어났을 때, 뜨거운 물을 한쪽 머리에 부어 다른 머리도 같이 아파하면 한 사람이고 아파하지 않으면 두 사람이라고 말합니다. 한 몸은 고통과 기쁨을 같이 느낀다는 데 착안한 이야기입니다. 그와 같이 정상적인 인체는 유기체로서 어느 한 부분이 아프면 다른 몸 전체도 같이 고통을 받습니다. 이에 비해 자동차는 생물처럼 움직이기는 하지만 한쪽 바퀴에 고장이 나도 다른 부분이 아파하지 않는 기계일 뿐입니다. 이 둘에는 매우 큰 차이가 있습니다. 살아 있는 생물은 한 지체의 고통을 다른 지체들이 함께 느끼지만 무생물은 그렇지 못합니다.

성경은 신자들이 예수님을 머리로 하여 한 몸을 이루는 지체라고 말합니다(롬 12:5). 따라서 신자들의 모임인 교회는 유기체의 성격을 갖습니다. 교회의 신자들은 다른 지체가 고통을 받으면 함께 고통을 느낍니다. 이에 관해 고린도전서 12:26-27은 "만일 한 지체가 고통을 받으면 모든 지체도 함께 고통을 받고 한 지체가 영광을 얻으면 모든 지체도 함께 즐거워하나니 너희는 그리스도의 몸이요, 지체의 각 부분이라"라고 말합니다. 피는 물보다 진하다고 하는데, 육신의 피보다 더 진한 것이 영적인 유대라고 할 만합니다.

그런데 오늘날 사회에서 개인주의 문화가 팽배하면서 자기와 자기 가족의 안위만을 추구하는 소시민들이 교회에서도 대세를 이루게 되었습니다. 그런 자들은 익명성과 편의가 보장되는 대형 교회를 선호합니다. 그들은 자신의 모든 것이 노출되고 적극적 참여와 책임이 요구되는 작은 교회를 부담스러워합니다. 하지만 교회는 소정의 회비를 내고 자기가 원하는 활동을 하며 만족감을 누리는 사회단체가 아닙니다. 교회의 회원이 된다는 것은 새로운 가족의 구성원이 된다는 것입니다. 한 가족이기에 기쁨과 정성을 가지고 교인들의 여러 일에 관심을 두어야 합니다. 한 가족의 구성원으로서 권리와 기쁨은 물론, 책임과 부담까지 기꺼이 감당할 수 있어야 합니다.

그런데 교회에는 유기체의 성격만이 아니라 제도(조직)로서의 성격도 있습니다. 교회가 유기체라는 사실만 강조하는 사람은 노회나 당회, 목사직이나 장로직 같은 교회의 체계를 무시하기 쉽습니다. 어쩌면 그런 사람은 모든 성도가 예수님 안에서 평등한 지체인데, 목사와 장로가 그 위에 군림해서는 안 된다는 논리를 앞세울지도 모릅니다. 물론 갈라디아서 3:28—"너희는 유대인이나 헬라인이나 종이나 자주자나 남자나 여자 없이 다 그리스도 예수 안에서 하나이니라"—이나 고린도전서 12:13—"우리가 유대인이나 헬라인이나 종이나 자유자나 다 한 성령으로 세례를 받아 한 몸이 되었고 또 다 한 성령을 마시게 하셨느니라"—등의 말씀은 교인이 모두 똑같은 하나임을 말해줍니다.

하지만 그런 말씀들은 모두 교회의 유기체적 성격에 초점을 둔 것입니다. 성경은 동시에 교회가 갖는 제도(조직)로서의 성격도 말합니다. "몸은 한 지체뿐 아니요, 여럿"으로 구성됩니다(고전 12:14). 그리고 만일 지체가 하나뿐이면 몸은 어디겠습니까?(고전 12:19) 지체들은 모두 평등하지만 각각의 역할이 따로 있습니다. 건강한 몸에는 눈, 코, 입, 손, 발이 모두 있어야 합니다. 바로 이런 면에서 교회는 제도(조직)로서의 성격이 있고, 그로 인해 교회에는 목사, 장로, 집사 같은 직분이 존재합니다.

교회의 유기체적 측면에서 보면 목사나 장로나 집사는 일반 성도와 똑같이 평등합니다. 하지만 그들은 교회의 제도적 측면에서는 구별되어 일반 성도와 다른 역할을 맡습니다. 목사나 장로나 집사가 일반 성도보다 더 높다는 이야기가 아니라, 교회를 섬기기 위해 성도 간에 질서가 서고 역할이 나뉜다는 이야기입니다. 교회가 갖는 제도로서의 성격을 제대로 이해하지 못하면 무교회주의자가 되거나 교회의 질서와 직분자를 무시하기 쉽습니다.

하지만 반대로 제도로서의 교회에만 집중하면 교회 안에 권위주의가 강해지기 쉽습니다. 이런 성향은 가톨릭교회에서 두드러집니다. 그들은 교회의 본질을 "교회는 세례를 받고 동일한 신앙을 고백하며, 동일한 성례에 참여하며, 지상에 있는 하나의 가시적인 머리 밑에서 합법적인 목자들의 치리를 받는 모든 신실한 자들의 회중이다"라고 정의합니다. 여기서 알 수 있듯이 그들은 합법적인 치리를 하는 목자들과 치리를 받는 회중을 구분합니다. 즉 "다스리고 가르치고 성례를 베푸는 자들"로 구성된 "교훈하는 교회"와, "다스림을 받고 가르침을 받고 성례 베풂을 받는 자들"로 구성된 "교훈 받는 교회"가 나뉩니다. 이처럼 교회가 갖는 제도(조직)로서의 성격이 강조되면 직분자와 평신도 사이에 뚜렷한 구분이 생깁니다. 그 결과 로마 가톨릭에는 교황을 중심으로 하는 일사불란한 서열 체계가 중심이 될 수밖에 없고, 일반 성도가 교회 정치에서 자리를 잡을 가능성은 원천적으로 봉쇄되어버립니다. 사실 요즘 널리 쓰이는 "평신도"라는 개념도 사제에 대한 대칭 개념으로서 로마 가톨릭에서 나온 것입니다. 개신교는 일반 성도도 장로와 집사가 되기 때문에 평신도라는 개념이 약할 수밖에 없습니다.

성경은 직분자들이 교회에 존재하는 이유에 관해 "이는 성도를 온전하게 하며 봉사의 일을 하게 하며 그리스도의 몸을 세우려 하심이라"(엡 4:12)라고 말합니다. 직분자는 성도들 위에 군림하는 것이 아니라 성도들을 철저히 섬겨야 합니다. 그들이 그리스도의 장성한 분량이 충만한 데까지 이르도록 끝까지 섬겨야 합니다. 교회에서 직분을 맡은 자들은 자신의 역할을 잘 감당하기 위해 겸손하게 노력해야 하고 성도들은 그런 자들을 존중하며 따라야 합니다. 보통 교회는 제도(조직)로서의 성격이 잘 드러날 때 유기체로서의 성격도 잘 드러나 진정한 한 몸이 되어갑니다.

함께 나누기: 나라가 임하시오며

01 여러분은 자녀나 아랫사람에게 좋은 상급자입니까? 그들의 잘못에 대해 적절하게 화를 내는 편입니까, 아니면 절제하지 못할 정도로 화를 내곤 합니까? 상급자로서의 자신의 장점과 단점에 관해 말해봅시다. 또한 자신이 좋은 리더와 상급자가 되기 위해 고쳐야 할 점이 무엇인지도 말해봅시다.

02 하이델베르크 교리문답 제123문을 서로 묻고 답해봅시다. 근거 성구도 다시 한번 살펴봅시다.

03 두 번째 간구인 "나라가 임하시오며"는 무슨 뜻인지 다음의 관점에서 살펴봅시다.

① 우리를 당신의 말씀과 영으로 잘 다스려주옵소서

② 당신의 교회를 보존하고 확장시켜주옵소서

③ 마귀의 일과 모든 힘의 행사와 모든 사악한 계획을 파괴해주옵소서

④ 당신의 왕국이 완전히 완성될 때까지 그리하옵소서

04 교회의 성격은 아래와 같이 세 가지 측면에서 살펴볼 수 있습니다. 각각에서 중요한 점은 무엇인지 나누어봅시다.

① 전투하는 교회와 승리하는 교회

② 보이는 교회와 보이지 않는 교회

③ 유기체로서의 교회와 제도(조직)로서의 교회

제49주일: 제124문

뜻이 하늘에서 이루어진 것 같이

Q 제124문 [주기도문의] 세 번째 간구는 무엇입니까?

Which is the third petition?

A 답 "뜻이 하늘에서 이루어진 것 같이 땅에서도 이루어지이다"입니다. 그 뜻은 다음과 같습니다. 우리와 모든 사람이 각자의 뜻을 버리고,[1] 유일하게 선하신 하나님의 뜻에 불평 없이 순종하게 하옵소서.[2] 각 사람이 자기의 직무와 소명을 힘써 수행하되,[3] 하늘에서 천사들이 자발적으로 충실하게 하듯이 하게 하옵소서.[4]

"Thy will be done on earth as it is in heaven"; that is, grant that we and all men may renounce our own will, and without murmuring obey thy will, which is only good; that every one may attend to, and perform the duties of his station and calling, as willingly and faithfully as the angels do in heaven.

renounce 포기하다, 단념하다 **murmur** 투덜거리다, 속삭이다, 소곤거리다

근거 성구

1 나더러 "주여, 주여" 하는 자마다 다 천국에 들어갈 것이 아니요, 다만 하늘에 계신 내 아버지의 뜻대로 행하는 자라야 들어가리라(마 7:21).

이에 예수께서 제자들에게 이르시되 "누구든지 나를 따라오려거든 자기를 부인하고 자기 십자가를 지고 나를 따를 것이니라"(마 16:24).

11모든 사람에게 구원을 주시는 하나님의 은혜가 나타나 12우리를 양육하시되 경건하지 않은 것과 이 세상 정욕을 다 버리고 신중함과 의로움과 경건함으로 이 세상에 살고(딛 2:11-12).

2 이르시되 "아버지여, 만일 아버지의 뜻이거든 이 잔을 내게서 옮기시옵소서. 그러나 내 원대로 마시옵고 아버지의 원대로 되기를 원하나이다" 하시니(눅 22:42).

너희는 이 세대를 본받지 말고 오직 마음을 새롭게 함으로 변화를 받아 하나님의 선하시고 기뻐하시고 온전하신 뜻이 무엇인지 분별하도록 하라(롬 12:2).

주를 기쁘시게 할 것이 무엇인가 시험하여보라(엡 5:10).

3 22주 안에서 부르심을 받은 자는 종이라도 주께 속한 자유인이요, 또 그와 같이 자유인으로 있을 때에 부르심을 받은 자는 그리스도의 종이니라. 23너희는 값으로 사신 것이니 사람들의 종이 되지 말라. 24형제들아, 너희는 각각 부르심을 받은 그대로 하나님과 함께 거하라(고전 7:22-24).

1무릇 멍에 아래에 있는 종들은 자기 상전들을 범사에 마땅히 공경할 자로 알지니 이는 하나님의 이름과 교훈으로 비방을 받지 않게 하려 함이라. 2믿는 상전이 있는 자들은 그 상전을 형제라고 가볍게 여기지 말고 더 잘 섬기게 하라. 이는 유익을 받는 자들이 믿는 자요, 사랑을 받는 자임이라. 너는 이것들을 가르치고 권하라(딤전 6:1-2).

4 20능력이 있어 여호와의 말씀을 행하며 그의 말씀의 소리를 듣는 여호와의 천사들이여, 여호와를 송축하라. 21그에게 수종들며 그의 뜻을 행하는 모든 천군이여, 여호와를 송축하라(시 103:20-21).

해설

하나님의 뜻

주기도문의 세 번째 간구는 하나님의 뜻에 관한 것입니다. 예수님은 제자들에게 기도를 가르쳐주시면서 하나님의 뜻이 이 땅에서 이루어지기를 구하라고 말씀하셨습니다. 하나님의 뜻은 하늘에서 이미 이루어졌습니다. 그와 같이 이 땅에서도 하나님의 뜻이 이루어진다는 것은 무슨 의미일까요? 이 간구가 단순히 하나님이 무언가를 하시기를 요구하는 것인지, 우리도 거기에 동참하도록 요청하는 것인지 자세히 살펴보겠습니다.

— **제123문** "나라가 임하시오며"는 무슨 뜻인가?
— **제124문** "뜻이 하늘에서 이루어진 것 같이 땅에서도 이루어지이다"는 무슨 뜻인가?

표37 하이델베르크 교리문답 제123-124문의 구성

1. 뜻이 하늘에서 이루어진 것 같이 땅에서도 이루어지이다

ㄱ. 각자의 뜻을 버리게 하소서

우리는 기도할 때 우리 자신의 뜻을 아뢰기 쉽습니다. 우리의 바람이 달성되기를 간구합니다. 그런데 우리의 뜻과 바람은 잘못되기 쉽습니다. 육신의 정욕과 안목의 정욕과 이생의 자랑을 신앙의 언어로 미화할 수 있기 때문입니다(요일 2:16). 그런데 그런 것들은 다 하나님께로부터 온 것이 아니라 세상으로부터 온 것입니다. 기도할 때 가장 중요한 것 중 하나는 자신의 뜻이 아

니라 하나님의 뜻에 맞추어 기도하는 것입니다. 아무리 기도를 많이 해도 자기 뜻만 고집하면 차라리 기도를 안 하는 것보다 못합니다.

예수님은 "주여, 주여!" 하는 자가 아니라 오직 하나님의 뜻대로 행하는 자가 천국에 들어갈 수 있다고 말씀하셨습니다(마 7:21). 하나님의 뜻을 행하지 않으면 아무리 주님의 이름을 불러도 소용이 없습니다. 주님의 이름으로 선지자 노릇을 하고, 귀신을 쫓아내고, 많은 권능을 행해도 아무 의미가 없습니다. 주님은 이들을 도무지 알지 못한다고 하십니다(마 7:22-23). 그러니 자신의 뜻을 버리는 것이 얼마나 중요한지 모릅니다. 기도는 자신의 뜻을 버리고 하나님의 뜻이 무엇인지 듣고, 그 뜻대로 살게 해달라고 간구하는 것입니다. 예수님을 따르는 자는 자기를 부인하고 자기 십자가를 지고 예수님을 따라야 합니다(마 16:24). 자기를 부인하지 않고 예수님을 따르는 자는 자기 이익에 손해가 발생하면 언제든 예수님을 떠나버립니다. 경건을 이익의 재료로 생각하기 때문입니다(딤전 6:5).

ㄴ. 유일하게 선하신 하나님의 뜻에 불평 없이 순종하게 하옵소서

예수님은 죽으시기 전날 겟세마네 동산에서 기도하실 때 "아버지여, 만일 아버지의 뜻이거든 이 잔을 내게서 옮기시옵소서. 그러나 내 원대로 마시옵고 아버지의 원대로 되기를 원하나이다"(눅 22:42)라고 말씀하셨습니다. 예수님은 당장 내일 십자가에 못 박혀 고난과 수모를 받고 죽으셔야 합니다. 이 잔을 피할 수 있다면 피하고 싶으셨을 것입니다. 하지만 자신의 뜻이 아니라 아버지의 뜻대로 되기를 구하셨습니다. 예수님은 기도하시며 자신의 원을 아버지의 뜻에 맞추신 것입니다. 순종하는 마음으로 기도하신 결과입니다.

우리는 왜 하나님의 뜻에 복종해야 합니까? 하나님의 뜻만이 유일하게 선하기 때문입니다. 하나님은 무한하시고 영원하시고 불변하십니다. 하나님께는 지혜와 거룩함이 무한하고 영원하고 불변합니다. 그러니 하나님의 뜻은 가장 정확하고 가장 순수합니다. 우리의 뜻을 버리고 하나님의 뜻을 따를 때 당장은 우리에게 손해인 것 같더라도 결과적으로는 가장 이익이 될 것이 분명합니다. 하나님의 뜻은 무한하고 영원하고 불변하기 때문입니다.

우리의 정욕이나 이 세대는 모두 지나갑니다. 영원하지 않고, 불변하지 않습니다. 이 세상도, 그 정욕도 지나가되 오직 하나님의 뜻을 행하는 자는 영원히 거합니다(요일 2:17). 그러므로 우리의 뜻을 버리고 하나님의 뜻에 맞추는 것은 우리가 영원한 자로 남는 방법입니다. 그리스도로 말미암아 이미 하나님의 영생으로 초대받은 우리는 이 땅에서 영원함을 맛보고 누리게 됩니다. 우리는 우리가 그리스도로 말미암아 하나님의 영원한 자녀가 된다는 사실을 하나님의 뜻에 우리의 뜻을 맞추며 확인하고 누릴 수 있습니다.

ㄷ. 천사들처럼 충실하게 자기의 직무와 소명을 힘써 수행하게 하옵소서

자기 뜻을 버리고 하나님의 뜻에 순종하는 자는 이 땅에서 자신의 직무와 소명을 정성 다해 수행합니다. 육신의 정욕과 안목의 정욕과 이생의 자랑으로 직무와 소명에 임하는 것이 아니라, 하나님의 뜻을 구하며 하나님의 영광을 위해 임합니다.

심지어 바울은 종인 상태에서 하나님께 부르심을 받은 자들에게 염려하지 말고 부르심을 받은 그대로 지내라고 말했습니다. 종인 사람이 그리스도인이 되었다면 종 신분에서 벗어나기 위해 전심전력할 것이 아니라 우선 그 상태로 지내라는 것입니다. 종이라도 자신이 주님께 속한 자유인인 줄 알고 그 직무와 소명에 정성을 다해야 합니다. 자유롭게 될 수 있는 기회가 있다면 그리하는 것도 좋겠지만 그것을 인생의 최고 목적이나 급선무로 여길 필요는 없습니다(고전 7:20-24). 종보다 자유인 신분이 얼마나 좋습니까? 그런데 그리스도인이라는 신분은 그 차이를 작게 만들어버릴 만큼 영광스럽습니다. 그 영광 속에서 모든 사람은 자신의 직무와 소명에 정성을 다해야 하는 것입니다.

바울은 멍에 아래에 있는 종들에게 자기 상전들을 범사에 마땅히 공경할 자로 알라고 말합니다. 그 이유는 하나님의 이름과 교훈이 비방을 받지 않게 하기 위해서입니다. 상전이 신자일 경우에는 그 상전이 형제라고 가볍게 여기지 말고 더 잘 섬겨야 합니다. 그 섬김의 유익이 믿는 자에게 돌아간다는 사실을 중시해야 하는 것입니다(딤전 6:1-2). 이처럼 바울은 종들에게 그 신분에서 벗어나라고 말하기에 앞서 현재 신분에서 마땅히 해야 할 바를 강조합니다. 그리고 이런 가르침은 종만이 아니라 모든 직무와 소명에 적용됩니다. 하나님의 뜻은 거창한 데 있지 않습니다. 오히려 자신이 맡은 직무와 소명에서 최선을 다하는 데 마음을 두어야 합니다. 이는 말처럼 쉬운 일은 아닙니다. 우리에게 남아 있는 부패한 죄성을 이겨내고 하나님의 뜻에 자기 뜻을 맞추는 것이 얼마나 어려운 일입니까?

그런 측면에서 "뜻이 하늘에서 이루어진 것 같이 땅에서도 이루어지이다"라고 기도하는 것은 우리가 구원을 받았어도 여전히 부패성이 남아 있어 하나님의 뜻을 잘 알지 못하고, 그 뜻을 알아도 실천하기 싫어한다는 사실을 겸손하게 인정하는 것입니다. 우리를 위해 말할 수 없는 탄식으로 기도하시는 성령이 우리의 무지와 약함과 악함을 제거해주셔야만 그 기도가 이루어질 수 있습니다. 우리는 마땅히 기도할 바를 알지 못하나 성령이 우리를 위해 친히 간구해주십니다(롬 8:26). 우리는 그 간구에 이끌려 우리의 마음이 하나님의 뜻에 맞도록 하나님의 은혜를 베풀어달라고 기도합니다.

하이델베르크 교리문답 제124문은 주기도문의 "뜻이 하늘에서 이루어진 것 같이"라는 문구를 "하늘에서 천사들이 자발적으로 충실하게 하듯이"라는 말로 풀어냅니다. 이와 관련해 시편 103:20-21은 "능력이 있어 여호와의 말씀을 행하며 그의 말씀의 소리를 듣는 여호와의 천사들이여, 여호와를 송축하라. 그에게 수종들며 그의 뜻을 행하는 모든 천군이여, 여호와를 송축하라"라고 말합니다. 천사들이 하나님의 말씀을 듣고 그의 뜻을 행하는 것처럼 우리 신자들도 하나님의 뜻이 무엇인지 듣고자 노력하고 실제로 그 뜻을 기쁨과 감사로 수행하는 자가 되어야 합니다.

이런 의미에서 보면 주기도문의 세 번째 간구는 두 번째 간구에서 우리 힘으로 하나님 나라를 넓히거나 이루거나 확장할 수 없으니 오직 하나님이 당신의 나라를 임하게 해주시라고 구하는 것과 같습니다. 이런 간구들은 우리가 하나님의 뜻을 알고 그 뜻에 기꺼이 순종한다면 하나님 나라가 우리를 통해 이루어지고 확장될 수 있음을 말해줍니다. 두 간구는 이처럼 우리의 한계를 직시하면서 하나님의 능력과 은혜를 구한다는 측면에서 깊이 연결됩니다. 주기도문의 다른 간구들 역시 같은 맥락에서 서로 맞닿아 있습니다.

2. 성경이 말하는 하나님의 뜻

중요한 결정을 앞두고 하나님의 뜻을 알고자 하는 신자가 많습니다. 하나님의 뜻에 어긋난 결정을 하여 낭패를 보거나 하나님을 안타깝게 할까 걱정하기 때문입니다. 그렇다면 우리는 어떻게 하나님의 뜻을 알 수 있을까요? 하나님의 뜻을 알기 위해서는 무엇보다 먼저 성경을 통해 하나님의 뜻이 무엇인지, 그리고 어떻게 하나님의 뜻을 분별할 수 있는지 살펴보아야 합니다. 성경에서는 "하나님의 뜻"이란 말이 많이 사용됩니다. 그런데 각 용례를 살펴보면 모두 같은 뜻이 아니라 대략 세 가지 의미로 구분되어 사용된다는 사실을 알 수 있습니다. 주권적인 뜻, 도덕적인 뜻, 개인적인 뜻이 바로 그것입니다.* 여기서는 이 세 가지 범주의 특징을 살피고, 우리에게 중요한 것이 그중 "도덕적인 뜻"임을 확인해보겠습니다.

---

* 이 분류는 Garry Friesen과 J. R. Maxson이 사용한 방법을 따랐다. 게리 프리슨, 로빈 맥슨 지음, 김지찬 옮김, 『나의 결정과 하나님의 뜻』(서울: 생명의말씀사, 1988) 29-41. 이에 대해 더 자세히 알고 싶은 독자들은 나의 졸고 『내 뜻인가 하나님 뜻인가』(서울: 홍성사, 2004)와 『기도인가 주문인가』(서울: 세움북스, 2015)를 참고하기 바란다.

ㄱ. 하나님의 주권적인 뜻

갑작스러운 교통사고나 각종 재난 재해, 지구와 태양의 운행 등이 여기에 해당합니다. 신실한 신자들도 갑작스러운 사건과 사고를 만납니다. 우리는 왜 그런 일이 발생하는지 정확한 이유를 알지 못하지만, 가장 지혜롭고 사랑이 많으신 하나님이 주권적으로 그런 사건들을 허락하신다는 사실만은 분명합니다. 우리는 초월적인 하나님이 과거와 현재와 미래의 모든 일을 주권적인 뜻 안에서 작정하고 섭리하신다고 생각합니다. 하이델베르크 교리문답 제27문은 섭리에 대해 다음과 같이 말합니다.

> [섭리란] 하나님의 전능하고 편재(遍在)하는 능력입니다.[1] 하나님은 이것에 의해 마치 자신의 손으로 하듯 하늘과 땅과 모든 피조물을 보존하고 다스리십니다.[2] 따라서 약초와 풀, 비와 가뭄,[3] 풍년과 흉년, 양식과 음료, 건강과 질병, 부와 가난, 그뿐만 아니라 모든 것은[4] 우연히 오는 것이 아니라, 그의 아버지 같은 손길입니다.[5]

하이델베르크 교리문답 제27문의 근거 성구

1 15자기의 계획을 여호와께 깊이 숨기려 하는 자들은 화 있을진저! 그들의 일을 어두운 데에서 행하며 이르기를 "누가 우리를 보랴? 누가 우리를 알랴?" 하니 16너희의 패역함이 심하도다. 토기장이를 어찌 진흙 같이 여기겠느냐? 지음을 받은 물건이 어찌 자기를 지은 이에게 대하여 이르기를 "그가 나를 짓지 아니하였다" 하겠으며 빚음을 받은 물건이 자기를 빚은 이에게 대하여 이르기를 "그가 총명이 없다" 하겠느냐?(사 29:15-16)

23여호와의 말씀이니라. 나는 가까운 데에 있는 하나님이요, 먼 데에 있는 하나님은 아니냐? 24여호와의 말씀이니라. 사람이 내게 보이지 아니하려고 누가 자신을 은밀한 곳에 숨길 수 있겠느냐? 여호와가 말하노라. 나는 천지에 충만하지 아니하냐?(렘 23:23-24)

또 내게 이르시되 "인자야, 이스라엘 족속의 장로들이 각각 그 우상의 방안 어두운 가운데에서 행하는 것을 네가 보았느냐? 그들이 이르기를 '여호와께서 우리를 보지 아니하시며 여호와께서 이 땅을 버리셨다' 하느니라"(겔 8:12).

25또 무엇이 부족한 것처럼 사람의 손으로 섬김을 받으시는 것이 아니니 이는 만민에게 생명과 호흡과 만물을 친히 주시는 이심이라. 26인류의 모든 족속을 한 혈통으로 만드사 온 땅에 살게 하시고 그들의 연대를 정하시며 거주의 경계를 한정하셨으니 27이는 사람으로 혹 하나님을 더듬어 찾아 발견하게 하려 하심이로되 그는 우리 각 사람에게서 멀리 계시지 아니하도다. 28우리가 그를 힘입어 살며 기동하며 존재하느니라. 너희 시인 중 어떤 사람들의 말과 같이 "우리가 그의 소생이라" 하니(행 17:25-28).

2 이는 하나님의 영광의 광채시요, 그 본체의 형상이시라. 그의 능력의 말씀으로 만물을 붙드시며 죄를 정결하게 하는 일을 하시고 높은 곳에 계신 지극히 크신 이의 우편에 앉으셨느니라(히 1:3).

3 또 너희 마음으로 우리에게 이른 비와 늦은 비를 때를 따라 주시며 우리를 위하여 추수 기한을 정하시는 우리 하나님 여호와를 경외하자 말하지도 아니하니(렘 5:24).

"그러나 자기를 증언하지 아니하신 것이 아니니 곧 여러분에게 하늘로부터 비를 내리시며 결실기를 주시는 선한 일을 하사 음식과 기쁨으로 여러분의 마음에 만족하게 하셨느니라" 하고(행 14:17).

4 가난한 자와 부한 자가 함께 살거니와 그 모두를 지으신 이는 여호와시니라(잠 22:2).

예수께서 대답하시되 "이 사람이나 그 부모의 죄로 인한 것이 아니라 그에게서 하나님이 하시는 일을 나타내고자 하심이라"(요 9:3).

5 제비는 사람이 뽑으나 모든 일을 작정하기는 여호와께 있느니라(잠 16:33).

말하는 이는 너희가 아니라 너희 속에서 말씀하시는 이 곧 너희 아버지의 성령이시니라(마 10:20).

29참새 두 마리가 한 앗사리온에 팔리지 않느냐? 그러나 너희 아버지께서 허락하지 아니하시면 그 하나도 땅에 떨어지지 아니하리라. 30너희에게는 머리털까지 다 세신 바 되었나니(마 10:29-30).

하나님은 전능하고 편재하는 능력으로 하늘과 땅과 모든 피조물을 보존하고 다스리십니다. 유한한 사람은 하나님의 전능하고 편재하는 능력을 온전히 이해하기 힘듭니다. 따라서 하나님의 섭리를 오해하며 잘 받아들이지 못할 때가 많고 하나님의 주권적인 뜻도 그 의미를 다 알기 어렵습니다.

자연 현상도 신비하기는 마찬가지입니다. 자연은 모두에게 공개되어 있습니다. 하지만 우리는 자연의 존재 방식과 작동 방식을 완전히 파악할 수 없습니다. 왜 지구는 낮과 밤 24시간으로 자전하는지, 지구와 태양은 어떻게 중력으로 연결되는지, 어떤 지역에 그렇게 강한 지진과 태풍이 발생해 많은 인명 피해가 발생하는 이유는 무엇인지, 이른 비와 늦은 비가 때를 따라 내리는 원리는 무엇인지 모두 알 수는 없습니다. 역사적인 사건들도 마찬가지로 왜 하필 그 시간과 상황에서 발생하는지 다 설명할 수 없고, 지난주 복권의 당첨 번호가 왜 그렇게 나왔는지도 아는 사람이 없으며 그것에 영향을 미칠 사람도 없습니다. 우리는 이 모든 것을 사람의 능력을 벗어나는 하나님의 초월적이고 주권적인 뜻으로 그냥 받아들이고 순응할 뿐입니다.

ㄴ. 하나님의 도덕적인 뜻

이에 반해 하나님의 도덕적인 뜻은 우리가 이해하고 실천할 수 있습니다. 살인이나 도둑질은 하나님의 뜻이 아니라고 말하거나, 결혼은 신자끼리 해야 한다고 말할 때 우리는 하나님의 도덕적인 뜻에 관해 말하는 것입니다. 하나님의 도덕적인 뜻이 명시된 도덕법은 처음에 하나님이 에덴동산에서 아담에게 주신 법입니다. 아담과 그의 모든 후손은 온전하고 정확하게 이 법에 순종해야 합니다. 이 법은 아담이 타락한 후에도 의에 관한 온전한 법칙으로 남아 있습니다. 또한 하나님은 출애굽 한 이스라엘 자손에게 시내산에서 십계명과 여러 다른 율법을 도덕법으로 주셨습니다. 십계명의 첫 네 계명은 하나님께 대한 우리의 의무를, 다른 여섯 계명은 사람에 대한 우리의 의무를 말합니다.

성경에 나오는 "하나님의 뜻"이란 단어가 도덕적인 뜻을 가리키는 경우

"누구든지 하늘에 계신 내 아버지의 뜻대로 하는 자가 내 형제요 자매요 어머니이니라" 하시더라(마 12:50).

나더러 "주여, 주여" 하는 자마다 다 천국에 들어갈 것이 아니요, 다만 하늘에 계신 내 아버지의 뜻대로 행하는 자라야 들어가리라(마 7:21).

3하나님의 뜻은 이것이니 너희의 거룩함
이라. 곧 음란을 버리고 4각각 거룩함과
존귀함으로 자기의 아내 대할 줄을 알고
5하나님을 모르는 이방인과 같이 색욕을
따르지 말고(살전 4:3-5).

16항상 기뻐하라. 17쉬지 말고 기도하라.
18범사에 감사하라. 이것이 그리스도 예
수 안에서 너희를 향하신 하나님의 뜻이
니라(살전 5:16-18).

앞서 살펴본 것처럼 율법의 용도는 크게 세 가지가 있습니다. 첫 번째는 선을 권장하고 악을 억제하는 용도이고, 두 번째는 몽학 선생의 용도로서 죄인들을 그리스도께로 인도하는 용도이며, 세 번째는 신자들에게 어떻게 삶을 살아야 하는지 알려주는 규범으로서의 용도입니다(롬 7:12; 시 119:5; 고전 7:9; 갈 5:14, 18, 23). 율법의 용도를 통해서도 알 수 있듯이 하나님의 말씀은 신자들이 직면하는 삶의 다양한 상황에서 어떻게 사는 것이 하나님이 기뻐하시는 바인지 알려주는 역할을 합니다.

시편 119:105은 "주의 말씀은 내 발에 등이요, 내 길에 빛이니이다"라고 말합니다. 하나님의 말씀은 우리를 비춰주는 등불이고 빛입니다. 시편 1:2은 복 있는 사람은 "오직 여호와의 율법을 즐거워하여 그 율법을 주야로 묵상하는 자"라고 말합니다. 하나님의 율법은 우리의 살길을 밝혀주는 등이고, 우리를 성숙함으로 인도하는 빛이며, 우리로 시절을 좇아 과실을 맺게 하는 시냇물로서 우리의 행사를 형통하게 합니다. 성경에 나오는 "하나님의 뜻"이란 단어는 대부분 도덕적인 뜻과 연결됩니다. 하나님은 신자들이 이 뜻을 잘 알고 묵상하며 실천하기를 바라십니다. 하나님의 주권적인 뜻은 우리가 아무리 노력해도 다 알 수 없지만, 하나님의 도덕적인 뜻은 우리가 노력할수록 깊이 알 수 있습니다. 도덕적인 뜻을 깊이 알수록 다음에 살펴볼 각 개인에 관한 하나님의 뜻도 더 분명하게 알게 됩니다. 지각을 사용함으로써 연단을 받아 선악을 분별할 수 있게 되는 것입니다(히 5:14).

3. 개인에 관한 하나님의 뜻

사람들은 누구와 결혼하고 어떤 진로를 선택하는 것이 하나님의 뜻인지 알고 싶어 합니다. 어떤 사람은 어디로 이사를 하고 어떤 교회에 출석해야 하는지도 하나님의 뜻 안에서 결정하려고 합니다. 바로 이런 경우에 찾고 구하는 것이 개인에 관한 하나님의 뜻입니다.

그런데 성경을 자세히 살펴보면 그런 결정의 순간에 늘 하나님의 구체적 지시를 받을 수 있는 것은 아니라는 사실을 알 수 있습니다. 성경은 결혼이나 진로 문제, 취직이나 이사 문제 같은 개인적 사안에 관한 구체적이고 명시적인 지시 사항을 하나님으로부터 받을 수 있다고 말하지 않습니다. 오히려 성경은 하나님의 도덕적인 뜻에 관해 상술하며 그 뜻 안에서 각 개인이 구체적 결정을 내리는 것을 보여줍니다.

결혼에 관한 하나님의 뜻을 예로 들겠습니다. 결혼에 관한 대표적인 하나님의 도덕적인 뜻은 이방인과 결혼하지 않는 것입니다. 고린도후서 6:14은 "믿지 않는 자와 멍에를 함께 메지 말라"고 말하며 의와 불법이 어찌 함께하며 빛과 어둠이 어찌 사귀겠느냐고 묻습니다. 하나님은 이방 여인들과 결혼한 솔로몬을 책망하셨습니다. 하나님은 예전부터 이스라엘 자손이 이방 족속과 통혼하면 그들이 반드시 이스라엘 자손의 마음을 돌려 그들의 신들을 따르게 할 것이라고 경고하셨기 때문입니다. 그 경고대로 솔로몬은 노후에 이방 여인들을 따라 다른 신들을 따르는 잘못을 범했습니다. 그리고 이에 대한 벌로 그의 신하였던 여로보암이 이스라엘 열 지파를 데리고 솔로몬의 아들 르호보암에게 반역을 저지르는 사건이 일어났습니다.

아름다운 이방 여인들을 본 솔로몬은 결혼하고 싶은 마음이 들었을 것입니다. 하지만 이에 관한 하나님의 뜻은 명백했습니다. 하나님은 이미 율법을 통해 이방인과 결혼하지 말라고 누누이 말씀하셨기 때문입니다. 더구나 하나님은 솔로몬의 꿈속에 두 번이나 나타나시어 이 일에 관해 명령하기까지 하셨습니다. 따라서 솔로몬은 자신이 사랑하는 이방 여인과 결혼을 하느냐 마느냐를 고민할 것이 아니라 이방 여인과 결혼하고 싶은 욕망을 다스리기 위해 힘써야 했습니다. 예수님은 "내 아버지여, 만일 할 만하시거든 이 잔을 내게서 지나가게 하옵소서. 그러나 나의 원대로 마시옵고 아버지의 원대로 하옵소서"(마 26:39)라고 기도하셨습니다. 솔로몬도 예수님처럼 뒷산에 올라가 무릎을 꿇고 땀을 피처럼 흘리며 하나님께 순종할 수 있도록 기도해야 했습니다.

솔로몬이 이방 여인들과 결혼하고 결국에는 다른 신들을 따르게 된 것은 하나님의 뜻을 몰라서가 아니라 자기 뜻에 충실했기 때문이었습니다. 육신의 정욕과 안목의 정욕에 사로잡힌 채 자기 뜻을 꺾지 못한 솔로몬은, 하이델베르크 교리문답 제124문이 말하는 것처럼 "우리와 모든 사람이 각자의 뜻을 버리고, 유일하게 선하신 하나님의 뜻에 불평 없이 순종하게 하옵소서"라고 기도해야 했습니다. 여기서 우리는 하나님의 도덕적인 뜻에 어긋나는 욕망을 다스리는 것이 신자 개인을 향한 하나님의 분명한 뜻임을 깨달아야 합니다.

성경에 나오는 특수한 사례를 오늘날 신자들에게 일반적으로 적용하려고 하면 안 됩니다. 이삭이 아내 리브가를 만나는 이야기는 상당히 인상적입니다(창 24장). 하지만 하나님은 아브라함의 아들로서 반드시 후사를 이어야 하는 이삭에게 매우 특별한 방식으로 배우자를 허락하신 것입니다. 따라서 그 방식을 모든 사람에게 적용할 수는 없습니다. 신약에서 하나님이 사도 바울과 빌립에게 선교할 대상을 특별하게 알려주신 방식도 오늘날 모든 선교사에게 해당하는 것은 아닙니다(행 8:26-29; 13:1-2; 16:6-10). 아나니아가 바울에게로 인도된 방식이나(행 9:10-11), 베드로가 고넬료에게 인도된 방식(행 10:20)도 함부로 적용해서는 안 됩니다. 그들도 우리와 같은 사람이기는 하지만 하나님의 구원의 경륜에서 택함을 받아 특별한 일을 감당하는 자들로서 특별한 인도함을 받았기 때문입니다.

많은 사람이 하나님의 도덕적인 뜻보다 개인적인 뜻에 더 큰 관심이 있는 듯합니다. 누군가 하나님의 뜻을 알고 싶다고 말한다면 그것은 대개 성경의 일반적 가르침이 아니라 자신의 특정 상황에 관한 특별한 지침을 얻고 싶다는 의미입니다. 중요한 결정을 앞두고 불안한 마음에 하나님의 뜻을 찾는다고 하는 것입니다. 그중 어떤 사람들은 더 큰 확신을 얻기 위해 기도나 꿈, 예언이나 직통 계시 등의 신비한 방식으로 그 뜻을 전해 들으려 합니다. 또 다른 사람들은 하나님이 자기 자신을 위해 예비하신 최상의 결정이 따로 있다는 생각에 빠져 어떻게든 그것을 알아내려고 하거나 선택을 미루어버립니다. 하지만 성경은 우리가 하나님의 도덕적인 뜻에 관심을 두어야 한다고 가르쳐줍니다. 하나님의 도덕적인 뜻을 알면 알수록 개인적인 뜻이 무엇인지도 자연스럽게 깨달을 수 있기 때문입니다.

4. 요셉의 예를 통해 확인하는 도덕적인 뜻의 중요성

형들에 의해 애굽에 팔려간 요셉은 나중에 형들을 다시 만나게 되었을 때 다음과 같이 말했습니다.

> 4…나는 당신들의 아우 요셉이니 당신들이 애굽에 판 자라. 5당신들이 나를 이곳에 팔았다고 해서 근심하지 마소서. 한탄하지 마소서. 하나님이 생명을 구원하시려고 나를 당신들보다 먼저 보내셨나이다(창 45:4-5).

형들이 요셉을 팔아넘긴 것은 하나님의 도덕적인 뜻에 어긋나는 행동이었습니다. 그런데 하나님은 이 잘못을 야곱의 후손을 구원하는 방법으로 사용하셨습니다. 요셉은 하나님의 섭리와 하나님의 초월적인 뜻을 이해했기에 근심하는 형들을 안심시킬 수 있었습니다.

요셉이 하나님의 뜻을 이해할 수 있었던 것에는 그가 어려서 꾼 꿈이 중요한 역할을 했습니다. 창세기 42:9에서 요셉은 양식을 사려고 애굽에 온 형들이 땅에 엎드려 자기에게 절하는 모습을 보며 어렸을 때 꾼 꿈을 생각했습니다. 요셉은 그 꿈을 이루어주신 하나님이 자신에게 무엇을 원하시는지 돌아보았고, 아버지 야곱의 온 집이 기근에서 살아남게 해야겠다는 결심을 세울 수 있었습니다. 그러자 자신이 팔려온 것도 하나님의 뜻 안에서 이해하게 되었고 형들에 대한 분노도 누그러뜨릴 수 있었습니다.

하나님은 요셉이 애굽의 총리로 있을 때 그의 열한 형제와 집안 전체가 애굽에 정착해서 큰 민족으로 성장하게 하셨습니다. 여기서도 하나님이 애굽의 지배를 선하게 사용하셨다는 측면에서 야곱과 그의 후손이 애굽에 머문 것은 하나님의 주권적 뜻에 부합하는 결정이었음을 알 수 있습니다.

그런데 요셉은 처음부터 하나님의 주권적인 뜻을 알고 있었던 것은 아니었습니다. 그는 자신이 아브라함의 후손이라는 정체성을 가지고 있었고 어려서 꾼 꿈이 있었기에 흔들리지 않고 어려움을 헤쳐나갈 수 있었습니다. 그리고 결국에는 자신이 팔려온 것이 우연이 아니라 하나님의 뜻 안에서 이루어진 일임을 알게 되었습니다. 즉 요셉은 자신이 하나님의 자녀로서 어떤 삶을 살아야 하는지에 관한 하나님의 도덕적인 뜻을 잘 알고 따랐기에 하나님의 초월적인 뜻에도 부합하는 삶을 살게 되었고 형들을 어떻게 대해야 하는지도 분별할 수 있었던 것입니다.

또한 요셉은 "하나님이 반드시 당신들을 돌보시리니 당신들은 여기서 내 해골을 메고 올라가겠다 하라"(창 50:25)는 유언을 남겼습니다. 하나님이 그들을 돌보시고 그 땅에서 인도해내셔서 아브라함과 이삭과 야곱에게 약속하신 땅에 이르게 하실 것을 믿었기 때문입니다. 요셉은 하나님이 어떤 초월적이고 주권적인 방법을 통해 그렇게 하실지는 몰랐지만, 신실하신 하나님이 그들을 약속의 땅으로 반드시 인도하실 것은 분명히 알았습니다. 그래서 자신의 시신을 어떻게 장사하고 이송할 것인지 결정할 수 있었습니다. 이처럼 하나님의 주권적인 뜻과 도덕적인 뜻을 알면 자신에 관한 하나님의 개인적인 뜻도 자연스레 알 수 있습니다.

요셉의 예에서 알 수 있듯이 신자들은 하나님의 세 가지 뜻 중 도덕적인 뜻을 제대로 알기 위해 노력해야 합니다. 하나님의 주권적인 뜻은 사전에 알려고 해도 알 수 없고 시간이 어느 정도 지난 후에야 깨닫게 될 때가 많습니다. 이에 비해 도덕적인 뜻은 성경에 충분하게 계시되어 있어서 신자들이 알려고 하면 할수록 더 잘 알게 됩니다. 또 개인에 관한 하나님의 뜻은 도덕적인 뜻을 많이 알고 행할수록 더 잘 분별할 수 있습니다. 하나님께 관심이 있는 자는 하나님의 성품이 반영된 도덕적인 뜻에 관심이 많고, 자기 자신에게 관심이 많은 자는 자신의 관심과 욕심이 반영된 개인적인 뜻에 관심이 많은 법입니다.

마지막으로 신자들은 "하나님의 뜻"이란 말을 함부로 사용하지 말아야 한다는 점을 강조하고 싶습니다. 부족한 우리는 하나님의 주권적인 뜻이 무엇이라 단정할 수 없습니다. 하나님의 뜻이라고 내세웠던 그 결정이 얼마 후 최악의 결과를 가져오면 얼마나 민망합니까? 우리는 하나님의 도덕적인 뜻에 관해서만 확신 있게 말할 수 있을 뿐입니다. 그 외에는 함부로 하나님의 뜻이란 말을 사용하지 말아야 합니다. 그리고 우리도 예수 그리스도처럼 "내 아버지여, 만일 할 만하시거든 이 잔을 내게서 지나가게 하옵소서. 그러나 나의 원대로 마시옵고 아버지의 원대로 하옵소서"(마 26:39) 하고 간절히 기도해야 합니다. 우리는 이런 마음과 다짐을 담아 "뜻이 하늘에서 이루어진 것 같이 땅에서도 이루어지이다"라고 기도합니다.

함께 나누기: 뜻이 하늘에서 이루어진 것 같이

01 자신의 개인적인 뜻을 포기하고 하나님의 뜻에 맞추기 위해 기도한 적이 있습니까? 그때 심정이 어떠했습니까? 그리고 그렇게 기도한 후에 실제로 발생한 결과는 어떠했습니까?

02 하이델베르크 교리문답 제124문을 서로 묻고 답해봅시다. 근거 성구도 다시 한번 살펴봅시다.

03 세 번째 간구인 "뜻이 하늘에서 이루어진 것 같이 땅에서도 이루어지이다"는 무슨 뜻인지 다음의 관점에서 살펴봅시다.

① 각자의 뜻을 버리게 하소서

② 유일하게 선하신 하나님의 뜻에 불평 없이 순종하게 하옵소서

③ 천사들처럼 충실하게 자기의 직무와 소명을 힘써 수행하게 하옵소서

04 하나님의 뜻이 무엇인지 다음의 관점에서 살펴봅시다.

① 주권적인 뜻

② 도덕적인 뜻

③ 개인적인 뜻

④ 신자는 위의 세 가지 뜻 중에서 어느 뜻에 관심을 두어야 합니까?

⑤ 창세기 50:15-26에서 요셉은 왜 형들을 용서해줍니까? 요셉이 생각한 하나님의 뜻은 무엇이었습니까?

제50주일: 제125문

일용할 양식을 주시옵고

Q 제125문 [주기도문의] 네 번째 간구는 무엇입니까?

Which is the fourth petition?

A 답 "오늘 우리에게 일용할 양식을 주시옵고"입니다. 그 의미는 다음과 같습니다. 육신에 필요한 모든 것을 우리에게 공급해주셔서,[1] 우리가 당신이 모든 선의 유일한 근원이심을 인정하게 하옵소서.[2] 그리고 우리의 걱정이나 노고는 물론이고 당신의 선물조차도 당신의 축복 없이는 우리에게 어떤 유익도 되지 않게 하옵소서.[3] 그럼으로써 우리가 모든 피조물에 대한 우리의 신뢰를 거두어 오직 당신께만 두게 하옵소서.[4]

"Give us this day our daily bread"; that is, be pleased to provide us with all things necessary for the body, that we may thereby acknowledge thee to be the only fountain of all good, and that neither our care nor industry, nor even thy gifts, can profit us without thy blessing; and therefore that we may withdraw our trust from all creatures, and place it alone in thee.

fountain 원천, 분수
withdraw 거두다, 물러나다, 철수하다
acknowledge 인정하다

근거 성구

1 그때에 여호와께서 모세에게 이르시되 "보라! 내가 너희를 위하여 하늘에서 양식을 비 같이 내리리니 백성이 나가서 일용할 것을 날마다 거둘 것이라. 이같이 하여 그들이 내 율법을 준행하나 아니하나 내가 시험하리라"(출 16:4).

27이것들은 다 주께서 때를 따라 먹을 것
을 주시기를 바라나이다. 28주께서 주신즉
그들이 받으며 주께서 손을 펴신즉 그들
이 좋은 것으로 만족하다가(시 104:27-28).

15모든 사람의 눈이 주를 앙망하오니 주
는 때를 따라 그들에게 먹을 것을 주시며
16손을 펴사 모든 생물의 소원을 만족하
게 하시나이다(시 145:15-16).

25그러므로 내가 너희에게 이르노니 목
숨을 위하여 무엇을 먹을까, 무엇을 마실
까, 몸을 위하여 무엇을 입을까 염려하지
말라. 목숨이 음식보다 중하지 아니하며
몸이 의복보다 중하지 아니하냐? 26공중
의 새를 보라. 심지도 않고 거두지도 않
고 창고에 모아들이지도 아니하되 너희
하늘 아버지께서 기르시나니 너희는 이
것들보다 귀하지 아니하냐?(마 6:25-26)

2 "그러나 자기를 증언하지 아니하신 것이 아니니 곧 여러분에게 하늘로부터 비를 내리시며 결실기를 주시는 선한 일을 하사 음식과 기쁨으로 여러분의 마음에 만족하게 하셨느니라" 하고(행 14:17).

또 무엇이 부족한 것처럼 사람의 손으로 섬김을 받으시는 것이 아니니 이는 만민에게 생명과 호흡과 만물을 친히 주시는 이심이라(행 17:25).

온갖 좋은 은사와 온전한 선물이 다 위로부터 빛들의 아버지께로부터 내려오나니 그는 변함도 없으시고 회전하는 그림자도 없으시니라(약 1:17).

3 너를 낮추시며 너를 주리게 하시며 또 너도 알지 못하며 네 조상들도 알지 못하던 만나를 네게 먹이신 것은 사람이 떡으로만 사는 것이 아니요, 여호와의 입에서 나오는 모든 말씀으로 사는 줄을 네가 알게 하려 하심이니라(신 8:3).

3여호와를 의뢰하고 선을 행하라. 땅에
머무는 동안 그의 성실을 먹을거리로 삼
을지어다. 4또 여호와를 기뻐하라. 그가
네 마음의 소원을 네게 이루어주시리로
다. 5네 길을 여호와께 맡기라. 그를 의지
하면 그가 이루시고 6네 의를 빛 같이 나
타내시며 네 공의를 정오의 빛 같이 하시
리로다. 7여호와 앞에 잠잠하고 참고 기
다리라. 자기 길이 형통하며 악한 꾀를
이루는 자 때문에 불평하지 말지어다.…

16의인의 적은 소유가 악인의 풍부함보
다 낫도다(시 37:3-7, 16).

1여호와께서 집을 세우지 아니하시면 세
우는 자의 수고가 헛되며 여호와께서 성
을 지키지 아니하시면 파수꾼의 깨어 있
음이 헛되도다. 2너희가 일찍이 일어나고
늦게 누우며 수고의 떡을 먹음이 헛되도
다. 그러므로 여호와께서 그의 사랑하시
는 자에게는 잠을 주시는도다(시 127:1-2).

그러므로 내 사랑하는 형제들아, 견실하며 흔들리지 말고 항상 주의 일에 더욱 힘쓰는 자들이 되라. 이는 너희 수고가 주 안에서 헛되지 않은 줄 앎이라(고전 15:58).

4 네 짐을 여호와께 맡기라. 그가 너를 붙드시고 의인의 요동함을 영원히 허락하지 아니하시리로다(시 55:22).

포악을 의지하지 말며 탈취한 것으로 허망하여지지 말며 재물이 늘어도 거기에 마음을 두지 말지어다(시 62:10).

3귀인들을 의지하지 말며 도울 힘이 없
는 인생도 의지하지 말지니 4그의 호흡
이 끊어지면 흙으로 돌아가서 그 날에 그
의 생각이 소멸하리로다(시 146:3-4).

5여호와께서 이와 같이 말씀하시니라. 무
릇 사람을 믿으며 육신으로 그의 힘을 삼
고 마음이 여호와에게서 떠난 그 사람은
저주를 받을 것이라.…7그러나 무릇 여호
와를 의지하며 여호와를 의뢰하는 그 사
람은 복을 받을 것이라(렘 17:5, 7).

5돈을 사랑하지 말고 있는 바를 족한 줄
로 알라. 그가 친히 말씀하시기를 "내가
결코 너희를 버리지 아니하고 너희를 떠
나지 아니하리라" 하셨느니라. 6그러므로
우리가 담대히 말하되 "주는 나를 돕는 이
시니 내가 무서워하지 아니하겠노라. 사
람이 내게 어찌하리요" 하노라(히 13:5-6).

해설

주기도문의 네 번째 간구

앞서 살펴본 것처럼 주기도문의 여섯 개 간구 중에서 앞의 세 가지는 하나님의 이름과 나라와 뜻을 위한 것입니다. 하이델베르크 교리문답 제122-124문이 앞의 세 가지 간구를 다룬다면 제125-127문은 뒤의 간구들을 다룹니다. 뒤의 세 가지 간구는 우리에게 필요한 양식과 죄 사함과 구원을 구하는 것입니다.

- **서언: 하나님을 부름**
  - 제120문 우리 아버지여(Our Father)
  - 제121문 하늘에 계신(which art in heaven)
- **본문: 여섯 개의 간구**
  - **1. 하나님의 이름과 나라와 뜻을 위한 세 가지 간구**
    - 제122문(첫 번째 간구) 이름이 거룩히 여김을 받으시오며(Hallowed be **thy name**)
    - 제123문(두 번째 간구) 나라가 임하시오며(**Thy kingdom** come)
    - 제124문(세 번째 간구) 뜻이 하늘에서 이루어진 것 같이 땅에서도 이루어지이다(**Thy will** be done in earth, as it is in heaven)
  - **2. 우리의 양식과 죄 사함과 구원을 위한 세 가지 간구**
    - 제125문(네 번째 간구) 오늘 우리에게 일용할 양식을 주시옵고(**Give us** this day our daily bread)
    - 제126문(다섯 번째 간구) 우리가 우리에게 죄지은 자를 사하여준 것 같이 우리 죄를 사하여주시옵고(**Forgive us** our debts, as we forgive our debtors)
    - 제127문(여섯 번째 간구) 우리를 시험에 들게 하지 마시옵고 다만 악에서 구하시옵소서(Lead us not into temptation, but **deliver us** from evil)
- **결언: 하나님을 송영**
  - 제128문 나라와 권세와 영광이 아버지께 영원히 있사옵나이다(For thine is the kingdom, and the power, and the glory, for ever)
  - 제129문 아멘(Amen)

표38 주기도문의 구조

1. 오늘 우리에게 일용할 양식을 주시옵고

ㄱ. 육신에 필요한 모든 것을 우리에게 공급해주셔서

우리가 이 땅에 살면서 필요한 것에는 무엇 무엇이 있을까요? 사람은 하나님과 달리 영이 아니라 육신을 가진 존재이며, 육신을 보존하기 위해서 여러 가지가 필요합니다. 복음서를 보면 예수님도 육신을 가지셨기에 시장기나 피곤을 느끼셨습니다. 때를 따라 식사를 하고 수면을 취하셔야 했습니다. 또 예수님은 광풍으로 배에 물이 가득하게 되자 바람과 물결을 꾸짖어 잔잔하게 하심으로써 제자들의 안전을 지켜주셨습니다. 이처럼 육신을 가진 사람에게는 먹을 것, 입을 것, 잘 곳, 안전 등이 필요합니다.

그뿐 아니라 입학, 취업, 결혼, 출산, 이사, 여행, 취미 생활 등도 우리에게 필요한 요소들입니다. 개인의 특성에 따라 남다르게 필요한 것도 있습니다. 우리는 그 모든 것이 우리에게 필요하다는 사실을 인정하며 그 모든 것을 공급해주시는 하나님께 "오늘 우리에게 일용할 양식을 주시옵고"라고 기도합니다.

그런데 우리는 우리에게 필요한 것의 목록을 길게 나열하며 중언부언으로 기도할 필요는 없습니다. 예수님은 우리가 구하기 전에 우리에게 있어야 할 것을 하나님이 아시므로 이방인처럼 중언부언하지 말라고 하셨습니다(마 6:7-8). 이방인들은 말을 많이 해야 하나님이 들으실 줄로 생각하지만, 우리의 아버지이신 하나님은 자녀들의 필요를 아시고 때를 따라 알맞게 공급해주십니다. 우리는 기도를 통해 하나님을 인정하고 하나님의 뜻에 맞추어 우리에게 필요한 것들을 구할 뿐입니다. 이로써 우리는 우리에게 주어지는 모든 것이 하나님으로부터 주어지는 것임을 감사와 찬양으로 확인합니다.

예수님은 무엇을 먹을까, 입을까 염려하지 말라고 명령하셨습니다. 하나님이 우리에게 그 모든 것이 있어야 할 줄을 아시고 제때에 공급해주시기 때문입니다. 공중의 새와 들의 백합화도 하나님의 보호와 공급 속에서 충만하게 살아갑니다. 하물며 하나님의 형상을 입은 우리는 하나님 앞에서 얼마나 더 소중하겠습니까? 그러므로 우리는 무엇을 먹을까, 무엇을 입을까 염려할 필요가 없습니다. 이방인들처럼 그런 것을 구할 것이 아니라 하나님 나라와 그의 의를 먼저 구해야 합니다(마 6:25-34). 그리하면 그 모든 것을 우리에게 더하십니다. "일용할 양식"(our daily bread)은 한 달이나 일 년 치가 아니라 하루 치 양식을 말합니다. 하나님을 믿는 우리는 일용할 양식을 구하고, 내일 일을 위해 염려하지 않습니다. 내일 일은 내일이 염려하도록 둡니다(마 6:34). "오늘 우리에게 일용할 양식을 주시옵고"라는 구절에는 이런 의미들이 담겨 있습니다.

ㄴ. 하나님이 모든 선의 유일한 근원이심을 인정하게 하옵소서

우리가 누군가에게 무엇을 달라고 구하는 것은 그가 우리에게 그것을 줄 수 있기 때문입니다. 줄 수 없는 자에게 달라고 요구하는 것은 무의미한 일입니다. 따라서 우리가 하나님께 일용할 양식을 달라고 간구할 때 우리는 하나님만이 모든 선한 것의 유일한 근원이심을 고백하는 것입니다. 성경은 하나님이 비를 내리시고 결실기를 주시는 선한 일을 하시고, 음식과 기쁨으로 우리 마음을 만족하게 하시는 분이라고 증언합니다(행 14:17). 그런데 문제는 많은 사람이 이런 선한 일들이 하나님으로부터 말미암는다는 사실을 모른다는 것입니다. 자연의 혜택을 당연시하면서 제힘으로 얻은 결과물이라 생각하지, 궁극적으로 하나님이 그 모든 것을 주신 분임을 알지 못합니다.

심지어 사람들은 하나님이 만들어진 존재라고 생각하기도 합니다. 성전을 지어놓고 그것이 하나님의 처소라고 착각하거나 제사를 드리며 하나님이 무엇인가 부족해 인간의 섬김을 받아야 한다고 여깁니다. 또 어떤 사람들은 자신이 하나님을 섬겨서 그분의 필요를 채워주고 기분 좋게 만들 수 있다고 오해하기도 합니다.

하지만 하나님은 우주와 그 만물을 지으신 무한하고 영원하신 분이십니다. 하나님은 손으로 지은 전에 가둘 수 있는 분이 전혀 아니십니다(행 17:24). 거주할 공간을 위해 사람이 만든 건물이 꼭 있어야 하는 신은 참된 신이 아닙니다. 하나님은 하늘이 하나님의 보좌이며 땅이 하나님의 발등상이라고 말씀하십니다. 하늘과 땅 자체를 하나님이 만드셨는데, 어찌 그것들이 하나님을 담아낼 수 있겠습니까? 하나님은 안식할 처소나 집이 전혀 필요하지 않으십니다(행 7:48-50).

또 하나님은 무엇이 부족해서 사람들의 섬김이나 찬양을 요구하시는 것이 아닙니다. 오히려 우리가 만민에게 생명과 호흡과 만물을 친히 주시는 분이 하나님 한 분이신 줄 알고 그분만을 의지하고 신뢰하는 가운데 그에 대한 감사함을 섬김과 찬양으로 표현하라고 명령하실 뿐입니다(행 17:25). 그분은 자신을 찬양하는 노래를 들으면 기분이 좋아지는, 가벼운 정서나 심리를 가진 존재가 아니십니다. 하나님은 우리의 부족한 예배와 찬양과 감사가 누추하고 흠이 많음에도 은혜로 받아주시는 것이지, 그런 것이 필요하지는 않으십니다.

어떤 사람들은 "너희의 온전한 십일조를 창고에 들여 나의 집에 양식이 있게 하고"(말 3:10)라는 구절을 근거로 우리가 십일조를 온전히 드리지 않으면 하나님의 집에 양식이 떨어져 하나님이 굶으시거나 일을 제대로 하실 수 없다고 오해합니다. 그런데 하나님은 영이시기에 무엇을 드셔야 할 필요가 없습니다. 또 천지 만물의 창조자이신 하나님은 사람들의 십일조가 있어야만 무언가를 하실 수 있는 것이 아닙니다. 오히려 하나님이 십일조를 요구하신 이유는 당신의 백성들이 십일조를 드림으로써 그들이 받은 모든 것이 하나님에게서 왔음을 깨닫고 인정할 수 있기 때문입니다. 그럴 때 하나님은 기뻐하시며 하늘 문을 열어 복을 쌓을 곳이 없도록 부어주십니다. 이는 메뚜기를 금하여 토지 소산을 먹지 못하게 하고, 밭의 포도나무 열매가 기한 전에 떨어지지 않게 하시겠다는 약속으로 나타납니다(말 3:8-11).

우리는 "오늘 우리에게 일용할 양식을 주시옵고"라고 기도할 때마다 "온갖 좋은 은사와 온전한 선물이 다 위로부터 빛들의 아버지께로부터" 내려오는 줄 알아야 합니다(약 1:17). 변함도 없으시고 회전하는 그림자도 없으신 하나님은 한순간의 감정으로 우리를 대하지 않으시고, 변함없는 사랑으로 우리에게 가장 선한 것들을 가장 적합한 때에 공급하는 분이십니다. 우리는 우리에게 채워지지 않은 것이 있다면 정욕으로 쓰려고 잘못 구한 것은 아닌지(약 4:3), 혹은 아직 받을 때가 안 된 것은 아닌지 생각해야 합니다. 하나님께 문제가 있다고 생각하면 안 됩니다. 하나님은 모든 선의 유일한 근원이시기 때문입니다.

ㄷ. 우리의 걱정이나 노고는 물론이고 당신의 선물조차도 당신의 축복 없이는 우리에게 어떤 유익도 되지 않게 하옵소서

제가 섬기는 세움교회는 2003년에 예배당을 건축했습니다. 원래는 6층으로 세우려 했으나 주변 주민의 민원 제기로 설계를 4층으로 변경했습니다. 그 당시 저는 집을 세우는 것이 얼마나 힘든 일인지 경험하며 "여호와께서 집을 세우지 아니하시면 세우는 자의 수고가 헛되다"는 말씀을 몸으로 배웠습니다. 하나님이 성을 지키지 아니하시면 파수꾼의 깨어 있음도 헛됩니다(시 127:1). 우리가 일찍이 일어나고 늦게 누우며 수고할지라도 소득이 보장되지 않지만 하나님이 함께하시면 충분히 잠을 자며 일해도 그 수고가 헛되지 않습니다(시 127:1-2). 아무리 걱정하며 노력을 기울일지라도 하나님이 축복하시지 않으면 아무 유익이 없습니다. 집이나 직업, 건강이나 결혼처럼 하나님이 이미 선물로 주신 것들도 하나님이 함께하지 않으시면 모두 무용지물이 되어버립니다.

이스라엘 백성이 광야에서 먹은 만나에 관해 생각해봅시다. 이스라엘 백성은 만나가 처음 내렸을 때 경이로운 하나님의 이적이라고 생각하며 놀랐을 것입니다. 하지만 만나가 몇 달, 몇 년 반복되어 내리자 불평이 터져 나왔습니다. "누가 우리에게 고기를 주어 먹게 하랴? 우리가 애굽에 있을 때에는 값없이 생선과 오이와 참외와 부추와 파와 마늘들을 먹은 것이 생각나거늘 이제는 우리의 기력이 다하여 이 만나 외에는 보이는 것이 아무것도 없도다"(민 11:4-6)라는 그들의 푸념에서는 이적에 대한 경외감이나 감사, 찬양을 찾아볼 수 없습니다. 게다가 광야에서 태어난 이들은 태어날 때부터 매일 보아왔던 만나가 이적이라고 여기는 것 자체가 쉽지 않았을 것입니다. 만나는 밤에 이슬이 내릴 때 함께 내렸는데(민 11:9), 아마 만나도 이슬처럼 자연 현상 중 하나라고 생각하지 않았을까요? 이를 역으로 생각해보면 우리는 당연해 보이는 자연 현상도 놀라운 이적이며 하나님이 크신 능력으로 거저 주신 큰 선물임을 알 수 있습니다.

하나님은 우리를 낮추기도 하시고 주리게도 하시며 만나로 먹이기도 하십니다. 낮춤과 주림도 만나와 같은 목적으로 주어집니다. 그 목적은 사람이 떡으로만 사는 것이 아니라 하나님의 입에서 나오는 모든 말씀으로 사는 줄을 알게 하려 하심입니다(신 8:3). 하나님의 능력이 아니면 우리의 힘으로 이룰 수 있는 것이 아무것도 없습니다. 신명기 8장에서 하나님은 더 나아가 "네 소유가 다 풍부하게 될 때에 네 마음이 교만하여 네 하나님 여호와를 잊어버릴까 염려"한다고 말씀하셨습니다(신 8:12-13). 하나님이 우리에게 인생의 다양한 쓰라림을 겪게 하시고 때를 따라 생각지 않은 선물을 받게 하시는 것은 다 우리를 낮추시고 시험하사 마침내 우리에게 복을 주려 하심입니다. 우리는 우리 능력과 우리 손의 힘으로 무엇을 얻었다고 말해서는 안 됩니다. 우리에게 재물 얻을 능력을 주시는 분도 오직 하나님 한 분이십니다(신 8:16-18). 그래서 우리는 하나님만을 의지해 선을 행해야 하고, 땅에 머무는 동안 그의 성실을 먹을거리로 삼아야 합니다(시 37:34).

ㄹ. 모든 피조물에 대한 우리의 신뢰를 거두어 오직 당신께만 두게 하옵소서

하나님의 능력이 아니면 우리의 힘으로 이룰 수 있는 것이 아무것도 없으므로 우리는 모든 피조물에 대한 우리의 신뢰를 거두어야 합니다. 큰 영향력을 가진 귀인이나 힘이 세 보이는 인생도 의지하지 말아야 합니다. 언제 그들의 호흡이 끊어져 흙으로 돌아갈지, 언제 그들이 가진 힘이 사라질지 모르기 때문입니다(시 146:3-4). 사람을 믿고 육신을 자신의 힘으로 삼으며 마음이 하나님에게서 떠난 자는 저주를 받습니다. 자신이 의지하는 자가 잘 나갈 때는 만사형통하는 것 같겠지만 그자가 힘을 잃으면 함께 추락할 수밖에 없습니다. 그래서 우리는 오직 하나님께만 우리의 신뢰를 두어야 합니다. 그런 자가 복을 받습니다(렘 17:5, 7)

경건을 이익의 재료로 생각하지 않고 오직 하나님만 신뢰하는 자, 즉 "비록 무화과나무가 무성하지 못하며 포도나무에 열매가 없으며 감람나무에 소출이 없으며 밭에 먹을 것이 없으며 우리에 양이 없으며 외양간에 소가 없을지라도 여호와로 말미암아 즐거워하며 구원의 하나님으로 말미암아 기뻐하는 자"가 참으로 복됩니다(합 3:17-18). 또한 돈을 사랑하지 않고 있는 바를 족한 줄로 여기며 하나님으로 말미암아 기뻐하고 감사하는 자가 영원한 기쁨을 누리는 자입니다.

또한 우리는 자족하기 위해 "오늘 우리에게 일용할 양식을 주시옵고"라고 기도합니다. 자족하는 자에게는 경건이 큰 이익이 됩니다. 우리는 세상에 아무것도 가지고 온 것이 없고 아무것도 가지고 가지 못하는 줄 알아 먹을 것과 입을 것이 있으면 족하게 여기는 자가 되기 위해 그렇게 기도합니다(딤전 6:6-8). 하나님의 능력을 빌려 이 땅에서 큰 부와 명예와 권력을 누리기 위해 기도하는 것이 아닙니다.

우리는 인생을 사는 동안 어떤 형편에도 자족하는 법을 배워야 합니다. 바울처럼 비천에도, 풍부에도 처할 줄 알아 배부름과 배고픔, 풍부와 궁핍의 상황 속에서도 흔들리지 않는 일체의 비결을 터득해야 합니다. 능력을 주시는 하나님 안에서 우리는 그 모든 것을 할 수 있어야 합니다(빌 4:11-13). "오늘 우리에게 일용할 양식을 주시옵고"라는 기도는 이 모든 것이 이루어지기를 바라는 기도입니다. 경건은 생각 하나가 변한다고 되는 것이 아니라, 인격 전체에서 가치관과 세계관이 바뀌어야 하는 문제입니다. 우리는 그 전체적인 변화만큼 깊고 넓게 기도할 수 있습니다.

2. 신자가 육신에 필요한 것을 구해도 되는가?

어떤 사람들은 썩을 몸을 위해 양식과 물질을 구하는 것은 옳지 않다고 말하며 영적인 것만을 위해 기도해야 한다고 주장합니다. 하지만 사도 바울은 금욕주의적인 거짓 가르침에 관련하여 다음과 같이 말했습니다.

> 1그러나 성령이 밝히 말씀하시기를 "후일에 어떤 사람들이 믿음에서 떠나 미혹하
> 는 영과 귀신의 가르침을 따르리라" 하셨으니 2자기 양심이 화인을 맞아서 외식
> 함으로 거짓말하는 자들이라. 3혼인을 금하고 어떤 음식물은 먹지 말라고 할 터
> 이나 음식물은 하나님이 지으신 바니 믿는 자들과 진리를 아는 자들이 감사함으
> 로 받을 것이니라. 4하나님께서 지으신 모든 것이 선하매 감사함으로 받으면 버
> 릴 것이 없나니 5하나님의 말씀과 기도로 거룩하여짐이라(딤전 4:1-5).

초기 교회는 혼합주의적 종교 운동인 영지주의 이단의 공격을 받았습니다. 영지주의자들은 이원론적 우주관으로 무장하고 영계와 물질계 사이에 큰 간격이 존재한다는 주장을 펼치며 물질계의 중요성과 역사의 의미를 부정했습니다. 그들은 인간의 영적 요소가 육체와 현세에서 해방되어 최고신

에게로 돌아가야 한다고 보았습니다. 그들의 관점에 따르면 그리스도는 직접 사람이 되신 것이 아니라 사람의 형태를 취하셨을 뿐이었습니다. 그런 관점에 사로잡힌 결과 그들은 육체가 영혼을 좇아가야 한다며 금욕주의를 강조했습니다. 그러나 또 다른 한편으로는 영혼만이 중요하므로 육체로는 무슨 짓을 해도 된다고 여겨 모든 욕망을 채우자는 육욕주의로 나아가기도 했습니다. 방탕이 오히려 영혼을 자유롭게 한다는 것이었습니다. 이처럼 현실의 삶과 육체의 중요성을 부인하는 자들은 금욕주의나 쾌락주의의 극단에 빠집니다.

참된 신자는 이원론적 우주관이 아니라 "하나님께서 지으신 모든 것이 선하매 감사함으로 받으면 버릴 것이 없나니"(딤전 4:4)라는 성경 말씀을 받아들입니다. 기독교인은 금욕주의나 향락주의에 치우치지 않으며 물질을 부정하지도 않습니다. 하나님이 지으신 모든 것을 감사함으로 받아 누리고 즐거워합니다. 육신에 필요한 바를 하나님께 구해도 되는 정도가 아니라 꼭 구해야 합니다. 물론 우리는 육신에 필요한 바를 우선시하지는 않습니다. 먼저 그의 나라와 그의 의를 구하고 그렇게 할 때 주어지는 육신의 필요를 적절하게 즐기고 누립니다. 비천한 상황에서도 비굴해지지 않고, 풍요로울 때도 사치하거나 자만하지 않습니다. 없으면 없는 대로, 있으면 있는 대로 어떤 상황에서도 하나님의 영광을 위해 살며 하나님의 영광으로 말미암아 기뻐하고 감사해 합니다.

한편 신자가 내일 일을 염려하지 않는다고 해서 저축할 필요가 없다는 뜻은 아닙니다. 예수님도 보리 떡 다섯 개와 물고기 두 마리로 5,000명을 먹이신 후에 남은 조각을 거두고 버리는 것이 없게 하라고 말씀하셨습니다(요 6:9-13). 예수님은 얼마든지 다시 이적을 행하실 수도 있습니다. 하지만 예수님이 이미 베푸신 이적을 사람들이 가볍게 여기는 것을 바라지 않으셨습니다. 예수님은 한 조각의 음식이라도 낭비되게 하지 않으셨고 그렇게 남은 조각을 거두어 무엇인가에 쓰게 하셨습니다. 그때 거둔 열두 바구니의 음식은 가난한 자들을 위해서 사용되거나 다음 끼니에 사용되었을 것입니다. 우리도 하나님이 풍성함을 허락하실 때 낭비하거나 사치하지 말고 하나님의 은혜를 귀하게 알아 검소하면서도 충분하게 그것을 누려야 합니다. 또 남는 것을 모아 가난한 자를 돕거나 미래를 위해 저축해야 합니다. 우리의 저축은 미래에 대한 염려가 아니라 대비의 차원으로서 하나님의 은혜에 대한 감사와 찬송이고 가난한 자를 돕기 위한 것입니다.

구약 시대의 성도는 3년마다 소득의 10분의 1을 성읍에 저축하여 레위인과 이방인, 고아와 과부들을 위해 사용하게 했습니다(신 14:28-29). 다윗은 성전 건축을 위해 여러 물건을 비축해놓았습니다(대상 29:16). 어린아이가 부모를 위해 재물을 저축하는 것이 아니라 부모가 어린아이를 위해 저축하는 것이 자연스럽습니다(고후 12:14). 이처럼 성도의 저축은 가난한 자를 돕거나 예배당 건축과 같은 큰일을 감당하기 위해, 또 자녀를 잘 기르기 위해 하는 것입니다. 성도는 저축을 해도 될 뿐 아니라 성실하게 저축해야 합니다. 다만 부자가 되려는 욕심이나 미래에 대한 불안을 멀리하면 됩니다.

함께 나누기: 일용할 양식을 주시옵고

01 여러분의 경제 사정은 어떻습니까? 잘 사는 편입니까, 가난한 편입니까? 소비 성향에서는 사치하는 편입니까, 절약하는 편입니까? 미래를 위한 저축을 성실히 하고 있습니까?

02 하이델베르크 교리문답 제125문을 서로 묻고 답해봅시다. 근거 성구도 다시 한번 살펴봅시다.

03 주기도문의 넷째 간구인 "오늘 우리에게 일용할 양식을 주시옵고"는 무슨 뜻인지 다음의 관점에서 살펴봅시다.

① 육신에 필요한 모든 것을 우리에게 공급해주옵소서

② 하나님이 모든 선의 유일한 근원이심을 인정하게 하옵소서

③ 우리의 걱정이나 노고는 물론이고 당신의 선물조차도 당신의 축복 없이는 어떤 유익도 되지 않게 하옵소서

④ 모든 피조물에 대한 우리의 신뢰를 거두어 오직 당신께만 두게 하옵소서

04 신자가 육신에 필요한 것을 구하는 것에 관해 어떻게 보아야 하는지 이야기해봅시다.

제51주일: 제126문

우리 죄를 사하여주시옵고

Q 제126문 [주기도문의] 다섯 번째 간구는 무엇입니까?

Which is the fifth petition?

A 답 "우리가 우리에게 죄지은 자를 사하여준 것 같이 우리 죄를 사하여주시옵고"입니다. 그 의미는 다음과 같습니다. 그리스도의 피로 말미암아, 우리의 범죄들과 늘 우리에게 붙어 있는 부패성을 불쌍한 죄인인 우리에게 돌리지 마옵소서.[1] 우리가 우리 안에 있는 당신의 은혜의 증거를 느껴, 우리의 굳은 의지로 마음으로부터 우리의 이웃을 용서하는 것처럼 우리에게 돌리지 마옵소서.[2]

"And forgive us our debts as we forgive our debtors"; that is, be pleased for the sake of Christ's blood, not to impute to us poor sinners, our transgressions, nor that depravity, which always cleaves to us; even as we feel this evidence of thy grace in us, that it is our firm resolution from the heart to forgive our neighbour.

debtor 채무자 **cleave** 착 달라붙다, 쪼개다

근거 성구

1 1하나님이여, 주의 인자를 따라 내게 은혜를 베푸시며 주의 많은 긍휼을 따라 내 죄악을 지워주소서. 2나의 죄악을 말갛게 씻으시며 나의 죄를 깨끗이 제하소서(시 51:1-2).

주의 종에게 심판을 행하지 마소서. 주의 눈 앞에는 의로운 인생이 하나도 없나이다(시 143:2).

그러므로 이제 그리스도 예수 안에 있는 자에게는 결코 정죄함이 없나니(롬 8:1).

1나의 자녀들아, 내가 이것을 너희에게 씀은 너희로 죄를 범하지 않게 하려 함이라. 만일 누가 죄를 범하여도 아버지 앞에서 우리에게 대언자가 있으니 곧 의로우신 예수 그리스도시라. 2그는 우리 죄를 위한 화목 제물이니 우리만 위할 뿐 아니요, 온 세상의 죄를 위하심이라(요일 2:1-2).

2 14너희가 사람의 잘못을 용서하면 너희 하늘 아버지께서도 너희 잘못을 용서하시려니와 15너희가 사람의 잘못을 용서하지 아니하면 너희 아버지께서도 너희 잘못을 용서하지 아니하시리라(마 6:14-15).

21그 때에 베드로가 나아와 이르되 "주여, 형제가 내게 죄를 범하면 몇 번이나 용서하여주리이까? 일곱 번까지 하오리이까?" 22예수께서 이르시되 "네게 이르노니 일곱 번뿐 아니라, 일곱 번을 일흔 번까지라도 할지니라. 23그러므로 천국은 그 종들과 결산하려 하던 어떤 임금과 같으니 24결산할 때에 만 달란트 빚진 자 하나를 데려오매 25갚을 것이 없는지라. 주인이 명하여 '그 몸과 아내와 자식들과 모든 소유를 다 팔아 갚게 하라' 하니 26그 종이 엎드려 절하며 이르되 '내게 참으소서. 다 갚으리이다' 하거늘 27그 종의 주인이 불쌍히 여겨 놓아 보내며 그 빚을 탕감하여주었더니 28그 종이 나가서 자기에게 백 데나리온 빚진 동료 한 사람을 만나 붙들어 목을 잡고 이르되 '빚을 갚으라' 하매 29그 동료가 엎드려 간구하여 이르되 '나에게 참아주소서. 갚으리이다' 하되 30허락하지 아니하고 이에 가서 그가 빚을 갚도록 옥에 가두거늘 31그 동료들이 그것을 보고 몹시 딱하게 여겨 주인에게 가서 그 일을 다 알리니 32이에 주인이 그를 불러다가 말하되 '악한 종아, 네가 빌기에 내가 네 빚을 전부 탕감하여주었거늘 33내가 너를 불쌍히 여김과 같이 너도 네 동료를 불쌍히 여김이 마땅하지 아니하냐?' 하고 34주인이 노하여 그 빚을 다 갚도록 그를 옥졸들에게 넘기니라. 35너희가 각각 마음으로부터 형제를 용서하지 아니하면 나의 하늘 아버지께서도 너희에게 이와 같이 하시리라"(마 18:21-35).

해설

죄 용서에 관하여

주기도문의 네 번째 간구에서 우리는 하나님께 우리 영혼과 육신에 필요한 모든 것을 공급해주셔서, 우리가 하나님이 모든 선의 유일한 근원이심을 인정하게 해달라고 기도합니다. 이어지는 다섯 번째 간구에서는 죄 용서를 간구함으로써 우리가 하나님이 몸과 영혼을 능히 지옥에 멸할 수도 있고 영원히 살리실 수도 있는(마 10:28), 영생의 유일한 근원이심을 인정하게 해달라고 기도합니다.

— **제125문** "오늘 우리에게 일용할 양식을 주시옵고"는 무슨 뜻인가?
— **제126문** "우리가 우리에게 죄지은 자를 사하여준 것 같이 우리 죄를 사하여주시옵고"는 무슨 뜻인가?

표39 하이델베르크 교리문답 제125-126문의 구성

1. 우리에게 죄지은 자를 사하여준 것 같이 우리 죄를 사하여주시옵고

ㄱ. 우리의 범죄들과 부패성을 우리에게 돌리지 마옵소서

우리는 무엇을 근거로 하나님께 우리 죄를 사하여달라고 간구할 수 있습니까? 오직 그리스도의 피가 있을 뿐입니다. 하나님은 인자와 긍휼이 많으신지라 그리스도의 피에 근거하여 우리의 죄악을 지워주십니다(시 51:1). 주 앞에 의로운 인생은 하나도 없습니다(시 143:2). 하지만 우리 죄를 위한 화목 제

물이 되신 그리스도의 피 덕분에 우리에게는 정죄함이 없습니다(롬 8:1; 요일 2:1). 우리는 구원을 받은 이후에도 죄를 짓습니다. 부패성이 늘 붙어 있습니다. 그래서 우리는 우리의 과거 죄만이 아니라 현재의 범죄와 부패성에 대해서도 그리스도의 피로 말미암아 용서해달라고 기도합니다. 우리는 이런 다섯 번째 간구를 통해 일용할 양식뿐 아니라 죄의 용서가 우리 인생에서 얼마나 귀중한가를 알게 됩니다. 또한 죄 용서가 오직 하나님의 은혜에 의해 그리스도의 피로만 이루어짐을 확인하게 됩니다.

ㄴ. 우리가 굳은 의지로 이웃을 용서하는 것처럼

"우리가 우리에게 죄지은 자를 사하여준 것 같이 우리 죄를 사하여주시옵고"란 구절을 원인과 결과로 분석해보면 우리가 우리에게 죄지은 자를 사해준 것에 근거해 우리 죄가 사해지는 것처럼 보입니다. 그렇다면 우리가 죄를 용서하지 않으면 우리 죄도 용서받지 못한다는 불안감이 생깁니다. 더 나아가 우리의 구원 자체가 흔들릴 수도 있습니다. 과연 우리가 다른 사람의 죄를 용서하지 않으면 우리의 죄도 하나님께 용서받지 못하고 우리의 구원 자체가 흔들리게 될까요?

"우리가 우리에게 죄지은 자를 사하여준 것 같이 우리 죄를 사하여주시옵고"란 구절 자체만 보면 앞의 문장이 원인이고, 뒤의 문장이 결론인 것처럼 보입니다. 그런데 성경은 이 구절만이 아니라 훨씬 더 많은 구절로 이루어져 있습니다. 즉 이 구절은 다른 성경 구절과의 연관 속에서 해석되어야 합니다. 우리는 바로 앞에서 우리가 이미 하나님의 은혜로 그리스도의 피로 말미암아 죄를 용서받고 구원받았음을 살펴보았습니다. 이는 성경 전체가 강조하는 사실입니다. 그러므로 이에 근거해 다섯 번째 간구를 살펴야지, 이 간구만 독립적으로 살피면 안 됩니다.

우리는 하나님의 은혜로 우리의 공로 없이 그리스도의 피에 근거하여 구원을 받았습니다. 그 은혜를 깊이 깨닫는다면 우리에게 죄지은 자를 용서해 주지 않을 수 없습니다. 또한 우리 안에서 하나님이 우리에게 일방적으로 베푸신 큰 은혜의 증거를 발견한다면 그 은혜를 남들에게도 베푸는 것이 당연합니다. 그래서 우리는 "굳은 의지로 마음으로부터 우리의 이웃을 용서"하게 됩니다. 우리가 이웃의 죄를 마음으로부터 용서할 수 있을 때, 우리는 예전의 강퍅하고 옹졸하고 자기중심적이었던 우리 자신이 그렇게 변한 것은 전적으로 하나님이 우리에게 베푸신 죄의 용서와 구원으로 인한 것임을 확신하게 됩니다. 그리고 한 걸음 더 나아가 구원받은 이후에도 여전히 남아 있는 우리의 범죄와 부패성을 용서해달라고 기도하게 됩니다.

그래서 "우리가 우리에게 죄지은 자를 사하여준 것 같이 우리 죄를 사하여주시옵고"라는 간구에서 원인과 결과를 논하기에 앞서, "하나님이 은혜 안에서 그리스도의 피로 우리 죄를 용서해주신 것"이 대전제임을 알아야 합니다. 이 대전제에 따라 우리는 우리에게 죄지은 자를 용서해줍니다. 그리고 우리는 우리가 베푸는 용서를 통해 하나님의 은혜를 다시 확인하며, 우리의 범죄와 부패성을 용서해달라고 기도하게 됩니다. 이것이 진짜 결론입니다.

이런 논의를 통해 우리는 기독교 교리에서 "오직 성경"만이 아니라 "전체 성경"이 얼마나 중요한가를 다시금 확인할 수 있습니다. 성경에는 이처럼 성경 전체를 통해 말하는 바를 대전제로 삼는 구절들이 많이 있습니다. 이 사실을 기억하며 계속해서 공부를 이어가기 바랍니다.

- 대전제: 하나님이 은혜 안에서 그리스도의 피로 우리 죄를 용서하신 것
  - 원인: 하나님의 은혜에 기대어 우리가 우리에게 죄지은 자를 용서해줌
  - 결론: 하나님의 은혜에 기대어 우리의 범죄와 부패성에 대해서도 용서해달라고 기도

2. 하나님의 죄 용서와 우리의 죄 용서

베드로는 예수님께 형제가 죄를 범하면 몇 번이나 용서해주어야 하느냐고 여쭈었습니다. 예수님은 일곱 번뿐 아니라 일곱 번을 일흔 번까지라도 하라고 하시며 비유를 들어 그 이유를 말씀하셨습니다. 예수님은 천국이 종들을 모아 결산하는 어떤 임금과 같다고 하시며 이야기를 시작하셨습니다. 그 임금은 1만 달란트 빚진 종에게 그 몸과 아내와 자식들과 모든 소유를 다 팔아서라도 빚을 갚으라고 다그쳤습니다. 하지만 그 종이 다 갚을 테니 참아달라고 간청하자, 불쌍히 여겨 빚을 탕감하고 보내주었습니다. 그런데 그 종은 자기에게 100데나리온 빚진 동료 한 사람을 봐주지 않았습니다. 그는 엎드려 간청하는 동료의 목을 잡고 빚을 갚으라고 독촉하는 것도 모자라 그를 옥에 가두어버렸습니다. 그런 일을 알게 된 다른 동료들은 몹시 딱하게 여기며 주인에게 가서 그 일을 다 알렸습니다. 이에 주인은 크게 노하였고 빚을 탕감받았던 종을 불러서 "악한 종아, 네가 빌기에 내가 네 빚을 전부 탕감하여주었거늘 내가 너를 불쌍히 여김과 같이 너도 네 동료를 불쌍히 여김이 마땅하지 아니하냐?"(마 18:32-33)라고 책망했습니다. 그리고 빚을 다 갚도록 그를 옥졸들에게 넘겼습니다.

그 종이 다시 옥에 갇힌 것은 그가 동료의 100데나리온을 탕감해주지 않았기 때문이었습니다. 예수님은 이 비유에 이어 **"너희가 각각 마음으로부터 형제를 용서하지 아니하면 나의 하늘 아버지께서도 너희에게 이와 같이 하시리라"**(마 18:35)라고 말씀하셨습니다. "우리가 우리에게 죄지은 자를 사하여 준 것 같이 우리 죄를 사하여주시옵고"라는 구절은 바로 예수님의 이 말씀이 그대로 반영된 것입니다. 우리가 하나님이 우리에게 베푸신 죄 용서를 깊이 깨닫고, 우리에게 죄지은 자를 마음으로부터 용서하면 우리 하늘 아버지께서도 우리 죄를 용서해주십니다.

예수님은 마태복음 6장에서 주기도문을 가르치신 후에 이어서 "너희가 사람의 잘못을 용서하면 너희 하늘 아버지께서도 너희 잘못을 용서하시려니와 너희가 사람의 잘못을 용서하지 아니하면 너희 아버지께서도 너희 잘못을 용서하지 아니하시리라”(마 6:14-15)라고 말씀하셨습니다. 앞서 자세히 다루었지만 이 구절 역시 우리가 먼저 사람의 잘못을 용서하면 그것에 근거해 하나님이 우리 잘못을 용서해주신다는 뜻은 아닙니다. 대전제를 기억해야 합니다. 우리가 하나님께 이미 용서받고 구원받은 것을 알고, 그것에 근거해 기꺼이 다른 사람의 잘못을 용서하면 하늘 아버지도 우리 잘못을 용서하십니다. 이런 구절들은 전후 문맥과 성경 전체의 문맥을 고려하지 않고 독립적으로 해석하면 안 됩니다.

참고로 1데나리온은 노동자의 하루 품삯으로 10만 원 정도라고 할 수 있습니다. 100데나리온은 1,000만 원이고 1달란트는 6,000데나리온이니 1만 달란트는 6조 원에 해당합니다. 6조 원과 1,000만 원을 어떻게 비교하겠습니까? 사실 여기서 1만 달란트는 사람이 도저히 갚을 수 없는 금액을 나타내는 상징입니다. 즉 그 종은 헤아릴 수 없는 은혜를 받았는데 겨우 1,000만 원을 탕감해주지 못한 것입니다. 1,000만 원이 적지 않은 돈이기는 하지만, 우리가 탕감받은 6조 원을 생각하면 얼마든지 탕감해줄 수 있지 않을까요? 또 1,000만 원은 섭리하시는 하나님의 능력을 의지하고 열심히 일하면 충당할 수 있을 만한 금액이기도 합니다.

3. 어떤 죄를 얼마나, 언제까지 용서해야 하는가?

베드로가 몇 번이나 형제의 죄를 용서해야 하느냐고 여쭈었을 때 예수님은 일곱 번뿐 아니라 일곱 번을 일흔 번까지라도 하라고 하셨습니다. 이것은 문자 그대로 490번을 용서하라는 의미가 아니라 무한히 계속하여 용서하라는 뜻입니다. 그런데 이때 죄를 지은 형제가 전혀 회개하지 않고, 여전히 범죄를 저지를 준비가 되어 있다면 그 죄에 대해 응분의 책임을 지도록 해야 합니다.

폭력과 도둑과 간음과 살인을 이미 범한 자가 회개하지 않고 그 이후에도 기회를 보아 언제든 죄를 지으려 한다면 그런 범죄자는 옥에 가두어야 합니다. 자신이 지은 죄에 대한 벌을 받게 해야 하고, 사회로부터 격리하여 범죄할 기회를 없애야 합니다. 형제의 죄를 용서해야 한다고 해서 그가 지은 죄에 대한 벌을 받지 않게 한다는 뜻이 아닙니다. 그에게 벌을 주지 않는 행위는 그가 같은 죄를 더 범하게 하는 잘못된 행위일 수 있습니다.

우리가 형제의 죄를 용서한다는 것은 우리가 친히 원수를 갚지 않고 하나님의 진노하심에 맡긴다는 의미입니다. 원수 갚는 것이 하나님께 있으므로 하나님께 맡겨 하나님이 가장 정확하게 갚으시게 하고, 우리는 원수가 주리거든 먹이고 목마르거든 마시게 해야 합니다. 이런 의미에서 모든 그리스도인은 형제의 죄를 용서해야 합니다. 하지만 우리는 그를 용서하고 그에게 잘 해주되, 그의 죄가 사회적으로 악영향을 크게 미칠 때는 법률적 책임을 지게 해야 하고 더 죄를 범하지 않도록 제어해야 합니다.

형제가 죄를 지었을 때 그 행위가 잘못되었다는 정확한 평가를 하지 않은 채 무조건 용서하고 무조건 사회생활을 자유롭게 하게 하는 것은 거룩한 것을 개에게 주고 귀한 진주를 돼지 앞에 던지는 것과 같은 어리석고 무모한 행위입니다. 개나 돼지는 오히려 그것을 발로 밟고 돌이켜 우리를 찢어 상하게 합니다(마 7:6). 사람은 그렇게 순진한 존재가 아니며 행위에 있어서도 그리 쉽게 변하지 않습니다. 우리는 사람에 대해 변화를 기대하되 지혜롭게 대해야 합니다. 예수님은 제자들을 사람들에게 보낼 때 양을 이리 가운데로 보냄과 같다고 하시며 "너희는 뱀 같이 지혜롭고 비둘기 같이 순결하라. 사람들을 삼가라. 그들이 너희를 공회에 넘겨주겠고 그들의 회당에서 채찍질하리라"(마 10:16-17)라고 말씀하셨습니다. 사람들에 대한 기대를 저버리지 않되, 뱀 같이 지혜롭게 사람들을 대하고, 비둘기 같이 순결한 마음으로 그들을 용서해야 할 것입니다.

함께 나누기: 우리 죄를 사하여주시옵고

01 여러분은 대통령이나 국회의원 선거, 남북통일, 경제 활성화, 국민 통합, 한반도의 평화 등을 위해 기도하고 있습니까? 기도가 이런 일에 효력이 있다고 생각합니까?

02 하이델베르크 교리문답 제126문을 서로 묻고 답해봅시다. 근거 성구도 다시 한번 살펴봅시다.

03 다섯 번째 간구인 "우리가 우리에게 죄지은 자를 사하여준 것 같이 우리 죄를 사하여주시옵고"는 무슨 뜻인지 다음의 관점에서 살펴봅시다.

① 우리의 범죄들과 부패성을 우리에게 돌리지 마옵소서

② 우리가 신실한 의지로 이웃을 용서하는 것처럼 우리 죄를 우리에게 돌리지 마옵소서

③ 다섯 번째 간구의 논리를 아래처럼 볼 수 있는지 생각해봅시다.

대전제: 하나님이 은혜 안에서 그리스도의 피로 우리 죄를 용서하신 것
원인: 하나님의 은혜에 기대어 우리가 우리에게 죄지은 자를 용서해줌
결론: 하나님의 은혜에 기대어 우리의 범죄와 부패성에 대해서도 용서해달라고 기도

04 마태복음 18:21-35을 통해 하나님의 죄 사함과 사람의 죄 사함 사이에 존재하는 질과 양을 비교해봅시다.

05 우리는 형제의 죄를 몇 번까지 용서해야 합니까? 여러분은 형제의 죄를 기꺼이 용서한 적이 있습니까? 그때의 심정과 그 이후의 진행된 상황을 나누어봅시다.

제52주일: 제127-129문

마지막 간구와 결언

Q 제127문 [주기도문의] 여섯 번째 간구는 무엇입니까?

Which is the sixth petition?

A 답 "우리를 시험에 들게 하지 마시옵고 다만 악에서 구하시옵소서"입니다. 그 의미는 다음과 같습니다. 우리는 우리 자체로는 너무나 약하여 잠시라도 설 수 없기에,[1] 게다가 우리의 불구대천(不俱戴天)의 원수들인 마귀와[2] 세상과[3] 우리 자신의 육체가[4] 우리를 공격하는 것을 멈추지 않기에, 당신께서 성령의 능력으로 우리를 보존하고 강하게 하시옵소서. 우리로 이 영적 전쟁에서 지지 않게 하시옵고,[5] 대신 완전한 승리를 마침내 얻을 때까지 우리의 적들에게 항상 필사적으로 대항하게 하시옵소서.[6]

"And lead us not into temptation, but deliver us from evil"; that is, since we are so weak in ourselves, that we can not stand a moment; and besides this, since our mortal enemies, the devil, the world, and our own flesh, cease not to assault us, do thou therefore preserve and strengthen us by the power of thy Holy Spirit, that we may not be overcome in this spiritual warfare, but constantly and strenuously may resist our foes, till at last we obtain a complete victory.

Q 제128문 당신은 기도를 어떻게 끝맺어야 합니까?

How dost thou conclude thy prayer?

A 답 "나라와 권세와 영광이 아버지께 영원히 있사옵나이다" 하고 끝맺습니다. 그 의미는 다음과 같습니다. 우리가 이 모든 것을 당신께 간구하는 것은,

당신이 우리의 전능하신 왕으로서 우리에게 모든 선을 주시려 하고 주실 수 있기 때문입니다.[7] 그리고 우리가 기도한 이 모든 것은 우리가 아니라 당신의 거룩한 이름이 영원히 영광을 받으시기 위함입니다.[8]

"For thine is the kingdom, and the power, and the glory, forever"; that is, all these we ask of thee, because thou, being our King and almighty, art willing and able to give us all good; and all this we pray for, that thereby not we, but thy holy name, may be glorified for ever.

Q 제129문 "아멘"이란 단어는 무엇을 뜻합니까?

What does the word "Amen" signify?

A 답 "아멘"이란 참되고 확실하다는 뜻입니다. 이는 내가 하나님께 이러한 것들을 원한다고 내 마음에서 느끼는 것보다 더 확실하게 하나님이 나의 기도를 들으시기 때문입니다.[9]

"Amen" signifies, it shall truly and certainly be: for my prayer is more assuredly heard of God, than I feel in my heart that I desire these things of him.

strenuously 필사적으로, 열심히, 활기차게 **signify** 뜻하다, 의미하다

근거 성구

1 14이는 그가 우리의 체질을 아시며 우리가 단지 먼지뿐임을 기억하심이로다. 15인생은 그 날이 풀과 같으며 그 영화가 들의 꽃과 같도다. 16그것은 바람이 지나가면 없어지나니 그 있던 자리도 다시 알지 못하거니와(시 103:14-16).

나는 포도나무요, 너희는 가지라. 그가 내 안에, 내가 그 안에 거하면 사람이 열매를 많이 맺나니 나를 떠나서는 너희가 아무것도 할 수 없음이라(요 15:5).

2 이것은 이상한 일이 아니니라. 사탄도 자기를 광명의 천사로 가장하나니(고후 11:14).

우리의 씨름은 혈과 육을 상대하는 것이 아니요, 통치자들과 권세들과 이 어둠의 세상 주관자들과 하늘에 있는 악의 영들을 상대함이라(엡 6:12).

근신하라. 깨어라. 너희 대적 마귀가 우는 사자 같이 두루 다니며 삼킬 자를 찾나니(벧전 5:8).

3 너희가 세상에 속하였으면 세상이 자기의 것을 사랑할 것이나 너희는 세상에 속한 자가 아니요, 도리어 내가 너희를 세상에서 택하였기 때문에 세상이 너희를 미워하느니라(요 15:19).

15이 세상이나 세상에 있는 것들을 사랑하지 말라. 누구든지 세상을 사랑하면 아버지의 사랑이 그 안에 있지 아니하니 16이는 세상에 있는 모든 것이 육신의 정욕과 안목의 정욕과 이생의 자랑이니 다 아버지께로부터 온 것이 아니요, 세상으로부터 온 것이라(요일 2:15-16).

4 내 지체 속에서 한 다른 법이 내 마음의 법과 싸워 내 지체 속에 있는 죄의 법으로 나를 사로잡는 것을 보는도다(롬 7:23).

육체의 소욕은 성령을 거스르고 성령은 육체를 거스르나니 이 둘이 서로 대적함으로 너희가 원하는 것을 하지 못하게 하려 함이니라(갈 5:15).

5 19너희를 넘겨 줄 때에 어떻게 또는 무엇을 말할까 염려하지 말라. 그때에 너희에게 할 말을 주시리니 20말하는 이는 너희가 아니라 너희 속에서 말씀하시는 이 곧 너희 아버지의 성령이시니라(마 10:19-20).

"시험에 들지 않게 깨어 기도하라. 마음에는 원이로되 육신이 약하도다" 하시고(막 13:33).

주의하라. 깨어 있으라. 그때가 언제인지 알지 못함이라(마 26:41).

12그런즉 선 줄로 생각하는 자는 넘어질까 조심하라. 13사람이 감당할 시험밖에는 너희가 당한 것이 없나니 오직 하나님은 미쁘사 너희가 감당하지 못할 시험당함을 허락하지 아니하시고 시험당할 즈음에 또한 피할 길을 내사 너희로 능히 감당하게 하시느니라(고전 10:12-13).

6 너희가 육신대로 살면 반드시 죽을 것이로되 영으로써 몸의 행실을 죽이면 살리니(롬 8:13).

너희 마음을 굳건하게 하시고 우리 주 예수께서 그의 모든 성도와 함께 강림하실 때에 하나님 우리 아버지 앞에서 거룩함에 흠이 없게 하시기를 원하노라(살전 3:13).

평강의 하나님이 친히 너희를 온전히 거룩하게 하시고 또 너희의 온 영과 혼과 몸이 우리 주 예수 그리스도께서 강림하실 때에 흠 없게 보전되기를 원하노라(살전 5:23).

그런즉 너희는 하나님께 복종할지어다. 마귀를 대적하라. 그리하면 너희를 피하리라(약 4:7).

7 10다윗이 온 회중 앞에서 여호와를 송
축하여 이르되 "우리 조상 이스라엘의 하
나님 여호와여, 주는 영원부터 영원까지
송축을 받으시옵소서. 11여호와여, 위대
하심과 권능과 영광과 승리와 위엄이 다
주께 속하였사오니 천지에 있는 것이 다
주의 것이로소이다. 여호와여, 주권도 주
께 속하였사오니 주는 높으사 만물의 머
리이심이니이다. 12부와 귀가 주께로 말
미암고 또 주는 만물의 주재가 되사 손에
권세와 능력이 있사오니 모든 사람을 크
게 하심과 강하게 하심이 주의 손에 있나
이다"(대상 29:10-12).

11성경에 이르되 "누구든지 그를 믿는 자
는 부끄러움을 당하지 아니하리라" 하니
12유대인이나 헬라인이나 차별이 없음이
라. 한 분이신 주께서 모든 사람의 주가
되사 그를 부르는 모든 사람에게 부요하
시도다(롬 10:11-12).

주께서 경건한 자는 시험에서 건지실 줄 아시고 불의한 자는 형벌 아래에 두어 심판 날까지 지키시며(벧후 2:9).

8 여호와여, 영광을 우리에게 돌리지 마옵소서. 우리에게 돌리지 마옵소서. 오직 주는 인자하시고 진실하시므로 주의 이름에만 영광을 돌리소서(시 115:1).

8내가 그들을 내게 범한 그 모든 죄악에
서 정하게 하며 그들이 내게 범하며 행한
모든 죄악을 사할 것이라. 9이 성읍이 세
계 열방 앞에서 나의 기쁜 이름이 될 것
이며 찬송과 영광이 될 것이요, 그들은
내가 이 백성에게 베푼 모든 복을 들을
것이요, 내가 이 성읍에 베푼 모든 복과
모든 평안으로 말미암아 두려워하며 떨
리라(렘 33:8-9).

14그에게 권세와 영광과 나라를 주고 모
든 백성과 나라들과 다른 언어를 말하는
모든 자들이 그를 섬기게 하였으니 그의
권세는 소멸되지 아니하는 영원한 권세
요, 그의 나라는 멸망하지 아니할 것이니
라.…27나라와 권세와 온 천하 나라들의
위세가 지극히 높으신 이의 거룩한 백성
에게 붙인 바 되리니 그의 나라는 영원한
나라이라. 모든 권세 있는 자들이 다 그
를 섬기며 복종하리라(단 7:14, 27).

너희가 내 이름으로 무엇을 구하든지 내가 행하리니 이는 아버지로 하여금 아들로 말미암아 영광을 받으시게 하려 함이라(요 14:13).

큰 음성으로 이르되 "죽임을 당하신 어린

양은 능력과 부와 지혜와 힘과 존귀와 영광과 찬송을 받으시기에 합당하도다" 하더라(계 5:12).

9 그들이 부르기 전에 내가 응답하겠고 그들이 말을 마치기 전에 내가 들을 것이며(사 65:24).

하나님의 약속은 얼마든지 그리스도 안에서 예가 되니 그런즉 그로 말미암아 우리가 "아멘" 하여 하나님께 영광을 돌리게 되느니라(고후 1:20).

우리는 미쁨이 없을지라도 주는 항상 미쁘시니 자기를 부인하실 수 없으시리라(딤후 2:13).

라오디게아 교회의 사자에게 편지하라. 아멘이시요, 충성되고 참된 증인이시요, 하나님의 창조의 근본이신 이가 이르시되(계 3:14).

해설

주기도문의 여섯 번째 간구와 마무리

앞서 우리는 주기도문의 다섯 번째 간구까지 살펴보았습니다. 이제 마지막 여섯 번째 간구를 살펴볼 차례입니다. 여기까지의 내용이 주기도문의 본문에 해당하고 그 후에는 결언이 나옵니다. 주기도문의 순서에 따라 우리도 여섯 번째 간구의 내용을 살펴본 후 주기도문의 결언이 무슨 의미인지 살펴보겠습니다.

◆ **서언: 하나님을 부름**

제120문 우리 아버지여(Our Father)
제121문 하늘에 계신(which art in heaven)

◆ **본문: 여섯 개의 간구**

1. 하나님의 이름과 나라와 뜻을 위한 세 가지 간구

제122문(첫 번째 간구) 이름이 거룩히 여김을 받으시오며(Hallowed be **thy name**)
제123문(두 번째 간구) 나라가 임하시오며(**Thy kingdom** come)
제124문(세 번째 간구) 뜻이 하늘에서 이루어진 것 같이 땅에서도 이루어지이다(**Thy will** be done in earth, as it is in heaven)

2. 우리의 양식과 죄 사함과 구원을 위한 세 가지 간구

제125문(네 번째 간구) 오늘 우리에게 일용할 양식을 주시옵고(**Give us** this day our daily bread)
제126문(다섯 번째 간구) 우리가 우리에게 죄지은 자를 사하여준 것 같이 우리 죄를 사하여주시옵고(**Forgive us** our debts, as we forgive our debtors)
제127문(여섯 번째 간구) 우리를 시험에 들게 하지 마시옵고 다만 악에서 구하시옵소서 (Lead us not into temptation, but **deliver us** from evil)

◆ **결언: 하나님을 송영**

제128문 나라와 권세와 영광이 아버지께 영원히 있사옵나이다(For thine is the kingdom, and the power, and the glory, for ever)
제129문 아멘(Amen)

표40 주기도문의 구조

1. "우리를 시험에 들게 하지 마시옵고 다만 악에서 구하시옵소서"는 무슨 뜻인가?

ㄱ. 우리 자체로는 너무나 약하여 잠시라도 설 수 없기에

사람은 만물의 영장(靈長)이라고 불립니다. 사람이 바다의 물고기와 하늘의 새, 땅에 움직이는 모든 생물을 다스리기 때문입니다. 사람은 지구 곳곳에 안

사는 곳이 없이 생육하고 번성하며 땅에 충만합니다. 또 사람은 지구를 벗어나 달에 갔을 뿐 아니라 다른 행성에서 살아갈 미래를 그려보기도 합니다. 이런 것들을 생각하면 사람이 매우 강하여 모든 것을 통제하고 정복하는 듯합니다.

그런데 사람이 이렇게 할 수 있는 것은 하나님이 사람에게 그런 능력을 주시고 여건들을 허락하시기 때문입니다. 지금 당장 하나님이 중력을 거두시면 어떻게 될까요? 태양계의 모든 행성은 태양의 중력에 영향을 받아 꽤 규칙적으로 움직입니다. 그 덕분에 우리가 사는 지구에는 날과 계절의 변화가 알맞게 일어납니다. 하나님이 중력을 거두시는 순간 공간과 시간이 뒤틀리며 모든 것이 산산 조각날 것입니다. 아마 중력의 변화 내지 뒤틀림이 히브리서 12:26에 나오는 하늘의 진동이 될지도 모릅니다. 국지적인 지진만 일어나도 큰 피해가 생기는데, 하늘이 진동하는 천진(天震)이 일어난다면 그 피해가 얼마나 크겠습니까? 우리는 감사하게도 지구의 흔들림이 적다는 사실을 기억하며 전혀 흔들리지 않는 하나님 나라를 소망할 수 있습니다(히 12:28).

또 사람은 물고기와 새와 땅의 모든 생물을 잘 다스리는 것처럼 보이지만 그렇지 못한 부분도 많습니다. 예를 들어 인류는 여전히 세균들을 제대로 통제하지 못합니다. 2010년 아이티에서는 콜레라가 창궐했고, 2015년에는 우리나라 사람들이 메르스(MERS, 중동호흡기증후군)로 큰 어려움을 겪었습니다.

그뿐 아니라 어떻게 보면 사람은 참 나약한 존재입니다. 외부 환경에 큰 영향을 받을 뿐 아니라 신체 자체도 허약합니다. 심장이 멈추면 몇 분 안에 죽는 것이 사람입니다. 심장은 사람의 의지와 상관없이 끊임없이 움직이지만 어느 순간 갑자기 멈춰버리기도 합니다. 우리는 우리 자신의 몸을 완전히 다스리지 못합니다. 어느 부위에서 암세포가 자라고 있는지도 알아채기 어렵습니다. 사람의 정신도 언제 망각과 혼란에 빠져들지 모릅니다. 정신이 건강하지 못하면 엉뚱한 결정을 내리거나 공황장애와 치매 등을 앓는 등 어려움을 겪을 수도 있습니다. 다윗처럼 갑자기 이웃집 여인에게 마음을 빼앗겨 간음과 살인을 저지르는 사람도 있습니다. 어떤 사건이나 사고가 언제 우리에게 닥칠지 아무도 모릅니다.

이런 점에서 사람은 그 자체로 너무나 약한 존재임을 알 수 있습니다. 우리는 단 1초라도 우리 자신의 힘으로 설 수 없습니다. 누가 건강이나 경제나 정신의 측면에서 제힘만으로 버텨낼 수 있습니까? 인생은 먼지에 지나지 않아서 들의 풀이나 꽃과 다를 바가 없습니다. 바람이 지나가면 없어지는 존재이고, 우리가 있던 자리도 다시 알지 못합니다(시 103:14-16). 하지만 사람들은 하나님이 전능하신 능력으로 오랫동안 공짜로 주신 너무나 큰 선물들을 당연하게 여기며 감사할 줄 모릅니다. 우리는 하나님의 도움 없이는 단 한 순간도 존재할 수 없음을 알아야 합니다. 지구가 태양의 중력에 연결되어 봄, 여름, 가을, 겨울이 반복되며 안정적으로 운행되듯이 우리는 오직 예수 그리스도 안에 거함으로써 존재를 유지하며 열매를 맺을 수 있습니다(요 15:5).

ㄴ. 원수들인 마귀와 세상과 우리의 육체가 공격하기에

이렇게 약한 우리를 마귀와 세상과 우리의 육체가 끊임없이 공격하고 있습니다. 마귀는 우리 눈에 보이지 않는 악한 영적 존재로 인간의 차원을 뛰어넘는 방식으로 우리를 괴롭힙니다. 베드로는 마귀를 사자에 비유하며 우리의 대적 마귀가 우는 사자 같이 두루 다니며 삼킬 자를 찾는다고 표현했습니다(벧전 5:8). 사탄이 욥을 치자 욥은 모든 소유물을 잃었고, 발바닥부터 정수리까지 종기가 나기도 했습니다. 하지만 욥은 어떻게 그런 일이 발생했는지 알 수 없었습니다. 마귀는 사람들의 마음을 충동하여 약탈과 살인을 하게 하고, 몸에 악성 종기가 나게도 합니다. 또한 거짓말하는 영이 임하자 시드기야를 비롯한 예언자들이 확신 속에서 잘못된 예언을 했듯이(왕상 22:6, 11), 마귀는 사람을 미혹에 빠뜨릴 수도 있습니다(나 3:4; 요이 1:7). 이런 면에서 우리의 싸움은 혈과 육이 아니라 통치자들과 권세들과 이 어둠의 세상 주관자들과 하늘에 있는 악의 영들을 상대하는 것입니다(엡 6:12). 이 싸움에서 사람이 가진 능력은 아무 소용이 없으므로 하나님의 도우심에 전적으로 기대야 합니다.

바울은 데마가 이 세상을 사랑하여 자신을 버리고 데살로니가로 갔다고 말했습니다(딤후 4:10). 데마는 신앙의 싸움에서 패배하여 세상을 택한 것입니다. 육신의 정욕과 안목의 정욕과 이생의 자랑으로 대표되는, 세상이 주는 유혹과 자극은 작지 않기에 방심하면 안 됩니다. 세상을 사랑하면 아버지의 사랑이 그 안에 있지 않습니다(요일 2:15-16). 사람은 하나님과 재물을 겸하여 섬기지 못합니다(마 6:24). 참된 신자는 세상에 속하지 않기에 세상이 미워하고 끊임없이 공격합니다(요 15:19). 그래서 우리는 늘 깨어 있어야 합니다.

우리 자신의 육체도 우리를 공격합니다. 성령을 거스르는 육체의 소욕은 끊임없이 호시탐탐 기회를 엿보고(갈 5:15), 우리 마음의 법과 싸워 죄의 법으로 우리를 사로잡습니다. 이 공격을 막아내지 못하면 선을 행하기 원하는 우리가 죄의 법을 섬기게 됩니다. 이런 면에서 우리는 곤고한 사람이지만 이 사망의 몸에서 우리를 건져내시는 분이 바로 예수 그리스도이십니다(롬 7:21-25).

ㄷ. 성령의 능력으로 우리를 보존하고 강하게 하셔서 영적 전쟁에서 지지 않게

앞서 살펴보았듯이 우리는 너무나 약하여 우리 자신의 힘으로는 잠시라도 설 수 없고, 우리의 원수들인 마귀와 세상과 우리의 육체가 우리를 끊임없이 공격하기에 하나님의 보호와 인도가 전적으로 필요합니다. 하나님이 성령의 능력으로 우리를 보존하고 강하게 하셔야만 우리가 존재하며 역량을 펼칠 수 있습니다. 하나님의 도우심으로 하나님의 전신갑주를 입지 않고는 절대로 이 영적 전쟁에서 승리할 수 없습니다. 그런 의미에서 "우리를 시험에 들게 하지 마시옵고 다만 악에서 구하시옵소서"라는 간구는 우리의 전적 무능력을 인정하고 하나님의 전적인 도움을 요청하는 것입니다. 우리는 이 간구를 통해 우리 스스로 시험을 이길 수 없고, 악에서 벗어날 수도 없음을 되새겨야 합니다.

예수님은 복음 전파를 위해 제자들을 보내실 때 그들이 예수님으로 말미암아 총독들과 임금들 앞에 끌려가게 될 것이라고 말씀하셨습니다. 그런데 제자들은 그런 상황에서도 어떻게, 또는 무엇을 말할까 염려하지 않아도 괜찮았습니다. 그들 속에서 성령이 말씀하실 것이기 때문입니다(마 10:18-20). 이처럼 신자들은 성령의 능력으로 보존되고 강해져 영적 전쟁에서 지지 않습니다.

한편 예수님의 제자들은 "시험에 들지 않게 깨어 기도하라"는 예수님의 말씀을 지키지 못하고 잠이 들었습니다. 마음에는 원이로되 육신이 약하기 때문입니다(마 26:41). 성령의 도움 없이 사람의 힘만으로는 깨어 승리할 수 없습니다. 신자들은 성령의 도우심을 바라고 믿으며 시험을 당할 때도 당당히 맞서 싸워야 합니다. 하나님은 미쁘시어 우리가 감당하지 못할 시험당함을 허락하지 아니하시고 시험당할 즈음에 피할 길도 열어주시어 능히 감당하게 하십니다(고전 10:12-13).

ㄹ. 적들에게 항상 필사적으로 대항하게

전쟁이 일어나면 적들의 침입을 한 번 막아내는 것으로는 부족합니다. 계속되는 침입을 계속해서 막아내야 합니다. 신자를 향한 악한 자들의 시비와 괴롭힘도 한 번으로 끝나지 않습니다. 그들은 우는 사자와 같이 기회를 노리고 있습니다. 거기에 맞서 한두 번 이긴다고 다 된 것이 아닙니다. 우리는 끝까지 승리를 쟁취해야 합니다. 지엽적인 전투에서 패배하더라도 전열을 가다듬어 다른 전투에서는 승리해야 합니다. 이 싸움에서 우리가 이기려면 우리의 힘만 가지고는 부족합니다. 하나님의 도우심이 있어야만 합니다. 우리는 하나님의 도우심을 받아야 적들을 보고 의기소침하지 않고 다시 힘을 내어 정열적으로 대항할 수 있습니다.

하나님이 우리 마음을 굳건하게 하셔야 하고, 우리 주 예수께서 우리를 거룩함에 흠이 없게 해주셔야 합니다(살전 3:13). 하나님만이 궁극적으로 우리를 온전히 거룩하게 하시고, 우리의 온 영과 혼과 몸을 흠 없게 보전하십니다(살전 5:23). 우리는 하나님을 굳게 믿고 영으로써 몸의 행실을 죽이는 일을 포기하지 말고 지속해야 합니다(롬 8:13). 우리는 하나님께 복종하고 마귀를 대적해야 합니다. 그러면 마귀가 우리를 피할 것입니다(약 4:7).

2. 나라와 권세와 영광이 아버지께 영원히 있사옵나이다

ㄱ. 이 모든 것을 당신께 간구하는 이유

지금까지 주기도문의 서언과 여섯 개의 간구를 살펴보았습니다. 이제 "나라와 권세와 영광이 아버지께 영원히 있사옵나이다"라는 결언의 의미를 살펴볼 차례입니다. 서언에서 우리는 하나님을 불렀습니다. 그리고 이어서 여섯 가지 간구를 올려드렸는데 이에 대한 응답이 없다면 무슨 의미가 있겠습니까? "하늘에 계신 우리 아버지"라는 말 그대로, 하나님은 하늘에 계시는 전능하신 우리의 아버지로서 우리 간구에 응답해주십니다. 결언은 바로 이런 의미를 확인시켜줍니다. 나라와 권세와 영광이 아버지께 영원히 있기에 우리가 아버지께 기도한 모든 것이 응답된다는 것입니다.

어떻게 보면 "하늘에 계신 우리 아버지"를 다르게 표현한 것이 "나라와 권세와 영광이 아버지께 영원히 있사옵나이다"라는 문구일 수 있습니다. 하나님은 하늘에 계시기 때문에 그의 나라와 권세와 영광이 무궁합니다. 하나님은 모든 것을 다스리는 왕이자 전능자이십니다. 게다가 우리의 아버지이십니다. 그러니 우리가 간구하는 모든 것에 기꺼이 응답하고자 하실 뿐 아니라 실제로 응답하실 수 있습니다. 우리는 결언을 통해 이것을 확인하며 더욱 큰 신뢰감을 갖습니다.

온갖 좋은 은사와 온전한 선물이 다 위로부터 빛들의 아버지께로부터 내려옵니다(약 1:17). 하나님은 모든 사람의 주가 되사 하나님을 부르는 모든 사람에게 부요하십니다(롬 10:12). 하나님이 아닌 다른 것에는 생명이나 권능이나 영광이나 부요함이 전혀 없습니다. 잠시 있는 것처럼 보일 뿐입니다. 만물이 주에게서 나오고 주로 말미암고 주에게로 돌아갑니다. 주님께만 영광이 세세에 있습니다. 아멘!(롬 11:33-36)

또 우리는 주기도문의 결언을 통해 우리의 기도가 응답받는다는 사실을 확인할 뿐 아니라 하나님을 찬양하기도 합니다. 나라와 권세와 영광이 아버지께 영원히 있으므로 하나님 아버지는 찬양을 받기에 마땅하십니다(계 5:12). 결언의 내용을 이해하는 사람은 하나님을 높여드릴 수밖에 없습니다. 결국 우리는 주기도문의 결언을 통해 하나님께 감사와 찬양을 드리고 우리가 기도한 모든 것이 응답받는다는 사실을 확신합니다.

ㄴ. 당신의 거룩한 이름이 영원히 영광을 받도록

나라와 권세와 영광이 "아버지께" 영원히 있습니다. 우리에게 있지 않습니다. 우리에게는 불완전한 나라와 권세와 영광이 잠시 있을 뿐입니다. 주기도문의 결언은 "아버지께"라는 단어를 통해 모든 영광이 하나님 아버지께만 합당하다는 사실을 드러냅니다. 사람은 제 본분에 어울리지 않는 영광을 받으려고 해서는 안 됩니다. 참된 신앙인은 자신이 받을 영광이 전혀 없다는 사실을 잘 알기에 누가 영광을 자신에게 돌릴 때 한사코 거부합니다(시 115:1). 피조물인 사람이 영광을 받는 일이 얼마나 심각한 신성모독인가를 잘 알기 때문입니다.

반면 헤롯은 영광을 받아 누리려고 했습니다. 그가 왕복을 입고 단상에 앉아 백성에게 연설하자 백성들이 "이것은 신의 소리요, 사람의 소리가 아니라"고 소리쳤습니다. 이때 헤롯은 이를 거부하고 영광을 하나님께로 돌려야 했습니다. 하지만 자신에게 영광을 받을 자격이 전혀 없다는 사실을 알지 못한 헤롯은 벌레에게 먹혀 비참하게 죽고 말았습니다(행 12:21-23). 사도 요한이 계시를 보여주던 천사의 발 앞에 경배하려고 엎드렸을 때 그 천사는 "나는 너와 네 형제 선지자들과 또 이 두루마리의 말을 지키는 자들과 함께 된 종이니 그리하지 말고 하나님께 경배하라"(계 22:8-9)고 말했습니다. 이처럼 천사도 영광 받기를 거부합니다. 천사도 궁극적 의미와 원인의 측면에서는 우리처럼 하나님의 말씀을 지키는 종일 뿐이기 때문입니다.

하나님만 권세와 영광과 나라를 영원히 소유하십니다. 그의 권세와 영광과 나라는 소멸하거나 멸망하지 않습니다(단 7:14, 27). 주기도문으로 기도하는 사람은 자신에게 돌아오는 영광을 거부할 줄 알아야 합니다. 분에 넘치는 칭찬도 거부해야 합니다. 인간의 영광은 모두 썩을 영광임을 기억해야 합니다. 우리가 이런 자세를 가질수록 하나님은 영광을 받으시고, 그 영광이 우리에게도 풍성히 부어집니다. 스스로 영광을 취하려는 사람은 갈수록 교만해져 하나님의 엄중한 징계를 받게 될 뿐입니다. 우리가 모든 영광을 하나님께 돌릴수록 하나님의 큰 선물이 우리에게 돌아옵니다. 그로 인해 우리는 갈수록 항상 기뻐하고, 쉬지 않고 기도하고, 범사에 감사하게 됩니다.

3. "아멘"이란 단어는 무엇을 뜻하는가?

우리가 교회에서 가장 많이 듣는 단어 중 하나인 "아멘"은 무슨 뜻일까요? 관련 성구들을 통해 "아멘"이 "참되고 확실하다"는 뜻임을 알 수 있습니다.

바울은 하나님의 약속은 얼마든지 그리스도 안에서 "예"가 된다고 하면서 우리가 "아멘"이라고 하여 하나님께 영광을 돌린다고 말합니다(고후 1:20). 하나님이 하신 약속은 모두 참되고도 확실하게 이루어지는데, 이를 "아멘"이란 단어가 담아내고 있습니다. 주기도문 말미의 "아멘"도 이전의 모든 내용을 하나님이 참되게, 그리고 확실하게 들으신다는 사실을 확인시켜줍니다.

아멘과 관련한 성구

"이 저주가 되게 하는 이 물이 네 창자에 들어가서 네 배를 붓게 하고 네 넓적다리를 마르게 하리라" 할 것이요 여인은 "아멘, 아멘" 할지니라(민 5:22).

"그의 이웃을 암살하는 자는 저주를 받을 것이라" 할 것이요 모든 백성은 "아멘" 할지니라(신 27:24).

"여호와, 이스라엘의 하나님을 영원부터 영원까지 송축할지로다" 하매 모든 백성이 "아멘" 하고 여호와를 찬양하였더라(대상 16:36).

내가 옷자락을 털며 이르기를 "이 말대로 행하지 아니하는 자는 모두 하나님이 또한 이와 같이 그 집과 산업에서 털어 버리실지니 그는 곧 이렇게 털려서 빈손이 될지로다" 하매 회중이 다 "아멘" 하고 여호와를 찬송하고 백성들이 그 말한 대로 행하였느니라(느 5:13).

에스라가 위대하신 하나님 여호와를 송축하매 모든 백성이 손을 들고 "아멘, 아멘" 하고 응답하고 몸을 굽혀 얼굴을 땅에 대고 여호와께 경배하니라(느 8:6).

여호와를 영원히 찬송할지어다. 아멘, 아멘(시 89:52).

여호와, 이스라엘의 하나님을 영원부터 영원까지 찬양할지어다. 모든 백성들아, 아멘 할지어다. 할렐루야(시 106:48).

"'내가 또 너희 조상들에게 한 맹세는 그들에게 젖과 꿀이 흐르는 땅을 주리라 한 언약을 이루리라 한 것인데 오늘이 그것을 증언하느니라' 하라" 하시기로 내가 대답하여 이르되 "아멘, 여호와여" 하였노라(렘 11:5).

그렇지 아니하면 네가 영으로 축복할 때에 알지 못하는 처지에 있는 자가 네가 무슨 말을 하는지 알지 못하고 네 감사에 어찌 "아멘" 하리요(고전 14:16).

하나님의 약속은 얼마든지 그리스도 안에서 예가 되니 그런즉 그로 말미암아 우리가 아멘 하여 하나님께 영광을 돌리게 되느니라(고후 1:20).

볼지어다. 그가 구름을 타고 오시리라. 각 사람의 눈이 그를 보겠고 그를 찌른 자들도 볼 것이요, 땅에 있는 모든 족속이 그로 말미암아 애곡하리니 그러하리라. 아멘(계 1:7).

20이것들을 증언하신 이가 이르시되 "내가 진실로 속히 오리라" 하시거늘 아멘, 주 예수여! 오시옵소서. 21주 예수의 은혜가 모든 자들에게 있을지어다. 아멘(계 22:20-21).

어떤 사람이 무엇을 간구할 때 그것이 참되게, 확실하게 이루어지기를 바라는 마음으로 하지 않겠습니까? 그런데 하나님은 우리가 우리 마음에서 느끼는 것보다 더 확실하게 우리의 기도를 들으십니다. 하나님은 우리가 부르기 전에 응답하시고 우리가 말을 마치기 전에 들으십니다(사 65:24). 우리의 마음을 이해하시고 우리에게 필요한 것이 무엇인지 우리 자신보다 더 잘 아시기 때문입니다(마 6:8). 시공간 차원에서 유한한 우리는 가까운 원인과 결과만을 파악하여 매우 근시안적인 예측밖에 하지 못하고 그마저도 틀리기 일쑤입니다. 하지만 시공간을 초월하시는 하나님은 우리에게 무엇이 가장 필요한지 매우 정확하게 아시므로 우리의 기도에 가장 정확하게 응답하십니다. 이 모든 사실을 우리는 "아멘"에 담아 표현합니다.

사람은 화장실 갈 때의 마음과 나올 때의 마음이 다릅니다. 아침과 저녁으로 변하는 것이 사람입니다. 하지만 하나님은 무한하고 영원하시어 불변하실 수밖에 없습니다. 우리에 대한 하나님의 무한하고 영원한 사랑은 변하지 않습니다. 우리는 미쁨이 없을지라도 항상 한결같게 미쁘신 하나님은 자기를 부인하실 수 없습니다(딤후 2:13). 사도 요한은 예수 그리스도가 아예 "아멘"이실 뿐 아니라 충성되고 참된 증인이시라고 말합니다(계 3:14). 하나님이 행하신 창조의 근본으로서 모든 것을 작정하시고 모든 것을 창조하고 섭리하시는 예수 그리스도는, 하나님 아버지로부터 받은 모든 사명을 충성되고 참되게 실현하십니다. 우리는 이런 예수 그리스도로 말미암아 하나님의 모든 말씀이 참되게, 그리고 확실하게 이루어질 것을 믿습니다. 그 예수 그리스도가 "내가 진실로 속히 오리라"라고 말씀하실 때, 우리는 "아멘! 주 예수여, 오시옵소서"라고 화답합니다. 주 예수의 은혜가 이 책을 읽는 모든 분에게 있기를 바랍니다(계 22:20-21). 아멘!

질문과 사유(思惟)

2017년 5월 10일, 새로운 국가정보원장으로 지명된 서훈 후보자는 청와대 춘추관에서 기자 회견을 했다. 그는 국가정보원(국정원)의 정치 개입, 선거 개입, 사찰, 그리고 건강한 운영 방식 등에 관한 생각을 밝혔다. 그런데 이 중요한 기자 회견에 참여한 기자들은 질문을 별로 하지 않았다. 서훈 후보자는 "지금은 국정원장 후보자이나, 후보자 타이틀을 벗어나면 여러분 앞에 설 기회가 없을 것"이라며 질문을 유도했다. 그의 말대로 국정원은 "음지에서 일하고" "무명의 헌신"을 모토로 삼아온 첩보 기관으로서 국정원장이 기자 회견에 나서는 일은 좀처럼 일어나지 않는다. 그런데도 추가 질문은 나오지 않았다. 그는 "관심이 없으시면 그만할까요?"라고 서운함을 비치기까지 했다. 이렇게까지 말하는데 기자들이 질문을 하지 않은 이유는 무엇이었을까?

2010년에 서울에서 열린 G20 정상회의의 폐막식 후, 미국의 오바마 대통령은 한국이 개최국 역할을 훌륭하게 해주었다며 한국 기자들에게 질문권을 주었다. 그런데 질문자는 나타나지 않고 정적이 흘렀다. 그는 "한국어로 질문하면 아마도 통역이 필요할 겁니다"라고 농담을 던지면서까지 질문을 기다렸다. 그때 중국 기자가 "아시아를 대표해서 질문하겠다"라고 말했지만 오바마는 "저는 한국 기자에게 질문을 요청했어요"라고 말하며, 한국 기자들을 향해 "아무도 없나요?"라고 두 차례나 물었다. 그런데도 한국 기자들은 질문하지 않았다. 그날 발언권은 끝내 중국 기자에게 돌아갔다.

기자는 질문을 늘 갖고 있어야 한다. 국정원이 나아갈 방향은 무엇인지, 예상되는 문제점은 어떤 것인지, G20 정상회의에서 무엇을 논의했으며 그 결과물은 세계 정세와 한반도 상황에 어떤 영향을 끼치는지, 구체적으로 확인해야 할 사항은 어떤 것인지 등에 관한 질문으로 가득 차 있는 사람이 훌륭한 기자다. 남이 말하는 것을 그대로 받아 적고, 남들이 논의한 결과를 그대로 받아서 기사화하는 태도는 기자의 덕목이 아니다. 비평 없는 언론은 광고 활동에 지나지 않는다.

매우 실제적인 의미에서 국민의 "평생교육"을 감당하는 것은 인가를 받은 교육기관이나 어떤 사회단체가 아니라 "언론"이다. 많은 국민이 매일 매 순간 언론을 접하지 않는가? 특히 중요한 사건이 터질 때마다 뉴스 화면을 뚫어지라 쳐다보지 않는가? 언론은 사건이나 사고의 핵심 내용을 전달할 뿐 아니라 그것을 바라보고 해석하는 관점과 통찰을 자연스레 제공한다. 어떻게 보면 우리나라 국민의 의식 수준은 주요 방송사들의 저녁 뉴스와 주요 신문사들의 1면 내용을 벗어나기 힘들다. 궁극적 목표와 가치와 미(美)를 사유하지 않는 언론이 나라 전체를 얼마나 천박하게 만드는지 모른다.

하나님의 말씀을 갖지 못한 이들은 기갈의 상태에 있는 것과 같다(암 8:11). 성경 전체의 내용에 따라 현실을 읽어내지 못하는 신자들도 마찬가지다. 기갈 상태에 있는 그들을 불신자들과 구분하기란 쉽지 않다. 질문하지 않는 신자들, 사유하지 않는 신자들, 경험에 따라 가까운 원인과 결과의 분석에만 몰두하고 만족하는 신자들은 시대를 이끌지 못한다. 그들이 만들어내는 교회도 정신적 빈곤에 빠져 비신자들보다 더 비합리적이고 몰지각한 사람들로 가득 차게 된다.

신자들은 하나님의 말씀이 하나님의 속성처럼 거룩하고 지혜롭고 무한하다고 느껴질 정도로 숙고를 거듭해야 한다. 초보적인 말씀에 머물지 않고 지각을 사용함으로써 연단을 받아 선악을 옳게 분별하는 신자들이 더 많이 나타나야 한다. 사회를 어지럽히는 각종 문제로 가치와 분별의 혼란에 빠진 세상 사람들에게 올바른 목적과 방향이 무엇인지 가르쳐주어야 할 사명이 교회에 있다. 우리는 경험적 신앙의 감상과 효용에만 머물면서 성경 전체의 내용이 표현된 교리를 등한시하는 태도를 벗어버려야 한다. 그렇게 하지 않으면 신앙생활 자체가 향방 없는 달음질이요, 허공을 치는 싸움질이 되어버리기 쉽다.

그래서 그리스도인은 질문하고 사유해야 한다. 사회에서 문제시되는 현상이 왜 발생하는지, 그 문제를 해결하는 성경적 방법은 무엇인지, 가까운 원인들에 머물지 않고 더 깊은 원인들이 무엇인지 이해하기 위해 치열하게 사유해야 한다. 하이델베르크 교리문답, 웨스트민스터 소요리문답과 같은 신앙고백서는 그런 치열한 사유에 큰 도움이 된다. 훌륭한 신앙고백서는 성경을 전체적으로 이해하고, 그에 따라 삶을 해석하고자 할 때 참고할 수 있는 탁월한 지침서다. 기독교의 믿음은 이해를 추구한다. 맹목적 믿음이 아니라 이해에 기초한 흔들림 없는 믿음이 기독교 신앙이다. 우리 함께 질문과 사유를 통해 하나님의 영원하신 능력과 신성을 만물에서 찾아 이해하고 기뻐하는 신자가 되기를 힘쓰자. 포기하지 않고 계속해서 씨름하다 보면 우리가 속한 사회와 국가에 깊은 통찰을 주고 올바른 방향을 제시하는 역할도 감당할 수 있을 것이다.

함께 나누기: 마지막 간구와 결언

01 보통 "아멘"이나 "할렐루야"라는 단어를 많이 사용하는 편입니까, 적게 사용하는 편입니까? 어떤 경우에 "아멘"과 "할렐루야"라는 표현이 적절하고, 듣는 이들에게 격려와 위로가 됩니까? 반대로 어떤 경우에 덕이 되지 않고, 식상하고, 가볍게 여겨집니까?

02 하이델베르크 교리문답 제127-129문을 서로 묻고 답해봅시다. 근거 성구도 다시 한번 살펴봅시다.

03 주기도문의 여섯 번째 간구인 "우리를 시험에 들게 하지 마시옵고 다만 악에서 구하시옵소서"는 무슨 뜻인지 다음의 관점에서 살펴봅시다.

① 우리 자체로는 너무나 약하여 잠시라도 설 수 없기에

② 원수들인 마귀와 세상과 우리의 육체가 공격하기에

③ 성령의 능력으로 우리를 보존하고 강하게 하셔서 영적 전쟁에서 지지 않게

④ 적들에게 항상 필사적으로 대항하게

04

결언에 해당하는 "나라와 권세와 영광이 아버지께 영원히 있사옵나이다"는 무슨 뜻인지 다음의 관점에서 살펴봅시다.

① 이 모든 것을 당신께 간구하는 이유는 당신이 모든 선을 주실 수 있기 때문

② 당신의 거룩한 이름이 영원히 영광을 받도록

05

주기도문의 마지막 단어인 "아멘"은 무슨 뜻입니까?

부록 1 하이델베르크 교리문답 구성 조감도

서론부(제1-2문) 우리의 유일한 위로

- 제1문 사람의 유일한 위로는 무엇인가?
- 제2문 유일한 위로를 위해 알아야 할 세 가지: 죄와 비참, 구속, 하나님께 감사
  ⇨ 하이델베르크 교리문답의 전체 구조

제1부(제3-11문) 우리의 죄와 비참에 관하여

서론 : 외적 인식 원리로서의 율법(제3-4문)

- 제3문 사람의 비참을 하나님의 율법으로 알 수 있다.
- 제4문 하나님의 율법이 요구하는 두 가지: 하나님 사랑, 이웃 사랑

인간론 : 인간의 죄와 부패, 하나님의 심판(제5-11문)

- 제5문 사람은 하나님의 율법을 모두 지킬 수 없다.
- 제6문 하나님이 사람을 악하게 창조하셔서 율법을 다 지킬 수 없는가?
- 제7문 사람이 의롭게 창조되었다면 본성의 타락은 어디서 왔는가?
- 제8문 아담의 죄로 본성이 타락한 사람은 어떤 선도 행할 수 없는가?
- 제9문 사람이 지킬 수 없는 율법을 하나님이 요구하신 것은 부당한가?
- 제10문 하나님은 사람의 불순종을 벌하지 않고 내버려두시는가?
- 제11문 불순종을 벌하시는 하나님은 동시에 자비롭지는 않으신가?

제2부(제12-85문) 우리의 구속에 관하여

중보자의 필요성과 신분(제12-19문)

- 제12문 어떻게 하나님의 형벌에서 벗어나 인정받을 수 있는가?
- 제13문 우리는 하나님의 의를 스스로 만족시킬 수 있는가?
- 제14문 피조물로서 우리의 죗값을 만족시킬 자가 있는가?
- 제15문 피조물 중에 없다면 어떤 구원자가 존재하는가?
- 제16문 그 구원자는 왜 참 사람으로 완벽하게 의로워야 하는가?
- 제17문 그 구원자는 왜 한 인격에서 또한 하나님이어야 하는가?
- 제18문 한 인격으로 동시에 참 하나님과 참 사람인 중보자는 누구이신가?
- 제19문 우리는 이것을 복음을 통하여 안다.

믿음의 정의와 내용(제20-21문)

- 제20문 모든 사람이 아담 안에서 멸망하고, 그리스도에 의해 구원받는가?
- 제21문 참된 믿음이란 무엇인가?

사도신경과 그 구분(제22-24문): 성부와 창조, 성자와 구속, 성령과 성화

- 제22문 그리스도인은 보편적이고 확실한 사도신경을 믿는다.
- 제23문 사도신경의 내용
- 제24문 셋으로 구분되는 사도신경: 성부와 창조, 성자와 구속, 성령과 성화

성부와 창조(신론 , 제25-28문)

- 제25문 삼위일체: 한 본질, 세 위격의 하나님
- 제26문 하나님의 창조: 무로부터 천지와 만물을 창조하신 하나님
- 제27문 하나님의 섭리: 하늘과 땅과 모든 피조물의 보존과 다스림
- 제28문 하나님의 창조와 섭리가 주는 유익

성자와 구속(기독론 , 제29-52문)

제29문 하나님의 아들은 왜 "예수", 즉 구원자라고 불리는가?
제30문 구원을 다른 곳에서 찾는 이는 예수님을 믿지 않는 것이다.
제31문 그분은 왜 "그리스도", 기름 부음을 받은 자라고 불리는가?
제32문 우리는 그리스도의 한 지체라 그리스도인이라고 불린다.
제33문 우리도 하나님의 자녀인데 그리스도는 왜 하나님의 외아들인가?
제34문 왜 그리스도를 우리의 주라고 부르는가?
제35문 "성령으로 잉태되어 동정녀 마리아에게서 나시고"의 뜻은 무엇인가?
제36문 그리스도의 거룩한 잉태와 탄생으로 어떤 유익을 얻는가?
제37문 "고난을 받아"의 뜻은 무엇인가?
제38문 왜 예수님은 "재판장인 본디오 빌라도 아래에서" 고난받았는가?
제39문 십자가 죽음은 다른 형태의 죽음보다 특별한 의미가 있는가?
제40문 그리스도는 왜 죽음에 이르기까지 자신을 낮추셨는가?
제41문 왜 장사되셨는가?
제42문 그리스도가 우리를 위해 죽으셨다면 우리는 왜 또 죽어야 하는가?
제43문 그리스도의 희생과 죽음으로 우리는 어떤 유익을 더 얻는가?
제44문 "지옥에 내려가시고"의 뜻은 무엇인가?
제45문 그리스도의 부활은 어떤 유익을 주는가?
제46문 "하늘에 오르시어"의 뜻은 무엇인가?
제47문 승천하신 그리스도는 세상 마지막까지 우리와 함께 계시는가?
제48문 그리스도가 신성으로 땅에 계시다면 신성은 하늘의 인성과 분리되는가?
제49문 그리스도의 승천은 어떤 유익이 되는가?
제50문 "하나님 우편에 앉아계시다가"의 뜻은 무엇인가?
제51문 하나님 우편에 앉아계시는 것이 어떤 유익이 되는가?
제52문 "그리스도가 살아 있는 자와 죽은 자를 심판하러 오신다"는 사실은 어떤 유익이 되는가?

성령과 성화(구원론 , 제53-56, 59-64문): 성령, 공교회, 교제, 죄 용서, 이신칭의

제53문 "성령"에 대해서 무엇을 믿는가?
제54문 "거룩한 공교회"의 뜻은 무엇인가?
제55문 "성도의 교제"는 무슨 뜻인가?
제56문 "죄를 용서받는 것"의 뜻은 무엇인가?
제57문 "몸의 부활"은 어떤 위안을 주는가?(종말론)
제58문 "영생"은 어떤 위안을 주는가?(종말론)

이신칭의(제59-64문)

제59문 이것을 다 믿으면 하나님 앞에 의롭게 되고 영생의 상속자가 된다.
제60문 그리스도에 대한 참된 믿음으로만 하나님 앞에서 의롭게 된다.
제61문 왜 오직 믿음으로만 의로워지는가?
제62문 선행은 불완전하므로 우리의 의가 될 수 없다.
제63문 하나님은 선행에 대해 공로가 아니라 은혜로 보상하신다.
제64문 신자는 감사의 열매를 맺기 마련이라 이 교리는 사람을 소홀하게 만들지 않는다.

교회론 (제65-85문)

말씀과 성례(제65-68문)

제65문 믿음은 복음의 선포로 발생되고 성례의 사용으로 확증된다.

제66문 눈에 보이는 거룩한 표와 인으로서 성례는 복음의 약속을 더 충만하게 확증한다.

제67문 말씀과 성례는 우리 믿음을 그리스도의 단번의 희생으로 이끈다.

제68문 신약에서 그리스도는 거룩한 세례와 성찬을 성례로 제정하셨다.

세례(제69-74문)

제69문 세례로 그리스도의 희생이 유익이 됨을 어떻게 확신하는가?

제70문 그리스도의 피와 영으로 씻긴다는 것은 무슨 의미인가?

제71문 그리스도는 세례에서 피와 영으로 우리를 씻기신다고 어디서 약속하셨는가?

제72문 물의 외면적 세례가 아니라 그리스도의 피와 성령이 죄를 씻어낸다.

제73문 왜 성령은 세례를 "중생의 씻음"과 "죄의 씻어냄"이라고 부르시는가?

유아세례(제74문)

제74문 유아들도 하나님의 언약과 교회에 속하고, 구속과 성령이 약속되었으므로 세례를 받는다.

성찬(제75-82문)

제75문 주님의 만찬은 우리가 그리스도의 희생과 유익에 참여자가 됨을 보여준다.

제76문 그리스도의 몸을 먹고 흘린 피를 마신다는 것은 무슨 뜻인가?

제77문 그리스도는 그의 몸과 피로 신자들을 기르신다는 것을 성찬 제정에서 약속하셨다.

제78문 떡과 포도주는 그리스도의 실제 몸과 피로 변하지 않는다.

제79문 왜 그리스도는 떡을 자기 몸으로, 잔을 자기 피로 부르시는가?

제80문 주님의 만찬과 로마 가톨릭의 미사 간의 차이

제81문 주님의 만찬은 누구를 위하여 제정되었는가?

제82문 믿지 않고 불경건한 자들에게는 만찬이 허용되지 않는다.

천국열쇠(제83-85문): 복음의 선포와 권징

제83문 천국 열쇠는 거룩한 복음의 선포와 교회 권징이다.

제84문 천국이 어떻게 복음의 선포에 의해 열리고 닫히는가?

제85문 천국이 어떻게 교회의 권징에 의해 열리고 닫히는가?

제3부(제86-129문)
우리의 감사에 관하여

선행과 회개(제86-91문)

제86문 공로 없이 순전히 은혜로 구원받는 우리가 왜 선행을 하는가?

제87문 사악한 삶을 지속하며 회심하지 않는 자들은 구원받을 수 없다.

제88문 참된 회심은 옛사람의 죽음과 새사람의 삶으로 구성된다.

제89문 옛사람의 죽음은 점점 죄를 싫어하고 멀리하는 것이다.

제90문 새사람의 삶은 사랑과 즐거움으로 선행을 하는 것이다.

제91문 선행은 율법에 따라 하나님의 영광을 위해 참된 믿음에서 나오는 것이다.

십계명(제92-115문)

제92문 하나님의 율법은 십계명으로 요약된다.

제93문 십계명은 하나님에 대한 행동과 이웃에 대한 책임으로 나뉜다.

하나님에 대한 행동: 제1-4계명(제94-103문)

제94문 하나님은 제1계명에서 무엇을 요구하시는가?
제95문 우상숭배란 무엇인가?
제96문 하나님은 제2계명에서 무엇을 요구하시는가?
제97문 하나님은 어떤 수단으로도 형상화될 수 없고, 피조물로 경배받으면 안 된다.
제98문 하나님은 말 못 하는 형상이 아니라, 말씀 선포로 가르치신다.
제99문 무엇이 제3계명에서 요구되는가?
제100문 하나님의 이름을 모독하는 것은 큰 죄라서 죽음의 벌이 따른다.
제101문 우리는 하나님의 이름으로 경건하게 맹세해도 되는가?
제102문 우리는 성인들이나 다른 피조물들로 맹세해도 되는가?
제103문 하나님은 제4계명에서 무엇을 요구하시는가?

이웃에 대한 책임: 제5-10계명(제104-113문)

제104문 하나님은 제5계명에서 무엇을 요구하시는가?
제105문 하나님은 제6계명에서 무엇을 요구하시는가?
제106문 하나님은 살인의 원인인 시기, 증오, 분노, 복수심도 살인처럼 여기신다.
제107문 하나님은 이웃을 우리 자신처럼 사랑하고, 원수에게도 선을 행할 것을 명하신다.
제108문 제7계명은 우리에게 무엇을 가르치는가?
제109문 간음만이 아니라 모든 정결치 않은 행동, 몸짓, 말, 생각, 욕망이 금지된다.
제110문 하나님은 제8계명에서 무엇을 금하시는가?
제111문 하나님은 제8계명에서 무엇을 요구하시는가?
제112문 제9계명은 우리에게 무엇을 요구하는가?
제113문 제10계명은 우리에게 무엇을 요구하는가?

제114문 **회심자들은 이 계명들을 완전하게 지킬 수 있는가?**
제115문 하나님은 아무도 지키지 못하는 십계명을 왜 설교하게 하셨는가?

주기도문(제116-129문)

기도의 필요성과 들으시는 기도(제116-119문)

제116문 왜 그리스도인들에게 기도가 필요한가?
제117문 하나님이 들으시는 기도의 필수조건은 무엇인가?
제118문 하나님은 영육에 필요한 모든 것을 구하라고 명하셨다.
제119문 그 기도의 내용은 주기도문이다.

주기도문(제120-129문)

제120문(서언) 그리스도는 왜 하나님을 "우리 아버지"라고 부르도록 명하셨는가?
제121문 "하늘에 계신"이란 말이 왜 첨가되었는가?
제122문(제1간구) "이름이 거룩히 여김을 받으시오며"는 무슨 뜻인가?
제123문(제2간구) "나라가 임하시오며"는 무슨 뜻인가?
제124문(제3간구) "뜻이 하늘에서 이루어진 것 같이 땅에서도 이루어지이다"는 무슨 뜻인가?
제125문(제4간구) "오늘 우리에게 일용할 양식을 주시옵고"는 무슨 뜻인가?
제126문(제5간구) "우리가 우리에게 죄지은 자를 사하여준 것 같이 우리 죄를 사하여주시옵고"는 무슨 뜻인가?
제127문(제6간구) "우리를 시험에 들게 하지 마시옵고 다만 악에서 구하시옵소서"는 무슨 뜻인가?
제128문(결언) "나라와 권세와 영광이 아버지께 영원히 있사옵나이다"는 무슨 뜻인가?
제129문 "아멘"이란 참되고 확실하다는 뜻이다.

하이델베르크 교리문답, 삶을 읽다 (하)

1쇄 발행 2018년 1월 15일
3쇄 발행 2020년 2월 14일

지은이 정요석
펴낸이 김요한
펴낸곳 새물결플러스

편 집 왕희광 정인철 박규준 노재현 한바울 정혜인
이형일 서종원 나유영 노동래 최호연
디자인 윤민주 황진주 박인미 이지윤
마케팅 박성민 이원혁
총 무 김명화 이성순
영 상 최정호 조용석 곽상원
아카데미 차상희

홈페이지 www.holywaveplus.com
이메일 hwpbooks@hwpbooks.com
출판등록 2008년 8월 21일 제2008-24호
주 소 (우) 04118 서울시 마포구 마포대로19길 33
전 화 02) 2652-3161
팩 스 02) 2652-3191

ISBN 979-11-6129-047-8 04230
979-11-86409-97-8 04230(세트)

책값은 뒤표지에 있습니다.

이 도서의 국립중앙도서관 출판예정도서목록(CIP)은 서지정보유통지원시스템 홈페이지(seoji.nl.go.kr)와 국가자료공동목록시스템(nl.go.kr/kolisnet)에서 이용하실 수 있습니다. CIP2018000943